王蘧常文集

吳曉明 王興孫 主編

第九冊

顧亭林詩集彙注
（下）

〔清〕顧炎武 著 王蘧常 輯注

復旦大學出版社

本書由上海文化發展基金會資助出版

顧亭林詩集彙注卷四

王蘧常　輯注
吳丕績　標校

再謁天壽山十三陵 己下上章困敦

【解題】

徐注：順治十七年庚子。張《譜》：十七年二月，至昌平，再謁天壽山。　冒云：先生是年年四十八。

蘧常案：徐注本無"十三"兩字。是年明永曆十四年，公元一六六零年。

　　諸陵何崔嵬！不改蒼然色。下蟠厚地深，上峻青天極[一]。佳氣鬱葱葱[二]，靈長詎可測[三]。云何宮闕旁，坐見獫戎偪[四]？空勞牲醴陳，微寞神豈食[五]。仁言人所欣，甘言人所惑[六]。小修此陵園[七]，大屠我社稷[八]。謁來復仲春[九]，再拜蓻荊棘。臣子分則同，駿奔乃其職[一〇]。區區犬馬心[一一]，愧乏匡扶力[一二]。

【彙校】

〔題〕潘刻本、徐注本無"十三"兩字。　〔宮闕旁〕潘刻本、徐注本作"月游路"。　〔獫戎〕潘刻本、徐注本作"塞塵"；孫校本作"獫東",韻目代字也。 〔微寔句〕汪校云:"微寔"應作"非類"。潘刻本"豈"作"□";徐注本、曹校本作"祇"。巫繽案:蓋臆改。 〔甘言〕孫校本"甘"作"盜"。 〔大屑句〕汪校云:"屑"應作"竊",或"滅"。巫繽案:亦韻目代字也。潘刻本"社稷"作"□□"。 〔乃其〕潘刻本、徐注本作"誰共"。

【彙注】

〔一〕上峻句　徐注:《詩》:峻極于天。

〔二〕佳氣句　徐注:《論衡·吉驗》篇:望氣者蘇伯阿爲王莽使,至南陽,遙望見春陵城郭,喟曰:氣佳哉,鬱鬱葱葱然!

〔三〕靈長　蘧常案:《晉書·王敦傳論》:賴嗣君英略,晉祚靈長。

〔四〕獯戎　蘧常案:《孟子·梁惠王》篇:大王事獯鬻。《史記·五帝本紀》:北逐葷粥。《索隱》:唐、虞以上曰山戎,亦曰熏粥。

〔五〕空勞二句　徐注:《晉書·江逌傳》:有赤黍之盛而無牲醴之奠。　汪云:"微寔",應作"非類"。

　　　　蘧常案:"非類"作"微寔",韻目代字也。此亦潘鈔改之未盡者。仍之。《左傳》僖公十年:狐突曰:神不歆非類。清《世祖實錄》:順治十六年十一月壬申,上駐蹕昌平州。是日,上道經明崇禎帝陵,悽然泣下,酹酒陵前。癸酉,上閱明帝諸陵。甲戌,遣內大臣索尼祭明崇禎帝,文曰:惟帝宣聰御極,孜孜以康阜兆民爲念,十七年劼毖無斁。不意流寇猖蹶,國遂以傾,身殉社稷。倘使遭際景運,可稱懿辟;乃纘承衰緒,適丁劫厄。雖勵精圖治,而傾厦莫支,朕念及此,恒用深惻。前巡畿輔,偶過昌平,睇望陵寢,益爲慘然。特備牲帛酒果,用昭禮祭。尚饗!

〔六〕甘言句　徐注:《戰國策》:商君曰:苦言,藥也;甘言,疾也。

〔七〕小修句　蘧常案:《清史稿·世祖本紀》:十六年十一月甲戌,遣官祭明帝諸陵,並增陵户,加修葺,禁樵採。《後漢書·

郎顗傳》：園陵至重，聖神攸憑。

〔八〕大屑句　汪云："屑"當作"竊"，或作"滅"。

　　　蘧常案："屑"當作"竊"字，此亦韻目代字之改而未盡者。

〔九〕朅來　見卷三《張隱君元明園中置一小石龕曰仙隱祠徵詩紀之》詩"朅來"注。

〔一〇〕駿奔　蘧常案：《詩·周頌·清廟》：駿奔走在廟。《爾雅釋詁》：駿，速也。

〔一一〕區區句　徐注：《史記·三王世家》：臣竊不勝犬馬心。　李注：李陵《答蘇武書》：區區之心，竊慕此耳。

　　　蘧常案：《左傳》襄公十七年：宋國區區。

〔一二〕匡扶　徐注：《國語》：匡困資無。注：匡，扶也。

送王文學麗正歸新安

【解題】

徐注：王文學麗正未詳。

蘧常案：《史記·儒林列傳序》：爲博士官置弟子五十人。郡國縣道邑有好文學、敬長上、肅政教、順鄉里者，令相長丞上屬所二千石，謹察可者，詣太常，得受業如弟子。一歲皆輒試，能通一藝以上，補文學、掌故缺。後世因稱諸生爲文學矣。新安，縣名。河北、河南、浙江、安徽、廣東各省皆有之，此似謂今安徽之歙縣，古新安郡之郡治也。明歙縣屬徽州府，領於南京。《明史》志《地理一》徽州府歙注：西北有黃山，新安江出焉。王麗正曾在金聲幕，聲保績溪、黃山以抗清，一時池、寧、徽諸府人多應之，詳下，麗正疑亦爲於此時入幕之人。

兩年相遇都門道，只有王生是故人。原廟松楸頻眺望〔一〕，夾城花蕚屢經巡〔二〕。悲歌絕塞將歸客，學劍空山未老身〔三〕。生舊在金侍郎聲幕府。貰得一杯燕市酒〔四〕，傾來和淚濕車輪〔五〕。

【彙校】
〔學劍句〕句下自注：徐注本移題下。
【彙注】
〔一〕原廟　蔣常案：見卷二《恭謁孝陵》詩"衣冠"二句注。
〔二〕夾城句　徐注：杜甫《秋興》詩：花蕚夾城通御氣。
　　　　　蔣常案：《唐會要》：開元二十六年，廣花蕚樓，築夾城，入芙蓉園。
〔三〕學劍句　徐注：《史記·項羽本紀》：學書不成，去，學劍。《明史·金聲傳》：聲，字正希，休寧人。十六年冬，廷臣交薦，即命召用，促入都陛見，未赴而京師陷。福王立於南京，超擢聲左僉都御史。聲堅不起。清兵破南京，列郡望風迎降，聲糾集士民保績溪、黃山，分兵扼六嶺。寧國丘祖德、徽州溫璜、貴池吳應箕等多應之，乃遣使通表唐王，授聲右都御史兼兵部右侍郎，總督諸道軍。拔旌德、寧國諸縣。九月下旬，徽故御史黃澍降於清，王師間道襲破之。聲被執至江寧，語門人江天一曰：子有老母，不可死。對曰：天一同公起兵，可不同公殉義乎？遂偕死。
〔四〕燕市酒　徐注：《史記·刺客列傳》：荊軻嗜酒，日與狗屠及高漸離飲於燕市。
〔五〕傾來句　徐注：《古詩》：腸中車輪轉。
　　　　　蔣常案：此謂送別將行，傾其酒與淚濕車輪也。

答徐甥乾學

【解題】
　　徐注：張《譜》：崇禎三年，先生第五妹歸同邑太僕少卿徐君應聘之孫開法。注：開法字念茲，號坦齋，恩貢生。次年，甥徐乾學生。
　　蘧常案：《清史稿·徐乾學傳》：字原一，江南崑山人。康熙九年一甲三名進士，授編修。十一年，主順天鄉試，拔韓菼於遺卷中。明年，魁天下，文體一變。十四年，遷左贊善。丁母艱，喪葬一以禮。爲《讀禮通考》百二十卷。起充《明史》總裁官，累擢内閣學士，充《會典》、《一統志》副總裁。二十六年，遷左都御史。擢刑部尚書。乞罷，卒。

　　轉蓬枯質自來輕〔一〕，繞樹孤棲尚未成〔二〕。守兔江湄遲夜月〔三〕，飲牛澗底觸秋聲〔四〕。孤單苦憶難兄弟〔五〕，薄劣煩呼似舅甥〔六〕。今日燕臺何邂逅〔七〕？數年心事一班荆〔八〕。

【彙校】
〔煩呼〕徐注本，吴、汪、曹三校本"煩"作"頻"。
【彙注】
〔一〕轉蓬　徐注：曹植《雜詩》：轉蓬離本根。
〔二〕繞樹句　蘧常案：上年至昌黎、昌平，返山東。復南歸，次揚州。旋又北去至天津。今年二月，復至昌平。六月，返山東。棲遑無定所。故詩云云。
〔三〕守兔句　原注：鮑照《擬古詩》：南國有儒生，迷方獨淪誤。

伐木清江湄,設置守麑兔。

　　蘧常案:《後漢書·章帝紀》:朕思遲直士。王先謙《集解》:何若瑤曰:遲,待也。

〔四〕飲牛句　徐注:《高士傳》:堯又召許由爲九州長,由不欲聞之,洗耳於潁水濱。巢父牽犢欲飲,見由洗耳,問其故。語之。巢父曰:污吾犢口。牽犢上流飲之。

〔五〕孤單句　徐注:《南齊書·孝義傳》:同里陳穰,孤單無親戚。《世説》:陳太丘曰:元方難爲兄,季方難爲弟。

　　蘧常案:《清史稿·徐元文傳》:與兄乾學、弟秉義有聲於時,稱爲"三徐"。元文,字公肅,舉順治十六年進士第一。康熙二十八年,拜文華殿大學士。兄乾學豪放,頗招權利;而元文謹禮法,門庭肅然。秉義,字彥和,舉康熙十二年進士第三。累遷内閣學士。全祖望先生《神道表》:徐尚書乾學兄弟,甥也。當其未遇,先生振其乏。案:徐《譜》:崇禎六年,甥徐秉義生。七年,元文生。則秉義兄而元文弟,《清史稿》疑誤。

〔六〕薄劣句　蘧常案:謝靈運《九日從宋公戲馬臺集送孔令》詩:彼美丘園道,喟焉傷薄劣。《太平御覽》卷一百二十八徐爰《宋書》曰:何無忌,劉牢之甥,酷似其舅。

〔七〕今日句　徐注:《上谷郡圖經》:黄金臺在易水東南十八里,燕昭王置千金於臺上,以延天下之士。《水經注》:固安縣有黄金臺。《郡國利病書》:今都城東南十六里有黄金臺,後人僞爲耳。

　　蘧常案:李白《江上奉答崔宣城》詩:謬忝燕臺召,而陪郭隗蹤。

〔八〕班荆　蘧常案:見卷三《酬歸祚明戴笠王仍潘檉章四子韭溪草堂聯句見懷二十韻》詩"班荆"注。

天　津

【解題】
　　徐注：《方輿紀要》：天津衛西北至順天府二百七十里，水行四百里。城周九里，北瀕衛河，東繞潞河，漕舟悉出於此。

　　文皇都北平〔一〕，始建天津衛〔二〕。内以輔神京，外徹溟海際〔三〕。南北瀉兩河，吐納百川細〔四〕。輓漕日夜來，貢賦無留滯〔五〕。重臣鎮其間，鼎足分宣薊。豈惟念輸將，隱然存大計〔六〕。孽盜踵巢芝〔七〕，共主非幽厲〔八〕。曾無一矢遺〔九〕，欻啓都城閉〔一〇〕。馬嵬止玄宗〔一一〕，曹陽宿獻帝〔一二〕。雖云兩日程，乘輿豈能詣〔一三〕？先帝一出宫，洞然知國勢。與其蹈危塗，不若宫中縊〔一四〕。嗚呼事一乖，宇宙遂顛躓。開府固庸才，奉頭竟南逝〔一五〕。巡撫馮元颺。佇言曲突謀，縱有亦奚濟〔一六〕？何人爲史官？直筆掃蕪翳。登陴望九門〔一七〕，臨風灑哀涕。

【彙校】
〔題〕此首與下《舊滄州》兩詩，潘刻本、徐注本列在《再謁天壽山十三陵》詩前。

【彙注】
〔一〕文皇句　蓬常案：《明史·成祖本紀三》：永樂二十二年七月崩。九月，上尊謚曰體天弘道高明廣運聖武神功純仁至孝文皇帝。又志《地理一》：順天府，洪武元年八月改爲北平府，十月，屬山東行省。二年三月，改屬北平。永樂元年正月，升爲北京。

〔二〕始建句　徐注:《方輿紀要》:永樂二年,築城置戍。三年,調天津衛及天津左衛治焉。四年,復調天津右衛駐焉。初設備兵使者於此。

　　蘧常案:《明史》志《地理一》河間府靜海注:北有天津衛,永樂二年十一月置。

〔三〕内以二句　徐注:《方輿紀要》:元行海運,以天津海道爲咽喉要道。《志》云:天津一隅,東南漕舶,鱗集其下。去海不過百里,風帆馳驟,遠自閩、浙,近自登、遼,皆旬日可達。控扼襟要,誠京師第一形勝處也。

〔四〕南北二句　徐注:《方輿紀要》:靜海縣小直沽,其北則北河,受北路之水;其南則衞河,合南路之水,皆會於此,同流入海,天津衞設焉,爲京師東面襟喉之地。

〔五〕輓漕二句　徐注:《明史》志《食貨三》:漕運自成祖遷燕,道里遼遠,法凡三變。初支運,次支運兑運相參,至支運悉變爲長運而制定。又:淮、徐、臨、德各有倉。江西、湖廣、浙江民運糧至淮安倉,分遣官軍就近輓運。自淮至徐以浙、直軍;自徐至德以京衞軍;自德至通以山東、河南軍。以次遞運,歲凡四次,可三百萬餘石,名曰支運。由是海陸兩運皆罷,惟存遮洋船。每歲於河南、山東、小灘等水次兑糧三十萬石,十二輸天津,十八由直沽入海輸薊州。

　　蘧常案:《説文解字》:漕,水轉穀也。

〔六〕重臣四句　徐注:《明史》志《職官二》:成化二年專設都御史贊理軍務,巡撫順天、永平、河間等處。先是,薊、遼有警,間遣重臣巡視,或稱提督;至是,以邊患益甚,始置總督,開府密雲,轄順天、保定、遼東三巡撫。《方輿紀要》:天津衞,其後遼左多事,增置重臣,已列將領,爲京師東南之巨鎮。又《明史》:天津巡撫,萬曆二十五年以倭寇陷朝鮮設。《漢書·鼂錯傳》：屯戍之事益省，轉將之費益寡。

　　蘐常案：《明史》志《兵三》：初設遼東、宣府、大同、延綏四鎮，繼設寧夏、甘肅、薊州三鎮。案：宣薊，謂宣府、薊州兩鎮也。

〔七〕巢芝　徐注：《唐書·黃巢傳》：黃巢，曹州人。世鬻鹽，富於貲，善擊劍騎射。乾符二年，濮州賊王仙芝亂長垣，有衆三千。先有謠曰：金色蝦蟆争努眼，翻却曹州天下反。及仙芝盜起，巢與羣從八人，募衆應之。仙芝敗，推巢爲主，號衝天大將軍，陷京師，僭位。號大齊，改元金統。

〔八〕共主句　徐注：《孟子》：名之曰幽、厲。

　　蘐常案：永昌詔亦云"君非甚暗"，見卷一《大行皇帝哀詩》"人多"句注。

〔九〕曾無句　徐注：《左傳》成公十二年：無亦唯是一矢以相加遺。

〔一〇〕欸啓句　蘐常案：《小腆紀年》：崇禎十七年三月乙巳，闖圍京師。丙午申刻，彰義門忽啓，蓋太監曹化淳獻城也。賊大衆馳入，官軍鳥獸散焉。《北略》：彰義門忽啓，德勝、平則二門亦隨破，或云王相堯等内應也。

〔一一〕馬嵬句　蘐常案：《陝西通志》：馬嵬陂，在西安興平縣西二十五里。《舊唐書·楊貴妃傳》：安禄山叛，潼關失守，從幸至馬嵬。禁軍大將軍陳玄禮密啓太子誅國忠父子。既而四軍不散，玄宗遣力士宣問，對曰：賊本尚在。蓋指貴妃也。帝不獲已，與妃詔，遂縊死。

〔一二〕曹陽句　徐注：《後漢書·獻帝紀》：興平二年十一月庚午，李傕、郭汜等追乘輿，戰於東澗，王師敗績。壬申，幸曹陽，露次田中。注：曹陽，澗名，今在陝州西南七里，俗謂之七里澗。又《郡國志》：弘農郡弘農縣有曹陽亭，曹操改曰子陽澗。

〔一三〕雖云二句　蔣常案：此二句,當爲馮元颺請崇禎南遷之説而發。"兩日程",謂北京至天津也。其説見黄宗羲《巡撫天津右僉都御史留仙馮公神道碑銘》：當是時,慈谿馮公留仙巡撫天津。先是,崇禎十六年冬十月,公密陳南北機宜,謂道路將梗,當疏通海道,防患於未然。天子俞之。公乃具海舟二百艘,以備緩急。明年三月,使其子愷章入迎天子,奏曰：京師戎政久虚,以戰以守,無一可恃。臣督勁旅五千,馳赴通郊,躬候聖駕航海行幸留都。初七日,愷章至京師,見張公國維。張公曰：寇深矣,是請也,不可緩。倪公元璐曰：皇上有國君死社稷之言,羣臣無以難也。方公岳貢、范公景文曰：曩者津門餉匱,公要蘇州之運以給之,天子方怒。疏上且死。愷章徬徨七日,不得要領,歸報於公,未四日而京師陷。

〔一四〕先帝四句　徐注：《烈皇小識》：駙馬鞏永固面奏：賊勢猖獗,官兵畏賊如虎。祈簡才望大臣,重守都城。聖駕南巡,徵兵親討。臣號召京畿義勇,可得十萬衆,扈從起行。上意不決。諸臣言其誕妄,議守九門。十五夜,上復召永固問以前策。對曰：賊前尚遠,人皆畏賊,六龍南幸,從者必多；今者已逼近,人心瓦解,臣不誤陛下也。上頷之。十八夜,上微服雜內奄出東華門。至朝陽門,訛言王太監奉旨出城。守者請以天明請驗。扈從者奪門,守者反礮擊之,不得出。朝陽係朱純臣所守,急詣純臣第。閽人辭以赴宴未回。上歎息而起,走安定門,門閘堅不可舉,乃返厚載門。是夜,方岳貢直宿精微科。四鼓,內侍傳諭諸先生速赴行在,聖上已同鞏駙馬、王太監出宮矣。《明史・吳甘來傳》：有言駕南幸者,甘來曰：主上明決,必不輕出。又《史直傳》：有傳帝南狩者,直將往從；見賊騎塞道,出門輒返。曰：四方兵戈,駕焉往？

蘐常案：宮中縕，見卷一《大行皇帝哀詩》題注。

〔一五〕開府二句　徐注：《明史·馮元飈傳》附元飇：元飇，字爾弢，崇禎元年進士。累遷福建提學副使，獲譴，謫山東。十一年，濟南被兵，攝濟寧兵備事。十四年十月，擢右僉都御史，代李繼貞巡撫天津，兼督遼餉。時元飇已掌中樞。帝顧其兄弟厚，嘗賜宮參療元飇疾，而元飇以衰老乞休。詔遣李希沆代，未至而京城陷。元飇乃由海道脫歸。

蘐常案：奉頭，見卷三《山海關》詩"廣寧"三句注。

〔一六〕侈言二句　徐注：《漢書·霍光傳》：客有過主人者，見其竈直突，旁有積薪。客謂主人更為曲突，遠徙其薪，不者，且有火患。俄而家果失火。救之幸息。於是殺牛置酒，灼爛者在上行，不言曲突者。人謂主人曰：鄉使廳客之言，不費牛酒，終無火患。今論功而請賓，曲突徙薪無恩澤，焦頭爛額為上客耶？　全云：意指梨洲津撫志銘之非。

蘐常案：黃宗羲《巡撫天津右僉都御史留仙馮公神道碑銘》：銘曰：當國危言，曰守曰避，擇斯二者，視其形勢。唐避再興，宋守不墜，未嘗執一，以為正義。奈何小儒，今古不備，伯紀（案：李綱字）一言，遂同成議。南遷之論，其時有二，在外惟公，在內惟李（原注：邦華）。舉朝不然，至委神器，當日陪京，原有深意。公言若行，天威尚屬，官守奔問，山河位置。幸災樂禍，何所施計？吁嗟馮公，此願不遂。蹈海南還，一丘貉睡，鐘鼓無靈，灰釘見志。案：當時頗疑元飇以請南幸未上之疏飾其棄鎮逃歸之罪，故詩以為即有此謀，亦無濟於實事也。又，"原注邦華"四字，或係誤入。蓋爭南幸者為李明睿（字太虛，時官中允），而邦華則請帝固守京師，以太子監國留都。吳偉業《壽座主李太虛》詩"江湖有夢爭南幸，遼海無家紀北歸"，即指其事。

〔一七〕登陴句　徐注：《嘉話錄》：張巡守睢陽，激厲將士，賦詩曰：裹瘡猶出陣，飲血尚登陴。

　　　　蘧常案：九門，見卷二《淮東》詩"長安"句注。

舊　滄　洲

【解題】

徐注：《明史》志《地理》：河間府滄州，洪武初以州清池縣省入。注：舊治在東南。洪武二年五月，徙於長蘆，即今治也。東濱海，西有衛河，南有浮河，北有長蘆巡檢司。

落日空城內，停驂問路歧〔一〕。曾經看百戰〔二〕，唯有一狻猊〔三〕。

【彙校】

〔題〕徐注本，吳、汪、曹三校本"洲"作"州"。丕續案：作"州"是。

【彙注】

〔一〕停驂　蘧常案：見前卷三《薊州》詩"停驂"注。

〔二〕曾經句　徐注：《方輿紀要》：秦屬鉅鹿，漢置渤海郡。燕、齊有事，必先爭渤海，地理然也。朱全忠屢攻滄州而未能有，石晉以瀛、莫入契丹而滄州之患益亟。周世宗雖復關南，以州境據河濱海，北望遼、碣，列營戍守。宋承其轍。蒙古取燕，先殘滄、景。及山東羣盜共起亡元，陷清、滄，據長蘆，郊圻皆戰地矣。

〔三〕狻猊　徐注：《爾雅》：狻猊，狀如虦貓，食虎豹。郭璞注：即獅子也。《一統志》：開元寺在舊滄州城內,有鐵獅子高一丈七尺,長六尺。相傳周世宗時,有罪人鑄以贖罪,今寺廢,獅亦殘缺。

白　　下

【解題】

徐注：《江寧府志》：白下縣城即南琅琊郡,古白石壘。《唐書·地理志》：武德元年,罷金陵縣,築此城,因其舊名曰白下縣。

白下西風落葉侵,重來此地一登臨。清笳皓月秋依壘,野燒寒星夜出林。萬古河山應有主,頻年戈甲苦相尋〔一〕。從教一掬新亭淚〔二〕,江水平添十丈深。

【彙校】

此首常熟瞿氏鐵琴銅劍樓藏《蔣山傭詩集》本與各本全異,錄之如次：白下西風木葉多,重來舊館一經過。氍裘水上依搖櫓,烽火山頭出負戈。月逗隱磯驚鸛雀,雲迷絕島失黿鼉。登樓即有清笳韻,獨夜何人與嘯歌？

【彙注】

〔一〕頻年句　徐注：《南略》：鄭成功入鎮江,管效忠戰敗走南京,蔣國柱走丹陽。部院郎廷佐斂兵閉守江寧,檄松江提督馬逢知、崇明提督梁化鳳入援。逢知遞書約降,惟化鳳以四千人至,亦偽降。成功管甲吏某以淫掠被笞,怨成功,縋入城,輸虛實。廷佐令掘神策門出師,成功將余士信被禽,甘輝身中三十餘矢,乃走。廷佐計焚其四艘,鄭兵大敗,奔白土山,舟已開矣。勇銳投江死者至四千餘人。

　　蔣常案：詩曰"頻年戈甲",則當合乙酉清兵之陷南都、明宗室盛溥之襲江寧、癸巳張名振以鄭成功之師入長江、甲午再入長江至觀音門,及上年成功進攻南京諸役而言。陷南都事,詳卷一《上吳侍郎晹》詩"鑾輿"句及卷二《贈于副將元凱》詩"南都"句兩注。張名振事,見卷二《金山》詩"海師"句及"故侯"句兩注。上年成功進攻事,詳卷三《江上》詩"江上"二句、"一鼓"句、"覆亡"句各注。徐注僅以成功進攻事當之,非。惟所引有與《江上》詩注相發者,存之。

〔二〕新亭淚　蔣常案：見卷一《京口》詩第二首"相對"句注。

重 謁 孝 陵

【解題】

　　蔣常案：《元譜》：十七年秋,南歸,抵金陵,七謁孝陵。

　　舊識中官及老僧,相看多怪往來曾〔一〕。問君何事三千里〔二〕？春謁長陵秋孝陵〔三〕。

【彙注】

〔一〕相看句　徐注：薩都拉詩：舊游多識往來曾。
〔二〕三千里　徐注：《明史》志《地理一》：南京距北京三千四百四十五里。
〔三〕長陵、孝陵　徐注：程先貞《謝亭林先生序詩》詩：周行中土三千里,痛哭先朝十四陵。

蘧常案:長陵見卷三《恭謁天壽山十三陵》詩題注。孝陵見卷二《恭謁孝陵》題注。

贈林處士古度

【解題】

蘧常案:《元譜》:古度,字茂之,一字那子,福清人。時年已八十一。亂後僑寓金陵。著有《茂之詩選》。案:吳《譜》、戴注,皆以古度爲侯官人。考《同志贈言》:古度奉答贈詩,自署福清乳山八十一老人,則《元譜》是而吳《譜》非也。錢邦彦《顧譜校補》據方苞《望溪文集·三山林湛傳》,疑湛爲古度名;然《林湛傳》言"亂既平,行遊浙東西,踰齊、魯,客燕、趙,無所合而歸",與古度亂前後久客金陵者不符。錢説殆亦非。

老者人所敬[一],於今乃賤之。臨財但苟得[二],不復知廉維。五官既不全,造請無虛時[三]。趙孟語諄諄[四],煩亂不可治[五]。期頤悲褚淵[六],耄齒嗟蘇威[七]。以此住人間,動輒爲世嗤[八]。嶷嶷林先生[九],自小工文辭[一〇]。彬彬萬曆中,名碩相因依[一一]。高會白下亭[一二],卜築清溪湄[一三]。同心游岱宗[一四],誼友從湘纍[一五]。江山忽改色,草木皆枯萎。受命松柏獨,不改青青姿[一六]。今年八十一,小字書新詩[一七]。方正既無詘[一八],聰明矧未衰[一九]。吾聞王者興,巡狩名山來。百年且就見,況德爲人師[二〇]。唯此耇成人,皇天所愁遺[二一]。以洗多壽辱,以作邦家基〔一二〕。

【彙注】

〔一〕老者句　原注：《漢書·東方朔傳》：老者，人所敬也。

〔二〕臨財句　徐注：《禮》：臨財毋苟得。《管子》：禮、義、廉、恥，國之四維。《日知錄》：元祐初，知貢舉蘇軾、孔文仲奏言：此曹垂老，別無所望。布在州縣，惟務黷貨以爲歸計。又：及其老也，戒之在得。故有杖鄉之制，以尊高年；致仕之節，以養廉恥。若以賓王謁帝之榮，爲憫老酬勞之具，恐所益於儒林者小，而所傷於風俗者多。養陋識於泥塗，快羶情於升斗。豈有趙孟之禮絳人，穆公之思黃髮，足以裨君德而持國是者乎？

　　蘧常案：《禮》"臨財毋苟得"，無論老少也。此"得"字，蓋承上"老者"，兼用《論語·季氏》"及其老也，戒之在得"語。《集解》：孔曰：得，貪得。

〔三〕造請　徐注：《漢書·張湯傳》：其造請諸公，不避寒暑。

　　蘧常案：鄭玄《周禮·地官·司門》注：造，至也。

〔四〕趙孟句　徐注：《左傳》襄公三十一年：趙孟將死矣，且年未盈五十，而諄諄然如八九十者。

〔五〕煩亂句　徐注：《漢書·張敞傳》：能吏任治煩亂。

〔六〕期頤句　原注：《南史·褚淵傳》：齊受禪，拜司徒，賓客滿坐。其兄炤歎曰：彥回少立名行，何意披猖至此？門户不幸，復有今日之拜。使彥回作中書郎而死，不當是一名士邪？名德不昌，乃復有期頤之壽。

〔七〕耄齒句　原注：《隋書·蘇威傳》：大唐秦王平王充，坐於東都閶闔門内。威請謁見，稱老病不能拜起。王遣人數之曰：公隋朝宰輔，政亂不能匡救，遂令品物塗炭，君弒國亡。見李密、王充皆拜伏舞蹈，今既老病，無勞相見也。尋歸長安，至朝堂請見，又不許。卒於家，年八十八。

〔八〕以此二句　徐注：《行在春秋》：隆武二年十二月十五日，清陷廣州。注：清將佟養甲、李成棟遣游擊龐起龍僞爲援兵，襲陷廣州，舊輔何吾騶等俱降。永曆二年，李成棟以肇慶内附，吾騶復入直。三年十一月初二，清陷廣州，屠之。《南略》：先朝輔黃士俊、何吾騶及鄉紳楊邦翰、李貞等俱投誠恐後。當時嘲士俊有"君王若問臣年紀，爲道今年方薙頭"之句。蓋崇禎末年，士俊曾膺存問也。士俊，萬曆癸卯舉人，丁未狀元，至是年已八十二。狀元宰相，他人以不壽爲不幸，而士俊又以多壽爲不幸也。

　　蘧常案：不獨何、黃，意亦在錢謙益也。

〔九〕嶷嶷　徐注：《史記・帝嚳本紀》注：嶷嶷，小兒有知也。

〔一〇〕自小句　徐注：杜甫詩：少小愛文辭。

　　蘧常案：王士禛《池北偶談》：林茂之先生攜其萬曆甲辰以後六十年所作，屬予論定。因爲披揀，得百五六十首。皆清新婉縟，有六朝初唐之風。施愚山過廣陵讀之，驚曰：世幾不知此老少年面目矣，子真茂之知己也。

〔一一〕彬彬二句　徐注：《論語》：文質彬彬。《唐書・盧鈞傳》：以鈞名碩長者。

　　蘧常案：鄧之誠《清詩紀事》：古度少以《摛鼓行》受知屠隆，與曹學佺、吳非熊相唱和。案：屠、曹皆萬曆進士。

〔一二〕高會　徐注：《江寧府志・古蹟》：白下亭在宋城東門外，當今通濟門外，亭以城名。

〔一三〕卜築句　徐注：《上江兩縣志》"鍾山林古度墓"注：《待徵錄》：古度有別墅在溧水乳山，曾營生壙於此。

　　蘧常案：清溪，當作青溪，見卷三《桃葉歌》"青溪"注。

〔一四〕岱宗　蘧常案：見卷三《登岱》詩題注。

〔一五〕湘纍　蘧常案：見卷三《京師作》詩"悴比"句注。

〔一六〕受命二句　原注：《莊子·德充符》：受命於地，唯松柏獨也，冬夏青青。

〔一七〕新詩　蘧常案：《清詩紀事》：王士禎盡去天啓甲子以後之作，于是古度故君故國之思，憑弔興亡之作，胥不傳矣。

〔一八〕方正句　蘧常案：《江寧府志》：年八十餘，貧甚，冬夜擁敗絮，旅寓蕭然。

〔一九〕聰明句　蘧常案：《池北偶談》云：予見之時，兩目已失明。則在五年後矣。

〔二〇〕吾聞四句　徐注：《孟子》：五百年必有王者興。《禮·王制》：天子五年一巡狩。又：柴而望祀山川，覲諸侯，問百年者，就見之。《後漢書·伏湛傳》：經爲人師。

〔二一〕考成人二句　原注：《書·康誥》：汝丕遠惟商考成人。　徐注：《詩》：燕厥皇天。又：不愍遺一老。

〔二二〕多壽辱二句　原注：《莊子·天地》：多壽則多辱。　徐注：《詩》：樂只君子，邦家之基。

附：《同志贈言》林古度《奉答寧人先生贈詩次韻》

夙聞聖人言，老者曰安之。今世無聖人，久已弛四維。布内非不欲，有司非其時。予也每自省，平生生莫治。未能即仙去，學彼丁令威，躑躅塵市中，嘗爲俗世嗤。幸遇顧夫子，錯愛贈温辭。有若古賢哲，怳爾是天隨。忘形出至性，過從淮水湄。篋中寡庸言，著述頗累累。最要《北游草》，覽之不勝披。筆墨類容貌，端然忠義姿。謁拜十三陵，以死而託詩。直是紀朝代，切志興茲衰。旋當建功業，勿謂俟將來。老少不足論，儒雅真吾師。滔滔者斯世，賴有救子遺。龍馬與鳳鳥，出圖而來儀。

羌 胡 引

【解題】

　　蔣常案："羌胡"，孫校本作"陽虞"，蓋以韻目代"羌虜"，與此不同。考本集每以匈奴、胡、東胡、獪虜、東夷、戎虜、朔虜斥清，未嘗稱羌，蓋以羌在西，與清之在東絕不相類也。即此詩亦只言東夷、夷孽、建州，不一言"羌"，與題不相應。頗疑"陽"蓋代"王"。"陽""虞"應乙，則爲"虞王"。虞王謂順治。詩首祖龍、佛貍皆比順治，下又歷言其三世入侵之憤。以此立題，似爲得之。此詩作於順治十七年，明年正月丁巳，順治病歿。意當時民間或亦有咒詛謠語流傳，故以祖龍、佛貍作比。所謂"明年"亡，"卯年"死，竟偶中矣。《初學記》：古琴曲有九引。《白石詩說》：載始末曰引。

　　今年祖龍死[一]，乃至明年亡[二]。佛貍死卯年[三]，却待辰年戕[四]。歷數推遷小贏縮[五]，天行有餘或不足[六]。東夷跳梁歷三世[七]，四十五年稱僞帝[八]。牂牁越嶲入輿圖[九]，兩戒山河歸宰制[一〇]。佳兵不祥[一一]，天道好還[一二]，爲賊自賊，爲殘自殘。我國金甌本無缺[一三]，亂之初生自夷孽[一四]。徵兵以建州[一五]，加餉以建州[一六]。土司一反西蜀憂[一七]，妖民一唱山東愁[一八]。以至神州半流賊[一九]，誰其嚆矢繇夷酋[二〇]。四入郊圻躪齊魯，破邑屠城不可數[二一]。刳腹絕腸，折頸摺頤[二二]，以澤量屍[二三]。幸而得囚[二四]，去乃爲夷。夷口呀呀[二五]，鑿齒鋸牙[二六]。建蚩旗[二七]，乘莽車[二八]。視千城之流血[二九]，擁艷女兮如花[三〇]。嗚呼！夷德之殘如此，而謂天欲與之國家〔三一〕!然則蒼蒼者〔三二〕,其果無知也耶?或曰完顔氏之興〔三三〕,不亦然與?中國之弱〔三四〕,蓋自五代。宋與契丹,爲兄爲弟〔三五〕,上告之明神,下傳之子孫〔三六〕。一旦與其屬夷〔三七〕,攻其主人。是以禍成於道君〔三八〕,而天下遂以中分〔三九〕。然而天監無私〔四〇〕,餘殃莫贖〔四一〕,汝水雲昏,幽蘭景促〔四二〕,彼守緒之遺骸,至臨安而埋獄〔四三〕。子不見夫五星之麗天,或進或退,或留或疾〔四四〕。大運之來,固不終日〔四五〕。盈而罰之,動而蹶之。天將棄蔡以壅楚〔四六〕,如欲取而固與〔四七〕。力盡敝五材〔四八〕,火中退寒暑〔四九〕。湯降文生自不遲〔五〇〕,吾將翹足而待之〔五一〕。

【彙校】

〔題〕此首朱刻本,孫託荀校本,孫、吳、汪各校本皆有;潘刻本、徐注本無。孫校本作"陽虞引",則"羌虜"之代字也。朱刻本注云"上章困敦",在《贈黃職方》後,庚子。孫託荀校本注同,無紀年。
〔歷數句〕孫託荀校本、吳汪兩校本"歷"作"曆";孫校本"贏"作"嬴"。丕續案:《管子·勢篇》:成功之道,嬴縮爲寶。《太玄·玄數》:推三爲嬴。皆假"嬴"爲"贏"也。 〔東夷跳梁〕朱刻本作"□□□□";孫校本"夷"作"支",韻目代字也。 〔僞帝〕朱刻本"僞"作"□";孫校本"帝"作"霽",韻目代字也。 〔爲賊二句〕朱刻本兩"賊"字、兩"殘"字皆作"□"。 〔夷孽〕朱刻本作"□□";孫校本"夷"作"支",韻目代字也。 〔徵兵二句〕孫校本兩"建"字並作"願",韻目代字也。 〔夷酋〕朱刻本作"□□",孫校本作"支尤",韻目代字也。 〔齊魯〕孫校本作"魯齊"。 〔破邑屠城〕孫校本作"破屠邑城"。 〔去乃爲夷二句〕朱刻本兩"夷"字作"□";孫校本作"支",韻目代字也。 〔千城〕孫校本"千"作

"干"。〔夷德之殘〕朱刻本"夷"、"殘"二字皆作"□";孫校本"夷"作"支",韻目代字也。 〔完顏氏〕孫託荀校本無"氏"字。 〔明神〕孫、吴、汪各校本作"神明"。丕續案:注文引葉隆禮《契丹國志》載契丹誓書,正作"明神",則作"神明"非。 〔屬夷〕孫校本"夷"作"支",韻目代字也。 〔汝水〕孫校本"汝"作"海"。 〔動而蹶之〕此句朱刻本,孫託荀校本,吴、汪兩校本皆有;孫校本無。

【彙注】

〔一〕今年句　蔣常案:見卷一《秦皇行》"隕石化"三句注。祖龍,裴駰《史記集解》:蘇林曰:祖,始也。龍,人君象。謂始皇也。

〔二〕明年亡　蔣常案:見卷一《秦皇行》詩題注。

〔三〕佛貍句　蔣常案:《北史・魏本紀》:世祖太武皇帝諱燾。《宋書・索虜傳》:魏明元帝子燾,字佛貍。《南史・臧質傳》:文帝二十七年,魏太武帝率大衆數十萬向彭城,以質爲輔國將軍北救。始至盱眙,太武已過淮。二十八年,太武自廣陵北反,攻盱眙,就質求酒。質封溲便與之。太武怒甚,築長圍。質報太武書云:爾不聞童謠言耶?虜馬飲江水,佛貍死卯年。冥期使然,非復人事。寡人受命相滅,期之白登。師行未遠,爾自送死,豈容復令爾饗有桑乾哉!時魏地童謠曰:軺車北來如穿雉,不意虜馬飲江水;虜主北歸石濟死,虜欲渡江天不徙。故答書引之。

〔四〕辰年戕　蔣常案:《北史・魏本紀》:太武帝正平二年三月甲寅,中常侍宗愛構逆,帝崩於永安宫,時年四十五。案:正平二年,太歲在壬辰,故云"却待辰年戕"也。

〔五〕曆數句　蔣常案:《書・洪範》:五曰曆數。《論語・堯曰》篇:天之曆數在爾躬。劉寶楠《正義》:《書・堯典》云:乃命羲和,欽若昊天,曆象日月星辰,敬授民時。曆象,曆數,詞意並同,是歲月日星辰運行之法。《史記·天官書》：歲星趨舍而前,曰贏；退舍,曰縮。

〔六〕天行句　蘧常案：《易·乾》：天行健。《明史》志《曆一》：天行至健,確然有常,本無古今之異。其歲差、盈縮、遲疾諸行,古無而今有者,因其數甚微,積久始著,古人不覺而後人知之,而非天行之忒也。

〔七〕東夷句　蘧常案："東夷"謂清,"三世"謂清太祖、太宗、世祖也。《清史稿·本紀》云：其先蓋金遺部。始祖布庫里雍順,定三姓之亂,衆奉爲貝勒,居長白山東俄漠惠之野俄朶里城,號其部族曰滿洲,滿洲自此始。太祖姓愛新覺羅氏,諱努爾哈赤。自摧九部之師,境宇日拓。用兵三十餘年,建國踐祚。薩爾滸一役,翦商業定,遷都瀋陽。太宗,諱皇太極,太祖第八子。內修政事,外勤討伐,用兵如神,所向有功。雖大勳未集,而世祖即位朞年,中外即歸於一統。世祖,諱福臨,太宗第九子。入關定鼎,奄宅區夏,雖景命不融,而丕基已鞏。此所敍武功,即詩所謂"跳梁"也。《漢書·蕭望之傳》：今羌一隅小夷,跳梁於山谷間。

〔八〕四十五年句　蘧常案：《清史稿·太祖本紀》：天命元年丙辰春正月壬申朔,即位,建元天命,定國號曰金。諸貝勒大臣上尊號曰覆育列國英明皇帝。又《太宗本紀》：崇德元年夏四月乙酉,行受尊號禮,定有天下之號曰大清,改元崇德。羣臣上尊號曰：寬溫仁聖皇帝。案：清天命元年,爲明神宗四十四年,至清順治十七年凡四十五年。

〔九〕牂牁句　蘧常案：《漢書·地理志》"牂牁郡"顏師古注：牂牁,係船杙也。《華陽國志》云：楚莊蹻伐夜郎,軍至且蘭,椓船於岸而步戰。既滅夜郎,以且蘭有椓船牂牁處,乃改其名爲牂牁。又"越巂郡"應劭注：故邛都國也。有巂水,言越此水以章休盛也。案：此似泛指黔與蜀西南。《清史稿·世祖本紀》：十四年十二月,命洪承疇經略五省,同羅託等取貴州。十五年五月甲子,官軍復沅、靖,進取貴陽、平越、鎮遠等府,南丹、那地、獨山等州,撫寧土司皆降。六月戊辰,吳三桂等敗李定國將劉正國於三坡,克遵義,拔開州。辛未,以趙廷臣爲貴州巡撫。《小腆紀年》：十六年六月,清兵取成都,明總兵趙友鄢、御史龐之詠、主事賀奇等皆降。冬十月,明郝承裔以邛、眉等州降於清。《後漢書·鄧禹傳》：光武舍城樓,披輿地圖。

〔一〇〕兩戒句　葦常案：《新唐書·天文志》：李淳風譔《法象志》,以爲天下山河之象,存乎兩戒：北戒自三危、積石,負終南地絡之陰；東及太華,踰河並雷首、底柱、王屋、太行,北抵常山之右,乃東循塞垣至濊貊、朝鮮,是謂北紀,所以限戎狄也。南戒自岷山、嶓冢,負地絡之陽；東及太華,連商山、熊耳、外方、桐柏,自上洛南踰江、漢,攜武當、荆山至於衡陽,乃東循嶺徼,達東甌、閩中,是謂南紀,所以限蠻夷也。故《星傳》謂北戒爲胡門,南戒爲越門。

〔一一〕佳兵不祥　葦常案：《老子》：夫佳兵者,不祥之器。

〔一二〕天道好還　葦常案：《老子》：以道佐人主者,不以兵強天下。其事好還。

〔一三〕我國句　葦常案：《南史·朱异傳》：侯景降,武帝欲納之,未決。嘗夙興至武德閤口,獨言：我國家猶若金甌,無一傷缺。承平若此,今便受地,詎是事宜！脫至紛紜,悔無所及。

〔一四〕亂之初生　葦常案：《詩·小雅·巧言》：亂之初生。

〔一五〕徵兵句　葦常案：《明史·熹宗本紀》：天啓元年三月乙卯,清兵取瀋陽。壬戌,取遼陽,經略袁應泰等死之。丙寅,諭兵部：國家文武並用。頃承平日久,視武弁不啻奴隷,致令豪傑解體。今邊疆多故,大風猛士,深軫朕懷！其令有司於山林草澤間,慎選將材。夏四月戊寅,募兵於通州、天津、宣府、大同。甲午,募兵於陝西、河南、山西、浙江。二年三月甲辰,陽武侯薛濂管理募兵。《清史稿·太祖本紀》：滿洲,元於其地置軍民萬戶府。明初,置建州衞。

〔一六〕加餉句　蘧常案：《明史·神宗本紀》：萬曆四十六年七月丙午,清兵克清河堡。八月壬申,海運餉遼東。壬辰,遼師乏餉,有司請發各省稅銀,不報。九月辛亥,加天下田賦。又志《食貨二》：萬曆四十六年,驟增遼餉三百萬。時内帑充積,帝靳不肯發。戶部尚書李汝華乃援征倭、播例,畝加三釐五毫,天下之賦增二百萬有奇。明年復加三釐五毫；明年,以兵、工二部請,復加二釐；通前後九釐,增賦五百二十萬,遂爲歲額。崇禎三年軍興,兵部尚書梁廷棟請增田賦,乃於九釐外畝復徵三釐,共增賦百六十五萬四千有奇；後五年,概徵每兩一錢,名曰助餉；越二年,復行均輸法,畝加徵一分四釐九絲；越二年,楊嗣昌督師,畝加練餉銀一分。御史郝晉言：萬曆末年,合九邊餉止二百八十萬,今加派遼餉至九百萬,勦餉三百三十萬,業已停罷,旋加練餉七百三十餘萬；自古有一年而括二千萬以輸京師,又括京師二千萬以輸邊者乎？疏語雖切實,而時事危急,不能從也。

〔一七〕土司句　蘧常案：《明史·土司傳》：洪武初,西南夷來歸者,即用原官授之。其土司銜號曰宣慰司,曰宣撫司,曰招討司,曰安撫司,曰長官司,以勞績之多寡,分尊卑之等差。而府、州、縣之名亦往往有之。又《熹宗本紀》：天啓元年九月乙卯,永寧宣撫司奢崇明反,殺巡撫徐可求,據重慶。分兵陷合江、納溪、瀘州。丁卯,陷興文。冬十月乙酉,圍成都。二年正月,成都圍解。二月癸酉,水西土同知安邦彥反。三年五月辛丑,四川官軍敗賊於永寧,奢崇明走紅崖。秋七月壬辰,走龍場,與安邦彥合。六年三月庚戌,安邦彥犯貴州,官兵敗績。又《莊烈帝本紀》:崇禎二年秋八月甲子,總兵官侯良柱等擊斬奢崇明、安邦彥於紅土川,水西賊平。

〔一八〕妖民句　蘧常案:《明史·熹宗本紀》:天啓二年五月丙午,山東白蓮賊徐鴻儒反,陷鄆城。六月戊午,陷鄒縣、滕縣。冬十月辛巳,官軍復鄒縣,擒徐鴻儒等,山東賊平。《餘集·三朝紀事闕文序》:臣母授臣《大學》之年,而東方兵起,白氣亘天。明年三月,覆軍殺將。及臣讀《周易》,爲天啓之初元,而遼陽陷,奢崇明、安邦彥並反。其明年,廣寧陷,山東白蓮教妖民作亂。

〔一九〕以至句　蘧常案:《明史·熹宗本紀》:天啓六年八月,陝西流賊起。《甲申朝事小紀》:流寇始於榆林軍劫掠近地,不即撲滅,遂至蔓延,由秦而晉而豫而楚而蜀,復返於秦。另詳卷一《大行皇帝哀詩》"萑苻"句注。

〔二〇〕嚆矢繇夷酋　蘧常案:《莊子·在宥》篇:焉知曾、史之不爲桀、跖嚆矢也。《經典釋文》:向秀云:嚆矢,矢之鳴者。郭象注:言曾、史爲桀、跖之利用也。後引申謂事物之始,謂其矢未至而聲先至也。此用今義。繇夷酋　蘧常案:《爾雅·釋水》:繇膝以下爲揭。邢昺疏:"繇"與"由"同。

〔二一〕四入二句　蘧常案:梅賾《書·畢命》:申畫郊圻。《明史·莊烈帝本紀》:崇禎二年十一月辛丑,清兵薄德勝門。十二年正月庚申,清兵入濟南,德王由樞被執,布政使張秉文等死之。二月,清兵北歸。三月,出青山口,凡深入二千里,閱五月,下畿內、山東七十餘城。十五年十一月壬申,清兵分道入塞,京師戒嚴。庚辰,清兵克薊州。閏月,清兵南下,畿南郡邑多不守。十二月,趨曹、濮,山東州縣相繼下,魯王以派自殺。

〔二二〕刳腹二句　蘧常案:《水經注》:榆次縣南側水,有鑿臺。韓、魏殺智伯瑤於其下,刳腹絕腸、折頸摺頤處也。《説文解字》:摺,敗也。

〔二三〕以澤量屍　蘧常案:《莊子·人間世》篇:輕用民死,死者以國量乎? 澤若蕉。成玄英疏:語其多少,以國爲量。案:詩語用《莊》而略改。

〔二四〕幸而得囚　蘧常案:《左傳》昭公十五年:吾幸而得囚。

〔二五〕呀呀　蘧常案:獨孤及《射虎圖》詩:饑虎呀呀立當路。

〔二六〕鑿齒鋸牙　蘧常案:鑿齒,見前卷一《海上行》"但見"二句注。

〔二七〕建蚩旗　蘧常案:《漢書·天文志》:蚩尤之旗,類彗而後曲,象旗。

〔二八〕乘莽車　蘧常案:《漢書·王莽傳》:或言黄帝時,建華蓋以登僊。莽乃造華蓋九重,高八丈一尺,金瑵羽葆,載以祕機四輪車。駕六馬,力士三百人,黄衣幘。車上人擊鼓。輓者皆呼登僊。莽出,令在前。百官竊言:此似輀車,非僊物也。案:此二句謂清人之入主中夏也。

〔二九〕視千城句　蘧常案:千城流血,不可勝紀。佚名《痛史序》云:值中邦之多難,來外族之憑陵。揚州慘史,周餘有垂盡之傷;江上孤城,父老皆登陴而哭。等衣冠於塗炭,易桑梓爲龍荒。"江上孤城",謂江陰也。即就此兩役述之,亦可概其餘矣。王秀楚《揚州十日記》云:各寺院僧人焚化積尸,查焚尸簿,載數共八十餘萬。其落井投河閉門焚縊者不與焉。烈日蒸灼,尸氣熏人。前後左右,處處焚燒,煙結如霧,腥聞數十里。趙曦明《江上孤忠録》云:是役也,城守八十一日而破。

通計清兵死事不下七萬五千有奇,而吾邑之殉節被難者且十萬矣。清軍於江陰城外一帶地方,逼各家獻寶,姿色婦女擄去者尤多,略不遂意,殺棄河干。甚至四五歲孩童,槍挑球玩,以爲笑樂。將領恨江陰打仗三月,殺傷無數,故不禁約,三日始離境。新縣丞卞化龍命舁尸城外焚瘞於築塘萬骨塋者,爲尸二萬七千餘;就地欑瘞成阜者,不知其數。三街尸骸焚盡,遂移三街之外。死尸隨燒隨埋,比萬骨塋更多數倍。或山或田岸皆是。此乙酉年殉難紀實也。別見卷一《上吳侍郎暘》詩"殺戮"二句注。"千城",孫校本作"干城"。或謂與下"艷女"作對,較工,上已言"破邑屠城",此不應復言"千城流血";"干城流血",指明季遼左陣亡諸將之多。竊意不然。上云"破邑屠城",指"四入郊圻蹂齊魯"而言,此則指入關以後而言,語非複也。且古體原不必作對,遼左諸將陣亡,亦指清人未入關時,不能與入關後併爲一談也。

〔三〇〕如花　蘧常案:王僧孺《月夜詠陳南康新有所納》詩:二八人如花。

〔三一〕天欲與之　蘧常案:《國語·越語》:天予不取,反爲之災。《史記·越王句踐世家》:天與不取,反受其咎。

〔三二〕蒼蒼　蘧常案:《莊子·逍遙遊》篇:天之蒼蒼,其正色邪?

〔三三〕完顏氏　蘧常案:《金史·世紀》:金之始祖諱函普,居完顏部僕幹水之涯。

〔三四〕中國之弱句　蘧常案:"中國之弱,蓋自五代",當指石晉屈事契丹,受册爲兒皇帝。薛居正《五代史》謂"其圖始之初,強鄰來援。契丹自兹而孔熾,黔黎由是而罹殃。迨至嗣君,兵連禍結。卒使都城失守,舉族爲俘。亦由決鯨海以救焚,何逃没溺?飲鴆漿以止渴,終取喪亡"。蓋兩宋外禍,實由此啓。然《文集·與李紫濤書》,乃與此異。其言曰:城郭溝池以爲固,甲兵以爲防,米粟芻茭以爲守,三代以來,王者之所不廢。自宋太祖懲五季之亂,一舉而盡撤之,於是風塵乍起,而天下無完邑矣。姑兩著之,以觀其通。

〔三五〕宋與契丹二句　蔣常案:《宋史·真宗本紀》:景德元年十一月,契丹兵至澶州北,直犯前軍西陣。其大帥撻覽耀兵出陣,俄中伏弩死。丙子,帝次澶州,渡河,幸北砦。十二月,契丹使韓杞來講和。遣李繼昌使契丹,定和。甲午,車駕發澶州。乙未,契丹以誓書來。丁酉,契丹兵出塞。戊戌,至自澶州。《遼史·聖宗本紀》:統和二十二年十二月,宋遣李繼昌請和,以太后爲叔母,願歲輸銀十萬兩,絹二十萬匹,許之。畢沅《續資治通鑑》:曹利用至遼軍帳,議始定。遼主復遣王繼忠見利用,具言南北通和,實爲美事。主上年少,願兄事南朝。

〔三六〕上告二句　蔣常案:葉隆禮《契丹國志》:報宋誓書云:共議戢兵,復諭通好。兼承惠顧,持示誓書以風土之宜云云。某雖不才,敢遵此約,告之天地,誓之子孫。苟渝此盟,明神是殛。

〔三七〕一旦句　蔣常案:《續通志·金太祖紀》:昭祖舒嚕,始立條教,約束部衆。及耀武於青嶺、白山,而勢乃寖强。遼主(案:契丹至太宗德光,改國號曰遼)官以特哩袞。生子景祖烏古鼐,稍役屬諸部。遼主以爲生女真節度使,稱都太師。遼主嘗欲刻印與之,使係籍,不從。子世祖和哩布。自世祖、肅宗、穆宗、康宗相繼爲節度使。康宗卒,太祖嗣節度使位。《金史·世紀》:穆宗三年,紇石烈部阿疎阻兵爲難,自將伐阿疎,阿疎奔遼。又《太祖紀》:二年,遼使使來致襲節度之命。初,遼每歲遣使市名鷹海東青於海上,道出境內,徵索無藝,公私厭苦之。康宗嘗以不遣阿疎爲言,稍拒其使者。太祖嗣節度,亦往索阿疎,故常以此二者爲言。至是復遣習古迺往索阿疎。還,具言遼主驕肆廢弛之狀。於是召官僚耆舊,以伐遼告之。進軍寧江州,致遼之罪,克其城。攻賓州,拔之。降祥州、咸州。《宋史・趙良嗣傳》:良嗣本燕人馬植,世爲遼國大族。政和初,童貫出使,植夜見,載與歸。獻策曰:結好女真,與之相約攻遼,其國可圖也。徽宗召見,賜姓趙氏,圖燕之議自此始。宇文懋昭《大金國志》:天輔三年正月,宋遣其使趙良嗣來議夾攻遼。使金人取中原,宋朝取燕京,許之歲幣。良嗣曰:燕京一帶,則并西京是也。國主亦許之。遂以手劄付良嗣,約以本國兵自平地松林趨古口;南朝兵自白溝夾攻。馬政使於金,國書略曰:共圖問罪之師,誠意不渝,義當如約。已差童貫勒兵相應。《宋史・徽宗本紀》:宣和四年正月,金人破遼中京,遼主北走。三月,遼人立燕王淳爲帝。金人來約夾攻,命童貫爲河北河東宣撫使。五月,分道進兵,兵敗。九月,遼將郭藥師等以涿、易二州來降。郭藥師等出雄州,屢敗。十二月,金人入燕。五年正月,金人來議所許六州代租錢。夏四月,金人以誓書及燕京、涿、易、檀、順、景、薊州來歸。童貫入燕,時燕之職官富民金帛子女,先爲金人盡掠而去。

〔三八〕禍成於道君　蘧常案:《宋史・徽宗本紀》:政和七年夏四月庚申,帝諷道籙院上章,册己爲教主道君皇帝。又:宣和五年六月,遼人張覺以平州來附。十一月,金人取平州。張覺走燕山,金人索之甚急,命王安中縊殺,函其首送之。七年十二月己酉,中山奏金人斡離不、粘罕分兩道入攻,郭藥師以常山叛,北邊諸郡皆陷,又陷忻、代等州,圍太原府。己未,下詔罪己。庚申,内禪。又《欽宗本紀》:靖康元年十一月丙辰,京城陷。二年三月丁巳,金人脅上皇北行。夏四月庚申朔,金人以帝及皇后、皇太子北歸。府庫蓄積,爲之一空。又:《徽宗本紀贊》曰:宋中葉之禍,章、蔡首惡,趙良嗣厲階。遼天祚之亡,張覺舉平州來歸,良嗣以爲納之失信於金,必啓外侮;使不納張覺,金雖强,何釁以伐宋哉!

〔三九〕天下遂以中分　蘧常案:《宋史‧地理志》:西事甫定,北釁漸起。建燕山、雲中兩路。粗閱三歲,禍變旋作,中原板蕩,故府淪没,職方所記,漫不可考。高宗蒼黄渡江,駐蹕吴會。中原陝右,盡入於金。東畫長淮,西割商、秦之半,以散關爲界。其所存者,兩浙、兩淮、江東西、湖南北、西蜀、福建、廣東、廣西十五路而已。案:西蜀分成都、潼川、利州、夔州四路,故爲十五也。

〔四〇〕天監　蘧常案:《詩‧大雅‧大明》:天監在下。

〔四一〕餘殃　蘧常案:《易‧繫辭》:積不善之家,必有餘殃。

〔四二〕幽蘭二句　蘧常案:《金史‧哀宗本紀》:天興二年六月己卯,決策遷蔡。辛卯發歸德。己亥入蔡州。九月辛亥,大元兵築長壘,圍蔡城。十一月,宋遣其將江海、孟珙帥兵萬人,助大元兵攻蔡。十二月丁丑,大元兵決練江,宋兵決柴潭入汝水。己卯,大元兵破外城。己丑,大元兵墮西城。三年正月戊申,傳位於東面元帥承麟。己酉,承麟即位畢,即出捍敵,而南面已立宋幟。俄頃,四面呼聲震天地,南面守者棄門,大軍入,帝自縊於幽蘭軒。末帝退保子城,入哭,謚曰哀宗。城潰,諸禁近舉火焚之,奉御絳山收哀宗骨,瘞之汝水上。末帝爲亂兵所害,金亡。案:瘞之汝水上,蓋爲分骨諱也。

〔四三〕彼守緒二句　蘧常案:《金史‧哀宗本紀》:哀宗諱守緒。《續資治通鑑‧宋紀》:理宗紹定六年八月,蒙古都元帥塔齊爾約攻蔡州,孟珙、江海帥師赴約。端平元年正月,城破,江海入宮,執參政張天綱以歸。孟珙問金主所在,天綱以實告曰:城危時,即取寶玉寘小室,環以草,號泣自經,曰:死便火我。煙燄未絕。珙乃與塔齊爾分金主骨及寶玉法物,并俘囚張天綱等,獻於行都。丙戌,備禮告於太廟,藏金哀宗骨于大理獄庫。案:《宋史·理宗本紀》及孟珙、洪咨夔等傳,皆載完顏守緒遺骨事,此始末較具,采之。行都謂臨安,《宋史·高宗紀》:建炎三年秋七月辛卯,以杭州為臨安府。別詳後《杭州》詩第一首"宋世"二句注。

〔四四〕子不見三句　蘧常案:《漢書·律曆志》:五星之合於五行,水合於辰星,火合於熒惑,金合於太白,木合於歲星,土合於填星。案:《漢書·天文志》言五星吉凶,於歲星云"贏縮出入";於熒惑云"乍前乍後,乍左乍右";於太白言"進退留疾";於辰星云"蚤晚";於填星云"得失合鬭近遠"。此所謂進、退、留、疾,舉其一端也。

〔四五〕不終日　蘧常案:《易·豫》:介於石,不終日,貞吉。

〔四六〕盈而罰之三句　蘧常案:《左傳》昭公十一年:天將棄蔡以壅楚。盈而罰之,蔡必亡矣。案:第二句非此傳文。孫校本無此句。

〔四七〕如欲取句　蘧常案:《老子》:將欲奪之,必固與之。案:《韓非子·喻老》篇作"將欲取之,必固與之"。《史記·管晏列傳·索隱》引《老子》同。

〔四八〕力盡句　蘧常案:《左傳》昭公十一年:天之假助不善,非祚之也,厚其凶惡而降之罰也。且譬之如天,其有五材而將用之,力盡而斃之,是以無拯,不可没振。

〔四九〕火中句　蘧常案:《左傳》昭公三年:譬如火焉。火中,寒暑乃退。杜預注:火,心星。心以季夏昏中而暑退,季冬旦中而寒退。

〔五〇〕湯降句　蓬常案:《詩·商頌·長發》:帝命不違,至于湯齊。湯降不遲,聖敬日躋。又《大雅·大明》:大任有身,生此文王。

〔五一〕吾將句　蓬常案:是時明永曆帝方局蹐於緬甸之者梗;德陽王至潯原,匿交趾之高平,已勢窮出降;其他宗胤,芟刈幾盡。先生於明裔中興,已漸失望,然猶有待於湯降文生,其長策無止之情可見也。

贈黃職方師正_{建陽人}

【解題】

汪云:建陽黃澂之字靜宜,初名師正,字帥先,晚易今名。一字波民。初以布衣爲史忠正上客。史公殉國,以黃冠歸故鄉,居小桃源。小桃源者,武夷最勝處也。其後出遊大江南北。康熙丁未,郡人葉思庵矯然遇之京口僧寮,意氣不少衰。後二十年,思庵至延令放生庵,見其壁上詩,詢之主僧,云化去五年。窮老無子,歿於維揚。長樂陳惕園爲作《黃先生傳》。

蓬常案:師正自揚州陷後歸故鄉,曾一仕隆武朝。詳下。隆武亡,始出游大江南北。汪未及。《明史》志《地理六》福建建寧府建陽注:府西北。

黃君濟川才〔一〕,大器晚成就〔二〕。一出事君王〔三〕,虜馬踰嶺岫。元臣舉國降,天子蒙塵狩〔四〕。崎嶇遂奔亡,空山侶猿狖〔五〕。蕭然冶城側〔六〕,窮巷一廛僦〔七〕。數口費經營〔八〕,索飯兼稚幼。清操獨介然〔九〕,片言便拂袖。常思扶日月,摘却旄頭宿[一〇]。神州既陸沈[一一],時命乃大謬。南望建陽山,荒阡餘石獸[一二]。生違鹿柴居[一三],死欠狐丘首[一四]。矢口爲詩文[一五],吐言每奇秀。揚州九月中[一六],煨芋試新酎[一七]。猛志雷破山[一八],劇談河放溜[一九]。否終當自傾[二〇],佇待名賢救。落落我等存,一繩維宇宙[二一]。

【彙校】
〔虜馬〕潘刻本、徐注本、孫校本"虜"作"牧";吳、汪兩校本作"胡"。 〔天子〕潘刻本、徐注本、孫校本作"羽葆"。 〔扶日月〕潘刻本、徐注本作"驅五丁"。徐并出注:《華陽國志》:惠王作石牛五頭,朝瀉金其後,曰牛便金。蜀人悅之,乃遣五丁迎石牛。又,惠王許嫁五女於蜀,蜀遣五丁迎。還到梓潼,見一大蛇入穴,一人攬其尾,五人相助,大呼拽蛇。山崩時,壓殺四五人及秦五女,而山分爲五。今其山或名爲五丁冢。 〔摘却句〕孫校本"却"作"起";潘刻本、徐注本作"一起天柱仆"。徐并出注:文天祥《正氣歌》:天柱賴以立。《一統志》:江西南安府城東北有天柱峰,一峰插天如柱。《廣韻》:仆,偃也。 〔神州句〕潘刻本、徐注本作"微誠抱區區"。徐并出注:李商隱《賀聖表》:犬馬之微誠空切。 〔我等存〕潘刻本"我"作"□";徐注本,吳、汪、曹三校本作"公"。

【彙注】
〔一〕濟川才　徐注:《書》:若濟巨川,用汝作舟楫。
〔二〕大器句　徐注:《老子》:大器晚成。《後漢書・馬援傳》:朱勃年十二能誦《書》,援見之自失。援兄況曰:朱勃智盡此爾,勿畏也。爾大材當晚成。
〔三〕一出句　蘧常案:此謂師正仕隆武朝,以兵部主事監軍。《思文大紀》：隆武二年五月，監軍兵部主事黃師正進督師史可法遺表，上曰：可法名重山河，光爭日月，至今兒童走卒咸知其名。應得贈恤祭葬易名未盡事宜，行在該部即行詳議具奏。聞其母、妻猶陷寇穴，一子未知存亡，作何獲尋，黃師正多方圖之。《明末五小史》亦載其進史可法遺表事。

〔四〕虜馬三句　蘧常案：事詳卷一《精衛》詩"大海"句注，卷二《贈于副將元凱》詩"平虜"句、"胡兵"句、"七閩"句各注。

〔五〕猿狖　徐注：屈原《九章》：深林杳以冥冥兮，乃猿狖之所居。
　　蘧常案：高誘《淮南子·覽冥訓》注：狖，猨屬也。長尾而昂鼻。

〔六〕冶城　蘧常案：見卷三《桃葉歌》"冶城"注。

〔七〕窮巷句　徐注：《戰國策》：且夫蘇秦特窮巷掘門桑戶棬樞之士耳。《孟子》：願受一廛而爲氓。《廣韻》：僦，即就切，賃也。

〔八〕數口句　蘧常案：師正此時尚有幼稚，則汪云無子，或未確耶？

〔九〕介然　徐注：《漢書·律曆志》：介然有常。

〔一○〕旄頭宿　蘧常案：《漢書·天文志》：昴曰旄頭，胡星也。《晉書·天文志》：昴大而數盡動若跳躍者，胡兵大起。一星獨跳躍，餘不動者，胡欲犯邊境也（案："一星"下十五字據《羣書拾補》增）。

〔一一〕神州陸沈　蘧常案：見卷一《吳興行·贈歸高士祚明》"神州"句注。

〔一二〕南望二句　徐注：《方輿紀要》：建陽縣東山，縣東十里其相接者曰橫山。又：西山，縣西北七十里，蔡元定讀書其中。對峙者曰蘆峰山，山接崇安界，朱子築草堂，讀書其中，名曰雲谷，晦菴在焉。又百丈山，又九峰山，又太平山，考亭在焉。

又鳶山，游酢讀書處也。又縣西唐石山。謝枋得自信州敗，走入唐石山，轉茶坂，寓逆旅中，既而賣卜於建陽市。

蘧常案："建陽山"云云，似言其祖塋所在。其先有達者，故有石獸之制。下"死欠狐丘首"句，正應此。徐注列舉諸山古蹟，於"荒阡"句無關合，非。

〔一三〕鹿柴　徐注：王維《鹿柴》詩注："輞川別墅中有鹿柴。"

〔一四〕死欠句　徐注：《禮·檀弓》：狐死正首丘。

〔一五〕矢口句　徐注：《揚子法言》：聖人矢口而成言。《同志贈言》黃師正《懷寧人客燕》詩：故都那可入，遠覽逞雄心。陵廟風塵滿，關河雨雪深。寒驢歌出塞，倦鳥憶歸林。若遇荊高飲，傾囊好贈金。　燕昭曾築館，祇爲報齊仇。君過金臺下，能無故國憂？霸才窺景略，義士訪田疇。望望龍文炯，留心過冀州。又《寧人道兄歸自燕山出示近作》詩：幾年離索動相思，多在停雲落月時。訪嶽先成《登岱》記，入都爭誦《謁陵》詩。史遷歷覽文章古，季札觀風縞紵宜。獨愧故人鮑繫久，天門日月未曾騎。又《奉酬寧人廣陵客舍見贈之作》：落木淮南惜歲餘，紙窗燈火伴離居。雲開睥睨遙帆轉，霜冷觚棱遠磬疏。此日依僧仍貰酒，從來爲客不歌魚。山經水志關王略，豈爲窮愁始著書。　異時憂患共艱難，何意今朝續舊歡。激烈歌聲知近楚，繁華風物故稱邗。聞雞拔劍中宵舞，老蠹攤書盡日看。却笑爲儒頭欲白，與君冠敝不須彈。　汪云：其《小桃源山居》詩云：柄鑿方知入世非，幽尋勝踐豈全違？琴清月夜留僧宿，酒熟春山待客歸。自製竹皮籠短髮，新裁荷葉理初衣。平生羞乞陶奴米，橡實寒泉可療飢。

〔一六〕揚州句　徐注：徐《譜》：先生是時寓居淮上。案：《書吳潘二子事》云：潘子刻《國史考異》三卷，寄余於淮上。即謂是年也。《贈黃師正》詩：揚州九月中，煨芋試新酎。又《顧與治詩序》云：冬，余過六合，沈子遷出與治詩一編。皆先生此年南歸後行蹤也。

〔一七〕新酎　徐注：《大招》：四酎并孰。注：醇酒爲酎。

〔一八〕猛志句　徐注：《莊子・齊物論》：疾雷破山。　段注：《後漢書・公孫瓚傳》：猛志益盛。

〔一九〕劇談句　徐注：《漢書・揚雄傳》：口吃不能劇談。

　　蘧常案：梁元帝蕭繹《早發龍巢》詩：征人喜放溜，曉發晨陽隈。

〔二〇〕否終　徐注：《易》：否終則傾，何可長也。

〔二一〕一繩句　蘧常案：見卷二《久留燕子磯院中有感而作》詩"相逢"二句注。

元　日 已下重光赤奮若

【解題】

　蘧常案：是年明永曆十五年十二月戊申，永曆被執。明統絕。清順治十八年。公元一六六一年。　冒云：是年先生年四十九。

　　霧雪晦夷辰〔一〕，麗日開華始〔二〕。窮陰畢除節〔三〕，復旦臨初紀〔四〕。夷曆元日，先《大統》一日。行宮刊木間〔五〕，華路山林裏〔六〕。雲氣誰得闚〔七〕？真龍自今起〔八〕。天王未還京〔九〕，流離況臣子。奔走六七年〔一〇〕，率野歌虎兕〔一一〕。行行適吳會，三徑荒不理〔一二〕。鵬翼候扶搖〔一三〕，鯤鬐望春水〔一四〕。頹齡尚未衰〔一五〕，長策無中止〔一六〕。

【彙校】

〔題〕此首朱刻本，孫託荀校本，孫、吳、汪各校本皆有。潘刻本、徐注本無。朱刻本注云：以下重光赤奮若，在《杭州》詩前。辛丑。孫託荀校本注云：在《贈黃職方》詩後。　〔夷辰〕朱刻本"夷"作"□"；孫校本作"支"，韻目代字也。　〔麗日〕孫託荀校本"日"作"景"。　〔除節〕孫校本"除"作"餘"。　〔復旦句〕句下自注"夷曆元日先《大統》一日"九字，朱刻本"夷"作"□"，孫校本"夷"作"支"，韻目代字也。　〔葷路〕孫託荀校本"葷"作"箪"，孫校本"葷"作"華"，丕績案：作"箪"是；作"華"當爲形近之誤。　〔誰得闚〕冒、吳、汪各校本"誰"作"雖"。　〔無中止〕孫託荀校本"中"作"終"。

【彙注】

〔一〕雾雪句　蘧常案：《詩・小雅・信南山》：雨雪雰雰。案：清紬明之《大統曆》，依西人新法推算，已詳卷二《元日》詩"反以"句注。是年元旦先明曆一日，故曰"夷辰"。《小腆紀年》：順治十八年春正月辛亥朔。

〔二〕麗日句　蘧常案：《宋史・樂志》：麗日重光。《漢書・禮樂志》：七始華始。注：華始，萬物英華之始也。案：詩"華"字，假謂中華。《小腆紀年》云：明永曆十三年冬十月戊子朔，頒曆於緬甸，從鄧凱請也。本年《大統曆》當以正月壬子爲元旦。

〔三〕窮年句　蘧常案：鮑照《舞鶴賦》：窮陰殺節。案：孫校本"除節"作"餘節"，於義爲長，應從改。

〔四〕復旦句　蘧常案：《尚書大傳》：舜將禪禹，百官相和而歌《卿雲》曰：卿雲爛兮，糺縵縵兮。日月光華，旦復旦兮。焦延壽《易林》：天地易紀，日月更始。

〔五〕行宮句　蘧常案：左思《吳都賦》：鳥聞梁、岷有陟方之館，行宮之基與？《書・禹貢》：隨山刊木。江聲《集注音疏》：刊，槎識也。謂槎其木爲表識，以表其道也。《史記》曰：行山表木。《南疆逸史·永曆帝紀略》：己亥十三年五月戊辰，進赭硜。緬人于赭硜構臺，以棲車駕，置草屋十間，編竹爲城，每日兵士百餘人護之。從官各結茅散處。案：赭硜一作者梗。

〔六〕篳路句　蓮常案：《左傳》宣公十二年：篳路藍縷，以啓山林。杜注：篳路，敝車；藍縷，敝衣。《史記·楚世家》：蓽露藍蔞，以處草莽。《小腆紀傳·永曆紀》：順治十六年己亥，夏四月，移蹕至者梗，庶僚之貧者，飢寒藍縷。大臣有三日不舉火者。《野史無文·永曆皇帝兵敗入緬甸·土司紀事》：進至地名者梗，緬民每日貿易如市，我大臣等皆短衣跣足，混入民婦之內，互相交易。緬官譏曰：原來天朝大臣如此規矩禮貌，安有不失天下者乎？案：孫詒讓本作"篳路"，是，應從。

〔七〕雲氣句　蓮常案：《史記·高祖本紀》：秦始皇帝常曰東南有天子氣，於是因東遊以厭之。高祖即自疑，亡匿，隱於芒碭山澤巖石之間。呂后與人俱求，常得之。高祖怪問之。呂后曰：季所居上常有雲氣，故從往常得季。高祖心喜。沛中子弟或聞之，多欲附者矣。

〔八〕真龍　蓮常案：見卷一《哭楊主事廷樞》詩"真龍"句注。

〔九〕天王句　蓮常案：天王見卷二《元日》詩"天王春"注。《小腆紀年》：順治十八年春正月辛亥朔，明桂王在緬甸之者梗。

〔一〇〕奔走句　蓮常案：據年譜，自順治十一年春由洞庭東山至江寧後，流轉各地，至十七年冬，前後凡七年。七年中遊縱如下：十一年春，遊金山，至江寧，卜居鍾山下。出遊儀真，歷太平、采石磯，東抵蕪湖。秋又遊燕子磯，至冬始還。十二年春，歸崑山，因訟，移獄松江。十三年卷，獄解，歸崑山。復至鍾山。夏秋之際，曾南游，未達而返。詳卷三《出郭》、《旅中》兩詩注。冬還鍾山。十四年，歸崑山後北遊，至萊州、青州、濟南。十五年,至泰安、兗州、曲阜、鄒縣、鄒平、章丘、長山、北京、薊州、玉田、永平。十六年,出山海關,還至昌黎、昌平。出居庸關,返山東,南歸至揚州,旋復北上,至天津。十七年,至昌平,復返山東。旋南歸,過六合,抵江寧,寓居淮上。其冬歸吳,似仍還洞庭山也。

〔一一〕率野句　蘧常案:《詩‧小雅‧何草不黃》:匪兕匪虎,率彼曠野。《史記‧孔子世家》:陳、蔡大夫圍孔子於野,不得行,絕糧。顏淵入見,孔子曰:回,《詩》云:匪兕匪虎,率彼曠野。吾道非邪? 吾何爲於此? 顏回曰:夫子之道至大,故天下莫能容。雖然,夫子推而行之,不容何病? 不容,然後見君子。裴駰《集解》:王肅曰:率,循也。言非兕虎而循曠野也。

〔一二〕行行二句　蘧常案:曹丕《雜詩》:吹我東南行,行行至吳會。吳會,見卷二《翦髮》詩"流轉"句注。《三輔決錄》:蔣詡字元卿,舍中竹下開三徑,唯求仲、羊仲從之游。陶潛《歸去來辭》:三徑就荒,松菊猶存。案:諸年譜皆謂順治十八年回蘇,不言月,亦不言季。據上句,則十七年冬已適吳矣;據下句,則元日前已到家,故言三徑之不理也。或曰:起程在十七年冬,至則在本年春。然原寓淮上,去鄉固不甚遠。且舊俗歸必度歲,何至冬發而春至乎。又案:《元譜》與張《譜》皆云回蘇,吳《譜》云回吳門,皆謂回蘇州也。則歸非崑山,而爲郡城。徐《譜》順治十年云:先生去年自王家營仍歸洞庭山。是年有《路舍人家》詩。路居於洞庭東山也。由洞庭山至江寧,復自江寧歸吳。《贈楊永言詩序》云:今復來吳下,感舊有贈。皆在吳之跡也。據此則所云"三徑",不在郡城而在洞庭山也。

〔一三〕鵬翼句　蘧常案:《莊子‧逍遙遊》篇:鵬之背,不知其幾千里也。怒而飛,其翼若垂天之雲。鵬之徙於南溟也,水擊三千里,搏扶搖而上者九萬里。《爾雅・釋天》:扶搖謂之猋。郭注:暴風從下上也。案:至此猶不忘圖南也。

〔一四〕鯤鬐句　蘧常案:宋玉《對楚王問》:鯤魚朝發崑崙之墟,暴鬐於碣石,暮宿於孟諸。夫尺澤之鯢,豈能與之量江海之大哉!

〔一五〕頹齡句　蘧常案:陶潛《九日閒居》詩:酒能祛百慮,菊解制頹齡。

〔一六〕長策　蘧常案:《漢書・王吉傳》:未有建萬世之長策。

杭　　州 二首

【解題】

徐注:《明史》志《地理五》:杭州府,元杭州路,屬江浙行省,太祖丙午年十一月爲府。領縣九:錢塘、仁和、海寧、餘杭、富陽、臨安、於潛、新城、昌化。《元譜》:指潞王監國時事。

宋世都臨安,江山已失據〔一〕。猶誇天目山,龍翔而鳳翥〔二〕。重江險足憑〔三〕,百貨東西聚〔四〕。於此號行都,六帝鑾輿駐〔五〕。西輸楚蜀資〔六〕,北擁淮海戍〔七〕。湖光映罘罳,山色連宮樹〔八〕。兩國罷干戈〔九〕,君臣日遊豫。襄樊一陷沒,千里無完固〔一〇〕。梵唄響殿庭〔一一〕,番僧相陵墓〔一二〕。天運亦何常,以此思其懼〔一三〕。

【彙校】

〔題〕潘刻本、徐注本題下有自注"已下重光赤奮若"七字。蓋原在上《元日》詩題下,潘删《元日》詩,乃移此,徐從潘本也。 〔東西聚〕潘刻本、孫校本"西"作"南"。

【彙注】

〔一〕宋世二句　徐注:《宋史·地理志》:建炎三年閏八月,高宗自建康如臨安,以州治爲行宫。《宋史·李綱傳》:言車駕巡幸之所,關中爲上,襄陽次之,建康爲下。陛下縱未能行上策,猶當且適襄、鄧,示不忘故都,以繫天下之心。又曰:自古中興之主,起於西北則足以據中原而有東南,起於東南則不能以復中原而有西北。又建炎四年復上疏曰:往時,自南都退而至維揚,則河北、河東、關、陝失矣;自維揚退而至江、浙,則京東、京西失矣。萬一有敵騎南牧,將復退避,不知何所適而可乎?　李注:宋玉《神女賦》:顛倒失據。

〔二〕猶誇二句　徐注:《方輿紀要》:天目山在杭州府臨安縣西五十里,於潛縣北四十里。《唐六典》:天目山,十道名山之一也。　黄海長云:郭璞《地記》:天目山垂兩乳長,龍飛鳳舞向錢塘。蓋東西二瀑布噴流數里,下注成沼,曰蛟龍池,即苕溪、桐溪之上源也。

〔三〕重江句　徐注:《宋史·高宗紀》:至鎮江,召從臣問去留。吕頤浩乞駐蹕京口,王淵獨言鎮江止可捍一面,不如錢唐有重江之險。

　　　蘧常案:鮑照《蕪城賦》:重江複關之險。

〔四〕百貨句　徐注:《古杭夢游録》:自大内和寧門外新路南北,寶玉珍異及花果時新海鮮野味奇器,天下所無者,悉集於此。食物店鋪,人煙浩穰;其夜市,除大内前後,諸處亦然。

〔五〕於此二句　徐注:陳隨應《南渡行宫記》:杭州治,舊錢王宫也,紹興因之爲行宫,皇城九里。岳珂《桯史》:行都之山,肇自天目。又曰:六龍南巡,四朝奠都,帝王之真,於是乎驗。

案：宋都臨安，爲高宗、孝宗、光宗、寧宗、理宗、度宗。

蘧常案：鑾輿，見前卷一《上吳侍郎暘》詩"鑾輿"句注。

〔六〕西輸句　徐注：《宋史·李綱傳》：南通荊、湖、巴、蜀，可以取貨財。《明史·史可法傳》：宋之南也，其君臣盡力楚、蜀，而後可以保臨安。

〔七〕北擁句　徐注：《宋史·胡銓傳》：疏言：淮、泗今日之藩籬咽喉也。又《張浚傳》：淮東宜於盱眙屯戍，以扼清河上流；淮西宜於濠、壽屯戍，以扼渦、潁之運。《地理通釋》：曾渙曰：淮東控扼有六：一曰海陵，二曰喻口，三曰鹽城，四曰寶應，五曰清口，六曰盱眙。

〔八〕湖光二句　徐注：《杭州府志》：西湖，故明聖湖也。周繞三十里，三面環山。《漢書·文帝紀》：未央宮東闕罘罳災。注：師古曰：罘罳，謂連闕曲閣也，以覆重刻垣墉之處，其形罘罳然。《說文》新附字：罘罳，屏也。《杭州府志》：鳳凰山在城南十里。高宗南渡駐蹕，因州治建行宮，山遂環入苑内。《宋史·輿服志》：奉太上則有德壽宮、重華宮、壽康宮，奉聖母則有慈寧宮、慈福宮、壽慈宮。北内苑則有大池，引西湖水注之。其上疊石爲山，象飛來峰。有樓曰聚遠，禁籞周迴。《南渡行宮記》：清霽亭前芙蓉，後木樨；玉質亭梅繞之。後苑梅花千樹曰梅岡亭。冰花亭枕小西湖曰水月境界。南宫門外垂楊夾道，間芙蓉，環朱闌二里，至外宮門。

〔九〕兩國句　徐注：《宋史·真德秀傳》：國家南渡，駐蹕海隅，何異越棲會稽之日。而秦檜乃以議和移奪上心，粉飾太平，沮鑠士氣；士大夫豢於錢塘湖山歌舞之娛，無復故都黍離麥秀之歎，此檜之罪所謂上通於天而不可贖也。《宋史·陳亮傳》：亮詣闕上書曰：其風俗固已華靡，士大夫又從而治園囿臺榭，以樂其生。於干戈之餘，上下晏安，而錢塘爲樂國矣。

一隙之地，本不足以容萬乘，而鎮壓且五十年，山川之氣，蓋亦發洩而無餘。故穀粟桑麻絲枲之利，歲耗於一歲；禽獸魚鼈草木之生，日微於一日，而上下不以爲異也。公卿將相，大抵多江、浙、閩、蜀之人，而人才亦日以凡下。場屋之士以十萬數，而文墨小異，已足以稱雄於其間。陛下據錢塘已耗之氣，用江、浙日衰之士，而欲鼓東南習安脆弱之衆，北向以爭中原，臣是以知其難也。《續通鑑·宋論》：始終誤宋以至於亡者，和也。君昏臣闇，苟且歲月。真德秀疏請亟圖自安之策曰：以忍恥和戎爲福，以息兵忘戰爲常。積安邊之金繒，飾行人之玉帛，女真尚存，則用之女真，强敵更生，則施之强敵，此苟安之計也。

　　蘧常案：盧湛《贈崔悦溫嶠詩》：暇日聊游豫。"游"亦作"遊"。《孟子·梁惠王》篇：一遊一豫，爲諸侯度。趙注：豫，亦遊也。又案：《宋史·真德秀傳》，無徐注所引文。

〔一〇〕襄樊二句　徐注：《宋史·度宗紀》：咸淳五年正月，元史天澤圍襄陽。三月，元阿尤自白阿以師圍樊城。張世傑帥師救襄陽，及元人戰於赤灘圃，敗績。九年正月，元取樊城，守將張漢英，都統制范天順、牛富死之。二月，吕文焕以襄陽叛，降元。先生《形勢論》：孟珙言襄、樊國之根本，百戰復之，當加經理。及元取宋，果自襄陽、樊城以度鄂。故以天下之力圍二城者五年，及其渡江，不二年取臨安矣。

〔一一〕梵唄句　蘧常案：《楞嚴經》：梵唄詠歌。梁《高僧傳·經師篇論》：天竺方俗，凡歌詠法言，皆稱爲唄。

〔一二〕番僧句　徐注：《荀子·正論》：拑人之墓。

　　蘧常案：《元史·釋老傳》：有嘉木楊剌勒智者，世祖用爲江南釋教總統。發掘故宋趙氏諸陵之在錢塘、紹興者，及其大臣冢墳，凡一百一所。案：楊剌勒智一作楊璉真珈，又作嗣占妙高，實一人也。《文集・子胥鞭平王之尸辨》云：楊璉真珈取宋諸帝之骸，雜牛馬同瘞。另詳後《宋六陵》詩題注。

〔一三〕以此句　徐注：《唐書・五行志》：則思有以致而爲之戒懼。

浙西錢穀地，不以封宗室〔一〕。南渡始僑藩，懿親藉丞弼〔二〕。序非涿郡疏〔三〕，德則琅琊匹〔四〕。如何負扆謀，蒼黃止三日〔五〕。那肬召周軍〔六〕，匈奴王衛律〔七〕。所以敵國人，盡得我虛實。青絲江上來〔八〕，朱邸城中出〔九〕。一代都人士，盡屈穹廬膝〔一〇〕。誰爲斬逆臣，一奮南史筆〔一一〕。

【彙校】

〔匈奴句〕潘刻本，徐注本，孫、汪兩校本"匈奴"皆作"北庭"。孫託荀校本云：原本下有小注"真東賺。"〔穹廬〕潘刻本、徐注本、曹校本作"旃裘"。

【彙注】

〔一〕浙西二句　徐注：《浙江通志》：宋紹興二年，分浙爲東西二路。西路治臨安府，嘉禾郡及湖、嚴二州皆屬焉。又《圖書編》：處置兩浙，當天下財賦之半。《明史》志《地理》杭州府注：洪武三年四月建吳王府。十一年正月，改封周王，遷河南開封府。

〔二〕南渡二句　徐注：《南略》：甲申六月初八，命護送潞王於杭州。《明史・諸王傳》：潞簡王翊鏐，穆宗第四子。萬曆十七年之藩衛輝。四十二年，太后哀問至，翊鏐悲痛廢寢食，未幾，薨。世子常㳛幼，母妃李氏理藩事。四十六年，常㳛嗣。崇禎中，流賊擾秦、晉、河北，常㳛疏告急，言衛輝城卑土惡，請選護衛三千人助守，捐歲入萬金資餉，不煩司農，朝廷嘉之。盜發王妃冢，常㳛上言：賊蔓延漸及江北，鳳、泗陵寢可虞，宜早行勦滅。時諸藩中能急國難者，惟周、潞二王云。後賊蹢中州，常㳛流寓於杭。　全云：謂潞王也。　段注：《左傳》僖公二十四年：如是則兄弟雖有小忿，不廢懿親。《書》：以旦夕承弼厥辟。

〔三〕涿郡　蘧常案：見卷二《春半》詩"晚世"二句注。

〔四〕琅琊　蘧常案：《晉書・元帝本紀》：元皇帝諱睿，字景文。宣帝曾孫，琅琊恭王覲之子也。年十五，嗣位琅琊王。

〔五〕如何二句　徐注：《聖安本紀》：諸大臣皆欲立潞王。乙酉六月，杭州擁立潞王監國。《南略》：潞王監國僅三日。

　　蘧常案：《淮南子・氾論訓》：負扆而朝諸侯。高誘注：負，背也。扆，户牖之間。言南面也。

〔六〕那肱句　原注：《北齊書・高阿那肱傳》：後主還鄴，侍衛逃散，惟那肱及内官數十騎從行。後主走度太行，令那肱以數千人投濟州關，仍遣覘候。每奏云：周軍未至，且在青州集兵，未須南行。及周將尉遲迴至關，肱遂降。時人皆云肱表款周武，必仰生致齊主，故不述報兵至，使後主被擒。肱至長安，授大將軍，封郡公，爲隆州刺史，誅。　徐注：案《南疆逸史》：陸培，字鯤庭，仁和人。崇禎庚辰進士，不謁選。大兵至浙，培謁巡撫張秉貞，請兵拒守，而秉貞已與陳洪範謀挾潞王降，令曰：太后在此，危駕者誅。培慟哭去，曰：事難立矣。夏完淳《續幸存録》：迨清已有南下之志，始遣陳洪範、左懋第北行。洪範與敵合謀，夤夜逃歸，遂成秦檜之奸計。又：潞邸監國杭州，復遣陳洪範請割江南四郡以和。洪範陰與敵疾趨武林,潞邸手足無措,爲敵所縛。　全云:高阿那肱指陳洪範。

蘐常案:那肱似謂張秉貞,下始謂陳洪範也。

〔七〕匈奴句　徐注:《漢書·李陵傳》:單于以衛律爲丁靈王。衛律者,父本長水胡人。律生長漢,善協律都尉李延年,延年薦律使匈奴。會延年家收,律懼并誅,還降匈奴。匈奴愛之,常在單于左右。又《蘇武傳》:陵見其至誠,喟然歎曰:嗟乎,義士!陵與衛律之罪,上通于天。

蘐常案:孫託荀校本云:元本句下有注云:"真東賺",不可解。戴子高云"或是張秉貞",而韻亦不類。尹炎武《書亭林詩集後》云:余試以韻目諧之,蓋陳洪範三字耳。尹説是。此注當係自注,而此本偶脱,賴孫本存之,亦潘抄之漏未改者。陳洪範款附於清,別詳卷一《感事》詩第六首"驛使"句注。封爵事未詳。

〔八〕青絲　蘐常案:見卷一《海上》詩第二首"名王"句注。

〔九〕朱邸句　徐注:《南略·浙紀》:順治二年五月,豫王既定南都,分兵入浙,大帥貝勒博洛也。貝勒以書招潞王,王度力不能拒,又不忍殘民,遂身詣營,請勿殘民。貝勒許之,按兵入城。　段注:謝朓《拜中軍記室辭隋王子隆牋》:朱邸方開。

蘐常案:徐芳烈《浙東紀略》:乙酉八月,月内,貝勒不復駐杭,率杭鎮陳洪範、降撫張秉貞擁惠、潞二王北去。

〔一〇〕一代二句　徐注:丘遲《與陳伯之書》:聞鳴鏑而股戰,對穹廬而屈膝。《南略·浙紀》:杭州既降;故大學士劉宗周約與同郡祁彪佳同舉事,不果。彪佳先赴池水死,宗周絶粒死。大學士高弘圖不食死,行人陸培自縊死,杭州同知王道焜、錢塘知縣顧咸建、臨安知縣唐自綵皆死。案:杭州降,闔城紳士无死節者,惟陸鯤庭從容就縊。《日知録》:後世不知此,而文章之士,多護李陵;智計之家,或稱譙叟。此説一行,則國無守臣,人無植節,反顏事仇,行若狗彘而不知愧也。何怪乎五代之長樂老序平生以爲榮,滅廉恥而不顧者乎?

蘧常案:《詩·小雅·都人士》:彼都人士。鄭箋:城郭之域曰都。古明王時,都人之有士行者。王道焜,仁和人。官南雄、邵武二府同知,擢兵部職方主事。都城陷,南歸。爲紳士之殉節者,非杭州同知也。《南略》誤。

〔一一〕誰爲二句　徐注:《南略》:馬士英以太后走杭州,守臣以總兵府爲母妃行宫。不數日,大鋮、國安俱倉皇至。次日,請潞王監國。不受。已從巡撫張秉貞及陳洪範等謀,決計迎款。又:士英欲謁魯王,張國維數其誤國十罪,野乘載士英至台州山寺爲僧,爲我兵搜獲。大鋮、國安先後降。尋唐王走順昌,我兵搜龍扛,得士英、大鋮、國安父子請王出關爲内應疏,遂駢斬士英、國安於延平城下。大鋮方游山,自觸石死,仍戮屍云。《左傳》襄公二十五年:太史書曰:崔杼弑其君。崔子殺之。其弟嗣書而死者二人。其弟又書,乃舍之。南史氏聞太史盡死,執簡以往,聞既書矣,乃還。揚雄《解嘲》:士頗得信其舌而奮其筆。

蘧常案:“逆臣”似謂張秉貞、陳洪範,與上文相應。張、陳惡不甚彰,如記載竟有言潞王與張秉貞、陳洪範決計迎款者,如《小腆紀年》;又有謂潞王知力不能拒,身自詣營,語勿殘民者,如《南略》;言之較確者,如《南疆逸史》、《續幸存録》。然鮮及陳洪範北使款附賣國賣友之罪,如清官書所記,其惡尤浮於張秉貞。然秉貞與同惡,亦豈得少從寬貸,故欲皆得而斬之,尤欲如南史氏者奮其筆而誅之於既死也。如馬、阮稔惡昭著,且已伏辜,又何必如此云云耶?

禹　陵

【解題】

　　徐注：《會稽縣志》：禹陵在會稽山西北五里。

　　蘐常案：《墨子·節葬》篇：禹東教乎九夷，道死，葬會稽之山。既葬，收餘壞其上，壠若參耕之畝，則止矣。《史記·夏本紀》：禹會諸侯，計功而崩，因葬焉，命曰會稽。會稽者，會計也。

　　　大禹巡南守，相傳此地崩〔一〕。禮同虞帝陟〔二〕，神契鼎湖升〔三〕。窆石形模古〔四〕，墟宮世代仍〔五〕。探奇疑是穴〔六〕，考典或言陵〔七〕。玉帛千年會〔八〕，山河一氣憑。御香來敕使〔九〕，主守付髡僧〔一〇〕。樹暗巖雲積，苔深壑雨蒸。鸋鶬呼冢柏〔一一〕，蝙蝠下祠燈。餘烈猶於越〔一二〕，分封並杞鄫〔一三〕。國詒明德胙〔一四〕，人有霸圖稱。往者三光墜，江干一障乘〔一五〕。投戈降北固〔一六〕，授子守西興〔一七〕。沖主常虛己〔一八〕，謀臣動自矜〔一九〕。普天皆晉祿〔二〇〕，無地使賢能〔二一〕。合戰山回霧〔二二〕，窮追海踐冰〔二三〕。蠹城迷白草〔二四〕，鏡沼爛紅菱〔二五〕。樵採岡陵徧〔二六〕，弓刀塢壁增〔二七〕。遺文留仆碣，仄徑長荒藤。望古頻搔首，嗟今更撫膺〔二八〕。會稽山色好〔二九〕，悽惻獨攀登。

【彙校】

　〔苔深〕徐注本，吳、汪、曹三校本"深"皆作"痕"。　〔明德胙〕徐注本，孫、吳、汪、曹各校本"胙"皆作"祚"。　〔晉祿〕潘刻本，徐注本，孫、冒、吳、曹各校本皆作"爵祿"。　〔岡陵〕潘刻本，徐注本、孫、吳、汪、曹各校本"陵"皆作"林"。

【彙注】

〔一〕大禹二句　蘧常案：《史記·夏本紀》：十年，帝東巡狩至於會稽而崩。

〔二〕虞帝陟　徐注：《書》：舜五十載，陟方乃死。《會稽嘉泰志》：禹巡狩江南，死而葬焉。猶舜陟方而死，遂葬蒼梧。

〔三〕鼎湖升　蘧常案：見卷一《十月二十日奉先妣葬》詩"先皇"句注。

〔四〕窆石　徐注：《會稽嘉泰志》云：是山之東，隱若劍脊。西向而下，下有窆石，或曰：此正葬處。

〔五〕墟宮　徐注：《禮·檀弓》："虛墓之間"注：虛本作墟。

〔六〕探奇句　徐注：《太史公自序》：上會稽，探禹穴。呂祖謙《入越記》：龍瑞宮旁即禹穴，乃大石中斷成罅，殊不古。殆非司馬子長所探也。《浙江通志》：陽明洞外飛來石下爲禹穴。一曰禹陵，或曰禹藏書處。

〔七〕考典句　徐注：《皇覽》：禹冢在會稽。自先秦古書帝王墳皆不稱陵，陵之名自漢始。

〔八〕玉帛句　蘧常案：見卷一《帝京篇》"玉帛"句注。

〔九〕御香句　徐注：《明史》志《禮四》：洪武三年，遣使訪先代陵寢，各製衮冕，函香幣，遣秘書監丞陶諿等往修祀禮，親製祝文遣之。仍令有司禁樵採，歲時祭祀，牲用太牢；仍命各行省具圖以進。在會稽者二祀：夏禹、宋孝宗。仲春仲秋朔，遣使詣各陵致祭。

〔一〇〕主守句　徐注：《明史》志《禮四》：禮部定議，陵立一碑，令有司歲時修葺。設陵戶二人守視。《說文》：髡，鬀髪也。

〔一一〕鴟鵂　蘧常案：《廣雅·釋鳥》：鴟鵂、茅鴟，鵂也。釋玄應《一切經音義》卷七引舍人云：茅鴟喜食鼠，大目也。《太平御覽》卷九百廿三引孫炎曰：大目，鵂鶹也。

〔一二〕餘烈句　原注：《史記·越世家贊》：越世世爲公侯，蓋禹之餘烈也。

〔一三〕分封句　原注：《周語》：有夏雖衰，杞、鄫猶在。

〔一四〕明德　徐注：《左傳》昭公元年：美哉禹功！明德遠矣。

〔一五〕往者二句　蘧常案：三光墜，見卷二《十廟》詩"神奉"四句注。案：此謂南北都陷。一障，見前卷三《京師作》詩"居一障"注。《小腆紀年》：乙酉六月，杭州降。閏六月庚寅，明會稽生員鄭遵謙集其徒，號義興軍，搴旗過清風里，殺山陰知縣彭萬里、署紹興知府張愫。取庫中兵仗給士卒，襲殺招撫使於江上，表迎魯王監國。諸義旅一時並起。詔爲義興將軍。

〔一六〕投戈句　徐注：《舊唐書·李光顏傳》：投戈請命。

　　蘧常案：北固，見卷二《贈于副將元凱》詩"北固"注。案：北固蓋謂鎮江。鎮江之陷，在乙酉五月己丑，下距魯王監國，已歷兩月，似無關涉。待考。

〔一七〕授子句　原注：《左傳》莊公四年：授師子焉以伐隨。　徐注：《輿地紀勝》：西興，蕭山西。本名西陵，錢鏐以爲非吉語，改之。

　　蘧常案：《小腆紀傳·監國魯王紀》：乙酉十一月，王勞軍江上，駐蹕西興，築壇拜方國安爲帥。命各營僉聽節制。

〔一八〕沖主句　蘧常案：《書·盤庚》：肆予沖人。《諡法》：幼少在位曰沖。《石匱書後集·魯王世家贊》：實意虛心。人人嚮用。

〔一九〕謀臣句　徐注：《史記·項羽本紀贊》：自矜功伐。

　　蘧常案：《國語·齊語》：桓公曰：施伯，魯君之謀臣也。

〔二〇〕普天句　蘧常案："晉爵"各本多作"爵禄"。汪云：作"爵禄"爲是。以下句對仗言,作"爵禄"是也。應從改。《小腆紀年》:乙酉十二月,明魯太常寺卿莊元辰疏言:五等崇封,有如探囊,有爲昔時佐命元臣所不能得者。則恩賞何其濫也!

〔二一〕無地句　蔣常案:"無地",似謂江上兵敗,魯王入海之事。詳卷二《贈于副將元凱》詩"召對"句及"胡沙"句兩注。下二句皆言入海以後事也,可證。

〔二二〕合戰句　蔣常案:《石匱書後集·魯王世家》:張名振、阮俊扈監國至舟山。辛卯,清大舉治艦,分三路入海,一從吴淞,一從台、温,一正出定海關。監國以八月之朔親出視師,嚴以待戰。十七日,清兵出定海,阮俊令水師江天保以四水船迎擊,敗清,沈其十三舟。擄十餘人,斷其右臂而歸之曰:俾知我王師之不殺也。俊易清,以爲不復出定海,而分其勁師應南北二路,自當定海之衝。閲五月,清兵復出定海,天大霧,咫尺不能辨,不意其猝接,阮俊傍哨舟,兵少不能戰,急呼所坐最大船壓之,而風止,船不可動。俊負奇力,時清兵盡裹俊船,不敢上。俊乃手火桶,倉猝觸清桅,激,反入俊舟。俊躍水以解,清兵鈎起之,三日卒。此月二十有一日也。於是清兵直薄城下,相持十日,陷。定西侯張名振扶監國南泛。

〔二三〕窮追句　原注:《通鑑》:慕容皝攻慕容仁。時海凍,皝自昌黎東踐冰而進。

　　蔣常案:此事無考,當爲監國南泛後事,或在是年冬月歟?

〔二四〕蠡城　徐注:《越絕書》:山陰大城,范蠡所築。《一統志》:紹興府山陰故城,今府治。

〔二五〕鏡沼　徐注:《一統志》:府南,一名鏡湖。任昉《述異記》:軒轅氏鑄鏡湖邊。或云,黃帝獲寶鏡於此。又云,本王羲之語：山陰路上行，如在鏡中游。

〔二六〕樵採句　蘧常案：《東華錄》：順治十三年，浙撫秦世楨以造戰船，伐宋陵樹木。

〔二七〕塢壁　原注：《越絕書》：防隖者，越所以遏吳軍也；杭塢者，勾踐杭也。

〔二八〕望古二句　蘧常案：顏延之《陶徵士誄》：望古遙集。案：此二句總束上文。"人有霸圖稱"以上，望古也；"往者三光墜"以下，嗟今也。

〔二九〕會稽山　徐注：《史記·越世家》：越王乃以餘兵五千人保棲於會稽。注：上會稽山也。《方輿紀要》：府東南十二里。其東西連阜接岫，如宛委、秦望、法華諸山稱名勝者，凡數十計，皆會稽之支阜也。

宋　六　陵

【解題】

徐注：《一統志》：宋欑宮在會稽，寶山凡六陵：高宗永思陵、孝宗永阜陵、光宗永崇陵、寧宗永茂陵、理宗永穆陵、度宗永紹陵。

六陵饒荊榛〔一〕，白日愁春雨。山原互起伏，井邑猶成聚〔二〕。偃折冬青枝，哀哀叫杜宇〔三〕。海水再桑田，江頭動金鼓〔四〕。躑躅一遷逡〔五〕，淚灑欑宮土〔六〕。

【彙注】

〔一〕六陵句　徐注：杜珏《紀聞》：至正中，西僧楊璉真珈（蘧常案：

《元史》作"楊剌勒智,又或作"嗣占妙高")利宋諸陵寶物,因倡妖言惑主,盡發攢宮之在會稽者。斷殘支體,攫珠襦玉匣,焚其骴,棄草莽間。復斷理宗頂骨爲飲器。李材《解醒語》:諸髡所得寶物:徽宗陵走花鳥玉筆箱、銅涼撥繡管;高宗陵珍珠戲馬鞍,係嶺南劉鋹進太祖者;光宗陵交加百齒梳香骨案;理宗陵伏虎枕、穿雲琴,以金貓睛爲徽,龍肝石爲軫,唐宮故物也;度宗陵五色藤盤影魚黃瓊扇柄。其餘寶物,不可枚舉。

〔二〕井邑句　徐注:《易·井卦》:改邑不改井。《說苑》:衆人成聚,聖人不犯。

〔三〕偃折二句　徐注:陶宗儀《輟耕錄》:唐珏,字玉潛,會稽山陰人。戊寅十二月,有總統江南浮屠者曰楊璉真珈,率徒役頓蕭山,發趙氏諸陵寢。唐時聞之,痛憤,亟貨家具,邀里中少年,收遺骸共瘞之。又於宋常朝殿前掘冬青樹一株,植於兩函土堆之上。有《夢中》詩三首,其一云:一坯自築珠丘土,雙匣親傳竺國經。只有春風知此意,年年杜宇哭冬青。

　　蘧常案:《通鑑後編》:元至正二十二年,詔發宋會稽諸陵,從西僧嗣占妙高之請也。時宋遺民有好義者,潛取諸帝骨藏之,種冬青樹爲記。

〔四〕江頭句　徐注:《左傳》僖公二十二年,金鼓以聲氣也。

　　蘧常案:事見前《禹陵》詩"往者"二句及"授子"句兩注。

〔五〕躑屬句　原注:《楚辭·九章》:遷逡次而勿驅兮,聊假日以須時。洪興祖《補注》:遷逡,猶逡巡,行不進貌。逡,七旬反。

　　蘧常案:躑屬,見卷一《擬唐人五言八韻·申包胥乞師》詩"躑屬"句注。

〔六〕攢宮　蘧常案:《宋史·禮志》:靈駕既還,當崇奉陵寢,或稱攢宮。章炳麟《新方言》:江、淮、吳、越皆謂藁葬曰攢。義詳後《三月十九日有事於攢宮》詩題注。

顏神山中見橘

【解題】

徐注:《明史》志《地理》:青州府益都西南有顏神鎮,孝婦河出焉。入淄川縣界,有顏神鎮巡檢司。《方輿紀要》:顏神鎮,府西南百八十里,接萊蕪、淄川二縣界,以齊孝婦顏文妻居此得名。地宜陶,又產鉛及煤,居民稠密,商旅輻至,設巡司及稅課局於此。青石岡在西南,兩山壁立,連亙數里,唐賽兒作亂,據此。

蘧常案:戴注:山在益都。

黃苞綠葉似荆南〔一〕,立雪凌寒性自甘。但得靈均長結伴〔二〕,顏神山下即江南〔三〕。

【彙校】

〔江南〕潘刻本,徐注本,吴、曹兩校本作"江潭"。

【彙注】

〔一〕黃苞句　徐注:《楚辭》屈原《九章·橘頌》:青黃雜糅,文章爛兮。洪興祖《補注》:橘實初青,既熟則黃。又:綠葉素榮,紛其可喜兮。《十國春秋·荆南一》:荆南舊統八州,昭、宣以來,為諸道蠶食。高季昌至荆南,惟江陵一城。

　　蘧常案:《橘頌》:受命不遷,生南國兮。

〔二〕但得句　徐注:屈原《離騷》:名余曰正則兮,字余曰靈均。

　　蘧常案:《橘頌》:願歲并謝,與長友兮。王逸注:言己願與橘同心并志,歲月雖去,年且衰老,長為朋友,不相離也。

〔三〕江南　徐注:《楚辭·漁父》:屈原既放,游於江潭,行吟澤畔。

蔣常案：江南"南"字，與第一句韻複，且與第三句不相應，當誤。各本皆作"江潭"，是，應從改。

三月十九日有事於欑宮時聞緬國之報

已下玄黓攝提格

【解題】

徐注：康熙元年壬寅。先生《謁欑宮文》：伏念臣草野微生，干戈餘息。行年五十，慨駒隙之難留；涉路三千，望龍髯而愈遠。兹當忌日，祗拜山陵。履雨露之方濡，實深哀痛；睠松楸之勿翦，猶藉神靈。敢陳于沼之毛，庶格在天之馭。臣某謹言。先生《昌平山水記》：昔宋之南渡，會稽諸陵皆曰欑宮，實陵而名不以陵。《春秋》之法，君弒，賊不討，不書葬，實陵而名未葬。今之言陵者，名也，未葬者，實也，實未葬而名葬，臣子之義所不敢出也。故從其實而書之也。《明史·諸王傳》：十八年十二月，大兵臨緬，白文選自木邦降，定國走景綫，緬人以由榔父子送軍前。明年四月，死於雲南。《南略》：十七年庚子，永曆在緬甸，朝廷度外置之，議撤兵節餉。而三桂擅兵權，必欲俘獲永曆爲功。《南疆逸史》：夏四月望日戊午，王終，年三十有八。妃與王子俱從死。王豐頤偉幹，貌似神宗，而性惡繁華，素不飲酒，無聲色玩好，雖不甚學而喜聞講論忠義，事兩宮俱克盡孝。蒙難時，有暴風雷雨之異，士卒皆涕出。叢葬於雲南郡城北門外。康熙元年壬寅，詔免獻俘，故永明得終於滇。時李定國猶乞師車里、暹羅諸國，既聞王信，乃慟哭卻食，旁皇於交趾境上，呼天祈死，即以是夏發病卒。　冒云：先生是年年五十。

蔣常案：是年明統已絶，而海上鄭氏猶奉正朔，稱永曆十六年,明後多有依之者。直至清康熙二十二年鄭氏被滅,明朔始亡,先生捐館之明年也。此後仍年紀之,告朔餼羊之意,亦先生志歟? 公元爲一六六二年。

此日空階薦一觴,軒臺雲氣久芒芒〔一〕。時來夏后還重祀〔二〕,識定凡君自未亡〔三〕。宿鳥乍歸陵樹穩,春花初放果園香〔四〕。年年霑灑頻寒食〔五〕,咫尺龍髥近帝旁〔六〕。

【彙校】

〔題〕潘刻本"緬"作"□"。 〔時來句〕潘刻本"后"、"重"字皆作"□";徐注本、曹校本"重"作"存"。

丕續案:徐注本無"時聞緬國之報"六字。

【彙注】

〔一〕軒臺　徐注:《山海經》:西王母山有軒轅之臺。《舊唐書·武宗紀》:威靈皆盛於軒臺,風雲還疑於豐沛。

　　蘧常案:軒臺喻崇禎所葬地,即所謂"攢宮"者。芒芒,見前卷三《山海關》詩"芒芒"句注,惟此應用杜預《左傳》襄公四年"芒芒禹迹"注"遠貌"爲合。即《謁攢宮文》"望龍髥而愈遠"之意。

〔二〕時來句　徐注:《東華錄》:永曆致書三桂,有云:逆賊授首之後,南方一帶土宇,非復先朝有也。南方諸臣,不忍宗社之顛覆,迎立南陽。何圖枕席未安,干戈猝至。弘光殄祀,隆武慘誅。僕於此時,幾不欲生,猶暇爲宗社計乎?諸臣強之再三,謬承先緒。又云:山遥水遠,言笑誰歡?既失世守之河山,苟全微命於蠻服,亦自幸矣。乃將軍不避艱險,請命遠來。提數十萬之衆,窮追逆旅之身,何視天下之不廣哉?又云:若其轉禍爲福，或以南方寸土，仍存三恪，更非敢望。倘得與太平草木同霑雨露於聖朝，惟將軍是命。將軍臣事大清，亦可謂不忘故主之血食，不負先帝之大德也。

　　蘧常案：此用夏少康中興事，詳卷二《隆武二年八月上出狩》詩"夏后"四句及卷三《濰縣》詩"夏祚"四句兩注。意謂永曆雖亡，尚冀有如少康者出，即前《羌胡行》所謂"湯降文生"之意。徐注似非詩旨。

〔三〕識定句　原注：《莊子·田子方》：楚王與凡君坐。少焉，楚王左右曰凡亡者三。凡君曰：凡之亡也，不足以喪吾存。夫凡之亡不足以喪吾存，則楚之存不足以存存。由是觀之，則凡未始亡，而楚未始存也。

　　蘧常案：《經典釋文》：司馬云：凡，國名，在汲郡共縣。《春秋》隱公七年：天王使凡伯來聘。杜注：凡伯，周卿士。凡國，伯爵也。共縣東南有凡城。

〔四〕果園　原注：《三輔黃圖》：安陵有果園。

〔五〕寒食　蘧常案：見卷一《金陵雜詩》第二首"百五日"注。

〔六〕咫尺句　蘧常案：咫尺，見卷三《元日》詩"咫尺"句注。龍髯，見卷一《十月二十日奉先妣葬》詩"先皇"句注。

古　北　口 四首

【解題】

　　徐注：《明史》志《地理》：順天府昌平州領縣三：密雲，元檀州，北有古北口。洪武十二年九月，置守禦千户所於此。三十年，改爲密雲後衛。又有石塘嶺、牆子嶺等關。《昌平山水記》：自石匼至古北口計程六十里。古北口城在山上，周四里三百一十步，三門。密雲後衛領左右中前後五千戶所，其後以參將一人守之。古北口自唐始名。《金史》：古北口國言曰留斡嶺。《元史》：古北口千戶所於檀州北面東口置司。唐莊宗之取幽州，遣劉光濬克古北口；遼太祖之取山南也，先下古北口；金之滅遼，希尹大破遼兵於古北口，其取燕京也，蒲莧敗宋兵於古北口；嘉靖二十九年，俺答之犯京師也，入古北口，出古北口。故中居庸、山海而制其阨塞者，古北、喜峰二口焉。永樂八年正月丙子，塞古北口小關口及大關外門，僅通一人一馬。《方輿紀要》：古北口在密雲縣東北百二十里，兩崖壁立，中有路僅容一車，下有深淵，巨石磊砢，凡四十五里，爲險絕之道。亦曰虎北口。

漢家亭障接山南〔一〕，光禄臺空倚夕嵐〔二〕。戍卒耕田烽火寂〔三〕，唯餘城下一茅菴。

【彙注】

〔一〕漢家句　徐注：《昌平州志》：四海治，内撫屬夷，外禦強敵。凡有警有事，輒報黃花，謂之山南。《地理通釋》：秦、漢之間，稱山北、山南、山東、山西者，皆指太行。

　　蘧常案：﹁漢家﹂似指明。《明史》志《兵三》：洪武二年，從淮安侯華雲龍言，自永平、薊州、密雲迤西二千餘里，關隘百二十有九，皆置戍守。九年，敕燕山前後等十一衛，分兵守古北口、居庸關、喜峰口、松亭關，烽堠百九十六處。二十年，置北平行都司於大寧及營州五屯衛。二十五年，又築東勝城於河州東。東受降城之東設十六衛，與大同相望。自遼以西數千里，聲勢相望。下皆謂未棄大小興州時邊疆靖謔之情也。

〔二〕光禄句　徐注:《史記・匈奴列傳》:太初三年,漢使光禄徐自爲出五原塞數百里,遠者千餘里,築城障列亭至廬朐。王維《逍遥谷宴集序》:日在濛汜,羣山夕嵐。

〔三〕戍卒句　徐注:《昌平山水記》:自過古北口,居人草菴板屋。

　　蘧常案:《明史》志《食貨一》:屯田之制,曰軍屯,曰民屯。太祖初,立民兵萬户府,寓兵於農,其法最善。是時,遣鄧愈、湯和諸將屯陝西、彰德、汝寧、北平、永平,益講屯政。天下衛所州縣軍民,皆事墾闢矣。其制,移民就寬鄉,或召募,或罪徙者,爲民屯,皆領之有司;而軍屯則領之衛所。邊地三分守城,七分屯糧;内地二分守城,八分屯糧。每軍受田五十畝爲一分,給耕牛農具,教樹植,復租賦。

歲歲飛鴻出口迴,年年採木下川來〔一〕。川中鹿角都除却〔二〕,便似函關日夜開〔三〕。

【彙校】

〔川中〕徐注本,吴、汪、曹三校本"川"作"山"。

【彙注】

〔一〕採木　徐注:《方輿紀要》:霧靈山峰巒攢列,深松茂柏。内地之民,多取材焉。元有伐木官。

〔二〕川中句　徐注:《諸葛武侯集・軍令》:敵已來進,持鹿角兵悉却在連衝後;敵已附,鹿角裏兵但得進踞,以矛戟刺之。

　　蘧常案:都卬《三餘贅筆》:軍中寨栅,埋樹木外向,名曰鹿角。案:先生《昌平山水記》云:潮河即灤水,自塞外興州發源,入古北口,西南經密雲、懷柔至牛欄山與白河合,其寬處可一二里。昔人斫大樹倒著川中。狹處僅二三丈,以巨木爲柞,縱橫布石,以限戎馬。此漢郎中侯應所謂木柴僵落,谿谷水門者。此即所謂"川中鹿角"也。《山本記》又云:然水性湍急,大雨則諸崖之水,奔騰而下,漂木走石,當歲歲修治。所云"功費久遠不可勝計也"。此"都除却"之故也。徐注亦取此節,而注於上句,失其意矣。或本"川"作"山",蓋不解川中之有鹿角而改之歟?

〔三〕便似句　徐注:《明史》志《地理》:河南府靈寶有函谷故關。《水經注》:函谷新關在新安東,關高嶮峽,路出廛郭。又:函谷關西去長安四百里。秦法:日入則閉,雞鳴則開。

　　　　蘧常案:《括地志》:函谷故關在陝州桃林縣南十一里,有關城在谷中。深險如函,東西十五里,絕岸壁立。漢武帝元鼎三年,從楊僕言,徙故關於新安東界,以故關爲弘農縣。東徙蓋三百里,謂之新關。

　　白髮黃冠老道流[一],自言家世小興州[二]。一從移向山南住,吹角孤城二百秋[三]。永樂初棄大、小興州。

【彙校】
〔吹角句〕句下自注"永樂初棄大小興州"八字,徐注本在"州"韻下。
【彙注】
〔一〕黃冠老道流　徐注:《唐書‧方伎傳》:李淳風父播仕隋高唐尉。棄官爲道士,號黃冠子。
〔二〕小興州　徐注:《昌平山水記》:小興州直古北口外九十里,

大興州直曹家寨東北，距古北口可三日程。本漢女祁縣地。遼爲北安州興化軍興化縣。金承安五年，升爲興州。洪武二年六月，命副將軍常遇春、偏將軍李文忠率軍次全寧，敗元丞相也速，進攻大興州。也速夜遁，設伏大敗之。自新開嶺進，下開平。三年七月辛卯，以古北口山外雲州、興州隸北平府。四年，罷山後諸州，徙民於山南。及營建大寧，立興州，左右中前後五衛實居其地，後之記載闕焉。故從邊人之稱曰大興州、小興州也。

〔三〕一從二句　徐注：《通禮義纂》：蚩尤與黃帝戰，帝命吹角作龍鳴以禦之。《郡國利病書》：太寧淪失，天壽與異域爲鄰。

蘧常案：《明史》志《兵三》：文帝即位，改北平行都司爲大寧都司，徙之保定。調營州五屯衛於順義、薊州、平谷、香河、三河，以大寧地界兀良哈。自是遼東與宣、大聲援阻絶。又以東勝孤遠難守，調左衛於永平，右衛於遵化，而墟其地。《昌平山水記》：永樂元年，泰寧、福餘、朵顏三衛益求內附，畀以大寧故衛地，使爲外藩。自古北口至山海關外，爲朵顏；自廣寧前屯衛至廣寧白雲山外，爲泰寧；自大雲山至開元外，爲福餘。歲許兩貢，繇喜峰口入。或曰：靖難兵之起，三衛夷人從戰有功，故畀之。國史不書，莫可考焉。尋叛附阿魯台。二十年七月，上親征，大敗其衆。宣德三年九月，上巡邊，適其入寇，逆擊，大破之。正統九年七月，兀良哈入寇，發兵二十萬，分四道，朱勇出喜峰口，馬諒出界嶺口，徐亨出劉家口，陳懷出古北口，逾灤江，渡柳河，經大小興州，過神樹，破福餘于全寧，又破泰寧、朵顏于虎頭山。自是三衛雖衰，而怨中國益深。因通也先，爲鄉導入寇。後復謝罪入貢，國家亦撫納，而小小爲寇鈔不絶，正德十年，朵顏入馬蘭峪殺參將陳乾，故有"吹角孤城二百秋"之歎也。

霧靈山上雜花生,山下流泉入塞聲〔一〕。却恨不逢張少保,磧南猶築受降城〔二〕。霧靈山在曹家寨邊外。嘉靖初,巡撫王大用欲畧三衛,取其山城之,不果。

【彙校】

〔霧靈山上〕徐注本"上"作"下"。丕績案:與下句複,誤。 〔磧南句〕句下自注,徐注本在"山下"句下。

【彙注】

〔一〕霧靈二句　徐注:《方輿紀要》:古北口外有萬塔、黃崖,西南接潮河川,即霧靈山之支麓也。案,霧靈山在密雲縣東北二百里,南距邊四十里。一名萬花臺。

〔二〕却恨二句　徐注:《明史·張臣傳》:臣更歷四鎮,名著塞垣,爲一時良將。子承廕,代麻貴爲遼東總兵官,擊蟒、金諸部出塞。又虎墩兔所屬貴、英、哈等三十餘部悉奉約束,遼西得少安。後於撫順戰死,贈少保。《昌平山水記》:正德中,撫臣王大用議據霧靈以守,則徑直而易,請出不意,築城守之,以扼其險,如唐、宋受降大順故事。不果。

蘧常案:張少保似指唐張仁愿。仁愿,開元二年卒,贈太子少保,見《唐書》本傳。傳謂仁愿爲朔方軍總管,請乘虛取漠南地,於河北築三受降城,絕虜南寇路。以拂雲爲中城,南直朔方,西城南直靈武,東城南直榆林,三壘相距各四百餘里。其北皆大磧也。自是突厥不敢逾山牧馬。與此所謂磧南築受降城者合;且與《昌平山水記》所云王大用議請出不意,築城守之,事尤相類。蓋取喻以惜王議之不見用也。徐注引張臣父子事,張臣父子無築城事,與下句不相應,非。

五十初度時在昌平

【解題】

　　徐注:《元譜》:五月二十八日,先生誕辰,致饋者,作書辭之。《日知錄·生日》條下自注:余昔年薊門生日,有致饋者,答以書。先生《與友人辭祝書》:竊惟生日之禮,古人所無。《小弁》之逐子,始說我辰;《哀郢》之故臣,乃言初度。故唐文皇以劬勞之訓,垂泣以對羣臣,而近時孫退谷、張簣山著論欲廢此禮。彼居常處順者猶且辭之,況鄙人生丁不造,情事異人,流離四方,偷存視息。又:知我者當閔其不幸而弔慰之,不當施之以非禮之禮,使之拂其心而夭其性也。

　　蘧常案:昌平,見卷三《恭謁天壽山十三陵》詩"昌平"句注。

　　居然濩落念無成〔一〕,隙駟流萍度此生〔二〕。遠路不須愁日暮〔三〕,老年終自望河清〔四〕。常隨黃鵠翔山影,慣聽青驄別塞聲〔五〕。舉目陵京猶舊國〔六〕,可能鐘鼎一揚名〔七〕?

【彙校】

〔終自〕吳、汪、曹三校本"終"作"猶",與七句複,非。

【彙注】

〔一〕居然句　蘧常案:見卷三《前詩意有未盡再賦四章》詩第一首"濩落"句注。

〔二〕流萍句　徐注:杜甫《佐還山後寄》詩:浩蕩逐流萍。

〔三〕遠路句　徐注:《史記·伍子胥列傳》:吾日暮而途遠,吾倒行而逆施之矣。

〔四〕老年句　徐注：《左傳》襄公八年：俟河之清，人壽幾何？

〔五〕青驄　徐注：《古樂府》：青驄白馬紫絲繮。

〔六〕陵京　蘧常案：《明史》志《地理一》昌平州注：北有天壽山，成祖以下陵寢咸在。詳卷三《恭謁天壽山十三陵》詩諸注。陵京，見前同詩"一朝"二句注。

〔七〕鐘鼎　蘧常案：《墨子》：琢之盤盂，銘於鐘鼎，傳於後世。

北　嶽　廟

【解題】

徐注：先生《北嶽辨》：考之《虞書》：十有一月朔，巡狩，至於北嶽。《周禮》：并州其山鎮曰恒。《爾雅》：恒山爲北嶽。注並指爲上曲陽。三代以上，雖無其迹，而《史記》云：常山王有罪，遷，天子封其弟於真定，以續先王祀，而以常山爲郡。然後五嶽皆在天子之邦。《漢書》云：常山之祠於上曲陽。應劭《風俗通》云：廟在中山上曲陽縣。《後漢書》：章帝元和三年春二月戊辰，幸中山。遣使者祠北嶽於上曲陽。《真定府志·祀典》：北嶽廟在曲陽縣西，附城，距恒山百餘里，舊在山西渾源州恒山之麓，而嶽名不著。《括地志》云：北嶽有五別名：一曰蘭臺府，二曰列女宮，三曰華陽臺，四曰紫臺，五曰太乙宮。其立祠於此，不知始於何年。

曲陽古名邦，今日稱下縣〔一〕。嶽祠在其中，巍峨奉神殿〔二〕。體制匹岱宗，經營自雍汴〔三〕。鶴駕下層霄〔四〕，宸香閟深院〔五〕。眹睗鬼目獰〔六〕，盤蹙松根轉〔七〕。白石睇穹文〔八〕，丹楹仰流絢〔九〕。肇典在有虞，望秩羣神徧。時巡歲即暮,歸格牲斯薦〔一〇〕。自此沿百王,彬彬著紀傳〔一一〕。恒山跨北極〔一二〕,自古無封禪。賴以鎮華戎,帝王得南面〔一三〕。河朔多彊梁,燕雲屢征戰〔一四〕。赫赫我皇明,區分入邦甸〔一五〕。告祈無闕事,降福蒙深眷〔一六〕。周封喬嶽柔,禹別高山奠〔一七〕。疆吏少干城,神州恣奔踐〔一八〕。祠同宋社亡〔一九〕,時嶽祀移渾源州。祭卜伊川變〔二〇〕。再拜出廟門,嗚呼淚如霰〔二一〕。

【彙校】

〔皇明〕潘刻本、徐注本、孫校本作"陽庚"。丕續案:徐注不解,列入凡例,實則韻目代字也。　〔恣奔踐〕潘刻本"恣奔"作"囗囗";冒校本作"戎馬"。　〔伊川〕潘刻本"伊"作"囗"。　〔嗚呼〕潘刻本作"囗囗";冒校本作"臨風"。

【彙注】

〔一〕曲陽二句　徐注:《明史》志《地理一》真定府定州曲陽縣注:州西北,元屬保定路。定州,元中山府。洪武二年來屬。恒山在西北,恒水出焉。

〔二〕嶽祠二句　徐注:《北嶽辨》:元和十五年,更恒嶽曰鎮嶽,有嶽祠。又言:張嘉貞爲定州刺史,於恒嶽廟中立頌。余嘗親至其地,則嘉貞碑故在。又有唐鄭子春、韋虛心、李荃、劉端碑文凡四,范希朝、李克用題名各一。而碑陰及兩旁刻大曆、貞元、元和、長慶、寶曆、太和、開成、會昌、大中、天祐年號,某月某日祭,初獻、亞獻某官姓名,凡百數十行。宋初,廟爲契丹所焚。淳化二年重建,而唐之碑刻未嘗毀。至宋之醮文、碑記尤多,不勝錄也。《金石文字記》:北嶽廟李復詩下云:右詩在真定府曲陽縣北嶽廟。中有唐時大碑五,其上層爲積土所蓋，而余至時倉猝，求梯不可得，止就下方讀之。《恒嶽志》：廟創自魏太武太延元年，景明元年災，唐武德間復建。唐末頹圮，金復建。天會、大定間重修，金末燬於兵，元復建。元末復燬，明洪武中都指揮周立復建。成化初，都御史王世昌檄知州關宗重修；弘治初，知府閻鉦檄知州董錫重修。二十四年，奉敕擴修，都御史劉宇行視，以古廟陿隘，度地中峰之陽嶺，朝殿廡門規制始備。改古廟爲寢宮。朝殿在中峰前，去宮里許，負坎抱離。正殿七楹，壯麗聳觀。殿前臺高十餘丈。臺南地陡下百陛，百級乃至中阪。東西爲兩廡，廡脊不及陛之半。外建門三楹，額曰崇靈。正殿奉嶽神，從祀部使者。祈方郡守修常秩，必駿奔於此；其士女祝釐走望，仍頂禮於寢宮焉。

〔三〕體制二句　徐注：宋真宗《御製醮告文》：載念始繕，儀於岱嶽。《夢溪筆談》：唐貞觀間，有飛石墜於曲陽縣西，因建祠，於是望而祭之。初稱北嶽府君，開元中封安天王，宋真宗祥符四年，復加安天元聖帝。慶曆八年，安撫使韓琦領定州事，責員外郎游君開重修立碑。

〔四〕鶴駕句　徐注：庾闡《游仙詩》：層霄映紫芝。

　　　蘧常案：《列仙傳》：王子喬，周靈王太子晉也。吹笙作鳳鳴，後於緱氏山乘白鶴而去。薛道衡《老氏碑》：蜺裳鶴駕，往來紫府。

〔五〕宸香　徐注：杜敬祖《恒嶽記》：親齎御香、銀盒、錦旛。劉源《祀恒嶽記》：太府監出名香千兩，上御嘉禧殿，丞相以香貯盒，使人膝御前奉告以進。上舉香加額，密祝良久。又曰：天香芬馥，藹然塞乎天地之間。

〔六〕睒睗　原注：左太沖《吳都賦》：忘其所以睒睗，失其所以去就。李善注：《說文》曰：睒，暫視也；睗，疾視也。

〔七〕盤蹙句　徐注:《三才圖會·恒山圖考》:其間多橫松彊柏,狀如飛龍怒虯,葉皆四衍。鄭子春《祀北嶽祠序》:長松靡柏,逕隧猶褊。

〔八〕白石句　原注:《舊唐書·張嘉貞傳》:爲定州刺史,至州,于恒嶽廟中立頌,自爲文,書於石。其碑用白石爲之,素質黑文,甚爲奇麗。今碑在廟中。　徐注:《説文》:睇,目小視也。

　　蘧常案:先生《金石文字記》:《恒山祠碑》,張嘉貞撰並書。行書。開元十五年八月。今在曲陽縣北嶽廟中。

〔九〕丹楹句　徐注:《左傳》莊公二十三年:丹桓宮之楹。《説文》:絢,采色。

〔一〇〕肇典四句　蘧常案:《書·舜典》:望于山川,徧於羣神。又:歲二月,東巡守,至於岱宗,望秩于山川。又:十有一月朔,巡守至于北嶽。如西禮。歸格于藝祖,用特。

〔一一〕自此二句　徐注:張嘉貞《北嶽廟碑》:粵自嬴、漢,爰逮周、隋。明太祖《錫告恒嶽文》:古昔帝王登之,察地利以安生民,故祀之,曰恒山。自唐始加神之封號,歷代相因至今。

　　蘧常案:《漢書·董仲舒傳》:蓋聞五帝三王之道,改制作樂,而天下洽和,百王同之。

〔一二〕恒山句　徐注:楊述程《登恒山記》:視五臺諸山,環向北拱,森森臣庶。界華夷而稱帝尊,埒四嶽而號北極,非耶?

〔一三〕賴以二句　徐注:胡宗憲《登恒嶽詩》:三關亘地鎮華戎。《續文獻通考》:嘉靖初,科臣陳棐《請正嶽祀疏》:臣考《舜典》,十有一月巡狩,至於北嶽;《周禮》載恒山爲并州之鎮;《水經》謂北嶽爲玄嶽。三代而下歷隋、唐,俱於渾源州致祭。石晉失燕、雲十六州之地,宋未能混一,北爲契丹所據,無緣至幽、薊之域而覯所謂北嶽者,所以止得祭之於曲陽。又曰:

我成祖都北平,而真定已在京師之南,使當時有禮官建明,顧有南面而登,蹱宋人削弱之迹哉?

〔一四〕河朔二句　徐注:《方輿紀要》:真定府控太行之險,包河朔之要。《後漢書·蘇竟傳》:彊梁不能與天爭。《明史·熹宗紀》:天啓元年五月,陝西都指揮使陳愚直以固原兵入援,潰於臨洺。未幾,寧夏援遼兵潰於三河。又:《莊烈帝紀》:崇禎二年十一月,袁崇煥入援,次薊州,宣大、保定兵相繼入援。十二月,山西援兵潰於良鄉。三年正月,陝西諸路總兵官吳自勉等入衛,延綏、甘肅兵潰,西去與羣寇合。四年正月己卯,流賊陷保安。四月,延綏副將曹文詔擊賊於河曲,王嘉胤敗死。六年正月,詔曹文詔節制山、陝諸將討賊。癸酉,流賊犯畿南。曹文詔擊山西賊,屢敗之。八月,敗賊於濟源,又敗之於懷慶。十一月,詔保定、河南、山西會兵討賊。七年七月,總兵官陳洪範守居庸,巡撫丁魁楚等守紫荊、雁門。八月,分遣總兵官尤世威等援邊,宣大總督張宗衡節制各鎮援兵。十一月,洪承疇兼攝五省軍務。九年七月,盧象昇入援。九月,改象昇總督宣大、山西軍務。十一年九月,京師戒嚴。十月,盧象昇入援,十二月,敗於鉅鹿,死之。孫傳庭爲兵部侍郎督援軍,徵洪承疇入衛。十二年正月,改承疇總督薊遼,傳庭總督保定、山東、河北。十六年十二月,賊渡河陷平陽,山西州縣相繼潰降。十七年二月,李自成陷汾州;別賊陷懷慶,陷太原、潞安;別賊陷固關,犯畿南。真定知府丘茂華殺總督侍郎徐標,檄所屬降賊。又《李自成傳》:初,賊之破澤州也,分其衆南踰太行,掠濟源、清化、修武,圍懷慶,官軍擊之。別賊復闌入西山,大掠順德、真定間,大名道盧象昇力戰却賊。賊自邢臺摩天嶺西下抵武安,敗左良玉,河北三府焚掠殆盡。又:及釁起,燕、雲、真定先罹其毒。

蘧常案："河朔疆梁"，似謂遼、金。下句"燕、雲"云云可證。蓋燕、雲之名，始於遼事。遼原號契丹，詳前《羌胡引》"一旦"句注。先生《京東考古錄》云：世言燕、雲十六州，自石敬瑭以賂契丹，不屬中國者四百四十餘年，蓋不盡然。考之于史，晉高祖所割以界契丹者：山前之州七，曰幽、薊、瀛、莫、涿、檀、順；山後之州九，曰新、媯、儒、武、雲、應、寰、朔、蔚。而營、平則後唐時契丹自以兵取之者。其後周世宗復關南北，則瀛、莫二州復歸中國。其餘十四州，遂淪於契丹。征戰事略見於《羌胡引》"宋與契丹"二句、"一旦"句、"禍成於道君"句各注。"赫赫我皇明"以下，始言明事。徐注歷述啓、禎兩朝兵事當之，非。

〔一五〕區分句　徐注：《周禮》太宰以九賦斂財賄，三曰邦甸之賦。注：邦甸，二百里。

　　蘧常案：《明史》志《地理一》：陽曲縣爲京師所統一百一十六縣之一，故曰"區分入邦甸"也。

〔一六〕告祈二句　徐注：《恒嶽志》：自明太祖洪武二年春正月遣內藏庫副使魏士舉代祀北嶽於上曲陽，暨愍帝崇禎元年遣禮部儀制司主事張定志告祀北嶽於廟，列聖凡告祈禱祀二十六次。《詩》：降福簡簡。

〔一七〕周封二句　徐注：《詩·周頌》：懷柔百神，及河喬嶽。《書·禹貢》：奠高山大川。

〔一八〕疆吏二句　徐注：《左傳》桓公十七年：疆吏來告。《詩》：公侯干城。案《明史·周遇吉傳》：十五年冬，爲山西總兵，至則汰老弱，繕甲仗，練勇敢，一軍最精。明年十二月，李自成陷全陝，犯山西。二月七日，太原陷，賊遂陷忻州，圍代州。遇吉遏其北犯，乃憑城固守，食盡援絕，退保寧武。賊用礮攻，城圮復完者再，傷其四驍將，自成懼，欲退。其將曰：我百倍彼，但用十攻一，番進，蔑不勝矣。自成從之。前隊死，後復繼，官軍力盡，城遂陷。遇吉巷戰，竟爲賊執，叢射殺之。闔家盡死。自成集衆計曰：寧武雖破，吾將士死傷實多。自此達京師，歷大同、陽和、宣府、居庸，皆有重兵，倘盡如寧武，吾部下寧有子遺哉？不如還秦休息，圖後舉。刻期將遁，而大同總兵姜瓖降表至，自成大喜。方宴其使者，宣府總兵王承廕表亦至，自成益喜。歷大同、宣府抵居庸，杜之秩、唐通復開門延之，京師遂不守矣。

　　蘧常案："恣奔踐"暗承上文"河朔彊梁"言，當指清。《羌胡引》所謂"四入郊圻躪齊魯，破邑屠城不可數"者也，事詳詩注。此意潘未知之，故其刻本諱"恣奔"作"□□"。徐注以義軍破山西當之，非。

〔一九〕祠同句　原注：《漢書‧郊祀志》：周顯王之四十二年，宋太丘社亡。

〔二〇〕祭卜句　蘧常案：《左傳》僖公二十二年：初，平王之東遷也，辛有適伊川，見被髮而祭於野者。曰：不及百年，此其戎乎？其禮先亡矣。

〔二一〕淚如霰　徐注：江淹《擬李陵從軍詩》：日暮浮雲滋，握手淚如霰。

井　陘

【解題】

　　徐注：《明史》志《地理一》真定府井陘注：府西南。元屬廣平路威州，洪武二年，來屬。東南有城山，又有甘淘河，亦名冶河，南與綿蔓水合。又：故關在其西，又有土門關在西，亦曰井陘關。《一統志》：正定府井陘關在井陘縣東北井陘山上。

　　水折通燕海〔一〕，山盤上趙陘〔二〕。權謀存史册〔三〕，險絶著圖經〔四〕。瞰下如臨井〔五〕，憑高似建瓴〔六〕。壑冰當路白〔七〕，窯火出林青〔八〕。頗憶三分國〔九〕，曾觀九地形〔一〇〕。秦師踰上黨〔一一〕，齊卒戍熒庭〔一二〕。獨此艱方軌〔一三〕，於今尚固扃〔一四〕。井陘之道，春秋戰國用兵未有由之者。自王翦、韓信伐趙始開此路；而魏道武伐燕，使公孫蘭、于栗磾帥步騎二萬自太原開井陘關路襲燕慕容寶於中山，於今遂爲通塗。連恒開晉索〔一五〕，指昴逼胡星〔一六〕。乞水投孤戍〔一七〕，炊藜舍短亭〔一八〕。却愁時不會，天地一流萍〔一九〕。

【彙校】
〔胡星〕孫託荀校本，吳、汪兩校本皆同；潘刻本，徐注本，孫、曹兩校本"胡"作"虞"，韻目代字也。

【彙注】
〔一〕燕海　徐注：《唐書·地理志》：傍碎卜水五十里至燕海。
〔二〕山盤句　徐注：《方輿紀要》：陘山縣東北五十里井陘之險，爲河北、河東之關要。今縣境諸山錯列，大約與陘山相連接，俱太行之支隴也。《一統志》：井陘，趙地名，漢置縣，隋置井州，宋設天威軍，金改爲威州。
　　　蘧常案：潘道根《吳譜校補》：井陘舊關，地狹山卓；今關絶壁造天，石色如鐵，鳥道百折，始及關門。
〔三〕權謀句　徐注：《漢書·藝文志》：《兵權謀》十三家，二百五十九篇。

蔣常案：此當謂韓信出井陘口破趙陳餘軍事。《史記·淮陰侯列傳》：未至井陘口三十里，止舍。夜半傳發，選輕騎二千人，人持一赤幟，從閒道萆山而望趙軍，誡曰：趙見我走，必空壁逐我，若疾入趙壁，拔趙幟，立漢赤幟。令其裨將傳飧，曰：今日破趙會食！使萬人先行，出，背水陳。平旦，信建大將之旗鼓，出井陘口，趙開壁擊之，大戰良久。於是信佯棄鼓旗，走水上軍，水上軍開入之。趙果空壁爭漢鼓旗，韓信軍皆殊死戰，不可敗。信所出奇兵二千騎，則馳入趙壁，皆拔趙旗，立漢赤幟。趙軍已不勝，欲還歸壁，壁皆漢赤幟，而大驚，以爲漢皆已得趙王將矣，兵遂亂，遁走。於是漢兵夾擊，大破虜趙軍，斬成安君泜水上，禽趙王歇。諸將效首虜，休畢賀，因問信曰：兵法：右倍山陵，前左水澤。今者將軍令臣等反背水陳，臣等不服，然竟以勝，此何術也？信曰：此在兵法，顧諸君不察耳。兵法不曰陷之死地而後生，置之亡地而後存？且信非得素拊循士大夫也，此所謂驅市人而戰之，其勢非置之死地，使人人自爲戰；今予之生地，皆走，寧尚可得而用之乎？諸將皆服曰：善。非臣所及也。此與《漢志·兵志略·權謀敘》所謂"以奇用兵，先計而後戰，兼形勢，包陰陽，用技巧"者，皆合。

〔四〕圖經　徐注：《隋書·經籍志》：《隋諸州圖經集》一百卷。
　　蔣常案：《隋志》有冀、齊、幽各州《圖經》，皆北朝人作。井陘屬古冀州，《太平御覽·地部》引《冀州圖經》，《太平寰宇記》亦多引之，隋《圖經集》此二書亦多引，但皆不及井陘。此不過泛言地志，如《元和志》等所言，非必圖經也。

〔五〕瞰下句　徐注：《元和志》：陘山在井陘縣東南八十里，四面高，中下如井，故曰井陘。

〔六〕憑高句　徐注：《漢書·高帝紀》：秦地勢便利，其以下兵於諸侯,猶居高屋之上建瓴水也。

  蘧常案:戴侗《六書故》:瓴,牝瓦仰蓋者也。仰受覆瓦之流,所謂瓦溝也。

〔七〕鑿冰句　蘧常案:徐《譜》據此句及下《一雁》詩"河邊積雪多"句,謂先生是年西征,以初冬就道。

〔八〕窰火　徐注:《一切經音義》十一引《蒼頡篇》:窰,燒瓦竈也。《正韻》:與窑同。

〔九〕三分國　徐注:杜甫《八陣圖》詩:功蓋三分國。

  蘧常案:"三分國",謂三家分晉之韓、趙、魏,故下言韓、趙及晉事。徐注非。

〔一〇〕九地形　蘧常案:《孫子·九地》篇:用兵之法,有散地,有輕地,有爭地,有交地,有衢地,有重地,有圮地,有圍地,有死地。諸侯自戰其地,爲散地;入人之地而不深者,爲輕地;我得則利,彼得亦利者,爲爭地;我可以往,彼可以來者,爲交地;諸侯之地三,屬先至而得天下之衆者,爲衢地;入人之地深,背城邑多者,爲重地;行山林險阻沮澤,凡難行之道者,爲圮地;所由入者隘,所從歸者迂,彼寡可以擊吾之衆者,爲圍地;疾戰則存,不疾戰則亡者,爲死地。

〔一一〕秦師句　蘧常案:《史記·韓世家》:桓惠王十年,秦擊我於太行,我上黨郡守以上黨郡降趙。十四年,秦拔趙上黨,殺馬服子卒四十餘萬於長平。二十六年,秦悉拔我上黨。

〔一二〕齊卒句　原注:《左傳》襄公二十三年:齊侯伐晉,張武軍於熒庭,戍郫邵,封少水,以報平陰之役。

〔一三〕艱方軌　徐注:《史記·淮陰侯列傳》:今井陘之道,車不得方軌。

〔一四〕於今句　徐注:杜甫《有事於南郊賦》:神仙戍削以落羽,魍魎幽憂以固扃。

〔一五〕連恒句　原注:《左傳》定公四年:命以唐誥而封於夏墟,啓以夏政,疆以戎索。

蘐常案:連恒,見前《北嶽廟》詩"恒山"句注。

〔一六〕指昴句　蘐常案:見前《贈黄職方師正》詩"旄頭宿"注。

〔一七〕孤戍　徐注:杜甫《發秦州》詩:日色隱孤戍。

〔一八〕炊藜句　徐注:王維《積雨輞川》詩:蒸藜炊黍餉東菑。

《白孔六帖》:十里一長亭,五里一短亭。

〔一九〕天地句　徐注:杜甫《旅夜書懷》詩:天地一沙鷗。

蘐常案:流萍,見前《五十初度》詩"流萍"注。

一　雁

一雁度汾河〔一〕,河邊積雪多。水枯清澗曲,風落介山阿〔二〕。塞上愁書信〔三〕,人間畏網羅〔四〕。覆車方有粟,飲啄意如何〔五〕?

【彙注】

〔一〕汾河　蘐常案:《水經》:汾水出太原汾陽縣北管涔山,西至汾陽縣北,西注於河。案:汾水一稱汾河。今由河津縣西南注河。

〔二〕介山　徐注:《明史》志《地理二》山西汾州府介休縣注:南有介山,亦曰綿山。《史記·晉世家》:介之推入綿上山中。文公環綿上山中而封之,以爲介推田,號曰介山。

〔三〕塞上句　徐注:《漢書·蘇武傳》:言天子射上林中,得雁,足有繫帛書,言武等在大澤中。

〔四〕畏網羅　蔣常案：見卷一《塞下曲》第二首"雁蘆"注。
〔五〕覆車二句　徐注：杜甫《孤雁詩》：孤雁不飲啄。

　　　蔣常案：皇侃《論語集解義疏》"公冶長可妻也"章疏：論釋云：冶長在獄六十日，有雀緣獄栅相呼，冶長含笑。吏啟獄主，冶長似解鳥語。主教問冶長：雀何所道？冶長曰：雀鳴嘖嘖唯唯，白蓮水邊，有車翻覆黍粟，牡牛折角，收斂不盡，相呼往啄。遣人往看，果如所言。

堯　廟

【解題】

　　徐注：《一統志》平陽府：堯廟在臨汾縣。《魏書·孝文帝紀》：太和十六年，詔祀唐堯於平陽。《水經注》：汾水南逕平陽故城東，水側有堯廟，前有碑。《元和志》：堯廟在縣東八里汾水東。《元史·世祖紀》：中統四年六月，建帝堯廟於平陽，給田四十五頃。《新志》：在縣南八里，明正統間重修。又：洪洞、浮山、太平、垣曲、霍州等處皆有堯廟。又：堯山在浮山縣東八里，上有帝堯廟。又：南堯山在縣東南五里，北堯山在縣東北二十里，上俱有堯祠。　戴注：山西《臨汾縣志》：堯陵在城東七十里，有廟，有金泰和二年碑記。先生《日知錄》"帝王陵"條詳辨之。

　　蔣常案：戴注取《元譜》，《元譜》又約取《日知錄》引《臨汾縣志》。下云：先生於《日知錄》"帝王陵"條詳載諸說，頗以《臨汾志》為疑。是時先生經游其地，故有此作。考《日知錄》言堯陵在"堯冢靈臺"條，《元譜》誤為《帝王陵》條，戴又沿其誤。"堯冢靈臺"條引《臨汾志》云：堯陵俗謂之神林，高一百五十尺，廣二百餘步。旁皆山石,惟此地爲平土,深丈餘。其廟正殿三間,廡十間。山後有河一道。竊考舜陟方乃死,其陵在九疑;禹會諸侯於江南,計功而崩,其陵在會稽;惟堯之巡狩不見經傳,而此其國都之地,則此陵爲堯陵無疑也。按《志》所論,似爲近理。但自漢以來,皆云堯葬濟陰成陽,未敢以後人之言爲信。故謂以《臨汾志》爲疑。題作《堯廟》,不曰堯陵,蓋其愼歟?

舊俗陶唐後[一],嚴祠古道邊[二]。土階依玉座[三],松棟冠平田[四]。霜露空林積,丹青彩筆鮮[五]。垂裳追上理[六],曆象想遺篇[七]。鳥火頻推革[八],山龍竟棄捐[九]。汾方風動塈[一〇],姑射雪封巓[一一]。典册淪幽草[一二],文章散暮煙。滔天非一族[一三],猾夏已三傳[一四]。歲至澆村酒,人貧闕社錢[一五]。相逢華髮老[一六],猶記漢朝年。

【彙校】

〔猾夏〕潘刻本、徐注本、孫校本"夏"作"馬"。丕續案:此亦韻目代字也。

【彙注】

〔一〕舊俗句　徐注:《詩·唐風》傳:此晉也,而謂之唐,本其風俗。憂深思遠,儉而用禮,乃有堯之遺風焉。

〔二〕嚴祠　徐注:張衡《周天大象賦》:天廣嚴祠而毓粹。

〔三〕土階句　徐注:《墨子》:堯堂高三尺,土階二等,茅茨不剪。

　　蘧常案:玉座,見卷二《僑居神烈山下》詩"玉座"句注,及卷三《賦得秋柳》詩"先皇"二句注。

〔四〕松棟句　原注:《符子》:堯曰:余坐華殿之上,森然而松生於棟;余立櫺扉之内,霏然而雲生於牖。　徐注:《詩》:維禹甸之。箋：禹決除其災，使成平田。
〔五〕丹青句　蘧常案：《漢書·蘇武傳》：竹帛所載，丹青所畫。
〔六〕垂裳句　徐注：《易》：黃帝、堯、舜，垂衣裳而天下治。
〔七〕曆象句　徐注：《書》：曆象日月星辰。

蘧常案："曆象遺篇"蓋謂《堯典》"乃命羲和"至"庶績咸熙"一段而言。

〔八〕鳥火句　徐注：《書》：日中星鳥。日永星火。《易》程《傳》"天地革而四時成"注：推革之道，極乎天地變易，時運終始也。

蘧常案：蔡沈《書集傳》：星鳥，南方朱鳥七宿，唐一行推以鶉火爲春分昏之中星也。星火，東方蒼龍七宿，火謂大火，夏至昏之中星也。

〔九〕山龍句　徐注：《書》：日、月、星、辰、山、龍、華蟲，作會。

蘧常案：蔡《傳》：《易》曰：黃帝、堯、舜垂衣裳而天下治，蓋取諸乾坤。則上衣下裳之制，創自黃帝，而成於堯、舜也。日月星辰，取其照臨，山取其鎮，龍取其變，華蟲，雉，取其文也。會，繪也。六者繪之於衣。案："棄捐"似謂清代胡服棄捐古制也。

〔一〇〕汾方　原注：《詩》：彼汾一方。
〔一一〕姑射　徐注：《明史》志《地理二》山西平陽府：臨汾倚。西有姑射山，西南有平山。《元和郡國志》：平山一名壺口山，今名姑射山，在晉州臨汾縣西。
〔一二〕典册　徐注：《西京雜記》：揚子雲曰：高文典册用相如。
〔一三〕滔天句　徐注：《書》：象恭滔天。

蘧常案：孔穎達《尚書正義》：共工貌象恭敬，而心傲很。其侮上陵下，若水漫天。案：此以共工喻清。"非一族"，謂非我族類也。

〔一四〕猾夏句　蘧常案：《書·舜典》：蠻夷猾夏。傳：猾，亂也。三傳，見前《羌胡引》"東夷"句注。

〔一五〕社錢　徐注：《南史·宋高祖紀》：上負刁逵社錢三萬。

〔一六〕華髮　徐注：《後漢書·邊讓傳》：華髮舊德，並爲元龜。

十九年元旦 _{已下昭陽單閼}

【解題】

徐注：康熙二年癸卯。案：先生是年五十一歲，去崇禎甲申，十九年矣。　冒云：十九年者，用弘光十九年之數也。

蘧常案：是年海上鄭氏稱永曆十七年。公元一六六三年。十九年説，徐注似勝。

平明遥指五雲看〔一〕，十九年來一寸丹〔二〕。合見文公還晉國〔三〕，應隨蘇武入長安〔四〕。驅除欲淬新硎劍〔五〕，拜舞思彈舊賜冠〔六〕。更憶堯封千萬里〔七〕，普天今日望王官。

【彙校】

〔題〕潘刻本、徐注本無"十九年"三字。

【彙注】

〔一〕平明句　徐注：杜甫《送李祕書赴杜相公幕》詩：五雲多處是三臺。

蘧常案：《史記·留侯世家》：平明，與我會此。

〔二〕一寸丹　徐注：杜甫《鄭駙馬池臺》詩：丹心一寸灰。

〔三〕合見句　徐注：《左傳》僖公二十八年：晉侯在外十九年矣。

蘐常案：《史記·晉世家》：晉惠公卒，太子圉立，是爲懷公。秦繆公發兵送内重耳，使人告欒、郤之黨爲内應，殺懷公於高梁，入重耳，是爲文公。文公，晉獻公之子也。獻公二十一年，殺太子申生，驪姬讒之。二十二年，獻公使宦者趣殺重耳，重耳遂奔狄，是時年四十三。重耳出亡，凡十九歲而得入，時年六十二矣。

〔四〕應隨句　蘐常案：《漢書·蘇武傳》：昭帝即位，匈奴與漢和親。漢求武等，單于召會武官屬，前以降及物故，凡隨武還者九人。武以始元六年春至京師，留匈奴凡十九歲，始以強壯出，及還，鬚髮盡白。

〔五〕驅除句　原注：《莊子·養生主》：今臣之刀十九年矣，所解數千牛矣，而刀刃若新發于硎。　段注：淬，《説文》：火器也。徐曰：淬，劍燒入水也。

蘐常案：驅除，見卷二《昔有》詩第二首"或爲"句注。案：以上三句，皆用"十九年"故事以應題，此宋楊察詩例也。魏泰《臨漢詩話》：楊察謫守信州，餞之者十二人，察於筵上作詩以謝，皆用十二故事。其詩曰：十二天之數，今宵座客盈。位如星占野，人若月分卿。極醉巫山側，聯吟嶰琯清。他年爲舜牧，協力濟蒼生。

〔六〕拜舞句　徐注：《老學庵筆記》：舊制，朝參拜舞而已。政和以後，增以喏。《漢書·王吉傳》：吉與貢禹爲友，世稱王陽在位，貢禹彈冠，言其取舍同也。

〔七〕堯封　徐注：杜甫《諸將》詩：薊門何處盡堯封。《左傳》成公十一年：若治其故，則王官之邑也。杜甫《王命》詩：慟哭望王官。

霍　山

【解題】

徐注：《山西通志·山川》：霍山，一名大岳，在平陽府霍州東南三十里，岳陽縣西北九十里。南接趙城，北跨靈石，東抵沁源。古爲冀州之鎮，今爲中鎮。

蘧常案：《元譜》：康熙二年正月，自平陽登霍山。

霍山古帝畿[一]，崔嵬據汾左[二]。東環太行趨[三]，北負恒山坐[四]。幽泉迸雷出[五]，奇峰挾雲墮。百物饒姿容，名花獻千朵[六]。廟食當山阿，重門奠磊砢[七]。像設猶古先[八]，冠裳蒙堀堁[九]。春雪覆松杉[一〇]，堂基對蓬顆[一一]。主守各散亡，空室無一鎖。五鎮稱副嶽[一二]，亦能降淫禍。豈忘帝王朝，時陟高山墮[一三]。黍稷既非馨[一四]，趨蹌況云惰[一五]。神人一失職，庶事交叢脞[一六]。有寺號興唐，近在祠東堁[一七]。昔日義旗來，列宿紛旖旎[一八]。更念七雄時[一九]，晉卿特么麽。茫然二節竹，刻期兆猶果[二〇]。寶命何遍封[二一]？四荒無不可[二二]。再拜霍山神[二三]，惟神實知我。

【彙校】

〔春雪〕徐注本、曹校本"雪"作"雲"，誤。　〔高山墮〕徐注本，汪、曹兩校本"墮"作"隳"。　〔趨蹌〕潘刻本，徐注本，汪、曹兩校本"蹌"作"將"。丕續案："將"與"蹌"通，故"蹌蹌"亦作"蹡蹡"。王念孫《廣雅疏證》云：蹡、蹌字異而義同。

【彙注】

〔一〕霍山句　蘧常案：《書·禹貢》：至于岳陽。蔡沈《集傳》：《周職方》：冀州，其山鎮曰霍山；地志謂霍太山即太岳。山南曰陽，即今岳陽縣，堯之所都。

〔二〕據汾左　徐注：《明史》志《地理》：霍山西有汾水。又有霍水、彘水俱出霍山下，流俱入汾。《霍州志》：州縈迴皆水，均之霍山之發源，聚於汾以入河者也。

〔三〕東環句　徐注：《明史》志《地理》：平陽府絳州絳縣東有太行山。唐樞《游太行山錄》：山自北紀、雲中發宗，行平定州至上黨、遼、沁、潞、澤，衍互多起。至雷首東發爲燕山，至碣石左右行，皆其祧祖，故名太行。又以介省，故名省曰山東、山西。

〔四〕北負句　蘧常案：見前《北嶽廟》詩"恒山"句注。

〔五〕幽泉句　徐注：《霍州志》：打鼓泉在霍山，泉自山頂而下注於地，聲如播鼓。又：轟轟澗流入汾水，聲如雷。

〔六〕名花句　徐注：《山西通志》：霍山其東有峰，上圓，名觀堆峰。其山極高峻，形勢巍然，迥出雲霄。上有五色花。

　　蘧常案：樂史《李翰林別集》：《賞名花》，宋張景修作。"名花十二客"，稱牡丹、梅、菊、瑞香、丁香、蘭、蓮、荼蘼、桂、薔薇、茉莉、芍藥也。

〔七〕廟食二句　徐注：《霍州志·祠宇》：中鎮廟在霍山麓，唐初建。明洪武正神號，御製。增建東西廊房并官廳。國有大事，則差官致祭。嘉靖三十六年，知州褚相重脩，題曰"中鎮霍山神廟"。《一統志》：霍山廟有三：二在霍州，一在趙城。《世說》：庾子嵩目和嶠，森森如千丈松，雖磊砢多節目，施之大廈，有棟梁之用。

　　蘧常案：《史記·滑稽列傳》：廟食太牢。

〔八〕像設　蔣常案：《楚辭》宋玉《招魂》：像設君室，静閒安些。
〔九〕堀堁　徐注：宋玉《風賦》：埒然起於窮巷之中，堀堁揚塵，勃鬱煩冤。
〔一〇〕春雪句　徐注：喬宇《霍山記》：廟前有古松數株，高數丈，槎枒詭怪，如青幢鐵幹。

　　　　蔣常案：車《譜》據此句，知登山在正月。
〔一一〕堂基句　徐注：《詩》：自堂徂基。《漢書·賈山傳》：秦爲葬埋之侈，使其後世曾不得以蓬顆蔽冢。
〔一二〕五鎮句　徐注：《明史》志《禮三》：洪武三年，詔定嶽鎮海瀆神號，五鎮稱：東鎮沂山之神，南鎮會稽山之神，中鎮霍山之神，西鎮吳山之神，北鎮醫無閭山之神。
〔一三〕豈忘二句　徐注：《明史》志《禮三》：洪武二年，命官十八人祭天下嶽鎮海瀆之神。帝皮弁御奉天殿，躬署御名，以香親授使者，百官公服送至中書省。有黃金合貯香，黃綺旛二，白金二十五兩，市祭物。

　　　　蔣常案：下句用《詩·周頌·般》"陟其高山，墮山喬嶽"。毛傳：高山，四嶽也。墮山，山之墮墮小者也。則"墮"當作"嶞"。徐注本作"嶞"，是，應從改。
〔一四〕黍稷句　徐注：《書》：黍稷非馨。
〔一五〕趨蹌　徐注：《詩》：巧趨蹌兮。

　　　　蔣常案：孔穎達《詩正義》：禮有徐趨疾趨，爲之有巧有拙，故美其巧趨蹌兮。
〔一六〕神人二句　徐注：《史記·燕世家》：各得其所，無失職。《書》：庶事康哉！又：元首叢脞哉！《明史》志《禮一》：洪武元年，命中書省下郡縣訪求應祀神祇，釐正祀典。凡天皇太乙、六天五帝之類，皆爲革除，而諸神封號，悉改從本稱，一洗矯誣陋習。

蘐常案："五鎮"以下八句，似爲清而發也。意謂霍山爲副嶽，其神亦能降禍於人，豈已忘前時遣使之精誠致祭乎？今則黍稷非馨，禮容亦惰，奈何不能降禍？是神失其職，萬事忘其大略矣。《書》孔傳：叢脞，細碎無大略。徐注非。

〔一七〕有寺二句　徐注：《一統志》：平陽府興唐寺在趙城縣東北，依山帶壑。唐貞觀元年建，斷碑猶存。《霍州志》：觀堄、靈應在霍山西，上有宣貽眞君祠，即遺趙襄子朱書及爲唐太宗導兵克霍邑者。後人於南麓立廟，每三月間，遠近瓣香走祭不絕。《一切經音義》：埄，堅土也。

〔一八〕昔日二句　原注：《舊唐書·高祖紀》：師次靈石，隋武牙郎將宋老生屯霍邑以拒義師。會霖雨積旬，餽運不給。有白衣老人詣軍門曰：余爲霍山神使，謁唐皇帝曰：八月雨止，路出霍邑東南，吾當濟師。高祖曰：此神不欺趙無卹，豈負我哉？八月辛巳，高祖引師趨霍邑，斬宋老生。　徐注：《晉書·溫嶠傳》：義旗將回指於公矣。《史記·天官書》：天則有列宿。《楚辭·九辨》：紛旖旎。《集韻》：或省作旇旐，旌旗從風之貌。

〔一九〕七雄　徐注：班固《答賓戲》：七雄虓闞。

〔二〇〕晉卿三句　原注：《史記·趙世家》：襄子奔晉陽，原過從。後，至于王澤，見三人，自帶以上可見，自帶以下不可見，與原過竹二節，莫通，曰：爲吾以是遺趙毋卹。原過既至，以告襄子。襄子齊三日，親自剖竹，有朱書曰：趙毋卹，余霍泰山山陽侯天使也。三月丙戌，余將使女反滅智氏，女亦立我百邑，余將賜女林胡之地。襄子既并智氏，遂祠三神于百邑，使原過主霍泰山祠祀。

　　蘐常案：《鶡冠子·道端》篇：無道之君，任用么麼；有道之君，任用俊雄。《通俗文》：不長曰么，細小曰麼。

〔二一〕何邇封　原注：《左傳》昭公九年：吾何邇封之有？
〔二二〕四荒　原注：《爾雅》：觚竹、北户、西王母、日下，謂之四荒。　徐注：《明史》志《禮》：洪武二年，臣附，其國内山川，宜與中國同祭。諭中書及禮官考之，命著祀典，設位以祭。
〔二三〕霍山神　徐注：《趙城縣志》：唐開元八年，封霍山中鎮爲應聖公，宋政和二年封應靈王，元加崇德應靈王，至明改稱霍山中鎮之神。

書女媧廟

【解題】

徐注：《明史》志《禮》：洪武四年，禮部定議合祀帝王增媧皇於趙城。《續通志》：在縣東侯村里，宋開寶元年建，明代命有司修理，春秋致祭，每三年遣官致祭。有碑文。又臨汾、洪洞、太平、蒲縣、靈石等處皆有廟。　戴注：在趙城縣東八里。

蘧常案：戴注蓋取《元譜》，《元譜》又取詩"至今趙城之東八里有冢尚崔嵬"句。然《一統志》謂在東五里，與詩説不同。

吁嗟乎！三代以後天傾西北不復補〔一〕，但見悲風淅淅吹終古〔二〕。日月星辰若綴旒〔三〕，赤黄青白交旁午〔四〕。北極偏高南極低，四時錯迕乖寒暑〔五〕。城淪洪水海成田〔六〕，六鼇簸蕩中流柱〔七〕。羲和益稷不任事〔八〕，畫州造曆迷堯禹〔九〕。彎弓不射九日落〔一〇〕，蒼蒼列象生毛羽。仁人志士久鬱邑〔一一〕，精衛空費西山土〔一二〕。排天門，盪地户〔一三〕，見天皇，與天姥〔一四〕。五色之石空斒爛〔一五〕，道旁委棄無人取。長人十二來臨洮〔一六〕,苻姚劉石相雄豪〔一七〕。天竺之書入中國〔一八〕,三千弟子多其曹〔一九〕。涼州龜兹奏宮廟,漢魏雅樂隨波濤〔二〇〕。花門吐蕃日侵軼〔二一〕,天子數出長安逃。人似魚蝦隨水落〔二二〕,世以東南爲大壑〔二三〕。一半乾坤長草萊,山南代北虛城郭〔二四〕。百年舊跡邈難記,遺宮別寢屯狐貉〔二五〕。至今趙城之東八里有冢尚崔嵬〔二六〕,不見媧皇來制作。里人言是古高禖,萬世昏姻自此開〔二七〕。華渚虹藏河馬去〔二八〕,三皇五帝愁胚胎〔二九〕。奇功異事不可問〔三〇〕,汾邊山下餘蘆灰〔三一〕。惟天生民,無主乃亂〔三二〕,必有聖人,以續周漢〔三三〕。如冬復如春,日月如更旦。剝復相乘除〔三四〕,包犧肇爻象〔三五〕。不見風陵之堆高突兀,没入河中尋復出,天迴地轉無多日〔三六〕。

【彙校】

〔多日〕潘刻本闕。

【彙注】

〔一〕三代句　徐注:《列子》:共工氏與顓頊争爲帝,怒而觸不周之山,折天柱,絶地維。故天傾西北,日月星辰就焉。地不滿東南,故百川水潦歸焉。又:天地,亦物也。物有不足,故昔者女媧氏鍊五色石以補其闕。

〔二〕悲風淅淅　徐注:杜甫《昔遊》詩:萬里悲風來。又《遣興》詩:朔風鳴淅淅。

〔三〕綴旒　徐注:《詩》:爲下國綴旒。

　　　　蘧常案:《詩》鄭箋:綴,結也。旒,旌旗之垂者也。《周禮·春官·巾車》鄭注:縿,爲旒所屬者。案:縿爲旌旗正幅。鄭意綴旒爲衆旒附着於旗之正幅。此亦附着之意,即《列子》所謂"日月星辰就焉"也。

〔四〕赤黃句　徐注:《明史》志《禮二》:自秦立四時,以祀白青黃赤四帝。《漢書・霍光傳》:使者旁午。注:如淳曰:旁午,分布也。師古曰:一縱一橫爲旁午,猶言交橫也。

　　蘧常案:此承上句,則"赤黃青白"當謂日月星辰之色也,非謂四帝,徐注誤。"旁午"當用如淳説。如師古説,則與上"交"字義複矣。

〔五〕錯迕　蘧常案:宋玉《風賦》:迴穴錯迕。

〔六〕洪水　徐注:《書》:洪水滔天。

〔七〕六鼇句　原注:《列子》:龍伯之國有大人,一釣而連六鼇,于是岱輿、員嶠二山,流于北極,沈於大海。　徐注:《水經注》:大碣石山,當山頂有大石如柱形,立於巨海之中流。

〔八〕羲和句　蘧常案:《書・堯典》:乃命羲、和,欽若昊天,曆象日月星辰,敬授民時。賈公彥《周禮疏敍》引鄭玄《書注》:高辛氏之世,命重爲南正,司天。黎爲火正,司地。堯育重、黎之後羲氏、和氏之賢者,使掌舊職天地之官。又:帝曰:棄!黎民阻飢,汝后稷,播時百穀。又:帝曰:疇若予上下草木鳥獸?僉曰:益哉!帝曰:俞,咨汝作朕虞。又,《皋陶謨》:禹曰:洪水滔天,浩浩懷山襄陵,下民昏墊。予乘四載,隨山刊木,暨益奏庶鮮食;予決九川,距四海,濬畎澮,距川。暨稷播奏庶艱食鮮食,懋遷有無化居,烝民乃粒,萬邦作乂。案:"不任事",亦歸莊《擊筑餘音》之意。下同。

〔九〕畫州句　徐注:《通鑑外紀》:黃帝於是畫野分州。又:黃帝受河圖,見日月星辰之象,於是始有星官之書。命大撓探五行之精。占斗綱所建,始作甲子。乃迎日推策,造十六神曆。

〔一〇〕彎弓句　徐注:《淮南子》:堯之時,十日並出,草木焦枯。

命羿仰射十日,中其九。烏死,墮羽翼。

　　蔣常案:屈原《天問》:羿焉彈日,烏焉解羽?

〔一一〕仁人句　徐注:《論語》:志士仁人。司馬遷《報任少卿書》:是以獨鬱邑而誰與語。

〔一二〕精衛句　蔣常案:見卷一《精衛》詩題注及"長將"四句注。

〔一三〕排天門二句　徐注:《河圖括地經》:西北爲天門,東南爲地戶。

〔一四〕見天皇二句　蔣常案:《抱朴子》:黃帝陟王屋,得神丹九鼎。到峨嵋山,見天皇真人於玉堂。陸機《列僊賦》:覿天皇於紫微。案:下"天姥"爲仙人,則此亦當爲仙人。或以司馬貞《補史記·三皇本紀》之天皇當之,非。《後吳錄》:剡縣有天姥山,傳云登者聞天姥歌謠之響。

〔一五〕五色句　徐注:《集韻》:斒斕,色不純也。

　　蔣常案:五色石見上"三代"句注。

〔一六〕長人句　蔣常案:《漢書·五行志》:秦始皇二十六年,有大人長五丈,足履六尺,皆夷狄服,凡十二人,見于臨洮。

〔一七〕苻姚句　徐注:《十六國春秋》:氐酋苻洪據長安,爲前秦。又:羌姚弋仲據長安,爲後秦。又:匈奴劉淵據平陽,爲前趙。又:羯石勒據襄國,爲後趙。宋崔伯易《感山賦》:太行山上有女媧廟云云,自後聰、曜、石勒、姚萇、季龍、元魏、高齊、諸苻、慕容,呼侶嘯類,提羌占戎,或屯於定襄,或保於居庸,或建都鄴下,或渡軍河中,或改元離石之北,或僭號沙河之東。

〔一八〕天竺句　蔣常案:《魏書·釋老志》:漢開西域,遣張騫使大夏還,傳其旁有身毒國,一名天竺,始聞有浮屠之教。哀帝元壽元年,博士弟子秦景憲受大月氏王使伊存口授浮屠經,中土聞之,未之信了也。後孝明帝夜夢金人,頂有白光,飛行殿庭。乃訪羣臣,傅毅始以佛對。帝遣郎中蔡愔、博士弟子秦景憲等使於天竺,寫浮屠遺範。愔仍與沙門攝摩騰、竺法蘭東還洛陽。愔又得佛經《四十二章》及釋迦立像。明帝令畫工圖佛像,置清涼臺,經緘於蘭臺石室。

〔一九〕三千句　徐注:《史記·孔子世家》:孔子以詩書禮樂教弟子,蓋三千焉。韓愈《原道》:佛者曰:孔子,吾師之弟子也。爲孔子者,習聞其說,樂其誕而自小也,曰:吾師亦嘗師之云爾。不惟舉之於其口,而又筆之於其書。

〔二〇〕涼州二句　徐注:《隋書·音樂志》:《西涼樂》者,起苻氏之末,呂光、沮渠蒙遜等據有涼州,變龜茲聲爲之。魏太武既平河西,得之,謂之《西涼樂》。《舊唐書·音樂志》:自《破陣舞》以下,皆雷大鼓,雜以龜茲之樂,聲震百里,動盪山谷。《新唐書·禮樂志》:周、隋管絃雜曲,皆《西涼樂》也;鼓舞曲,皆《龜茲樂》也。《漢書·河間獻王傳》:武帝時,獻王來朝,獻雅樂。《後漢書·禮儀志》注:蔡邕《禮樂志》曰:周頌雅樂典辟雍、饗射、六宗、社稷之樂。牛弘《定樂奏》:魏武平荆州,獲杜夔,以爲軍謀祭酒,使創雅樂。

〔二一〕花門句　徐注:《唐書·地理志》:居延海北三百里有花門山堡,又東北十里至回紇牙帳。杜甫《留花門》詩:花門既須留,原野轉蕭瑟。《左傳》隱公九年:彼徒我車,懼其侵軼我也。

　　蘧常案:《新唐書·回鶻傳》:回紇者,亦曰烏護,曰烏紇,至隋曰韋紇,臣於突厥。大業中,叛去,自爲俟斤,稱回紇。天寶初,盡得古匈奴地。德宗建中中,突厥可汗請易回紇曰回鶻。又,《吐蕃傳》:吐蕃本西羌屬,蓋百有五十種,散處河、湟、江、岷間。樊泥率兵西濟河,逾碣石,遂撫有羣羌。《舊唐書·吐蕃傳》:咸亨元年,詔討之,爲所敗。自是吐蕃連歲寇邊，當、悉等州諸羌盡降之，盡收羊同、党項及諸羌之地，東與涼、松、茂、巂等州相接，南至婆羅門，西又攻陷龜茲、疏勒等西鎮，北抵突厥，地方萬餘里。自漢、魏以來，西戎之盛，未之有也。睿宗即位，吐蕃請河西九曲之地。既得其地，堪頓兵畜牧，又與唐境接近，自是復叛，始率兵入寇，連年犯邊。天寶十四載，安祿山竊據洛陽，潼關失守，河、洛阻兵，於是盡徵河隴、朔方之將鎮兵入靖國難，邊州無備預。吐蕃乘我間隙，日蹙邊城。數年之後，鳳翔之西，邠州之北，盡蕃戎之境，埋沒者數十州。《新唐書‧吐蕃傳》：寶應元年，陷臨洮，取秦、成、渭等州。三年，入大震關，取蘭、河、鄯、洮等州，於是隴右地盡亡。進圍涇州，入之。又破邠州，入奉天，代宗幸陝。入長安，立廣武王承宏爲帝，改元，擅作赦令，署官吏，留京師十五日乃走。天子還京。《舊唐書‧吐蕃傳》：永泰元年，九月，僕固懷恩誘吐蕃、回紇之衆南犯王畿。案：回紇內犯，史僅一言，吐蕃雖屢侵軼，而使天子出走，亦僅代宗奔陝而已。詩謂"數出長安逃"，或合安祿山叛、玄宗奔蜀、李懷光叛聯朱泚、德宗奔梁州事言之。祿山，營州柳州胡；李懷光，靺鞨屬，皆胡人也。或又以李希烈、朱泚稱兵陷長安當之，非。

〔二二〕人似句　徐注：蘇軾《連雨漲江》詩：龍卷魚蝦並雨落。

〔二三〕世以句　徐注：《列子》：有大壑焉，實爲無底之谷。

　　　蓬常案：東南，見上"三代"句注。

〔二四〕山南句　徐注：《宋史‧韓琦傳》：契丹來求代北地，帝手詔訪琦。《左傳》哀公十三年：以六邑爲虛。注：城郭丘墟。

　　　蓬常案：山南，見前《古北口》詩"漢家"句注。

〔二五〕遺宮句　蓬常案：班固《西都賦》：徇以離宮別寢。《爾雅‧釋獸》：貍狐貒貈醜。《玉篇》：狐貉。《廣雅》：貉，作貔。案：自"長人十二"至此十四句，似亦借古以斥清。長人來臨洮，謂清來預兆。苻、姚、劉、石皆喻清也。"天竺之書"，當即《贈潘檉章》詩所謂"同文化夷字"意也。《清史稿·選舉志》云：初，太宗於蒙古文字外，製爲清書。又：順治九年，選庶常四十人。擇年青貌秀者二十人，習清書。嗣每科派習十數人不等，散館試之。"涼州"二句，謂清用胡樂。《清史稿·樂志》云：清起僻遠，仰神祭天，初沿邊俗。及太祖受命，始習華風。世祖入關，修明之。而滿洲舊舞，是曰莽式。率以蘭錡世裔充選，所陳皆遼、瀋故事，歌辭異漢，不頒太常。"花門"、"吐蕃"亦借謂清人。"日侵軼"，即《羌胡引》所謂"四入郊圻躪齊魯，破邑屠城不可數"者也。"天子數出"，蓋指弘光、隆武、永曆諸帝播遷。"東南爲大壑"，似爲南渡君臣言。"一半"以下四句，則總言亂後景況。"百年舊跡"，蓋變幻迷惑之語。若以苻、姚、劉、石言，則相距千三百餘年，即回紇、吐蕃之侵軼，亦餘八百年，今不曰千年，而曰百年，明別有所指矣。

〔二六〕至今句　葦常案：《清一統志》：平陽府媧皇廟在趙城縣東五里許，松柏圍二丈有奇者百餘株。

〔二七〕里人二句　原注：《路史》：古高禖祀女媧。　徐注：《兗州府志》引《太昊紀》：女皇，氏炮媧，雲姓，太昊之女弟也。出於承匡，少佐太昊，禱於神祠而爲女婦，正姓氏，職婚姻，通行媒，以重萬民之命，是曰神媒。

〔二八〕華渚句　徐注：《路史》：太昊之母，居於華胥之渚，履巨人跡，意有所動，虹且遶之，因而始娠，生帝於成紀。又因龍馬負圖出於河之瑞，遂則其文以畫八卦，以龍紀官，故爲龍師而龍名。

〔二九〕三皇句　徐注：《説文》：胚，婦孕一月；胎，婦孕三月。

蘐常案：趙翼《陔餘叢考》：《大戴禮·五帝德》及史遷《五帝本紀》皆專言五帝，而不言三皇。然三皇之號，見於《周禮》外史掌三皇五帝之書，第未有專指其名者。其見秦博士所議，但言天皇、地皇、人皇而已。孔安國《書序》乃以伏羲、神農、黃帝爲三皇，少昊、顓頊、高辛、堯、舜爲五帝。司馬遷則以黃帝入五帝之内，而無少昊。鄭康成注《尚書中候》則以伏羲、女媧、神農爲三皇，金天、高陽、高辛、唐、虞爲五帝。司馬貞因之作《三皇本紀》，亦以伏羲、女媧、神農爲三皇。要之去古愈遠，載籍無稽，傳以異詞，迄無定論。

〔三〇〕奇功異事　徐注：《漢書·陳湯傳》：湯爲人多策謀，喜奇功。《禮》：不有異事，必有異慮。

〔三一〕汾邊句　徐注：《淮南子·覽冥訓》：女媧積蘆灰以止淫水。

〔三二〕惟天二句　徐注：《書》：惟天生民有欲，無主乃亂。

〔三三〕周漢　徐注：杜甫《北征》詩：周漢獲再興。

〔三四〕剝復句　徐注：《宋史·陳元鳳傳》：極論世運剝復之機。
　　蘐常案：《易·象》：山附於地，剥。雷在地中，復。朱熹《易本義》：剥，落也。陰盛長而陽消落，小人壯而君子病。復，反復之復。陽復生於下也。韓愈《三星行》詩：名聲相乘除。案：算法，乘爲長，除爲消。故乘除爲消長也。

〔三五〕包犧句　蘐常案：《易·繫辭》：古者包犧氏之王天下也，仰則觀象於天，俯則觀法於地，觀鳥獸之文，與地之宜，於是始作八卦。又：彖者，材也。爻也者，效天下之動者也。劉恕《通鑑外紀》：伏羲始作三畫，以象二十四氣，因而重之，爻象備矣。

〔三六〕不見三句　原注：《唐書·五行志》：天寶十三載，虢州閿鄉縣界黃河中女媧墓因大雨晦冥，失其所在。乾元二年六月一日,夜,河濱人家忽聞風雨聲,曉見其墓湧出,上有雙柳樹,下有巨石。二柳各長丈餘,今謂之風陵堆。　徐注:白居易《長恨歌》:天旋地轉迴龍馭。

晉 王 府

【解題】

徐注:《明史》志《地理》山西太原府陽曲注:洪武三年四月,建晉王府於城外東北維。

蘧常案:《大事紀》:於太原新城建晉王府,圍三百丈餘,東西一百五十丈,南北一百九十七丈。

卜雒方遷鼎〔一〕,封唐次翦珪〔二〕。國分河華北〔三〕,星主實沈西〔四〕。攘狄威名重〔五〕,垂昆敬德躋〔六〕。寵光延白屋〔七〕,惠澤普黔黎。別殿俄傳燧,深宮早聽鼙〔八〕。梯衝臨玉壁,戈艖繞銅鞮〔九〕。井竭龍池水〔一〇〕,梁空燕壘泥〔一一〕。罨花游鹿采〔一二〕,山木化鵑啼〔一三〕。《國語》《春秋》志,賢王暇日題〔一四〕。壁上大書《楚語》"靈王爲章華之臺"一篇。定知慈儉理,得與禹湯齊〔一五〕。玉葉衣冠盡〔一六〕,金刀姓字迷〔一七〕。那堪梁苑草,春日更萋萋〔一八〕。

【彙注】

〔一〕卜雒　蘧常案:卜雒,見卷一《帝京篇》"車書"句注。雒,詳後《陸貢士來復》詩"雒蜀"句注。

〔二〕封唐句　徐注:《史記·晉世家》:成王與叔虞戲,削桐葉爲珪,以與叔虞,曰:以此封若。史佚因請擇立叔虞。《明史·諸王傳》:晉恭王棡,太祖第三子也。洪武三年封,十一年,就藩。

〔三〕河華　原注:張衡《西京賦》:東暨河、華。

〔四〕星主句　徐注:《左傳》昭公元年:昔高辛氏有二子,伯曰閼伯,季曰實沈。遷實沈於大夏,主參。

〔五〕攘狄句　徐注:《詩·車攻·集傳》:内修政事,外攘夷狄。《明史·諸王傳》:棡修目美髯,顧盼有威,多智數,然性驕。洪武二十四年來朝,自是折節。是時,帝念邊防甚,且欲諸子習兵事。諸王封並塞居者,皆預軍務,而晉、燕二王尤被重寄,數命將兵出塞及築城屯田。大將如宋國公馮勝、潁國公傅友德皆受節制。又詔二王,軍中事大者方以聞。

〔六〕垂昆句　徐注:《書》:垂裕後昆。又:嗣王疾敬德。

〔七〕寵光句　徐注:《漢書·蕭望之傳》:說霍光曰:恐非周公躬吐握之禮,致白屋之意。注:白屋,賤人所居也。

　　蘧常案:《詩·小雅·蓼蕭》:既見君子,爲龍爲光。毛傳:龍,寵也。疏:爲君所寵遇,爲君所光榮。陳奐《傳疏》:龍,古寵字。《左傳》昭公十二年:寵光之不宣。《明史·諸王傳》:棡待官屬皆有禮。

〔八〕別殿二句　徐注:顏延之《曲水詩序》:別殿周徽。《禮》:君子聽鼓鼙之聲,則思將帥之臣。

　　蘧常案:《後漢書·光武紀》注:邊方築高土臺,多積薪,寇至,即燔之。望其煙曰燧。晝則燔燧,夜乃舉烽。《明史·諸王傳》:晉穆王敏淳,萬曆三十八年薨,子求桂嗣。《北略》:崇禎十六年正月初八丁酉,自成陷平陽。沿河州縣,望風瓦解。三十己未,晉王奏晉疆萬分危急。

〔九〕梯衝二句　徐注:《明史·蔡懋德傳》:十六年冬,中朝益積憂山西,言防河者甚衆,然無兵可援。懋德以疲卒三千,當百萬狂寇。時太原洶洶,晉王手教趣懋德還省。十二月二十八日,懋德還太原。賊既渡河,轉掠河東,列城皆陷,巡按御史汪宗友劾懋德不防河。詔奪官候勘,以郭景昌代之。正月二十三日,副將陳尚智叛降於賊。於是懋德誓師太原,布政使趙建極,監司毛文炳、藺剛中、畢拱辰,太原知府孫康周,署陽曲縣事范志泰等官吏軍民咸在。懋德哭,衆亦哭,罷官命適至。或請出城候代,懋德不可,曰:吾已辦一死矣。調陽和兵三千協守東門。剛中慮其内應,移之南關之外。遣部將張雄分守新南門。召中軍副總兵應時盛入參謀議,懋德等登城。二月五日,賊至,部將牛勇等出戰,死之。明日,自成督衆攻城,陽和兵叛降賊。又明日,晝晦,懋德草遺表。須臾大風起,拔木揚砂,張雄縋城出降,並以火藥焚樓。賊登城,懋德北面再拜,曰:吾學道有年,今日吾致命時也。時盛曰:請與公俱死。遂偕至三立祠自經。自成執晉王,據王宮。

蘧常案:梯衝,見卷一《秋山》詩第一首"梯衝"句注。《通鑑》:東魏丞相高歡攻玉壁,晝夜不息,魏韋孝寬隨機拒之。敵以攻車撞城,車之所及,莫不摧毁,無能禦者。孝寬縫布爲幔,隨其所向張之,布既懸空,車不能壞。杜佑《通典》:玉壁城在絳州稷山縣西南十二里。《左傳》桓公五年:旝動而鼓。賈逵注:旝爲發石。《漢書·地理志》:上黨郡銅鞮。《一統志》:故城今沁州西南四十里。《史記·絳侯周勃世家》:以將軍從高帝擊反韓王信於代,擊胡騎,破之武泉北,轉攻韓信軍銅鞮,破之。

〔一〇〕井竭句　原注:《唐六典》:玄宗所居隆慶坊宅之東,有井,忽湧爲小池,周袤十數丈,常有雲氣或黄龍出其中。至景龍中,潛復出水,其沼浸廣,里中人悉移居,遂鴻洞爲龍池。

〔一一〕梁空句　徐注:薛道衡《昔昔鹽》詩:苔壁涎蝸篆,空梁落燕泥。

〔一二〕游鹿　徐注：《吳越春秋》：將見麋鹿游姑蘇之臺矣。

〔一三〕化鵑啼　蕭常案：見卷一《大行皇帝哀詩》"望帝"注。案："化鵑啼"似謂求桂之不善終。《明史·諸王傳》：李自成陷山西，求桂與秦王由樞並爲所執，入北京，不知所終。

〔一四〕《國語》二句　蕭常案：此承上句，則賢王當謂求桂。或據《明史·諸王傳》"晉恭王㭎學文於宋濂，學書於杜環"，以爲謂㭎，非。

〔一五〕定知二句　徐注：《老子》：我有三寶，持而保之，一曰慈，二曰儉，三曰不敢爲天下先。

　　蕭常案：《楚語》：靈王爲章華之臺，伍舉所諫，引先王之爲臺榭：其所不奪穡地，其日不廢時務，是慈也；其爲不匱財用，其事不煩官業，是儉也。故詩云云。"攘狄"四句，已言晉王㭎，此不應複言，益可證賢王之爲求桂矣。

〔一六〕玉葉句　徐注：《明史·諸王傳》：新堞，恭王七世孫，家汾州。崇禎十四年，由宗貢生爲中部知縣。署事者聞賊且至，亟欲解印去。新堞毅然曰：此我致命秋也。議拒守。邑新遭寇，無應者。乃屬父老速去，而己誓必死。妻盧氏，妾薛氏、任氏，請先死。許之。有女數歲，拊其背而勉之縊，左右皆泣下。遂自經。

　　蕭常案：玉葉，見卷三《賦得秋柳》"昔日"句注。任氏，當作馮氏。

〔一七〕金刀句　徐注：《漢書·王莽傳》：劉之爲字，卯金刀也。正月剛，卯金刀之利皆不得行。

〔一八〕那堪二句　徐注：《楚辭·招隱士》：王孫游兮不歸，春草生兮萋萋。　冒云："梁苑"，指福王。

　　蕭常案：《史記·梁孝王世家》：孝王築東苑。詳卷六

《梁園》詩題注。案：梁苑指福恭王常洵，非謂其子由崧也。《明史·諸王傳》：福恭王常洵，神宗第三子。二十九年，封福王。營洛陽邸第，十倍常制。四十二年，始令就藩。崇禎十三年冬，李自成連陷永寧、宜陽。明年正月，攻城。常洵縋城出，匿迎恩寺，翌日，跡而得之。遂遇害。火王宫，三日不絶。

贈傅處士山

【解題】

徐注：《元譜》：傅山，字青主，初字青竹，號薔廬，别號公之它，陽曲人。少受知於袁臨侯繼咸。崇禎中，臨侯擢山西提學僉事（蘧常案：依張穆説改），爲巡按御史張孫振誣劾，被逮。山職納橐饘，伏闕上書，白其冤。馬君常作《義士傳》，比之裴瑜、魏劭。亂後爲道士裝，以醫爲業。工詩文，書畫入逸品。康熙己未，召試博學鴻詞，不應。授中書舍人，復不就。張《譜》：青主生於萬曆三十四年丙午，長先生七歲。閻若璩《潛丘劄記》：山右傅青主先生，顧寧人極稱其識字。先生《廣師篇》云：蕭然物外，自得天機，吾不如傅青主。《遂初堂集》：出太原郡城東行可七八里，有寺曰永祚，雙塔巍然，捎雲礙日，見之四十里外，浮浮若旌幢。其下爲松莊，傅隱君先生所居也。《先正事略》：所著《霜紅龕集》十二卷，子眉詩附焉。

蘧常案：章炳麟《書顧亭林軼事》：近聞山西人言亭林嘗得李自成窖金，因設票號，屬傅青主主之。始明時票號規則不善，亭林與青主更立新制，天下信從，以是饒於財用。清一代票號制度，皆亭林、青主所創也。案：其説甚怪，始著之以廣異聞。

爲問明王夢，何時到傅巖〔一〕？臨風吹短笛〔二〕，剷雪荷長鑱〔三〕。老去肱頻折〔四〕，愁深口自緘〔五〕。相逢江上客，有淚濕青衫〔六〕。

【彙注】

〔一〕爲問二句　徐注：李嶠詩：祇應感發明王夢。《水經注》：傅說隱於虞、虢之間，即此處。傅巖東北十餘里即顛軨坂。

蘧常案：《書序》：高宗夢得說，使百工營求諸野，得諸傅巖。

〔二〕吹短笛　徐注：《晉書·律曆志》：歌聲清者，用短笛短律。

蘧常案：似用袁凱事，比傅山之黃冠自晦。朱彝尊《靜志居詩話》：海叟賦《楊白花》，有讒之者，海叟聞之，遂佯狂，騎烏犍，杖木笛，行九峰三泖間。

〔三〕剷雪句　徐注：《廣韻》：剷，斫也。杜甫《同谷七歌》詩：長鑱長鑱白木柄，我生託子以爲命。

蘧常案：徐引杜詩，應補"黃精無苗山雪盛，短衣數挽不掩脛"二句。"黃精"從蘇軾說，山谷謂"黃獨"，江東謂之"土芋"，梁、漢人蒸食之，杜甫此歌專爲救飢而言，與下句注"六歲啖黃精，不樂穀食"相應。

〔四〕老去句　徐注：《左傳》定公十三年：三折肱，知爲良醫。

蘧常案：全祖望《陽曲傅先生事略》：先生六歲啖黃精，不樂穀食；強之，乃復飯。又，先生既絕世事，家傳故有禁方，乃資以自活。嘗走平定山中爲人視疾，失足墮崩崖，僕夫驚哭曰：死矣！先生旁皇四顧，見有風峪甚深，中通天光，一百二十六石柱林立，則高齊所書佛經也，摩挲視之，終日而出，欣然忘食，其嗜奇如此。阮葵生《茶餘客話》：古晉陽城中，有傅先生賣藥處,立牌書"衛生堂藥餌"五字,先生筆也。青主善醫,而不耐俗,病者多不能致。然喜看花,病者於有花木寺觀中,令善先生者招致之。聞病中呻吟,僧爲言覉旅無力延醫耳,先生即爲治。雖劇,無不應手而愈。

〔五〕口自緘　徐注:《家語》:孔子觀於周廟,見金人三緘其口。

〔六〕相逢二句　徐注:白居易《琵琶行》詩:江州司馬青衫濕。

　　　　　蘧常案:"江上客"似謂袁繼咸幕客。繼咸總督江西等處軍務,駐九江,故曰"江上"。

附:《同志贈言》傅山《復惠佳什再如賜韻》

好音無一字,文采會貢巖。正選高松坐,全忘小草鑱。天涯之子對,真氣不吾緘。祕讀《朝陵記》,臣躬汗浹衫。

　　蘧常案:據和詩題,則此詩應在下詩之後。

又酬傅處士次韻 二首

清切頻吹越石笳〔一〕,窮愁猶駕阮生車〔二〕。時當漢臘遺臣祭〔三〕,義激韓讎舊相家〔四〕。陵闕生哀迴夕照,河山垂淚發春花。相將便是天涯侶〔五〕,不用虛乘犯斗槎〔六〕。

【彙校】

〔迴夕照〕潘刻本,徐注本,孫、吳、汪、曹各校本"迴"皆作"回"。丕緒案:《正字通》:"迴"同"回"。

【彙注】

〔一〕清切句　徐注:《晉書·劉琨傳》:琨在晉陽,嘗爲胡騎所圍,乃乘月登樓清嘯，中夜奏胡笳。賊流涕歔欷，有懷土之切。曉復吹之，賊並棄圍而走。

　　蘧常案：《晉書·劉琨傳》：字越石。全祖望《傅先生事略》：甲午，以連染遭刑戮，抗詞不屈，絕粒九日，幾死。門人有以奇計救之者，得免。然先生深自咤恨，以爲不如速死之爲愈。而其仰視天俯畫地者，未嘗一日止。如是者二十年，天下大定，始以黃冠自放，稍稍出土穴與客接。又自欷曰：彎彊躍駿之骨而以佔畢朽之，是則埋吾血千年而碧不可滅者矣。

〔二〕窮愁句　蘧常案：《史記·虞卿列傳贊》：虞卿非窮愁，亦不能著書以自見於後世云。"阮生車"，見卷一《將有遠行作》"窮途"注。《傅先生事略》：其子曰眉，能養志。或時出遊，眉與子共挽車。暮宿逆旅，仍篝燈課讀經史《騷》《選》諸書。詰旦，必成誦始行。

〔三〕時當句　蘧常案：見卷三《陳生芳·續兩尊人先後即世》詩第三首"祭禰"句注。

〔四〕義激句　徐注：《史記·留侯世家》：悉以家財求客刺秦王，爲韓報讎，以大父、父五世相韓故。

　　蘧常案：此疑指袁繼咸。繼咸官止兵部右侍郎兼右僉都御史，總督江西、湖廣、應天、安慶軍務。曰"舊相"，特以比耳。《小腆紀傳》：繼咸爲郝效忠所紿，赴其軍，劫之北去。抵大勝關，我豫王傳語：袁總督隨行，與以大官作。見豫王，長揖不拜，爲設宴，不飲亦不言。在道自縊，不死，絕粒八日，又不死。入京就館，內院學士剛林勸之朝，且曰：君入仕，可爲明帝報讎。繼咸曰：今弘光何在，而臣子圖富貴乎？剛林又言弘光不道事。曰：君父之過，臣子何敢知？乃改館，邏卒守之，兀坐讀書，終不薙髮。明年六月二十四日，出至菜市就刑，曰：吾得死所矣。《傅先生事略》云：袁公自九江羈於燕邸,以難中詩貽先生曰:蓋棺不遠,斷不敢負知己,使異日羞稱友生也。先生得書,慟哭曰:公乎!吾亦安敢負公哉?此所謂"義激"也。

〔五〕天涯侶　徐注:崔塗《孤雁》詩:不知天涯侶,何時下平蕪?
〔六〕犯斗槎　徐注:宋之問詩:星無犯斗槎。
　　　　蓬常案:見前卷一《帝京篇》"海槎"句注。

愁聽關塞徧吹笳,不見中原有戰車〔一〕。三戶已亡熊繹國〔二〕,一成猶啓少康家〔三〕。蒼龍日暮還行雨,老樹春深更著花。待得漢廷明詔近,五湖同覓釣魚槎〔四〕。

【彙注】

〔一〕戰車　徐注:《郡國利病書》:戚繼光議以車騎合練。昔太公對武王曰:車者,軍之羽翼也,所以陷堅陣,要強敵,遮走北也。永平道葉夢熊有《戰車議》。
〔二〕三戶句　蓬常案:《史記‧楚世家》:熊繹當周成王之時,舉文、武勤勞之後嗣,而封熊繹於楚蠻,封以子男之田。姓羋氏,居丹陽。又:負芻爲王五年,秦將王翦、蒙武破楚國,虜負芻,滅楚國,名爲楚郡云。
〔三〕一成句　原注:《楚辭‧離騷》:及少康之未家兮。
　　　　蓬常案:《左傳》哀公元年:少康逃奔有虞,虞思於是妻之以二姚而邑諸綸,有田一成,有衆一旅。能布其德,而兆其謀,以收夏衆,撫其官職,遂滅過、戈,復禹之績。杜注:方十里爲成。互詳卷二《隆武二年八月上出狩》詩"夏后"四句注,及《濰縣》詩"夏祚"四句注。
〔四〕五湖句　徐注:段成己詩:擬把餘生釣江海,爲煩嚴子借魚槎。

　　蔣常案：五湖，見卷一《將有遠行作》詩"浮五湖"注。

附：《同志贈言》傅山《晤言寧人先生還村途中歎息有詩》

　　河山文物卷胡笳，落落黃塵載五車。方外不嫻新世界，眼中偏認舊年家。乍驚白羽丹楊策，徐頷雕胡玉樹花。詩詠十朋江萬里，閡吾儋筆似枯槎。

陸貢士來復_{武進人}述昔年代許舍人曦草疏攻鄭鄤事

【解題】

　　徐注：《烈皇小識》：八年十一月，下庶吉士鄭鄤於錦衣獄。鄤爲壬戌庶吉士，建言蒙譴，林居二十四年矣，與嘉善皆出華亭之門。嘉善既入政府，即力譽鄭於烏程，至是赴京補官。武進舊輔吳宗達，鄭族母舅也，力毀鄭於烏程。烏程遂具疏糾鄭杖母事。上方欲以孝弟風勵天下，覽疏震怒，下鄤於錦衣獄。杖母者，鄤父振先私寵一婢，爲嫡吳氏所虐。振先與子謀，假乩仙以怵之。吳氏懼，甚願受杖。即令此婢行杖，鄤不禁失笑。吳大怒，訴三黨。然事已三十年，不可得而究竟也。衛帥吳孟明謂按律，忤逆惟父母告乃坐。今鄤父母皆亡，事遠在數十年之前，不能定讞。烏程乃以特授科道爲餌。于是同里中書許燨應募上疏，證鄤杖母。嚴旨切責吳孟明不能治獄，革任。至是獄具，遂磔於市。《北略》：中書舍人許曦奏鄤不孝瀆倫，與體仁疏合。案：燨或曦之誤。

　　蔣常案：黃宗羲《鄭峚陽先生墓表》：公諱鄤，字謙止，號峚陽，姓鄭氏。常州武進人也。登天啓壬戌進士第，改庶吉士。文文肅（案：名震孟，文肅其諡。）以朝講建言，刺及宮奴客、魏，疏上留中。公諫留中非制，與文肅皆降二級調任。丁卯，削籍爲民。逆閹伏誅，原官起用。崇禎乙亥，入京待補。時溫體仁當國，媢嫉異己，既排文肅去之，以公爲文肅所援，必爲己患，遂以惑父披薙，迫父杖母，特疏參公。下於刑部獄，屬司寇殺之，司寇不可。改入錦衣獄，金吾亦不敢承。體仁乃使其門人主之。黃石齋先生召對，以爲衆惡必察。劉念臺先生亦疏言杖母之獄不可以無告坐。體仁之黨募公同鄉之市儈以證之。己卯八月，擬辟，上命加等，公遂死於西市。從來縉紳受禍之慘，未有如公者也！楊狷庵《塋陽公冤案傳信錄序》：訟塋陽之冤者多矣，如黃石齋、劉念臺、黃梨洲諸公，此主持清議之得中者也。博通古今如顧寧人，亦誤聽人言，作詩譏刺。又，謙止《自敍》極言鳳臺尚書之下石，則來復之攻擊謙止，或即鳳臺主持，正未可定。某氏云：鳳臺者，陸完學也。來復或其子姓。案：許舍人曦當即黃宗羲所謂市儈歟？又案：鄢鄉人陸繼輅《合肥學舍札記》辨鄢冤甚詳，其言曰：鄢以孝聞于鄉里。初，鄢太公有妾頗擅寵，而鄢太夫人奇妒，素信二氏之教，太公因假扶乩之術，爲神言責數之，且命與杖。鄢方少，叩頭涕泣請代，贖母罪。通籍後，屢以直言忤烏程（案：溫體仁烏程人），烏程思中傷之，謀于中書舍人許某。許某者，亦武進人也。誣奏鄢杖母，大逆不孝，而鄢弟號四將軍者，受許賂，證成之。鄢不忍自明，以顯二親之過，遂論死。劉宗周、黃道周先後上疏申救甚力，爲烏程所持，竟棄市。此事我鄉少長皆知之。偶閱顧亭林詩，乃斥爲宵人，而深許許爲義俠，又稱代許草疏之陸貢士某者，爲同方之友。亭林，君子也，其言將爲百世所信，特申辨之。

雒蜀交爭黨禍深[一]，宵人何意附東林[二]？然犀久荷先皇燭〔三〕，射隼能忘俠士心〔四〕！梅福佯狂名字改，子山流落鬢毛侵〔五〕。愁來忽遇同方友，相對支牀共越吟〔六〕。

【彙校】
〔題〕徐注本題作《贈陸貢士來復》。　〔何意附〕孫校本作"依附半"。

【彙注】
〔一〕雒、蜀句　徐注：《小學紺珠》：元祐三黨：洛黨，程頤、賈易等；蜀黨，蘇軾、呂陶等；朔黨，劉摯等。案《明史·葉向高傳》：其時黨論已大起，向高請盡下諸疏，敕部院評曲直，罪其論議顛倒者，以警其餘。帝不報。諸臣益樹黨相攻，未幾，又爭李三才之事，黨勢乃成。無錫顧憲成家居，講學東林書院，朝士爭慕與遊。三才被攻，憲成移書向高曁尚書孫丕揚訟其賢。會辛亥京察，攻三才者劉國縉以他事挂察典，喬應甲亦用年例出外。其黨大譁。向高以大體持之，察典得無撓，而兩黨之爭遂不可解。及後，齊、楚、浙黨人攻東林殆盡。浸尋至天啓時，王紹徽等撰《東林點將錄》，令魏忠賢按名逐朝士。以向高嘗右東林，指目爲黨魁云。

〔二〕宵人句　蘧常案：《莊子·列禦寇》篇：宵人之離外刑者。俞樾《諸子平議》：宵人，猶小人也。陸繼輅《合肥學舍札記》：吾鄉鄭崟陽先生鄤，早從東林講學。阮大鋮《東林點將錄》：白面郎君鄭鄤。

〔三〕然犀句　徐注：《晉書·溫嶠傳》：至牛渚磯，水深不可測。世云其下多怪物，嶠遂然犀角而照之。須臾，見水族覆火，奇形怪狀。

　　蘧常案：《北略》：京師夏旱，諭各衙門陳弊政，宣冤抑。

大金吾吳孟明奏曰：臣衙門冤抑，自有法司平允，非所敢與聞。但幽禁三年，無人爲之雪理如鄭鄤者，或當釋放，以召天和者也。疏入，則蒙極嚴之旨，謂杖母逆倫，干憲非輕，如果無辜，何無人爲之申理？又：鄤在獄，以萬金乞周奎通皇后關説。一日，上入宮，后曰：聞得常州鄭鄤……語未畢，上即目視之曰：汝在宮中，那裏曉得鄭鄤？后懼而止。

〔四〕射隼句　徐注：《易》：公用射隼於高墉之上。

　　蘧常案：此謂陸來復代許曦草疏攻鄭鄤事。《北略》：旨着常州人在京者從公回話。時臺中三人，劉光斗、劉呈瑞、王章正在憂虞。適有武進落魄生員許曦，與管紹寧同入泮，無聊至京，會際考武英殿中書，管因取許，每月支俸米一石，一無事事，猶未提授實職，非官而似官之流也。主計者代爲草疏，實其杖母，再指姦媳姦妹以實之。

〔五〕梅福二句　原注：庾信《哀江南賦》：年始二毛，即逢喪亂。（嘉案：庾信，字子山。）　徐注：《漢書·梅福傳》：王莽專政，福一朝棄妻子，去九江，至今傳以爲仙。其後，人有見福於會稽者，變名姓爲吳門市卒云。　段注：杜甫詩：天涯故人少，更憶鬢毛侵。

　　蘧常案：此二句，蓋先生自謂。上句即前《旅中》詩所謂"甘心變姓名"也；下句即《五十初度》詩所謂"隙駟流萍度此生"也。

〔六〕相對句　徐注：《史記·張儀列傳》：陳軫曰：越人莊舄仕楚執珪，有頃而病。楚王曰：舄故越之鄙細人也。今仕楚執珪，貴富矣，亦思越不？中謝對曰：凡人之思故，在其病也。彼思越則越聲，不思越則楚聲。使人往聽之，猶尚越聲也。王粲《登樓賦》：莊舄顯而越吟。

　　蘧常案：《史記·龜策列傳》：江淮間居人爲兒時，以龜支牀,後死移牀,而龜猶生。庾信《小園賦》:支牀有龜。倪璠注:喻己久居長安,若龜支牀也。案:信以梁散騎常侍聘于西魏,被留長安。

聞湖州史獄

【解題】

　　全云:時史禍已作。　戴注:爲莊氏史禍而作。莊名廷鑨,嘗得故閣輔朱國楨遺稿,輯爲《明書》百餘帙,頗多忌諱。列吳炎、潘檉章於參閲姓名中,尋爲人首於朝,殺七十餘人,吳、潘亦與難。

　　蘧常案:徐注本、潘刻本題作《詠史》,全據潘本,故云。戴注亦然。莊廷鑨,湖州歸安南潯鎮人,故曰湖州史獄。考陸莘行《秋思草堂遺集·老父雲遊始末》謂:康熙元年二月,或有告其父圻:湖州莊姓者,所著穢史,抵觸本朝,兼有查、陸、范評定姓名,大爲不便。查者名繼佐,范者名驤,陸者其父也。其父等即具牒請趙教諭查驗。六月,吳之榮者,有憾於莊、查,遂抱書擊登聞鼓以進。十一月十五日,其父被捕。十二月,與查、范起解,癸卯正月,到京,同入刑部牢。不數日,命下,回浙候審,即日出京。三月初六抵杭,入營監守。計營中所繫莊氏父子、朱氏父子、花里茅氏、趙教諭等,尚有評文姓氏多人。題曰"聞",當在此時。先生書《吳潘二子事》云:湖州莊氏難作。莊名廷鑨,目雙盲,不甚通曉古今,以史遷有"左丘失明乃著《國語》"之説,奮欲著書。其居鄰故閣輔朱公國楨家,朱公嘗取國事及公卿誌狀疏草,命胥鈔録,凡數十袠,未成書而卒。廷鑨得之,則招致賓客,日夜編輯爲《明書》。書冗雜不足道也。廷鑵死，無子，家貲可萬金。其父胤城流涕曰：吾三子皆已析産，獨仲子死無後。吾哀其志，當先刻其書，而後爲之置嗣。遂梓行之。書凡百餘袠，頗有忌諱，語本前人詆斥之辭，未經刪削者。莊氏既巨富，浙人得其書，往往持而恐嚇之，得所欲以去。歸安令吳之榮者，以贓繫獄，遇赦得出，有吏教之買此書，恐嚇莊氏。莊氏欲應之，或曰：踵此而來，盡子之財，不足以給，不如以一訟絕之。遂謝之榮。之榮告諸大吏，大吏右莊氏，不直之榮。之榮入京師，摘忌諱語密奏之。四大臣大怒，遣官至杭，執莊生之父及其兄廷鉞及弟姪等，并列名於書者十八人，皆論死。其刻書、鬻書，并知府、推官之不發覺者，亦坐之。發廷鑵之墓，焚其骨，籍沒其家產。所殺七十餘人。方莊生作書時，屬客延予一至其家，予薄其人不學，竟去。以是不列名，獲免於難。案：佚名《榴龕隨筆》云：書無志、表、帝紀、世家，止有列傳。即王陽明一傳，有上下卷，共三百餘頁。其冗長無體裁可知已。故先生謂其冗雜不足道。先生赴邀時，王潢有詩送之，見《同志贈言》。

　　永嘉一蒙塵，中原遽翻覆〔一〕。名胡石勒誅，觸眄苻生戮〔二〕。哀哉周漢人〔三〕，離此干戈毒。去去王子年，獨向深巖宿〔四〕。

【彙校】

〔題〕孫託荀校本有注云：此爲莊氏史禍而作。孫案云：疑非先生自注。今檢幽光閣本，知此八字乃戴注也。潘刻本、徐注本作"《詠史》"；孫校本作"聞湖州"。　〔遽翻覆〕吳、汪、曹三校本同，潘刻本、徐注本、孫校本"遽"作"遂"。　〔名胡〕潘刻本"胡"作"弧"。

【彙注】

〔一〕永嘉二句　徐注：庾信《哀江南賦》：逮永嘉之艱虞，始中原之乏主。

　　　蘧常案：《晉書・孝懷帝紀》：永嘉五年，六月癸未，劉曜、王彌、石勒同寇洛川，王師頻爲賊所敗。丁酉，劉曜、王彌入京師，帝開華林園門，出河陰藕池，欲幸長安，爲曜所追及。曜等遂焚燒宮廟，逼辱妃后，百官士庶死者三萬餘人。帝蒙塵於平陽。劉聰以帝爲會稽公。八月，劉聰使子粲攻陷長安。九月，石勒襲陽夏，至於蒙縣。冬十月，寇豫州諸郡，至江而還。案：此以永嘉之亂比清之入關也。

〔二〕名胡二句　徐注：《後趙錄》：勒宮殿及諸門始就，制法令甚嚴，諱"胡"尤峻，胡物皆改名，如胡餅曰麻餅，胡荽曰香荽，胡豆曰國豆。初有門户之禁，有醉胡乘馬突入府門，勒大怒，責宮門小執法馮翥。翥惶遽忘諱，對曰：向有醉胡乘馬馳入，即已呵禁而不可與語。所謂胡人難與言，非小吏所能制。勒笑曰：胡人正自難與言。恕而不罪。《前秦錄》：苻生乘醉多所殺戮，自以眇目，諱殘、缺、偏、隻、少、無、不具之類，誤犯而死者，不可勝數。

　　　蘧常案：此喻清多忌諱，興文字之獄也。佚名《榴龕隨筆》云：或問逆書致罪之由，余不知其細，但聞之前人曰：如書中所云王某孫壻，即清之德祖，所云建州都督，即清之太祖也，而直書名。又云"長山岨而銳士飲恨於沙燐，大將還而勁卒銷亡於左衽"，如此之言，散見於李如柏、李化龍、熊明遇傳中，又指孔、耿爲叛。又自丙辰迄癸未，俱不書清年號，而於隆武、永曆之即位正朔，必大書特書。其取禍之端有如此。

〔三〕周漢人　蘧常案：見前《書女媧廟》詩"周漢"注。案：謂漢族人也。

〔四〕去去二句　蘧常案：《世説新語・寵禮》篇：去去，無可復用相報。《晉書·藝術傳》:王嘉,字子年,隴西安陽人也。不食五穀,清虛服氣。隱於東陽谷,鑿崖穴居。石季龍之末,至長安,潛隱於終南山,遷於倒獸山。苻堅累徵不起,問其當世事者,皆隨問而對,言未然之事,辭如讖記。姚萇之入長安,逼以自隨,戮死。案:"去去",促人速去之辭。王子年,比當時文人,勸其速去韜隱,勿再受禍也。

李克用墓在代州西八里

【解題】

徐注:《舊五代史·後唐·武皇紀》:莊宗即位,追謐武皇帝,廟號太祖,陵在雁門。　戴注:即晉王墓,在代州柏林寺東。

蔣常案:此取吳《譜》。

唐綱既不振,國姓賜沙陀[一]。遂據晉陽宮[二],表裏收山河[三]。朱溫一篡弒[四],發憤橫琱戈[五]。雖報上源讎[六],大義良不磨[七]。竟得掃京雒,九廟仍登歌[八]。伶官阨莊宗[九],愛壻亡從珂[一〇]。傳祚頗不長,功名誠足多[一一]。我來雁門郡[一二],遺冢高嵯峨。寺中設王像,緋袍熊皮韡[一三]。旁有黃衣人,年少神磊砢。想見三垂岡,《百年》淚滂沱[一四]。敵人亦太息,如此孺子何[一五]!千載賜姓人,流汗難重過[一六]。

【彙校】

〔千載二句〕各本皆有,惟孫校本無。

【彙注】

〔一〕唐綱二句　徐注：《新五代史・唐紀》：其先本號朱邪，蓋出於西突厥，至其後世，別自號曰沙陀。又：朱邪盡忠戰死，其子執宜，部落萬騎，皆驍勇善騎射，號沙陀軍。其子曰赤心，賜姓名李國昌。《五代史補》：太祖武皇帝，本朱邪赤心之後，沙陀部人也。其先，生於雕窠中，酋長以其異生，諸族傳養。又：太祖生眇一目，驍勇善騎射，所向無敵，時謂之獨眼龍，大爲部落所疾。太祖恐禍及，遂舉族歸唐，授雲州刺史，賜姓名李克用。

〔二〕遂據句　徐注：《五代史補》：黄巢犯長安，克用自北引兵赴難，功成，遂拜太原節度使，封晉王。又：武皇有疾，晉陽城無故自壞。次年，崩於晉陽。《隋書・煬帝紀》：大業三年秋八月壬寅，詔營晉陽宫。《地理志》：太原縣有晉陽宫。

〔三〕表裏句　徐注：《左傳》僖公二十八年：表裏山河，必無害也。

蘧常案：杜預注：晉國外河而内山。《舊五代史・唐武皇紀》：史臣曰：賜姓受封，奄有汾、晉。

〔四〕朱温句　徐注：《五代史・梁紀》：天祐元年，全忠使朱友恭、氏叔琮弑帝於洛陽椒殿。二年，全忠使蔣元暉邀德王裕等置酒九曲池，悉縊殺之，並誣何太后而弑之。四年，遂篡，敕封唐帝爲濟陰公，復弑之。

蘧常案：胡三省《通鑑・後梁紀》注：太祖姓朱氏，名温。宋州碭山午溝里人。背黄巢歸唐，賜名全忠。即位，改名晃。

〔五〕發憤句　徐注：《舊五代史》：蜀王建遺李克用書曰：請各帝一方，俟朱温既平，乃訪唐宗室立之。晉王復書不許，曰：誓於此生靡敢失節，仰憑廟算，早殄寇仇。又：輝王即位，告哀使至晉陽，武皇南向痛哭，三軍縞素。《國語》：晉惠公令韓簡挑戰，穆公横琱戈，出見使者。

蘧常案:《通鑑》:朱溫既稱帝,晉王約契丹王邪律阿保機共擊梁。阿保機歸而背盟附梁,晉王恨之。六月,攻梁澤州。十一月,晉王命李存璋攻晉州。丁卯,晉兵攻洺州。明年正月,晉王疽發於首,卒。此所謂"發憤橫琱戈"也。

〔六〕上源讎　徐注:《舊五代史》:武皇班師過汴,汴帥迎勞於封禪寺(蘧常案:汴帥,朱溫也)。請武皇休於府第;乃以從官三百人及陳景思館於上源驛。汴帥素忌武皇,乃與其將楊彥洪密謀竊發。彥洪於巷陌連車樹柵,以扼奔竄之路。時從官皆醉,伏兵竊發,攻傳舍。武皇方大醉,譟聲動地,從官十餘人捍賊。侍人郭景銖滅燭,以茵幕裹武皇匿牀下,以水灑面,徐曰:汴帥謀害司空。武皇方張目而起,引弓抗賊,煙火四合,復大雨震電,得從者薛鐵山、賀回鶻數人而去。雨水如注,隨電光登尉氏門,縋而出,得還營。監軍陳景思、大將史敬思並遇害。又《明宗紀》:武皇遇上源之難,將佐罹害甚衆。時年十七,翼武皇踰垣脫難於亂兵流矢之内,獨無所傷。

〔七〕大義句　段注:范成大詩:道義不磨雙鯉在。

〔八〕竟得二句　徐注:《新五代史·唐莊宗紀》:同光元年冬十月壬申,如鄆州以襲梁。甲戌,取中都。丁丑,取曹州。己卯,滅梁。十一月丙辰,復汴州爲宣武軍。甲子,如洛京,又立廟於太原。自唐高祖、太宗、懿宗、昭宗爲七廟。《五代史闕文》:世傳武皇臨薨,以三矢付莊宗曰:以一矢討劉仁恭,一矢擊契丹,一矢滅朱溫。汝能成吾志,死無憾矣。莊宗藏三矢於武皇廟庭。及討劉仁恭,命幕吏以少牢告廟,請一矢,盛以錦囊,使親將負之,以爲前驅。凱旋之日,隨俘馘納矢於太廟。伐契丹,滅朱氏,亦如之。　段注:《禮》:登歌清廟。

〔九〕伶官句　徐注:《舊五代史·莊宗紀》:從馬直指揮使郭從謙率所部抽戈露刃,至興教門大呼,與黃甲兩軍引弓射興教門。

帝御親軍格鬭，爲流矢所中，亭午，崩於絳霄殿之廡下。五坊人善友，斂廊下樂器，籠於帝尸之上，發火焚之。及明宗入洛，止得其燼骨而已。

〔一〇〕愛壻句　徐注：《舊五代史·末帝紀》：諱從珂，本姓王氏，鎮州人，母魏氏。明宗爲武皇騎將，略地至平山，遇魏氏，擄之。帝時年十餘歲，明宗養爲己子。以力戰知名，封潞王，鎮太原。後以兵偪閔帝自殺，遂即帝位。清泰三年，石敬瑭拒命，以契丹兵入寇。臣下勸帝親征，則曰：卿輩勿説石郎，使我心膽墮地。又，正月，唐主于春節置酒，晉國長公主上壽畢，辭歸晉陽，唐主醉曰：何不且留，遽歸欲與石郎反耶？又：掌書記桑維翰謂敬瑭曰：明宗遺愛在人，主上以庶孽代之，羣情不附。公，明宗愛壻。

〔一一〕傳祚二句　徐注：《舊五代史》：史臣曰：莊宗以雄圖而起河、汾，以力戰而平汴、洛，家讎既雪，國祚中興，雖少康之嗣夏配天，光武之膺圖受命，亦無以加也。然得之孔勞，失之何速，足以爲萬世之炯戒也。

〔一二〕雁門郡　徐注：《方輿紀要》：山西朔州，戰國時燕地，秦爲雁門、代二郡，漢爲定襄、雁門二郡，後漢爲雲中、雁門二郡。又：代州，秦爲太原、雁門二郡之地，唐天寶初曰雁門。中和二年，置雁門節度使。又：雁門關在今馬邑縣東南七十里。

〔一三〕緋袍　葦常案：《新唐書·車服志》：衣緋者，以銀飾之。《玉篇》：緋，絳練也。

〔一四〕旁有四句　原注：《新五代史·唐本紀》：存勗，克用長子也。初，克用破孟方立於邢州，還軍上黨，置酒三垂岡。伶人奏《百年歌》，至於衰老之際，聲甚悲，坐上皆悽愴。時存勗在側，方五歲，克用慨然捋鬚指而笑曰：吾行老矣！此奇兒也。後二十年，其能代我戰於此乎！及克用卒，存勗即王位。梁人圍潞州,王乃出兵趨上黨。行至三垂岡,歎曰:此先王置酒處也。會天大霧,晝暝,兵行霧中。攻其夾城,破之。梁軍大敗,凱旋告廟。《世說》:其人磊砢而英多。

蘧常案:《明史》志《地理二》山西潞安府潞城注:西有三垂山。案:三垂山即三垂岡也。

〔一五〕敵人二句　徐注:《舊五代史・莊宗紀》:謂將佐曰:汴人聞我有喪,必謂不能興師;又以我年少嗣位,未習戎事,必有驕怠之心。若簡軍倍道,出其不意擊之,解圍定霸,在此一役。五月辛未朔,帝率親軍伏三垂岡下。詰旦,天復昏霧,進軍直抵夾城。時李嗣源總帳下親軍攻東北隅,李存璋、王霸率丁夫燒寨,劚夾城爲二道,周德威、李存審各分道進攻,軍士鼓噪。嗣源壞夾城東北隅,率先掩擊,梁軍大奔,斬萬餘級,獲其副招討使符道昭泊大將三百人,芻粟百萬。康懷英得百餘騎,出天井關而遁。梁主聞其敗也,既懼而歎曰:生子當如是,李氏不亡矣。若吾諸子乃豚犬爾!

〔一六〕千載二句　徐注:邵廷采《東南紀事》:鄭成功,本名森,字大木,芝龍子也。天啓七年,生於日本。幼讀書,爲南安諸生。唐王立,召見,奇其狀貌,賜國姓及今名,封忠孝伯。貝勒入閩,芝龍諭成功降。成功不從曰:父教子忠,未聞以貳。叔父鴻逵令逸去,得免。遂謀舉兵,乃往南粵召募。順治四年,成功自南粵回,會故臣將吏,設高皇帝位,矢盟恢復。以故唐王封賜姓,仍遵隆武年號,自稱招討大將軍罪臣成功。年少有文武略,拔出諸父兄中,近遠皆屬心。後取臺灣,奉永曆年號終身,卒年三十九。《小腆紀年》:徐鼒曰:朱成功憑賜姓之寵,王扶餘之國,使劉淵以漢甥自許,尉陀假帝號自娛,夫誰得而禁之?而乃田橫恥爲亡虜,克用靡失臣節。彤弓之錫,拜命遐荒;縞素之師,灑淚宮闕。附共和之義,用天復之年,亡國逋臣,於義無愧。《漢書·王莽傳》:未嘗不流汗而慚愧也。　全云:譏延平也。

蘧常案:鄭成功已卒於上年五月庚辰。《小腆紀年》云:疾革,猶日強起登將臺,持千里鏡視澎湖諸島。五月初八日庚辰,登臺,罷冠帶,請太祖祖訓出,坐胡牀進酒。讀至第三帙,歎曰:吾有何面目見先帝於地下也?兩手掩面而逝。計成功自隆武二年丙戌起兵抗清,至此凡十有七年。此十七年中,大小無慮數十百戰,至死不忘復國。其尤足稱道者,如掃紅夷於赤嵌,重光漢土;滅私情以大義,不共胡天。非直徐鼒所謂"田橫恥爲亡虜,克用靡失臣節"而已。先生蓋亦責備賢者之意云爾。孫校本無末二句,則徒爲詠史而已。

五　臺　山

【解題】

徐注:《太原府志·山川》:五臺山在五臺縣東北一百四十里,環五百餘里。《華嚴大疏》:清涼山即代州五臺山也。積冰仍雪,曾無炎暑,故曰清涼;五峰特出,頂無林木,有如壘土之臺,故曰五臺。先生《五臺山記》云:在五臺縣東北一百二十里,西北距繁峙縣一百三十里。史炤《通鑑》注曰:北臺最高,後人名之葉斗峰,有龍湫。其東二十里爲華嚴嶺。又東二十里爲東臺,上可觀日出。其東爲龍泉關。路自北臺而南二十里爲中臺,其巓西北有太華泉。又西十五里爲西臺,其西疊嶂數十里;北有祕魔崖;東南有清涼嶺。惟南臺稍遠,去中臺可五十里。五峰周遭如城,其巓風甚烈,不可居。

東臨真定北雲中〔一〕,盤薄幽并一氣通〔二〕。欲得寶符山上是〔三〕,不須參禮化人宮〔四〕。

【彙注】

〔一〕東臨句　徐注：《一統志》：真定府,周爲并州,晉鮮虞、奚、極、肥、揚、鼓諸國,戰國屬趙,秦屬鉅鹿,漢置恒山郡,又置真定國,後周置恒州,唐改鎮州,後升成德軍,五代梁改武順軍,宋爲真定府。《一統志》：明隆慶間,封俺答爲順義王。名其城曰歸化,在殺虎口北二百里,本漢定襄、雲中二郡地。後漢屬雲中郡,後魏建都於此,號盛樂城。後置雲州,領盛樂、雲中二郡。

〔二〕盤薄句　蓬常案：郭璞《江賦》：荆門闕竦而盤礴。"盤薄"義同旁礴、旁魄。《漢書·司馬相如傳》：旁魄四塞。注：旁魄,廣被也。此正用廣被之意。《周禮·夏官·職方氏》：東北曰幽州,正北曰并州。《太平御覽》卷百六十二引《晉地道記》：舜以冀州南北廣大,分燕地北地爲幽州。幽州因幽都以爲名。《元和郡縣圖志》引《太康地記》：并州云"并"者,蓋以其在兩谷之間也。

〔三〕欲得句　徐注：《史記·趙世家》：簡子乃告諸子曰：吾藏寶符於常山上,先得者賞。諸子馳至常山上,求無所得。毋卹還曰：已得之矣。簡子曰：奏之。毋卹曰：從常山上臨代,代可取也。先生《五臺山記》云：東埵,爲趙襄子所登,以臨代國。

〔四〕不須句　徐注：先生《五臺山記》：《唐書》王縉始言五臺山有金閣事,鑄銅爲瓦,塗金於上,照耀山谷,費錢巨億萬。縉爲宰相,給中書符牒,令五臺山僧數十人分行郡縣,聚徒講説,以求貨利。於是此山名聞外夷,至吐蕃求此山圖,見於敬宗之紀。而《五代史》則書有胡僧遊五臺山,莊宗遣中使供頓,所至傾動城邑。《元史》則武宗至大二年二月,皇太后幸五臺山,三月,令高麗王隨太后至五臺山。英宗至治二年五月,車駕幸五臺山,庚寅,熒星見於五臺山。夫以王縉之爲相,莊宗、武宗、英宗之爲君,其事亦可知矣。《列子》:周穆王時,西域之國有化人來,謁王同游。王執化人之袪,騰而上者,中天乃止,暨及化人之宮。

蘧常案:此二句,雄心壯志,躍然紙上。不獨持論正,一掃文人佞佛積習也。

酬李處士因篤

【解題】

徐注:《元譜》:李字天生,更字子德,陝西富平籍,山西洪洞人。邃於經學,著有《受祺堂集》。康熙己未,試鴻博,授檢討,以母老辭,不許。表三上,乃允。《鶴徵錄》:子德先生少孤,外祖田時需撫之成立,受業其門。吾鄉曹倦翁先生觀察三晉,以故人子相從,因識代州馮觀察雲驦,雅愛其風土人物,居句注、夏屋間者十年。

三晉陂河山[一],登覽苦不暢。我欲西之秦[二],潛身睨霸王[三]。一朝得李生[四],詞壇出飛將[五]。撝呵斗極迴[六],含吐黃河漲[七]。上論周漢初,規模迭開創。以及文章家,流傳各宗匠[八]。道術病分門[九],交游畏流宕〔一〇〕。朋黨據國中〔一一〕,雌黄恣騰謗〔一二〕。吾道貴大公〔一三〕,片言折邪妄〔一四〕。論事如造車,欲決南轅向〔一五〕;觀人如列鼎,欲察神姦狀〔一六〕。稍存俞咈詞〔一七〕,不害于喁唱〔一八〕。君無曲學呵〔一九〕,我弗當仁讓〔二〇〕。更讀詩百篇,陡覺神采壯〔二一〕。遊五臺山諸作。先我入深巖,嶔崟剖重嶂〔二二〕。高披地絡文〔二三〕,下挈竺乾藏〔二四〕。大氣橐山川〔二五〕,雄風被邊障〔二六〕。泚筆作長歌,臨歧爲余貺〔二七〕。自哂同坎蛙,難佐北溟浪〔二八〕。惟此區區懷〔二九〕,頗亦師直諒〔三〇〕。竊聞關西士〔三一〕,自昔多風尚〔三二〕。豁達貫古今〔三三〕,然諾堅足仗〔三四〕。如君復幾人,可愜平生望〔三五〕。東還再見君,牀頭倒春釀〔三六〕。

【彙校】

〔文章家〕徐注本"家"作"蒙"。誤。 〔于喁唱〕"于"原作"千",潘刻本同,誤,徐注本,孫、吴、汪、曹各校本皆作"于",從改。"于喁",見《莊子·齊物論》。 〔曲學呵〕潘刻本,徐注本,孫、曹兩校本"呵"作"阿";冒、吴、汪各校本皆作"訶"。丕繢案:呵、訶通。 〔竺乾〕孫校本作"胡僧"。

【彙注】

〔一〕三晉　蘧常案:《史記·楚世家》:宣王六年,三晉益大。趙岐《孟子·梁惠王》篇"晉國天下莫強焉"注:韓、趙、魏本晉六卿,當此時,號三晉。案:三晉約當今河北省西南部,及河南、山西兩省之地。

〔二〕西之秦　蘧常案:《史記·秦本紀》:非子居犬丘,周孝王邑之秦。孝公十二年,作爲咸陽,徙都之。《讀史方輿紀要》:陝西,秦孝公徙都之,謂之秦川,亦曰關中。

〔三〕睨霸王　徐注：杜甫《劍門》詩：至今英雄人,高視見霸王。
〔四〕得李生　蘧常案：《元譜》：康熙二年,至代州,遊五臺。與富平李子因篤遇,遂訂交。李因篤《受祺堂詩集·詠懷五百字奉亭林先生》詩：班荆雁門邸,傾囊出夙撰,慨然弟畜予,札僑風斯踐。
〔五〕詞壇句　徐注：歐陽修《答梅聖俞》詩：文會忝予盟,詩壇推子將。《史記·李將軍列傳》：匈奴聞之,號曰漢之飛將軍。《先正事略》：時阮亭、堯峰主盟壇坫,先生與抗禮。
〔六〕撝呵　徐注：韓愈《石鼓歌》：鬼物守護煩撝呵。
〔七〕含吐　徐注：《淮南子》：含吐陰陽。
〔八〕上論四句　徐注：《先正事略》：因篤,明季爲諸生,見天下大亂,走塞上,訪求奇傑士,無應者。歸而鍵户讀經,貫穿注疏。顧亭林著《音學五書》,先生與討論。所著《詩說》,亭林稱之曰：毛、鄭有嗣音矣。其《春秋說》,堯峰亦心折焉。又曰：其學以朱子爲宗。時李中孚提倡良知,晚年移家富平,與先生過從最密,然各尊所聞,不爲同異之說。性樸直,博學能強記。初入都,南人多易之。一日,宴集論杜詩,先生應口誦。或曰：偶然耳。詰其他,輒舉全部無所遺。
　　蘧常案：《漢書·高帝紀》：雖日不暇給,而規摹宏遠矣。摹通模。袁宏《三國名臣贊序》：莫不宗匠陶鈞,而羣才緝熙。李因篤《詠懷五百字奉亭林先生》詩：閉門治九經,溯流兼史傳。
〔九〕道術句　蘧常案：《莊子·天下》篇：道術將爲天下裂。
〔一〇〕交游句　徐注：《禮》：交游稱其信也。《後漢書·方術傳敘》：甚有雖流宕過誕,亦失也。
〔一一〕朋黨句　蘧常案：見前《陸貢士來復》詩"雒蜀"句注。
〔一二〕雌黃句　徐注：《晉陽秋》：王衍能言,於意有不安者,輒更易之,時號口中雌黃。《湘山野録》:石守道康定中主盟上庠,晨興,鳴鼓於堂,集諸生謂之曰:此輩鼓篋游上庠,提筆場屋,稍或黜落,尚騰謗言有司,悲哉!吾道之衰也。

　　蘧常案:沈括《夢溪筆談》:館閣凈本有誤書處,以雌黃塗之,即滅。久而不脱。

〔一三〕吾道句　蘧常案:《爾雅‧釋詁》邢昺疏引《尸子‧廣澤》篇:孔子貴公。《禮記‧禮運》篇:孔子曰:大道之行也,天下爲公。

〔一四〕片言句　蘧常案:《論語‧顔淵》:片言可以折獄者,其由也歟?《太平御覽》卷六百三十九引鄭玄注:片讀爲半,半言爲單詞。折,斷也。

〔一五〕論事二句　徐注:《宋史‧輿服志》:司南車,周公所作,以送荒外遠使。地域平漫,迷於東西,造此車使常知南北。　段注:《左傳》宣公十二年:令尹南轅反斾。

〔一六〕觀人二句　徐注:《左傳》宣公三年:貢金九牧,鑄鼎象物,百物而爲之備,使民知神姦。

〔一七〕俞咈　蘧常案:《書‧堯典》:帝曰:俞。傳:俞,然也。又:帝曰:吁,咈哉!傳:咈,戾也。

〔一八〕于喁　徐注:《莊子‧齊物論》:前者唱于而隨者唱喁。

　　蘧常案:《經典釋文》:李頤云:于喁,聲之相和。

〔一九〕曲學呵　徐注:《史記‧儒林列傳》:轅固謂公孫弘曰:務正學以言,無曲學以阿世。

　　蘧常案:據《史記‧儒林列傳》,則"呵"應作"阿",潘、徐本是。

〔二〇〕我弗句　徐注:《論語》:當仁不讓於師。

　　蘧常案:"上論周漢初"以下十八句,皆記當時論學之情狀。李因篤《詠懷五百字》亦有記之者,可相印證。其詩曰:

泣麟久不作,蛙鳴紛相扇,横議逐頹波,吾道存如綫。側聞正始音,黄鐘垂古憲,大旨歸風騷,旁求逮爻象。持以告時賢,疑信乃滋蔓。聊取枕中祕,知希遽獨擅。

〔二一〕更讀二句　徐注:《晉書·王戎傳》:神采秀澈。潘耒《李天生詩集序》:其詩原本風騷,出入古歌謠樂府而以少陵爲宗。意象蒼莽,才力雄贍,既與杜冥合,而章法句法講之尤精,千錘百鍊而出之。此學杜而得其神理,非襲其皮毛者也。　段注:杜甫《飲中八仙歌》:李白斗酒詩百篇。

　　蘧常案:《受祺堂詩集》卷三《早秋遊五臺》以下一百首,皆順治十八年遊五臺山時作也。曹溶《靜惕堂詩集》有《懷天生》五律:天生遊五臺三日,得詩百首。

〔二二〕先我二句　徐注:《漢書·司馬相如傳》:潛處乎深巖。《韻會》:嶔崟,或作礛嵁,險峻貌。

　　蘧常案:所云深巖重嶂,謂五臺山也。

〔二三〕地絡　原注:《後漢書·隗囂傳》:斷截地絡。

　　蘧常案:此注原在卷六《雒陽》詩"三川"句下,徐注本移此,仍之。

〔二四〕竺乾　徐注:白居易詩:大抵宗莊叟,私心事竺乾。

〔二五〕大氣句　蘧常案:《老子》:天地之間,其猶橐籥乎？吳澄《道德經》注:橐,象太虛包函周徧之體;籥,象元氣絪縕流行之用。

〔二六〕雄風句　徐注:宋玉《風賦》:此大王之雄風也。《舊唐書·劉昌傳》:邊障妥寧。

　　蘧常案:朱樹滋《李文孝行狀》:居雁門數年,詩文益高古精邃,名播海内。一時騷人詞客趨之若鶩,至邸舍不能容。

〔二七〕泚筆二句　徐注:《舊唐書·岑文本傳》:文本爲中書舍人,或策令叢遽,敕吏五六人泚筆待,分口占授,成無遺意。　段注：鮑照《舞鶴賦》：臨歧距步。

蔣常案：徐注原録《同志贈言》詩，兹移作本詩附録。北溟，見卷一《海上行》"北溟"句注。

〔二八〕自哂二句　徐注：《抱朴子》：猶坎蛙之疑海鼇，螣蛇之噬應龍也。《莊子·秋水》：井蛙不可以語於海者，拘於墟也。

〔二九〕區區　蔣常案：見前《再謁天壽山陵》詩"區區"句注。

〔三〇〕直諒　徐注：《論語》：友直友諒。

〔三一〕關西　蔣常案：《後漢書·楊震傳》：關西孔子楊伯起。案：楊震，華陰人。古稱函谷關以西曰關西，亦稱關右、關外。

〔三二〕風尚　徐注：《北史·崔振傳》：少溫厚有風尚。《史記·貨殖列傳》：關中自汧、雍以東至河、華，猶有先王之遺風。

〔三三〕豁達　徐注：潘耒《李天生詩集序》：爲人豁達慷溉，自負經世大略。

〔三四〕然諾　徐注：《史記·游俠列傳》：布衣之徒，設取予然諾，千里誦義。

〔三五〕如君二句　徐注：潘耒《李天生詩集序》：誠得先生輩數人立詞盟而樹之幟，大雅元音，庶幾不墜矣乎？微獨先生之詩進於古也，先生之爲人，更高邁卓犖，與古爲徒。

〔三六〕牀頭句　徐注：高適《贈張旭》詩：牀頭一壺酒。《齊民要術》：造酒法，春釀，十日熟。

附：《同志贈言》李子德《雁門邸中值寧人先生初度製二十韻以代洗爵》詩

海內求遺逸，如君氣自豪。名成郎位晚，地闊少微高。已往長孤憤，相逢遽二毛。客身霜露淒，歲事豆籩勞。宿衞惟占斗，晨征遂渡濠。故宮歌《黍稷》，九廟達君蒿。入世深肥遯，同羣識勁操。尚懷游嶽計，不問過江艘。車馬隨書局，乾坤到彩毫。丁年無曠日,乙夜有然膏。獨樹三吳幟,旁窺兩漢濤。經邦籌利病,好古博風騷。負版悲天塹,班荊慰塞壕。亂離途迥別,今昔首重搔。暑雨留前席,昏鐙對濁醪。落花餘滿袖,逝水各霑袍。白雪吹炎夏,丹經照蟹螯。幽貞恆坦坦,窮達任嚻嚻。莫訝聲聞闃,曾知寵命褒。紵衣如可賦,堪比吕虔刀。

雨中送申公子涵光

【解題】
　　徐注：先生《送韻譜小帖》：申鳬盟,名涵光,永年人。太僕公之長子,今庶常隨叔之兄也。太僕公甲申殉國難。
　　蘧常案：張《譜》：太僕公,名佳胤,諡節愍。隨叔,名涵盼,順治辛丑進士。《先正事略》：申涵光少以詩名河朔間,與殷岳、張蓋稱畿南三才子。以理學訓其兩弟,皆能立身揚名。明亡後,絕意進取。晚年名益高。著有《聰山集》、《荊園小語》諸書。

　　十載相逢汾一曲〔一〕,新詩歷落鳴寒玉〔二〕。懸甕山前百道泉〔三〕,臺駘祠下千章木〔四〕。登車衝雨馬頻嘶,似惜連錢錦障泥〔五〕。并州城外無行客〔六〕,且共劉琨聽夜雞〔七〕。

【彙注】
〔一〕十載句　徐注：《詩》：彼汾一曲。
　　　　蘧常案："十載相逢",謂初晤於前十載,今又相逢也。前十載爲癸巳,清順治十年,先生四十一歲。徐《譜》云：先生去年自王家營仍歸洞庭山。是年有《路舍人家》詩,路居洞庭東山也。路舍人,路澤溥也。申涵光爲澤溥季弟澤濃内兄,見《申鳧盟年譜》;涵光又與澤溥善,其《聰山詩選》屢有寄詩。則先生之識涵光,其在澤溥昆仲家乎?

〔二〕新詩句　徐注:《杜陽雜編》:唐盧萬有寶瑟各數十,内有寒玉、響泉之號。　段注:《晉書·桓彝傳》:茂倫嶔崎歷落,固可笑人也。

　　　蘧常案:王士禛《漁洋詩話》:涵光稱詩廣平,開河朔詩派。

〔三〕懸甕句　徐注:《明史》志《地理》太原府太原縣注:洪武四年移於汾水西故晉陽城之南關,八年,更名太原。西有懸甕山,一名龍山。《山海經》:縣雍之山,晉水出焉。注:今名爲汲雍。雍,音甕。潘耒《望川亭記》:懸甕之山,空中而多寶,晉水自其寶出,沸而爲泉,噴而爲瀑,瀠而爲流,而爲溪。來遊之士,率及泉而止,謁晉祠而休,若不知有懸甕者。沈佺期《奉和春初幸太平公主南莊》詩:竹裏泉聲百道飛。

〔四〕臺駘句　徐注:《方輿紀要》:臺駘澤在太原縣南十里,即晉澤也。《山西通志》:太原府臺駘神廟在晉澤南。金天氏有裔子生臺駘,能業其官,宣汾、洮,障大澤,以處太原。帝嘉之,封諸汾州,後人立廟祀之。又汾州曲沃沿河等處,皆有行祠。

　　　蘧常案:《史記·貨殖列傳》:山居千章之材。《索隱》:孟康云:章,大材也。

〔五〕登車二句　徐注:《晉書·王濟傳》:濟善解馬性。嘗乘一馬,著連錢障泥,前有水,終不肯渡。濟曰:此必是惜障泥。使人解去,便渡。

〔六〕并州城　蘧常案:《讀史方輿紀要》:後漢以并州治晉陽。《太平寰宇記》:并州平晉縣,即晉陽城也。晉陽舊城,故老傳晉并州刺史劉琨築。

〔七〕且共句　蘐常案：《晉書‧劉琨傳》：琨字越石，中山魏昌人。惠帝時，以勳封廣武侯。永嘉元年，爲并州刺史。轉鬭至晉陽，撫循勞倈，甚得物情。劉元海時在離石，琨密遣離間其部雜虜，降者萬餘落。劉聰遣子粲襲晉陽，琨大敗之。愍帝即位，拜大將軍，都督并、冀、幽三州諸軍事。元帝建武元年，轉琨爲侍中太尉。後爲幽州刺史段匹磾所拘，王敦密使殺琨，遂縊之。琨與范陽祖逖爲友，聞逖被用，與親故書曰：吾枕戈待旦，志梟逆虜，常恐祖生先吾著鞭。其意氣相期如此。聽夜雞，見卷一《擬唐人五言八韻‧祖豫州聞雞》題注。

酬史庶常可程

【解題】

徐注：《元譜》：可程，字赤豹。崇禎癸未進士，改庶吉士。可法同祖弟。京師陷，可程降賊。賊敗，南歸。可法請置之法。福王以可法故，令養母。可程遂寓南京。後寓宜興，閱四十年乃卒。張《譜》：睿親王致可法書所云"及入關破賊，識介弟於清班"者，謂可程也。　戴注：可程有《觀槿堂文集》。先生酬詩時在絳州。　尹云：史庶常可程既降李，又降清，《明季實錄》亦屢言之。集中既有與其酬和之作，《同志贈言》又錄其詩甚多，究何所取耶？

蘐常案：《書‧立政》：太史、尹伯、庶常吉士。《明史》志《職官二》：翰林院庶吉士，自洪武初，有六科庶吉士。十八年，以進士在翰林院承敕監等近侍者俱稱庶吉士。永樂二年，始定爲翰林院庶吉士。選進士文學優等及善書者爲之。《清史稿‧職官志二》：翰林院建庶常館。案：詩首四句，深諷之意灼然，則先生之於可程，非苟焉而已。檢《同志贈言》可程《太原喜晤寧人先生賦贈》詩云：翰墨遙傳十載餘，却憐邊郡識君初。又云：我自歸來甘閉户，相思頻展扇頭詩。又《贈寧人社翁》詩云：客遊與子親，立談愧我疏。其欽感可知。其酬答此詩，題云《受惠難負荷君子哉言乎載賡一章寄謝寧人知不我遐棄也》，詩云：幸有同心侣，隱然無苟甜。展讀未及終，汗浹敝衣霑。其愧悔可知。則先生取之，亦與其潔不保其往之意。其後可程閉户四十年，終不再仕清，或亦先生有以成之歟？又案：《文集·與人書六》云：赤豹，君子也，久居江東。其所取或在此。然屈膝清廷，大節已虧，所可取者亦僅矣。

伊尹適有夏〔一〕，太公之朝歌〔二〕。吾儕亦此時，將若蒼生何〔三〕？跨驢入長安，七貴相經過〔四〕。不敢飾車馬〔五〕，資用防其多。豈無取諸人，量足如飲河〔六〕。顧視世間人〔七〕，夷清而惠和〔八〕。丈夫各有志，不用相譏訶〔九〕。君今寓高都〔一〇〕，連山阻巍峨。佳詩遠寄將〔一一〕，建安激餘波〔一二〕。想見蕭寺中〔一三〕，抱膝苦吟哦〔一四〕。古人尚酬言〔一五〕，亦期相切磋。願君無受惠，受惠難負荷〔一六〕；願君無倦游〔一七〕，倦游意蹉跎。

【彙注】

〔一〕伊尹句　原注：《書序》：伊尹去亳適夏，既醜有夏，復歸於亳。

〔二〕太公句　徐注：《史記·齊太公世家》：蓋嘗窮困年老矣。《索隱》：譙周曰：吕望嘗屠牛於朝歌，賣飲於孟津。《楚辭·天問》：鼓刀揚聲后何喜？王逸注言：吕望鼓刀在列肆，文王親往問之。呂望對曰：下屠屠牛，上屠屠國。文王喜，載與俱歸。又《惜往日》：呂望屠於朝歌兮。

〔三〕吾儕二句　全云：二句深誚之。

　　　蔣常案："將若蒼生何"，見卷一《上吳侍郎暘》詩"東山"句注。

〔四〕七貴　徐注：《西征賦》：窺七貴於漢庭，疇一姓之或在？注：漢庭七貴，呂、霍、上官、丁、傅、趙、王，並后族也。

〔五〕不敢句　徐注：《莊子·讓王》：輿馬之飾，憲不忍爲也。阮籍《詠懷詩》：黃金百鎰盡，資用常苦多。

〔六〕豈無二句　徐注：《孟子》：一介不以取諸人。《莊子·逍遙遊》：鼴鼠飲河，不過滿腹。

〔七〕顧視句　李注：《古樂府·隴西行》：顧視世間人，爲樂甚獨殊。

〔八〕夷清句　徐注：《孟子》：伯夷，聖之清者也；柳下惠，聖之和者也。

〔九〕譏訶　徐注：《倉曹人物志》：清節之流，不能宏恕，好尚譏訶。

〔一〇〕高都　徐注：《史記·周本紀》：蘇代曰：臣能使韓毋徵甲與粟於周，又能爲君得高都。《索隱》：高都，韓邑。

〔一一〕佳詩句　蔣常案："佳詩"似指《同志贈言》史可程《贈寧人社翁》詩。中有云：玄覽搜星嶽，夙志鄙蟲魚。文字經討論，犁然復皇初。籌時擴大猷，矙乎管晏除。願弘無狃獲，行邁日勞劬。伊余傷老大，得子心神舒。

〔一二〕建安句　徐注：李白《古風》：揚馬激頽波。又：自從建安來，綺麗不足珍。《書·禹貢》：餘波入於流沙。

〔一三〕蕭寺　蔣常案：見卷二《贈路舍人澤溥》詩"蕭寺"注。

〔一四〕抱膝句　徐注：《蜀志·諸葛亮傳》：亮每晨夕，從容常抱膝長嘯。

〔一五〕酬言　徐注：《詩》：無言不讎。《集傳》：讎，答也。

〔一六〕負荷　原注：《黃氏日鈔》：柳子厚《平淮夷雅》"威命是荷"，音何。注引《左傳》昭七年"弗克負荷"，平聲。按：《後漢書·班超傳贊》、魏嵇康《答二郭》詩、晉潘岳《河陽縣作》、劉琨《答盧諶》詩，並作平聲。

〔一七〕願君句　徐注：《史記·司馬相如列傳》：長卿故倦游。　李注：謝琨《游西池》詩：良游常蹉跎。

　　蘧常案：《文集·與人書六》云：赤豹昔在澤州，得拙詩，深有所感，復書曰：老則息矣，能無倦哉？此言非也。夫子"歸與歸與"，未嘗一日忘天下也。故君子之學，死而後已。即此"無倦游"之確詁。"倦游"，《史記集解》引郭璞曰：厭游宦也。《漢書》文穎注：倦，疲也。言倦厭游學，博學多能也。玩詩意，似謂倦於游旅，故下句云云。蓋倦於游旅，則壯志蹉跎矣。舊說皆所不用，郭說尤與此不合，豈有勸其游宦之理。"願君無受惠"，承上"不敢飾車馬"四句而言。"願君無倦游"，承上"伊尹適有夏"四句而言。蓋恐其晚年復有所漸染，故諷其"無受惠"，"無倦游"。可程答詩，雖未甚領悟，然其後終流寓宜興以没，或亦先生有以開之歟？全祖望謂末二句可芟，非。

附：《同志贈言》史可程《寧人盟長答余詩云願君無受惠受惠難負荷願君無倦游倦游意蹉跎物老則息游何可長耶受惠難負荷君子哉言乎載賡一章寄謝寧人知不我遐棄也》詩

　　孔說七十二，墨突不至黔，所由塗已廣，利己一何廉。廓然觀天道，《陰符》教我嚴。受命爲孤蓬，乘風未得淹。飢來四方走，避惠如避鉆。偶至逢人喜，事過心愈怗。束舟鬻皎日，安得以影潛？幸有同心侶，隱然無苟甜。展卷未及終，汗浹敝衣沾。白藏適當令，羇懷屬悇悇。資世何必多，儉德足自占。跽承仁者贈，拜手想三緘。

汾州祭吴炎潘檉章二節士

【解題】

徐注：《明史》志《地理》：元汾州屬太原路，明初以州治西河省入。萬曆中，升爲汾州府。

蘧常案：徐注本吴、潘下不署名。《元譜》：癸卯在汾州，聞執友吴赤溟炎、潘力田檉章遭湖州莊氏私史之難，遥祭旅舍。先生《書吴潘二子事》：蘇之吴江有吴炎、潘檉章，二子皆高才。當國變後，年皆二十以上，並棄其諸生，以詩文自豪。既而曰：此不足傳也；當成一代史書，以繼遷、固之後。於是懷紙吮筆，早夜矻矻，其所手書，盈牀滿篋，而其才足以發之。及數年而有聞，予乃亟與之交。二子皆居江村，潘相近，每出入，未嘗不相過。會湖州莊氏難作，莊廷鑨爲《明書》，其父胤城梓行之，慕吴、潘盛名，引以爲重，列諸參閱姓氏中。二子與其難。陳去病《吴節士赤民先生傳》：先生，吴江之爛溪人也。諱炎，字赤溟，又字如晦，號媿庵。以遭逢鼎革，繫心故國，更號赤民。爲歸安諸生。國變，遯跡湖州山中。久之，出與其伯叔昆季爲逃之盟於溪上。夙與同邑潘檉章交莫逆，其才學識又相埒，因相與爲《明史記》。成且有日，而南潯莊氏史獄起，辭連先生，與檉章同磔於杭州。潘檉章，見卷三《贈潘節士檉章》詩題注。莊氏史獄，別詳前《聞湖州史獄》詩題注。

露下空林百草殘〔一〕，臨風有慟奠椒蘭〔二〕。韭溪二子所居。血化幽泉碧，蒿里魂歸白日寒〔三〕。一代文章亡左馬〔四〕，千秋仁義在吳潘〔五〕。巫招虞殯俱零落〔六〕，欲訪遺書遠道難〔七〕。

【彙注】

〔一〕露下句　原注：《楚辭·九辯》：白露既下百草兮，奄離披此梧楸。

蘧常案：此喻史案被禍之多也。《研堂見聞雜記》：吳興朱國楨撰《明史》，其子孫以其稿本貿之莊姓者，莊續成之而布之板。其所續烈皇帝諸傳，於我朝龍興事有犯，盛行於坊間。有縣令首之朝，天子震怒，逮繫若干人。如查繼佐、陸圻、范驤皆浙中名宿，其他姻黨親戚，一字之連，一詞之及，無不就捕。每逮一人，則其家男女百口皆鋃鐺同縛，杭州獄中至二千餘人。又：《明史》之獄發難於吳之庸（案：即吳之榮），決於康熙二年之五月二十六日。得重辟者七十人，凌遲者十八人。茅氏一門得其七，當是鹿門後人。如莊如朱皆在數中。朱字右明，出貲四五百萬助刻，故亦株連。其餘絞者數人，郡伯、司理皆與焉，外皆駢首就戮。滸墅權關使者李繼白止以買書一部，亦與禍；書賈陸德儒及刻匠若干人，皆不免。若范驤、陸圻、查繼佐之屬，皆首在事前，得免死釋歸。是役也，或謂吳之庸實偽刻數葉，以成其罪，故所行之書，大有異同。於是賈人刻手，紛紛鍛鍊而竟不免。一夫作難，禍及萬家，慘矣哉！考《榴龕隨筆》，同時文人受禍除吳、潘外，可考者尚有蔣麟徵、張文通、張雋、董二酉、茅元銘、黎元寬、吳心一諸人。刻工之可考者曰湯達甫，刷匠之可考者曰李祥甫。

〔二〕奠椒蘭　蘧常案：《楚辭》屈原《九歌·東皇太一》：蕙肴蒸兮蘭藉，奠桂酒兮椒漿。

〔三〕韭溪二句　蘧常案：韭溪，詳卷三《酬歸祚明戴笠王仍潘檉章四子韭溪草堂聯句見懷》詩題注。蒿里，見卷二《淮東》詩"具獄"六句注。《研堂見聞雜記》：吳江有兩生，一爲潘檉章，一爲吳炎，平日閉門讀書，亦私著《明史》。莊允成（案：即莊胤城）以其同心也，列之參評。後按籍擒捕，兩縣令、一司理登門親緝，一則方巾大袖以迎，一則儒巾襴衫以迎，辭氣慷慨，凡子女妻妾，一一呼出，盡以付之。兩縣令、一司理謂：君家少子姑藏匿，何必爲破卵？兩生曰：吾一門已登鬼錄，豈望覆巢完卵耶？悉就械，挺身至杭就訊。先生《書吳潘二子事》：當鞫訊時，或有改辭以求脱者，吳子獨慷慨大罵，官不能堪，至拳踢仆地。潘子以有母故，不罵亦不辯。陳去病《吳節士赤民傳》：在獄中意氣自若，與同坐者賦詩酬唱，陽陽如平時。以康熙二年癸卯五月二十六日與檉章同磔於杭州之弼教坊。先夕，先生知不免，謂其弟曰：吾輩罹極刑，血肉狼藉，豈能辨識。汝第視兩股有火字者，即吾尸也。聞者悲之。

〔四〕一代句　徐注：《漢書·司馬遷傳贊》：司馬遷據《左氏》、《國語》，采《世本》、《戰國策》，述《楚漢春秋》，接其後事，訖於天漢。其言秦、漢詳矣。又云：貫穿經傳，馳騁古今，上下數千載，斯已勤矣。

蘧常案：《蘇州府志》：吳炎與潘檉章共撰《明史》，美惡不掩，有古良史風。陳去病《吳節士赤民傳》：先生夙與同邑潘檉章交莫逆，因相與定爲目，凡得紀十八、書十二、表十、世家四十、列傳二百，爲《明史記》。戴笠《潘力田傳》：檉章專精史事,謂諸史唯司馬遷書最有條理,欲倣之作《明史記》。而友人吳炎所見略同,遂與同事。檀章分撰本紀及諸志,炎分撰世家、列傳,其年表、曆法則屬諸王錫闡,《流寇志》則笠任之。撰述數年,其書既成十之六七,而南潯莊氏史獄起,兩人遂罹慘禍。天下既惜兩人之才,更痛其書之不就,並已就者亦不傳也。

〔五〕千秋句　原注:《宋書·孝義傳》王韶之《贈潘綜吳逵》詩:仁義伊在?惟吳惟潘。心積純孝,事著艱難。投死如歸,淑問若蘭。
〔六〕巫招虞殯　原注:《左傳》哀公十一年:公孫夏命其徒歌虞殯。　徐注:《楚辭·招魂》:帝告巫陽曰:有人在下,我欲輔之。魂魄離散,汝筮予之。
〔七〕欲訪句　徐注:先生《與次耕書》:吾昔年所蓄史事之書,並爲令兄取去。令兄亡後,書既無存,吾亦不談此事。

　　蘧常案:"遺書",謂吳、潘等所著《明史記》稿也。陳去病《吳赤民傳》云:聞之晚村呂氏,嘗欲就先生遺稿與曉閹王氏繼廣爲之。而王、呂遽喪,事卒無成。及潘耒之歸,且求其稿而無獲焉。徐注非。

寄潘節士之弟耒

【解題】

徐注:《先正事略》:次耕,父名凱,列名復社。先生資禀絕人,有神童之目。從顧亭林、徐俟齋、戴耘野三先生游,故其學貫穿淹洽,無所不通。詩、古文尤精博無涯涘。嘉定陸翼王、平湖陸稼書交口許爲淹博。康熙己未,以布衣舉博學鴻詞,官檢討,纂修《明史》,充日講起居注官。其時,與館選者,皆起家進士,先生與朱竹垞、嚴蓀友獨由布衣入選,文又最有名,凡館閣經進文字,必出三布衣手,同列忌之。先生尤精敏敢言,無稍遜避,爲忌者所中,坐降調。以母憂歸,遂不復出。

蘧常案:沈彤《翰林院檢討潘先生行狀》:吳江縣潘耒年六十三狀:先生字次耕,號稼堂,晚自號止止居士。生而聰警,善記。比長,復得賢師友之助。若顧炎武、徐枋、王錫闡、吳炎、兄檉章諸君,皆名德高才,先生並承指授,集其長。於經籍、子史、詩賦、古文詞、曆算、聲音之學,本末表裏,遂無不洞達。

筆削千年在〔一〕,英靈此日淪〔二〕。猶存太史弟,莫作嗣書人〔三〕。門户終還汝〔四〕,男兒獨重身〔五〕。裁詩無寄處〔六〕,掩卷一傷神。

【彙注】

〔一〕筆削　徐注:《史記·孔子世家》:孔子爲《春秋》,筆則筆,削則削,游、夏之徒不能贊一辭。

〔二〕英靈　徐注:《隋書·李德林傳》:江總目送之曰:此河朔之英靈也。

〔三〕猶存二句　蘧常案:見前《杭州》詩第二首"誰爲"二句注。

〔四〕門户句　蘧常案:先生《文集》卷六《與潘次耕書》:古人于患難之餘,而能奮然自立以亢宗而傳世者,正自不少,足下勉旃!

〔五〕男兒句　徐注:潘耒《沈兼人六十壽序》:予年十八,亡兄蒙難,嫂姪北徙。思爲存孤計,尾其後以行。抵燕山,見事不可爲,力盡而返。遂使兩孤兒長淪絕域,生死不知。

蘧常案:"重身",似謂自愛其身,弗輕於出山。即後來戒末所謂"處錞守拙,不至爲龔生之夭天年"是已。見《蔣山傭殘稿》卷三。

〔六〕裁詩句　蘧常案:時潘耒變姓名,匿山中。歸莊《觀梅日記》:吳生開奇者,亡友潘力田之弟,吳赤溟之門人也。二君以國史事被殺,家徙塞外,故生改姓,竄於山中。改姓吳,蓋從母。徐枋《潘母吳太君壽序》自注:門人潘耒時避難,變姓名吳琦,奉母居山中。故詩無寄處也。

王官谷

【解題】

徐注:《一統志》:蒲州府王官谷在虞鄉縣東南十里中條山中。舊志:王官谷深十里,巖洞奧邃,泉谷幽奇,有天柱、挂鶴諸峰,瀑布、貽溪諸水。山水之勝,甲於河東。《方輿紀要》云:在臨晉縣東南七十里,以王官廢壘得名。司空圖有《中條山居記》。

士有負盛名,卒以虧大節[一]。咎在見事遲,不能自引決。所以貴知幾,介石稱貞潔[二]。唐至昭宗時,干戈滿天闕[三]。賢人雖發憤[四],無計匡杌隉。邈矣司空君,保身類明哲。墜笏雒陽壖,歸來卧積雪[五]。視彼六臣流[六],恥與冠裳列。遺像在山厓,清風動巖穴[七]。堂茆一畝深,壁樹千尋絕。不復見斯人,有懷徒鬱切[八]。

【彙校】

〔昭宗〕顏氏家藏尺牘顧亭林手札作"僖昭"。　〔墜笏二句〕顏氏家藏尺牘顧亭林手札作"放逐歸山阿,閉門臥積雪"。

【彙注】

〔一〕士有二句　徐注:《漢書·黃瓊傳》:盛名之下,其實難副。先生《日知錄》:嗟乎!士君子處衰季之朝,常以負一世之名而轉移天下之風氣者,視伯喈其戒之哉!

〔二〕所以二句　徐注:《易》:知幾其神乎?又:介于石,不終日,貞吉。

〔三〕唐至二句　徐注:《通鑑》:唐昭宗龍紀元年,朱全忠大破秦宗權,斬之。大順元年,王建攻邛州,李克用遣兵拒官軍於趙城。二年,王建克成都,自稱西川留後。景福元年,楊行密擊孫儒,斬之,遂歸揚州。李茂貞、王行瑜合兵六萬,拒官軍於興元,京師大震。乾寧二年,李茂貞、王行瑜、韓建各舉兵犯闕。李克用舉兵討三鎮。三年七月,李茂貞舉兵犯闕,上如華州。光化元年,朱全忠取瀛、景、莫州。十一月,劉季述幽上於少陽院。朱全忠表請上幸東都。韓全誨劫上如鳳翔。朱全忠進攻鳳翔。

　　蘧常案:曲阜顏氏家藏先生手札,"昭宗"作"僖昭"。考黃巢義軍起於僖宗時,《新唐書》稱廣明元年十一月陷東都,十二月入長安,光啓元年李克用逼京師。則所謂"干戈滿天闕"者,不始於昭宗,作"僖昭"是。曰"天闕",明謂京都或行在。則昭宗時,亦當舉乾寧二年李茂貞、王行瑜、韓建各舉兵犯闕、三年七月李茂貞舉兵犯闕、光化元年韓全誨劫上如鳳翔、朱全忠進攻鳳翔諸事,不當如徐注之泛及各地也。

〔四〕賢人句　徐注:俞充《貽溪懷古詩序》:唐衰,全忠僭竊,士有忠義之心者,皆深嫉之。而能灑然脱去不污其身得全其節者,表聖一人而已。《書》:邦之杌陧。

〔五〕邈矣四句　徐注：《新唐書·司空圖傳》：字表聖，河中虞鄉人。咸通末進士，累官禮部郎中。黃巢陷長安，圖間關至河中。昭宗遷洛陽，柳璨希賊臣意，誅天下才望。詔圖入朝，圖陽墮笏，趣意野髦。璨知無意人世，乃聽還。圖本居中條山王官谷，有先人田，遂隱不出。作亭觀素室，悉圖唐興節士文人，名亭曰休休。時寇盜所過殘暴，獨不入王官谷，土人依以避難。朱全忠已篡，召爲禮部尚書，不起。及哀帝弑，不食而卒。

　　蘧常案：《詩·大雅·烝民》：既明且哲，以保其身。

〔六〕六臣　徐注：《新五代史·唐六臣傳》：帝禪位於梁，以攝中書張文蔚爲册禮使，禮部尚書蘇循副之。攝侍中楊涉爲押傳國寶使，翰林院張策副之。御史大夫薛貽矩爲押金寶使，尚書左丞趙光逢副之。率百官，備法駕，詣梁。全忠即帝位。張文蔚、蘇循奉册升殿進讀，楊涉、張策、薛貽矩、趙光逢以次奉寶升殿。讀已，降。率百官舞蹈稱賀。

〔七〕遺像二句　徐注：元王惲《游記》：中條山又東得王官谷，漢故壘也。有唐司空表聖之別業，至今遺像在焉。俞充《表聖影堂》詩：事去惟山存，遺祠臨水曲。勁節凌雪霜，英顏瑩冰玉。

〔八〕堂茆四句　徐注：司空圖《中條山居記》：西南之亭曰濯纓，濯纓之窗曰一鳴，皆有所警。堂曰三詔之堂。黃通《題王官谷碑》：人亡迹在。登休休亭，望瀑布泉，思其人，愛其景，嗟嘆而不忍去者久之。

　　蘧常案：明呂柟《遊王官谷記》：至故市西折而南，谷水北流入市，即貽溪也。溪上結屋名休休亭，司空圖隱處也。玩詩意自有所諷。當慨明、清之際明臣失節之多。詩首四句，似隱刺錢謙益、王鐸、龔鼎孳輩，然其辭甚微，亦非可刻舟以求也。舊注專以投款大順者當之,非。今一概不取,而附識於後。

蒲州西門外鐵牛唐時所造以繫浮橋者今河西徙十餘里矣

【解題】
　　徐注:《明史》志《地理》:平陽府蒲州,元河中府。洪武二年,改爲蒲州,以州治河東縣省入。注:大河自榆林折而南,經州城西,又經中條山麓,又折而東,謂之河曲。
　　蘧常案:徐注本無"唐時所造"以下十七字。《新唐書·地理志》:河中府河東郡,本蒲州。縣河西,有蒲津關。開元十二年,鑄八牛,牛有一人策之,牛下有山,皆鐵也,夾岸以維浮梁。

　　唐代浮梁處,遺牛制尚新[一]。一朝移岸谷[二],千載困風塵。失水黿鼉没[三],依城鸛雀鄰[四]。舊有鸛雀樓在城西南黃河中高阜處。時有鸛雀樓其上,遂名。後爲河流衝没,即城角樓名之,以存其蹟。應無丞相問[五],儻與牧童親。世變形容老,年深戰伐頻。無窮懷古意[六],舍爾適西秦[七]。

【彙校】
〔依城句〕句下自注"舊有鸛雀樓"云云四十字,徐注本誤作原注。
【彙注】
〔一〕唐代二句　徐注:《日知錄》:《唐六典》"凡天下造舟之梁四"

注：河則蒲津、太陽、河陽，雒則孝義。齊方言，艁舟謂之浮梁。《元和志》：蒲津關今造舟爲梁，其置甚盛，每歲徵竹索價，謂之橋腳錢，數至二萬，亦關、河之巨防焉。嘉案：《史記·秦本紀》：昭襄王五十年，初作河橋。《正義》曰：在同州臨晉縣東，渡河至蒲州。《文獻通考》：河中蒲津關，後魏大統四年，造浮橋。是浮橋不始於唐也。

　　蘧常案："唐代"云云，蓋貫下文言之，謂遺牛，非謂浮橋也。徐注未會。遺牛詳題注。

〔二〕移岸谷　徐注：《詩》：高岸爲谷，深谷爲陵。

　　蘧常案："移岸谷"，謂黃河西徙也。

〔三〕失水句　原注：《竹書紀年》：周穆王三十七年，伐楚，起師至于九江，叱黿鼉以爲梁。

〔四〕依城句　蘧常案：沈括《夢溪筆談》云：河中鸛雀樓三層，前瞻中條，下瞰大河。則宋時樓尚在河中也。

〔五〕丞相問　徐注：《漢書·丙吉傳》：吉爲相，出，逢死傷不問；逢人逐牛，牛喘吐舌，使騎吏問，逐牛行幾里矣。或以譏吉，吉曰：三公典調和陰陽，職所當憂。

〔六〕無窮句　徐注：先生《日知錄》：太原下蒲津鐵牛求一僧懷丙其人，不可得。懷丙見《宋史·方伎傳》。又如長安東中西三渭橋昔爲方軌，今則咸陽縣每至冬月，乃設一版。河陽驛杜預所立浮橋，其遺蹟亦復泯然。國有六職，百工與居一焉。不但坐而論道者不如古人而已。

　　蘧常案：張衡《東京賦》：望先帝之舊墟，慨長思而懷古。案：此句承上"年深戰伐頻"句。蒲州爲自古用兵之地，明末農民起義軍亦屢出入焉，蓋撫今而思昔也，故曰"無窮"。豈僅區區橋梁之政而已。

〔七〕舍爾句　原注：甯戚《飯牛歌》：吾將舍爾相齊國。

潼　關

【解題】

　　徐注：《方輿紀要》：潼關，在今華陰縣東四十里，東至河南閿鄉縣六十里，古桃林塞也。《左傳》文公十三年：守桃林之塞。杜注：在弘農華陰縣東。案：潼關有關城十二里。洪武三年，置潼關衛。五年，修築舊城。九年，增修，依山勢曲折爲門六，又水門三。建安（文）中，移函谷關於此，自是常爲天下之襟要。今關北六十里爲大慶門巡司，即山西之蒲津矣。

　　蘧常案：《明史》志《地理三》陝西西安府華州華陰注：東北有潼水，入於大河。東有潼關。洪武七年，置潼關守禦千戶所。九年十一月，升爲衛，屬河南都司。永樂六年，直隸中軍都督府。

　　黃河東來日西沒〔一〕，斬華作城高突兀〔二〕。關中尚可一丸封〔三〕，奉詔東征苦倉卒〔四〕。紫髯豈在青城山〔五〕？白骨未收殽澠間〔六〕。至今秦人到關哭〔七〕，淚隨河水無時還。

【彙注】

〔一〕黃河句　徐注：《方輿紀要》：自函谷至斯，高出雲表，幽谷密邃，深林茂木，白日成昏，又名雲潼關。左曰衝關，河水自龍門衝激至華山東也。

〔二〕斬華作城　徐注：《史記・秦始皇紀贊》：然後斬華爲城，因河爲池。

〔三〕關中句　徐注：先生《書故總督兵部尚書孫公清屯疏後》：方崇禎朝，流賊爲秦患且五六年。天子一旦用公巡撫陝西，而關中之賊或斬或擒或撫。三年幾無賊矣，而東邊告急。天子用武陵楊公之言，召公入援。及賊陷襄、雒，復出公總督軍務。公至關中而事已不可爲矣。使當日用他將勤王，而自陝以西，悉委之公，十年而奏其效，則他邊方雖潰敗，而公必能爲國家保有關中，以待天子。且使賊不得關中，必不敢長驅而向闕也。一詔移公，而國之存亡乃判於此。

　　蘧常案：全祖望屢引長興王詩言，以先生持論獨不非武陵爲怪。然此言天子用武陵言，召公入援，"一詔移公，而國之存亡判於此"，則其責楊嗣昌者亦至矣！

〔四〕奉詔句　徐注：《明史·孫傳庭傳》：陝西巡撫甘學闊不能討賊，推邊才，用傳庭受代。嚴徵發期會，設方略，先後擊斬賊首，招還脅從。會楊嗣昌爲本兵，議加派至二百八十萬，期百日平賊。傳庭移書爭之，累數千言，以爲賊不必盡而害中於國家。嗣昌大忤。傳庭兩奉詔進秩，當加部銜，嗣昌抑弗奏。十一年，傳庭出扼商、雒，破賊於合水，追擊之延安；分兵破過天星、混天星等賊，斬首二千餘級；伏兵三敗賊，死者無算，混天星等並降。又設伏於潼關原，曹變蛟逐賊入伏。李自成爲承疇所逐，盡亡其卒，以十八騎潰圍遁，關中羣盜悉平。捷聞，大喜，命加部銜，嗣昌仍格不奏。是時，總理熊文燦主撫，獻忠已降，惟河南賊羅、馬、賀、左等十三部西窺潼關，聯營數十里。傳庭計曰：天下大寇盡在此矣。我出擊其西，總理擊其東，此賊平，天下無賊矣。引兵東，大敗賊閿鄉、靈寶山間。貫其營而東，復自東以西。賊窘甚。文燦、嗣昌以撫誤之，傳庭怏怏撤兵還。十月，京師戒嚴，傳庭及承疇入衛，嗣昌欲留秦兵之入援者守薊、遼。傳庭曰：秦兵不可留，留則賊勢張，無益於邊，是代賊撤兵也。嗣昌不聽，傳庭鬱鬱，耳遂聾。明年，帝移傳庭總督保定、山東、河南軍務。既解嚴，疏請陛見。嗣昌還其疏，傳庭引疾乞休。嗣昌又劾其託疾。傳庭繫獄待決,在獄三年。是時,文燦、嗣昌相繼敗,李自成已攻破河南矣。十五年正月,起傳庭兵部右侍郎,賊已殺陝督汪喬年,即命往代。大集諸將於關中,日夜治兵,爲平賊計,而賊遂已再圍開封。詔趣傳庭出關。傳庭上言兵新募,不堪用。帝不聽。傳庭不得已出師。以九月抵潼關。大雨連旬,開封已陷,自成西行逆秦師。傳庭設三伏以待賊,牛成虎將前軍,左勷將左,鄭嘉棟將右,高傑將中軍,誘賊入伏中,左右橫擊之。賊潰東走,斬首千餘級,追三十里,及之郟縣之塚頭,賊棄軍資於道,秦兵趨利,賊反兵乘之。勷與蕭慎鼎之師潰,諸軍皆潰。傳庭走鞏,由孟津入關,執誅慎鼎。是役也,天大雨,糧不至,士卒採青柿以食,凍且餒,故大敗。豫人所謂"柿園之役"也。傳庭既已敗歸陝西,計守潼關,扼上游。秦士大夫相與譁於朝曰:秦督靦寇矣。又相與危語恫脅之曰:秦督不出關,收者至矣。明年五月,命兼督河南、四川,改稱督師,趣戰益急。傳庭頓足歎曰:奈何乎?吾固知往而不返也!遂再議出師。是時,自成已據有河南、湖北十餘郡,自號新順王,設官置戍,盡發荆、襄兵會氾水、滎澤,謀渡河。傳庭分兵防禦。八月十日,傳庭出師潼關,次閿鄉。二十一日,師次陝州,檄河南諸軍渡河進勦。九月八日,師次汝州,僞都尉李養純降。養純言賊老營在唐縣,將吏屯寶豐,精銳悉聚襄城。傳庭遂破賊寶豐,擣唐縣,殺賊家口殆盡,賊滿營哭。轉戰至郟縣,禽謝君友,斫賊坐纛,幾獲自成。自成奔襄城,大軍進逼襄城。賊懼謀降,自成曰:姑決一死戰,不勝則殺我而降未晚也。大軍時皆露宿與賊持,久雨道濘,糧車不能前,士饑。攻郟破之,獲馬贏噉之立盡。雨七日夜不止,後軍譁於汝州。賊大至,流言四起,不得已還軍迎糧,留陳永福爲後拒。前軍既移,後軍亂,賊追及之南陽。官軍還戰,賊驍騎殊死鬬。我師陣稍動,白廣恩軍將火車者呼曰：師敗矣！車傾塞道，馬絓於衡，賊之鐵騎凌而騰之。自成空壁躡我，一日夜官軍狂奔四百里。至於孟津，死者四萬餘。傳庭單騎渡垣曲，由閿鄉濟。賊獲督師坐纛，乘勝破潼關，大敗官軍。傳庭與監軍副使喬遷高躍馬大呼而歿於陣。廣恩降賊。傳庭死而關內無堅城矣！

〔五〕紫髯句　原注：陸游《南唐書》《姚平仲傳》：欽宗即位，金人入寇。平仲請出死士斫營，不利，遂乘青騾亡命至青城山上清宮，留一日，復入大面山，乃解縱所乘騾，得石穴以居。朝廷數下詔物色求之，弗得也。乾道、淳熙間，始出至丈人觀道院，自言如此。年八十餘，紫髯鬱然，長數尺。　全云：世有妄傳孫督師未死者，故云。　冒云：或言未死之訛。

　　蘧常案：《明史·孫傳庭傳》：或言傳庭未死者，帝疑之，故不予贈廕。

〔六〕白骨句　蘧常案：《左傳》僖公三十二年：蹇叔之子與師，哭而送之曰：晉人禦師必於殽。殽有二陵焉，必死是間。余收爾骨焉。又文公三年：秦伯伐晉，取王官及郊，晉人不出。遂自茅津濟，封殽尸而還。案：崤山東接澠池，故曰"崤澠"。《北略》：官軍陷伏中，大敗，自成驅大隊疾追。官軍死亡四萬餘人，喪其軍資數萬。

〔七〕至今句　蘧常案：吳偉業《雁門太守行序》：公長子世瑞重跰入秦，得弟相扶還，見者泣下。蓋公素有德秦人云。

華　山

【解題】

　　徐注：《周禮·職方》：豫州，其山鎮曰華山。《山海經》：太華之山削成而四方,高五千仞,廣十里,遠而望之若華然。《明史》志《地理》陝西華州注:南有少華山。"華陰縣"注:州東有華山,亦曰太華,即西嶽也。《唐六典》:關内道名山曰泰華。《白虎通》:西嶽爲華。華之爲言穫也,言萬物成熟可得穫也。《華州志》:嶽頂中爲蓮花峰、太上山、明星玉女祠、玉女洗頭盆、石馬、玉泉、躡鎮嶽宮、玉井蓮;嶽頂東峰爲仙人掌、石月;西峰爲巨靈足;南峰爲落雁峰、黑龍潭、五粒松、仰天池、金真人。嶽北腹中爲石仙人洞、水簾洞瀑布。嶽頂東南爲老君洞、太上泉、丹鑪、菖蒲池、焦公巖、白鹿龕。近嶽西北爲長女峰、壺公石諸勝;東北爲雲壺峰、試鑿穴、長春石室諸勝。

　　四序乘金氣[一],三峰壓大河[二]。巨靈雄贔屭[三],白帝儼巍峨[四]。地劣窺天井[五],雲深拜斗阿[六]。夕嵐開翠巘,初月上青柯[七]。欲摘星辰墮[八],還虞虎豹訶[九]。正冠朝殿闥[一〇],持杖叱羲和[一一]。勢扼雙崤壯[一二],功從馴伐多[一三]。未歸桃塞馬[一四],終負魯陽戈[一五]。山鬼知秦帝[一六],蠻王屬趙佗[一七]。出關收楚魏[一八],浮水下江沱[一九]。老尚思三輔[二〇],愁仍續《九歌》[二一]。唯應王景略[二二],歲晚亦來過。

【彙校】

〔亦來過〕潘刻本,徐注本,孫、吳、曹三校本"亦"作"一"。

【彙注】

〔一〕四序句　徐注:唐玄宗《西嶽華山碑銘》:天有四序。又曰:其行配金,其辰直酉。

〔二〕三峰句　徐注:《水經注》:華嶽有三峰。《勝覽》云"芙蓉、明星、玉女三峰"是也。《方輿紀要》：山盤迴峻挺，翼帶河濱，控臨關、陝，壯都邑之形勝，扼雍、豫之襟喉。秦中險塞，甲於天下。豈不因踐華爲城，因河爲池。山川之雄，泰華裒然稱首哉。

〔三〕巨靈句　徐注：張衡《西京賦》：綴以二華，巨靈贔屓，高掌遠蹠，以流河曲。《華嶽志》：嶽頂中峰曰蓮華峰，東峰曰仙人掌，西峰曰巨靈足。世傳華山初與蒲州首陽山爲一山，河神巨靈劈分爲兩，以通河流，掌迹猶存。《雲笈七籤》：華山名太極總仙之天，巨靈手擘其上，足踏其下，以通河流。

　　蘧常案：《遁甲開山圖》：有巨靈胡者，徧得坤元之道，能造山川，出江河。薛綜《西京賦》注：贔屓，作力之貌。

〔四〕白帝句　徐注：《洞淵集》：少昊爲白帝，主西嶽。

〔五〕地劣句　徐注：《水經注》：華山中路名天井，纔容人行。紆迴頓折而上，可高六丈餘。山上有微涓細水，流入井中。郭緣生《述征記》：從山麓至山頂，升降紆迴，凡三十三里。有天井、青柯坪、百丈崖、夾嶺以上，至屈嶺爲極頂。

　　蘧常案：《廣雅・釋詁》：劣，少也。

〔六〕雲深句　《華嶽志》：青柯坪西，有峰插天，名曰北斗坪，蓋毛女拜斗得仙之地也。

〔七〕青柯　蘧常案：謂青柯坪。

〔八〕欲摘　徐注：楊億詩：危樓高百尺，手可摘星辰。

〔九〕虎豹訶　原注：《楚辭・招魂》：虎豹九關。

〔一〇〕正冠句　徐注：袁宏道《嵩游（第四）記》：華山如峨冠道士。《華陰縣志・秩祀》：西嶽廟自漢武帝始，唐增雄麗，今制：灝靈正殿六楹，寢殿四楹，兩翼司房八十餘間。歷代秩祀之所，真稱巍然宇内矣。

　　蘧常案："正冠"當謂正其衣冠，如《莊子》所謂"曾子正冠而絕纓"。徐注鑿。闔,見卷三《恭謁天壽山十三陵》詩"茂陵"四句注。

〔一一〕持杖句　段注:《書》:乃命羲和。

　　蘧常案:持杖,見卷三《秋雨》詩"夸父"句注。案:此羲和蓋謂日御。屈原《離騷》:吾令羲和弭節兮。王逸注:羲和,日御也。《初學記》引《淮南子·天文訓》:爰止羲和。許慎注:日乘車,駕以六龍,羲和御之。故上用夸父逐日事。非謂主曆之羲與和也。段注誤。

〔一二〕雙崤　原注:謝朓《和王著作八公山》詩:二別阻漢坻,雙崤望河澳。

　　蘧常案:《元和志》:自東崤至西崤,三十五里。東崤長坂數里,峻阜絕澗,車不得方軌。西崤全是石坂,十二里,險絕不異東崤。

〔一三〕駟伐　徐注:《禮·樂記》:夾振之而駟伐,盛威於中國也。注:駟,當作四。

　　蘧常案:陳澔《禮記集說》:伐,如《泰誓》四伐五伐之伐。此象武王之兵所以盛威於中國也。

〔一四〕未歸句　原注:《水經注》:湖水出桃林塞之夸父山。武王伐紂,天下既定,王及嶽瀆,放馬華陽,散牛桃林,即此處也。其中多野馬。

　　蘧常案:梅賾《書·武成》:歸馬於華山之陽,放牛於桃林之野。

〔一五〕魯陽戈　蘧常案:見卷三《松江別張處士愨》詩"日爲"句注。

〔一六〕山鬼句　蘧常案:見卷一《秦皇行》"隕石化"三句注。

〔一七〕蠻王句　徐注:《史記·南越尉佗列傳》:南越王尉佗者,真定人也,姓趙氏。佗,秦時用爲南海龍川令。二世時,南海尉任囂病且死，召佗行尉事。秦已破滅，佗即擊并桂林、象郡，自立爲南越王。文帝元年，初鎮撫天下，使告諸侯四夷從代來即位意。召陸賈往使佗，因讓。佗乃爲書謝，稱"蠻夷大長老夫臣佗"。

〔一八〕出關句　《史記·淮陰侯列傳》：漢二年，出關收魏、河南，韓、殷王皆降。

〔一九〕浮水句　原注：《蘇代傳》：蜀地之甲乘船浮于汶，乘夏水而下江，五日而至郢；漢中之甲乘船出於巴，乘夏水而下漢，四日而至五渚。

　　蘧常案：《爾雅·釋水》：水自江出曰沱。《書·正義》引鄭注云：華容有夏水，首出江，尾入沔，蓋此即所謂沱也。

〔二〇〕三輔　蘧常案：見卷一《京口即事》詩第二首"三輔"句注。

〔二一〕續《九歌》　徐注：屈原《九歌》、《九章》後，宋玉《九辯》、王褒《九懷》、劉向《九歎》、王逸《九思》，皆續《九歌》類也。

〔二二〕王景略　原注：《晉書》：王猛隱於華陰山，懷佐世之志，希龍顔之主；斂翼待時，候風雲而後動。

　　蘧常案：《晉書·前秦載記·王猛傳》：猛字景略，北海劇人也。家於魏郡。少貧賤，博學好兵書，謹重嚴毅。桓溫入關，猛詣之，談當世之務，溫異之。苻堅將有大志，聞猛名，招之，一見便若生平。及堅僭位，以猛爲中書侍郎，一歲五遷。遷尚書令，率諸軍討慕容暐，以功封清河郡侯。留鎮冀州。俄入爲丞相，加都督中外諸軍事。於是兵彊國富，垂及昇平，猛之力也。死謚武。案：此詩後半，皆隱寓其素抱。"勢扼"二句，蓋欲據華陰以整軍經武。即《與三姪書》所謂"華陰縮轂關河之口。一旦有警，入山守險，不過十里之遙。若志在四方，則一出關門，亦有建瓴之便"也。"未歸"二句，傷不能戡定天下，辜負此魯陽之戈。"山鬼"二句，詛清之不能久享,極其至亦不過如趙佗之自娛而已。"出關"二句,則其恢復戰略。即《形勢論》所謂"經營中原自關中始,經營關中自蜀始。若輯蜀之人,因其富,出兵秦、鳳、涇、隴之間,以撼天下不難。取天下者,必居天下之上游,而後可以制人"者也。"老尚"二句,謂至老不忘收京。"唯應"二句,原注詳之,其意灼然,則僧繇之點睛也。或曰:王景略謂王弘撰。弘撰,詳卷六《二月十日有事於先皇帝欑宮》詩"華陰"句注。"亦來過",各本"亦"皆作"一",義長,應從改。

驪山行

【解題】

徐注:《明史》志《地理》西安府臨潼縣注:東南有驪山,有溫泉,北有渭水,西有潼水。

蘧常案:《續漢書‧郡國志》:新豐有驪山。劉昭注:杜預曰:古驪戎國。韋昭曰:戎來居此山,故號。

長安東去是驪山[一],上有高臺下有泉[二]。前有幽王後秦始,覆車在昔良難紀[三]。華清宮殿又何人?至今流恨池中水[四]。君不見天道幽且深,敗亡未必皆荒淫。亦有英君御區宇,終日憂勤思下土[五];賢妃助內詠《雞鳴》;節儉躬行邁往古[六]。一朝大運合崩頹,三宮九市橫豺虎[七]。玄宗西幸路仍迷,宜臼東遷事還沮[八]。我來驪山中哽咽,四顧徬徨無可語。傷今弔古懷坎軻[九],嗚呼其奈驪山何!

【彙校】

〔大運〕徐注本，吳、汪、曹三校本"大"作"天"。

【彙注】

〔一〕長安句　薑宸案：宋敏求《長安志》：《述征記》曰：長安東則驪山。

〔二〕上有句　徐注：《臨潼縣志》：驪山烽火樓在驪山第一峰，老母殿在驪山西北第二峰露臺遺址，朝元閣今尚存。《驪山圖攷》：縣南半里即抵其麓。經雷神殿東折，門有綽楔，榜曰溫泉池。過北，有室三楹，啓其扃，即溫泉也。人呼爲官池。

〔三〕前有二句　原注：《唐敬宗紀》：上欲幸驪山溫湯，左僕射李絳、諫議大夫張仲方等屢諫，不聽。拾遺張權輿伏紫宸殿下叩頭諫曰：昔周幽王幸驪山，爲犬戎所殺；秦始皇葬驪山，國亡；玄宗宮驪山而禄山亂；先帝幸驪山，享年不長。上曰：驪山若此之凶耶？我宜一往，以驗彼言。

　　薑宸案：《史記·周本紀》：幽王廢申后，以褒姒爲后。褒姒不好笑，幽王舉烽火，諸侯悉至，至則無寇，褒姒乃大笑。申侯與繒、西夷犬戎攻幽王，王舉烽火徵兵，兵莫至，遂殺幽王驪山下。《一統志》：臨潼東南，左曰東繡嶺，右曰西繡嶺，即周幽王舉火地也。《史記·秦始皇本紀》：三十七年九月，葬始皇驪山。始皇初即位，穿治驪山。及并天下，天下徒送詣七十餘萬人，穿三泉，下銅而致椁，宮觀百官奇器珍怪徙藏滿之。後宮非有子者，二世皆令從死。葬既已下，盡閉工匠臧者，無復出者。《荀子·成相》篇：前車已覆後未知，更無覺時。《説苑·善説》篇：《周書》曰：前車覆，後車戒。

〔四〕華清二句　薑宸案：《長安志》：臨潼溫湯在縣南一百五十步，驪山之西北。貞觀十八年，營建宮殿，賊名溫湯宮；咸亨二年，名溫泉宮；天寶六載，改爲華清宮。驪山上下，益治湯井爲池,臺殿環列山谷,明皇歲幸焉。又築會昌城,即於湯所置百司及公卿邸第焉。祿山亂後,天子罕復游幸。後晉天福中,改爲靈泉觀,賜道士居之。

〔五〕亦有二句　蘧常案:《明史·莊烈帝紀贊》:在位十有七年,不邇聲色,憂勤惕厲,殫心治理。

〔六〕賢妃二句　徐注:《詩》"雞既鳴矣"傳:《雞鳴》,思賢妃也。　段注:《詩·小序》:《葛覃》,后妃之本。躬節儉,用服澣濯之衣。

蘧常案:《明史·后妃傳》:莊烈帝愍皇后周氏,其先蘇州人,徙居大興。后性嚴慎,嘗以寇急,微言曰:吾南中尚有一家居。帝問之,遂不語,蓋意在南遷也。至他政事,則未嘗預。田貴妃有寵而驕,后裁之以禮。崇禎十七年三月十八日,暝,都城陷。帝泣語后曰:大事去矣! 后頓首曰:妾事陛下十有八年,卒不聽一語,至有今日。帝令后自裁,遂先帝崩。

〔七〕三宮句　徐注:張衡《東京賦》:乃營三宮,布教頒常。班固《西京賦》:九市開場,貨別隧分。庾信《哀江南賦》:路交橫於豺虎。

〔八〕玄宗二句　徐注:《史記·周本紀》:於是諸侯乃即申侯而共立故幽王太子宜臼,是爲平王,以奉周祀。平王立,東遷於雒邑。案:《烈皇小識》:先是,李建泰疏請南遷,左都御史李邦華密疏請擇大臣奉太子南行,臣等輔皇上固守,聖意頗以爲然。大學士陳演微洩之。是日召對,庶子項煜面具小疏,極言當南巡者八。大學士范景文同邦華擬申前議,給事中光時亨大聲曰:奉太子往江南,諸臣意欲何爲? 將欲爲唐肅宗靈武故事乎? 二臣乃不敢言,其議亦寢。

蘧常案:玄宗西幸,見卷一《浯溪碑歌》"昔在"四句注。

〔九〕坎軻　徐注:馮衍《顯志賦》:非惜身之坎軻兮。

蕙常案:"坎軻"同"坎坷"。《漢書·揚雄傳》:濊南巢之坎坷兮。顔師古注:坎坷,不平貌。

長　安

【解題】

徐注:《明史》志《地理》陝西西安府長安注:治西偏。洪武三年四月,建秦王府。北有龍首山;南有終南山;西南有太一山;又有子午谷,谷中有關,北有渭水,源出鳥鼠山,流經縣界,至華陰入黄河。

蕙常案:張《譜》:《長安》詩云:積雨乍開寨,淒其秋已半。是先生以八月至西安也。

東井應天文,西京自炎漢〔一〕。都城北斗崇〔二〕,渭水銀河貫〔三〕。千門舊宫掖〔四〕,九市新廛闠〔五〕。雲生百子池〔六〕,風起飛廉觀〔七〕。呼韓拜殿前〔八〕,頡利俘橋畔〔九〕。武將把雕戈,文人弄柔翰〔一〇〕。遺跡俱煙蕪,名流亦星散〔一一〕。愁聞赤眉入,再聽漁陽亂〔一二〕。《論都》念杜篤〔一三〕,去國悲王粲〔一四〕。積雨乍開寨,淒其秋已半〔一五〕。惆悵遠行人,單衣裁至骭〔一六〕。

【彙校】

〔呼韓二句〕孫校本作"橋邊拜單于,闕下俘可汗"。

【彙注】

〔一〕東井二句　徐注:班固《西都賦》:仰悟東井之精,俯協河圖之靈。注:《漢書》:漢元年十月,五星聚于東井。又:漢之西都,在于雍州,實曰長安。張衡《西京賦》:左有崤、函重險,桃林之塞;右有隴坻之隘,隔閡華、戎。

　　　蘧常案:《長安志》:《漢書・地理志》曰:自東井十六度至柳八度爲鶉首,於辰在未,秦之分也。《漢書・高帝紀》:五年,帝乃西都洛陽。戍卒婁敬説上曰:陛下取天下與周異而都雒陽,不便;不如入關據秦之固。上以問張良,良因勸上,即日車駕西都長安。

〔二〕都城句　徐注:《三輔黃圖》:斗城,長安舊城,漢之舊都,本秦離宫也。城南爲南斗形,北爲北斗形,至今呼爲斗城。

〔三〕渭水句　原注:《史記・秦始皇本紀》:爲複道,自阿房渡渭,屬之咸陽,以象天極閣道絶漢抵營室也。　徐注:《水經注》:渭水出臨洮府渭源縣西二十五里之南谷山,流經鳥鼠山下,至西安府,東經鄠縣北,咸陽縣南。　李注:庾信《哀江南賦》:渭水貫於天門。　段注:《白帖》:天河謂之銀漢,亦曰銀河。

〔四〕千門句　徐注:《漢・郊祀志》:武帝作建章宫,度爲千門萬户。

〔五〕九市　蘧常案:見前《驪山行》"三宫"句注。《長安志》"街陌里第章"注:長安有九市,六市在道東,三市在道西。

〔六〕百子池　徐注:《西京雜記》:漢宫七夕臨百子池,以五色縷相羈,謂爲相連愛。

〔七〕風起句　徐注:《漢書・武帝紀》"作飛廉館"《音義》:飛廉,神禽,能致風雲。身似鹿,頭如雀,有角而蛇尾,文如豹文,因畫以名館。　段注:《三輔黃圖》:飛廉館在上林,武帝元封六年作。

〔八〕呼韓句　徐注:《漢書・宣帝紀》:詔曰:匈奴虚閭權渠單于請求和親,病死。大臣立單于子呼韓邪單于。單于稱臣,使弟奉珍朝賀正月。

〔九〕頡利句　徐注:《舊唐書・李靖傳》:貞觀四年正月,靖帥驍騎三千自馬邑進屯惡陽,夜襲定襄,破之。突厥頡利可汗不意靖猝至,大驚。靖勒兵夜發,世勣繼之,大破突厥於陰山,斬首萬餘級,俘男女十餘萬。頡利敗走,往依沙鉢羅設蘇尼失部落。任城王道宗引兵逼之,使蘇尼失執頡利。行軍副總管張寶相受之以獻。上御樓受俘。又:初,突厥頡利可汗入寇,進至渭水便橋之北,遣其腹心執失思力入見,以覘虛實,上囚之。

　　蘧常案:頡利爲張寶相俘於沙鉢羅營,無橋畔被俘之事。考史,頡利俘至長安,太宗御順天樓,數以五罪。蓋獻俘於樓下。則"橋"當爲"樓"之誤。又:武德末,頡利入寇,進至渭水便橋之北。太宗親出,責以負約,頡利請和,與盟于便橋之上。或以此而誤耶?徐注以囚執失思力當之,非。

〔一〇〕武將二句　　徐注:左思《詠史詩》:弱冠弄柔翰。

　　蘧常案:雕戈,見前《李克用墓》詩"發憤"句注。

〔一一〕遺跡二句　　徐注:《周易正義序》:康成之說,遺跡可尋。權德輿《九日》詩:煙蕪斂暝色。《世說》:孫綽、許詢,皆一時名流。《蜀志·王平傳》:衆盡星散。

〔一二〕愁聞二句　　徐注:《明史·馮師孔傳》:是時,自成尤強,據襄陽。以河、洛、荊、襄,四野之地;關中其故鄉,士馬甲天下,據之可以霸,決策西向。憚潼關天險,將自淅川龍且寨間道入陝西。傳庭聞之,令師孔率四川、甘肅兵駐商、雒爲犄角,而師孔趣戰。無何,我師敗於南陽,賊遂乘勝破潼關。大隊長驅,勢如破竹。師孔整衆守西安。或咎師孔趣師致敗也。賊至,守將王根子開門入之。十月十一日,城陷,師孔投井死。賊遂執秦王存樞。處其官署,置百官,稱王西安。

　　蘧常案:《後漢書·劉盆子傳》:琅琊人樊崇起兵於莒,北入青州。王莽遣廉丹、王匡擊之。崇等恐其衆與莽兵亂,乃朱其眉，以相識別，由是號曰赤眉。遂大破丹、匡軍，掠楚、沛、汝南、潁川。雖數戰勝而疲敝，欲東歸。崇等慮衆東向必散，不如西攻長安。軍至高陵，與更始叛將張印等連和，攻東都門，入長安城。赤眉貪財物，出大掠，城中糧食盡，遂收載珍寶，因大縱火燒宮室，引兵而西。《新唐書·安禄山傳》：天寶十四載十一月，反范陽。禄山所有，盧龍、密雲、漁陽、汲、鄴、陳留、滎陽、陝郡、臨汝而已。又《地理志》：薊州漁陽郡，開元十八年置。白居易《長恨歌》：漁陽鼙鼓動地來，驚破《霓裳羽衣曲》。九重城闕煙塵生，千乘萬騎西南行。《明史·莊烈帝紀》：十六年十月壬申，李自成陷西安。秦王存樞降，巡撫都御史馮師孔、按察使黃炯等死之。

〔一三〕《論都》句　原注：《後漢書·杜篤傳》：上奏《論都賦》。（蘧常案：此係原注，徐注本失收。）徐注：《後漢書·杜篤傳》：字季雅，京兆杜陵人。少博學，不修小節。篤以關中表裏山河，先帝舊京，不宜改營洛邑，迺上奏《論都賦》。

〔一四〕去國句　徐注：《魏志·王粲傳》：粲字仲宣，山陽高平人。獻帝西遷，粲從至長安。以西京擾亂，乃之荆州依劉表。

〔一五〕積雨二句　徐注：杜甫《雨詩》：褰裳蹋寒雨。《詩》：淒其以風。杜甫《九日曲江》詩：百年秋已半。

〔一六〕單衣句　徐注：甯戚《飯牛歌》：短布單衣裁至骭。

樓　　觀

【解題】

錢云：李吉甫《元和郡縣圖志》：盩厔縣樓觀，在縣東三十七里,本周康王大夫尹喜宅也。穆王爲召幽逸之人,置爲道士。相承至秦、漢,皆有道士居之。晉惠帝時重置。其地舊有尹先生樓,因名樓觀。武德初,改名宗聖觀。

蘧常案:尹喜即關尹子,《漢書·藝文志》道家《關尹子》班固自注:名喜。考《莊子》、《列子》、《史記》、《抱朴子》諸書,皆謂關尹與老子同時,即荒誕如《列仙傳》,亦言與老子同遊,安得爲周康王大夫乎?《元和志》誤。《元譜》云:癸卯十月過訪李處士中孚於盩厔。詩當作於此時。據徐《譜》,先至乾州,後至盩厔,則此詩應次《乾陵》詩之後。

頗得玄元意[一],西來欲化胡[二]。青牛秋草没[三],日暮獨躊躇[四]。

【彙校】

[題]此首朱刻本,孫託荀校本,吴、汪兩校本皆有;潘刻本,徐注本,孫校本無。朱刻本注云:昭陽單閼,補卷四《長安》詩後。孫託荀校本同,無紀年。

【彙注】

[一]頗得句　蘧常案:《舊唐書·高宗本紀》:乾封元年二月,次亳州,幸老君廟,追號曰太上玄元皇帝。又《玄宗本紀》:開元二十九年正月,制:兩京諸州,各置玄元皇帝廟。天寶元年正月,陳王府參軍田同秀上言:玄元皇帝降見於丹鳳門之通衢,告賜靈符在尹喜之故宅。上遣使就函谷故關尹喜臺西發得之。《清一統志》:老子廟在盩厔縣樓觀南。案:《莊子·天下》篇云:以本爲精,以物爲粗,以有積爲不足,澹然獨與神明居,古之道術有在於是者,關尹、老聃聞其風而說之。《史

記·老子列傳》：老子見周之衰,迺遂去。至關,關令尹喜曰：子將隱矣,彊爲我著書。高誘《呂氏春秋·不二》篇"關尹貴清"注：師老子。故曰"頗得玄元意"。

〔二〕西來句　蘧常案：《列仙傳》：關令喜與老子俱游流沙,化胡,服巨勝實,莫知其所終。羅泌《路史》：孔子没十九歲而老聃入秦,西歷流沙,化胡成佛。案：晉道士王浮撰《老子化胡經》,見上虞羅氏《鳴沙石室叢書》中。大致造爲老子出關,西渡流沙,訓誨佛陀之説。此句蓋自喻。其所以入秦而有安土之意者,一以其形勝,已見前《華山》詩"王景略"注,又《與李星來書》亦云"三十年來,在在築堡,一縣之境,多至千餘。人自爲守,敵難徧攻。此他省之所無。即天下有變,而秦獨完"。二以其俗淳。《與李霖瞻書》云"此間風俗,大勝東方"。又《與三姪書》云"秦人慕經學,重處士,持清議,實與他省不同"。合前《華山》詩後半觀之,則其"欲化"之意,思過半矣。"欲化"者,欲化其從義也。

〔三〕青牛句　蘧常案：青牛,見卷三《前詩意有未盡再賦四章》詩第四首"門前"句注。案：後卷六《霍北道中懷關西諸君》詩云：遥知關令待,計日盼青牛。蓋以老君自況。則此或亦自比歟？"秋草没",蓋有道茀難行之意。

〔四〕日暮句　蘧常案"日暮",謂日暮途遠。蓋有人間何世之慨。

乾　　陵

【解題】

徐注：《方輿紀要》：乾州奉天廢縣,在州治東,隋爲醴泉縣地,唐初因之。高宗葬梁山,謂之乾陵。文明元年,因析醴泉、好畤等地,置縣曰奉天,以奉陵寢。《寰宇記》:乾陵周八十一里。　戴注:即中宗陵。

蘧常案:《舊唐書·高宗本紀》:文明元年八月庚寅,葬於乾陵。《中宗本紀》:景龍四年,十一月己酉,葬於定陵。徐注引《方輿紀要》,是。戴蓋承吳《譜》而誤。吳以乾陵屬諸中宗也。

　　代運當中絕[一],房幃召女戎[二]。誅鋤宗子盡[三],羅織庶僚空[四]。典祏遷新主[五],司筵掃故宮[六]。貞符疑改卜[七],大禮竟升中[八]。復子仍明兩[九],登遐獲令終[一〇]。彌縫由密勿,迴斡賴元功[一一]。祔廟尊親並[一二],因山宅兆同[一三]。至今尋史傳,猶想狄梁公[一四]。

【彙校】
〔迴斡〕潘刻本"斡"作"幹",誤。

【彙注】
〔一〕代運句　徐注:《新唐書·方伎·李淳風傳》:太宗得秘讖,言"唐中弱,有女武代王"。以問淳風,對曰:其兆既成,已在宮中。又四十年而王,夷唐子孫且盡。

〔二〕房幃句　徐注:《國語·晉語》:史蘇曰:夫有男戎者,必有女戎。注:戎,兵也,言其禍猶兵也。《舊唐書·則天后紀》:武氏,諱曌,并州文水人。年十四,太宗聞其美容止,召入宮,立爲才人。及太宗崩,遂爲尼,居感業寺。帝復召入宮,拜昭儀,進號宸妃。永徽六年,廢王皇后而立宸妃爲皇后。高宗稱天皇,武后亦稱天后。百司表奏,皆委天后詳決,自此內輔國政,威勢與帝無異,時稱二聖。弘道元年十二月丁巳,帝崩。皇太子顯即位，尊天后爲皇太后。既將篡奪，是日，自臨朝稱制。《通鑑》唐高宗永徽六年：將立武氏爲后，長孫無忌、褚遂良、韓瑗、來濟瀕死固爭，帝猶豫。而中書舍人李義府、衛尉卿許敬宗素險側狙勢，即表請昭儀爲后。帝意決。詔李勣、于志寧奉璽綬進昭儀爲皇后，命羣臣及四夷酋長朝后肅儀門。

〔三〕誅鋤句　徐注：曹冏《六代論》：至今趙高之徒，誅鋤宗室。《詩》：宗子維城。《舊唐書·高宗諸子列傳》：燕王忠，高宗長子。永徽三年，立爲皇太子。顯慶元年廢爲梁王，五年，廢爲庶人，徙居黔州。麟德元年，誣以謀反，賜死流所。澤王上金，高宗第三子，許王素節，高宗第四子。載初元年，武承嗣使酷吏周興誣告上金、素節謀反，殺素節於都城南驛。上金懼，自縊死。子義珍、義政、義璋、義環、義瑾、義璲七人並配流顯州而死；素節子瑛、琬、璣、瑒等九人並爲則天所殺。孝敬皇帝弘，高宗第五子，顯慶元年，立爲皇太子。上元二年，從幸合璧宮，爲武后所酖。章懷太子賢，高宗第六子，上元二年立爲皇太子；調露二年廢爲庶人，幽於別所；文明二年，偪令自殺。子光順被誅。又《武后紀》：嗣聖元年二月，廢皇帝爲廬陵王，幽於別所，仍改賜名哲。立豫王輪爲皇帝，令居於別殿。及革命，改國號爲周，降帝爲皇嗣，又改名旦，不得有所豫。趙翼《廿二史劄記·武后之忍》：越王貞、琅琊王沖起兵謀復王室，事敗被誅。於是殺韓王元嘉、魯王靈夔、范陽王靄、黃公譔、東莞公融、霍王元軌、江都王緒、舒王元名、汝南王瑋、鄱陽王諲、廣漢王謐、汶山公蓁、廣都王璹、恒山王厥、江王知祥（蘧常案：《新唐書》江王作元祥。）及其子皎、鄭王璥、豫章王亶、蔣王煒、安南郡王穎、鄅國公昭、滕王元嬰子六人、紀陽王慎之子義陽王琮、楚國公璿、襄陽公秀、建平公欽、廣化公獻、曹王明及諸宗室數百人,除其屬籍,幼者流嶺表,又爲六道使所殺。

〔四〕羅織句　徐注:趙翼《廿二史劄記》:誅戮無虛日,大臣則裴炎、劉禕之、鄧元挺、閻溫古、張光輔、魏元同、劉齊賢、王本立、范履冰、裴居道、張行廉、史務滋、傅游藝、岑長倩、格輔元、歐陽通、樂思晦、蘇幹、李昭德、李元素、孫元亨、石抱忠、劉奇等數十人,大將則程務挺、李光誼、黑齒常之、趙懷節、張虔勖、泉獻誠、阿史那元慶等亦數十人,庶僚則周思茂、郝象賢、薛顗、裴承光、弓嗣業、弓嗣明等數百人,皆駢首就戮,如刲羊豕。甚至丘神勣、來俊臣向爲后出死力以害朝臣者,亦殺之。其流徙在外者,又遣萬國俊至嶺南殺三百餘人;又分遣六御史至劍南、黔中等郡,盡殺流人。

　　蘧常案:《舊唐書·來俊臣傳》:招集亡賴,令其告事,共爲羅織,千里響應。又《解琬傳》:儀刑庶僚。

〔五〕典祏句　徐注:《左傳》莊公十四年:先君桓公命我先人典司宗祏。注:祏,宗廟中藏主石室。《舊唐書·則天后紀》:載初元年,立武氏七廟於神都。罷唐廟爲享德廟。四時祠高祖以下三室,餘廢不享。至日,祀上帝萬象神宮,以始祖及考妣配,以百神從祀。(案:見《新唐書·后妃傳》,《紀》不載。)

〔六〕司筵　原注:《周禮·司几筵》:下士二人。

〔七〕貞符句　原注:陸機《漢高帝功臣頌》:三靈改卜。　徐注:《通鑑》:春官尚書李思文詭言《周書·武成》篇詞有"垂拱天下治",爲受命之符,御史傅游藝妄言鳳集上林宮,赤雀見朝堂。因大赦天下,改國號周,改帝氏爲武。始用周正,改十一月爲正月,夏正月爲一月。　段注:《唐書·五行志》:迨於皇太子治,亦降貞符,具紀姓氏。柳宗元有

《貞符序》。

〔八〕大禮句　徐注：《禮》：因名山升中於天。注：中，成也，登天以告成功也。《新唐書·后妃傳》：證聖元年，太后祀天南郊，以文王、武王、士䕫與唐高祖並配。太后加號天册金輪聖神皇帝。遂封嵩山，禪少室，册山之神爲帝，配爲后，自制《升中述志》，刻石示後。改明堂爲通天宫。

〔九〕復子句　徐注：《書·洛誥》：朕復子明辟。《易·離卦》：明兩作離。《新唐書·后妃傳》：神龍元年，太后有疾，久不平，居迎仙院，宰相張柬之與崔玄暐等建策，請中宗以兵入誅易之、昌宗。於是羽林將軍李多祚等率兵自玄武門入，斬二張於院左。太后聞變而起，桓彦範進，請傳位，太后返卧不復語。中宗於是復即位。

〔一〇〕登遐句　徐注：《新唐書·后妃傳》：徙太后於上陽宫，帝率百官詣觀風殿問起居。後率十日一詣宫。俄朝朔望，廢奉宸院官。是歲，太后崩，年八十三（蘧常案："三"當作"一"）。遺制稱則天大聖皇太后，去帝號，祔乾陵。
　　　蘧常案：登遐，見卷三《陳生芳績兩尊人先後即世》詩第二首"帝后"句注。

〔一一〕彌縫二句　徐注：《左傳》僖公二十六年：彌縫其闕。謝惠連《七月七日詠牛女詩》：傾河易迴榦。《舊唐書·狄仁傑傳》：初，中宗在房陵，而吉頊、李昭德皆有匡復讜言，則天無復辟意。仁傑每從容奏對，無不以子母恩情爲言，則天亦漸省悟，竟召還中宗，復爲儲貳。中宗自房陵還宫，則天匿之帳中，召仁傑以廬陵爲言。仁傑慷慨敷奏，言發涕流。遽出中宗謂仁傑曰：還卿儲君。仁傑降階泣賀。既已，奏曰：太子還宫，人無知者，物議安審是非。則天以爲然。乃復置中宗龍門，具禮迎歸，人情感悦。仁傑前後匡復召對凡數萬言。

《通鑑》：武承嗣、三思營求爲太子，太后意未決。狄仁傑從容言於太后曰：陛下立子則千秋萬歲，配享太廟，承繼無窮；立姪則未聞姪爲天子而祔姑於廟者也。因勸太后召還廬陵王。太后意稍寤。他日，謂仁傑曰：朕夢大鸚鵡兩翼皆折，何也？對曰：武者，陛下之姓；兩翼，兩子也。陛下起二子則兩翼振矣。太后由是無立承嗣、三思意。

　　蔆常案：密勿，見卷一《帝京篇》"密切"句注。元功，見卷二《恭謁太祖高皇帝御容於靈谷寺》詩"元功"句注。

〔一二〕祔廟句　徐注：《孟子》：尊親之至。《通鑑》：唐玄宗開元四年，太常卿姜皎建言則天皇后配高宗廟，主題"天后聖帝"，非是，請易題爲"則天皇后武氏"。制可。

　　蔆常案：《說文解字》：祔，後死者合食於先祖也。

〔一三〕因山句　徐注：《方輿紀要》：乾陵在梁山，山勢紆迴，接扶風、岐山二縣之境。　李注：《孝經》：卜其宅兆而安厝之。

〔一四〕猶想句　冒云：通篇用意在此句。

　　蔆常案：《新唐書‧狄仁傑傳》：仁傑，字懷英，并州太原人。閻立本薦授并州法曹參軍。遷大理丞，歲中斷久獄萬七千人，時稱平恕。拜冬官侍郎，持節江南巡撫使。吳、楚多淫祠，仁傑一禁止，凡毀千七百房。天授二年，以地官侍郎同鳳閣鸞臺平章事。貶彭澤令。萬歲通天中，契丹陷冀州，擢爲魏州刺史。前刺史懼賊至，驅民保城；仁傑至，曰：何自疲民？萬一虜來，我自辦之。悉縱就田。虜聞亦引去。拜鸞臺侍郎，復同鳳閣鸞臺平章事。突厥入趙、定，詔爲河北道行軍元帥。還除内史。卒贈文昌右相，謚文惠。中宗即位，追贈司空。睿宗又封梁國公。餘詳上"彌縫"二句注。

將去關中別中尉存柮於慈恩寺塔下

【解題】

徐注：《明史·諸王傳》：明制：皇子封親王，嫡長子年及十歲，立爲王世子，長孫立爲世孫，冠服視一品。諸子年十歲，封爲郡王，嫡長子爲郡王世子，嫡長孫則授長孫，冠服視二品；諸子，授鎮國將軍；孫，輔國將軍；曾孫，奉國將軍；四世孫，鎮國中尉；五世孫，輔國中尉；六世以下皆奉國中尉。《元譜》：存柮，字伯常，朱子斗誼汫之子。《長安志》：慈恩寺在縣東南八里，西院浮圖七級，崇三百尺。《摭言》：進士自神龍後率皆期集慈恩塔下題名，亦名雁塔。

蘧常案：先生《送韻譜帖子》：楊伯常，名謙，故王孫也。住西安府南八里大塔堡内。大塔者，慈恩寺塔也。王弘撰《山志》：子斗翁没，其子孫冒楊氏，蓋從翁之母姓也。

廓落悲王子[一]，棲遲愛友朋[二]。荒郊紆策馬，獵徑傍韝鷹。土室人稀到，衡門客少應。傾壺頻進酒，散帙每挑燈[三]。歎昔當憂患，先人獨戰兢[四]。薄田遺豆䅳[五]，童阜剩薪蒸。疾病嗟年老，虔恭尚夙興[六]。芋魁收蜀郡[七]，瓜種送東陵[八]。世業爲奴有[九]，空名任盜憎[一〇]。幸餘忠厚福[一一]，猶見子孫承。渭水徂年赤，岐山一夜崩[一二]。低頭從竈養，脱跡溷林僧[一三]。毒計哀阮趙，淫刑虐用鄫[一四]。忠魂依井植，碧血到泉凝[一五]。賊陷西安，令弟存柘投井死。困鱉時防噬，驚禽早避矰。屢捫追駟舌，莫運擊蛇肱[一六]。謬忝師資敬[一七]，中尉子及甥，皆執經于余。多將氣誼憑[一八]。深情占復始[一九]，積德望高升[二〇]。子建工詩早〔二一〕,河間好學稱〔二二〕。堂垣逾舊大,國邑與前增。九鼎知猶重〔二三〕,三光信有徵〔二四〕。沈埋隨劍璽〔二五〕,變化待鯤鵬〔二六〕。樹落龍池雪,風懸雁塔冰〔二七〕。更期他日會,拄杖許同登。

【彙校】

〔占復始〕徐注本、曹校本"占"作"由"。丕續案:"必復其始",爲畢萬筮辭,則作"占"是也。

【彙注】

〔一〕廓落句 蘧常案:"廓落",見卷三《酬歸祚明戴笠王仍潘檉章四子聯句見懷》詩"廓落"注。先生《朱子斗詩序》:余聞萬曆以來,宗室中之文人,莫盛於秦。秦之宗有七子,而子斗最少。子斗,名誼汫,永興王府奉國中尉。久以詩文爲關中士人領袖。長子存杠伯常,余至關中,年已六十二。王子,見卷一《千里》詩"王子"句注。

〔二〕棲遲句 徐注:《詩》:衡門之下,可以棲遲。《左傳》莊公二十二年:畏我友朋。

〔三〕荒郊六句 徐注:《隋書·劉昶傳》:昶子居士,不遵法度。每韝鷹繼犬,連騎道中。《後漢書·袁閎傳》:少有操行,以耕學爲業。見時方險亂,而家門富盛。及黨事起,以母老不忍去,乃築土室四周於庭,不爲户,自牖納飲食,潛身十八年,卒於土室。《晉書·李密傳》:内無應門五尺之童。杜甫《追酬高蜀州人日見寄》詩:今晨散帙眼忽開。

　　蘧常案:以上六句,述過訪情況。王弘撰《山志》云:青門七子,皆宗室之賢而篤學者也。余所及與之友者,子斗翁而已。嘗與亭林言,及亭林入青門,特訪之。時翁已没,見伯嘗，索著作讀之。伯嘗即伯常，楊鍾羲《雪橋詩話》引《山志》，作伯常。伯常居大塔堡内，故以袁閎土室擬之。“散帙”似謂索讀子斗翁著作。

〔四〕歎昔二句　徐注：《孟子》：然後知生於憂患。《詩》：念昔先人。又：戰戰兢兢。

蘧常案：“先人”謂存杠父子斗翁。

〔五〕薄田句　徐注：《蜀志・諸葛亮傳》：成都有桑八百株，薄田十五頃。《玉篇》：麧，堅麥也。《廣韻》：糏也，通作覈。《爾雅》注：山無草木曰童。《詩》：如山如阜。疏：大陸曰阜。又：以薪以蒸。

蘧常案：王鴻緒《明史稿》：啓、禎時軍餉告絀，大農蒿目日憂難支，安能顧贍藩維？親王或可自存，郡王以至中尉，仰給不賙。

〔六〕虔恭句　徐注：陸雲詩：古賢受爵，循牆虔恭。《詩》：夙興夜寐。

蘧常案：先生《朱子斗詩序》：聞其人孝弟忠信。

〔七〕芋魁　徐注：《漢書・翟方進傳》：童謡曰：壞陂誰？翟子威。飯我豆食羹芋魁。

蘧常案：《齊民要術》引《廣志》：蜀漢既繁芋，民以爲資，有十四等。有淡善芋魁，大如缾，少子，葉如繖蓋，紺色紫莖，長丈餘，易熟長味，芋之最善者也。王念孫《廣雅疏證》：芋之大根曰渠，或謂之芋魁。渠、魁一聲之轉，皆訓爲大。

〔八〕瓜種句　徐注：《史記・蕭相國世家》：召平者，故秦東陵侯。秦破爲布衣，種瓜於長安城東。瓜美，故世俗謂之東陵瓜。

〔九〕世業句　徐注：《日知録》：爲宗屬者，大抵皆溺於富貴，妄自驕矜，不知禮義；至其貧者，則游手逐食，靡事不爲，名曰天枝,實爲棄物。曹冏所謂今之州牧郡守,古之方伯諸侯,或比國數人,或兄弟並據,而宗室子弟,曾無一人間廁其間,正有明當日之事也。又:景泰三年七月甲辰,陝西布政司言:秦愍王子故庶人尚炌男女十人,皆未有室家。請詔於軍民之家,自擇昏配。從之。時其長女年四十,長子年三十六矣。去開國八九十年,太祖之曾孫,而怨曠之感不得上聞已如此,況數傳而下者乎?於是請名請婚,無不有費,不副其意,即部中爲之沈閣。杜甫《哀王孫》詩:但道困苦乞爲奴。

蘧常案:徐注未得詩意,末引杜詩尤牽強。以未得確詁,姑存之。《日知錄》"奴僕"條云:太祖數涼國公藍玉之罪,曰家奴至於數百。今江南士大夫多有此風。一登仕籍,此輩競來門下,謂之投靠。而用事之人,則主人之起居食息,以至於出處語默,無一不受其節制,有甘心於毁名喪節而不顧者。奴者主之,主者奴之,此六逆之所由來矣。此真所謂"爲奴有"矣。王族中或亦有類是者乎?姑備一説。

〔一〇〕空名句　徐注:《左傳》成公十五年:盜憎主人,民怨其上。《日知錄》:唐末屯田郎中李衢作《皇室維城錄》,其有感於宗枝不振乎?使得自樹功名,參錯天下爲牧帥,亦何至大盜覆都,彊臣問鼎,而十六宅諸王並殲於逆豎之手也!　段注:《新書》:善守上下之分者,空名弗使踰焉。

〔一一〕幸餘句　徐注:《詩序》:《行葦》,忠厚也。周家忠厚,仁及草木,故能内睦九族,外尊事黄耇,養老乞言,以成其福禄焉。《詩》:子孫繩繩,萬民靡不承。

〔一二〕渭水二句　徐注:《史記·商君列傳》裴駰《集解》引《新序》:一日臨渭而論囚七百餘人,渭水盡赤。

蔣常案:《國語・周語》:幽王二年,西周三川皆震。伯陽父曰:周將亡矣。是歲也,三川竭,岐山崩。《一統志》:岐山在岐山縣北一十里。案:此謂崇禎十六年十月西安之陷,事詳前《長安》詩"愁聞"二句注。吳偉業《鹿樵紀聞》:太原之陷,晉王降,賊臣韓文銓捕晉宗室四百餘人送西安,悉殺之。

〔一三〕低頭二句　徐注:《後漢書・梁鴻傳》:無乃欲低頭就之乎?又《劉聖公傳》:長安爲之謠曰:竈下養,中郎將。《漢書・高祖功臣頌》:張耳脱迹違難。姚合詩:林僧默悟禪。

蔣常案:《朱子斗詩序》:賊陷西安,長子存杠伯常扶其父逃之村墅,得免。

〔一四〕毒計二句　徐注:《史記・白起列傳》:阬趙降卒四十萬。《左傳》僖公二十三年:淫刑以逞。又十九年:用鄫子於次睢之社。

蔣常案:西安之陷,殺傷不多,亦無用鄫之事。文秉《烈皇小識》云:闖據秦王府,授秦王將軍。則不特不殺,且授之以官矣。與此不符。考《明季北略》云:崇禎十四年二月,李自成圍開封。九月,河決,勢如山岳,水驟長二丈,士民溺死數十萬。又云:辛巳正月,李自成圍河南府,緣城而上,叛兵迎之入。自成發藩邸及巨室米數萬石,金錢數千萬,賑飢民。丁酉,跡福王所在,執之,見害。王體肥,重三百餘斤,賊置酒大會,以王爲菹。此或據開封、洛陽之傳説,以張大秦事乎?姑著之。

〔一五〕忠魂二句　徐注:先生《朱子斗詩序》:當天啓時,開科舉之途,其次子存柘彥衡乃得爲諸生,中副榜。賊陷西安,存柘不屈,投井死。又有誼衆明遠、存樴春夫二中尉者,賊至時,同不屈死。

蔣常案:吳偉業《鹿樵紀聞》"秦晉宗人"條謂存柘自

縊死。

〔一六〕困鬣四句　徐注：《增韻》：凡魚龍頷旁小鬐皆曰鬣。《爾雅・釋器》：魚罟謂之罛。鮑照《代東門行》：傷禽惡弦驚，倦客惡離聲。《禽經》：鳥之巨觜者，善避矰弋彈射。《詩》：莫捫朕舌。《論語》：駟不及舌。《左傳》成公二年：丑父寢於轏中，蛇出於其下，以肱擊之，傷而匿之。《朱子斗詩序》：伯常爲人亦温恭葸慎，以求全於世，惟恐人目之爲故王孫者。反不若庶姓之人，猶得盱衡扼腕，言天下之事於朋友之前而無所忌。雖時勢則然，亦由國家向日裁抑太過，無有彊宗大豪如南陽諸劉以撓新莽之威，而保先人之祚者也。

〔一七〕謬忝句　李注：《穀梁傳》注：師資辨説，日用之常義。

　　蘧常案：徐《譜》：存杠命子烈及甥王太和受業。案：《後漢書・廉范傳》：范對明帝曰：不勝師資之情，罪當萬坐。語本《老子》"善人爲不善人之師，不善人爲善人之資"語。

〔一八〕氣誼　徐注：戴復古詩：氣誼無窮達。

〔一九〕占復始　蘧常案：見卷一《十月二十日奉先妣葬》詩"公侯"句注。

〔二〇〕積德句　原注：《易・升・大象》：地中生木，君子以順德，積小以高大。

〔二一〕子建句　徐注：《魏志・陳思王傳》：植，字子建。年十歲餘，誦讀詩論及辭賦數十萬言。善屬文。時鄴銅爵臺新成，太祖悉將諸子登臺，使各爲賦。植援筆立成可觀，太祖甚異之。鍾嶸《詩品》：子建詩原出《國風》，卓爾不羣。先生《朱子斗詩序》：及崇禎之末，子斗獨年至八十，後先帝十一年卒。故其爲詩多離亂之作，有閔周哀郢之意而不敢深言。

　　蘧常案：上"困鬣"四句，係敍存杠；"謬託"四句，係敍二人交誼；則此"子建"與下"河間"云云，自皆指存杠。徐注以子斗當子建，非。

〔二二〕河間句　徐注：《史記·五宗世家》：河間獻王德好儒學，被服造次必於儒者，山東諸儒，多從之游。

〔二三〕九鼎句　徐注：《左傳》宣公三年：鼎之輕重，未可問也。

　　蘧常案：《漢書·郊祀志》：禹收九牧之金，鑄九鼎，象九州。見卷三《前詩未盡再賦四章》校及注。

〔二四〕三光句　徐注：《易林》：積善有徵。

　　蘧常案：《淮南子·氾論訓》：上亂三光之明。班固《白虎通義·封公侯》：天有三光日月星。

〔二五〕劍璽　原注：謝靈運《和伏武昌登孫權故城》詩：炎靈遺劍璽。

　　蘧常案：此謝玄暉詩句，作靈運誤。

〔二六〕變化句　徐注：《莊子·逍遙遊》：北冥有魚，其名爲鯤。鯤之大，不知其幾千里也。化而爲鳥，其名爲鵬。鵬之背，不知其幾千里也。

　　蘧常案：杜甫《泊岳陽城下》詩：變化有鯤鵬。

〔二七〕樹落二句　徐注：《長安志》：龍池在躍龍池南，自垂拱初載後，因雨水流潦爲小池。後又引龍首渠水溉之，日以滋廣。至景龍中，常有雲龍之祥，因名龍池。《方輿紀要》：在府城東隆慶坊南，亦有隆慶池。《西域記》：昔有比丘見雙雁飛翔，思曰：若得此雁，可充飲食。忽有一雁投下自隕，於是瘞雁建塔。沈佺期詩：雁塔風霜古，龍池歲月深。

　　蘧常案：《長安志》：大慈恩寺：寺西院浮圖六級，崇三百尺。注：永徽三年，沙門玄奘所立。初唯五層，長安中改造，特崇於前。案：句有冰雪字，則相見當在冬季。

后　土　祠 有序 已下閼逢執徐

【解題】

　　徐注：康熙三年甲辰。　　冒云：先生是年年五十二。
　　蔣常案：是年海上鄭氏稱永曆十八年，公元一六六四年。

　　漢孝武所立后土祠，在今榮河縣北十里，地名鄈上，或曰脽上〔一〕。史所云幸河東祠后土者，蓋屢書焉〔二〕。其後宣、元、成三帝及唐、宋二宗皆嘗親幸〔三〕。以及國朝，雖不親祀典，而歷代相傳，宮殿之巍峨，像設之莊靜〔四〕，香火之駢闐〔五〕，未嘗廢也。歲閼逢執徐，王正五日，予至其下。廟祝云：距此十五年，爲黃河所齧，神宇圮焉。乃徙像於東南二里坡下今所謂行宮者。而古柏千章，盡伐之以充改造之用。廟未成而木盡矣。是日，大雪，令祝引導，策馬從之。逶迤而登，則坊門墀廡宛然。東有大寧宮〔六〕，亦存遺址。惟正殿及秋風、洗妝二樓，皆已蕩然爲斷崖絕壑。而王文正旦之碑〔七〕，猶臥雪中，不能洗而讀也。愴然有感，乃作是詩。

　　靈格移鄈上〔八〕，洪流圮故宮〔九〕。事同淪泗鼎〔一〇〕，時接墮天弓〔一一〕。古木千章盡，層樓百尺空〔一二〕。地維疑遂絕〔一三〕，皇鑒豈終窮〔一四〕？髣髴神光下〔一五〕，昭回治象通〔一六〕。雄才應有作〔一七〕，灑翰續《秋風》〔一八〕。

【彙校】

　〔以及國朝〕孫校本"國"作"本"。　　〔莊靜〕孫校本"靜"作"靚"。案：此係通假字。

【彙注】

〔一〕漢孝武四句　原注:《漢書·武帝紀》:元鼎四年十一月甲子,立后土祠于汾陰脽上。師古曰:脽者,以其形高起如人尻脽,故以名云。一説此臨汾水之上,地本名䨴,音與葵同。彼鄉人呼葵音如誰,故轉而爲脽焉耳,故《漢舊儀》云葵上。

　　蘧常案:《漢書·郊祀志》:其明年,天子郊雍。曰:今上帝,朕親郊,而后土無祀,則禮不答也。有司與太史令談、祠官寬舒議:后土宜於澤中圜丘。於是天子東幸汾陰。汾陰男子見汾旁有光如絳,上遂立后土祠於汾陰脽上。案:榮河原作滎河。滎爲澤名,在今河南成皋縣境,即《禹貢》所謂"滎波溢爲滎"之"滎"。榮河,今縣名。明屬蒲州,戰國爲魏汾陰邑,漢爲汾陰縣,正漢后土祠所在地。作"滎河"非。兹從潘刻本正。

〔二〕史所云二句　蘧常案:《漢書·武帝紀》:元封四年,幸河東,春三月,祠后土。太初元年十二月,祠后土。二年三月,行幸河東,祠后土。天漢元年,三月,行幸河東,祠后土。

〔三〕其後宣、元、成句　徐注:《方輿紀要》:唐開元十年,幸東都。張説曰:汾陰脽上有漢家后土祠,宜因巡幸脩之,爲農祈穀。從之。明年,祀后土。二十年,復祀焉。又:萬歲宮在汾陰故城内城西北二里,即后土祠,又有大寧宫在今城内東北隅,宋真宗祀汾陰,此其齋宫云。

　　蘧常案:《漢書·宣帝紀》:神爵元年三月,行幸河東,祠后土。四年春二月,詔修興泰一、五帝、后土之祠。五鳳三年三月,行幸河東,祠后土。《元帝紀》:永光五年三月,上幸河東,祠后土。建昭二年三月,行幸河東,祠后土。《成帝紀》:建始元年十二月,作長安南北郊,罷甘泉、汾陰祠。二年春正月,詔曰:迺者徙泰畤、后土於南郊、北郊。永始三年冬十月庚辰,皇太后詔有司復甘泉泰畤、汾陰后土、雍五畤、陳倉陳寶祠。四年三月,行幸河東,祠后土。元延二年三月,行幸河東,祠后土。四年三月,行幸河東,祠后土。綏和二年三月,行幸河東,祠后土。

〔四〕像設句　蘧常案:像設,見前《霍山》詩"象設"注。又莊靜,孫校本作"莊靚"。《漢書·司馬相如傳》:靚莊刻飾。郭璞曰:靚莊,粉白黛綠也。后土,女像,似作"莊靚"是。王先謙《漢書補注》則謂靜同靚。

〔五〕香火句　蘧常案:釋道宣《續高僧傳》:香火梵音。"駢闐"同駢田。張衡《西京賦》:駢田偪仄。薛綜注:聚會之意。

〔六〕大寧宮　蘧常案:見上"其後宣、元、成"句注。

〔七〕王文正句　蘧常案:孫星衍、邢澍《寰宇訪碑録》:山西汾州《祀汾陰碑》,王旦撰,尹熙古行書。大中祥符五年。《宋史·王旦傳》:旦太平興國五年進士及第。真宗朝,拜工部尚書,同中書門下平章事,集賢殿大學士。帝久益信之。天禧初,進太保。卒諡文正。

〔八〕靈格句　蘧常案:郊上,已見序原注。錢大昭《漢書辨疑》:《説文》:郊,河東臨汾地,即漢之所祭后土處,從邑,癸聲。郊正字,脽借用字。酈道元分郊丘與脽爲二,失之。

〔九〕洪流句　蘧常案:序言"距此十五年,爲黃河所齧",則清順治五年也。考《清史稿·世祖本紀》:順治六年五月,免太原、平陽、汾州三府災賦。或即是年河患歟?

〔一〇〕淪泗鼎　蘧常案:見卷三《陳生芳績兩尊人先後即世》詩第二首"五嶽"句注。

〔一一〕墮天弓　蘧常案:見卷一《十月二十日奉先妣葬》詩"先皇"句注。

〔一二〕古木二句　徐注：《三國志·陳登傳》：如小人，欲臥百尺樓上，臥君於地，何但上下牀之間耶！

蘧常案：古木層樓，見序。千章，見前《雨中送申公子》詩"臺駘"句注。

〔一三〕地維句　蘧常案：見前《書女媧廟》詩"三代"句注。案：此痛明之亡。

〔一四〕皇鑒句　徐注：潘岳《西征賦》：皇鑒揆余之忠誠，俄命余以末班。

蘧常案：此於絕望中猶存希望，時去南明之亡已三年矣。

〔一五〕髣髴句　徐注：司馬相如《子虛賦》：若神仙之髣髴。《漢書·武帝紀》：詔祭后土，神光三燭。

〔一六〕昭回句　徐注：《詩》：昭回於天。《周禮·太宰》：縣治象之法於象魏。

〔一七〕雄才句　徐注：《漢書·武帝紀贊》：如武帝之雄才大略。

蘧常案：此望明裔有才如漢武者中興也。

〔一八〕灑翰句　徐注：漢武帝《秋風辭》曰：秋風起兮白雲飛，草木黃落兮雁南歸。蘭有秀兮菊有芳，懷佳人兮不能忘。汎樓船兮濟汾河，橫中流兮揚素波。　段注：杜甫《陳拾遺故宅》詩：到今素壁滑，灑翰銀鉤連。

龍　門

【解題】

徐注：《書·禹貢》"至于龍門西河"注：龍門山，《地志》"在馮翊夏陽縣"，今河中府龍門縣也。《山西通志·圖攷》：龍門在河津縣西北二十五里,即大禹所鑿,一名禹門渡,與陝西韓城梁山並峙。《韓城縣志》:門之成也,《山海經》謂應龍相之,故於門加龍字,蓋歸功於龍也。山有渡,爲龍門渡。

亘地黃河出,開天此一門〔一〕。千秋憑大禹〔二〕,萬里下崑崙〔三〕。入廟焄蒿接〔四〕,臨流想像存〔五〕。無人書壁問〔六〕,倚馬日將昏。

【彙注】

〔一〕亘地二句　徐注:《平陽府志》:河自西北山峽中來,至是山斷河出,兩崖壁立,形如門闕,東西闊八十步,而奔濤巨浪,旦夕沖激,爲天下奇觀。《三才圖會·禹門圖考》:宋熙寧初,李公壽刻石縣學,歌曰:龍門兮天開,河水兮天來。

〔二〕千秋句　蘧常案:《水經注》:此石經始禹鑿,河中漱廣,夾岸崇深,傾崖反捍,巨石臨危,若墜復倚。《魏土地記》曰:龍門山,大禹所鑿,巖際鐫迹,遺功尚存。

〔三〕萬里句　徐注:《爾雅》:河出崑崙虛,色白。《水經》:崑崙墟在西北,去嵩高五萬里,地之中也。

蘧常案:《水經》云云,蓋古人相承之夸言,故酈道元云"《禹本紀》與此同"。《山海經》云"自崑崙至積石一千七百四十里,自積石出隴西郡至洛,準地志可五千餘里",雖亦非確數,較爲近情矣。此曰"萬里",舉成數也。

〔四〕入廟句　徐注:《河津縣志》:山巖建禹廟,有殿閣亭觀碑詠。《禮》:其氣發揚於上爲昭明,焄蒿悽愴,此百物之精也。注:焄,謂香臭也;蒿,氣烝出貌。

〔五〕臨流句　徐注:呂柟《游龍門記》:樓外俛黃流,凌白雲,孤山直對,而雷首、中條,渺渺冥冥,乍見乍没。曹植《洛神賦》:遺情想像。

〔六〕書壁問　原注:王逸《楚辭・天問序》:仰見圖畫,因書其壁,呵而問之。

自大同至西口 四首

【解題】

徐注:《明史》志《地理》山西大同府大同縣注:有孤店、開山、虎峪、白陽等口。

蔣常案:《元譜》:自大同至西口入都。案:西口不屬於大同,徐注似非。

舊府荒城內,頽垣只四門〔一〕。先朝曾駐蹕〔二〕,當日是雄藩〔三〕。綵帛連樓滿,笙歌接巷繁〔四〕。一逢三月火,惟弔國殤魂〔五〕。

【彙校】

〔頽垣句〕徐注本句下有注"即代王府"四字,底本及潘刻本,孫、吳、汪各校本皆無。

【彙注】

〔一〕舊府二句　蔣常案:徐注本,有自注"即代王府"。其語不誤。各本皆無,不知何據。《明史》志《地理二》山西大同府大同注:洪武二十五年三月,建代王府。又《諸王傳》:代簡王桂,太祖十三子。洪武十一年,封豫王,二十五年,改封代,是年就藩大同。崇禎二年,傳至傳㸅。崇禎十七年三月,李自成入大同,闔門遇害。

〔二〕先朝句　徐注:《明史·武宗紀》:十二年十月癸卯,駐蹕順聖川。甲辰,小王子犯陽和,掠應州。丁未,親督諸軍禦之,戰五日,辛亥,寇引去。駐蹕大同。戊子,還至宣府。

〔三〕當日句　徐注:《方輿紀要》:大同府東連上谷,南達并、恒,西界黃河,北控沙漠,居邊隅之要害,爲京師之藩屏。明初,封代藩於此,置大同五衛及陽和五衛、東勝五衛,衛各五千六百人,以屯田戍邊。又設大邊、二邊以爲扞蔽。是時,雲內、豐州,悉爲內地,邊圉寧謐者數十年。後乃多故矣。

〔四〕綵帛二句　徐注:《明史·武宗紀》:十三年春正月丙午,至自宣府,命羣臣具綵帳羊酒郊迎,御帳殿受賀。閻朝隱《九日應制》詩:笙歌接御筵。

　　蘧常案:《明史·武宗紀》所云"至自宣府",謂自宣府至京也,與大同無涉。徐注非。惟至京如此舖張,則至大同,亦可推想耳。

〔五〕一逢二句　徐注:《史記·項羽本紀》:燒秦宮室,火三月不滅。《楚辭·九歌·國殤》:魂魄毅兮爲鬼雄!王逸注:國殤,謂死於國事者。《明史·衛景瑗傳》:十五年春,擢右僉都御史,巡撫大同。十七年正月,李自成將犯山西,宣大總督王繼謨檄大同總兵官姜瓖扼之河上。瓖潛使納款。景瑗不知其變也,邀瓖歃血守,瓖出告人曰:巡撫,秦人也,將應賊矣。代王疑之。瓖犒其下銀,言勵守城將士,代王信之。諸郡王分門守,瓖每門遣卒助守。三月朔,賊抵城下,瓖即射殺永慶王,開門迎賊入。景瑗自墜馬下,據地坐,大呼皇帝而哭。賊不殺,景瑗猝起,以頭觸階石,血淋漓。初六日,自縊於僧寺。

又副使朱家仕盡驅其妻妾子女入井,而己從之,死者十有六人。督儲郎中徐有聲、山陰知縣李倬亦死之。諸生李若蔡一家九人自經,自題其壁曰"一門完節"。

落日林胡夜〔一〕,南風盛樂春〔二〕。地當天北極〔三〕,山是國西鄰〔四〕。冠帶中原隔〔五〕,金繒異域親〔六〕。武靈遺策在,猶可制秦人〔七〕。

【彙注】

〔一〕林胡　蘧常案:見前《霍山》詩"晉卿"三句注。
〔二〕盛樂　原注:宋白《續通典》:唐振武軍、漢定襄郡之盛樂也,在陰山之陽,黃河之北,後魏所都盛樂是也。在唐朔州北三百餘里。
　　　蘧常案:盛樂於明屬歸綏道,置玉林、雲川二衛。於清爲和林格爾直隸廳。今屬内蒙古自治區伊克昭盟,仍名和林格爾。
〔三〕天北極　徐注:《爾雅》:北極謂之北辰。
　　　蘧常案:林胡、盛樂,位大同之北,於明爲極邊,故云。
〔四〕山是句　徐注:《方輿紀要》:大同府有白登山、火山、雷公山、紇真山、武州山、方山、楛栳山、磨兒山、大峨山、爾寒山、和兜山、柞山、彈汗山、蟠羊山、青山、晚霞山、意辛山、七介山、官山、七寶山、箭笴山、夾山、東木根山。《左傳》僖公十五年:西鄰責言。
　　　蘧常案:此句承首二句,則"山"當指胡林、盛樂之山。《明史》志《地理二》山西玉林衛注:東有玉林山。《清史稿·地理志七》"和林格爾"注:東九峰山,西摩天嶺。"國",承上詩,謂代王所在地,當古代國。蓋謂玉林、九峰、摩天諸山,與代國爲西鄰也。徐注以大同四面諸出當之,非。

〔五〕冠帶句　徐注:《史記·匈奴列傳》:冠帶戰國七,而三國邊於匈奴。

〔六〕金繒句　蘧常案:《宋史·食貨志》:外無金繒之遺。《明史·韃靼傳》:虎墩兔者,居插漢兒地,元裔也。數犯遼東,大清兵起,插部乘隙擁衆挾賞,於是薊遼總督文球等以利啗之,俾聯諸部,以捍清兵,給白金四千。明年,爲泰昌元年,加賞至四萬。虎邀索無厭。崇禎元年入犯宣、大塞。總督王象乾奏言,不如撫而用之,與督師袁崇煥議合,因定歲予插金八萬一千兩,以示羈縻。大同巡撫張宗衡上言:插來宣、大,駐新城,去大同僅二百里,三閱月未敢近前。飢餓窮乏,插與我同耳。插恃撫金爲命,兩年不得,資用已竭,食盡馬乏,暴骨成莽,插之望款不啻望歲,而遺之金繒牛羊茶果米穀無算,是我適中其欲也。帝詔無得異同。明年秋,虎復乞增賞,未遂,即縱掠塞外。既而東附。當事者狃於俺答等貢市之便,見插之恣於東也,謂歲捐金錢數十萬,冀苟安旦夕,且覬收之爲用,而卒不得。案:句意謂將金繒以求異域之親,而不知其終不可得,蓋深傷之也。

〔七〕武靈二句　原注:《史記·趙世家》:主父欲從雲中九原直南襲秦。　徐注:《史記·趙世家》:二十四年,肅侯卒,子武靈王立。又自號爲主父。《索隱》曰:名雍。

　　駿骨來蕃種,名茶出富陽〔一〕。年年天馬至,歲歲酪奴忙〔二〕。蹴地秋雲白〔三〕,臨壚早酎香〔四〕。和戎真利國,烽火罷邊防〔五〕。

【彙校】

〔駿骨〕戴藏別鈔本"骨"作"首",曹校本同,皆形近而誤。

【彙注】

〔一〕駿骨二句　徐注:《明史》志《食貨四·茶法》:產茶之地有浙江湖、嚴、衢、紹,商人中引則於應天、宜興、杭州三批驗所。案:《唐書·地理志》,富陽屬杭州。

　　蘧常案:杜甫《畫馬讚》:瞻彼駿骨,實惟龍媒。案:杜用《戰國策·燕策》郭隗語。唯《國策》本以喻賢才,而杜則直謂駿馬。此與杜同。或以任昉《策秀才文》"傾心駿骨"注之,任昉取《國策》原意,與此不合。

〔二〕年年二句　徐注:《明史》志《食貨四·茶法》:番人嗜乳酪,不得茶則困病。故唐、宋以來,行以茶易馬法。而明制尤密,有官茶,有商茶,皆貯邊易馬。犯私茶者與私鹽同罪。設茶馬司於秦、洮、河、雅諸州,山後歸德諸州,西方諸部落,無不以馬售者。行茶之地五千餘里。又製金牌信符,下號降諸番,上號藏內府,以爲契,三歲一遣官合符。其道有二:一出河州,一出碉門。太祖之馭番如此。武宗寵番僧,許西域例外帶私茶,自是茶法遂壞。又:嘉靖十五年,御史劉良卿奏言:律例:私茶出境,與關隘失察者,並凌遲處死。蓋番人恃茶以生,故嚴法以禁之,易馬以酬之,以制番人之死命,壯中國之藩籬,斷匈奴之右臂,非可以常法論也。

　　蘧常案:《漢書·禮樂志·郊祀歌·天馬十》:元狩三年,馬生渥洼水中,作"太一況,天馬下"。太初四年,誅宛王,獲宛馬,作"天馬徠,從西極"。《洛陽伽藍記》:王肅曰:羊比齊、魯大邦,魚比邾、莒小國。惟茗不中,與酪作奴。彭城王謂肅曰:明日顧我,爲卿設邾莒之飧,亦有酪奴。又案:《明史》志《兵四·馬政》,言歷年茶馬交易事尤詳。其言曰:茶馬司,洪武中立於川、陝,聽西番納馬易茶,賜金牌信符,合符交易。上馬茶百二十觔,中馬七十觔,下馬五十觔。以私茶出者罪死,雖勳戚無貨。末年,易馬至萬三千五百餘匹。永樂中,禁稍弛,易馬少,乃命嚴邊關茶禁。正統末,罷金牌,歲遣行人巡察,邊氓冒禁私販者多。弘治間,大學士李東陽言:金牌制廢,私茶盛,有司又屢以敝茶給番族,番人抱憾,往往以羸馬應。宜復金牌之制,嚴收良茶,頗增馬直,則得馬必蕃。及楊一清督理苑馬,遂命并理鹽、茶。一清申舊制,禁私販,種官茶。四年間易馬九千餘匹,而茶尚積四十餘萬觔。正德初,請令巡茶御史兼理馬政,行太僕,苑馬寺官聽其提調。報可。御史翟唐歲收茶七十八萬餘觔,易馬九千有奇。後法復弛。嘉靖初,戶部請揭榜禁私茶,凡引俱南戶部印發。三十年,詔給番族勘合,然初制訖不能復矣。於詩意爲合。"年年至","歲歲忙",蓋傷茶馬舊制不復,徒多擾攘也。

〔三〕蹴地句 徐注:《宋書·劉瑀傳》:一蹴自造青雲,何至與駑馬爭路?

〔四〕臨壚句 原注:《禮記·月令》:孟夏,天子飲酎。注:酎之言醇也,謂重釀之酒也。《楚辭·大招》:四酎并熟。 徐注:《楚辭·九歌》:徜徉壚坂。注:黃黑色土也。

  蘧常案:徐注未確。下云"酎香",原注以重釀釋之,則"壚"當謂酒壚。《史記·司馬相如列傳》"令文君當壚",《漢書》作"盧"。顏師古曰:賣酒之處,累土爲盧,以居酒瓮。四邊隆起,其一面高,形如鍛盧,故名盧耳。王先謙《補注》云:字當作壚。

〔五〕和戎二句 徐注:《左傳》襄公四年:和戎有五利焉。

  蘧常案:此二句,似有所刺,其意若曰:和戎果能利國乎?雖烽火未靖,而遽罷邊防。蓋深刺仇鸞等開馬市誤國,背太祖茶馬之策,所謂正言若反也。《明史》志《食貨五·馬市》云:嘉靖三十年,以總兵仇鸞言,詔於宣府、大同開馬市,俺答旋入寇抄。大同市則寇宣府,宣府市則寇大同,幣未出境,警報隨之。明年,罷大同馬市,宣府猶未絕,抄掠不已。隆慶四年,俺答孫把漢那吉來降,於是封貢互市之議起,而宣、大互市復開,邊境稍靜。然撫賞甚厚,邀求滋甚,司事者復從中乾沒,邊費反過當矣。又志《兵三·馬政》云:嘉靖二十九年,俺答攻古北口,從間道直薄東直門。敵退,大將軍仇鸞力主貢市之議。明年,開馬市於大同。然寇掠如故。又明年,馬市罷。先是,翁萬達之總督宣大也,籌邊事甚悉。請修宣、大邊牆千餘里,烽堠三百六十三所。後以通市故,不復防,遂爲敵毀。上云臨壚酎香,原注引《月令》"天子飲酎",似得緒論,蓋有所諷。此時仇鸞方用事,以大同總兵拜大將軍。或馬市之開,世宗過信,以爲邊事永寧而稱觴乎?故此亦不欲斥言,而以然疑之詞出之。

舊說豐州好〔一〕,於今號板升〔二〕。印鹽和菜滑〔三〕,挏乳入茶凝〔四〕。塞北思脣齒〔五〕,河東問股肱〔六〕。獨餘京雒叟,終日戍樓憑〔七〕。

【彙注】

〔一〕舊說句　原注:《舊唐書·唐休璟傳》:超拜豐州司馬。永淳中,突厥圍豐州,都督崔智辨戰没,朝議欲罷豐州,徙百姓于靈夏。休璟以爲不可,上書曰:豐州控河遏賊,實爲襟帶,自秦、漢以來,列爲郡縣,田疇良美,尤宜耕牧。隋季喪亂,不能堅守,乃遷徙百姓就寧、慶二州,致使戎、羯交侵。乃以靈夏爲邊界。貞觀之末,始募人以實之,西北一隅,方得寧謐。今若廢棄,則河旁之地,復爲賊有;寧夏等州,人不安業,非國家之利也。朝廷從其言,豐州復存。

　　蘧常案:《明史》志《地理二》山西東勝衛注:西北有豐州,元屬大同路,洪武中廢。宣德元年復置,正統中內徙,復廢。

〔二〕於今句　徐注:《明史·外國·韃靼傳》:丘富等在敵招集亡命,居豐州,築城自衛。構宮殿,墾水山,號曰板升,華言屋也。嘉靖三十九年,總兵劉漢興、參將王孟夏等搗豐州,禽斬一百五十人,焚板升略盡。又《李成梁傳》:萬曆十九年,使副將李寧等出鎮夷堡,潛襲板升,殺二百八十人。《方輿紀要》:明嘉靖初,中國叛人逃出邊者,升板築牆,蓋屋以居,號爲板升。

〔三〕印鹽　原注:《唐書·地理志》:豐州九原郡貢印鹽。　徐注:《齊民要術》造花鹽印鹽法:花鹽厚薄光澤似鍾乳,久不接取,即成印鹽,大如豆粒,四方,千百相似而成印鹽。《日知錄》:及游大同,所食皆蕃鹽,堅緻精好。此地利便,非國法之所能禁也。

〔四〕挏乳　原注:《漢書·禮樂志》:給大官挏馬酒。李奇曰:以馬乳爲酒,撞挏乃成也。

〔五〕塞北句　徐注:《明史》志《兵·邊防》:嘉靖十八年,移三邊制府鎮花馬池。是時,俺答諸部強橫,屢深入大同、太原之境,晉陽南北,烽火蕭然。巡撫陳講請以兵六千戍老營堡東界之長峪,請以山西兵守大同。三關形勢,寧武爲中路,莫要於神池;偏頭爲西路,莫要於老營堡;雁門爲東路,莫要於北樓諸口。

　　蘧常案:《左傳》僖公五年:諺所謂輔車相依,脣亡齒寒者，其虞、虢之謂也。案：此句似應引翁萬達"極邊""次邊"之說釋之。《明史》志《兵三·邊防》：翁萬達之總督宣大也，籌邊事甚悉。其言曰：山西保德州河岸，東盡老營堡，凡二百五十四里；西路丫角山迤北而東，歷中北路，抵東路之東陽河鎮口臺，凡六百四十七里；宣府西路西陽河迤東，歷中北路，抵東路之永寧四海冶，凡一千二十三里；皆偪臨巨寇，險在外者，所謂極邊也。老營堡轉南而東，歷寧武、雁門、北樓至平型關盡境，約八百里；又轉南而東，為保定界，歷龍泉、倒馬、紫荊、吳王口、插箭嶺、浮圖峪至沿河口，約一千七十餘里；又東北為順天界，歷高崖、白羊、抵居庸關，約一百八十餘里；皆峻嶺層岡，險在內者，所謂次邊也。敵犯山西必自大同，入紫荊必自宣府。未有不經外邊能入內邊者。乃請修築宣、大邊牆。

〔六〕河東句　徐注：《明史》志《兵·邊防》：正德元年春，總制三邊楊一清請復守東勝，因河為固，東接大同，西屬寧夏，使河套千里沃壤，歸我耕牧，則陝右猶可息肩。上修築定邊營等大事，帝可其奏。旋以忤中官劉瑾罷，所築塞垣僅四十餘里。

　　蘧常案：股肱，見前卷二《太平》詩"股肱郡"注。

〔七〕獨餘二句　徐注：班固《東都賦》：子徒習秦阿房之造天，而不知京雒之有制。《明史》志《邊防》：天順八年，御史陳選言：邊關守臣，因循怠慢，城堡不修，甲仗不利，軍士不操習，甚至富者納月錢而安閒，貧者迫飢寒而逃竄。乞敕諸臣痛革前弊（蘧常案：上文引自《明史·外國·韃靼傳》，徐誤）。嘉案：明自正統十七年也先擁眾從大同入，大同無歲不被寇抄。天順初，有阿羅出者，率屬潛入河套居之，遂逼近西邊。李來與小王子、毛黑孩等先後繼至，擄中國人為鄉導，抄掠無虛時，而邊事以棘。

孟秋朔旦有事於先皇帝欑宮

【解題】

徐注：《謁欑宮文》云：自違陵下，即度太行，遠歷關河，再更寒暑。茲以孟秋之望，重修拜奠之儀。身先旅雁，過絕塞而南飛；跡似流萍，隨百川而東下。感河山之如故，悲灌莽之方深。庶表忱思，伏祈昭鑒。

蘧常案：《元譜》：七月，至昌平，四謁天壽山，奠懷宗欑宮。案：題作"孟秋朔旦有事於欑宮"，而《文集》卷五《謁欑宮文》二則作"茲以孟秋之望，重修拜奠之儀"；同一事也，而朔望兩異，必有一誤，不能定其孰是孰非矣。

秋色上陵坰[一]，新松夾殿青。草深留虎跡，茂陵寶城內獲二虎。山合繞龍形[二]。放犢朝登壠[三]，司香月掃庭[四]。不辭行潦薦，髣髴近惟馨[五]。

【彙校】
〔題〕潘刻本、徐注本無"先皇帝"三字。

【彙注】
〔一〕陵坰　蘧常案：見卷二《恭謁孝陵》詩"郊坰"注。
〔二〕山合句　徐注：《昌平山水記》：陵西南數十里爲京師西山。嘉靖十一年三月，敕金山、玉泉山、七岡山、紅石山、甕山、香峪山皆山陵龍脈所在，毋得造墳建寺，伐石燒灰。
〔三〕放犢句　徐注：馬戴《過野叟居》詩：放犢飲溪泉。《禮》：適墓不登壠。注：壠，冢也。
〔四〕司香　蘧常案：見卷三《恭謁天壽山十三陵》詩"每陵"二

句注。

〔五〕不辭二句　徐注：《左傳》隱公三年：潢汙行潦之水，可薦於鬼神。《書》：明德惟馨。

贈孫徵君奇逢

【解題】

徐注：張《譜》：先生丙午年《送韻譜小帖》：孫徵君名奇逢，字啓泰，容城人，今住輝縣。萬曆庚子舉人，今八十三，河北學者之宗師也。《元譜》：夏峰先生年十七，領鄉薦。嘗參高陽孫承宗督師關門軍事，與左忠毅、魏忠節、周忠介相善。天啓末，三公忤逆奄，相繼逮繫，先生拮据調護，供橐饘。令弟奇彥同鹿監軍善繼子馳書督師求援，督師因上書以邊事請陛見。都人喧傳興兵至闕，逆奄聞之，繞御床泣。督師方抵通州，降旨勒回，諸公遂不免。崇禎丙子，容城被圍，設方略拒守，城賴以全。事聞，特詔褒嘉。寇氛漸逼，移家五峰。順治初，復移家輝縣之夏峰。生平讀書談道，務爲聖賢之學，兩朝徵聘凡十一次，輒堅謝不出。

蘧常案：此詩編於甲辰，《元譜》云：康熙三年甲辰，至河南輝縣，訪孫夏峰先生。然考《孫徵君年譜》"甲辰二月，聞濟上事，余具呈當事，北行"注云：先生故有《甲申大難錄》一編，濟寧州牧李爲授梓，至是以嚴野史之禁，有老蠹首大部，李被逮，遂自請赴部。三月，至中途，聞檢原書特爲表忠，毫無觸忌，釋濟守歸，余遂返。輝令知余歸，復聞之督撫諸公，豫督劉疑之，余復北上。五月，抵里門（案：容城縣北城村），次涿州。聞事寢，因旋車歸北城。七月望日，修祀事。十二月，里門族黨觴余。據此，則是年奇逢於二月離輝縣,三月暫歸,旋又北去,至年終尚留原籍。此詩編於《孟秋朔旦有事於欑》宮詩後,則應爲甲辰秋後事,然是年秋後奇逢尚留容城原籍,何緣於輝縣見之也?此必有誤。孫《譜》云"四年乙巳五月,再抵夏峰",則訪奇逢當在明年五月以後,不當編在本年。詩既誤編於前,譜又誤從於後,不可不正也。

海內人師少[一],中原世運屯[二]。微言垂舊學,懿德本先民[三]。早歲多良友[四],同時盡諍臣[五]。蒼黄悲詔獄[六],慷慨急交親[七]。天啓中,左光斗、魏大中、周順昌三君被逮至京,君爲周旋營救,不辟禍患。黨錮時方解[八],儒林氣始申[九]。明廷來尺一,空谷賁蒲輪。未改幽棲志,聊存不辱身[一〇]。名高懸白日,道大屈黄巾[一一]。衛國容尼父[一二],燕山住子春[一三]。門人持笈滿[一四],郡守式廬頻[一五]。竹柏心彌勁[一六],陶鎔化益醇[一七]。登年幾上壽[一八],樂道即長貧[一九]。尚有傳經日,非無拜老辰。伏生終入漢,綺里只辭秦[二〇]。自媿材能劣,深承意誼真。惟應從卜築,長與講堂鄰[二一]。

【彙校】
〔慷慨句〕句下自注"天啓中"等二十八字,各本皆有,徐注本無。 〔意誼真〕徐注本,吳、汪、曹三校本"誼"作"氣"。

【彙注】
〔一〕海內句　徐注:《荀子》:四海之內爲一家,通達之屬,莫不從學,謂之人師。
〔二〕世運屯　蘧常案:《易·屯卦》:屯如邅如。孔疏:屯是屯難。
〔三〕微言二句　徐注:《論語讖》:子夏六十四人共撰《仲尼微

言》。《孫徵君年譜・答費密書》云：少承家學。《詩》：好是懿德。又：先民有言。

　　蔣常案：《孫徵君年譜》：十九歲，父命從季父成軒公學。注：成軒公醇篤性成，其學得之河東公庭訓（案：河東公爲奇逢之祖，名臣）。先生家學淵源，蓋本諸此。又"二十二歲"注：居喪一意讀禮，設苫席，長枕大被，四昆合寢，如是者六年，終始如一。"三十九歲"注："高陽孫閣部承宗督師，鹿公伯順從，約先生過塞上。高陽公欲留之，先生急歸。後高陽公序《孝友堂家乘》有云：尹吉甫中興，乃歸功於張仲孝友。其推重先生如此。

〔四〕早歲句　蔣常案：湯斌等《孫徵君年譜》：萬曆二十五年丁酉，十四歲。與鹿伯順論交（注：鹿公諱善繼，家定興之江村，距先生所居三十里，相過論交）。二十七歲，居母憂，廬墓。邑學博謝慕劭嘗過廬居論學（注：謝名夢豹，廣東人。正身率士，著《脩齋錄》）。二十八歲，秋，寓京師，館兵部郎杜友白家（注：友白名詩，山東人。慕先生爲人，以其子受學）。二十九歲，晤曹貞子先生，舉仁體以告（注：貞子，名于汴。山西安邑人。以正學自任。語先生仁體，反覆發明。先生言下恍然，覺此心與天地萬物相通）。三十歲，下第，仍寓京師，居停牛俊臣家（注：俊臣，字仰泉。任俠好客，重先生品行，願假館。一時正人，皆與之遊）。與周景文論交（注：伯順是年舉進士。景文，名順昌，其同年友也。因伯順與先生友）。同伯順讀王文成公《傳習錄》（注：先生初守程朱，鹿先生每舉姚江語，先生因讀《傳習錄》知行合一，躍然有得，自是寢食其中焉）。三十一歲，在京師。周縣貞時過邸舍（注：縣貞，名起元，江西人）。三十四歲，歸容城（注：先生居京師者六年，皆鹿伯順、范一泉兩先生爲之左右。先生嘗云：余生平稍知自勵，即服膺伯順與一泉先生(案：范一泉當即范懷泱)。三十五歲,冬,同楊太僕讀書西張寺(注：楊名茂,定興人)。三十七歲,魏廓園出使江右,訪余北城,定交楊忠愍祠(注：嘉善魏公名大中)。三十八歲,左浮丘督學畿輔,晤於別墅(注：左公,名光斗,桐城人)。霍舫《孫徵君年譜序》：初交鹿伯順,即力任聖學；一見曹貞子,即悅然仁體。又九十歲,爲《懷友詩》(注：自序云：余生平藉良友提撕之益)。

〔五〕同時句　徐注：《孝經》："天子有爭臣"注：爭,謂諫也,一作諍。

蘧常案：此句承上句,謂良友中多諍臣也。蓋指左光斗、魏大中、周起元、周順昌諸人,啓下"蒼黃"二句。《明史·左光斗傳》：光宗崩,李選侍據乾清宮,迫皇長子封皇后。光斗上言：將借撫養之名,行專制之實。武氏之禍,再見於今。選侍大怒,熹宗心以爲善,趣擇日移宮。當是時,宮府危疑,人情洶懼,光斗與楊漣協心建議,排閹奴,扶沖主。宸極獲安,兩人力爲多。由是朝野並稱楊、左。是時韓爌、趙南星、高攀龍、楊漣、鄭三俊、李邦華、魏大中諸人咸居要地,光斗與相得,務爲危言覈論,甄別流品。正人咸賴之,而忌者浸不相容。又《魏大中傳》：偕同官周朝瑞等兩疏劾大學士沈㴶,語侵魏進忠、客氏。及議紅丸事(案：見卷三贈《潘節士櫟章》詩"三案"四句注),力請誅方從哲、崔文昇、李可灼等,持論峻切,大爲邪黨所仄目。未幾,楊漣疏劾忠賢。大中亦率同官上言：忠賢、客氏一日不去,恐禁廷左右悉忠賢、客氏之人,非陛下之人。陛下真孤立於上耳。忠賢大怒。又《周起元傳》：擢右僉都御史,巡撫蘇、松十府,織造中官李實素貪橫,恣誅求。蘇州同知楊姜署府事,實惡其不屈劾之。起元至,即爲辯冤,且上去蠹七事,語多侵實。魏忠賢庇實,取嚴旨責起元,起元益頌姜廉謹,詆實誣毀。忠賢大怒。又《周順昌傳》:順昌爲人剛方貞介,疾惡如讎。巡撫周起元忤忠賢削籍,順昌爲文送之,指斥無所諱。魏大中被逮,道吳門,順昌出餞,與同卧起者三日。旗尉趣行,順昌瞋目曰:若不知世間有不畏死男子耶?歸語忠賢:我,故吏部郎周順昌也。因戟指呼忠賢名,罵不絕口。案:順昌雖不見有諍諫事,然與左、魏諸人同禍,故亦出之。

〔六〕蒼黃句　蘧常案:《漢書·王商傳》:召商詣若盧詔獄。《明史·熹宗本紀》:天啓四年六月癸未,左副都御史楊漣劾魏忠賢二十四大罪,南北諸臣論忠賢者相繼,皆不納。冬十月,削吏部侍郎陳于廷、副都御史楊漣、僉都御史左光斗籍。十二月辛巳,逮內閣中書汪文言下鎮撫司獄,五年三月丁丑,讞汪文言獄,逮楊漣、左光斗、袁化中、魏大中、周朝瑞、顧大章,削尚書趙南星籍。未幾,漣等逮至,下鎮撫司獄,相繼死獄中。六年二月戊戌,以蘇、杭織造太監李實奏,逮前應天巡撫周起元,吏部主事周順昌、左都御史高攀龍、諭德繆昌期、御史李應昇、周宗建、黃尊素。攀龍赴水死,起元等下鎮撫司獄,相繼死獄中。

〔七〕慷慨句　徐注:《先正事略》:左公弟光明、魏公子學洢,皆主鹿氏。鹿忠節公之父正,世所稱鹿太公也,與先生及新城張果中各出身營救。謀設匭建表於門曰:"願輸金救左督學者,聽。"於是投匭者雲集,得金數千,齎入都而左、魏已先斃獄中。明年,忠介公逮至,擬贓五千,先生復爲營畫,得金數百,而忠介復斃獄矣。乃皆經紀其喪,且按籍還金。時邏校嚴急,士大夫觸手糜爛,容城去京師不二百里,舉旛擊鼓,衆皆爲先生危。而忠賢左右,皆近畿人,夙重先生質行,或陰爲之地,以故卒免禍。左、魏遺骨藉以歸。海內有范陽三烈士之稱，謂先生及正、果中也。《孫徵君年譜》：天啓乙丑，先生四十二歲。左浮丘、魏廓園相繼逮下鎮撫司。注：左、魏兩君被逮，魏長君學洢先至，有緹縈上書之志，周文選順昌亦遣使護學洢。時鹿先生以職方贊孫閣部於山海，先生與鹿太公毅然爲之保護。凡脱禍而解厄者，不獨破家不恤，亦且身命不顧。左、魏諸公子弟僕從，以兩先生爲歸矣。左、魏既下錦衣獄，左擬贓三萬，魏五千，立限嚴比。鹿太公與先生率同志者力爲區處，炎蒸策蹇，釀得三百金付魏，使持北上，隨聞廓園公斃杖下二日矣。又瑎難作，左僉都有書遺先生與鹿化麟云：二公道義之雅，須得一人親詣闕門。知秦庭之哭，不同於泛泛。翌日，化麟與先生之弟啓美遂東行。先生《上高陽書》略云：左、魏諸君子，清風大節，必不染指，以庇罪人，此何待言。獨以善類之宗，功臣之首，横被奇冤，自非有胸無心，誰不扼腕？維桑與梓，固浮丘舊履地也。遺愛在人，不止門牆之士興歌《黄鳥》。昔盧次楩一莽男子耳！謝茂秦以眇布衣爲行哭於燕市，曰：諸君子不生爲盧生地，乃從千載下哀湘而弔賈乎？李獻吉在獄，何仲默致書楊邃菴，求爲援手。康德涵義急同調，至不自愛其名。浮丘、廓園之品，固當直踞獻吉，何次楩敢望！恨某等一介書生，無由哭訴，尚負慚於茂秦。閣下功德前無，邃菴憐才扶世之感，諒亦有激於中，稍一斡旋，且有出德涵上者。況兩君子以道義臭味之雅，受知於閣下最深且久，閣下豈無意乎？孫公見書，隨具疏爲闕門事欲請入觀面奏機宜。又魏給事既死，左僉都之追比正嚴。先生與鹿太公計，僉都舊爲屯田使，曾以十三場籽粒，爲定興開永賴之利；又爲學使者簡拔高等，悉知名士。因與鄉民約，凡十三場籽粒地，畝捐一錢，便可得數十萬緡；與青衿約，各隨心力捐輸。數日之内，義集數百金。張果中、王拱極接替馳送，甫至而斂都亦斃杖下矣。時道路訌傳，宦官有指而目之者曰：爲左家斂銀若干。衆皆危語勸止，太公曰：不知命，無以爲君子。老夫固籌之熟矣。先生曰：拚此一路，便無不可爲之事。今日無不盡心，免得異日生悔。又周文選被逮，亦坐贓五千。周貧不減於魏，太公與先生移貸百餘金。又張希皋八十，羅萬象五十，茅元儀三十，王永吉二十，皆義助也。伯順復函范質公，亦得二百。先生令季弟啓美率鹿僕送京師，周公又斃杖下矣。

〔八〕黨錮句　徐注：《後漢書・黨錮列傳》：凡黨事始自甘陵、汝南，成於李膺、張儉。海內塗炭二十餘年，諸所蔓衍皆天下善士。中平元年，黃巾賊起，中常侍呂彊言於帝曰：黨錮久積，人情多怨。又：黨錮自從祖已下，皆得解釋。

　　蘧常案：《明史・宦官二・魏忠賢傳》：用崔呈秀爲御史，呈秀乃造《天鑒》、《同志》諸錄，王紹徽亦造《點將錄》，皆以鄒元標、顧憲成、葉向高、劉一燝等爲魁，盡羅入不附忠賢者，號曰東林黨人，獻於忠賢，忠賢喜。於是羣小益求媚忠賢，攘臂攻東林，欲藉忠賢力，傾諸正人，遂相率歸忠賢，稱義兒，且云東林將害翁，以故忠賢欲甘心焉。從霍維華言，命顧秉謙等修《三朝要典》，極意詆諸黨人惡。御史盧承欽又請立東林黨碑，海內皆屏息喪氣。又《莊烈帝紀》：即皇帝位，大赦天下。十一月甲子，安置魏忠賢於鳳陽。己巳，魏忠賢縊死。癸酉，免天啓時逮死諸臣贓，釋其家屬。崇禎元年正月丙戌，戮魏忠賢及其黨崔呈秀尸。三月乙酉，卹冤陷諸臣。五月庚午，燬《三朝要典》。

〔九〕儒林句　蘧常案：《史記・太史公自序》：自孔子卒，京師莫崇庠序，唯建元、元狩之間，文辭粲如也，作《儒林列傳》。《正義》：姚承云：儒，謂博士，爲儒雅之林。綜理古文，宣明舊藝,咸勸儒者,以成王化者也。《明史·宦官二·魏忠賢傳》:崇禎二年,命大學士韓爌等定逆案,始盡逐忠賢黨,東林諸人復進用。

〔一〇〕明廷四句　徐注:《詩》:在彼空谷。《前漢書·儒林傳》:於是上使使束帛加璧,安車,以蒲裹輪,駕駟,迎申公。弟子二人,乘軺傳從。杜甫《寄李十二白》詩:未負幽棲志,兼全寵辱身。《先正事略》:先生義聲震一世,御史王宗昌、給事中王正志交薦之。屢徵不起。崇禎九年,大清兵薄容城。先生率兄弟族黨與有司薦紳分城守禦,先生獨領西北隅。雉堞久圮,兵突至,隨禦隨築。鄰邑多陷而容城獨完。巡撫張其平上其事,詔優秩擢用。會南都兵部尚書范景文亦以贊畫軍務聘,先生俱辭之。《孫徵君年譜》:國初,先生被薦,嚴催就道,部郎胡廷佐向輦下大列曰:堯、舜在上,下有巢、由;我輩浮沈仕路,使孫公幽棲長林豐草間,是亦聖朝寬大美事也。可稱先生知己。又徵君《致魏裔介書》:無使虧體辱親,抱千古之恨。又《遺像自贊》:長知立身,頗愛廉恥;骨脆膽薄,不慕榮仕。　段注:《史記·封禪書》:黃帝接萬靈明廷。

蘧常案:尺一,見卷一《聞詔》詩"殊方"句注。《詩·小雅·白駒》:賁然來思。毛傳:賁,飾也。《詩集傳》:賁然,或以爲來之疾也。案:"明廷"二句,承上"黨錮"二句,當指明時事。徐注以清廷強徵與明之擢用並舉,非。先生未嘗以正統予清,安有與明同稱明廷,同稱尺一之詔耶?

〔一一〕道大句　徐注:《先正事略》:時畿內盜賊數駭,先生率子弟門人入易州五公山,結茅雙峰,戚族相依者數百家。乃飭戎器,待糗糧,部署守禦;又以其暇賦詩習禮,絃歌聲相聞,盜賊皆屏跡。時以方田子春之在無終山焉。

蘧常案:《史記·孔子世家》:顏回曰:夫子之道至大。

黃巾，見卷三《不其山》詩"爲問"二句注。

〔一二〕衛國句　蘧常案：《史記·孔子世家》：孔子適衛，主於子路妻兄顏濁鄒家。衛靈公問孔子居魯得祿幾何。對曰：奉粟六萬。衛人亦致粟六萬。尼父，見卷三《贈潘節士櫸章》詩"同文"四句注。案：此句似謂清廷容其不仕。胡廷佐請於諸大列，所謂"使孫公得遂其志于長林豐草間，是亦聖朝寬大美事也"。

〔一三〕燕山句　徐注：茅元儀《掃盟餘話序》：戊寅，率其宗族鄉黨入雙峰。及兵入，從之者數縣，累數千百人，多衣冠禮樂之士。所以整齊而約束之者，一如子春。

　　蘧常案：燕山子春，見卷三《玉田道中》詩"豈有"二句注。

〔一四〕門人句　蘧常案：《論語·述而》：門人惑。《史記·蘇秦列傳》：負笈從師。釋玄應《一切經音義》引《風土記》：笈，謂學士所以負書箱，如冠箱而卑者也。

〔一五〕郡守句　徐注：《先正事略》：晚歲渡河，慕蘇門百泉之勝，且爲康節、魯齋講學地，部郎馬光裕奉以夏峰田廬，遂移家。築堂曰兼山，講《易》其中，率子弟躬耕。四方來學願留者，亦授田使耕，所居成聚。公卿持使節過衛源，輒屛騶從，以一見先生爲快。

　　蘧常案：《呂氏春秋》：段干木者，魏文侯敬之，過其廬而軾之。《詩·大雅·韓奕》疏：軾者，兩較之間，有橫木可憑者也。同式。梅賾《書》"式商容閭"疏：式，車上之橫木。男子立乘，有所敬，則俯而憑式，遂以式爲敬名。

〔一六〕竹柏句　徐注：顏延之《陽給事》詩：如彼竹柏，負雪懷霜。《先正事略》：國朝順治初，以國子監祭酒徵，有司敦促，卒固辭。兵部侍郎劉餘祐、巡按御史柳寅東、陳蕿交章薦，皆堅臥不應。自有明及本朝，前後十一徵，不起。

〔一七〕陶鎔句　徐注：《漢書·董仲舒傳》：夫上之化下，下之從上，猶金之在鎔。

蘧常案：方苞《孫徵君傳》：有問學者，隨其高下淺深，必開以性之所近，使自力於庸行。上自公卿大夫及野人牧豎，工商隸圉，武夫悍卒，一以誠意接之，用此名在天下而人無忌嫉者。山中花放，鄰村爭置酒相邀，咸知愛敬。

〔一八〕登年句　蘧常案：《莊子·盜跖》篇：上壽百歲，中壽八十，下壽六十。案：此詩如爲乙巳所作，則奇逢爲八十二歲，已逾中壽，故曰"幾上壽"也。

〔一九〕樂道句　徐注：《孫徵君年譜》：嘗至饘粥不給，而守貧彌堅。又：先生語餘佑諸子曰：余年五十，始識一"貧"字，正賴有同志者實履其境而深咀其味。

蘧常案：孫《譜》注：先生謂御衆諸子曰：素貧賤，行乎貧賤，此是我輩今日第一緊要語。聖人不去非道之貧賤，況今日乃道中之貧賤乎？第貧賤實有不堪之憂，苦心志，勞筋骨，餓體膚，俱不必言；至拂亂所爲，英雄豪傑，幾不能自主，此而不移也誠難矣。然動心忍性，增益不能者，却在此時。孔子曰：志士不忘在溝壑。孟子曰：貧賤不能移。此是聖賢豪傑的底本。

〔二〇〕尚有四句　徐注：《後漢書·明帝紀贊》：臨雍拜老。《漢書·王貢兩龔鮑傳序》：漢興，有東園公、綺里季、夏黃公、甪里先生，此四人者，當秦之世，避而入商雒深山，以待天下定也。

蘧常案："尚有"句與下"伏生"句，"非無"句與下"綺里"句，交錯相應。謂奇逢尚有傳經之日，如伏生入漢，得教魯、齊；非無拜老之辰，如綺里辭秦，爲漢羽翼也。《史記·儒林列傳》：伏生者，濟南人也。故爲秦博士。孝文帝時，欲求能治《尚書》者，天下無有。乃聞伏生能治，欲召之。是時伏生老不能行，於是乃詔太常，使掌故朝錯往受之。秦時焚書，伏生壁藏，其後兵大起，流亡。漢定，求其書，獨得二十九篇，即以教於齊、魯之間，學者由是頗能言《尚書》。《高士傳·四皓傳》：始皇時，見秦政虐，乃退入藍田山而作歌曰：莫莫高山，深谷逶迤。曄曄紫芝，可以療飢。唐、虞世遠，吾將何歸？駟馬高蓋，其憂甚大。富貴之畏人，不如貧賤之肆志。乃共入商雒，隱地肺山，以待天下定。《史記·留侯世家》：上欲廢太子，呂后恐，乃使呂澤劫留侯。留侯曰：上有不能致者，天下有四人，年老矣，皆以爲上侮慢人，故逃匿山中。然上高此四人。今公誠能令太子爲書，卑辭安車，使辯士固請，宜來。來，以爲客，時時從入朝。上知此四人賢，則一助也。於是呂后使人奉太子書，卑辭厚禮，迎此四人。陝西商州商雒山，相傳高后使高車駟馬以迎四皓處。此蓋以秦喻清，以漢喻明之復興也。

〔二一〕講堂　徐注：《孫徵君年譜》：壬辰，六十九歲，春，衛河使馬玉筍以夏峰田廬見贈，爲諸子躬耕之地，先令韻雅督治。注：玉筍，名光裕，山西安邑人。十月，移居夏峰。七十三歲，九月，題夏峰草堂曰兼山堂。又：諸子立會孟城，月兩會文。每會，問先儒學術異同，或禮制祠祀錢穀之事，使自爲條議以質之。又：七十八歲，五月，寧國吳生訪余夏峰，集諸友於孟城，爲講習之會。注：每月以十六日爲期，同人遠邇畢至。

酬程工部先貞　旃蒙大荒落

【解題】

徐注：康熙四年乙巳。《元譜》：先貞，字正夫，德州人。明工部侍郎紹孫,以祖廕歷官工部員外郎。《濟南府志》:工部告病歸,家居二十年,以扶風教崇簡樸相勗勉。里中節義之事,搜采成帙。年六十七,豫置一棺,題曰休息庵。所著有《燕山游稿》、《葸庵詩草》若干卷。張《譜》:《復社姓氏》,先貞名列德州第一。　戴注:亂後隱居,著有《海右陳人集》。　冒云:先生是年五十三。

　　蘧常案:是年海上鄭氏稱永曆十九年,公元一六六五年。吳《譜》引《山左詩鈔小傳》云:分其才具,足了十人。年甫及強,遽長揖歸。泂輞川之上客,花溪之好友也。《清詩紀事》:先貞,通判泰子,官工部員外郎。順治三年告終養。《自題小像·第三像》云:乙酉(案:順治二年)北謁,賜蟒衣一襲。濫江干之役,腰橫玉具,行色匆匆。據此,知清師南下,先貞亦在行間,所以招錢謙益也。謙益于崇禎十年被逮,勾留德州者匝月,主先貞家。《有學集》中"何處東樓好"詩,即爲先貞父子作。大約先貞不斤斤于細節,亦不榮於一官,父子皆好事,艱難之際,可以依倚。故顧炎武過德州,亦主先貞。集中相贈詩多至數四,必有相喻於無言者,不只以講《易》投契也。又案:《元譜》謂先貞以祖廕歷官工部,《清詩紀事》謂以順治三年告終養,則曾降清,以原官用,且曾腰玉爲清效奔走。雖爲時甚暫,而大節終虧。《紀事》以爲細節,過已!先生以揩拄正氣爲己任,而相契之深如此,尤過於史可程,同一不可解者也。

　　縣上耕山日[一],青門灌圃時[二]。懷人初有歎[三],裂素便成辭[四]。一雁陵秋闊,雙魚入水遲。任城樓突兀[五],大野澤參差[六]。物象今來異,天心此際疑[七]。風沙春氣亂[八],彗孛夜芒垂[九]。見魅當郊舞[一○],聞人叫廟譆[一一]。頻翻坤軸動[一二],乍鬭日輪虧[一三]。水竭愁魚鼈[一四],山空困鹿麋[一五]。傷心猶賦斂,舉目盡流離[一六]。

旅計真無奈〔一七〕,朋歡可更追〔一八〕？秋吟酬鮑照〔一九〕,日飲對袁絲〔二〇〕。蚕急當軒響〔二一〕,花繁繞砌枝。朱絃彌唱古,《白雪》每誇奇〔二二〕。劍術人誰學？琴心爾共知〔二三〕。三年嗟契闊,隻羽倦差池〔二四〕。尚媿劬勞憶〔二五〕,來詩云:"看君行邁劬勞甚。"還添老大悲〔二六〕。幾闚尼父室〔二七〕,獨近董生帷〔二八〕。相傳德州有董子讀書臺。器忝南金許〔二九〕,文承繡段詒〔三〇〕。清風來彩筆〔三一〕,疏韻落芳卮〔三二〕。西蜀《玄》方草〔三三〕,東周夢未衰〔三四〕。會須陪燕笑,重和鄹中詩〔三五〕。

【彙校】
〔陵秋闈〕孫校本"陵"作"凌"。

【彙注】
〔一〕緜上句　蔣常案：《左傳》僖公二十四年：介之推隱而死。晉侯求之弗獲,以緜上爲之田。

〔二〕青門句　徐注：先生《歷代帝王宅京記》：長安城東出南頭第一門曰霸城門,民見門色青,名曰青城門,或曰青門。

　　蔣常案：灌園,見卷二《江上》詩第二首"抱甕"注。案：此二句蓋自謂。考年譜,前二年至太原,由汾州出潼關,遊西嶽,至西安。緜上在介休,明、清皆屬汾州府。青門,西安古城門名。遊蹤在與先貞契闊三年之中,故詩云云。

〔三〕懷人　蔣常案：見卷二《懷人》詩題注。

〔四〕裂素句　徐注：班婕妤《怨歌行》：新裂齊紈素,皎絜如霜雪。

〔五〕任城句　徐注：《後漢書·郡國志》：章帝元和元年,分東平爲任城。注：任城本任國。沈先有《任城李白酒樓碑記》。

　　蔣常案：《明史》志《地理二》：山東兗州府濟寧州,太祖吴元年爲濟寧府，十八年降爲州，以州治任城縣省入。《明一統志》：李白酒樓，在濟寧州南城上。唐李白客任城時，縣令賀知章觴之於此。今樓與當時碑刻俱存。案：知章未嘗爲任城令。《太平廣記》謂：任城酒樓，爲李白自搆。似皆附會。

〔六〕大野句　徐注：《書》：大野既豬。《周禮·職方氏》：河東曰兗州，其澤藪曰大野。

蘧常案：《爾雅·釋地》：魯有大野。邢昺疏：大野澤在鉅野縣北。鉅者，大也。由其旁有大野澤，故名。《明史》志《地理二》山東兗州府鉅野注：東有鉅野澤，元末爲黃河所決，遂涸。

〔七〕物象二句　蘧常案："物象""天心"，指下風沙、彗孛、魃舞、人譆、坤動、日虧、水竭、山空而言。

〔八〕風沙句　徐注：《東華錄》：康熙二年四月二十二日未刻，遼陽殺布台有黑風從南而東，摧民房四百三十餘間，斃男婦五百餘口。

蘧常案：此當謂大風沙在春令，然於史無徵。徐注未確，姑存之。

〔九〕彗孛句　徐注：《漢書·天文志》：彗孛飛流，日月薄蝕。《東華錄》：康熙三年十月彗星見翼宿，度指西北方。十一月，彗星犯井宿。丙午，彗星犯胃宿，尾指東宿。十二月壬戌，彗星在奎宿，度形漸小。甲戌，金星生白氣，長三丈。四年二月，彗星見女度。乙酉，彗星見壁度。己丑，入奎宿。下詔肆赦。

蘧常案：《公羊傳》昭公十七年：孛者何，彗星也。《漢書·孝文紀》文穎注：孛、彗，形象小異。孛星光芒短，其光四出，蓬蓬孛孛也；彗星光芒長，參參如埽彗。

〔一〇〕見魃句　徐注：《詩》：旱魃爲虐。傳：魃，旱神也。

蘧常案：《山海經》：大荒之中，有山名不句，有黃帝女妭,本天女也,黄帝下之殺蚩尤,不得復上,所居不雨。陳奐《詩毛氏傳疏》:妭與魃同。古者求雨以女巫,其即祓除女魃之意歟?案:《山海經》所云,即古旱神之傳説,《詩》孔疏引《神異經》,尤荒誕,不取。《清史稿·災異志四》:康熙四年春,朝城、城武、恩縣、堂邑、夏津、萊州、東明、靈壽、武邑大旱。高密自三月至次年四月不雨,大旱。夏,登州府屬大旱。七月,文水、平定、壽陽、孟縣、代州、蒲縣旱。八月,兗州濟寧州旱。

〔一一〕聞人句　徐注:《左傳》襄公三十年:或叫於宋太廟,譆譆出出。

〔一二〕頻翻句　徐注:張嘉貞《恒山碑銘》:下捺坤軸元神之都府。

　　　蘧常案:《清史稿·災異志五》:康熙四年二月初四日,平陰地震。三月初二日,京師地震,有聲。初四日,景州地震。四月十五日,灤州、東安、昌平、順義地震二次,房垣皆傾。七月十五日,大城地震。

〔一三〕乍鬭句　原注:《淮南子》:麒麟鬭而日月食。

　　　蘧常案:日輪,見卷二《元日》詩"日出"句注。《清史稿·天文志十二》:康熙三年十二月戊午朔申時,日食九分弱,次於南斗。

〔一四〕水竭句　徐注:《禮記》:水煩則魚鼈不大。

〔一五〕山空句　徐注:《楚辭·遠遊》:山蕭條而無獸兮。

〔一六〕傷心二句　蘧常案:李因篤《舊年寧人以無安繫濟南余馳往視之承贈行三十韻今春相見奉答前詩》詩:水旱憂兼最,誅求慘自鳴。注:道多流亡。

〔一七〕旅計　徐注:劉基詩:風波無定時,羈旅難爲計。

〔一八〕朋歡句　徐注:杜甫《九日登梓州城》詩:追歡筋力異。

蔣常案：下八句皆追憶朋歡事。

〔一九〕秋吟句　原注：宋鮑照有《園中秋散》詩。

蔣常案：《宋書》：鮑照，字明遠，東海人。文辭贍逸。世祖時為中書舍人。上好為文章，自謂物不能及，照悟其旨，為文多鄙言累句。當時咸謂照才盡，實不然也。臨海王子頊為荆州，照為前軍行參軍，掌書記之任。子頊敗，為亂兵所殺。又案：《同志贈言》程先貞《再次酬亭林先生》詩云：小院空堂聚舊朋，一簾秋氣冷於冰。幽人自比陶彭澤，詩客渾如杜少陵。當亦謂此時酬唱事。

〔二〇〕日飲句　原注：《史記·袁盎傳》：盎兄子種謂盎曰：南方卑濕。君能日飲，毋苟。

蔣常案：《史記·袁盎列傳》：袁盎者，楚人也。字絲。文帝即位，為中郎。常引大體，忼慨。以數直諫，不得久居中，調隴西都尉，遷吳相。盎素不好鼂錯，景帝即位，鼂錯為御史大夫，使吏按盎，抵罪，赦為庶人。吳、楚反聞，上召見，盎具言吳所以反狀，以錯故，獨急斬錯以謝吳。錯既誅，吳、楚已破，為楚相。病免。帝時時使人問籌策。梁王欲求為嗣，盎進說。梁王怨盎，使人刺殺盎。

〔二一〕蛬急句　徐注：《爾雅·釋蟲》"蟋蟀、蛬"郭注：今促織也。

蔣常案：陸璣《毛詩鳥獸草木蟲魚疏》：蛬，幽州人謂之趨織。里語曰"趨織鳴，嬾婦驚"是也。

〔二二〕朱絃二句　徐注：《禮·樂記》：清廟之瑟，朱弦而疏越。宋玉《對楚王問》：其為《陽春》、《白雪》。先生《程正夫詩序》：余過德州，工部正夫程君出其所作。於其州之自國初以來士大夫二十一人，合為一章，而序之曰《先賢詩》；於其高祖以下四公，各為一章，而序之曰《程氏先賢詩》。是諸君子者，行誼不同，而無不明於出處取與之分，有古賢人之遺焉。工部之爲是作也,其亦所謂景行行止者乎?《漁洋詩話》:正夫有《海右陳人集》,才情不及盧德水而深隱過之。如《豐侯歌》、《葛巴剌椀歌》、《火蓮行》,皆有逸氣。

〔二三〕劍術二句　徐注:《史記·刺客列傳》:魯句踐已聞荊軻之刺秦王,私曰:嗟乎,惜哉其不講於刺劍之術也!《漢書·司馬相如傳》:相如以琴心挑之。

　　蘧常案:先貞答詩有云"匣中孤劍起寒稜",又酬詩有云"琵琶哀響撥稜稜",疑與此"劍術""琴心"有關,然已不能考其本事矣。

〔二四〕三年二句　徐注:《詩》:死生契闊。又:差池其羽。

〔二五〕尚愧句　蘧常案:先貞來詩不見《同志贈言》。此詩上云"三年甘契闊";此三年中,初往來秦、晉,繼又入京而豫而齊,跋涉四省,故曰"尚愧劬勞憶"也。

〔二六〕老大悲　徐注:古詩《長歌行》:老大徒傷悲。

〔二七〕幾闕句　蘧常案:《論語·先進》:子曰:由也升堂矣,未入於室也。朱熹注:升堂入室,喻入道之次第。

〔二八〕董生帷　蘧常案:《漢書·董仲舒傳》:董仲舒,廣川人也。以治《春秋》,孝景時爲博士。下帷講誦,弟子傳以久次相授業,或莫見其面。蓋三年不窺園,其精如此。武帝即位,以賢良對策,天子以爲江都相。中廢爲中大夫。相膠西王,病免。凡相兩國,輒事驕王,正身以率下,所居而治。以壽終於家。

〔二九〕器忝句　徐注:《晉書·薛兼傳》:兼清素有器宇。少與紀瞻、閔鴻、顧榮、賀循齊名,號爲五雋。初入洛,司空張華見而奇之,曰:皆南金也。

〔三〇〕繡段詒　徐注:張衡《四愁詩》:美人贈我錦繡段,何以報之青玉案。

〔三一〕彩筆　蘧常案:見卷一《帝京篇》"小臣"句注。

〔三二〕疏韻句　徐注：白居易詩：風竹含疏韻。劉筠詩：幾人河朔飲芳卮？

〔三三〕西蜀句　徐注：《漢書·揚雄傳》：蜀郡成都人。少好學。董賢用事，附離之者，或起家至二千石，雄時方草《太玄》，有以自守，泊如也。又《贊》：雄以爲經莫大於《易》，故作《太玄》。鉅鹿侯芭常從雄居，受其《太玄》、《法言》焉。

〔三四〕東周句　徐注：《論語》：吾其爲東周乎？又：甚矣，吾衰也！久矣，吾不復夢見周公。

〔三五〕會須二句　徐注：《詩》：燕笑語兮。

　　蘧常案：謝靈運有《擬太子鄴中集》詩，江淹有擬魏文帝丕《遊宴》、陳思王植《贈友》、劉文學楨《感遇》、王侍中粲《懷德》諸詩。其他袁淑有《效曹子建樂府白馬篇》，鮑照有《學劉公幹體》，皆所謂和鄴中詩也。《同志贈言》程先貞《謝亭林先生爲予序詩》詩有云"詩章頻和似松陵"，或謂是歟？然詩皆無考。至《謝序》詩二首及《用謝序詩原韻酬答》二首，則在二年後，似不能當之也。

顧亭林詩集彙注卷五

王蘧常　輯注
吳丕績　標校

寄劉處士大來 已下柔兆敦牂

【解題】

徐注：康熙五年丙午。《元譜》：處士無考，玩詩中云云，蓋山左人而嘗客代州牧幕者。案：《同志贈言》李因篤《奉答前詩》"俳徊違魯賻"自注"劉六如新故，未能往弔"，未知即其人否？　冒云：先生是年年五十四。

蘧常案：是年海上鄭氏稱永曆二十年，公元一六六六年。"六如"應作"六茹"。吴懷清《李天生年譜》云：六茹名大來。考李因篤《受祺堂詩集·贈劉大六茹》詩注：劉有詩：再三問姓名，但道籍兖州。又《存没口號》第三十首注：濟寧劉高士諱大來。則可知其爲山東兖州濟寧州人。《贈劉大六茹》詩有"髯客擔簦至，酒酣拔吴鈎。綈衣走大雪，掉臂凌王侯。避人啓竹策，蝌蚪文相樛。自云兖州籍，無乃滄海流"云云，可想見其爲人。據此詩，則曾爲涇固道陳上年上客。又《受祺堂詩集》(彊圉協洽)有《安邑過趙大令講村並問六茹起居》詩，中有云：聞君頗洽青藜客，不必膺門峻似龍。彊圉協洽，爲康熙六年。趙講村，名增，《山西通志》謂其康熙五年宰安邑。則知大來晚年曾爲安邑令幕客。又同集屠維作噩有《舊年寧人先生以無妄繫濟南走書報我》詩注"劉六茹新故"，則知其卒於康熙八年。觀其《存没口號》第三十首"濟水丹心送碧山"，《呈六茹初度》詩"雞澤尚懷遺世典"及《贈劉大六茹》詩"避人"四句，則知其亦爲繫心前朝陰圖恢復者，宜與先生有深契矣。

劉君東魯才，頗能究經傳[一]。時方渾九流[二]，發憤焚筆硯[三]。久客梁宋間[四]，落落無所見[五]。棄家走關中，自結三秦彦[六]。便居公瑾宅，直上高堂宴[七]。館李子德家。憶昨出門初，朔風灑冰霰[八]。獨身跨一驢，力比蒼鷹健。崎嶇上太行[九]，彳亍甘重趼[一〇]。一過信陵君[一一]，陳君上年。下士色無倦[一二]。贈別寶刀裝[一三]，賓僚陪祖餞[一四]。麾檝渡蒲津[一五]，駿馬如奔電[一六]。上下五陵間[一七]，秦郊與周甸[一八]。花殘御宿苑[一九]，麥秀含元殿[二〇]。常過韋杜家[二一]，早識嚴徐面[二二]。意氣何翩翩，交游良可羨。回首憶故人，久滯臨淄縣[二三]。黄塵汙人衣，數舉西風扇[二四]。山東不足居，苦爲相知勸[二五]。世路況悠悠[二六]，窮愁儻能遣。聊裁一幅書，去託雙飛燕[二七]。

【彙注】

〔一〕劉君二句　徐注：梁簡文帝《請賀琛奉述毛詩義表》："東魯夢周，窮兹刪采。"《漢書·藝文志》："詔光禄大夫劉向校經傳。"

〔二〕渾九流　原注：晉韓延之《復劉裕書》："假令天長喪亂，九流渾濁。"徐注：先生《日知録》："唐時凡九流百家之士，並附諸國學，而授之以經。"案：《穀梁傳序》："九流分而微言隱。"《漢書·藝文志》："孔子既没，諸弟子各編成一家之言，凡爲九：一曰儒家流，二曰道家流，三曰陰陽家流，四曰法家流，五曰名家流，六曰墨家流，七曰縱橫家流，八曰雜家流，九曰農家流。

〔三〕焚筆硯　徐注：《晉書・陸機傳》：弟雲嘗與書曰：崔君苗見兄文，輒欲焚其筆硯。

　　蘧常案：王應麟《困學紀聞》：考《陸雲集》有《與平原書》，始知其爲崔君苗。徐注"君苗"上有"崔"字，非史文也。

〔四〕梁宋　徐注：《史記・貨殖列傳》：自鴻溝以東，芒碭以北，屬鉅野，此梁、宋也。

〔五〕落落　徐注：《後漢書・耿弇傳》：常以爲落落難合，有志者事竟成也。

　　蘧常案：《耿弇傳》李賢注：落落，猶疏闊也。與卷四《贈黃職方師正》詩"落落我等存"義別。

〔六〕三秦　徐注：《史記・淮陰侯列傳》：三秦可傳檄而定也。按《高祖本紀》：項羽三分關中，立秦三將：章邯爲雍王，司馬欣爲塞王，董翳爲翟王，是爲三秦。

〔七〕便居二句　徐注：《吳志・周瑜傳》：字公瑾。孫堅家於舒，堅之子策與瑜善，瑜推道南大宅以舍策。

　　蘧常案：李因篤《庚子春日寄六茹詩》題注：時下榻余齋。

〔八〕朔風句　徐注：《淮南子》：北方之極，有凍寒積冰，雪雹霜霰。

〔九〕太行　蘧常案：見卷二《贈人》詩第二首"太行山"注。

〔一〇〕重趼　徐注：《莊子・天道》篇：百舍重趼而不敢息。

〔一一〕一過句　蘧常案：信陵君，見卷一《哭陳太僕子龍》詩"魏齊"二句注。《元譜》：陳上年，字祺公，清苑人。順治己丑進士。吳《譜》：康熙丁未，上年由代州守遷山西布政使參議，見朱彝尊《曝書亭集》。楊謙《曝書亭詩集注》：上年官雁平兵備道。

〔一二〕下士句　徐注：《史記·信陵君列傳》：公子爲人，仁而下士。又：公子顏色愈和。

〔一三〕贈別句　蕭常案：李白詩：知君先負廟堂器，今日還須贈寶刀。

〔一四〕賓僚句　徐注：《舊唐書·宣宗紀論》：儼然煦接，如待賓僚。《南史·虞玩之傳》：朝廷無祖餞耳。

〔一五〕蒲津　徐注：《方輿紀要》：蒲津關在平陽府蒲州西門外，黃河西岸。

〔一六〕奔電　徐注：《漢書·王襃傳》：追奔電。

〔一七〕五陵　蕭常案：《漢書·遊俠·原涉傳》：長安五陵。顏師古注：五陵謂長陵、安陵、陽陵、茂陵、平陵也。班固《西都賦》曰：南望杜、霸，北眺五陵。是以知霸陵、杜陵，非比五陵之數。而說者以爲高祖以下至茂陵爲五陵，亦非。

〔一八〕秦郊句　徐注：《北史·突厥鐵勒傳論》：負其衆力，將蹈秦郊。陳子昂《白帝城懷古》詩：荒服仍周甸。

〔一九〕御宿苑　蕭常案：《元和郡縣志》：御宿川在萬年縣南三十七里。《漢書·揚雄傳·羽獵賦》序曰：武帝開上林，南至御宿。孟康注：爲諸離宮別館禁御，不得使人往來遊觀，止宿其中。又《元后傳》：夏遊篽宿。顏師古注：篽宿苑在長安城南，今之御宿川也。

〔二〇〕麥秀句　徐注：《唐六典》：大明宮在禁苑之東南，南面五門：正南曰丹鳳，丹鳳門內正殿曰含元殿，殿即龍首山之東趾。元正、冬至，於此聽朝也。

蕭常案：麥秀，見卷三《京師作》"愁同"句注。

〔二一〕韋杜家　徐注：《雍錄》：韋曲在明德門外，韋后家在此，蓋皇子陂之西也；杜曲在啓夏門外，西向即少陵原。所謂"城南韋杜,去天尺五"者。韓愈《出城》詩:應須韋杜家家到,祇有今朝一日閒。

〔二二〕嚴徐　徐注:《漢書·嚴朱吾丘主父徐嚴終王賈傳》:郡舉賢良對策百餘人,武帝善(嚴)助對,繇是獨擢助爲中大夫。後得朱買臣、吾丘壽王、司馬相如、主父偃、徐樂、嚴安、東方朔、枚皋、膠倉、終軍、嚴蔥奇等,並在左右。又:嚴安者,臨淄人也。以故丞相史上書,後以安爲騎馬令。又:徐樂,燕郡無終人也。任昉《奉答敕示七夕詩啓》:比嚴、徐而待詔。

〔二三〕久滯句　蕗常案:《明史》志《地理二》山東青州府臨淄注:府西北。別詳卷三《勞山歌》"古言"句注。《元譜》:康熙三年,至泰安州度歲。四年,由泰安至德州,復回濟南,置田舍於章丘之大桑家莊,秋至曲阜,再謁孔林,遊闕里。五年,春由大桑家莊過兗州,至廣平之曲周。在山左前後及三載,獨不言至臨淄,或以臨淄爲古齊都,故以貶山左歟?

〔二四〕黃塵二句　原注:《世說》:庾公在石頭,王公在冶城坐,大風揚塵,王以扇拂塵曰:元規塵污人。　徐注:《古詩》:黃塵汙人衣。

〔二五〕山東二句　徐注:先生《萊州任氏族譜序》:齊民之俗有三:一曰逋稅,二曰劫殺,三曰訐奏。而余往來山東者十餘年,則見夫巨室之日以微,而世族之日以散,貨賄之日以乏,科名之日以衰,而人心之日以澆且僞。盜誣其主人而奴訐其長,日趨於禍敗而莫知其所終。

〔二六〕世路句　蕗常案:王粲《贈蔡子篤》詩:悠悠世路。

〔二七〕聊裁二句　蕗常案:江淹《雜體李都尉從軍》詩:袖中有短書,願寄雙飛燕。

朱處士彝尊過余於太原東郊贈之

【解題】
　　徐注：《竹垞年譜》：康熙四年秋，至太原。五年春，客山西布政使王公顯祚幕。其年二月初，遊晉祠。三月，游風峪。《曝書亭集・與顧寧人書》：太原客館，兩辱賜書，贈以長律二百言。　　尹云：竹垞等仕清後，名字即不再入集。
　　蘧常案：陳廷敬《竹垞朱公墓志銘》：君諱彝尊，錫鬯其字，號竹垞。先世居吳中，自吳江遷秀水。君少而聰慧絕人，工詩。後名益高，所至皆以賓師之禮遇焉。以博學徵，召以檢討充起居注日講官。被劾罷，尋復原官，歸里卒，年八十一。《秀水縣志・朱彝尊傳》：康熙四年秋，至太原。五年春，客山西布政使王公顯祚幕。《讀史方輿紀要》：山西太原府，秦置郡，兼置并州，治焉。開元十一年，又置北都，改并州爲太原府。

　　詞賦雕鐫老〔一〕，河山騁望頻〔二〕。末流彌宇宙〔三〕，大雅接斯人〔四〕。世業推王謝〔五〕，儒言纂孟荀〔六〕。書能搜五季〔七〕，字必準先秦〔八〕。攬轡長城下〔九〕，回車晉水濱〔一〇〕。秋風吹雁鶩〔一一〕，夜月臥麒麟〔一二〕。玉盌人間有，珠襦地上新〔一三〕。吞聲同太息，呪筆一酸辛。盜發晉王墓，得黃金數百斤。與爾皆椎結〔一四〕，於今且釣緡〔一五〕。羇心縈故跡〔一六〕，殊域送良辰〔一七〕。草沒青驄晚〔一八〕，霜浮白墮春〔一九〕。自來賢達士，往往在風塵〔二〇〕。

【彙注】
　〔一〕詞賦句　徐注：《先正事略》：竹垞以布衣試博學鴻詞科，授檢討。既入詞館，日與諸名宿掉鞅文壇。時王漁洋工詩而疏於文，汪苕文工文而疏於詩，閻百詩、毛西河工考證而詩文皆次乘，獨先生兼有諸公之勝。所爲文雅潔淵懿，根柢槃深。其題跋諸作，實跨劉敞、黃思伯、樓鑰之上；詩牢籠萬有，與漁洋並峙，爲南北二大宗。

　　蘧常案：朱彝尊《與顧寧人書》：去夏過代州，遇翁山、天生，道足下盛稱僕古文辭。

〔二〕河山句　徐注：《楚辭》：登白薠兮騁望。《先正事略》：竹垞所至，叢祠荒冢金石斷缺之文，莫不搜剔考證，與史傳互參同異，其爲文章益奇。

　　蘧常案：高層雲《笛漁小稾序》：秀水朱供奉竹垞先生，方其攜書載酒，南窮海陬，北極關塞，凡齊、楚、燕、趙、甌、閩間，所過卻埽，學士大夫惟恐朱先生不一至。碑版屏障，照耀四裔，下至旗亭酒肆，兒童婦女，無不邀片詞隻字以爲榮。

〔三〕末流句　徐注：杜甫《寄張十二山人彪》詩：羣凶彌宇宙。潘耒《朱竹垞文集序》：自明中葉，僞文競起，擬仿蹈襲，浮囂鉤棘之病，紛然雜出。二三君子以清眞矯之，而莫能救也。迄於末年，纖佻譎詭，軌則蕩然，道喪文弊，於斯爲極！

　　蘧常案：《漢書・游俠傳序》：惜乎不入于道德，苟放縱于末流。

〔四〕大雅句　徐注：先生《廣師篇》云：文章爾雅，宅心和厚，吾不如朱錫鬯。潘耒《朱竹垞文集序》：竹垞之學，邃於經，淹於史，貫穿於諸子百家。墜文逸事，無弗記憶。蘊蓄弘深，蒐羅繁富，析理論事，考古證今，元元本本，精詳確當，發前人未見之隱，剖千古不決之疑。其文不主一家，天然高邁，精金百鍊，削膚見根，辭約而義豐，外澹而中腴，探之無窮，味之無厭，是謂眞雅眞潔。

蘧常案：《漢書·景十三王傳贊》：夫惟大雅，卓爾不羣。

〔五〕世業句　徐注：嚴有翼《藝苑雌黃》引《輿地志》云：王氏、謝氏乃江左衣冠之盛者，故杜甫詩云：王、謝風流遠。

蘧常案：《孔叢子·執節》篇：仲尼重之以大聖，自兹以降，世業不替。陳廷敬《竹垞朱公墓誌銘》：曾祖諱國祚，由順天府學中萬曆壬午鄉試，癸未進士第一人，除翰林院修撰。歷官吏部右侍郎，引疾歸。光宗初，起南京禮部尚書，入東閣。加太子太保，進文淵閣。尋以户部尚書兼武英殿大學士，加少傅。歸卒，贈太傅，諡文恪。文恪公六子，長諱大競，仕至雲南楚雄府知府。子五人，長茂暉，以廕授中書科中書舍人，爲復社宗盟。君嗣父也。本生父諱茂曙，天啟初，補秀水學生，卒私諡安度先生。

〔六〕儒言句　蘧常案：陳廷敬《竹垞朱公墓誌銘》：客遊南北，必橐載十三經、二十一史以自隨。遊京師，孫公退谷過君寓，見插架書，謂人曰：吾見客長安者，務攀援馳逐，車塵蓬勃間不廢著述者，惟秀水朱十一人而已！比召試，相國馮公溥得其文，歎曰：奇才，奇才！既退而著書，有《經義考》等三百卷。

〔七〕書能句　徐注：《文獻徵存録》：彝尊嗜書成癖，家藏舊本，兵後散佚。及客粤還，過豫章書肆，買得五箱，成一檻。又客永嘉時，方起明私史之獄，凡涉明事者，爭相焚棄，比還，則并檻亡之。後留江都一年，稍稍收集。遇故人項氏子，稱有萬卷樓殘帙，因予二十金購之。自是束脩之入，悉以買書。鄞范氏天一閣、禾中曹氏倦圃、溫陵黃氏千頃堂秘本，往往借抄得之。又自通籍後，抄得宛平孫氏、無錫秦氏、崑山徐氏、晉江黃氏、錢唐龔氏各家之書，所藏日益富。直史館日，私以楷書手王綸自隨，録四方經進書。既歸，買墅起曝書亭以庋卷帙，續收得四萬卷，上海李處士延昰又以所儲二千五百卷貽之，所藏幾八萬卷。（案：此取朱彝尊《曝書亭著録序》。）

　　蕭常案：五季即五代。李綱《江上愁心賦》云：歷隋、唐而混一分，迄五季而割據。書能搜五季，謂彝尊注《五代史記》也。彝尊《徐章仲五代史記注序》云：予年三十，即有志注是書，引同里鍾廣漢爲助。廣漢力任抄撮羣書，凡六載，考證十得四五。俄而卒於都城逆旅，檢其巾箱，遺稿不復有也。予從雲中轉客汾、晉，歷燕、齊，所經荒山廢縣，殘碑破冢，必摩挲其文響拓之，考其與史同異。又薛氏舊史雖佚，其文多采入《册府元龜》、《太平御覽》諸書。兼之十國分裂，識大識小有人，自分編眷成書，可與劉、裴鼎足。"考其與史同異"，謂考《五代史記》也。先生晤彝尊於太原，正其搜剔最勤之時，故贈詩特言之。徐注以搜購羣書當之，搜購豈僅五季之書乎？似不然矣。李元度《國朝先正事略》以"搜剔叢殘，泛言考史"，其後《清史稿·文苑傳》承之，亦誤也。陳廷敬《竹垞朱公墓誌銘》敍著書，有"《五代史注》□□卷"，其實未成。其《五代史記序》云"是編置之笥中，歸田視之，則大半爲壁魚穴鼠所齧，無完紙。撫躬自悼，五十年心事，付之永歎"，可知也。

〔八〕字必句　蕭常案：《漢書·景十三王傳》：獻王所得書，皆古文先秦舊書。顏師古注：先秦猶言秦先，謂未焚書之前。案：朱彝尊《合刻集韻類篇序》云：六藝，其五曰書，保氏以書教國子，國史六書著録次于經典。唐、宋小學，恒與太學並設，分教子弟。紹興中猶然。淳熙以後，更灑埽應對進退之節爲小學，徽國文公別撰書一編，頒諸學官。功名之士，習四子書，麤通一經，足以應舉。古文奇字，安所用之？昌黎韓子有云：凡爲文辭，宜略識字。江都李氏亦云：人讀書，須是識字。其亦不得已而言之也歟？又《重刻玉篇序》云：以予思之，學奚大小之殊哉？毋亦論其終始焉可也。講習文字於始，窮理盡性、官治民察要其終，未有不識字而能通天地人之故者。宋儒持論，以灑埽應對進退爲小學，由是小學放絶焉。是豈形聲文字之末歟？推而至於天地人之故，或窒礙而不通，是學者之所深憂也。

〔九〕攬轡句　徐注：《後漢書・范滂傳》：登車攬轡，慨然有澄清天下之志。

　　蘐常案：《曝書亭詩集》閼逢執徐（案：即康熙三年甲辰）《八月十五夜集天津曹武備斌官舍分韻詩》有注云：時余將適雲中。下有《出居庸關》、《土木堡》、《宣府鎮》、《上谷道中》諸詩，諸地皆在長城下也。曹溶《静惕堂集》有《甲辰冬月朱十訪我塞上賦對月詩奉答》三首，亦正其時。

〔一〇〕回車句　蘐常案：晉水，見卷四《雨中送申公子涵光》詩"臺駘"注。案：朱彝尊《曝書亭集》，康熙四年，有《將之晉陽》、《再度雁門關》、《晉祠》、《唐太宗碑亭題壁》諸詩，五年，有《臺駘廟》、《太原客舍》諸詩。蓋自雲中回車至太原也。別詳題注。

〔一一〕秋風句　徐注：劉峻《廣絶交論》：分雁鶩之稻粱。《國朝先正事略》：先生少貧，值歲凶，午無炊煙，而書聲琅琅出户外。比鄰王氏有老僕訝之，叩門，餉以豆粥，先生以奉父，而忍飢讀自若。

　　蘐常案：此句蓋點竹垞回車太原之時令。彝尊《年譜》"康熙四年秋至太原"可證。徐注引彝尊少時食貧事，似附會，以上下語氣論，亦不得闌入此事也。

〔一二〕夜月句　徐注：《西京雜記》：五柞宫有麒麟二枚，刻其脇爲文字，是秦始皇驪山墓上物也。

　　蘐常案：此寫景，引出盜發晉王墓事。

〔一三〕玉盌二句　徐注：沈烱《通天臺表》：茂陵玉盌，遂出人間。《吴越春秋》：吴王有女，葬於國西閶門外，金鼎玉杯，銀樽珠襦之寶，皆以送女。

〔一四〕椎結　徐注：《漢書·陸賈傳》：尉佗魋結箕踞。師古曰：結，讀曰髻。椎結者，一撮之髻，其形如椎。

〔一五〕釣緡　徐注：《詩》：其釣維何？維絲伊緡。

蘧常案：《爾雅·釋言》：緡，綸也。郭璞注：緡，繩也。江東謂之綸。

〔一六〕羈心句　徐注：鮑照《還都道中》詩：羈心苦獨宿。《晉書·樂志》：殊域既賓。《楚辭》：吉日兮良辰。

〔一七〕殊域句　蘧常案：徐《譜》：《竹垞年譜》：康熙五年，六月，遊晉祠。三月，遊風峪。先生贈詩言：殊域送良辰。

〔一八〕青驄　蘧常案：見卷四《五十初度》詩"青驄"注。

〔一九〕白墮春　徐注：《洛陽伽藍記》：河東人劉白墮善釀酒，盛夏暴於日中，味不變，飲之，經月不醒。

蘧常案：應補《洛陽伽藍記》"永熙中，青州刺史毛鴻賓齎酒之蕃，遇劫盜，以酒飲之，醉，皆被擒。時語曰：'不怕張弓挾矢，惟怕白墮春醪'"一節，於"春"字方有着落。徐《譜》云：據"殊域"三句，則相見必於本年之春也。

〔二〇〕自來二句　徐注：《後漢書·李固傳》：是以賢達功遂身退。

蘧常案：《清詩紀事》：彝尊壯歲欲立名行，主山陰祁氏兄弟，結客共圖恢復，魏耕之獄，幾及於難，踉蹡走海上，會事解，乃賦《遠遊》，以布衣自尊。

屈山人大均_{南海人}自關中至

【解題】

徐注：《先正事略》：嶺南三家，首陳先生元孝，而屈翁山、梁藥亭次之。翁山,名大均,番禺人,著有《翁山集》。《元譜》:《曝書亭集》注:屈五少爲番禺諸生。名紹隆。車《譜》:謙案:屈,字介子,一字翁山。爲僧名今種,字靈一。後加冠巾。　戴注:屈少名紹隆,亂後爲僧,中年返儒服,迺更名大均。

　蘧常案:徐釚《續本事詩》小序云:屈爲僧,字一靈,王士禛有《寄一靈道人》詩。則車《譜》作"靈一"誤。《小腆紀傳·文苑·屈大均傳》:自固原攜妻至代州,與顧炎武、朱彝尊遇於太原。又案:鄔慶時、屈向邦編《廣東詩彙·屈大均小傳》云:大均,番禺人。生於南海邵氏,年十六,以邵龍姓名補南海縣學生員。(案:據《南宗屈氏家譜》。)其父攜之歸沙亭,復姓屈氏,易名紹隆。永曆元年,從師陳邦彦起義。邦彦殉難,大均赴肇慶行在,上《中興六·大典書》。大學士王化澄疏薦,將官以中祕,聞父病遽歸。父没,入雷峰爲僧,名今種,字一靈。逾年,出遊大江南北,徧交其豪傑,聯絡鄭成功,入鎮江,攻南京。鄭敗,大均歸里,反於儒,更今名。復遊秦、隴,回粤。吳三桂反清,以蓄髮復衣冠號召天下,大均建義始安,以廣西按察司副使監安遠大將軍孫延齡軍於桂林。後知三桂有僭竊之意,謝歸,年六十七卒。所述多前人所未及。此自注云"南海人",蓋舉其原籍也。

　　弱冠詩名動九州〔一〕,紉蘭餐菊舊風流〔二〕。何期絶塞千山外,幸有清樽十日留〔三〕。獨漉泥深蒼隼没〔四〕,五羊天遠白雲秋〔五〕。誰憐函谷東來後〔六〕,班馬蕭蕭一敝裘〔七〕。

【彙注】
〔一〕弱冠句　徐注:潘耒《廣東新語序》:先生以詩名海内,宗工哲匠，無不斂衽歎服，比於有唐名家。《文獻徵存錄》：屈大均有《九歌草堂集》、《翁山詩外》。王士禛嘗語程可則曰：東粵人才最盛，正以僻在嶺海，不爲中原江左習氣熏染，故尚存古風耳。金陵龔賢稱之曰：龍章鳳姿，輝映南海。繆天白嘗曰：詩有俚語，經顧亭林筆輒典；詩有庸語，經屈今種筆輒超。

蘧常案：屈大均《翁山詩外·屢得朋友書札感賦》詩有云：名因錫鬯起詞場，未出梅關名已香。遂使三閭長有後，美人芳草滿番陽。自注云：予得名自朱錫鬯始，未出嶺時，錫鬯已將予詩徧傳吳下矣。朱彝尊《九歌草堂詩集序》：今海內之士，無不知有翁山者。徐嘉炎《屈翁山詩集序》：辛丑歲，翁山至禾，偕竹垞同年訪余南洲草堂，時翁山尚服緇服，正撰《道援堂詩集》。朱希祖《屈翁山詩集跋》：《道援堂集》皆翁山少壯時作。

〔二〕紉蘭句　徐注：《楚辭·離騷》：紉秋蘭以爲佩。又：夕餐秋菊之落英。潘耒《廣東新語序》：翁山之詩，祖靈均而宗太白，感物造端，比類託風，大都妙於用虛。《世説·傷逝》篇：王丞相教曰：此君風流名士，海內所瞻。

蘧常案：《同志贈言》屈大均《送寧人先生之雲中》詩：君追孔氏著麟書，我學三閭持《橘頌》。朱彝尊《九歌草堂詩集序》：予友屈翁山，爲三閭大夫之裔。其所爲詩，多愴怳之言，矙然自拔于塵垢之表。蓋二十年來，煩冤沈菀，至逃於佛老之門，復自悔而歸於儒。辭鄉土，跖塞上，走馬射生，縱博飲酒，其儻蕩不羈，往往爲世俗所嘲笑者，予以爲皆合乎三閭之志者也。嗟夫！三閭悼楚之將亡，不欲自同於混濁，其歷九州，去故都，登高望遠，游仙思美人之辭，僅寄之空言；而翁山自荆、楚、吳、越、燕、齊、秦、晉之鄉，遺墟廢壘，靡不躄涕過之,其憔悴枯槁,宜有甚焉者也。

〔三〕何期二句　徐注:王勃《春日宴樂遊園》詩:清尊湛不空。《史記・范雎列傳》:秦昭王遺平原君書曰:幸過寡人,願與君爲十日之飲。

　　蘧常案:《翁山文外・與孫無言書》:有出塞詩數十章。今已佚。

〔四〕獨漉句　徐注:《古樂府》:獨漉獨漉,水深泥濁,泥濁猶可,水深殺我。《説苑》:要離刺王子慶忌,蒼隼擊於臺上。

　　蘧常案:此句似影射陳恭尹。恭尹號獨漉子,有《獨漉堂詩集》,與大均同學同志,其父邦彦即大均之師,相從起義者也。鄧之誠《清詩紀事・陳恭尹小傳》云:字元孝,順德人。父邦彦,死節。恭尹襲錦衣指揮僉事。順治八年,鄭成功方起海上,思就之,入閩不達。自贛出九江,順流至蘇、杭,復往返杭州、寧國間,蓋密有結連,歷四年無成。又四年,入海收合餘衆,又無成。十六年,將入滇從桂王,道阻,乃北走衡、湘,渡彭蠡,下至池州,寓蕪湖。值成功大舉圍金陵,張煌言進取徽、寧,恭尹與共策畫。旋成功敗走,煌言間道入海,恭尹遂北遊汴梁。逾年歸,則桂王已入緬甸矣。恭尹之間關跋涉,迄無所成,故謂之"獨漉泥深"歟?《廣東詩彙・恭尹小傳》云:永曆走緬甸,遂歸隱,居羊額鄉,與何衡、何絳、梁璉、陶璜游,時稱北田五子。已往來羅浮諸山中,自號羅浮布衣。馮奉初《陳元孝先生傳》云:恭尹知桂王將亡,鬱鬱南歸,逾年驃人獻王於大軍,王至雲南府殂。恭尹聞之,大慟,自是戢影田間,無復逐日攀髯之望矣。故謂之"蒼隼没"歟?

〔五〕五羊句　蘧常案:《太平寰宇記》:羊城在南海縣,城周十里。初,有五色羊執六穗秬而至,城呼五羊以此。趙佗始築之。

案：此謂大均久離家鄉。

〔六〕誰憐句　蘧常案：函谷，見卷四《古北口》第二首"便似"句注。東來，詳題注。

〔七〕班馬句　徐注：李白《送友人》詩：蕭蕭班馬鳴。《戰國策》：蘇秦黑貂之裘敝。

重過代州贈李子德在陳君上年署中

【解題】

蘧常案：《新唐書·地理志》：代州雁門郡。《明史》志《地理二》：山西太原府代州，洪武二年降爲縣，八年二月，復升爲州。西南距府三百五十里。陳上年，見前《寄劉處士大來》詩"一過"句注。李子德，詳前卷四《酬李處士因篤》詩題注。王弘撰《山志》：天生從陳祺公於塞上，日事博綜，九經諸史，靡不淹通。祺公視爲畏友，投契之深，有同骨肉。天生以是無內顧憂而益肆力於學。及祺公備兵雁平，攜以入代，復爲具橐資游，圭組之英，蓬華之彥，俱與交懽。傅青主、顧寧人、朱錫鬯輩，尤以古道相砥厲。案：《元譜》：康熙五年，遊太原，出雁門，適應州，重過大同，訪李子德於代州。據詩次則至代州在游太原之後，出雁門之前，詩出先生自編，宜可信。蓋由南而北，於途爲順，由大同至北京，實爲通達直道。康熙三年，亦自大同入都，不應由太原北上，不過代州而出雁門，復由大同至代州，然後至京，如此不憚跋跂，紆回往復也。《元譜》疑誤。又案：《清詩紀事》云：壬寅後二十年間，蹤跡多在山左右。嘗出雁門，兩至大同，蓋明亡，邊兵多有存者，姜瓖之變，募邊兵，事攻戰，期年清人不能克。李因篤、屈大均走塞上，意即在此。知炎武始終不忘恢復。

雁門春草碧,且復過滹沱〔一〕。爲念離羣友,三年愁緒多〔二〕。魯酒千鍾意不快〔三〕,龜山蔽目齊都隘〔四〕。却來趙國訪廉頗〔五〕,還到關中尋郭解〔六〕。陳君心事望諸儔〔七〕,吾友高才冠雍州〔八〕。玉軸香浮鈴閣曉〔九〕,彩毫光照射堂秋〔一〇〕。人來楚客三閭後〔一一〕,賦似梁園枚馬遊〔一二〕。句注山邊餘舊壘〔一三〕,五原關下臨河水〔一四〕。青冢哀笳出漢宮〔一五〕,白登奇計還天子〔一六〕。窮愁那得一篇書〔一七〕?幸有心期託後車〔一八〕。又逐天風歸大海〔一九〕,好憑春水寄雙魚〔二〇〕。

【彙校】

〔題〕潘刻本,孫、吳兩校本"李子德"作"李處士因篤"。

【彙注】

〔一〕雁門二句　徐注:《明史》志《地理》太原府代州注:句注山在西,亦名西陘,亦曰雁門山。其北爲雁門關。江淹《别賦》:春草碧色。《方輿紀要》:代州,滹沱河在州南,自繁畤縣西流入州界,又西南入崞縣境。

蘧常案:《元譜》:康熙五年丙午,出雁門。張穆案:《重至代州》詩"雁門"二句,蓋在三月杪也。案:先生《與顏修來書》云:弟以六月至雁門,時李君天生自關中來。似與詩不符。蓋太原至代州,相去不遠,不應春暮發而夏季始至,或中途別有淹留歟?考《同志贈言》李因篤有《雁門邸中值寧人先生初度製二十韻以代洗爵》詩,先生生辰,爲夏正五月二十八日,則至代,必在五月二十八日以前。六月至雁門之説,疑有誤。

〔二〕爲念二句　徐注：《禮‧檀弓》：余離羣而索居。杜甫《客舊館》詩：愁緒日冥冥。

　　　蕖常案：《元譜》：康熙二年癸卯，至代州，與富平李子因篤遇，遂訂交。至今歲正三年。

〔三〕魯酒句　徐注：《列子》：公孫朝之室，聚酒千鍾。

　　　蕖常案：《莊子‧胠篋》篇：魯酒薄而邯鄲圍。庾信《哀江南賦序》：魯酒無忘憂之用。

〔四〕龜山句　徐注：《讀史方輿紀要》：臨淄，齊都。

　　　蕖常案：見卷三《秋雨》詩"眼中"二句注。《明史》志《地理二》山東濟南府泰安州新泰注：西南有龜山。此句即《寄劉處士》詩所謂"山東不足居"之意。

〔五〕却來句　蕖常案：見卷二《郝將軍太極》詩"入楚"句注。

〔六〕還到句　蕖常案：《史記‧游俠列傳》：郭解，軹人也。字翁伯。少時陰賊，藏命作姦。年長，折節爲儉，以德報怨，然其自喜爲俠益甚。少年慕其行，諸公嚴重之，爭爲用。及徙豪富茂陵也，衞將軍爲言郭解家貧，不中徙。上曰：布衣權至使將軍爲言，不貧。遂徙。解入關，關中賢豪知與不知，聞其聲，爭交驩解。已又殺人，上聞，遂族郭解。

〔七〕陳君句　蕖常案：陳君見《寄劉處士大來》詩"一過"注。《史記‧樂毅列傳》：樂毅者，好兵，趙人舉之。去趙適魏，使燕，燕昭王以爲亞卿。當是時，齊湣王自矜，百姓弗堪。昭王使毅爲上將軍，伐齊，攻入臨菑，昭王封毅於昌國，五歲，下齊七十餘城。昭王死，子立，爲惠王，嘗不快於毅，召毅。毅畏誅，遂西降趙，趙封於觀津，號曰望諸君。惠王後悔，復以毅子閒爲昌國君，而毅往來復通燕。燕、趙以爲客卿，卒於趙。案：詩於《寄劉大來》，擬上年爲信陵，此又擬爲望諸，意其人必時號賢而下士者。"心事"云云，或如望諸身在趙而不忘燕歟？

〔八〕吾友句　徐注：《書・禹貢》：黑水、西河惟雍州。

　　蘐常案："吾友高才"，詳題注，及卷四《酬李處士因篤》詩"上論"四句注。

〔九〕玉軸句　徐注：庾信《哀江南賦》：乃使玉軸揚灰。《晉書・羊祜傳》：在軍輕裘緩帶，身不披甲，鈴閣之下，侍卒不過十人。

　　蘐常案：《宋書・五行志》：干寶曰：鈴閣、尊貴者之儀。

〔一〇〕射堂　徐注：《晉書・成帝紀》：帝嘗欲於後園作射堂。庾信《春賦》：拂塵看馬埒，分朋入射堂。

〔一一〕人來句　徐注：王逸《楚辭注序》：屈原與楚同姓，仕於懷王，爲三閭大夫。三閭之職，掌王族三姓，曰：昭、屈、景。陳上年《贈寧人》詩：渭水、吳門方駕久，更來彼美説三閭。

　　蘐常案：三閭，謂屈大均也。鄔慶時《屈翁山年譜》：康熙五年，六月，偕李因篤自富平同至代州，客副將陳上年尚友齋中，識顧炎武。

〔一二〕賦似句　蘐常案：梁園，詳卷六《梁園》詩題注。"枚"謂枚乘，見前《帝京篇》"賦客"句注。"馬"謂司馬相如。《史記・司馬相如列傳》：相如，蜀郡成都人也。既學爲郎。梁孝王來朝，從游說之士，相如見而説之，因客遊梁。數歲，乃著《子虛》之賦。上讀而善之，乃召問，請爲《天下游獵賦》奏之，以爲郎。數歲，拜爲中郎將，略定西夷。病免。

〔一三〕句注山　徐注：《方輿紀要》：句注山，代州西北二十五里，有太和嶺，當出入之衝。《呂氏春秋》：天下九塞，句注其一。

〔一四〕五原關　蘐常案：《漢書・地理志》：代郡有五原關。《說文解字》"阮"下作"五阮關"。段玉裁注：阮者，正字；原者，假借字也。舊注以并州之五原郡當之，非。

〔一五〕青冢　徐注：《朔平府志》：青冢在府西北，一在殺虎口外歸化城東南黑河南岸。土人云：西黃河岸及瓦剌地亦有二處。

〔一六〕白登句　蘧常案：《漢書·高帝紀》：七年，冬十月，上自將擊韓王信，信亡走匈奴，與匈奴共距漢。上從晉陽連戰逐北，遂至平城，爲匈奴所圍，七日，用陳平秘計得出。又《匈奴傳》：冒頓圍高帝於白登。案：秘計傳説有三：桓譚《新論》以爲陳平往説閼氏，必言漢有美女，已迎取，欲進單于，閼氏妒媢，增惡而刜去之；《樂府雜録》以爲陳平造木偶，舞於陴間，遂退軍；梁玉繩《史記質疑》以爲重賂。皆臆測，姑存之。《括地志》：朔州定襄縣本漢平城縣。縣東北三十里有白登山。山上有臺，名曰白登臺，冒頓圍高帝，即此也。《明史》志《地理二》山西大同府大同注：東北有白登山。又案："句注山邊"以下各句，皆用代州左近故實，而隱慨時事。句注、五原爲明季四戰之地；青冢似慨明宫人之没於清；白登則痛不得如陳平者以全明帝也。

〔一七〕窮愁句　蘧常案：見卷三《贈錢行人邦寅》詩"窮愁"注。此句蓋先生自謂。

〔一八〕幸有句　徐注：《楊公筆録》：宋向柳與顔竣友善，竣貴柳貧，曰：我與士遜心期久矣，豈可以勢利處之！《詩》：命彼後車，謂之載之。

　　蘧常案：《詩·小雅·緜蠻》"命彼後車"鄭箋：後車，倅車也。案：倅車即副車，蓋謂李因篤。因篤在上年幕，故曰"後車"。"心期"謂感懷故國之意，因篤能知之也。

〔一九〕又逐句　徐注：李白詩：海客乘天風。

　　蘧常案：此當謂將歸山東。年譜：訪李子德於代州，與子德輩勾貨墾荒於雁門之北。後云：入京師，復往山東，遊泰山。至兖州守署度歲。

〔二〇〕好憑句　徐注：杜甫《送梓州李使君之任》詩：雙魚會早傳。陳上年《贈先生》詩：此去秋山遲好會，傳魚早晚過中都。

偶　題

【解題】

　　蔣常案：此詠屈大均。無忌諱語，而潘刻本無之，殊不解其故。或以其語涉詼啁而刪之歟？

　　六代詞人竟若何〔一〕？風流似比建安多〔二〕。湯休舊日空門侶〔三〕，情至能爲《白紵歌》〔四〕。

【彙校】

〔題〕此首朱刻本，孫託荀校本，吳、汪兩校本皆有；潘刻本、徐注本、孫校本無。朱刻本注云：柔兆敦牂，在出雁門關前，丙午。孫託荀校本注云：《重過代州贈李處士》詩後。

【彙注】

〔一〕六代句　蔣常案：魏萬《金陵酬李翰林》詩：金陵百萬户，六代帝王都。《揚子法言・吾子》篇：詩人之賦麗以則，詞人之賦麗以淫。案：詞人本謂善於詞賦者，故揚雄與詩人分言。後人即以稱詩人，如《舊唐書・杜甫傳》云：元和中，詞人元稹論李、杜優劣。此亦謂詩人。

〔二〕風流句　蔣常案：《宋書・謝靈運傳論》：至於建安，曹氏基命。二祖、陳王，咸蓄盛藻，甫乃以情緯文，以文被質。曹丕《典論・論文》：今之文人，魯國孔融文舉、廣陵陳琳孔璋、山陽王粲仲宣、北海徐幹偉長、陳留阮瑀元瑜、汝南應瑒德璉、東平劉楨公幹，斯七子者，咸以自騁驥騄于千里，仰齊足而並馳。鍾嶸《詩品》：降及建安，曹公父子，篤好斯文，平原兄弟，鬱爲文棟；劉楨、王粲，爲其羽翼。次有攀龍託鳳自致於屬車者,蓋將百計。彬彬之盛,大備於時矣。《南齊書·文學傳論》:習玩爲理,事久則瀆。在乎文章,彌患凡舊,若無新變,不能代雄。建安一體,《典論》短長互出;潘、陸齊名,機、岳之文永異。江左風味,盛道家之言。郭璞舉其靈變,許詢極其名理。仲文玄氣,猶不盡除;謝混情新,得名未盛。顏、謝並起,乃名擅奇;休、鮑後出,咸亦標世。朱藍共研,不相祖述。案:上所引述,第明建安逮乎六代之流變,至所謂風流,當指六代多豔體,如劉肅《大唐新語》所云:梁簡文爲太子,好作豔詩,境内化之。晚年欲改作,追之不及。乃令徐陵爲《玉臺集》以大其體。今傳《玉臺新詠》所録,十九皆綺羅脂粉之辭也。此建安諸人所鮮,故曰"似比建安多"歟?

〔三〕湯休句　蘧常案:《宋書·徐湛之傳》:時有沙門釋惠休,善屬文,辭采綺豔,湛之與之甚厚。世祖命使還俗,本姓湯,位至揚州從事史。鍾嶸《詩品》:惠休淫靡,情過其才,世遂匹之鮑照,恐商、周矣。《智度論》:涅槃城有三門,所謂空、無相、無作。案:此以湯休比屈大均。大均善詩,遭亂棄諸生爲僧,後又返儒服。(詳前《屈山人大均自關中至》詩題注。)與湯休不無相似也。

〔四〕情至句　錢云:屈向邦《粵東詩話》:華姜育於諸姑侯氏家,長而端麗幽嫻,文事武功,皆所素習。聞天生言,曰:是隱君子也,無媿吾先將軍矣!遂嬪焉。

　　蘧常案:《樂府古題要解》:《白紵歌》古辭,盛稱舞者之美,宜及芳時爲樂。其譽白紵曰:質如輕雲色如銀,製以爲袍餘作巾,袍以光軀巾拂塵。郭茂倩《樂府詩集》有惠休《白紵歌》二首。其二曰:少年窈窕舞君前,容華豔豔將欲然。爲君嬌凝復遷延,流目送笑不敢言。長袖拂面心自煎,願君流光及盛年。王士禛《池北偶談》:南海屈介子遊秦、隴,與秦中名士王無異弘撰、李天生因篤輩爲友。作《華嶽》百韻詩,固原守將某見而慕其才,以甥妻之。翁山愛玩少室,賦詩云:同棲紅翠三花樹,對寫丹青五嶽圖。自固原攜妻至代州上谷,再遊京師歸粵。又,翁山《歸風詞》:南越輕綃似碧雲,裁爲飛燕御風裙,中流舞罷將仙去,萬歲千秋復就君。案:《翁山詩外》有《述昏》及《攜姜遊華山》詩。皆所謂"情至能爲《白紵歌》"也。又,《翁山文外·繼室王孺人行略》:王氏字華姜,榆林人。父都督壯猷,順治乙酉建義旗於園林驛,戰敗死之。時華姜生始三日,母任懷之走侯公家,孀守十七年没。侯及繼室趙夫人篤愛之,欲得才賢士爲配。趙公彝鼎者,趙夫人之弟也,以參將守代州,與李因篤交最歡。侯託趙公求壻,趙更以屬李。丙午,余有事華山,賦《西嶽》詩百韻,李子見而驚歎。以書告趙,使使來迎至代,李子爲塞修,華姜自固原至。既嬪,戊申秋出雁門,己酉秋抵番禺。據此,則士禎所謂固原守將以甥妻之者,誤也。

出雁門關屈趙二生相送至此有賦 二首

【解題】

徐注:先生《與潘耒書》有云:近稍貸貨本,於雁門之北,五臺之東,應募墾荒。闢草萊,披荆棘,而立室廬。《同志贈言》屈大均《送寧人先生詩》云:雁門北接長山路,爾去登臨勝概多。天上三關横朔漠,雲中八水會渾河。飄零且覓藏書洞,慷慨休聽出塞歌。我欲巾箱圖五嶽,相從先向曲陽過。又,趙勗鼎送先生詩云:文學東吳傑,平生好遠遊。飛來太湖月,散作雁門秋。大道天人貫,遺民海嶽留。相逢思惠教,無奈別悠悠!

　　蘧常案:雁門,見前《重過代州》詩"雁門"二句注。《元譜》:與子德輩二十餘人,勾貸墾荒於雁門之北。案:屈生即屈大均。趙生名劼鼎,字季襄,寧夏人。見《同志贈言》。鄔慶時《屈翁山年譜》引其母屈鳳竹云:先生知山、陝之間,僻處一隅,清不甚防閑,有志之士,多匿處以圖恢復,因與杜蒼舒入陝聯絡。顧亭林、李天生、朱竹垞、傅青主等先後集太原,定計分進,送顧、李出雁門之後,先生亦即南歸,徧遊廣東南路,事雖未成,而其志可知矣。備一說。

　　一雁孤飛日,關河萬里秋。雲橫秦塞白[一],水入代都流[二]。烽火傳西極[三],琴樽聚北州[四]。登高欣有賦[五],今見屈千牛[六]。

【彙注】

〔一〕秦塞　徐注:駱賓王《帝京篇》:秦塞重關一百二。

〔二〕水入句　徐注:《史記・孝文本紀》:高祖十一年,立爲代王,都中都。

　　　蘧常案:代都似謂明代王所都之大同也,見卷四《自大同至西口》詩第一首"舊府"二句注。徐注非。水,似謂雁門關北黃水河,此水與灰河合,入桑乾河,而大同之武州水亦入桑乾,水脈相通,故云然歟?

〔三〕烽火句　徐注:《東華錄》:康熙四年三月,吳三桂奏言:迤東土酋王耀祖等,竊踞新興,僭號大慶,謀犯省城,分遣賊黨攻陷各府縣。五年三月,三桂報勦土司祿昌賢於隴箐,取塞數十,迤東土賊俱平。設開化府永定州。

蘧常案：此似謂青海額魯特入侵事。《清史稿·藩部五·青海額魯特》：康熙五年，甘肅提督張勇奏：青海雖通西藏，不過荒徼絕塞，朝廷曲示招徠，准開市，自應鈐束部落，各安邊境。乃邇來蜂屯祁連山，縱牧内地大草灘，曾遣諭徙，復抗拒定羌廟，官軍敗之。猶不悛，聲言糾衆分入河州、臨洮、鞏昌、西寧、涼州諸地，請設兵備。詔嚴防禦，仍善撫以柔其心。勇等乃自扁都口、西水關至嘉峪關固築邊牆。六年，川陝總督盧崇峻奏青海諸頭目偵於八月將入寇，因赴莊浪所備之。達賴喇嘛尋檄額魯特諸台吉毋擾内地，獻駝馬等服罪，請撤駐防兵，允之。此役至六年八月以後始定。作詩時當已入秋，邊烽猶未靖也。青海在當時爲極西，故云。徐注所引，皆爲雲南土司事，不得曰"西極"；且事在五年三月已報俱平，不得作詩時猶曰"烽火"也。非是。

〔四〕琴樽句　徐注：楊炯《李君碑》：彭澤琴樽，散誕羲皇之表。

蘧常案：鮑照《拜侍郎上疏》：臣北州衰淪。案：北州蓋泛稱，猶秦號西州，南方曰南州也。此指代州。

〔五〕登高句　徐注：《漢書·藝文志》：傳曰：登高能賦，可以爲大夫。

蘧常案：《詩·衛風·定之方中》傳：建邦能命龜，田能施命，作器能銘，使能造命，升高能賦，師旅能誓，山川能説，喪紀能誄，祭祀能語，君子能此九者，可謂有德音，可以爲大夫也。

〔六〕屈千牛　徐注：《隋書·百官志》：後齊制官領左右府，有領左右將軍，千牛備身。《唐書·百官志》：顯慶五年，改左右府曰左右千牛府。龍朔二年，改左右千牛府曰左右奉宸衛。　李注：定有古人屈姓官千牛將軍者。

蘧常案：《通典》：千牛，刀名。後魏有千牛備身，掌執御刀,因以名職。

趙國佳公子,翩翩又一時〔一〕。滿壺桑落酒〔二〕,臨別重相思。路絕花驄汗〔三〕,情深越鳥枝〔四〕。賢兄煩鎖鑰,邊塞寄安危〔五〕!趙生之兄爲雁門參將。

【彙注】

〔一〕趙國二句　蘧常案:《史記·平原君列傳》:平原君趙勝者,趙之諸公子也。太史公曰:平原君,翩翩濁世之佳公子也。

〔二〕桑落酒　徐注:《霏雪錄》:河東桑落坊有井,每至桑落時,取水釀酒,甚美,故名桑落酒。

〔三〕花驄汗　徐注:《史記·樂書》:霑赤汗兮沫流赭。

　　蘧常案:《明皇雜錄》:上所乘馬有玉花驄。

〔四〕越鳥枝　蘧常案:見卷一《賦得越鳥巢南枝》詩題注。

〔五〕賢兄二句　徐注:朱彝尊《王處士墓志銘》:彝陵之州,有處士王君,客代州,以疾卒。其友人管代州參將事榆林趙君,斂而葬之州城之南演武場之右。山西布政司參議清苑陳君首爲詩悼之。《宋史·寇準傳》:北門鎖鑰,非準不可。

　　蘧常案:趙參將名彝鼎,見屈大均《翁山文外》,詳前《偶題》詩"情至"句注。

應　　州 二首

【解題】

徐注:《明史》志《地理》:大同府應州,洪武中以州治金城縣省入。注：北有桑乾河，西有小石口，東南有胡峪口。

灅南宫闕盡〔一〕，一塔挂青天〔二〕。法象三千界〔三〕，華夷五百年〔四〕。空櫩摇夜月，孤磬落秋煙。頓覺諸緣滅〔五〕，臨風獨灑然。城内木塔，遼清寧二年建。

【彙校】
〔華夷〕潘刻本、徐注本、孫校本"夷"作"戎"。　〔諸緣滅〕潘刻本，徐注本，孫、吳、汪、曹各校本"滅"皆作"減"。

【彙注】
〔一〕灅南句　原注：《魏書》：太祖天賜三年六月，發八部五百里内男丁築灅南宫，門闕高十餘丈。太宗泰常五年四月丙寅，起灅南宫。　徐注：《大同志》：灅水一名治水，又名濕水。《水經注》：水出右北平俊靡縣。

〔二〕一塔句　徐注：《一統志》大同府：佛宫寺在應州治西南隅。寺初名寶宫寺，晉天福間建。遼清寧二年重建。元延祐二年改名。有木塔五層，額書釋迦塔，高三十六丈，周圍如之。六檐八角，玲瓏宏敞，爲天下浮圖第一。明永樂四年北征，駐蹕塔上，親題"峻極神功"四字。正德三年，武宗亦幸此。

〔三〕法象句　徐注：王同《虎窟山寺詩》：法象無塵染。王惲《送佛智師南還》詩：經來震旦三千界。《方輿紀要》：灅南宫下有道壇、静輪宫、崇虚寺、鹿苑，北踞長城，東包白登，屬之西山，廣輪數百里。

蘧常案：《大智度論》：問曰：云何爲三千大千世界？答曰：《佛雜阿含》中分别説：千日、千月、千閻浮提、千衢陀尼、千鬱怛羅、千弗婆提、千須彌山、千四天王天處、千三十三天、千夜摩天、千兜率陁天、千化自在天、千他化自在天、千梵世天、千大梵天,是名小千世界,名周利;以周利千世界爲一,一數至千,名二千中世界;以二千中世界爲一,一數至千,名三千大千世界。

〔四〕華夷句　徐注:《明史·外國傳·韃靼》:正德十二年,小王子以五萬騎自榆林入寇,圍總兵王勛等於應州。帝幸陽和,親部署,督諸將往援,殊死戰,敵稍却。明日復來攻,自辰至酉,戰百餘合,敵引而西,追至平虜、朔州,值大風黑霧,晝晦,帝乃還。

蘧常案:《新唐書·狄仁傑傳》:天限華、夷。

〔五〕諸緣　徐注:《寶積經》:云何依趣於法,不依趣數取者?若有依止,數取之見諸所緣法,如是之相名數取者。蘇軾詩:安能觀諸緣。

尚憶沙陀事〔一〕,明宗此郡生〔二〕。艱難當亂世,太息斬遺氓〔三〕。鳳彩留荒井,龍文照古城〔四〕。焚香祝天願,何日見昇平?《五代史》:唐明宗,應州人。《志》云:州有金鳳城,明宗生於此,有金鳳井。

【彙校】

〔何日〕潘刻本、徐注本、孫校本作"果得"。又句下自注"《五代史》"等二十五字,徐注本在"荒井"句下。

【彙注】

〔一〕沙陀　蘧常案:見卷四《李克用墓》詩"唐綱"二句注。

〔二〕明宗句　徐注:《五代史·明宗紀》:初名嗣源,即位改名亶,小字䆳佶烈。以唐咸通丁亥九月九日懿皇后生帝於應州之金城縣。帝嘗宿於雁門逆旅,媼方娠,不時具饌,媼聞腹中兒語云:大家至矣,速宜進食!

〔三〕太息句　徐注:《五代史闕文》:帝每夕宮中焚香,仰天禱祝云:某,蕃人也,遇亂世,爲衆推戴,事不獲已,願上天早生聖人,與百姓爲主。故天成、長興間,比歲豐登,中原無事,言於五代,粗爲小康。

　　蘧常案:《楚辭·九章·哀郢》:出國門而軫懷兮。王逸注:軫,痛也。

〔四〕龍文句　徐注:《方輿紀要》:應州金城廢縣本名金鳳城。又:龍首山,州東北三十里;龍灣山州南四十里,上有龍池,接代州繁畤縣界。

重至大同

【解題】

蘧常案:《元譜》:康熙五年,重過大同,遇故代府中尉俊㫋。

　　頻年落落事孤征〔一〕,每到窮邊一寄情〔二〕。馬跡未能追穆后〔三〕,虎頭空自相班生〔四〕。風吹白草桑乾岸〔五〕,月照黃沙盛樂城〔六〕。忽見丹青意惆悵,君看曹霸陷才名〔七〕。代府中尉俊㫋能畫。

【彙注】

〔一〕頻年句　徐注:陶潛《辛丑歲七月赴假還江陵》詩:中宵尚孤

征。先生《與次耕書》：頻年足蹟所至，無三月淹，一年之中，半宿旅店。

　　蘐常案：落落，見前《寄劉處士大來》詩"落落"注。

〔二〕每到句　徐注：全祖望先生《神道表》：次年，復北謁思陵，由太原、大同以入關中，直至榆林。甲辰，四謁思陵。事畢，墾田於雁門之北，五臺之東。

　　蘐常案：全所云次年，爲康熙二年。據年譜，謁思陵在元年，遊太原出關爲二年，至大同則在三年，墾荒雁門之北；則在四年，頗多舛誤。應以年譜爲准。

〔三〕馬跡句　徐注：《左傳》昭公十二年：昔穆王欲肆其心，周行天下，將皆必有車轍馬跡焉。

〔四〕虎頭句　蘐常案：見卷一《帝京篇》"虎頭"句注。

〔五〕風吹句　徐注：岑參《輪臺歌送封大夫出師西征》詩：北風捲地白草折。

　　蘐常案：《水經注·灅水》引《魏土地記》：代城北九十里，有桑乾城，城西桑乾水。

〔六〕盛樂城　蘐常案：見卷四《自大同至西口》詩第二首"盛樂"注。

〔七〕忽見二句　徐注：《日知錄》"九族"自注：余丁未歲在大同，遇代府中尉俊㘅，年近五十，考其世次，於孝宗爲昆弟，而上距弘治之元，已一百八十年。秦、晉二府見在者多其六七世孫。《宣和畫譜》：曹霸，天寶末，每詔寫御馬及功臣像。杜甫《丹青引贈曹將軍霸》詩：丹青不知老將至。

　　蘐常案：《元譜》：《日知錄》"九族"條自注云云。案：先生遊代州，在丙午年，丁未則未嘗至代。編年詩譜繫此詩於丙午，原自符合，或《日知錄》誤寫作丁未耳。又案：杜甫《丹青引贈曹將軍霸》云：將軍畫妙蓋有神，偶逢佳士亦寫真。即今漂泊干戈際、屢貌尋常行路人。途窮反遭俗眼白,世上未有如公貧。但看古來盛名下,終日坎壈纏其身。此所謂"陁才名"也。

得伯常中尉書却寄并示朱烈王太和二門人

【解題】

徐注:先生《寄顏修來書》手札云:山史兄、王、楊兩敝門人并得一見否? 戴注:代府中尉俊晞,即伯常中尉也。

蘧常案:伯常中尉名存杠,詳卷四《將去關中別中尉存杠》詩題注。俊晞居大同,世次於明孝宗爲昆弟;存杠居西安,爲明秦愍王九世孫,與俊晞行輩懸絶。戴注合爲一人,非。蓋承吳《譜》之誤。錢邦彦《吳譜校補》云:俊晞、謙皆存杠之改名。亦承吳誤也。存杠易姓名曰楊謙,亦見卷四《將去關中別中尉存杠》詩題注。車《譜》:案詩意,烈爲中尉之子,太和爲中尉之甥。

岱雲東浮日西晻[一],下有畸人事鉛槧[二]。忽來青鳥銜尺書[三],月入軒櫺燈吐餤。别子三年斷音問[四],敝裘白髮空冉冉。引領常睎函谷關[五],停驂尚憶終南广[六]。瀕行把酒送余去,重來何日當分陝[七]?腐儒衰老豈所望[八],感此深情刻琬琰[九]。擔簦百舍不自量[一〇],可能再上三峰險[一一]。君家賢甥與令嗣[一二],舞雩歸詠同曾點[一三]。尚論千秋品並堪[一四],以吾一日年猶忝[一五]。期君且復慰離愁,勿向流光悲荏苒[一六]。

【彙校】

〔常晞〕潘刻本、孫校本"晞"作"睎",是。　〔琬琰〕潘刻本"琰"作"囗"。丕續案:此後人重印避清仁宗顒琰諱。

【彙注】

〔一〕岱雲句　徐注:《博雅》:晻,障也,又冥也。張《譜》:是年先生復往山東,遊泰山,謁天慶宮。先生《寄顔修來》手札云:弟頃至岱下,俟主人之歸,即過兗郡,先此奉候,并問秦中諸子消息。

〔二〕下有句　徐注:《莊子·大宗師》篇:畸人者,畸於人而侔於天。
　　　　蘧常案:畸人,自謂也。《西京雜記》:揚子雲好事,常懷鉛提槧,從諸計吏,訪殊方絶域四方之語。任昉《爲范始興作求立太宰碑表》:家懷鉛筆。《文選》五臣注:鉛,粉筆也,所以理書也。《説文解字》:槧,牘樸也。段玉裁注:槧謂書板之素未書者也。

〔三〕忽來句　徐注:《雲笈七籤》:元始天王與太帝君共登九元之崖,徘徊洞天,逍遥極玄。有青鳥來翔,口銜書集於玉軒,奉受記文。《古詩》:中有尺素書。

〔四〕別子句　蘧常案:《元譜》:康熙二年,往驪山,訪明宗室存杠。至本年正三年。

〔五〕引領句　蘧常案:《左傳》成公十三年:我君景公引領西望。《説文解字》:晞,乾也。與此無當,當從潘刻本作"睎"。《説文》:海岱之間,謂眄曰睎。函谷關,見卷四《古北口》第二首"便似"句注。

〔六〕停驂句　徐注:《地理通釋·十道山川考》:武功縣太乙山,古文以爲終南,亦名中南,《左傳》:中南,九州之險也。柳宗元謂據天之中,在都之南,西至於褒斜,又西至於隴首以臨於戎；東至於商顏，又東至於太華，以距於關。《關中記》：終南山連綿八百里，有太乙山、豹林谷、少陵原、細柳原諸勝。又：在盩厔縣南三十里。《説文》：广，因厂爲屋也。象對刺高屋之形。

　　蘐常案：獨孤及《古函谷關銘序》：停驂塞門，憑覽舊國。

〔七〕分陝　蘐常案：見卷一《感事》詩第三首"分陝"句注。

〔八〕腐儒句　徐注：《史記·黥布列傳》：上折隨何之功，謂何爲腐儒，爲天下安用腐儒。杜甫《題省院壁》詩：腐儒衰晚謬通籍，退食遲回違寸心。《楚辭·惜誓》：惜余老而日衰兮。

〔九〕琬琰　徐注：蔡邕《胡公碑》：論集行跡，銘諸琬琰。

　　蘐常案：琬琰，謂琬圭、琰圭也。《孝經序》：寫之琬琰，庶有補於將來。疏：寫之琬圭琰圭之上，若簡册之爲，庶幾有所裨補於將來學者。或曰：謂刊石也，而言寫之琬琰者，取其美名耳。

〔一〇〕擔簦句　蘐常案：《史記·虞卿列傳》：躡蹻擔簦。《説文解字》：簦，笠蓋也。段玉裁注：即今之雨繖。百舍，見前寄《劉處士大來》詩"彳亍"句注。

〔一一〕三峰　蘐常案：見卷四《華山》詩"三峰"句注。

〔一二〕君家句　徐注：王維詩：似舅即賢甥。文苑《張九皋神道碑》：餘慶遺芳，襲於令嗣矣。

〔一三〕舞雩句　徐注：《論語》：風乎舞雩，詠而歸。夫子喟然歎曰：吾與點也。

〔一四〕尚論句　徐注：《孟子》：以友天下之善士爲未足，又尚論古之人。

〔一五〕以吾句　徐注：《論語》：以吾一日長乎爾。

〔一六〕勿向句　蘐常案：李白《古風五十九首》之十一：逝川與流光，飄忽不相待。

淮上別王生略 已下彊圉協洽

【解題】

徐注：康熙六年丁未。《元譜》：先生是年南歸，至山陽，主王起田。案：王略，字起田。因先生之故，以女妻潘耒。是年，耒至山陽，成婚於王氏，見稼堂撰《亡妻王孺人壙志》。先生別略，時耒尚未至。先生《王起田墓誌銘》：往余在吳中，嘗鬱鬱無所交，出門至於淮上，臨河不渡，徬徨者久之。因與其地之賢人長者相結，而王君起田最與余善，自此一二年或三四年一過也。王君與余同年月生，而長余二十餘日。其行事雖不同，而意相得，凡余心之所存及其是非好惡無不同者。雖不學古而闇合於義，仁而愛人，樂善不倦，其天性然也。生八歲而孤，事母孝，事其兄恭，其居財也有讓。少爲帖括之學，及中年，遂閉户不試。家頗饒，每受人之負，折券不校，以是其產日落，而四方賓客至者，未嘗不與之周旋。又：每爲余言：子行遊天下二十年，年漸衰，可已矣！幸過我卜築，一切居處器用，能爲君辦之，逡巡未果。又云：山陽人。家於清江浦之南，卒年五十七。娶方氏。子一，寬。《山陽縣志》：樂善不倦，性尤篤於朋友，與顧炎武善。　冒云：先生是年年五十七。

蘧常案：是年海上鄭氏稱永曆二十一年，公元一六六七年。

子高徒抗手，君獨淚沾衣〔一〕。送我山東去〔二〕，春空一雁飛〔三〕。沂山朝靄合〔四〕，淮水夜燈微〔五〕。去去懷知己〔六〕，愁來不可揮。

【彙注】

〔一〕子高二句　原注：《孔叢子》：子高遊趙，平原君客有鄒文、李節者,與相友善。及將還魯,諸故人訣既畢,文、節送行,三宿,臨別,文、節流涕交頤,子高徒抗手而已。 徐注:先生《王起田墓誌銘》:別君之日,持觴送我大河之北,留一宿,視余上馬,爲之出涕,若將不復見者。

〔二〕送我句 蔣常案:吳《譜》:(先生)康熙六年,南旋至淮安,自六合至山東。

〔三〕春空句 蔣常案:據此句,則與王略別猶在春日,則其南旋必在初春矣。

〔四〕沂山句 徐注:《山東通志》:沂山在臨朐縣南一百二十五里,西接岱宗,東連琅琊巨海,即沂水所出。山半有東鎮廟,《周官‧職方》"正東青州,其山鎮曰沂山"是也。江淹表:朝霭方卷。

〔五〕淮水 徐注:《水經注》:淮水歷淮陽城又東北至淮陰。

〔六〕去去句 徐注:陶潛《雜詩》:去去欲何之? 先生《王起田墓誌銘》:惟君生平以朋友爲天倫,其待余如昆弟,而余以窮厄蹇連,無能申大義於詐愚凌弱之日者。以十九年之交,再三之約,而不獲與之分宅卜鄰,同晨共夕。

贈蕭文學企昭 漢陽人

【解題】

徐注:張《譜》:《四庫全書存目》"企昭《性理譜》五卷"云:其書大旨在於伸程、朱,闢陸、王,與熊賜履《閑道錄》所見同。又:《闇脩齋稿》一卷,凡文三十二篇。前有其兄廣昭序,述企昭始末甚詳,蓋無所師承而篤志自立之士也。

蔣常案：《四庫全書提要·子部·儒家類·存目》三：《性理譜》，蕭企昭撰。企昭字文超，漢陽人。順治丁酉副榜貢生。所著有《客窗隨筆》一卷、《再筆》二卷、《闇修齋日記》一卷、《雜筆》一卷。企昭卒後，其兄廣昭哀爲一編，總名之曰《性理譜》，亦曰《蕭季子語錄》。

生年十五餘，即與人事接〔一〕。中更世難嬰，書史但涉獵。率爾好爲文〔二〕，蔚然富枝葉〔三〕。終媿康成學〔四〕，久曠周孔業〔五〕。日西歲將晏〔六〕，行事苦不立〔七〕。禮堂寫六經，庶幾猶可及〔八〕。俗流好《鄭》《衛》，淫詞自親狎〔九〕。用以扶道真〔一〇〕，十無一二合。出門游萬里〔一一〕，踽踽恒負笈〔一二〕。晚得逢蕭君，探賾窮魯汲〔一三〕。車中服子慎，一見語便洽〔一四〕。上考三《傳》訛，獨授尼父法〔一五〕。方深得朋喜，豈料歸歟急〔一六〕。黃鶴對青山，翩然鼓江楫〔一七〕。浮雲翳楚天，引領空於邑〔一八〕。何時復相從？問奇補三篋〔一九〕。惟期夕惕心，不負朋簪盍〔二〇〕。

【彙注】

〔一〕生年二句　徐注：張《譜》：先生十四歲入本學二十二名，庠名繼紳。入復社有名。《靜志居詩話》：寧人早年入復社，與同邑歸莊齊名。

〔二〕率爾句　徐注：《論語》：子路率爾而對曰。　李注：曹植《與楊德祖書》：僕少好爲文章。

〔三〕蔚然句　徐注：《禮》：天下有道，則行有枝葉；天下無道，則詞有枝葉。先生《與施愚山書》：近來刊落枝葉，不作詩文。

　　蔣常案：高誘《淮南子·兵略》注：草木蕃盛曰蔚。

〔四〕終媿句　徐注：潘耒先生《六十壽序》：先生之學，邃於經術而又洞達當世之故。其言覈而通，大而有體，上至經籍圖史方輿，下至名物器數，元元本本，至精至悉，有功後學，不在康成下。

　　蕖常案：康成，見卷三《不其山》詩"爲問"二句注。《後漢書‧鄭玄傳論》：鄭玄括囊大典，網羅衆家，刪裁繁誣，刊改漏失，自是學者略知所歸。王父豫章君（案：范曄謂其祖父范甯）每考先儒經訓，而長於玄，常以爲仲尼之門，不能過也。程先貞贈先生《序》：其著述之富，汗牛充棟，要皆崇正黜邪，一軌于聖賢之微旨。其辯詳以覈，其論典以要，其思平實以遠，其義純粹以精。本于經而不泥於昔聞，原於史而不拘于成説，多前賢所未明，一旦自我發之者。自漢、唐以來，諸儒林立，觀其意思，略與鄭康成、王文中輩相仿佛，皆能深造理窟，力追大雅，以斯文爲己任者也。

〔五〕周孔　徐注：《文中子‧王道》篇：卓哉！周、孔之道，其神之所爲乎？

〔六〕日西句　蕖常案：日西，見下"禮堂"二句注。《楚辭‧九歌‧山鬼》：留靈修兮憺忘歸，歲既晏兮孰華予？

〔七〕行事句　徐注：《易》：終日乾乾，行事也。《楚詞‧離騷》：恐修名之不立。

〔八〕禮堂二句　原注：《後漢書‧鄭玄傳》：戒其子益恩曰：所好羣書，率皆腐敝，不得於禮堂寫定，傳之其人，日西方暮，其可圖乎？

〔九〕俗流二句　徐注：《禮‧樂記》：《鄭》、《衛》之音，亂世之音也。《孟子》：放淫辭。《晉書‧諸葛恢傳》：其見親狎如此。《日知錄》：自世尚通方，人安媟慢，宋玉登牆之見，淳于滅燭之歡，遂乃告之君王，傳之文字，忘其穢論，敍爲美談。以至執女手之言,發自臨喪之際;齧妃脣之詠,宣於侍宴之餘。於是搖頭而舞八風,連臂而歌萬歲,去人倫,無君子,而國命隨之矣!

〔一〇〕道真　原注:《漢書·劉歆傳》:黨同門,妒道真。

〔一一〕出門句　徐注:陶潛《擬古》詩:出門萬里客。程先貞贈先生《序》云:以故北游上國,歷燕、趙之墟,上太行,渡黃河,出塞入關,極秦、晉之鄙,折而留滯於齊、魯間。

〔一二〕踽踽句　徐注:《詩》:獨行踽踽。《後漢書·范冉傳注》引謝承《後漢書》:王奂明五經,負笈追業。

　　蓬常案:全祖望先生《神道表》:凡先生之游,以二馬二騾載書自隨。

〔一三〕探賾句　徐注:《晉書·束皙傳》:太康元年,汲郡人發魏襄王冢,得竹書數十車,皆蝌蚪字,武帝以其書付祕書校綴次第,尋考指歸,而以今文寫字。

　　蓬常案:《易·繫辭》:探賾索隱。又:聖人有以見天下之賾。孔穎達《正義》:賾,謂幽深難見。劉歆《移書讓太常博士》:魯恭王壞孔子宅,欲以爲宮,得古文於壞壁中。

〔一四〕車中二句　原注:《世說》:鄭玄欲注《春秋傳》,尚未成,時行,與服子慎遇,宿客舍,先未相識。服在外車上與人説己注《傳》意,玄聽之良久,多與己同,乃就車與語曰:吾久欲注,尚未了,聽君向言,多與吾同,今當盡以所注與君。遂爲《服氏注》。

　　蓬常案:《後漢書·儒林傳》:服虔字子慎,河南滎陽人也。作《春秋左氏傳解》,行之至今。舉孝廉,稍遷。中平末拜九江太守。免。遭亂行客,病卒。

〔一五〕上考二句　蓬常案:《北史·張彫武傳》:彫武通五經,尤明三傳。《漢書·藝文志》:《左氏傳》三十卷。注:左丘明,魯太史。《公羊傳》十一卷。注:公羊子,齊人。《穀梁傳》十一卷。注：穀梁子，魯人。先生《左傳杜解補正序》：經文大義，左氏不能盡得，而公、穀得之；公、穀不能盡得，而啖、趙及宋儒得之者，則別記之於書。案：據此則先生於三傳大義，宜別有書。蕭氏之說，或多契合，故以服虔相擬歟？

〔一六〕方深二句　徐注：《易》：西南得朋。《論語》：歸歟，歸歟！

〔一七〕黃鶴二句　徐注：《廣輿記》：黃鶴樓在武昌府黃鵠磯上。龔璛詩：當時再鼓荊江榜。

〔一八〕於邑　蘧常案：《楚辭·九章·悲回風》：氣於邑而不可止。王逸注：氣逆憤懣結不下也。

〔一九〕問奇句　徐注：《漢書·揚雄傳》：嘗載酒就雄問奇字。又《張安世傳》：武帝幸河東，亡書三篋。詔問莫知，惟安世識之，具記其事。

〔二〇〕惟期二句　徐注：《易》：君子終日乾乾，夕惕若。又：朋盍簪。

蘧常案：王弼《易·豫》"朋盍簪"注：盍，合也。簪，疾也。孔穎達《正義》：羣朋合聚而疾來也。

曲周拜路文貞公祠

【解題】

徐注：《明史》志《地理》：廣平府曲周縣。府東北，西南有漳水，東有滏陽河。　戴注：即路振飛。

蘧常案：路文貞公，見卷二《贈路舍人澤溥》詩"先大夫"注。

凌煙當日記形容〔一〕，閩海風颸未得從〔二〕。故里尚留旋馬宅〔三〕，他鄉遥起若堂封〔四〕。公葬吳之洞庭山。苔生宋璟祠前碣〔五〕，雪覆要離墓上松〔六〕。借問家聲誰可似？只今荀氏有雙龍〔七〕。

【彙注】

〔一〕凌煙句　徐注：《唐書・太宗紀》：貞觀十七年，圖功臣於凌煙閣。又，《代宗紀》：廣德元年，給功臣鐵券，藏名太廟，圖形凌煙閣。

　　蘧常案：歸莊《路文貞公行狀》：公貌魁碩，舉止端方。

〔二〕閩海句　蘧常案：見卷二《贈路舍人澤溥》詩"一死"句注。

〔三〕旋馬宅　蘧常案：《宋史・李沆傳》：沆爲相，廳事前僅容旋馬。

〔四〕他鄉句　徐注：《禮・檀弓》：吾見封之若堂者矣。

　　蘧常案：《路文貞公行狀》：澤溥、太平以庚子歲二月二十九日葬公於洞庭東山法海隖之新阡。

〔五〕宋璟祠　徐注：《一統志》順德府三：宋文貞公祠在府治東。又：宋璟墓在沙河縣西北八里，顏真卿書墓碑。

　　蘧常案：《唐書・宋璟傳》：宋璟，邢州南和人。耿介有大節，好學工文辭。爲宰相務清刑政，使官人皆任職。張嘉貞後爲相，閱堂按見其危言切議，未嘗不失聲歎息。案：宋璟亦諡文貞，鄉里亦相近，故以作比。此句承上第三句。

〔六〕要離墓　徐注：《後漢書・逸民傳》：梁鴻卒，皋伯通等爲求葬於要離冢側，咸曰：要離烈士，伯鸞清高，可相近。注：在閶門泰伯廟南。

　　蘧常案：此句承上第四句。

〔七〕借問二句　徐注：張璠《漢紀·荀淑傳》：有子八人，居西豪里。縣令范康曰：昔高陽氏有才子八人。遂名其里爲高陽里。時人號曰"八龍"。

　　蘧常案：歸莊《路文貞行狀》云：生子三人，長澤溥，次澤淳，已前卒，次太平。故詩云云。

德州過程工部

【解題】

　　蘧常案：《明史》志《地理二》：山東濟南府德州，洪武元年降爲陵縣，屬濟寧府。二年七月，改屬德州。七年七月，省陵縣，移德州治焉。東南距府二百八十里。程工部，見卷四《酬程工部先貞》詩題注。

　　海上乘槎客，年年八月來〔一〕。每逢佳節至，長得草堂開〔二〕。老桂香猶吐〔三〕，孤鴻影自迴〔四〕。未論千里事，一見且銜杯〔五〕。

【彙注】

〔一〕海上二句　蘧常案：見卷一《帝京篇》"海槎"句注。
〔二〕每逢二句　徐注：王維《九月九日》詩：每逢佳節倍思親。程先貞贈先生序云：每過吾州，輒見訪，如僑、札之歡，皋、梁之託也。爲余談經説史，不憚娓娓，或留信宿，或浹月經時，然後乃去。又贈詩云：草堂暫住往來朋。

　　蘧常案：草堂句，爲《謝序詩》詩，非贈詩也。

〔三〕老桂句　蔣常案：此喻先貞，似兼寓晏亨薑桂語意，見前卷二《贈鄔處士繼思》詩"薑桂"句注。不獨寫時令也。

〔四〕孤鴻句　徐注：程先貞奉答先生詩：世局頻勞悲失馬，天涯漫遣慕冥鴻。

　　　蔣常案：此蓋自喻。

〔五〕銜杯　徐注：劉伶《酒德頌》：捧罌承槽，銜杯漱醪。

過蘇禄國王墓 有序

【解題】

戴注：蘇禄國在東南海外。

蔣常案：《明史・列傳・外國六》：蘇禄地近浡泥、闍婆。其國於古無所考。地瘠，寡粟麥，民率食魚蝦。煮海爲鹽，釀蔗爲酒，織竹爲布，氣候常熱。《清史稿・屬國傳》：蘇禄，南洋島國也。本巫來由番族，悍勇善鬥。西班牙既據呂宋，欲以蘇禄爲屬國，蘇禄不從，西人以兵攻之，爲所敗。其國小，有巉巖之嶺，其極南爲石崎山、犀角嶼、珠池，因島環繞海，内有珍珠，土人與華商市易，大者利數倍。此外土産則蘇木、荳蔻、降香、藤條、蓽茇、鸚鵡之類。户口繁多，地磽瘠，食不足，常羅於別島。土人奉回教。王士禛《蘇羅國王墓》詩自注：在德州。案：蘇羅爲蘇禄之異譯。又案：《元譜》：康熙六年，東還，主德州程工部正夫、李刑部紫濤家。此行與程先貞偕，詩有"九河冰壯"云云，蓋在隆冬時。程亦有詩，見後附。

永樂十五年九月，蘇禄國東王來朝〔一〕。歸次德州，病卒。遣官賜祭,命有司營墳,葬以王禮[二]。上親爲文,樹碑墓道。留其儻從十人守墓,其後子孫依而居焉[三]。余過之。出祝版一通,乃嘉靖年者,宛然如故,其字體今人亦不能及矣。

豐碑遙見炳奎題[四],尚憶先朝寵日碑[五]。世有國人供灑掃[六],每勤詞客駐輪蹄[七]。九河冰壯龍狐出[八],十二城荒白鶴棲[九]。州北有十二連城。下馬一爲郯子問,中原雲鳥正淒迷[一〇]。

【彙校】

〔龍狐〕徐注本,汪、曹兩校本"龍"作"龎"。 〔十二城荒〕徐注本,吴、汪、曹三校本"城"作"樓"。丕績案:當從自注,作"樓"誤。

【彙注】

〔一〕永樂二句 蘧常案:《明史・成祖紀》:永樂十五年,是年西洋蘇禄東、西、峒王來朝。又,《列傳・外國六・蘇禄》,永樂十五年,其國東王巴都葛叭哈剌、西王麻哈剌叱葛剌麻丁、峒王妻叭都葛巴剌卜,並率其家屬頭目,凡三百四十餘人,浮海朝貢。進金鏤表文,獻珍珠、寶石、玳瑁諸物。禮之若滿剌加。尋並封爲國王,賜印誥、襲衣、冠帶及鞍馬、儀仗器物。其從者亦賜冠帶有差。車《譜》:相傳其國分爲東、西、峒三王,而以東王爲尊。案:據《明史》則是年來朝者不僅東王,而此只言東王者,簡言之。

〔二〕歸次數句 蘧常案:《明史・列傳・外國六》:三王居二十七日辭歸,各賜玉帶一、黃金百、白金二千、羅錦文綺二百、帛三百、鈔萬錠、錢二千緡、金繡蟒龍、麒麟衣各一。東王次德州,卒於館,帝遣官賜祭,命有司營葬,勒碑墓道,謚曰恭定。

〔三〕留其二句　蘧常案：《玉篇》：傔，侍從也。《新唐書·封常清傳》：奏傔從三十人。《明史·列傳·外國六》：留其妻妾傔從十人守墓，俟畢三年喪，遣歸。《清史稿·屬國傳》：蘇禄國東王巴都噶叭哈答歿，長子都馬含歸國襲封，次子安都禄、三子溫哈喇留居守塋，其子孫以祖名分爲安、溫二姓。車《譜》：永樂十九年，東王母遣使貢大珠一，重七兩有奇。二十二年，復入貢，自後不復至。

〔四〕豐碑句　徐注：《禮·檀弓》：公室視豐碑。

蘧常案：奎題，見卷二《蜋磯》詩"高皇"二句注。案：此謂永樂親爲文，樹碑墓道也。見序。

〔五〕尚憶句　徐注：《漢書·金日磾傳》：字翁叔，本匈奴休屠王太子也。以父不降見殺，與母閼氏、弟倫，并没入宮，輸黄門養馬，武帝奇焉，賜湯沐，拜爲馬監。既親近，未嘗有過失，上甚信愛之。及上屬霍光以輔少主，光讓日磾，遂爲光副。

蘧常案：《漢書·金日磾傳》：輔政歲餘，薨，賜葬具冢地，送以輕車介士，軍陳至茂陵。謚曰敬侯。與蘇禄東王之得賜葬、賜謚有相似，故以擬之。

〔六〕世有句　徐注：《詩》：於粲灑掃。

蘧常案：謂其傔從守墓，見序，蓋不知並留其二子也。

〔七〕每勤句　徐注：杜甫《詠懷古迹》詩：詞客哀時且未還。韓愈《南内朝賀歸呈同官》詩：涣散馳輪蹄。

蘧常案：《説文解字》：勤，勞也。

〔八〕九河句　蘧常案：《書·禹貢》：九河既道。《爾雅·釋水》：九河：徒駭、太史、馬頰、覆鬴、胡蘇、簡、絜、鈎盤、鬲津。郝懿行《爾雅義疏》：導河書云：太史在德州安德縣東南，經滄州臨津縣西。《元和郡縣志》：德州安德縣，馬頰河在縣南五十里。《後漢書・袁紹傳》：還屯槃河。章懷注：槃即《爾雅》九河鉤槃之河也。故河道在今德州平昌縣界，入滄州樂陵縣，今名枯槃河。《元和郡縣志》：德州安德縣，鬲津枯河在縣南七十里。平昌縣，鬲津枯河，南去縣四十里。《明史》志《地理二》山東濟南府德州德平注：東北有殷河，曰盤河，或以爲古鉤盤也。又，武定州海豐注：北有鬲津河。《禮記・月令》：仲冬之月，冰益壯。案：慧琳《大藏音義》引《說文》：尨，犬之多毛雜色不純者。則尨狐當亦謂狐之多毛雜色不純者也。或以爲用《左傳》僖公五年"狐裘尨茸"義，則"尨"當讀若"蒙"，爲亂義，疑非。郭緣生《述征記》：北風勁，河冰始合，要須狐行，云此物善聽，聽冰下無水聲，然後過河。蓋隆冬狐不易得食則出掠。故云。舊注引《宋書・符瑞志》"禹有白狐九尾之瑞"，誤。

〔九〕十二城　徐注：程先貞有《陪寧人先生過蘇禄國東王墓地近白草洼李景隆十二連城在焉》詩。

〔一〇〕下馬二句　徐注：《左傳》昭公十七年：郯子來朝，叔孫昭子問焉：少皞氏鳥名官，何故也？郯子曰：吾祖也，我知之。昔者黄帝氏以雲紀，故爲雲師而雲名；炎帝以火紀，故爲火師而火名；共工氏以水紀，故爲水師而水名；太皞氏以龍紀，故爲龍師而龍名；我高祖少皞之立也，鳳鳥適至，故紀於鳥，爲鳥師而鳥名。

　　蘧常案：末句蓋慨清之入據中夏，爲其官守而發也。

附：《同志贈言》程先貞《陪寧人先生過蘇禄國東王墓地近白草洼李景隆十二連城在焉》詩

萬里遺魂滯北方，孤亭猶自煥奎章。衣冠特覲中朝主，玉帛何殊異姓王。月滿蒼松棲鸛鶴，雲連白草散牛羊。無端極目生遥慨，十二城邊古戰場。

赴東 六首 有序 已下著雍涒灘

【解題】
　　徐注：康熙七年戊申。　戴注：案先生年譜，是年春，先生在都，適以萊州黃培詩獄牽連，先生聞之，即星馳赴鞫。三月，下濟南府獄。十月，獄解，先生得釋。　冒云：先生是年年五十六。
　　蘧常案：是年海上鄭氏稱永曆二十二年，公元一六六八年。《蔣山傭殘稿·與人書》云：秋杪一函，并《赴東》詩，想已塵覽。則此詩必作於九月。書下云"弟以九月二十日保出"，則作於九月下旬乎？

　　萊人姜元衡訐告其主黃培詩獄，株連二三十人[一]；又以吳郡陳濟生《忠節錄》二帙呈官[二]，指爲余所輯。書中有名者三百餘人[三]。余在燕京聞之，亟馳投到，訟繫半年。當事審鞫，即上年沈天甫陷人之書，竟得開釋，因有此作[四]。

　　人生中古餘，誰能免尤悔[五]？況余庸駑姿[六]，側身涉危殆[七]。窾窬起東嵎[八]，長鯨翻渤澥[九]。斯人且魚爛[一〇]，士類同禽駭[一一]。稟性特剛方[一二]，臨難詎可改[一三]。偉節不西行，大禍何繇解[一四]？

【彙校】
〔呈官〕潘刻本、徐注本、曹校本作"首官"。　〔訟繫半年〕潘刻本、徐注本、曹校本"訟"作"頌"。又,句下無"當事審鞫,即上年沈天甫陷人之書"十四字。 〔上年〕孫託荀校本下有"奸徒"二字。

【彙注】

〔一〕萊人二句　蘧常案:先生佚文《與人書》:姜元衡者,萊州即墨縣故兵部尚書黃公家僕黃寬之孫,黃瓚之子,本名黃元衡。中進士,官翰林。以養親回籍,揭告其主原任錦衣衛都指揮使黃培、見任浦江縣黃坦、見任鳳陽府推官黃貞麟等一十四人逆詩一案。於五年六月奉旨發督撫親審。張《譜》:《進士履歷便覽》:黃元衡字元璿,即墨縣籍,膠州人。順治己丑科會試十八名,欽授内翰林國史院庶吉士。辛卯升弘文院編修。

〔二〕又以句　蘧常案:先生佚文《與人書》:元衡稟稱有《忠節錄》即《啓禎集》一書,陳濟生所作。張《譜》:先生一女兄,一女弟,皆嬪於徐。又一女兄,嫁陳皇士濟生。案:皇士,長洲人。明南京國子祭酒仁錫子。官至太僕寺丞。輯有《啓禎詩選》,又名《啓禎集》,即此所謂《忠節錄》也。今江安傅氏、武進陶氏,皆藏有殘本。

〔三〕指爲二句　蘧常案:先生佚文《與人書》云:姜(黃)元衡揭告其主黃培、黃坦、黃貞麟等一十四人逆詩一案,事歷三載,初無干涉。忽於今正月三十日撫院審時稟稱:有《忠節錄》即《啓禎集》一書,(自注:元衡口供"《啓禎集》二本皮面上有舊墨筆寫《忠節錄》字樣"。)陳濟生所作,係崑山顧寧人到黃家搜輯發刻者。咨行原籍逮證。據其所告,此書中有《黃御史》(自注:宗昌,即坦之父。)《傳》一篇,有云:家居二年,握髮以終。以爲坦父不曾剃頭之證。有《顧推官》(自注:咸正。)《傳》一篇,有云:晚與寧人游。有云:有寧人所爲狀在。以爲寧人搜輯此書之證。又:元衡欲以此牽事外之人,而翻久定之案。其南北通逆一稟云：據各刻本，山左有丈石詩社，有大社；江南有吟社，有遺清等社，皆係故明廢臣與招羣懷貳之輩，南北通信書中，確載有隱叛與中興等情，或宦孽通奸，或匹夫起義，小則謗讟，大則悖逆。職係史臣，宜明目張膽，秉筆誅逆，故敢冒死陳揭。逆刻種種，罪在不赦。北人之書削我廟號，仍存明號，且感憤乎鴟張，虎豹乎王侯。南人之書以我朝爲東國，爲虎穴；以僞王爲福京，爲行在。北人之書曰斬虜首，（自注：黃培刻《郭汾陽王考傳》中有"斬首四千級，捕虜五千人"，乃子儀敗安祿山兵紀功之語。）擁胡姬，征鐵嶺，（自注：黃培詩有云：怨女金閨裏，征夫鐵嶺頭。）殺金微；又有思漢威儀，紀漢春秋。南人之書有黃御史握髮一傳，又有起義，有舉事，有勸衡王倡義及迎魯王、浙東王，上益王等事。又有吳人與魯藩舟中密語，又有平敵將軍，有懸高皇帝像慟哭及入閩、入海等事。北人之書有《含辛館詩集》、《友晉軒詩集》、《夕霏亭詩》、《郭汾陽王考傳》。南人之書有《啓禎集》即《忠節錄》、《歲寒詩》、《東山詩史》倣文信國集子美句八十章。其北人則黃培所刻《十二君唱和序跋》等人，其南人則《啓禎集》所載，姓名籍貫俱在刻本中約三百餘人。是元衡之意，不但陷黃坦、陷顧寧人，而並欲陷此刻本之有名三百餘人也。

〔四〕余在七句　戴注：按康熙六年四月，江南奸民沈天甫、呂中、夏麟奇撰逆詩二卷，詭稱黃尊素等一百七十人作，陳濟生編輯，故明大學士吳甡等爲之序。沈天甫使夏麟奇詣吳甡子中書吳元萊所索詐財物，元萊察其書非父手迹，控於巡城御史，以聞，下所司鞫訊。奉旨：沈天甫等所指，茫無確據，編詩之陳濟生，久經物故，帶詩之施明，又經遁逃，顯係奸徒挾詐。沈天甫、呂中、夏麟奇著俱處斬，被誣者悉不問。又按先生年譜云：是獄爲章丘人謝長吉主唆。長吉，即乙巳歲負先生貲不償而以大桑家莊房屋作抵者。是歲秋九月，與長吉對簿，先生始得開釋。

蘧常案：戴語全取吳《譜》。所謂"年譜"，則《元譜》也。案：徐《譜》：七年春，在都寓慈仁寺，聞萊州黃培詩牽連，即星馳赴鞫。《蔣山傭殘稿·上國馨叔》：二月十五日，報國寺寓中見徐廉生兄，備知吾叔近履。其時姪已聞蜚語，即以次日出都。又《與人書》：前歲在大名接到手札，無緣奉復，而弟旋有意外之事。釁起於章丘，禍成於即墨，遂以三千里外素不識面之人，而請旨逮問。當時移文崑山提顧寧人，業稱無憑查解。獨念事關公義，不宜避匿。又恐久而滋蔓，貽禍同人，故重跰赴濟，徑自投到，南冠就縶。區區自矢，不惜以一簣障江河，神之聽之，事果得白。證佐之人杜廷蛟既供從不相識，而《黃御史傳》中並無賤名；其別篇中有"晚與寧人游"一句，亦無顧姓。又審出此書即係去年斬犯沈天甫詐騙吳中翰（自注：名元萊，鹿友相公之子。）之書，奉旨所云"海中帶來者"。原告當堂口稟，求不深究，不惟屩儒得全，而士林並受其福，此皆上臺淑問之明，衆君子孚號之助，故使乘墉自屈，見晛俄消。而弟銳身一出，似亦可以慰知己之心，而增吾黨之氣者矣！案："訟繫"，潘刻本作"頌繫"。《漢書·惠帝紀》：爵五大夫，吏六百石以上，及宦皇帝而知名者有罪當盜械者，皆頌繫。注：如淳曰：頌者，容也。但處曹吏舍，不入狴牢也。沈欽韓《疏證》：此"頌繫"即唐律之"散繫"，非謂不入狴牢也。荀悅《漢紀》"頌繫"作"容繫"。《淮南子·泰族訓》：訟繆胸中。高誘注：訟，容也。則"訟繫"即"頌繫"也。又張《譜》：《赴東》詩序墨迹本，有撫院劉公之語，後來刻集乃刪去。劉公即劉芳躅，見下第六首"下閔"二句注。

〔五〕人生二句 徐注：《易》：易之興也，其於中古乎？《漢書敍傳》：淺爲尤悔。

　　蘐常案：《論語・爲政》：言寡尤，行寡悔。包咸注：尤，過也。皇侃《義疏》：悔，恨也。

〔六〕庸駑　徐注：《後漢書・馮衍傳》：與陰就書：材素庸駑。

〔七〕側身句　徐注：徐陵《王勵德政碑》：惟濟危殆。

　　蘐常案：《詩・大雅・雲漢》序：側身修行。孔穎達《正義》：側者，不正之言，謂反側也。憂不自安，故處身反側。

〔八〕窫窳句　蘐常案：《山海經・北山經》：少咸之山，有獸焉，其狀如牛，而赤身，人面馬足，名曰窫窳，其音如嬰兒，是食人。案：《海內南經》、《西經》皆言窫窳，其形雖不一，而字相同，此作"窫窳"，疑誤。《爾雅・釋獸》作"猰㺄，曰類貙，虎爪，食人，迅走"。或以《爾雅》作"㺄"而誤作"窳"歟？《爾雅・釋文》：猰㺄，韋昭：鳥繫反，餘彼反。"窫窳"當同。窫窳當喻清，故曰"起東嵎"。《書・堯典》：宅嵎夷。孔傳：東表之地稱嵎夷。蔡沈傳：即《禹貢》嵎夷既略者也。其意甚明。下句亦同。此潘刻刪改忌諱之偶漏者。

〔九〕長鯨句　徐注：左思《吳都賦》：長鯨吞航。《博物志》：東海之別有渤澥，故東海稱渤澥。

　　蘐常案：渤澥，初見《文選》司馬相如《子虛賦》"浮渤澥"。《史記》、《漢書・司馬相如傳》皆作"勃澥"。顏師古《漢書》注：勃澥，海別枝也。蓋取舊解應劭說。此似用《博物志》，徐注是。鯨翻東海，仍喻清之自東入侵也。

〔一〇〕斯人句　徐注：《春秋公羊傳》：直言梁亡何？自亡也，魚爛而亡。注：梁峻法，百姓俱去，故若魚爛然。

　　蘐常案：此怵於湖州史禍而言也。

〔一一〕士類句　徐注：《吳志・薛綜傳》：鳥驚獸駭，長驅奔竄。

　　蘐常案：此即先生所謂"欲陷此刻本之有名三百餘

人也"。

〔一二〕稟性句　徐注：《詩·思齊》序疏：聖人稟性自天，不由於母。《後漢書·祭肜傳論》：武節剛方。

　　　蘐常案：全祖望先生《神道表》：耿介絕俗，雖世籍江南，顧其姿稟，頗不類吳會人，甚厭裙屐浮華之習。

〔一三〕臨難　徐注：《禮記·曲禮》：臨難毋苟免。

〔一四〕偉節二句　原注：《後漢書·賈彪傳》：字偉節。延熹元年，黨事起，太尉陳蕃爭之，不能得，朝廷寒心，莫敢復言。彪謂同志曰：吾不西行，大禍不解。乃入雒陽，説城門校尉竇武、尚書霍諝等，使訟之，桓帝以此大赦黨人。

　　　蘐常案：《後漢書·黨錮傳》：賈彪，字偉節，潁川定陵人也。少遊京師，志節忼慨。初仕州郡，舉孝廉，補新息長。以黨禁錮，卒於家。《蔣山傭殘稿·與人書》：怨雙讎對，自古有之，至遷怒於一書之三百餘人，而幾起大獄，則非常情所料。區區自矢，不惜以一簣障江河，天牖其衷，事果得白。餘詳上序"余在"七句注。

行行過瀛莫，前途憩廣川〔一〕。所遇多親知〔二〕，搖手不敢言。爾本江海人，去矣足自全。無爲料虎鬚，危機竟不悛〔三〕。下有清直水，上有蒼浪天〔四〕。且起策青騾，夕來至華泉〔五〕。

【彙注】

〔一〕行行二句　徐注：《方輿紀要》：河間府。後魏爲瀛州任丘縣，唐分鄚州置景州，漢爲廣川。

　　　蘐常案：《太平寰宇記》：莫州，漢鄚縣，唐置。開元中，以鄭字類鄭，改爲莫字。

〔二〕親知　徐注：謝朓《和王著作融》詩：浩蕩別親知。

〔三〕爾本四句　徐注：《莊子·刻意》篇：就藪澤，處閒曠，釣魚閒處，無爲而已矣。此江海之士，避世之人，閒暇者之所好也。杜甫《贈王二十四侍御》詩：時邀江海人。《莊子·盜跖》：料虎頭，編虎鬚，幾不免虎口哉！《左傳》隱公六年：長惡不悛。《晉書·諸葛長民傳》：富貴必履危機。

蘧常案：成玄英《莊子疏解》：料，觸虎頭。案：或解"料"爲"捋"，非。此前三句，蓋親知相勸之言也。

〔四〕下有二句　原注：《詩》：河水清且直猗。古樂府《東門行》：上用蒼浪天故，下爲黃口小兒。

〔五〕華泉　徐注：《左傳》成公二年：丑父使公下如華泉取飲。《水經注》：華不注山下有華泉。

苦霧凝平皋[一]，浮雲擁原隰。峰愁不注高，地畏明湖濕[二]。客子從何來？徬徨市邊立[三]。未得訴中情，已就南冠縶[四]。夜半鵁鶄鳴[五]，勢挾風雨急。枯魚問河魴，嗟哉亦何及[六]！

【彙注】

〔一〕平皋　徐注：王屮《頭陀寺碑文》：東望平皋，千里超忽。

〔二〕峰愁二句　徐注：《山東通志》：華不注山在濟南府城東北十五里，一名金輿山，言此山孤秀如華跗之注於水。《九域志》：大明湖望華跗注山如在水中。

〔三〕客子二句　蘧常案：先生佚文與人書：康熙七年二月十五，在京師，忽聞山東有案株連，即出都，於三月二日抵濟南。

〔四〕南冠縶　徐注：先生手札：弟不遵明哲之訓，果有此累，南冠而縶，竟不得出。

　　　　蘧常案：南冠，見卷一《哭楊主事廷樞》詩"竟入"二句注。先生佚文《與人書》：今於三月四日，束身詣院投到，伏聽審鞫。

〔五〕鶺鴒　蘧常案：見卷四《禹陵》詩"鶺鴒"注。

〔六〕枯魚二句　原注：古樂府：枯魚過河泣，何時悔復及。作書與魴鱮，相教慎出入。

荏苒四五日，乃至攀髯時〔一〕。夙興正衣冠〔二〕，稽首向園堧〔三〕。詩人岸獄中〔四〕，不忘恭敬辭〔五〕。所秉獨周禮〔六〕，顛沛猶在斯〔七〕。北斗臨軒臺〔八〕，三辰照九疑〔九〕。可憐訪重華，未得從湘纍〔一〇〕。三月十九日。

【彙校】

〔園堧〕徐注本，吳、汪、曹三校本"園"作"圜"。　〔未得句〕句下自注，孫託筍校本，吳、汪、曹三校本有；潘刻本、徐注本、孫校本無。

【彙注】

〔一〕荏苒二句　徐注：徐《譜》：案"荏苒"二語，云是訟繫時當三月十九日也。張《譜》：李子德答先生贈詩有云：節至通蘋藻。自注：先生在難，不廢時祭。

　　　　蘧常案：潘刻本、徐注本無自注，故引徐《譜》爲注。攀髯，見卷一《十月二十日奉先妣葬》詩"先皇"句注。

〔二〕夙興句　徐注：《詩》：夙興夜寐。《論語》：君子正其衣冠。

〔三〕園堧　蘧常案：園堧者，園寢之堧也。

〔四〕岸獄　蘧常案：《詩·小雅·小宛》：宜岸宜獄。《經典釋文》：韓詩作"犴"，音同。鄉亭之獄曰"犴"，朝廷曰"獄"。

〔五〕不忘句　徐注：《左傳》宣公二年：不忘恭敬。
〔六〕所秉句　徐注：《左傳》閔公元年：猶秉周禮。
〔七〕顛沛句　蔣常案：《詩·大雅·蕩》：顛沛之揭。毛傳：顛，仆也。沛，拔也。《論語·里仁》篇：顛沛必於是。馬融注：顛沛，偃仆也。案：仆、拔、偃仆，皆困頓之意。
〔八〕北斗句　徐注：《史記·天官書》：北斗七星所謂璇璣玉衡，以齊七政。

　　蔣常案：軒臺，見卷四《三月十九日有事於欑宮》詩"軒臺"注。
〔九〕三辰句　蔣常案："三辰"屢見。九疑一作"九嶷"。《漢書·武帝紀》：望祀虞舜於九嶷。注：如淳曰：舜葬九嶷。《水經注》：九疑山，盤基蒼梧之野，峰秀數郡之間，羅巖九舉，各導一谿，岫壑負阻，異嶺同勢，遊者疑焉，故曰九疑山。大舜窆其陽，山南有舜廟。
〔一〇〕可憐二句　徐注：《楚辭·離騷》：濟沅、湘以南征兮，就重華而陳詞。

　　蔣常案：《史記·五帝本紀》：虞舜者，名曰重華。湘纍，見卷三《京師作》詩"悴比"句注。

羲仲殷東方，伶倫和律管〔一〕。陰崖見白日，黍谷回春煖〔二〕。柔艫下流澌〔三〕，輕車度危棧〔四〕。草木皆欣欣，不覺韶光晚〔五〕。大造雖無私，薰蕕不同產〔六〕。奈此物性何，鳩化猶鷹眼〔七〕。

【彙注】

〔一〕羲仲二句　徐注：《書》：分命羲仲，宅嵎夷，曰暘谷。又：以殷仲春。注：嵎夷，東方也。《史記·曆書》：黃帝考定星曆。《索隱》：按伶倫造律呂。

〔二〕陰崖二句　徐注：潘岳《西征賦》：眺華嶽之陰崖。蔣一葵《長安客話》：黍谷山在白河之東，亦名燕谷，鄒衍廟遺址猶存，古今談懷柔勝蹟者，必言"黍谷回春"。先生《與人書》云：五月十九院審，先取有同案中年老者四五人保識黃御史曾已剃頭口供，次辯《啓禎集》中有寧人字，無顧姓，又不在黃御史一篇傳內，並審出章丘地土情由。惟問姜要顧寧人輯書實證，無詞以對。又扳即墨老諸生杜廷交（自注：此人從不識面。）爲證。又展轉推出所從得書之人爲萊陽縣孫榮之，乃積年走空之人，今並行提去矣。雖未保出，而是非已定。此皆上臺秉公持正及大人君子孚號壯拯之力，惟有世世尸祝。

　　蘧常案：《清一統志》：劉向《別錄》：燕有黍谷，美而寒，不生五穀，鄒子居之，吹律而温氣生。舊有鄒衍祠，在山上。舊志：亦名燕谷山，亦謂之寒谷。左思賦"寒谷豐黍，吹律以暖之"是也。

〔三〕柔艣句　徐注：杜甫《船下夔州別王判官》詩：柔艣輕鷗外。

　　蘧常案：《楚辭·九歌·河伯》：流澌紛兮將來下。王逸注：流澌，解冰也。

〔四〕輕車句　徐注：《周禮》：車僕，輕車之萃。《宋史·孫長卿傳》：上構危棧，下臨不測之淵。

　　蘧常案：以上二句皆喻入險能出，困而不躓之辭。

〔五〕草木二句　徐注：陶潛《歸去來詞》：木欣欣以向榮。唐太宗《春日宴羣臣》詩：韶光開令序。

　　蘧常案：先生於三月四日投案，經五月十九日院審後，獄事始有解望，自春入夏，不覺韶光之晚也。

〔六〕大造二句　徐注：《梁書·馬仙琕傳》：蒙大造之恩，未獲上報。《禮》：天無私覆，地無私載，日月無私照。《左傳》僖公四年:一薰一蕕。

蔣常案:《孔子家語》:薰蕕不同器而藏。

〔七〕奈此二句　徐注:《世說》:蘇峻時,孔羣在橫塘爲匡術所逼,王丞相保存術,因衆坐令術勸羣酒,以釋橫塘之憾。羣答曰:德非孔子,厄同匡人,雖陽和布氣,鷹化爲鳩,猶憎其眼。

蔣常案:鷹眼,似指黄氏兄弟。《蔣山傭殘稿·與原一甥書》云:天水亦甚悔此一節,對簿析辯,俱是皮毛之語,而此書之所從來,竟無着落,乃反以不刻揭之故,取怒於江夏而多方下石。凡當日撫軍止批審後酌奪,臬司徑發府送羈,以至院示取保而不得保,已准保而不得出,皆江夏之爲也,可謂中山狼矣!又佚文《與人書》云:今江夏之驕恣,足以致敗,而與之同事,奈何!奈何!天水謂姜元衡,姜氏望出天水。江夏謂黄氏,黄氏望出江夏。先生之鋭身一出,不獨欲解同人之厄,抑亦可解黄氏之危,乃黄氏初則絕不照顧,見佚文《與人書》,既又多方下石,故以"鷹化爲鳩"比之。先生與黄氏兄弟共訟事,故有"薰蕕不同產"之慨。或謂指章丘謝長吉而言。然與長吉對簿在是年十一月,此時猶未相質也。又案:此詩極寫獄事將解之欣悦,爲六章之轉軸。全祖望以爲可芟,謬矣。

天門詄蕩蕩〔一〕,日月相經過。下閔黄雀微,一旦決網羅〔二〕。平生所識人,勞苦云無他〔三〕。騎虎不知危,聞之元彥和〔四〕。尚念田畫言,此舉豈足多〔五〕。永言矢一心,不變同山河〔六〕!

【彙注】

〔一〕天門句　徐注:《漢書·樂志》:天門開,詄蕩蕩。

蘧常案:《漢書·禮樂志》注:如淳曰:詠讀如迭。詠蕩蕩,天體堅清之狀也。

〔二〕下閔二句　徐注:《野田黃雀行》:拔劍捎羅網,黃雀得飛飛。徐《譜》:案是年春,竹垞至山東,客撫院劉公幕中,則先生之脫於患難,竹垞當與有力焉。張《譜》:顏修來有《送朱錫鬯之濟南》詩曰:攜手河梁悵去塵,歷山遙望柳條春。訟庭尚有南冠客,莫向燕臺思故人。自注:亭林時以詔獄在濟南。何氏紹基曰:札中所稱撫院者,宛平劉公芳躅也。案:《國史·漢名臣傳》:劉芳躅,康熙七年正月,擢山東巡撫。九年四月,丁母憂去。

蘧常案:《蔣山傭殘稿·與人書》云:弟以九月二十日保出,十一月十日再審,當事頗留心開豁,而章丘陷害之謀,亦已畢露,見批未審。可證徐《譜》所云之確。而李因篤之急難,奔走南北,尤爲與有力焉者也。詳下詩。又,佚文《與人書》云:十一月十日,一案之人,俱已赴院畫供,想有題結之望。則《元譜》謂"十月獄解,得釋"爲不確。《殘稿》又有《與人書》云,弟于正月四日入都,即墨一案,至三月十六日始結,則獄解實在明年三月矣。

〔三〕勞苦句　徐注:《漢書·張耳傳》:廷尉以貫高詞聞上,上使泄公持節問之,勞苦如平生歡。

蘧常案:"勞苦"之者,平生所識之人;"云無他"者,先生所答之辭。起下數句。

〔四〕騎虎二句　原注:《彭城王勰傳》:孝文之崩,咸陽王禧謂勰曰:汝非但辛勤,亦危險之至。勰對曰:兄識高年長,故知有夷險。彥和握蛇騎虎,不覺艱難。

蘧常案:《北史·彭城王勰傳》:獻文帝子,字彥和。封始平王。雅好屬文,長值禁內。改封彭城王。宣武即位,以爲宰輔，固辭。平淮西還朝，除錄尚書侍中。飌雅好恬素，不以勢利嬰心，爲高肇所譖，被誅。

〔五〕尚念二句　原注：《宋史·田晝傳》：鄒浩諫立劉后得罪，竄新州。晝迎諸塗，浩出涕，晝正色責曰：使志完隱默，官京師，遇寒疾不汗，五日死矣，豈獨嶺海之外能死人哉！願君毋以此舉自滿，士所當爲者未止此也！

蘧常案：《田晝傳》：陽翟人。字承君。爲校書郎。知西河縣，有善政。與鄒浩以氣節相激厲。知淮陽軍卒。

〔六〕永言二句　徐注：《詩》：永言配命。《書·泰誓》：惟一心。

先生《答次耕書》：耿耿此心，終始不變。

蘧常案：答次耕兩語，爲却修史言，非涉此事也。

附：歸莊《歸高士遺集·顧寧人去冬寄詩次韻答之》五首

中材涉末流，動即生尤悔。禍機非一端，前年事幾殆。譬若無維楫，孤舟涉滄瀣。恬然臥舟中，旁人爲震駭。有口自須言，非過何由改？皇天終愛材，渙然幸冰解。其一

忽聞吾友事，亦如涉大川。迢迢三千里，惟聞道路言：事起兩相讎，客子宜得全！但憂吾友性，迂怪終不悛。遠禍在人爲，豈容獨恃天。此世宜斂跡，知我惟龍泉。其二

貞松挺高岡，芳蘭被皋隰。四皓老深山，賈生夭卑濕。人生何必同，要在有所立。近傳我故人，株連竟囚繫。情事不能悉，猶幸獄未急。永歎愧良朋，救患非所及。其三

尺素從天來，乃在孟冬時。開緘得新詠，朗吟步階墀。徐生從北還，（案：徐生當是徐廉生。）亦多贊歎辭。寵辱不曾驚，面目只如斯。微聞讞獄者，此案在矜疑。著書猶未就，不願脫囚縶。其四

君詩古風調，應劉不能過。惟恐賢諸侯，或以禮爲羅。將使江南產，有耀翻自他。南皮名建安，蘭亭著永和，興到不自禁，著述應更多。

故人在廬中,相望隔山河。其六

　　蕖常案:《歸高士遺集》有《與顧寧人書》云:得所寄書及六詩,讀之,深歎兄之善處憂患,不惟舉動光明,揆之事理,亦自宜爾。六詩已和得,奉覽。今只存其五,第五首已佚。書又云:其中"迂怪不悛"及"江南樂土"等語,初非因此事而發,蓋別有爲。友人頗傳兄論音韻,必宗上古,謂孔子未免有誤,此語大駭人聽。其他議論,倘或類此,不亦迂怪之甚者乎!願兄抑賢智之過,以就中庸也!兄之去墳墓十餘年矣,初因避仇,勢非得已,歲月既久,怨仇已釋,柳子厚竄南方,惟以不得上丘墓爲恨,彼以得罪不能歸,兄今欲歸,其孰禦之?獨無丘墓之思乎?此又平生故人所懇懇於懷者也。"迂怪不悛",見第二首。"江南樂土"云云,不見於此,或在佚去之第五首中乎?

子德李子聞余在難特走燕中告急諸友人復馳至濟南省視於其行也作詩贈之

【解題】

　　徐注:全祖望《先生神道表》:先生訟繫半年,富平李因篤自京師爲告急於有力者,親至歷下解之,獄始白。張《譜》:穆案:子德《春懷》詩之第五章有云:歷下東湖青溟洲,歷山東望白雲樓。深知鄒子繫非罪,敢謂魯連排眾謀。欲陟岱宗俟它日,將觀滄海難久留。詠此年赴東馳救及因疾先還事也。

　　急難良朋節,扶危烈士情[一]。平居高獨行,此去爲同盟[二]。撫劍來燕市[三],揚鞭走易京[四]。黃埃隨馬漲,黑水繫船橫[五]。救宋裳初褰[六],囚梁獄未成[七]。盈庭多首鼠[八]，中路復怔營[九]。已涉平原里[一〇]，遄驅歷下城[一一]。雲浮泉氣活，日麗嶽林明。夜樹蟬初引[一二]，晨巢鵲亟鳴。喜猶存卞璞[一三]，幸不蹈秦坑[一四]。勞苦詞難畢，悲歡事忽并。橐饘勤問遺[一五]，寢息共論評[一六]。發憤皆公正[一七]，姱修自幼清[一八]。君賢關羽弟，我媿季心兄[一九]。將伯呼朝士[二〇]，同人召友生[二一]。《詩》《書》仍燼溺[二二]，禹稷竟冠纓[二三]。頗憶過從數，深嗟歲序更[二四]。川巖句注險[二五]，池館薊丘平[二六]。每並登山屐[二七]，常隨泛月舲[二八]。詩從歌伎采[二九]，辯使坐賓驚[三〇]。祿位揚雄小[三一]，囊錢趙壹輕[三二]。與君俱好遯[三三]，於世本無爭[三四]。史論悲鉤黨[三五]，儒流薄近名[三六]。材能尊選愞[三七]，仁義恷孤婷[三八]。自得忘年老，聊存處困貞[三九]。不才偏累友[四〇]，有膽尚談兵。坎窞何當出[四一]？虞機詎可攖[四二]！殷勤申別款，落莫感精誠[四三]。禽海填應滿[四四]，鼇山扑豈傾[四五]。相期非早暮，渭釣與莘耕[四六]。

【彙校】

〔鼇山扑〕徐注本，吳、汪、曹三校本"扑"作"忭"。丕續案：屈原《天問》及張衡《思玄賦》"鼇扑"皆作"扑"，作"忭"誤。

【彙注】

〔一〕急難二句　徐注：《詩》：脊令在原，兄弟急難。每有良朋，況也永歎。吳均《連珠》：烈士赴危。《同志贈言》李因篤《奉答前詩》詩：急難睽良友，端居惕遠征。先生手札云：弟於九月二十日保出，十一月十日，一案之人俱已赴院畫供，想有題結之望。凡所以入險能出,因而不躓者,皆知己扶持之力。

〔二〕平居二句　徐注:《禮‧儒行》:其特立獨行有如此者。

蔣常案:阮籍《詠懷詩》:念我平居時。又,李因篤《奉答前詩》詩:曾邀肝膽契,況忝雪霜盟。

〔三〕燕市　蔣常案:見卷四《送王文學麗正歸新安》詩"燕市酒"注。

〔四〕易京　徐注:《通典》:歸義縣南十八里即易京城。《後漢書》:公孫瓚築易京城,修營壘樓觀,臨易河,通遼海,以鐵爲門。

蔣常案:易京故城,在今河北省雄縣西北。

〔五〕黑水句　徐注:《書‧禹貢》:導黑水。

蔣常案:《禹貢》:導黑水。《通典》云:孔、鄭通儒,莫知其所,或是年代久遠,遂至堙涸,無以詳焉。《水經注》以爲出張掖,南流至敦煌,過三危山,南流入於南海。因篤自關中至北京,必無經其故道之理,徐注疑非。或以《禹貢》梁州之黑水爲若水,亦不相及。其他名黑水者,皆在西北或西南,更不相涉矣。此與上句"黃埃"作偶,當泛指水渾色黑者而言。猶白居易《遊寺》詩,以"黑水"對"白雲",云"黑水澄時潭底出,白雲破處洞門開"也。

〔六〕救宋句　原注:《墨子》:公輸般爲楚設機械以攻宋,墨子聞之,自魯往,裂裳裹足,日夜不休,十日十夜,而至於郢。

〔七〕囚梁句　徐注:《史記‧鄒陽傳》:遊於梁,羊勝、公孫詭等惡之。梁孝王怒,下之獄。乃從獄中上書。杜甫《秦州見敕目》詩:囚梁亦固扃。《同志贈言》李因篤《奉答前詩》:《巷伯》詩難讀,梁園獄已平。

〔八〕盈庭句　徐注:《詩》:發言盈庭。

蔣常案:《史記‧灌夫列傳》:何爲首鼠兩端?《集解》:首

鼠,一前一却也。《蔣山傭殘稿·與原一甥書》:此事上臺不肯擔當結案,今又題展限兩月。又,此案扳蔓,非旦夕所能了也。

〔九〕中路句　原注:《後漢書·鄧騭傳》:惶窘怔營。　徐注:宋玉《九辨》:然中路而迷惑兮。

〔一〇〕平原里　徐注:《一統志》:濟南府平原縣,平原君故里。

〔一一〕遄驅句　徐注:《史記·淮陰侯列傳》:信用蒯通計,度平原襲破齊歷下軍。案:今濟南府歷城縣。

蕅常案:《三齊記》:歷下城南對歷山,城在山下,故名。李因篤《奉答前詩》詩云:草莽虛炎月,雲高隱暮旌。罷呼燕市酒,遄決薊門程。戍角迷丹嶂,河陰護綠蕪。崩隄頻渾馬,廢隝剩聞鶯。又云:馳聞瀛隰盡,頗喜岱嵐迎。此與"撫劍來燕市"已下十句合觀之,可知因篤良朋急難,暑月遄征情況。

〔一二〕夜樹蟬　徐注:武元衡詩:官渡含風夜樹蟬。

〔一三〕卞璞　蕅常案:《韓非子·和氏篇》:楚人卞和(案:今本作和氏,依《藝文類聚》七、《白孔六帖》引改。)得玉璞楚山中,奉而獻之。厲王使玉人相之,曰:石也。王以和爲誑,而刖其左足。及武王即位,又獻之,玉人又曰:石也。王又以和爲誑,而刖其右足。文王即位,和乃抱其璞而哭三日三夜。王聞之,使人問其故,和曰:吾非悲刖也,悲夫寶玉而題之以石,貞士而名之以誑,此吾所以悲也。王乃使玉人理其璞而得寶焉,遂命曰"和氏之璧"。

〔一四〕秦坑　蕅常案:見卷三《贈路光祿太平》詩"畫地"句注。

〔一五〕槖饘句　蕅常案:見卷三《松江別張處士慤王處士煒》詩"槖饘"句注。

〔一六〕寢息　徐注:李尤《室銘》:寢息幽閒。

蕅常案:李因篤《奉答前詩》詩:膏沐誰邅理,壺飱欲就傾。畏途晨上謁,羇邸夜班荆。續燭探行笥,聯牀敞外楹。

年華窮不減,《日錄》老逾精。即"勞苦"四句注腳也。

〔一七〕發憤句　原注:《史記·伯夷列傳》:非公正不發憤。

〔一八〕姱修句　徐注:《楚辭·招魂》:朕幼清以廉潔兮。

　　　　蘧常案:《楚辭·離騷》:余雖好脩姱以鞿羈兮。洪興祖補注:脩姱,謂脩潔而姱美也。姱,苦瓜切。

〔一九〕君賢二句　原注:《史記·季布列傳》:布弟季心,氣蓋關中,爲任俠,長事袁絲,弟畜灌夫、籍福之屬。徐注:《三國志·蜀志·關張傳》:先主與二人寢則同牀,恩若兄弟。

　　　　蘧常案:李因篤《詠懷五百字奉亭林先生》詩:慨然弟畜予,札僑風斯踐。別詳卷六《過李子德》詩第一首"讓齒"句注。

〔二〇〕將伯句　徐注:《詩》:將伯助予。《周禮·秋官》:朝士掌建邦外朝之法。

　　　　蘧常案:《詩·小雅·正月》:將伯助予。傳:將,請也。伯,長也。《正義》:請長者助我。朝士,似泛謂士大夫之在朝者,如孔融《上書薦謝該》所云"朝士益重儒術"也。徐注非。

〔二一〕同人句　徐注:《易》:同人于門。《詩》:不如友生。

〔二二〕《詩》《書》句　徐注:《史記·秦始皇本紀》:丞相李斯言:非博士官所職,天下敢有藏《詩》、《書》、百家語者,悉詣守尉雜燒之。有敢偶語《詩》、《書》,棄市;以古非今者族;令下三十日不燒,黥爲城旦。

　　　　蘧常案:《史記·酈生列傳》:沛公不好儒。諸客冠儒冠來者,沛公輒解其冠,溲溺其中。

〔二三〕禹稷句　徐注:《孟子》:禹、稷當平世。又:被髮纓冠而往救之。

　　　　蘧常案:《蔣山傭殘稿·與人書》:富平李天生因篤者,三千里赴友人之急,疾呼輦下,協計槖饘,馳至濟南,不見官長一人而去。此則季心、劇孟之所長，而乃出于康成、子慎之輩，又可使薄夫敦而懦夫立者也！詩自起至此一段，即此數語意而加以鋪張排比者也。

〔二四〕頗憶二句　徐注：令狐楚詩：休澣許過從。

　　蘧常案：年譜：康熙二年，始與李因篤訂交，五年，訪於代州，與因篤鳩貲墾荒于雁門之北。又案：李因篤《受祺堂詩》自注：七年春既見於京師，先生入獄，因篤馳至濟南，故曰"過從數"。自訂交至此時，已歷六年，故嗟歲序之更也。

〔二五〕川巖句　徐注：《水經注》：鹽澤川巖雲秀。

　　蘧常案：見前《重過代州贈李子德》詩"句注山"注。

〔二六〕池館句　徐注：謝朓《游後園賦》：清陰起兮池館涼。

　　蘧常案：薊丘，見前卷一《高漸離擊筑》詩"薊丘"注。

〔二七〕每並句　《南史・謝靈運傳》：上山則去其前齒，下山則去其後齒。　段注：引《謝靈運傳》，當增"靈運登躡，常著木屐"八字。

　　蘧常案：此句承"川巖"句，謂重過代州時也。

〔二八〕常隨句　徐注：王勃《拜南郊頌》：戈船泛月。

　　蘧常案：此句承"池館"句，謂前年同客京師慈仁寺事。李因篤《奉答前詩》詩云：憶折前津柳，同炊古寺羹。注：前年與先生同客慈仁寺，余先別去。此詩全題首句云：舊年寧人以無妄繫濟南。則謂本年康熙七年，而詩注云"前年"，則康熙六年事也。

〔二九〕詩從句　蘧常案：《集異記》：開元中，詩人王昌齡、高適、王之渙齊名。一日共詣旗亭貰酒，忽有伶官十數人會讌。三人因私約曰：我輩各擅詩名，今觀諸伶謳，若詩入歌詞者為優。俄一伶唱"寒雨連江夜入吳"，昌齡引手畫壁曰：一絕句。又一伶謳"開篋淚沾臆"，適引手畫壁曰：一絕句。尋又一伶謳"奉帚平明金殿開",昌齡又畫壁曰:二絕句。之渙因指諸妓中最佳者曰:此子所唱,如非我詩,終身不敢與爭衡矣。須臾,雙鬟發聲,曰"黃河遠上白雲間"。之渙大笑,飲醉竟日。

  蘧常案:富君壽蓀校《唐詩別裁》云:王詩寫玉門關荒涼景象,當從《全唐詩》注及《文苑英華》(卷二九九)、《樂府詩集》(卷二二)、《唐詩紀事》(卷二六)作"黃沙直上"。備一說。

〔三〇〕辯使句　段注:杜甫《飲中八仙歌》:高談雄辯驚四筵。

〔三一〕祿位句　原注:《漢書‧揚雄傳》:凡人賤近而貴遠,親見揚子雲祿位容貌,不能動人,故輕其書。

〔三二〕囊錢句　原注:《後漢書‧趙壹傳》:文籍雖滿腹,不如一囊錢。

〔三三〕與君句　徐注:《易‧遯卦》:好遯,君子吉。

  蘧常案:李因篤《雁門邸中值寧人先生初度》詩:入世深肥遯,同羣識勁操。

〔三四〕於世句　徐注:《戰國策》:江辛曰:自以為無患,與人無爭也。

〔三五〕史論句　徐注:《後漢書‧靈帝紀》:制詔州郡大舉鉤黨。注:鉤,謂牽引也。

  蘧常案:事詳卷四《贈孫徵君奇逢》詩"黨錮"句注。

〔三六〕儒流句　徐注:《莊子》:為善無近名。

  蘧常案:儒流,見前《寄劉處士大來》詩"渾九流"注。

〔三七〕選愞　蘧常案:《漢書‧西南夷傳》:恐議者選愞,復守和解。注:師古曰:選愞,怯不前之意也。案:選愞,同選耎,徐灝《段氏說文注疏》:巽即古選字。巽為順而柔弱,怯懦謂之選懦,亦曰選耎,此古時字少以引申、假借通用也。

〔三八〕孤孵　徐注:曹植《靈芝篇》:自傷早孤孵。

〔三九〕處困貞　徐注:《易‧困卦》:困,亨貞。程傳:況隨時善處,復有裕乎?

〔四〇〕不才句　蘧常案:即《與人書》所謂"三千里赴友人之急"者也。

〔四一〕坎窞　徐注:《易》:習坎,入於坎窞。《同志贈言》李因篤《奉答前詩》:周行坎窞并。

〔四二〕虞機　徐注:《書》:若虞機張。

〔四三〕落莫句　徐注:釋辯才《以缸面酒飲蕭翼》詩:披雲同落莫。班彪《王命論》:精誠通於神明。

〔四四〕禽海句　蘧常案:見卷一《精衛》詩題注,及"長將"四句注。

〔四五〕鼇山句　原注:《楚辭·天問》:鼇戴山抃。張衡《思玄賦》:鼇雖抃而不傾。

〔四六〕渭釣句　徐注:《孟子》:伊尹耕於有莘之野。

　　蘧常案:《史記·齊太公世家》:呂尚以漁釣奸周西伯。西伯將出獵,卜之曰:所獲非龍非彲,非虎非羆,所獲霸王之輔。於是周西伯獵,果遇太公於渭之陽。

附:李因篤《受祺堂詩集·舊年寧人先生以無妄繫濟南走書報我觸暑馳視苦疾作辭還先生贈行三十韻詩春日晤保州重會薊門奉答前詩廣二十韻》

卧病三秋色,懷人五嶽情。涼飆吹夢起,啄雀喚愁生。客返關中路,書傳歷下城。(蘧常案:原有注,今删,下同。凡有關者已取入各注,不復出矣。)倒衣初罷枕,垂涕復沾纓。《巷伯》詩難讀,梁園獄已平。長吟歸黯淡,別緒鬱縱橫。憶折前津柳,同炊古寺羹。有孚謀且窒,無角兆先成。遠道兼葭隔,周行坎窞并。苢萊矜野語,虞芮亂囂聲。欸櫂江波大,潛揚海汐輕。羣疑紛所出,衆口漫多驚。智勇微夫子,艱危詎此行。奮身甘下吏,微服恥爲氓。《易·象》繇斯昉,《騷》《歌》比類明。經旬喧地炁,舉國丐天晴。節至通蘋藻,愁來憶弟兄。曾要肝膽契,況忝雪霜盟。草苿虛炎月,雲高隱暮旌。罷呼燕市酒,遄決薊門程。戍角迷丹嶂,河陰護綠蘅。崩隄頻淖馬,廢隰剩聞鶯。水旱憂兼劇,誅求慘自鳴。此邦哀瑣尾,何室厭香橙?觸目難俱述,驚時已漸更。馳聞瀛隰盡,頗喜岱嵐迎。膏沐誰遑理,壺殽欲就傾。畏途晨上謁,羈邸夜班荊。續燭探行笥,聯牀敞外楹。年華窮不減,《日錄》老逾精。恨失登山約,嗟爲抱甕貞。徘徊違魯賄,邂逅合秦箏。閡訪滄溟峻,泉憐趵突清。狂濤終砥柱,直道益崢嶸。旅食悲寒及,歸舟阻潦盈。依然垂橐去,率爾采薪嬰。左次才彌拙,西還意若酲。貧非荒竹徑,渴豈慕金莖。急難睠良友,端居惕遠征。寸心如濩落,中夜幾屏營。自得分魚素,空教怨鹿苹。川原仍獨往,伏臘互相衡。甫定他鄉榻,俄從上日舥。好音隨杖屨,佳會足公卿。律轉堅冰解,春迴早卉榮。斂才期近物,逃俗勵脩名。忽復追鞭弭,還來過帝京。每詢邙邑樹,誰薦寢園櫻?進履耽逢石,將詩悚報瓊,雍田關華好,爲耦待躬耕。

贈同繫閻君明鐸先出

【解題】

　　蘧常案:同繫,謂同繫濟南府獄者。李因篤《奉答前詩廣二十韻》詩"邂逅合秦箏"注云:閻天木,鄉人,以事滯山左。天木,當爲明鐸字,蓋取《論語·八佾》篇"天將以夫子爲木鐸"義。曰鄉人,則亦陝西富平人。以事滯山左,謂其受羈山東。"邂逅合秦箏",謂二人同繫也。此詩實無忌諱處,而潘、徐本亦不收。

　　鄒陽方入獄,未上大王書[一]。一遇韓安國,同悲待溺餘〔二〕。春風吹卉木〔三〕，大海放禽魚〔四〕。莫作臨歧歎，行藏總自如〔五〕。

【彙校】

〔題〕此首孫託荀校本，吳、汪兩校本皆有；潘刻本、徐注本、孫校本無。朱刻本"明鐸"作小字偏右。注云：著雍涒灘，在《樓桑廟》前，戊申。孫託荀校本同，無紀年。

【彙注】

〔一〕鄒陽二句　蘧常案：《漢書·鄒陽傳》：鄒陽，齊人也。仕吳，以文辯著名。吳王怨望，陽奏書諫，吳王不內。去之梁，從孝王遊。陽爲人有智略，忼慨不苟合，介于羊勝、公孫詭之間，勝等疾陽，惡之孝王。孝王怒，下陽吏，將殺之，迺從獄中上書，書奏，孝王立出之。卒爲上客。初，勝、詭欲使王求爲漢嗣，爰盎等皆建以爲不可，天子不許。梁王怒，令人刺殺盎，上疑梁殺之，使者冠蓋相望，責梁王。梁王始與勝、詭有謀，陽爭以爲不可，故見讒。案：鄒陽蓋以自喻。

〔二〕一遇二句　蘧常案：《漢書·韓安國傳》：字長孺。梁成安人也。事梁孝王，爲中大夫。武帝即位，以爲北地都尉，遷大司農，爲御史大夫。爲人多大略，知足以當世取舍，而出於忠厚，貪耆財利，唯天子以爲國器。後稍下遷，病歐血死。溺餘，見前卷三《贈路光禄太平》詩"獄卒"句注。

〔三〕春風句　蘧常案：《詩·小雅·出車》：春日遲遲，卉木萋萋。

〔四〕大海句　蘧常案：《魏書·崔鴻傳》：感彼禽魚。此或用明初袁凱"大海鰻魚"事。朱彝尊《靜志居詩話》云：袁海叟，居松江府治東門外，單恂即其地構白燕菴。李舍人待問書聯於柱曰：春風燕子依然在，大海鰻魚不可尋。相傳孝陵有言：東海走却大鰻魚,何處尋得? 蓋爲海叟發也。海叟,袁凱字,嘗賦《楊白花》詩被讒,幾不免,遂佯狂於九峰、三泖間。豈閻明鐸亦以文字被累,事或有類,故以相比擬歟?

〔五〕行藏　蘧常案:《論語·述而》篇:用之則行,舍之則藏。

爲黄氏作

【解題】

蘧常案:黄氏當謂萊州詩獄之黄培兄弟等。詳前《赴東》詩序"萊人"二句注,及第五首"奈此"二句注。

齊虜重錢刀〔一〕,恩情薄兄弟〔二〕。蟲來齧桃根,桃樹霜前死〔三〕。

【彙校】

〔題〕此首孫託荀校本,吳、汪兩校本皆有;潘刻本、徐注本、孫校本無。朱刻本注云:"屠維作噩,在《樓桑廟》後,己酉。"孫託荀校本同,無紀年。

【彙注】

〔一〕齊虜句　蘧常案:《史記·劉敬列傳》:上怒罵劉敬曰:齊虜以口舌得官。《風俗通》:錢刀,俗説利傍有刀,言治生得金者,必有刀錢之禍。又案:先生佚文《與人書》:江夏之驕且吝,足以致敗。江夏指黄,前已言之,當謂黄氏昆弟。黄氏即墨人,故曰"齊虜";吝,故曰"重錢刀"。

〔二〕恩情句　蘧常案:兄弟當指黄培、黄坦。所謂"恩情薄",無文獻足徵。先生佚文《與人書五》：弟不惜危軀，出而剖白此事；又云：黃氏絕不照管；《蔣山傭殘稿・與原一甥書》云：江夏多方下石，可謂中山狼矣！黃氏於仗義之人，涼薄至此，不獨不德，而又害之，則於骨肉之間，亦可知已。

〔三〕蟲來二句　蘧常案：古樂府：蟲來齧桃根，李樹代桃僵。王獻之《桃葉歌》：桃樹連桃根。又案："蟲來齧"，似謂姜元衡誣告黃氏兄弟，並及其父宗昌，詳前《赴東》詩序"萊人"二句及"指爲"二句注。先生佚文《與人書》云：黃氏詩獄發，督撫親審，事歷三載。其久訟破家可知，"霜前死"，或謂此乎？

樓桑廟 已下屠維作噩

【解題】

徐注：康熙八年己酉。《蜀志》：涿州即漢昭烈故居，東南舊有桑高五丈，因號樓桑村。《一統志》：順天府漢昭烈廟在涿州西南樓桑村，唐乾寧四年建，碑尚存。金承安初重修，王庭筠有記。明弘治二年再修，以關、張配享。　冒云：先生是年年五十七。

蘧常案：《燕山叢談》：漢昭烈宅在涿州樓桑村，有桑層蔭如樓，故名。是年海上鄭氏稱永曆二十三年；公元一六六九年。

大雪閉河山，停驂阻燕界〔一〕。日出見平岡，廟制頗弘大。昭烈南面尊〔二〕，其旁兩侯配〔三〕。陰森宮前木，蕪沒畦首菜〔四〕。遺像纏風塵，荒碑委榛薉〔五〕。痛惟初平時，中原已橫潰〔六〕。跳身向荊益，歷險誠不悔〔七〕。終焉嗣漢業，上帝居禋類〔八〕。獨此幽并區，頻在衣冠外〔九〕。不得比南陽〔一〇〕，何由望豐沛〔一一〕？尚想舊宅桑，童童狀車蓋〔一二〕。黃屋既飄颻〔一三〕，霓旌亦杳靄〔一四〕。惟有異代臣〔一五〕，過瞻常再拜。不及二將軍，提戈當一隊〔一六〕。

【彙注】

〔一〕停驂句　徐注：《史記·燕召公世家》：燕界北迫蠻貊，內措齊、晉。

〔二〕昭烈　徐注：《三國志·蜀志·先主傳》：梓宮自永安還成都。諡曰昭烈皇帝。

〔三〕兩侯　徐注：《三國志·蜀志·關張馬黃趙傳》：曹公表封羽爲漢壽亭侯。又追諡羽曰壯繆侯。又進封飛西鄉侯，追諡飛曰桓侯。

〔四〕蕪沒句　徐注：《南史·梁元帝紀》：庭草蕪沒。

　　　　蘧常案：畦首菜，見卷三《酬陳生芳績詩》"但掩"句注。

〔五〕荒碑句　徐注：先生《金石文字記》：《蜀先主廟碑》，郭□撰，正書，乾寧四年。今在涿州樓桑村廟中，剝蝕，其首行曰："婁居道重修。"梁宣帝《游七山寺賦》：撥榛蒯之瀰蒙。

〔六〕痛惟二句　徐注：《蜀志·先主傳》：上言漢帝曰：曩者董卓造爲亂階，自是之後，羣凶縱橫，殘剝海內。謝靈運《擬鄴中詩》：天地中橫潰。

　　　　蘧常案：《後漢書·孝獻帝紀》：初平元年春正月，董卓殺弘農王。白波寇東郡。二月丁亥，遷都長安。三月己酉，董卓焚洛陽宮廟及人家。二年十一月，黃巾寇太山，轉寇勃海。三年四月辛巳，誅董卓。五月，董卓部曲將李傕、郭汜、樊稠、張濟等，反攻京師。六月戊午，陷長安城。四年夏五月，下邳賊闕宣自稱天子。

〔七〕跳身二句　徐注：《漢書·蕭何曹參傳》：失軍亡衆，跳身遯者數矣。

蘧常案：《史記·高祖本紀》：漢王跳。《集解》：徐廣曰：跳音逃。《索隱》：如淳云：跳，走也。又《蕭相國世家》：夫上與楚相距，逃身遁者數矣。蕭常《續後漢書·昭烈帝紀》：建安六年，昭烈頓軍汝南，曹操來攻，昭烈與劉表相聞，表郊迎之，待以上賓之禮。益其兵，使屯新野。十三年，操攻劉表，會表卒，子琮代立，約降。昭烈遂將其衆去，操以精騎來追，昭烈兵不利，從間道走漢津，濟沔。會表長子江夏太守琦衆萬餘人，未有所鄉，乃與俱至夏口。遣諸葛亮詣孫權，請兵擊操。十二月，昭烈以其衆會吳師，及操戰於赤壁，大敗之。表劉琦爲荆州刺史。十四年，劉琦卒，羣下推昭烈爲荆州牧。十六年，益州牧劉璋聞操將向漢中攻張魯，大恐。張松說璋曰：劉豫州，使君之肺腑，而曹操之深讎也，且善用兵，若使之討魯，魯必破，魯破，則操無能爲也。璋然之，使法正迎昭烈。昭烈遂自將萬人入益州，至涪，璋自出迎。張松使法正啓昭烈，可於會襲璋。昭烈曰：恩信未孚，不可倉卒。十七年，松兄肅懼禍及，發其謀。於是璋收斬松，敕關戍諸將文書，勿使關通昭烈。昭烈大怒。十八年，分遣諸將，平定郡縣。十九年，拔雒城，進圍成都，劉璋出降，遷之於南郡、公安。昭烈復領益州牧。

〔八〕終焉二句　蘧常案：《續後漢書·昭烈帝紀》：建安二十四年秋七月，羣下上昭烈爲漢中王，表於天子。二十五年，曹丕篡帝位。或傳天子遇害，王乃發喪制服。章武元年春，羣臣上尊號。夏四月，即皇帝位於成都，燔柴告天。其祝文曰：謹擇元日，與百僚登壇，受皇帝璽綬，修燔瘞告，類於天神，惟神饗祚於漢家，永綏四海。於是建元爲章武，大赦天下。置百官，立宗廟,祫祭高皇帝以下。

〔九〕獨此二句　蔣常案:幽、并,見卷四《五臺山》詩"盤礴"句注。《詩·大雅·召旻》:不云自頻。鄭箋:頻當作濱。案:蓋謂涿州處幽、并之間,濱於荒厓遠水,衣冠文物之外也。《明史》志《地理一》涿州注:北有涿水,西北有挾河合焉,南有范水。

〔一〇〕南陽　蔣常案:見卷一《大漢行》"次第"句注。

〔一一〕豐沛　徐注:《史記·高祖本紀》:沛豐邑中陽里人也。

〔一二〕尚想二句　徐注:《三國志·蜀志·先主傳》:舍東南角籬上有桑樹生,高五丈餘,遥望見童童如小車蓋,往來者皆怪此樹非凡,或謂當出貴人。先主少時,與宗中諸小兒於樹下戲曰:吾必當乘此羽葆車蓋。叔父子敬謂曰:汝勿妄言,滅吾門也。

〔一三〕黄屋　蔣常案:見卷二《金壇縣南五里顧龍山》詩"黄屋"句注。

〔一四〕霓旌句　徐注:符載《襄陽北樓記》:香霭静深。

　　　蔣常案:宋玉《高唐賦》:蜺爲旌,翠爲蓋。蜺同霓。班固《兩都賦》:虹旆霓旌。

〔一五〕惟有句　蔣常案:謝靈運《七里瀨》詩:異代可同調。

〔一六〕不及二句　徐注:《三國志·蜀志·關張馬黄趙傳》:先主爲漢中王,拜羽爲前將軍,拜飛爲右將軍。章武元年,遷車騎將軍。《漢書·李陵傳》:願得自當一隊。

三月十二日有事於先皇帝攢宮同李處士因篤

【解題】

徐注:張《譜》:案《受祺堂詩集》有《舊年顧寧人先生以無妄縶

濟南走書報我觸暑馳視苦疾作馳還先生寄贈行三十韻詩春日晤保州重會薊門奉答前詩廣二十韻一首》。詩有云：甫定他鄉榻，俄從上日觥。自注：先生以二月朔至。又云：每詢邱邑樹，誰薦寢園櫻？自注：時在清明。是先生此年與子德會合及謁陵之時日也。"二月朔，至保定"一節，《譜》亦失載。《文集‧謁欑宮文》云：臣炎武、臣因篤，江左豎儒，關中下士。相逢燕市，悲一劍之猶存；旅拜橋山，痛遺弓之不見。時當春暮，敬擷村蔬，聊攄草莽之心，式薦園陵之事。告四方之水旱，及此彌年；乘千載之風雲，未知何日？伏惟昭格，俯鑒丹忱。

蓮常案：《元譜》：八年己酉，三月，往昌平，五謁天壽山及懷宗欑宮。是行也，與李子德偕。《李天生年譜》：康熙八年，元日，由霍州經靈石抵保定，與顧寧人會，遂入都，尋寧人亦自山東至，清明同謁懷宗欑宮。

　　餘生猶拜謁，吾友復同來。筋力愁初減〔一〕，天顏佇一迴。巖雲隨馭下〔二〕，寢仗夾車開〔三〕。未得長陪從，辭行涕泗哀。

【彙校】
〔題〕潘刻本、徐注本、孫校本無"先皇帝"三字。
【彙注】
〔一〕筋力　徐注：《禮》：老者不以筋力爲禮。
〔二〕隨馭　徐注：《宋史‧樂志》：迴飆隨馭。
〔三〕寢仗　徐注：《唐書‧百官志》：司仗、典仗、掌仗各二人。皇甫曾詩：爐煙乍起開仙仗。

　　　蓮常案：謂帝王園陵寢廟之儀仗也。《續漢書‧祭祀志》：漢諸陵皆有園寢，承秦所爲。車，當謂"雲車"，與上馭謂

"龍馭"作對,所謂"雲車風馬"也。或以爲指"天子之殯,菆塗龍輴"而言,然此時殯已久矣,疑非。

附:李因篤《受祺堂詩集·三月十二日有事於欑宫同顧徵士炎武賦用來字》詩

再出松楸路,初將灑埽盃。百神春轉肅,孤寢墓同哀。渚雁依靈藻,峰霞拂繡苔。葱葱橋嶽氣,日向五雲來。

贈李貢士嘉故城人時年八十

【解題】

　　蔣常案:李嘉無考。故城,明屬河間府景州。《明史》志《地理一》:州南少西。今屬河北省。

　　居然漢代表遺民,猶向甘陵説黨人[一]。久矣泥塗嗟絳縣[二],不妨漁釣老河濱[三]。花香元亮籬前酒[四],雨墊林宗野外巾[五]。此日耆英誰得似[六]?飲和先作一方春[七]。

【彙注】

〔一〕猶向句　徐注:《後漢書·黨錮傳序》:初,桓帝受學於甘陵周福。及即位,擢爲尚書。時同郡河南尹房植有名當朝,二家賓客,互相譏揣,遂各樹朋徒,漸成尤隙,由是甘陵有南北部。

　　蔣常案:徐注末應增引"黨人之議自此始矣"句。《續漢書·郡國志》：冀州清河國甘陵，故厝，安帝更名。

〔二〕久矣句　蘧常案：《左傳》襄公三十年：晉悼夫人食輿人之城杞者，絳縣人，或年長矣，無子，而往與於食。有與疑年，使之年，曰：臣，小人也，不知紀年。臣生之歲，正月甲子朔，四百有四十五甲子矣，其季於今三之一也。吏走問諸朝，師曠曰：七十三年矣。趙武問其縣大夫，則其屬也。召之而謝過焉，曰：使吾子辱在泥塗久矣，武之罪也，敢謝不才。遂仕之。

〔三〕不妨句　蘧常案：漁釣，見前《子德李子聞余在難》詩"渭釣"句注。

〔四〕花香句　蘧常案：元亮，見卷一《擬唐人五言八韻·陶彭澤歸里》詩題注。陶潛《飲酒》詩：采菊東籬下，悠然見南山。又：秋菊有佳色，裛露掇其英。汎此忘憂物，遠我遺世情。

〔五〕雨墊句　徐注：《後漢書·郭泰傳》：嘗遇雨，巾一角墊，時人乃故折巾一角，以爲"林宗巾"，其見慕如此。

〔六〕耆英　蘧常案：見卷三《賈倉部必選説易》詩"耆英"注。

〔七〕飲和句　原注：《淮南子》：不言而能飲人以和。

邯　鄲

【解題】

徐注：《明史》志《地理》：廣平府邯鄲。府西南。元屬磁州，洪武元年來屬。西北有洺河，東有滏陽河。《方輿紀要》：戰國時趙都也。秦置邯鄲郡於此，漢爲邯鄲縣，趙國治焉。更始二年，世祖擒王郎，幸邯鄲，其後仍爲趙國治。《志》云：舊城，俗呼爲趙王城。

蘧常案：《漢書・地理志》邯鄲張晏注：邯，山名；鄲，盡也。邯山至此而盡，故名。

趙國地生毛〔一〕，叢臺野火燒〔二〕。平原與馬服，纍纍葬枯蒿〔三〕。饑烏啄冬雪，獨雁號寒郊。有策無所用，拂拭千金刀〔四〕。豈聞蕭王來〔五〕，北發漁陽豪〔六〕。晝卧溫明殿〔七〕，蒼生正嗷嗷。太息復何言，此身隨所遭〔八〕。

【彙注】

〔一〕趙國句　原注：《史記・趙世家》：民謳言曰：趙爲號，秦爲笑，以爲不信，視地之生毛。
　　　　蘧常案："地生毛"，當謂地動坼。《史記・趙世家》：幽繆王遷五年，代地大動，自樂徐以西，北至平陰，臺屋牆垣，太半壞，地坼東西百三十步。《正義》：其坼溝見在，在晉、汾二州界也。

〔二〕叢臺句　原注：《漢書・五行志》：高后元年五月丙申，趙叢臺災。　徐注：《方輿紀要》：叢臺在邯鄲縣城東，世傳趙武靈王所築，以其連聚非一，故曰叢臺。光武拔邯鄲，置酒高會，與馬武登叢臺。

〔三〕平原二句　蘧常案：平原，見前《出雁門關》詩第二首"趙國"二句注。《史記・平原君列傳》：喜賓客，蓋至者數千人。相趙惠文王及孝成王，三去相，王復位，封於東武城，以孝成王十五年卒。《一統志》：平原君墓，在肥鄉縣東南七里。《史記・廉頗藺相如列傳》：趙奢者，趙之田部吏也。平原君以爲賢，王用之治國賦。秦伐韓，軍於閼與，王令奢將救之，大破秦軍，遂解閼與之圍而歸。惠文王賜奢號爲馬服君。《集解》：張華曰：趙奢冢在邯鄲界西山上，謂之馬服山。

〔四〕拂拭句　徐注：李白《留別賈舍人至》詩：拂拭倚天劍。《吳越春秋》：子胥以劍贈漁父曰：此千金劍也。

〔五〕蕭王　徐注：《後漢書·光武紀》：更始元年，故趙繆王子林乃詐以卜者王郎爲成帝子子輿，立郎爲天子，都邯鄲。二年，光武移檄邊郡，共擊邯鄲。又四月，進圍邯鄲，連戰破之，誅王郎。更始遣侍御史持節立光武爲蕭王。

〔六〕北發句　徐注：《後漢書·耿弇傳》：至長安，陳漁陽、上谷兵可用，又與吳漢北發幽州十郡兵。杜甫《後出塞》詩：漁陽豪俠地。

〔七〕畫卧句　徐注：《後漢書·耿弇傳》：光武居邯鄲宮，晝卧溫明殿，弇入造牀下請閒，因説曰：今更始失政，百姓不知所從，士人莫敢自安，其敗不久，公首事南陽，破百萬之軍，今定河北，據天府之地，以義征伐，發號響應，天下可傳檄而定，天下至重，不可令它姓得之。

〔八〕此身句　徐注：杜甫《避地》詩：此生隨所遭。

邢　州

【解題】

徐注：《明史》志《地理》：順德府領縣九：邢臺、沙河、南和、任、內丘、唐山、平鄉、鉅鹿、廣宗。案：隋曰邢州。《元和志》：後魏鉅鹿郡及北廣平郡地，隋改邢州，宋仍。邢州府，西帶上黨，北控常山。　冒云：此首爲盧象昇作。

太行從西來，勢如常山蛇〔一〕。邢洺在其間〔二〕，控壓連九河。唐人守昭義,桀驁不敢過。憑此制山東,腹心實非他〔三〕。事已遡悲風,芒然吹黃沙〔四〕。乞食向野人〔五〕,從之問桑麻〔六〕。

【彙注】

〔一〕太行二句　徐注:蘇轍詩:燕山如長蛇,千里限夷漢。

　　蔣常案:太行,見卷二《贈人》詩"太行山"句、卷三《京師作》詩"西來"二句、卷四《霍山》詩"東環"句諸注。常山蛇,見卷三《江上》詩"勢如"三句注。

〔二〕邢洺句　徐注:《唐書·地理志》:邢、洺、貝、冀、深、趙、鎮、定爲大梁分。議者謂自河東下太行,拔邢州而守之,則洺州之肩臂舉而河北之腰脅絶矣。

　　蔣常案:北周於廣平郡置洺州,隋改爲武安郡,唐復爲洺州,其後仍之,元爲廣平路,入明爲永年,屬廣平府。九河,見前《過蘇祿國王墓》詩"九河"句注。

〔三〕唐人四句　原注:《舊唐書·李抱真傳》:爲昭義軍節度使,時田悦、朱滔、王武俊相繼反叛。及上幸梁州,抱真獨于擾攘傾潰之中,以山東三州,外抗羣賊,內輯軍士,羣賊深憚之。　徐注:《唐書·契丹傳》:魏青龍中,部酋北能稍桀驁。

　　蔣常案:《左傳》宣公十二年:敢布腹心。

〔四〕事已二句　徐注:《明史·盧象昇傳》:崇禎十年,九月,清兵入牆子嶺青口山,駐於牛蘭。召宣、大、山西三總兵楊國柱、王樸、虎大威入援。賜象昇尚方劍,督天下援兵,實不及二萬。當是時,象昇自將馬步兵列營都城之外,衝鋒陷陣,軍律甚整。清兵南下,三路出師:一由淶水攻易,一由新城攻雄,一由定興攻安肅。象昇遂由涿進據保定,命諸將分道出擊,大戰於慶都。編修楊廷麟上疏言：南仲在內，李綱無功；潛善秉成，宗澤殞恨。國有若人，非封疆福。嗣昌大怒，改廷麟兵部主事，贊畫行營，奪象昇尚書，侍郎視事。命大學士劉宇亮督師，巡撫張其平閉闉絕餉。俄，又以雲、晉警，趣出關，王樸徑引兵去。象昇提殘卒，次宿三宮野外，畿南三郡父老咸叩軍門請曰：天下洶洶且十年，明公出萬死不顧一生之計爲天下先，乃奸臣在內，孤忠見嫉。三軍捧出關之檄，將士懷西歸之心。棲遲絕野，一飽無時。明公誠從愚計，移軍廣順，召集義師。三郡子弟喜公之來，皆以昔非公死賊，今非公死兵，同心戮力，一呼而裹糧從者可十萬，孰與隻臂無援，立而就死哉！象昇泫然流涕而謂父老曰：感父老義，雖然，自予與賊角，經數十百戰未嘗衄。今者，分疲卒五千，大敵西衝，援師東隔，事由中制，食盡力窮，旦夕死矣，無徒累爾父老爲也。衆號泣雷動，各攜牀頭斗粟餉軍，或貽棗一升，曰：公煮爲糧。十二月十一日進師至鉅鹿賈莊。起潛擁關、寧兵在雞澤，距賈莊五十里而近。象昇遣廷麟往乞援，不應。師至蒿水橋，遇清兵，象昇將中軍，大威帥左，國柱帥右，遂戰。夜半，觱篥聲四起。旦日，騎數萬環之三匝。象昇麾兵疾戰，呼聲動天，自辰迄未，礮盡矢窮，奮身鬥，後騎皆進，手擊殺數十人，身中四矢三刃，遂仆。掌牧楊陸凱懼衆殘其屍而伏其上，背負二十四矢以死，僕顧顯者殉，一軍盡覆。大威、國柱潰圍得脫。起潛聞敗，倉皇遁，不言象昇死狀。嗣昌疑之，有詔驗視。廷麟得其屍戰場，麻衣白網巾，一卒遙見，即號泣曰：此吾盧公也！三郡之民聞之，哭失聲。順德知府于穎上狀，嗣昌故靳之，八十日而後斂。明年，象昇妻王請卹。又明年，其弟象晉、象觀又請，不許。嗣昌敗，乃贈太子少師、兵部尚書，賜祭葬，世廕錦衣千戶。福王時，追謚忠烈，建祠奉祀。方象昇之戰歿也，嗣昌遣三邏卒察其死狀，其一俞躍龍者，歸言象昇實死。嗣昌怒，鞭之三日夜，且死，張目曰：天道神明，無枉忠臣！於是天下聞之，莫不欷歔，益恚嗣昌矣！

蘧常案：儲欣《盧忠烈公傳》云：公死後，或言降，或言竄，有司禮監旗官俞振龍者訪緝歸，獨稱公死甚烈。嗣昌大怒，極刑掠治，終填牢户。于是公家惴惴不敢斂，人以此尤切齒嗣昌。較《明史》爲詳。象昇之死，楊嗣昌實尸其責，死後猶欲陷之，而詩無一語涉及，宜啓全祖望、王豫之疑矣。然云"腹心實非他，事已邈悲風"，其有言外意歟？

〔五〕乞食句　徐注：《左傳》僖公二十三年：出於五鹿，乞食於野人。

〔六〕桑麻　冒云：以"桑麻"代"桑田"，爲韻所限，而不覺其湊。

自大名至保定子德已先一月西行賦寄

【解題】

徐注：《明史》志《地理》：大名府，北距京師千一百六十里；保定府東北距京師三百五十里。《方輿紀要》：大名府，戰國魏地，秦屬東郡，漢屬魏郡，五代漢改曰大名府，宋之北京也。保定府，秦爲上谷、鉅鹿二郡，漢爲涿郡，晉屬范陽，至元十三年，改保定路，明初爲保定府。李因篤《受祺堂集》有《答顧徵君保州見懷之作》云：翻愁先夙駕，不及共臨歧。夜雪懷人迥，春堂入夢遲。

蘧常案：吳《譜》：八年己酉，至大名，過保定。案：詩有"木落"、"霜封"云云，則在秋時也。《李天生年譜》：康熙八年秋，由保定赴大同，秋杪抵里。

念爾西歸日，嗟余望路歧〔一〕。殊方頻邂逅，千里各差池。木落燕臺早〔二〕，霜封華掌遲〔三〕。秦郊須置驛，莫後鄭當時〔四〕。

【彙注】

〔一〕路歧　徐注：《列子》：歧路之中，又有歧焉，吾不知所之，所以反也。

　　　蘧常案：別見卷二《贈人》詩第一首"楊朱"四句注。

〔二〕燕臺　蘧常案：見卷四《答徐甥乾學》詩"今日"句注。

〔三〕華掌　蘧常案：見卷四《華山》詩題注與"巨靈"句注。

〔四〕秦郊二句　蘧常案：秦郊，見前《寄劉處士大來》詩"秦郊"句注。《史記·汲鄭列傳》：鄭當時者字莊，陳人也。孝景時爲太子舍人，每五日洗沐，常置驛馬長安諸郊，存諸故人，請謝賓客，夜以繼日。遷爲大農令，莊爲大史，誡門下：客至，無貴賤無留門者。執賓主之禮，以其貴下人。陷罪，贖爲庶人。頃之，爲汝南太守。以官卒。

亡友潘節士之弟耒遠來受學兼有投詩答之

【解題】

　　蘧常案：潘節士詳卷三《贈潘節士檉章》，卷四《汾州祭吳炎潘檉章二節士》兩詩各注。弟耒，見卷四《寄潘節士之弟耒》詩題注。徐《譜》：案是年潘耒將讀書於婦翁王略家，六月，略卒；十一月，耒妻亦卒，故耒去山陽至平原也。張《譜》：八年己酉冬，抵平原，潘次耕未來受學。穆案：《遂初堂集補遺》有《己酉冬自淮陰抵平原呈亭林先生六十韻》詩，詩末云："汶野黃雲凍，沂山白草枯。隻身經雨雪，遠道涉崎嶇。"先生答詩云"蕭蕭行李雁飛秋"，是次耕以冬初謁先生於平原也。案：潘耒《亡妻王孺人壙誌銘》云：康熙己酉歲，十一月乙未，亡妻王氏卒於淮陰，將以其月戊申，厝於清江浦魯橋之原。十一月乙未，爲初六日，而戊申則十九日也。潘耒之起程赴平原，必在是年十一月二十以後，張《譜》謂"以冬初謁先生"，非。

生平不擬託諸侯〔一〕，吾道仍須歷九州〔二〕。落落關河蓬轉後〔三〕，蕭蕭行李雁飛秋〔四〕。爲秦百姓皆黔首〔五〕，待漢儒林已白頭〔六〕。何意故人來負笈，艱難千里愧從游〔七〕。

【彙注】

〔一〕生平句　徐注：沈約《別范安成》詩：生平少年日。《孟子》：士之不託諸侯。先生《答李紫瀾書》：此來關右，不干當事。

蘧常案：《蔣山傭殘稿·與李紫瀾書》：因有帥府欲相招致，及今未至，飄然去之。鴻鵠之飛，意南而至於南，意北而至於北，此亦中材而處末流之一術矣。

〔二〕吾道句　徐注：先生《與戴耘野書》：弟身罹多難，淪落異邦，長爲率野之人，無復首丘之日。然而九州歷其七，五嶽登其四。

蘧常案：《書·禹貢》：冀州，濟、河惟兗州，海、岱惟青州，海、岱及淮惟徐州，淮海惟揚州，荆及衡陽惟荆州，荆、河惟豫州，華陽、黑水惟梁州，黑水、西河惟雍州。又：九州攸同。

〔三〕落落句　徐注：《東觀漢紀》：太史公曰：票駭蓬轉。
〔四〕蕭蕭句　徐注：《左傳》僖公三十年：行李之往來。

　　　　蘧常案："秋"訓爲"時"。如曹植《七啓》云：此甯子商歌之秋。張《譜》據潘未呈詩"黄雲凍"、"白草枯"云云與此句，以爲末以初冬謁先生，則是以秋爲時令矣，非。

〔五〕爲秦句　徐注：《史記·秦始皇本紀》：更民名曰黔首。應劭曰：黔，亦黎黑也。　冒云：以"黔首"二字代"薙髮"而恰好，有宗周之思，而不嫌其泛。

〔六〕待漢句　蘧常案：此謂伏生，見卷四《贈孫徵君奇逢》詩"尚有"四句注。蓋先生自喻。《文集·答曾庭聞書》，云"弟白首窮經，使天假之年，不過一伏生而已"可證。

〔七〕何意二句　徐注：先生《與次耕書》：承諭，負笈從游，古人之盛節，僕何敢當！然中心惓惓，思共晨夕，亦不能一日忘也。

　　十年離別未言還，楚水楓林極望間〔一〕。野雀暮歸吳季廟〔二〕，寒濤秋擁伍胥山〔三〕。人琴已逝增哀涕〔四〕，笠屐相看失壯顔〔五〕。獨有士龍年最少，一朝詞筆動江關〔六〕。

【彙注】

〔一〕楚水楓林　徐注：庾信《華林園馬射賦》：横弧於楚水之蛟。杜甫《夢李白》詩：魂來楓林青。
〔二〕吳季廟　徐注：《蘇州府志》：延陵季子廟在武山錦鳩峰下，祀吳公子季札，元至正二年建。
〔三〕伍胥山　徐注：《史記·伍子胥列傳》：吳人憐之，爲立祠江上，命曰胥山。《蘇州府志》：胥山，在香山東南太湖口，今名清明山。

蘧常案：《越絕書》於闔閭時已言胥山，則胥山非以祀伍子胥而名。此猶用傳說也。

〔四〕人琴句　蘧常案：《世説新語·傷逝》篇：子敬先亡，子猷索輿來奔喪，便徑入，坐靈牀上。取子敬琴彈，久既不調，擲地云：子敬！子敬！人琴俱亡！案：此謂潘檉章之遇害，詳卷四《汾州祭吴炎潘檉章二節士》詩題注，及"韭溪"二句注。

〔五〕笠屐句　徐注：《詩·小雅·無羊》"荷蓑荷笠"傳：笠，所以禦暑雨。《説文》：屐，屩也。　　冒云："壯顔"句自悼。

〔六〕獨有二句　徐注：杜甫《詠懷古蹟》詩：庾信平生最蕭瑟，暮年詞賦動江關。

蘧常案：《晉書·陸雲傳》：雲字士龍，少與兄機齊名。幼時，吴尚書廣陵閔鴻見而奇之，曰：此兒若非龍駒，當是鳳雛。後舉雲賢良，時年十六。吴平入洛，補浚儀令，一縣稱其神明。成都王穎表爲清河内史，轉大將軍右司馬，屢以正言忤旨。機之敗也，並收殺雲。《世説新語·賞譽》篇注引《陸雲别傳》：雲雅有俊才，博聞彊記，善著述。六歲便能賦詩，時人以爲項橐、揚烏之疇也。案：張《譜》：次耕生於順治三年丙戌，少先生三十三歲。則是年潘耒年才二十有四，故曰"士龍年最少"也。

附：潘耒《遂初堂集補遺·己酉冬自淮陰抵平原呈亭林先生六十韻》詩

耆德何寥落，人倫孰楷模？斯文知未墜，夫子實通儒。世德推江表，高名冠海隅。才猷鼎鼐重，器略廟堂須。妙譽歸人傑，英姿識鳳雛。風雲遲絶足，羽翼礙天衢。築版功名遠，躬耕心事紆。勞勞悲擊楫，渺渺欲乘桴。廿載中原客，單車萬里驅。北游頻五嶽，作賦幾《三都》。漢塞雲隨雁，秦關月炤榆。胸中百郡志，掌上列邊圖。結客傾豪俊，論文盡顧廚。襟懷小天地，聞見溢寰區。學貫天人奧，身苞造化樞。大文經緯著，讜論古今臚。賈馬寧方駕，班揚敢並趨。才高道乃契，心小聖爲符。雅痛微言絶，深嗟學術殊。幾年犁傳注，百代掃榛蕪。精理通爻象，鴻猷擴典謨。禮堂尊講席，絳帳盛生徒。小子深瞻仰，通家自友于。追陪憶往歲，侍從足歡娛。嵇阮交原厚，陳雷好不渝。時時枉高駕，往往到菰蘆。永漏杯同把，明燈筆共濡。情深等膠漆，調叶比笙竽。各矢青雲志，祇愁白日徂。龍蛇夢俄兆，鵩鳥讖堪吁。向子聞鄰笛，王公憶酒壚。遥知悲宿草，無處奠生芻。落魄餘文舉，伶仃有少孤。素絃哀絶調，枯樹慘同株。戢影依慈母，含辛對阿奴。向人言慷慨，伏枕淚模糊。流浪來淮市，飄零客射湖。江關淹歲月，踪跡混泥塗。范叔綈袍盡，相如四壁無。三秋長旅食，半刺只窮途。詎敢題鸚鵡，那堪聽鷓鴣。壯懷感馬援，歧路畏楊朱。愁到思投筆，窮來未棄襦。橘寧爲枳變，蘭不效蕭敷。把卷難窮牖，編書亦絶蒲。三冬曼倩惜，一榻幼安俱。汲古慚修綆，攻文愧小巫。孤生原譾劣，曲學況牽拘。窺豹非全目，雕蟲豈壯夫！夙懷期負笈，雅志有懸弧。碩德惟劉董，儒宗有鄭盧。龍門雖自峻，蠡測肯辭愚。問字侯芭去，傳經服慎呼。贏糧非早暮，命駕敢踟躕。汶野黃雲凍，沂山白草枯。隻身經雨雪，遠道涉崎嶇。捧杖微誠遂，橫經鄙願輸。駑駘還賴策，蓬草或堪扶。斧削資良匠，陶鎔付大爐。垂恩無以報，感激一微軀！

述　　古 已下上章閹茂

【解題】

徐注：康熙九年庚戌。案：第一首述董仲舒，第二首述鄭康成,第三首述文中子。蓋先生自喻也。　冒云:先生是年年五十八。

蕅常案:程先貞贈先生序:自漢、唐以來,諸賢林立,觀其意思,略與鄭康成、王文中輩相仿佛,皆能深造理窟,力追大雅,以斯文爲己任者也。

微言既以絶,一變爲從横[一]。下以游俠權,上以刑名衡[二]。六國固蚩蚩[三],漢興亦攘攘[四]。不有董夫子,大道何由明[五]?孝武尊六經,其功冠百王[六]。節義生人材,流風被東京[七]。世儒昧治本[八],一概而相量[九]。於乎三代還,此人安可忘!

【彙注】

〔一〕微言二句　蕅常案:《漢書·藝文志序》:昔仲尼没而微言絶,七十子喪而大義乖。戰國從衡,真僞分争,諸子之言,紛然殽亂。

〔二〕下以二句　徐注:《史記·游俠列傳·索隱述贊》:游俠豪倨,籍籍有聲,權行州里,力折公卿。

蕅常案:《史記·游俠列傳·郭解傳》:及徙豪富茂陵也,解家貧,不中訾,吏恐,不敢不徙。衞將軍爲言郭解家貧,不中徙。上曰:布衣權至使將軍爲言,此其家不貧。又《儒林列傳》:孝文帝本好刑名之言,及至孝景,不任儒者。

〔三〕蚩蚩　徐注:《詩》:氓之蚩蚩。

蕅常案:朱熹《詩集傳》:蚩蚩,無知之貌。

〔四〕漢興句　徐注:太公《六韜》:天下攘攘。

蕅常案:"攘攘"或作"壤壤",《史記·貨殖列傳》:天下壤壤,皆爲利往。壤壤,紛錯之意。《儒林列傳》云：故漢興,然後諸儒始得修其經藝。然尚有干戈,平定四海,亦未暇遑庠序之事也。《漢書·董仲舒傳》：仲舒遭漢承秦滅學之後,六經離析。此皆所謂攘攘者歟？

〔五〕不有二句　徐注：《漢書·董仲舒傳》：策云：諸不在六藝之科、孔子之術者,皆絕其道,勿使並進。邪辟之説滅息,然後綱紀可一,而法度可明。

〔六〕孝武二句　徐注：《漢書·武帝紀贊》：漢承百王之弊,高祖撥亂反正,文、景務在養民,至於稽古禮文之事,猶多闕焉。孝武初立,卓然罷黜百家,表章六經。師古注：六經：《易》、《詩》、《書》、《春秋》、《禮》、《樂》也。

〔七〕節義二句　徐注：先生《日知錄》：如董生之言正誼明道,不一二見也。蓋自春秋以後,至東京而其風俗稍復乎可。又：夫以經術之治,節義之防,光武、明、章數世爲之而未足；毀方敗常之俗,孟德一人變之而有餘。又：光武躬行儉約,以化臣下,講論經義,常至夜分,故東漢之世,雖人才儜儻不及西京,而士風家法,似過前代。又云：論世而不考其風俗,無以明人主之功,余之所以斥周末而進東京,亦《春秋》之意也。　冒云："節義"五字是詩眼。

〔八〕治本　徐注：《淮南子》：仁義者,治之本也。

〔九〕一概　原注：《楚辭·九章·懷沙》：同糅玉石兮,一概而相量。

　　蘧常案：洪興祖《楚辭補注》：概,平斗斛木。

六經之所傳,訓詁爲之祖〔一〕。仲尼貴多聞,漢人猶近古。禮器與聲容,習之疑可睹〔二〕。大哉鄭康成,探賾靡不舉。六藝既該通,百家亦兼取〔三〕。至今《三禮》存,其學非小補〔四〕。後代尚清談〔五〕,土苴斥鄒魯〔六〕。哆口論性道〔七〕,捫籥同矇瞽〔八〕。

【彙注】

〔一〕六經二句　蘧常案:馬瑞辰《毛詩傳箋通釋》:詁訓本爲故言,由今通古,皆曰詁訓,亦曰訓詁,而單詞則爲詁,重語則爲訓。詁第就其義而證明之,訓則兼其言之比興而訓導之,此詁與訓之辨也。《漢書·藝文志》:《書》有大小夏侯《解故》;《詩》有《魯故》、《齊后氏故》、《齊孫氏故》、《韓故》、《毛詩故訓傳》。姚振宗《後漢藝文志》:《書》有衛宏《古文訓旨》,賈逵《古文訓》;《詩》有謝曼卿《毛詩訓》;《禮》有鄭興《周禮解詁》,鄭衆《周禮解詁》,衛宏《周禮解詁》,賈逵《周官解故》,張衡《周官訓詁》,盧植《禮記解詁》;《春秋》有鄭興《左氏條例》、《訓詁》、《章句訓詁》,陳元《左氏訓詁》,孔奇《左氏傳義詁》,賈逵《左氏傳解詁》、《春秋釋訓》、《三家經本訓詁》,劉陶《春秋訓詁》,何休《公羊解詁》。此皆兩漢經解之以訓詁著名者也。

〔二〕仲尼四句　徐注:《論語》:多聞,擇其善者而從之。《史記·孔子世家贊》:觀仲尼廟堂、車服禮器。《漢書·禮樂志》:隆《雅》、《頌》之聲,盛揖讓之容。

〔三〕大哉四句　徐注:《後漢書·鄭玄傳》:所注《周易》、《尚書》、《毛詩》、《儀禮》、《禮記》、《論語》、《孝經》、《尚書大傳》、《中候》、《乾象歷》,又著《天文七政論》、《魯禮禘祫義》、《六藝論》、《毛詩譜》、《駁許慎五經異義》、《答臨孝存周禮難》,凡百餘萬言。論曰:玄括囊大典,網羅衆家,刪裁繁誣,刊改漏失,自是學者略知所歸。

　　蘧常案：鄭康成，見前卷三《不其山》詩"爲問"二句注。

〔四〕至今二句　徐注：《孟子》：豈曰小補之哉！

　　蘧常案：《後漢書・儒林傳》：馬融作《周官傳》授鄭玄，玄作《周官注》。玄本習《小戴禮》，後以古經校之，取其義長者，故爲鄭氏學。玄又注小戴所傳《禮記》四十九篇，通爲《三禮》焉。唐賈公彥《序周禮廢興》：鄭玄徧覽羣經，知《周禮》者，乃周公致太平之迹，使《周禮》義得條通。又疏序：《周禮》爲末，《儀禮》爲本，本則難明，末便易曉，是以《周禮》注者則有多門；《儀禮》所注，後鄭而已。陳邵《周禮論序》：戴聖刪《大戴禮》，是爲《小戴禮》，後漢馬融、盧植考諸家異同，行於世，鄭玄依盧、馬之本而注焉。又今《大戴》無傳，學者唯鄭注《周禮》、《儀禮》、《禮記》並列學官。

〔五〕後代句　徐注：《日知錄》：劉、石亂華，本於清談之流禍，人人知之。孰知今日之清談，有甚於前代者。昔之清談，談老、莊；今之清談，談孔、孟。不習六藝之文，不考百王之典，不綜當代之務，舉夫子論政論學之大端，一切不問，以明心見性之空言，代修己治人之實學，股肱惰而萬事荒，爪牙亡而四國亂，神州蕩覆，宗社丘墟。昔王衍爲石勒所殺，將死，顧而言曰：嗚呼！吾曹雖不如古人，若不祖尚虛浮，戮力以匡天下，猶可不至於此！今之君子得不有愧其言！

〔六〕土苴句　蘧常案：《莊子・讓王》篇：其土苴以治天下。司馬彪注：土苴，如糞草也。韋孟《在鄒》詩，濟濟鄒、魯，禮義惟恭。《日知錄》"正始"條：魏明帝殂，少帝即位，改元正始，凡九年。其十年，則司馬懿殺大將軍曹爽，而魏之大權移矣。三國鼎立，至此垂三十年，一時名士風流，盛于雒下。乃其棄經典而尚老、莊，蔑禮法而崇放達，視其主之顛危若路人然，即此諸賢爲之倡也。自此之後競相祖述。《晉書・儒林傳序》云：擯闕里之典經，習正始之餘論，指禮法爲流俗，目縱誕以清高。此則虛名雖被於時流，篤論未忘乎學者。是以講明六藝，鄭、王爲集漢之終；演說《老》、《莊》，王、何爲開晉之始。以至國亡於上，教淪於下，羌、戎互僭，君臣屢易，非林下諸賢之咎而誰咎哉！又"朱子晚年定論"條：蓋自弘治、正德之際，天下之士，厭常喜新，而王文成以絕世之資，倡其新說，鼓動海內。嘉靖以後，從王氏而詆朱子者，始接踵於人間。而王尚書（世貞）發策謂"今之學者，偶有所闚，則欲盡廢先儒之說而出其上；不學則借一貫之言，以文其陋；無行則逃之性命之鄉，以使人不可詰"，此三言者，盡當日之情事矣。

〔七〕哆口句　徐注：《詩・巷伯》"哆兮侈兮"疏：張口也。先生《與友人論學書》：百餘年來之爲學者，往往言心言性，而茫然不得其解也。命與仁，夫子所罕言；性與天道，子貢未得聞。性命之理，著之《易傳》，未嘗數以語人，其答問士，則曰"行己有恥"；其爲學，則曰"好古敏求"；其與門弟子言，但曰"允執厥中，四海困窮，天祿永終"；其告哀公，"明善之功，先之以博學"。顏子幾於聖人，猶曰"博我以文"，自曾子而下，篤實莫若子夏，言仁則曰"博學而篤志，切問而近思"。今之君子則不然，聚賓客門人數十百人，與之言心言性。舍多學而識，以求一貫之方；置四海困窮不言，而講危微精一。是必高於夫子，而其弟子賢於子貢，我弗敢知也。

〔八〕捫籥句　原注：蘇子瞻《日喻》：生而眇者不識日，或告之曰：日之光如燭，捫燭而得其形。他日揣籥，以爲日也。　徐注：嵇康《聲無哀樂論》：矇瞽面牆而不悟。

五國並時亡，世道當一變。掃地而更新，三王功可見〔一〕。鼓琴歌有虞，釣者知其善。區區山澤間，道足開南面〔二〕。天步未回旋〔三〕，九州待龍戰〔四〕。空有濟世心〔五〕，生不逢堯禪〔六〕。何必會風雲〔七〕，弟子皆英彥〔八〕。俗史不知人，寥落《儒林傳》〔九〕。

【彙校】

〔俗史〕徐注本、曹校本"史"作"吏"，誤。

【彙注】

〔一〕五國四句　原注：《文中子書》：五國並時而亡，蓋傷先王之道盡墜，故君子大其言，極其敗，於是乎掃地而求更新也。　徐注：《文中子・天地》篇：二帝三王，吾不得而見也。又《問易》篇：三王之誥，粲然可見矣。先生《與潘次耕札》：六代之末，猶有一文中子者，讀聖人之書，而惓惓然以世之不治民之無聊爲亟。沒身之後，唐太宗用其言，以成貞觀之治。而房、杜諸公，皆出於文中子之門，雖其學未粹於程、朱，要豈今人之可望哉！

　　蘧常案：王通《元經》：隋九年，春帝正月，晉、宋、齊、梁、陳亡。文中子《述史》篇：叔恬曰：敢問《元經》書陳亡而具五國，何也？子曰：江東，中國之舊也，衣冠禮樂之所就也。永嘉之後，江東貴焉，而卒不貴，無人也，齊、梁、陳於是乎不與其爲國也。及甚亡也，君子猶懷之，故書曰：晉、宋、齊、梁、陳亡，具五以歸其國，且言其國亡也。

〔二〕鼓琴四句　原注：《文中子》：子游汾亭，坐鼓琴。有釣者過曰：美哉琴心也！傷而和，怨而靜，在山澤而有廊廟之志。子驟而歌《南風》，釣者曰：嘻！非今日事也。道能利生民，功足濟天下，其有虞氏之心乎？不如舜自鼓也，聲存而操變矣。　徐注：《文中子·問易》篇：我何爲哉？恭己南面而已。孫奇逢《理學宗傳》：程子謂仲淹隱德君子，余謂仲淹《太平十二策》是隱者所爲耶？因隋無可行道之機，故隱居教授，以洙、泗之事爲事，粹然無復可議者。

〔三〕天步　蘧常案：見卷一《表哀詩》"淒其"句注。

〔四〕九州句　徐注：《易》：龍戰於野。

　　　蘧常案：九州，見前《亡友潘節士之弟遠來受學》詩"吾道"句注。杜淹《文中子世家》：文中子十歲矣，曰：魏、晉以下數百年，九州無定主也。上失其道，民散久矣。

〔五〕空有句　徐注：杜淹《文中子世家》：隋仁壽三年，文中子冠矣，慨然有濟蒼生之心。西遊長安，見帝。帝坐太極殿召見，因奏《太平策》，尊王道，推霸略，稽今驗古，恢恢乎運天下於指掌矣！

〔六〕生不逢句　徐注：甯戚《飯牛歌》：生不逢堯與舜禪。《文中子·王道》篇：生民厭亂久矣，天其或者將啓堯、舜之運！

〔七〕會風雲　徐注：《後漢書·二十八將傳論》：咸能感會風雲。

〔八〕弟子句　徐注：《文中子世家》：門人自遠而至，河南董常、太山姚義、京兆杜淹、趙郡李靖、南陽程元、扶風竇威、清河房玄齡、鉅鹿魏徵、河東薛收、中山賈瓊、太原溫大雅、潁川陳叔達等，咸稱師北面，受王佐之道焉。阮逸《文中子說序》：若房、杜、李、魏、二溫、王、陳輩，迭爲將相，實永三百年之業，斯門人之功半矣。

〔九〕俗史二句　徐注：《新唐書·文苑·王勃傳》：祖通，隋蜀郡司户書佐。大業末，棄官歸，以著書講學爲業。依《春秋》體例，自獲麟復歷秦、漢至於後魏，著紀年之書，謂之《元經》。又依《孔子家語》、揚雄《法言》例，爲客主對答之說，號曰《中說》，皆爲儒士所稱。義寧元年卒，門人薛收等相與謚曰文中子。吴敏樹《柈湖文集·書文中子中說》：後世多疑文中子王通之書，以謂《隋書》無通傳，而其門人多唐初將相大臣，不應其師之賢如此而沒之使不彰顯於時，則疑其書之偽作，而其人亦若未可知者。然後之言道學者，獨多其書，謂孟子而後，莫之能及。

蘧常案：阮逸《文中子中説序》：《文中子世家》，乃杜淹授與尚書陳叔達編諸《隋書》而亡矣。案：此謂王通不入《隋書》，使儒林之傳寥落也。

德州講易畢奉東諸君

【解題】

徐注：李濤，字紫瀾，號述齋，芮城令李霖瞻泱弟。康熙丙辰翰林，官至刑部侍郎。程先貞贈先生序云：今年結夏於此，與二三同人講《易》，復得發其《日知録》一書觀之，多考古論世之學，而其大指在於明經術、扶王道，爲之三歎服膺，勸其出以惠學者。《同志贈言》李因篤《講易畢奉謝寧人先生》詩：世衰道微日，儒術幾寖滅。東吴山澤間，有客饒高潔。抗志薄今人，懍懍秉大節。讀書破萬卷，學道追往哲。九經能闡明，《周易》尤精徹。繫余本齊儕，自顧慚薄劣。行年五十餘，悔吝滋玷缺。荷君不遐遺，愛我忘醜拙。針芥頗相投，此中一寸折。年齒序雁行，實同弟子列。攝袵師席前，談經聆霏屑。大義與微言，不憚日申説。淹貫兼經史，引喻通一切。斯理本難傳，研究蒙初發。敢云無大過，願學韋編絶。譬諸草木生，大小區以別。秋氣正離離，雨餘風清冽。松柏滿荒園，蒼翠如綴纈。尊酒恣討論，二簋無甚設。放眼天地間，陶寫邀明月。　戴注：案先生年譜：是年四月往德州，六月,程工部先貞、李紫瀾濤延先生於家講《易》。九月初講畢,即入都。

蘧常案:此似非李因篤詩。因篤,山西洪洞人,原籍陝西富平,不得曰"齊傖";因篤生於崇禎四年,少先生十八歲,則是年才三十九歲,不得曰行年五十餘。《同志贈言》屬諸因篤,誤矣。當爲李濤所作。德州,見前《德州過程工部》詩題注。

在昔尼父聖,韋編尚三絶〔一〕。況於章句儒〔二〕,未曉八卦列〔三〕。相看五十餘〔四〕,行事無一達。坐見悔吝叢,舉足防蹉跌〔五〕。日昃乃研思,猶幸非大耋〔六〕。微言詎可尋,斯理庶不滅!寡過殊未能〔七〕,豈厭丁寧説。是時秋雨開,涼風起天末〔八〕。蟋蟀吟堂階,疏林延夕月。草木得堅成〔九〕,吾人珍晚節。亮哉歲寒心〔一〇〕,不變霜與雪。憂患自古然,守之俟來哲〔一一〕。

【彙注】

〔一〕在昔二句　徐注:《史記·孔子世家》:孔子晚而喜《易》,序《彖》、《繫》、《象》、《説卦》、《文言》,讀《易》韋編三絶。先生《與友人論易書》:《易》之爲書,廣大悉備,一爻之中,具有天下古今之大,而注解之文,豈能該盡。又:盡天下之書皆可以注《易》,而盡天下注《易》之書,不能以盡《易》。此聖人所以立象以盡意,而夫子作大象,多於《卦》、《爻》之辭之外,別起一義,以示學者,使之觸類而旁通,此即舉隅之説也。天下之變無窮,舉而措之天下之民者亦無窮,若但解其文義而已,韋編何待於三絶哉!

〔二〕章句儒　蘧常案:《漢書·夏侯勝傳》:勝傳從兄子建,從五經諸儒問，與《尚書》相出入者，牽引以次章句，具文飾說，勝非之，曰：建所謂章句小儒，破碎大道。

〔三〕八卦列　徐注：《宋元學案》邵康節《百源學案·啓蒙》曰：以《洛書》言之，四象上各生一奇一偶，而爲三畫者八，於是三才略具，而有八卦之名。其位則乾一、兌二、離三、震四、巽五、坎六、艮七、坤八。在《河圖》則乾、坤、離、坎分居四實，兌、震、巽、艮分居四虛；在《洛書》則乾、坤、離、坎分居四正，兌、震、巽、艮分居四隅。《周禮》所謂掌三《易》之法，夏曰《連山》，商曰《歸藏》，周曰《周易》，其經卦皆八也。《大傳》所謂八卦成列也。先生《五經同異上》：《楊中立書》云：夫八卦有伏犧、文王之辨，於經無見也。又云：自羲、農以來，更六七聖，人所因習者，八卦而已，六十四卦之名未有也。其制器尚象，乃有取於十三卦，則羲、農之世，卦雖未重，而六十四卦之用已在鑪錘之中矣，特其名未顯也。故曰八卦成列，象在其中矣。

　　蘧常案：先生不信圖書象數之說，以圖書說《易》，似非先生之旨。

〔四〕相看句　徐注：先生是年五十八。

　　蘧常案：曰"相看"，則言彼此也。時程先貞、李濤當皆五十外人，《講易畢奉謝》詩可證。

〔五〕坐見二句　徐注：《易·繫辭上傳》：悔吝者，憂虞之象也。《禮記》：一舉足而不敢忘父母。《漢書·陳遵傳》：苦身自約，不敢蹉跌。

〔六〕日昃二句　徐注：《易·離卦》：日昃之離，不鼓缶而歌，則大耋之嗟，凶。《晉書·杜夷傳》：君下帷研思。先生《與汪苕文書》：弟方纂錄《易解》，程、朱各自爲書，以正《大全》之謬，而桑榆之年，未卜能成與否。

〔七〕寡過　徐注：《論語》：夫子欲寡其過而未能也。先生《與次耕書》：退而修經典之業，假年學《易》，庶無大過，不敢以草野之人，追論朝廷之政也。

〔八〕涼風句　徐注：杜甫《天末懷李白》詩：涼風起天末。

〔九〕草木句　徐注：陸璣《毛詩疏》：蒹葭蒼蒼，至秋堅成，則謂之萑。　冒云：言皆有物。

〔一〇〕歲寒心　徐注：張九齡《感遇詩》：自有歲寒心。
　　　　蘧常案：見卷二《歲九月虞令伐我墓柏》詩"後凋節"注。

〔一一〕憂患二句　徐注：《易·繫辭》：作《易》者其有憂患乎？潘岳《西征賦》：如其禮樂，以俟來哲。

輓殷公子岳

【解題】

　　蘧常案：朱彝尊《殷先生墓誌銘》：先生諱岳，字伯巖，一字宗山，姓殷氏。先世自山西遷雞澤。父太白，舉人，仕至陝西按察副使。先生少蹶弛，崇禎三年舉鄉試。會閣臣楊嗣昌惡副使抗直，誣以違令，坐法，病卒。先生疏爲父乞遺骸，歸及家，京師已陷。先生遁居西山，與弟淵討賊，事洩淵死。永年申涵光脫先生于難。吏部按籍除知睢寧縣事，涵光勸之歸，先生慨然曰：我豈以一官易我友哉！遂投劾歸。所居鄉曰小砦，草屋三楹，與涵光晨夕唱和，相樂也。先生爲詩，自魏、晉下屏不觀，尤不喜律詩，謂徒費對儷，無益性情，故平生所作，惟五言古風一體，莽莽然肖其爲人。享年六十有八。《元譜》：岳有《留耕草堂詩集》。

憶昔過從日，偏承藻鑑殊〔一〕。堂中延太守，門外揖王符〔二〕。木葉空郊晚，魚鱗大澤枯。邈如人世隔，無復問黃壚〔三〕。

【彙注】

〔一〕藻鑑　蘧常案：杜甫《上韋左相》詩：持衡留藻鑑。案：藻鑑，蓋品藻鑑別之意，猶六朝人所謂藻鏡也。

〔二〕堂中二句　徐注：《後漢書·王符傳》：符，字節信，安定臨涇人也。耿介不同於俗，以此遂不得升進。志意蘊憤，乃隱居著書三十餘篇，以譏當時得失，不欲章顯其名，故號曰《潛夫論》。後度遼將軍皇甫規解官歸，安定鄉人有以貨得雁門太守者，書刺謁規，規臥不迎。既入，問：卿前在郡食雁美乎？有頃，又曰：王符在門。規素聞符名，乃驚遽而起，衣不及帶，屣履出迎，援符手而還與同坐，極歡。時人爲之語曰：徒見二千石，不如一縫掖。

〔三〕邈如二句　蘧常案：《世說新語·傷逝》：王濬沖戎爲尚書令，乘軺車，經黃公酒壚下過，顧謂後車客：吾昔與嵇叔夜、阮嗣宗共酣飲於此壚，竹林之游，亦預其末。自嵇生夭，阮生亡以來，便爲時所羈紲，今日視此雖近，邈若山河。

八俊名空大〔一〕，千秋事已違。嶺雲緣旐下，溪鳥夾棺飛〔二〕。薏苡當含貝〔三〕，桄榔待復衣〔四〕。寂寥漳水上，猶望楚魂歸〔五〕。

【彙注】

〔一〕八俊　徐注：《後漢書·黨錮傳》：李膺、荀昱、杜密、王暢、劉祐、魏朗、趙興、朱寓爲八俊。俊者，言人之英也。

　　　　蘧常案：《殷先生墓誌銘》：先生與其弟淵並負才名。
〔二〕嶺雲二句　徐注：《方輿紀要》：相思嶺、分水嶺、梅溪、桃溪，皆在福州。

　　　　蘧常案：丁儀妻《寡婦賦》：旐繽紛以飛揚。李善《文選》注：旐，喪柩之旐也。凶旛即今之旐旛。《殷先生墓誌銘》：今年春，先生遊福建，次桃源，猶寄予書。比予至京師，而先生凶問至，以六月日病死福州。

〔三〕薏苡句　徐注：《後漢書·馬援傳》：援在交阯，嘗餌薏苡實，用能輕身省欲，以勝瘴氣。南方薏苡實大。《本草綱目》：有薏苡飯。《儀禮·士喪》：受貝奠于尸西。疏：以待主人親含也。

〔四〕桄榔句　徐注：《本草綱目》：桄榔木，嶺南二廣州郡皆有之，樹似栟櫚而堅軔，可作綆。劉恂《嶺表錄》：桄榔葉下生，鬚如粗馬尾，廣人採作巾。《禮·喪大記》：復衣不以衣尸。注：復衣，初用以覆尸，浴則去之。

〔五〕寂寥二句　徐注：《寰宇記》：雞澤漳、洺二水，俱在縣東南。今縣東二十里有漳河隄。《楚詞·招魂》：魂兮歸來哀江南。

寄張文學弨時淮上有築堤之役 已下重光大淵獻

【解題】

　　徐注：康熙十年辛亥。《元譜》：弨，字力臣，號亟齋，山陽諸生。以賣書畫自活，尤精六書之學。先生《廣師》云：精心六書，信而好古，吾不如張力臣。《元譜》：是年，奏准於淮、揚界築翟家壩，至十八年七月蕆功。山陽、寶應、高郵、江都四州縣河西諸湖涸出者，招民佃之。

蘧常案：《小腆紀傳·逸民傳》：張弨父致中，爲復社領袖。尊經博古，家貧而儲金石文頗富。弨承家學，棄諸生，不就試。是年，海上鄭氏稱永曆二十五年，公元一六七一年。

冬來寒更劇，淮堰比何如[一]？遙憶張平子[二]，孤燈正勘書[三]。江山雙鬢老，文字六朝餘[四]。得所寄《瘞鶴銘辨》。愁絕無同調，蓬飄久索居。

【彙注】

〔一〕冬來二句　原注：《南史·康絢傳》：天監十四年，築浮山堰。是冬，寒甚，淮、泗盡凍，士卒死者十七八。

蘧常案：曹禾《未庵詩集》有《淮水歎》，自序云：黃河決，淮水漲溢，人民漂流。縣官役民夫築堤，鞭楚之聲數百里。詩作於丁未，蓋在前四年，已有築堤之事矣。

〔二〕張平子　蘧常案：見卷一《帝京篇》"張衡"注。

〔三〕孤燈句　徐注：劉克莊詩：青燈細勘書。

蘧常案：《元譜》：康熙六年，開雕《音學五書》於淮上，張力臣弨父子任校寫之役。《文集·音學五書後序》：得張君弨爲之考《説文》，采《玉篇》，倣字樣，酌時宜而手書之。鳩工淮上，不遠數千里累書往復，必歸於是。又：《與潘次耕書》：近日力臣札來，《五書》改正約一二百處。

〔四〕文字句　蘧常案：先生《金石文字記》：《瘞鶴銘》今在丹徒縣焦山下，刻於厓石，予友淮陽張弨以丁未十月探幽山下，復得七字，皆昔人之所未見也。朱彝尊《静志居詩話》：力臣躬歷焦山水滏，手拓《瘞鶴銘》而考證之。王士禎《池北偶談》：力臣觀《瘞鶴銘》，得仰石一，凡六行，存二十六字；仆石一，字在石下,存三十字,又殘字二;又一石側立,剥甚,存七字;仆石之背,有宋人補刻三行。力臣據《焦氏筆乘》,斷其爲顧況書。吳德旋《初月樓聞見録》:力臣證《瘞鶴銘》爲唐顧逋翁書。謂逋翁故宅雖在海鹽之横山,而學道句曲,遂移居於此。集中有《謝王郎中見贈琴鶴》詩,鶴特出於性所好,故瘞之而作銘也。案:《瘞鶴銘》署華陽真逸撰。歐陽修已疑爲顧況書,以況號華陽真逸也。黄長睿《東觀餘論》則謂:陶弘景嘗居華陽,故自號華陽隱居;弘景著書不稱建元,今此銘曰壬辰,曰甲午、壬辰,梁天監十一年;甲午,十三年也。先生《金石文字記》是其言,以爲此銘字體與陶弘景書舊館壇碑正同,其爲隱居書無疑。詩云"文字六朝餘",其不信顧況書,躍然言外,可謂微而婉矣。

雙　　雁

【解題】

蔣常案:取雁足傳書,以發其意。

雙雁東北飛,飛飛向城闕。聲含海上颷,影帶吳山月〔一〕。有客從南來,遺我一書札〔二〕。上寫《召旻》詩,如彼泉池竭〔三〕;下列周鼎文,食人象饕餮〔四〕。書成重密緘,一字一泣血〔五〕。傳之與貴人,相視莫敢發。所計一身肥,豈望天下活!

【彙注】

〔一〕吳山　徐注:《浙江通志·山川》:吳山在杭州府鎮海樓之

右,春秋時爲吳南界,以別於越,故曰吳山,又稱胥山。

　　蘧常案:"吳山"疑泛指吳地之山,非謂杭州之吳山也。

〔二〕有客二句　徐注:《古詩》:客從遠方來,遺我一書札。

〔三〕上寫二句　徐注:《詩序》:《召旻》,凡伯刺幽王大壞也。旻,閔也,閔天下無如召公之臣也。又《詩》:池之竭矣,不云自頻;泉之竭矣,不云自中。

　　蘧常案:陳奐《詩毛氏傳疏》:言池竭自厓,泉竭自中耳。池竭喻王政之亂,由外無賢臣;泉竭喻王政之亂,由內無賢妃。案:此刺清廷內外交亂。

〔四〕下列二句　原注:《呂氏春秋》:周鼎著饕餮,有首無身,食人未咽,害及其身。　徐注:《左傳》文十八年:謂之饕餮。賈、服及杜皆曰:貪財爲饕,貪食爲餮。《先正事略》:魏敏果公象樞首疏申明憲綱十事,謂"國家根本在百姓,百姓安危在督撫,督撫廉則物富民安,督撫貪則民窮財盡,願諸臣爲百姓留膏血,爲國家培元氣"。又語副都御史施維翰云:今百姓困苦已極,而大臣家益富。地方吏剝民媚上,督撫司道,又轉饋政府。小民愁苦之氣,上干天和。蠲免錢糧,災黎不沾實惠。刑官鬻獄,豪右爲奸,皆可憂可危之事。先生《與潘次耕書》:若今日之江南,錐刀之末,將盡爭之,雖微如蟻螻,亦豈得容身於其間乎?

　　蘧常案:佚名《筆記》:康熙某年七月二十三日,早朝,上諭謂:貪官污吏,刻剝小民,百端科派,多加火耗,賄賂公行,道府庇而不舉,督撫知而不奏,吏治益壞,盜賊益多,民生益促,皆由督撫納賄徇情所致。許科道各官從公糾舉,拿問得實,督撫定行處死。蓋京師有謠云:若要百姓安,除非殺三南。三南者,江南、河南、湖南三撫也。聖祖已微聞之,言官無劾奏者,故上諭嚴重如此。案:江蘇巡撫順治十七年爲朱國治,康熙元年丁憂;河南巡撫康熙八年郎廷相,十一年佟鳳彩;湖廣順治十七年楊茂勳,十八年劉兆麒,康熙九年董國興,十一年休致。又案:詩上曰"影帶吳山月",又曰"有客從南來",蓋託言其鄉人述鄉事,則所謂"饕餮",指江南巡撫以次官吏也。考《清史稿·疆臣年表》:順治十七年正月,朱國治巡撫江寧,十八年十月罷。韓世琦繼,康熙八年免。八月馬祐繼,十五年卒。無名氏《研堂見聞雜記》謂:吳縣令任某,以漕米徧糶易金,以飽撫臣朱國治。又謂:朱國治以錢糧興大獄,株連紳衿萬餘,又殺吳郡諸生一二十人,人怨之入骨。然此在順治末,非康熙初年事。國治罷,繼之者爲韓世琦,世琦免,繼之者馬祐,祐卒於任,則所謂三南之蘇撫,或即韓世琦乎?第其貪墨無可徵,待考。又案:此四句,云"上寫",云"下列",亦效《古詩》"上言加餐飯,下言長相憶"、"上言長相思,下言久離別"也。

〔五〕泣血　徐注:《詩》:瘨思泣血。

夏　　日 二首

首夏多恒風,塵霾蔽昏旦〔一〕。舞雩告山川〔二〕,白紙催州縣〔三〕。未省答天心,且望除民患。《黍苗》不作歌〔四〕,《碩鼠》徒興歎〔五〕。仗馬適一鳴,身名已塗炭〔六〕。貝玉方盈朝,此曹何所憚〔七〕?博士有正先,實趣秦時亂〔八〕。

【彙校】

〔題〕徐注本題下有"二首"兩字。

【彙注】

〔一〕首夏二句　徐注：魏文帝《槐賦》：即首夏之初期。《書·洪範》曰：蒙，恒風若。《詩》：終風且霾。《傳》：霾，雨土也。《爾雅·釋天》：風而雨土爲霾。疏：孫炎曰：大風揚塵，土從上下也。

〔二〕舞雩　徐注：《周禮·司巫》：國大旱，則師巫舞雩。《禮記·月令》：命有司爲民祈祀山川百源。

〔三〕白紙句　徐注：范成大《後催租詩》：黃紙放盡白紙催。先生《錢糧論》下：州縣火耗，於是正賦之加焉十二三，而雜賦之加焉或至十七八矣。解之藩司，謂之羨餘，貢諸節使，謂之常例。責之以不得不爲，護之以不可破，而生民之困，未有甚於此時者矣。

〔四〕《黍苗》句　蘧常案：《詩·小雅·黍苗》：芃芃黍苗，陰雨膏之。悠悠南行，召伯勞之。陳奐《詩毛氏傳疏》：天有陰雨，膏澤百物，以喻古賢伯承順王者之恩施，膏潤天下，亦如陰雨之膏黍苗，芃芃然長大也。召伯，召穆公虎。申伯封謝，召公述職。

〔五〕《碩鼠》句　徐注：《東華錄》：康熙八年六月，禮科給事中吳國龍奏：今日百姓誠有二病如上諭，財盡力窮，民不聊生矣。但疾苦固多端，而催科較甚；拯救鮮良法，而除豁爲恩。請自康熙八年以前軍民尾欠錢糧盡蠲免，以豁窮黎。案：徐注於此引《先正事略》魏文毅公裔介應詔陳言，則在順治九年，非此時事，故删。

　　蘧常案：《詩·魏風·碩鼠序》：刺重斂也。國人刺其君重斂，蠶食於民，不脩其政，貪而畏人，若大鼠也。案：《易·晉卦》、《爾雅·釋獸》作"鼫鼠"。別詳卷一《大行皇帝哀詞》"求官"句注。

〔六〕仗馬二句　徐注：《唐書·李林甫傳》：林甫居相，諫官無敢正言，杜璡上書，斥爲下邽令，因以語動其餘曰：君獨不見立仗馬乎？終日無聲而食三品，一鳴則斥之矣。《書》：民墜塗炭。　全云：不知何指。

蘧常案：此當謂熊賜履。《清史稿・熊賜履傳》：康熙六年，聖祖詔求直言，時輔臣鰲拜專政，賜履上疏幾萬言。略謂：民生困苦孔亟，私派倍於官徵，雜項浮於正額，一旦水旱頻仍，蠲豁則吏收其實，而民受其名，振濟則官增其肥，而民重其瘠。然非獨守令之過也，上之有監司，又上之有督撫。朝廷方責守令以廉，而上官實縱之以貪；方授守令以養民之職，而上官實課以厲民之行。故督撫廉則監司廉，守令亦不得不廉；督撫貪則監司貪，守令亦不得不貪。此又理勢之必然者也。伏乞甄別督撫，以民生苦樂爲守令之賢否，以守令貪廉，爲督撫之優劣，督撫得人，守令亦得人矣。雖然，內臣者，外臣之表也，本原之地，則在朝廷。其大者，尤在立綱陳紀用人行政之間。今朝廷之可議者，不止一端：一曰政事極其紛更，而國體因之日傷也；一曰職業極其隳窳，而士氣因之日靡也；一曰學校極其廢弛，而文教因之日衰也；一曰風俗極其僭濫，而禮制因之日壞也。乞明詔內外臣民，一以儉約爲尚，則貪風自息，民俗漸醇矣。疏入，鰲拜惡之，請治以妄言罪，上勿許。七年，遷祕書院侍讀學士。疏言：朝廷積習未除，國計隱憂可慮，年來災異頻仍，饑荒疊見，正宵旰憂勤徹懸減膳之日。講學勤政，在今日最爲切要，乞時御便殿，接見羣臣，講求政治，行之以誠，持之以敬，庶幾轉咎徵爲休徵。疏入，鰲拜傳旨詰問積習隱憂實事。以所陳無據，妄奏沽名，下吏議，鐫二秩。與此情事恰符，"身名塗炭"，當爲夸辭，或傳聞異辭，與末引正先事亦合，與下《秋風辭》言鰲拜敗，正相銜接。惟此爲七年事，《秋風辭》爲八年事，而詩在本年者，或當時在野傳聞較晚，情事未明，至此始補作歟？又案：徐注引《書》"民墜塗炭"，此梅賾《書・仲虺之誥》語也。

〔七〕貝玉二句　徐注：《書》：具乃貝玉。

　　　蘧常案："貝玉盈朝"，謂鼇拜之貪；"此曹"，謂外官。

〔八〕博士二句　原注：《漢書·京房傳》：昔秦時趙高用事，有正先者，非刺高而死，高威自此成。故秦之亂，正先趣之。

　　　蘧常案：《漢書·京房傳》注：孟康曰：姓正名先，秦博士也。顏師古曰：趣讀曰促。案：此蓋以正先況熊賜履，趙高況鼇拜也。

末俗無恒心〔一〕，疾貧而好勇〔二〕。不能事田園〔三〕，何況談周孔。出門持尺刀，鑄錢兼掘冢〔四〕。矧此《大東》謠，齊民半流冗〔五〕。不見瓜寧男，死猶被天寵〔六〕。鳴弓宿鳥驚，躍馬浮埃動。顧謂同行人，王侯寧有種〔七〕！

【彙注】

〔一〕末俗句　徐注：《漢書·朱博傳》：今末俗之弊，政事煩多。《日知錄》：人聚於鄉而治，聚於城而亂。聚於鄉則土地闢，田野治，欲民之無恒心，不可得也；聚於城則徭役繁，獄訟多，欲民之有恒心，不可得也。

　　　蘧常案：《孟子·梁惠王》篇：無恒產而有恒心者，惟士爲能。趙岐注：恒心，人常有善心也。

〔二〕疾貧句　徐注：《論語》：好勇疾貧，亂也。

〔三〕不能句　徐注：《日知錄》：舍其田園，徙於城郭，又一變而爲求名之士，愬枉之人，悉至京師，輦轂之間，易於郊坰之路矣。錐刀之末，將盡爭之，五十年來，風俗遂至於此！

〔四〕鑄錢句　徐注：《日知錄》：《呂氏春秋》：憚耕稼采薪之勞，不肯官人事，而祈美衣侈食之樂，智巧窮屈，無以爲之，於是乎聚羣多之徒,以深山廣澤林藪,扑擊過奪,又視名丘大墓葬之厚者,以微捫之。(蔣常案:捫,原注:讀如"掘"。)

蔣常案:《史記·游俠列傳·郭解傳》:解藏命作姦,剽攻不休,及鑄錢掘冢,固不可勝數。

〔五〕矧此二句　徐注:《漢書·食貨志》:世家子弟富人或鬭雞走狗馬,弋獵博戲,亂齊民。注:齊,等也。《後漢書·安帝紀》:元初二年,詔稟三輔及并、涼大郡流冗貧人。《日知錄》:愚嘗久於山東,山東之民,無不疾首蹙額而訴火耗之爲虐,又豈獨今之貪吏倍甚於唐、宋之時,河、朔之間所名爲響馬者,亦當倍甚於唐、宋之時矣!

蔣常案:《詩·小雅·大東序》:《大東》,刺亂也。東國困於役而傷於財,譚大夫作是詩以告病焉。

〔六〕不見二句　原注:《漢書·王莽傳》:上谷儲夏自請願說瓜田儀,莽以爲中郎,使出儀。儀文降,未出而死。莽求其尸葬之,爲起冢、祠室,謚曰瓜寧殤男,幾以招來其餘(蔣常案:原注末脫"其餘"兩字,今據《漢書》補)。　徐注:《易·師卦》:承天寵也。

〔七〕王侯句　徐注:《史記·陳涉傳》:壯士不死則已,死則舉大名耳,侯王將相,寧有種乎!

蔣常案:《史記》有《陳涉世家》,無《陳涉傳》,此《漢書·陳勝傳》語,非出《史記》,徐注誤。

秋　風　行

【解題】

蔣常案:此詩蓋述清輔臣鼇拜之敗,以篇首"秋風"字爲題。

《清史稿·鰲拜傳》：鰲拜,瓜爾佳氏,滿洲鑲黃旗人。從征屢有功。順治元年,隨大兵定燕京,世祖考諸臣功績,以鰲拜忠勤戮力,進一等昂拜章京。世祖親政,授議政大臣,累進二等公。十八年受顧命輔政,名列遏必隆後。(案《清史稿·聖祖本紀》：四大臣之輔政也,皆以勳舊。索尼年老,遏必隆闒弱,蘇克薩哈望淺,心非鰲拜所爲而不能争。鰲拜橫暴,敍名在末,而遇事專橫,屢興大獄,雖同列亦側目焉。)自索尼卒,班行章奏皆首列。日與弟穆里瑪、姪塞木得納莫等黨比營私,凡事即家定議,然後施行。請禁言官不得陳奏。上親政,加一等公,益專恣。八年,上以鰲拜結黨專擅,下詔數其罪。康親王傑書等會讞,列上大罪三十,論大辟,上親鞫俱實。詔謂效力年久,不忍加誅,但褫職籍没,予禁錮。鰲拜死禁所。

　　白露早下秋風涼,誰家置酒開華堂[一]？秦國丞相南面坐,三川郡守趨奉觴[二]。燕娥趙女調清瑟[三],六博彈棋費白日[四]。致富應多文信金[五],論功詎足穰侯匹[六]。莫欺張耳鬢如絲,及見夷門大會時。車中公子常虛左,上客侯生衣弊衣[七]。人生富貴駒過隙[八],唯有榮名壽金石[九]。嗟嗟此曲難重陳[一〇],柱摧絃斷長愁人！

【彙注】

〔一〕白露二句　蓬常案：《清史稿·聖祖本紀》：康熙六年,七月己酉,上親政。己未,輔臣鰲拜擅殺輔臣蘇克薩哈及其子姓。癸亥,賜輔臣鰲拜加一等公。考曆書是年七月癸亥爲廿一日,白露節。當其加官之日,宴慶之時,正節令由炎夏轉涼秋之候,亦鰲拜由盛極入將敗之初,故以"白露秋風"起興,其猶阮籍《詠懷》"徘徊池上,日月相望"之微旨歟？白露節類在八月交入,今在七月,故曰"早下",無一字虛設也。白露早下,見卷四《汾州祭吳炎潘檉章二節士》詩"露下"句注。

〔二〕秦國二句　原注:《史記・李斯列傳》:以斯爲丞相,長男由爲三川守,告歸咸陽,李斯置酒于家,百官長皆前爲壽,門廷車騎以千數。

　　蘧常案:《史記・秦本紀》:莊襄王元年,東周君謀秦,秦誅之,盡入其國。伐韓,韓獻成皋、鞏,秦界至大梁,初置三川郡。《集解》:韋昭曰:有河、洛、伊,故曰三川。駰案:《地理志》:漢高祖更名河南郡。案:此以李斯況鼇拜,李由況鼇拜子納穆福也。《清史稿・鼇拜傳》:鼇拜加一等公,子納穆福襲二等公。世祖配天,加太師;納穆福加太子少師。後得罪,鼇拜逮治,納穆福亦論死,後詔免。故以李斯父子爲況。

〔三〕燕娥句　徐注:于濆《古宴曲》:燕娥奉卮酒。《漢書・楊惲傳・報孫會宗書》:婦,趙女也,雅善鼓瑟。

〔四〕六博句　徐注:宋玉《招魂》:箟蔽象棋,有六簿些。又:晉制犀比,費白日些。又,《後漢書・梁冀傳》:能挽滿彈棋,格五、六博、蹴踘、意錢之戲。

〔五〕致富句　蘧常案:《史記・吕不韋列傳》:吕不韋者,陽翟大賈人也,家累千金。秦昭王四十年,以次子安國君爲太子。安國君中男名子楚,質於趙,不得意。不韋賈邯鄲,見之曰:此奇貨可居!乃往見子楚說曰:請以千金爲子西游事安國君及華陽夫人,立子爲適嗣。乃以五百金與子楚爲進用結賓客,而復以五百金買奇物玩好自奉而西游秦。又:趙欲殺子楚,子楚與吕不韋謀,行金六百斤予守者吏,得脱,亡赴秦軍,遂以得歸。安國君立,子楚爲太子。子楚立,是爲莊襄王。莊襄王元年,以吕不韋爲丞相,封文信侯,食河南雒陽十萬户。

〔六〕論功句　徐注:《史記・穰侯列傳》:穰侯魏冉者,秦昭王母宣太后弟也。太史公曰:穰侯,昭王親舅也,而秦所以東益地,弱諸侯,嘗稱帝於天下,天下皆西鄉稽首者,穰侯之功也。及其貴極富溢,一夫開説,身折勢奪而以憂死,況於羈旅之臣乎!

　　蘧常案:《清史稿・聖祖本紀》:鰲拜宿將,多戰功。又,《鰲拜傳贊》:鰲拜多戮無辜,功不掩罪。

〔七〕莫欺四句　原注:《史記・張耳列傳》:張耳者,大梁人也。其少時,及魏公子無忌爲客。

　　蘧常案:餘見卷一《海上》詩第四首"今日"二句注。

〔八〕人生句　徐注:《史記・留侯世家》:學辟穀導引輕身。吕后德留侯,乃強食之曰:人生一世間,如白駒過隙,何至自苦如此乎!

　　蘧常案:《清史稿・聖祖本紀》:康熙八年五月戊申,詔逮輔臣鰲拜,交廷鞫。上久悉鰲拜專橫亂政,特慮其多力難制,乃選侍衛、拜唐阿年少有力者爲撲擊之戲。是日,鰲拜入見,即令侍衛等掊而縶之。(案:拜唐阿,滿語親侍之年稚者。)

〔九〕唯有句　原注:《古詩》:奄忽隨物化,榮名以爲寶。

　　蘧常案:應增引古詩前二句"人生非金石,豈能常壽考",於詩義方足。

〔一〇〕嗟嗟句　徐注:劉琨《扶風歌》:此曲悲且長,棄置勿重陳!

静　樂

【解題】

　　徐注:《明史》志《地理》太原府静樂注:府西北。元管州,洪武二年改爲静樂縣。　　戴注:先生年譜,是年在太原,遇傅青主,診先生脈云：尚可得子。後四年，即納妾於靜樂。

邑枕汾川首[一]，城分并塞支[二]。馬牛遺牧地[三]，林木剩山隤[四]。沍澤魚空後[五]，腥風虎下時[六]。樓煩雖善射，不救漢王危[七]。

【彙校】
〔汾川〕徐注本"川"作"州"。丕續案：汾州在靜樂南數百里，何得曰"枕"？作"州"誤。　〔并塞支〕汪校云："支"當作"夷"，韻目代字也。　〔林木〕潘刻本，孫、曹兩校本"林"作"材"。

【彙注】
〔一〕邑枕句　蘧常案：《明史》志《地理二》靜樂注：東北有管涔山，汾水所出。案：其地正當汾水之首，故隋稱汾源。
〔二〕城分句　蘧常案：《漢書·地理志》：太原屬并州。《續漢書·郡國志》：太原刺史治。故并指太原。句意謂靜樂之城，爲郡治要塞之分支也。以"支"對"首"爲工。汪校云"支"應作"夷"，蓋以爲韻目代字，非。
〔三〕馬牛句　徐注：《史記·匈奴列傳》：居於北蠻，隨畜牧而轉移，其畜之所多則馬牛羊。然亦各有分地。
〔四〕山隤句　蘧常案：隤，見前卷三《江上》詩"江上"二句注。案：此寫兵燹後情形。
〔五〕沍澤句　蘧常案：《莊子·齊物論》：河、漢沍而不能寒。向秀注：凍也。案："魚空"，謂竭澤而漁，當有所諷。似刺清廷之橫徵暴斂也。
〔六〕腥風句　徐注：《易》：風從虎。
　　蘧常案：似刺苛政猛於虎也。

〔七〕樓煩二句　蘧常案：《史記·項羽本紀》：楚、漢久相持，項王令壯士出挑戰。漢有善騎射者樓煩，楚挑戰三合，樓煩輒射殺之。項王大怒，乃自被甲持戟挑戰，樓煩欲射之，項王瞋目叱之，樓煩目不敢視，手不敢發，遂走還入壁，不敢復出。於是項王乃即漢王相與臨廣武間而語。漢王數之，項王怒，欲一戰。漢王不聽，項王伏弩射之，中漢王，漢王傷，走入成皋。《集解》：應劭曰：樓煩，胡也，今樓煩縣。《明史》志《地理二》太原府靜樂注：南有樓煩鎮。《日知錄》：樓煩，其人強悍善騎射。案：此二句，似假謂明晉王求桂被執事。晉王府在太原府陽曲，見卷四《晉王府》詩題注。被執事見同詩"化鵑啼"注。意謂王雖有樓煩人之強悍善射，而不能救其被執之危也。

太原寄王高士錫闡

【解題】

徐注：《先正事略》：王先生錫闡，字寅旭，吳江人。博覽羣書，守義樹節，與張楊園講濂、洛之學，兼通中西天學。先生之於明季，當徐光啓董修新法之時，聚訟盈廷，先生獨閉户著書，潛心測算，遇天色晴霽，輒升屋臥鴟吻間，仰觀景象，竟夕不寐，務求精符天象，不屑屑於門户之分。著《曉庵新法》六卷，考古之誤而存其是，擇西說之長而去其短。《元譜》：一字昭冥，號餘不，亦號曉庵，又號天同一生。精於曆學，著有《大統曆》、《西曆啓蒙》、《丁未曆稿》、《推步交食測日小記》、《三辰晷志圖解》、《曉庵新法曆說》、《曆策左右旋問答》諸書。先生《廣師》云：學究天人，確乎不拔，吾不如王寅旭。《蘇州府志·人物》：吳江王錫闡，葵南先生雲之曾孫。生而穎異,多深湛,文峭勁有奇氣,博極羣書。

　　蘧常案:太原,見前《朱處士彝尊過予》詩題注。

　　游子一去家,十年愁不見〔一〕。愁如汾水東〔二〕,不到吳江岸〔三〕。異地各榮衰,何繇共言晏〔四〕?忽睹子綱書,欣然一稱善〔五〕。王君尺牘多作篆書。知交盡四海,豈必無英彥〔六〕!貴此金石情〔七〕,出處同一貫。太行冰雪積〔八〕,沙塞飛蓬轉〔九〕。何能久不老?坐看人間換。惟有方寸心,不與玄鬢變〔一〇〕。

【彙注】

〔一〕游子二句　蘧常案:吳《譜》:順治十八年辛丑,是年回吳門。

〔二〕汾水東　徐注:《方輿紀要》:府西二里,宋天禧中,陳堯佐知并州,因汾水屢漲,於東岸築隄,周五里,引水東注。

〔三〕吳江　蘧常案:見卷二《秀州》詩"吳江濆"注。

〔四〕言晏　徐注:《詩》:言笑晏晏。

〔五〕忽睹二句　原注:《三國志》注:張紘,字子綱。好文學,又善楷篆,與孔融書皆自書。融報紘曰:前勞手筆多篆書,每舉篇見字,欣然獨笑,如復覿其人也。

〔六〕英彥　蘧常案:見前《述古》詩第三首"弟子"句注。

〔七〕貴此句　徐注:《史記・淮陰侯列傳》:武涉説信曰:足下自以爲與漢王爲金石交。

　　蘧常案:此似用《後漢書・王常傳》光武稱常"輔翼漢室,心如金石,真忠臣也"語。下云"出處同一貫",又云"唯有方寸心,不與玄鬢變",其意可見。

〔八〕太行句　徐注:《陵川縣志》:太行山,漢馬武築此石屯兵,山陰積雪,經暑不消。

〔九〕沙塞　徐注:《北史·周文帝紀》:北撫沙塞。

　　蓬常案:潘岳《西征賦》:飄萍浮而蓬轉。

〔一〇〕玄鬢變　徐注:謝朓《晚登三山還望京邑》詩:有情知望鄉,誰能鬢不變?

盂縣北有藏山云是程嬰公孫杵臼藏趙孤處

【解題】

徐注:《寰宇通志》:盂縣有藏山,相傳藏趙孤處,上有二義士祠。《方輿紀要》:藏山,在縣北五十里,巖壘環堵,石溜灌鎔。旁有泉曰聖水。又:忻州北程侯山,俗傳程嬰匿趙孤於此山下。有採金穴,亦名金山。　戴注:宋神宗元豐四年五月,吳處厚以帝闕嗣,請立程嬰、公孫杵臼廟,從之。事見《宋史》。

蓬常案:《明史》志《地理二》山西太原府盂注:府東北,元盂州。洪武二年,降爲縣。程嬰、公孫杵臼藏趙孤事,詳卷一《義士行》詩題注。

空山三尺雪,匹馬向荒榛。窈洞看冰柱,危峰遲日輪〔一〕。水邊寒啄鶴,松下晚樵人。恐有孤兒在,尋幽一問津。

【彙注】

〔一〕窈洞二句　徐注:李白《寄太白隱者》詩:棧閣連冰柱,耕樵隔日輪。

蕅常案：《後漢書·章帝紀》：朕思遲直士。何若瑤《兩漢考證》：遲者，待也。

讀李處士顒襄城紀事
有贈 有序 已下玄默困敦

【解題】

徐注：康熙十一年壬辰。　冒云：先生是年年六十。

蕅常案：《清史稿·儒林傳》：李顒字中孚，盩厔人。又字二曲。二曲者，水曲曰盩，山曲曰厔也。布衣安貧，以理學倡導關中，關中士子多宗之。康熙十八年，薦舉博學鴻儒，稱疾篤，舁至省，水漿不入口，乃得予假。自是閉關晏息土室，惟崑山顧炎武至則款之。所著《四書反身錄》、《二曲集》。居恒教人，一以反身實踐爲事，門人錄之爲七卷。是時，容城孫奇逢之學盛於北，餘姚黃宗羲之學盛於南，與顒鼎足，稱三大儒。先生《文集·廣師》篇：堅苦力學，無師而成，吾不如李中孚。案：《襄城紀事》者，顒自記徒步至襄城求其父遺骸也。事詳序文。《明史》志《地理三》河南開封府許州襄城注：州西南。是年，海上鄭氏稱永曆二十六年，公元一六七二年。

處士之父可從，崇禎十五年，以壯士隸督師汪公喬年麾下，以五千人勦賊至襄城，死之〔一〕。處士年十六，貧甚，與其母彭氏并日而食，力學有聞〔二〕。越二十九年，始得走襄城，爲汪公及其父設祭招魂以歸〔三〕。余與處士交〔四〕，爲之作詩。

躑躅荒郊酹一樽，白楊青火近黄昏。終天不返收崤骨〔五〕，異代仍招復楚魂〔六〕。湛阪愁雲隨獨雁〔七〕，潁橋哀水助啼猿〔八〕。五千國士皆忠鬼〔九〕，孰似南山孝子門〔一〇〕？

【彙校】

〔題〕潘刻本"顒"作"□"；《羣書斠識》作"容"。丕績案：皆避清仁宗顒琰諱也。徐注本無"有贈"二字。

【彙注】

〔一〕處士五句　徐注：《二曲集》惠霝嗣《盩厔李氏家傳》：盩厔李隱君之父，名可從。爲人慷慨有智略，里中呼爲李壯士。明季闖賊犯河南，朝議以汪公喬年督師討賊，中軍監紀同知孫公兆祿，招壯士與俱，將行，壯士抉一齒，留於家曰：我此行，誓不殲賊不生還家。無憶我，有齒在也。汪公督諸帥兵出關，聞襄城已陷，闖賊拒左良玉於郾城，乃留步兵於雒，自率精騎倍道趨襄城，壯士持戈躍馬從孫公。行抵襄，汪公分賀人龍、鄭嘉棟、牛成虎軍三路，駐城東，逼郾城而軍，自勒馬駐城外，賊果解圍而救襄城。賊至，三帥奔而良玉救不至，汪公乃急乘城自當敵衝處，以孫公參幕留中軍。壯士從孫公後，汪公數目奇之，問曰：若何官？曰：材官耳！汪公曰：若立功，題授若軍職。壯士拜曰：敢不效死命！賊來攻城，鑿穴置火藥，火發城崩，其法甚烈，名曰"放甕"。汪公亦穿阱，隨所鑿處長矛刺之，賊死千人。又負門車向城，汪公命飛大石擊之。其他槍礮弓箭，斃賊無數，壯士無不以身爭士卒先者。會天大雨雪，賊攻城之西隅，崩，汪公亟命壯士取荊囤以土築而完之，守如故。賊攻愈急，雉堞盡碎，力不支，遂陷。汪公自刎，殊不死，賊執之，大罵，賊割其舌，磔死。監紀孫公，裨將張國欽、張一貫、党亦威、李萬慶及壯士皆死焉。

蘧常案：全祖望《二曲先生窆石文》：父可從，字信吾。以壯武從軍爲材官。《明史·汪喬年傳》：字歲星，遂安人。天啓二年進士。授刑部主事，歷郎中、青州知府、登萊兵備副使、陝西右參政、按察使。自負才武，休沐輒馳騎習弓刀擊刺，寢處風雨中。崇禎十四年，擢右僉都御史，巡撫陝西。時李自成已破河南，聲言入關。喬年疾馳至商、洛，而三邊總督傅宗龍敗没於項城，詔擢喬年兵部右侍郎，代宗龍，趣出關。是時，關中精鋭盡没於項城，乃收散亡，調邊卒。十五年正月，出潼關。先是，自成攻左良玉，良玉退保郾城，賊圍之急。喬年曰：吾聞襄城距郾四舍，賊老砦咸在，吾舍郾而攻其必應，賊必還兵救，則郾城解矣。郾城解，我擊其前，良玉乘其背，可大破也！諸將皆曰善。自成果解郾城而救襄城，良玉救不至，軍大潰。喬年歎曰：此吾死所也！入城守二十七日，城陷，死之。

〔二〕處士年十六四句　蘧常案：諸葛亮《出師表》：并日而食。《清史稿·儒林傳》：顒父可從隨征，兵敗死之。時顒年十六，母彭氏，日言忠孝節義以督之。顒亦事母孝，飢寒清苦，無所憑藉，而拔流俗，以昌明關學爲己任。有餽遺者，雖十反不受。或曰交道接禮，孟子不卻。顒曰：我輩百不能學孟子，即此一事不守孟子家法，正自無害。

〔三〕越二十九年三句　蘧常案：詳下"終天"、"異代"二句注。

〔四〕余與句　蘧常案：《元譜》：康熙二年癸卯十月，過訪李處士中孚於盩厔，遂訂交。張《譜》：處士生於天啓七年丁卯，少先生十四歲。《二曲集處士年譜》云：癸卯十月朔，東吳顧寧人來訪，寧人博物弘通，上下古今，靡不辨定。既而嘆曰：堯、舜之知而不徧物，急先務也。吾人當務之急，原自有在，若舍而不務，惟騖精神於上下古今之間，正昔人所謂"拋却自家無盡藏,沿門託鉢效貧兒"也。寧人爲之憮然。

〔五〕終天句　蘧常案:見卷三《爲丁貢士亡考生日作》詩"終天"注。《左傳》僖公三十二年:蹇叔之子與師,哭而送之曰:晉人禦師必於殽,殽有二陵焉,必死是間,余收爾骨焉!《清史稿·儒林傳》:顧聞父喪,欲之襄城求遺骸,以母老不可一日離,乃止。既丁母憂,廬墓三年,乃徒步之襄城,覓遺骸不得。

〔六〕異代句　蘧常案:《禮·喪大記》:復有林麓,則虞人設階。鄭注:復,招魂復魄也。又,《禮運》:升屋而號,告曰:皋某復!楚魂,見前《輓殷公子岳》詩第二首"寂寥"二句注。《二曲先生窆石文》:庚戌,徒步之襄城,徧覓遺蛻不得。乃爲文禱於社,服斬衰,晝夜哭不絕聲,淚盡,繼之以血。襄城縣張允中出迎,適館,不可,乃亦爲之禱,卒不得。先生設招魂之祭,狂號。允中議爲立信吾祠,且造冢故戰場,以慰孝子之心。祠事畢,允中乃爲先生設祭,上則督師汪公、監紀孫公,配以信吾;下設長筵,徧及同時死者。先生伏地大哭,觀者皆哭。於是立碑曰"義林",奉招魂之主。取其冢土而歸。告於母墓,附之齒塚中,更持服如初喪。

〔七〕湛阪　原注:《左傳》襄公十六年:楚公子格帥師及晉師戰于湛阪。

　　蘧常案:《左傳》杜預注:襄城昆陽縣北有湛水,東入汝。

〔八〕潁橋　徐注:《方輿紀要》:許州襄城縣潁水源出登封潁谷,至臨潁西襄城瑪瑙河,東北流達臨潁,入潁水。

〔九〕五千國士句　蘧常案:國士,見卷一《感事》詩第三首"登壇"二句注。《二曲先生窆石文》:先生祝於父祠,願以五千國殤魂同返關中。

〔一〇〕孰似句　徐注:《二曲集·賢母祠記》:終南太乙之旁,二曲先生在焉。《漢書·第五倫傳》:賢以孝行爲先,是以求忠臣必於孝子之門。《二曲集·義林記序》：襄人憫烈士之忠，而憐二曲先生之孝也，於是，起冢西郭門外，鐫姓字、庚甲於石而葬之，表於道曰"義林"。

寄楊高士

【解題】

徐注：車《譜》：瑀，字雪臣，武進人，著有《飛樓集》一百二十卷，年七十餘卒。《廣師》云：讀書爲己，探賾隱微，吾不如楊雪臣。徐健庵《雪臣七十壽序》：先生少日好立奇節，既而厚自刻厲，韜光滅影，率諸子鍵戶讀書，自經史而外，分授天官、地理、曆律、兵農之書。出則與惲遜庵講學南田及東林書院，如是者餘三十年。

蘧常案：毘陵《楊氏譜》：瑀，字組玉，號雪臣，又號旭樓。雲門中丞惟和第三子。前諸生。著有《四子書義》、《旭樓詩集》。別有經部、史部、語部、文部、詩部未刊。康熙乙酉卒，年七十七。案：《楊氏譜》可補車、張諸《譜》之闕，並可知"飛樓"爲"旭樓"之誤，所謂一百二十卷，蓋合經、史諸部而言也。又案：《文集·與楊雪臣書》云：愚所深服先生者，在不刻文字，不與時名。至于朋友之中，觀其後嗣，象賢食舊，頗復難之。郎君博探文籍，而不赴科場，此又今日教子者所當取法也。稱之曰高士，洵無愧矣。

廿載江南意[一]，愁來更渺茫。友朋嗟日損，雞犬覺年荒[二]。水歷書池淨[三]，山連學舍長[四]。但聞楊伯起[五]，弦誦夜琅琅[六]。

【彙校】
〔題〕潘刻本,徐注本,孫、吳、汪、曹本"高士"下皆有"瑀"字。

【彙注】
〔一〕廿載句　徐注:先生是年六十歲。自四十四歲春獄解還崑山,四十五歲避讎北游,遂未復歸,故云廿載。

　　　　蘧常案:據年譜,順治十八年,先生四十九歲,曾回吳門,似不得如徐注所云。疑所謂"江南意"者蓋隱指三十三歲以後,歷年所懷規復江南之志,至此已無可望,故曰"愁來更渺茫"。曰廿年者,舉成數也。

〔二〕友朋二句　蘧常案:上句蓋傷同志之日稀,下句痛民生之日苦也。

〔三〕書池　徐注:王羲之與人書:張芝臨池學書,池水盡黑。

〔四〕學舍　徐注:《後漢書·儒林傳》:學舍頹敝。《南史·何胤傳》:乃徙秦望山,起學舍。

〔五〕楊伯起　蘧常案:《後漢書·楊震傳》:字伯起,弘農華陰人也。少好學,受歐陽《尚書》於太常桓郁,明經博覽,無不窮究。諸儒爲之語曰:"關西孔子楊伯起。"常客居於湖,不答州郡禮命數十年。年五十,乃始仕州郡,舉茂才,四遷荆州刺史。元初四年,徵入爲太僕,遷太常,代劉愷爲司徒,爲太尉。時中常侍樊豐等更相扇動,傾搖朝廷,震連切諫,帝既不平之,而樊豐等皆側目憤怨,策收太尉印綬,遣歸本郡,飲酖而卒。

〔六〕弦誦句　徐注:司馬相如《子虛賦》:琅琅磕磕。

　　　　蘧常案:《禮記·文王世子》:春誦夏絃。《武進縣志·儒林》引董潮所撰傳:瑀鼎革後,與惲日初講學延陵書院,又以梁谿高世泰邀請,講學東林書院,四方問業者日至,發揮奧旨,灑然傾聽。故詩言"學舍"、言"絃誦"也。

齊祭器行

歲重光大淵獻　臨淄發地得古祭器數十事，監司攫而有之

【解題】

　　戴注：即康熙辛亥年事。　　應仲蒙云：蓋追溯得祭器之年也。

　　蕭常案：《史記·齊太公世家》：武王已平商而王天下，封師尚父於齊營丘，胡公徙都薄姑，獻公徙薄姑都治臨淄。《韓非子·十過》：禹作爲祭器，墨染其外，而朱畫其內。王士禎《池北偶談·談異》云：庚戌，臨淄人於古城耕田，得銅器數百枚，形制瑰異。白諸官，悉取入藩庫，無從考其款識，殊可惜也。當爲一事。康熙辛亥，是爲公元一六七一年。

　　太公封齊廿八世[一]，春禘秋嘗長有事[二]。猶從三代識遺聲[三]，每見九夷朝祭器[四]。器歷商周制度工，相傳丁癸及桓公[五]。花紋不似萊人物[六]，法象仍疑兩敦同[七]。牛山下涕何悲苦[八]！歲久光華方出土。夏后璜偏入向魋[九]，魯宮寶又歸陽虎[一〇]。歷下秋風動夕螢[一一]，古來神物亦飄零[一二]。誰知柏寢千年器，異日還陳漢武庭[一三]。

【彙注】

〔一〕太公句　徐注：《史記·齊太公世家》：自太公至康公凡二十八世。

〔二〕春禘句　蕭常案：《禮記·王制》：天子諸侯宗廟之祭，春曰礿、夏曰禘、秋曰嘗、冬曰烝。鄭氏曰：此蓋夏、殷之祭名。周則春曰祠、夏曰礿。以禘爲殷祭。

〔三〕猶從句　原注：《禮記·樂記》：齊者，三代之遺聲也。齊人識之，故謂之齊。

〔四〕九夷　蔣常案：郭璞《爾雅·釋地》"九夷"注：九夷在東。《淮南子》：泗上十二諸侯率九夷以朝越王勾踐。據此，則九夷與齊近。九言其多，非定九也。《後漢書·東夷傳》云：夷有九種：曰畎夷、于夷、方夷、黃夷、白夷、赤夷、玄夷、風夷、陽夷。而不數與齊爭國之萊夷。皇侃《論語》"子欲居九夷"疏以玄菟、樂浪、高麗、倭人等當之，似皆附會。

〔五〕相傳句　徐注：《古器評》：商父丁，舉卣祭之名。舉者多矣，類皆取獻酬而舉之義。若父丁則商號也。是器文鏤簡古，有尚質之風。又，周單癸卣，周有單子，歷世爲賢卿士。《博古圖》：商尊祭爵銘二字，曰"尊癸"。案：癸者，湯之父。

　　蔣常案：《史記·齊太公世家》：太公之卒百有餘年，子丁公呂伋立；丁公卒，子乙公得立；乙公卒，子癸公慈母立。又，襄公十二年：無知弒襄公自立，雍林人殺無知，議立君，高、國召小白於莒，立之，是爲桓公。案：詩意凡祭器有"丁、癸"字者以爲丁、癸二公物，此外尚有桓公時器。曰"相傳"者，器已爲人攫去，不能目驗，第憑耳聞也。徐注泛及商、周，非。

〔六〕萊人物　原注：《左傳》襄公六年：陳無宇獻萊宗器于襄宮。

〔七〕法象句　原注：《禮記·明堂位》：有虞氏之兩敦。

　　蔣常案：法象，見前《應州》詩第一首"法象"句注。

〔八〕牛山句　徐注：《晏子春秋》：景公游於牛山，北臨其國城而流涕，曰：若何滂滂去此而死乎！

〔九〕夏后句　原注：《左傳》哀公十四年：向魋出於衛地，公文氏攻之，求夏后氏之璜焉。與之他玉而奔齊。

〔一〇〕魯宮句　蔣常案：《春秋》定公八年：盜竊寶玉大弓。《左傳》：陽氏敗，陽虎說甲如公宮，取寶玉大弓以出，入於讙、陽關以叛。《穀梁傳》：寶玉者，封圭也。大弓者，武王之戎弓也。周公受賜，藏之魯。

〔一一〕歷下　蓬常案：見前《子德李子聞余在難》詩"遄驅"句注。

〔一二〕神物　蓬常案：見卷一《寄薛開封宷》詩"神物"句注。

〔一三〕誰知二句　原注：《史記·封禪書》：少君見上，上有故銅器，問少君，少君曰：此器齊桓公十年陳于柏寢。已而案其刻，果齊桓公器。

蓬常案：此詩斥清吏之貪。末二句，仍望明之復興也。

題李先生矩亭 有序

德州東二十五里矩亭〔一〕，故鄉舉思伯李君誠明讀書處。天啓中，權奄柄國〔二〕，聞君通陰陽象緯之學〔三〕，遣使徵之。辭疾不就，潔志以終。其子源修是亭以表遺躅〔四〕，余爲之詩。

董生祠畔子雲亭〔五〕，澗雨巖虹望獨扃。門外曉寒縈帶草〔六〕，林端秋散照書螢〔七〕。長留直道扶千載〔八〕，自見遺文表六經。今日似君還肯構〔九〕，應知家學本趨庭〔一〇〕。

【彙注】

〔一〕德州　蓬常案：見前《德州過程工部》詩解題。

〔二〕權奄柄國　蓬常案：《明史·宦官·魏忠賢傳》：忠賢恣爲威虐，欲盡殺異己者，正人去國紛紛若振槁，於是忠賢之黨徧要津矣。東廠番役橫行，所緝訪無論虛實輒糜爛。民間偶語或觸忠賢，輒被禽僇，甚至剝皮刲舌，所殺不可勝數，道路以目。

當此之時，內外大權，一歸忠賢，自內閣六部至四方總督巡撫，徧置死黨。

〔三〕陰陽象緯　蘧常案：王嘉《拾遺記》：師延精述陰陽，曉明象緯，莫測其爲人。

〔四〕其子源　徐注：惠周惕《李君墓表》：君諱源，字江餘，一字星來，德州人。順治丙戌進士，授河津令，有能稱，罷歸。爲人和易恬退，好讀書，至老不倦。於古今河渠、漕屯、兵農諸事，討論尤精云云。《濟南府志》：源歸里後，築退庵，因以自號。植花木，購圖書，崑山顧處士炎武聞源談《易》數，歎曰：今之管輅也。張《譜》：此即先生戊申赴東手蹟所謂北李家。《同志贈言》有李源《雪霽霖瞻宅陪飲即席賦呈亭林先生》詩。

　　蘧常案：遺躅，蘇軾詩：西嶺訪遺躅。

〔五〕董生句　徐注：《一統志》：河間府董子祠在景州治東南崇臺山，舊祠在西南廣川鎮，元天曆初，縣尹呂思誠移此。廣川鎮一名董學村。劉禹錫《陋室銘》：西蜀子雲亭。

　　蘧常案：卷四《酬程工部先貞》詩云：獨近董生帷。自注：相傳德州有董子讀書處。先貞德州人，故云。此李誠明亦德州人，宜亦謂此。徐注引河間董子祠當之，遠在河北，非。

〔六〕帶草　蘧常案：張孚《齊略》：鄭公刊注《詩》、《書》，教授生徒，日棲遲於此山，因名礬山。上有古井不竭。獨生細草，形似韭，俗謂之鄭公書帶草。

〔七〕照書螢　徐注：《續晉陽秋》：車胤，字武子，南平人。就業恭勤，博覽不倦。家貧，不常得油，夏月則練囊盛數十螢火，以繼日焉。

〔八〕直道　徐注：《論語》：三代之所以直道而行也。

〔九〕肯構　蘧常案：《書·大誥》：若考作室，既底法，厥子乃弗肯堂，矧肯構。蔡沈《集傳》：以作室喻之，父已底定廣狹高下，其子不肯爲之堂基,況肯爲之造屋乎?

〔一〇〕趨庭　蘧常案:《論語·季氏》:嘗獨立,鯉趨而過庭。何晏《集解》:孔曰:獨立謂孔子。劉寶楠《正義》:趨而過庭者,禮,臣行過君前,子行過父前,皆當徐趨,所以爲敬也。孟浩然詩:趨庭沾末躬。

瓠

【解題】

徐注:《詩·小雅》:幡幡瓠葉,采之亨之。

蘧常案:《詩·邶風·匏有苦葉》毛傳:匏,謂之瓠。陳奐《傳疏》:匏與瓠,渾言不別,析言之,則有異。《豳風》"斷壺"、《小雅》"瓠葉",瓠皆可食;《公劉》"酌之用匏",匏不可食。是匏、瓠一物異名。匏,瓠之堅强者也;瓠,匏之始生者也。瓠其大名也。陸佃《埤雅》云:長而瘦上曰匏,短頸大腹曰瓠。瓠性甘,匏性苦。後人皆合匏、瓠爲一。案:玩詩意,似以自喻,非僅詠物也。

瓠實向秋侵〔一〕,呺然繫夕林〔二〕。不材留苦葉〔三〕,槁死亦甘心。偶伴嘉蔬植〔四〕,還依舊圃尋〔五〕。削瓜輸上俎〔六〕,剥棗遜清斟〔七〕。衛女河梁迥〔八〕,涇師野渡深〔九〕。未須驚五石〔一〇〕,應信直千金〔一一〕。作器疑無用〔一二〕,隨流諒不沉〔一三〕。試充君子佩〔一四〕,聊比《國風》吟〔一五〕。

【彙注】

〔一〕瓠實句　蘧常案:《詩·匏有苦葉》鄭玄箋:瓠葉苦,謂八月之時。

〔二〕咢然句　徐注：《莊子·逍遥遊》：惠子曰：魏王貽我大瓠之種，我樹之成而實五石，以盛水漿，其堅不能自舉也。剖之以爲瓢，則瓠落而無所容，非不咢然大也，吾爲其無用而掊之。莊子曰：子有五石之瓠，何不慮以爲大樽而浮乎江湖，而憂其瓠落無所容？

　　　蘧常案：《經典釋文》：李頤云：咢然，虚大貌。

〔三〕不材句　蘧常案：不材，見卷三《淮北大雨》詩"且復"句注。《詩·匏有苦葉》毛傳：匏葉苦，不可食也。

〔四〕嘉蔬　見卷二《桃花溪歌》"嘉蔬"句注。

〔五〕舊圃　徐注：潘岳《懷舊賦》：舊圃化而爲薪。

〔六〕削瓜句　徐注：《禮·曲禮》：爲天子削瓜者副之。

　　　蘧常案：謂不如削瓜之能登上俎也。

〔七〕剥棗句　蘧常案：《詩·豳風·七月》：八月剥棗，十月穫稻，爲此春酒，以介眉壽。又：八月斷壺。陳奂《傳疏》：壺，讀與"瓠"同。未至八月，兼食瓠葉；至八月葉苦，不能作菜，則斷以爲葅。案：謂不能如棗之得佐春酒，故曰"遜"也。

〔八〕衛女句　徐注：《詩·泉水》傳：衛女思歸也。李陵《與蘇武詩》：攜手上河梁。

〔九〕涇師句　原注：《左傳》襄十四年：諸侯之大夫從晉侯伐秦，及涇，不濟。叔向見叔孫穆子，穆子賦《匏有苦葉》。叔向退而具舟，魯人、莒人先濟。

〔一〇〕五石　蘧常案：見上"咢然"句注。

〔一一〕千金　徐注：《鶡冠子》：賤生於無所用，中流失船，一壺千金。壺、瓠通。

〔一二〕作器句　蘧常案：見上"咢然"句注。案：應上"未須"句。

〔一三〕隨流句　徐注：《埤雅》：壺性善浮，要之可以涉水，南人謂之要舟。

蘐常案：應上"應信"句。
〔一四〕君子佩　徐注：郭璞《蘭草贊》：君子是佩，人服媚之。
〔一五〕聊比句　徐注：《毛詩》序：是以一國之事，繫一人之本，謂之風。

蘐常案：謂比《邶風》之詠《匏有苦葉》也。此詩眼目所在，似在涇師數語，意謂時雖無望，未嘗無先濟之心，莫謂不材，或尚有千金之用。與下詩"尼公"二句同意。

土門旅宿 在獲鹿縣西南十里

【解題】

徐注：《明史》志《地理》真定府獲鹿注：府西南，西有抱犢山，有西屏山。又有蓮花山，白鹿泉出焉。又有土門關在西，亦曰井陘關。《方輿紀要》：土門關或以爲即故關。蓋井陘西出之道耳。　戴注：土關，即史所稱井陘口。

蘐常案：《新唐書·地理志》：獲鹿縣有故井陘關，一名土門關。

歲歲征驂詎有期〔一〕，棲棲周道欲安之〔二〕？尼公匪兕窮何病〔三〕？尚父維鷹老未衰〔四〕。市酒薄驅冬宿冷。山蔌輕壓曉行饑〔五〕。從知宇宙今來闊，不似園林獨臥時！

【彙注】

〔一〕征驂　徐注：王勃《桑泉別少府序》：長路曉而征驂動。
〔二〕棲棲句　徐注：《詩》：顧瞻周道。

蘐常案：棲棲，見卷三《謁夷齊廟》詩"楚狂"四句注。

〔三〕尼公句　原注:《漢書·平帝紀》:追謚孔子曰襃成宣尼公。

　　　蘧常案:匪兕,見前卷四《元日》詩"牽野"句注。

〔四〕尚父句　徐注:《詩》:維師尚父,時維鷹揚。

　　　蘧常案:毛傳:師,大師也。尚父,可尚可父。鷹揚,如鷹之飛揚也。鄭箋:尚父,呂望也。尊稱焉。《正義》引劉向《別錄》:師之,尚之,父之,故曰師尚父。《後漢書·文苑·高彪傳》:彪作箴曰:呂尚七十,氣冠三軍,詩人作歌,如鷹如鸇。

〔五〕山穬　蘧常案:《説文解字》:來,麥也。《廣雅》:大麥,穬。小麥,䴴。

燕中贈錢編修秉鐙 已下昭陽赤奮若

【解題】

　　徐注:康熙十二年癸丑。　冒云:先生是年年六十一。

　　蘧常案:吴《譜》:康熙十二年二月,抵都。徐《譜》:飲光於壬子冬入都,館龔尚書鼎孳家,見《憺園集》,故得相遇於燕中也。《小腆紀傳·文苑·錢秉鐙傳》:秉鐙,字幼光,後改名澄之,字飲光,桐城人。嘗學《易》於黃道周。弘光時,馬、阮興大獄,秉鐙名在捕中,變姓名逸去。南都亡,走閩中,道周薦授推官,秉鐙以薦舉得官爲恥,請候鄉試,不許。閩亡,自江南入粤。永曆三年,臨軒親試,授庶吉士,改編修。尋因病乞假至桂林。桂林陷,祝髮爲僧,名西頑。久之返里。所著有《易學》、《詩學》、《藏山閣稿》、《田間集》、《所知錄》。是年海上鄭氏稱永曆二十七年,公元一六七三年。

一別秦淮將廿載〔一〕,天涯垂老看猶在〔二〕。斷煙愁竹泣蒼梧,禿筆悽文來漲海〔三〕。燕市雞鳴動客輪〔四〕,九門馳道足黃塵〔五〕。相逢不見金臺侶〔六〕,但說荆軻是酒人〔七〕。

【彙注】

〔一〕一別句　蘧常案:據年譜,順治十一年,遷居金陵鍾山之陽;十四年,北遊。別秉鐙當在此數年中。《同志贈言》錢秉鐙《懷寧人道長》詩云:憶別梅崗舊酒壚,憐君行脚一身孤。性難合處原知僻,跡太奇時漸近愚。闕里志書修得否?孝陵圖本搨殘無?白門相念癯禪外,尚有南陔老病夫。當為當時別後所寄,"憐君"云云,似指先生北遊,則別在十四年,至此蓋已十六年矣,故曰"將廿載"。秦淮,見卷三《常熟歸生晟陳生芳績書來》詩"石頭"句注及《桃葉歌》"秦淮"注。

〔二〕天涯句　蘧常案:天涯謂燕中。蔡邕《房楨碑》:享年垂老。

〔三〕斷煙二句　徐注:《博物志》:舜二妃曰湘夫人,舜死蒼梧,二女哫於洞庭,以淚揮竹,竹盡斑。杜甫《大曆三年白帝城放船》詩:同泣舜蒼梧。杜甫《題壁上韋偃畫馬》詩:戲拈禿筆掃驊騮。鮑照《蕪城賦》:南馳蒼梧、漲海。

　　蘧常案:張《譜》:飲光所撰明末野史,其《永曆紀事》篇云:永曆三年十二月二十四日,上臨軒親試,取中八人,授翰林院庶吉士,秉鐙名在第二。又云:庚寅冬,蒙臨軒特典,改授庶吉士。予出山陰嚴公起恒門。公在上前,極稱予有制誥才,請改編修,管制誥,上頷之。然則飲光乃桂王間關從龍之彥矣,故先生詩曰"斷煙愁竹泣蒼梧,禿筆悽文來漲海"也。案:《小腆紀傳》謂"秉鐙南都亡後,走閩中,黃道周薦授推官,閩亡,始入粵",則上句似當謂隆武之亡。《南疆逸史·紹宗紀》:隆武二年九月辛丑朔,上駐汀州,將至江西,命忠誠伯周之藩護曾后先行,出西門,大兵追至羅漢嶺,之藩戰死,后自投於水。上戎裝將發,大兵猝至,從官迸散,見害于都司署。"愁竹",謂曾后;"蒼梧",謂隆武。考《列女傳》:舜陟方死於蒼梧,二妃死於江、湘之間。曾后死於水,故以舜二妃爲比也。下句始言入粵之事,故曰來漲海。漲海者,南海也。張《譜》混爲一事,非。

〔四〕燕市　蘧常案:見卷四《送王文學麗正歸新安》詩"燕市酒"注。

〔五〕九門句　徐注:《史記·秦始皇本紀》:二十七年,治馳道。注:應劭注:馳道,天子道也。

　　蘧常案:見卷二《淮東》詩"長安"句注。

〔六〕金臺侶　徐注:潘檉章《送寧人北游》詩:登岱後應探玉簡,游燕客豈市黄金!

　　蘧常案:見卷四《答徐甥乾學》詩"今日"句注。

〔七〕但説句　徐注:《史記·刺客列傳》:荆軻雖游於酒人乎,然其爲人沉深好書,至所游諸侯,盡與其賢豪長者相結。《先正事略》:秉鐙弱冠時,有御史某,閹黨也,巡按至皖,盛威儀。謁孔子廟,諸生方出迎,先生忽前攀輿而攬其帷,衆莫知所爲,御史大駭,命停車,而溲溺已濺其衣矣。先生徐正衣冠,昌言以抵之,騶從數十百人莫敢動,而御史方自幸脱於逆案,懼其聲之著也,漫以爲酒狂而舍之,由是名聞四方。

先妣忌日

【解題】

　　蘧常案:先妣,見卷一《表哀詩》題注,及《十二月十九日奉先妣藁葬》詩解題。忌日,見卷三爲《丁貢士亡考衢州君生日作》詩序及注。

　　風木凋零已過時〔一〕,一經猶得備人師〔二〕。聞絲欲下劉馘泣〔三〕,執卷方知孟母慈〔四〕。秋雨季連中野蔚〔五〕,夕陽光起北園葵〔六〕。無窮明發千年慨〔七〕,豈獨杯棬忌日思〔八〕!

【彙校】
〔一經句〕句下原注,徐注本無"雖奕葉冠冕"等十六字。
【彙注】
〔一〕風木　徐注:陸游《焚黃》詩:早歲已興風木歎。
　　　　蔣常案:《韓詩外傳》:皋魚曰:樹欲靜而風不止,子欲養而親不待。
〔二〕一經句　原注:《顔氏家訓》:荒亂以來,雖寒畯之子,能讀《孝經》、《論語》者,尚爲人師,雖奕葉冠冕,不曉書記者,莫不耕田養馬。徐注:《漢書·韋賢傳》:《魯語》曰:遺子黃金滿籯,不如教子一經。
〔三〕聞絲句　原注:《南齊書·劉馘傳》:母没十餘年,每聞絲竹之聲,未嘗不欷歔流涕。
〔四〕孟母慈　蔣常案:《列女傳》:鄒孟軻之母也,號孟母。孟子長,既學而歸,孟母方績,問曰:學所至矣?曰:自若也。孟母以刀斷其織。孟子懼而問其故,孟母曰:子之廢學,若吾斷斯織也。孟子懼,旦夕勤學不息,師事子思,遂爲天下之名儒。《孟氏譜》:軻母仉(案:《廣韻》:諸兩切)氏。張頯(案:《正字通》:與"須"同)《孟母墓碑》作"李氏"。餘詳卷一《表哀》詩"黽勉"句及"荻字"句注。

〔五〕中野蔚　蘧常案：《詩·小雅·蓼莪》：蓼蓼者莪，匪莪伊蔚。哀哀父母，生我勞瘁。《説文解字》：蔚，牡蒿也。

〔六〕北園葵　原注：晉陸機《園葵》詩：種葵北園中，葵生鬱萋萋。

〔七〕明發　徐注：《詩》：明發不寐，有懷二人。
　　蘧常案：《詩·小宛》毛傳：明發，發夕至明。

〔八〕杯棬　蘧常案：《禮記·玉藻》：母没而杯圈不能飲焉，口澤之氣存焉耳。鄭注：圈，屈木所爲，謂卮匜之屬。案：杯圈，《孟子·告子》篇作"桮棬"。

自章丘回至德州則程工部逝已三日矣

【解題】

徐注：《明史》志《地理》濟南府章丘注：府東。

蘧常案：吳《譜》：是年四月，往德州，訂州志。返章丘桑家莊。冬十月，自章丘至德州，哭程工部先貞。先貞，見卷四《酬程工部先貞》詩解題。

蘧常案：徐注本題作《哭程工部》。

高秋立馬鮑山旁〔一〕，旅雁初飛木葉黄。十載故人泉下別〔二〕，交情多媿郅君章〔三〕。時張文學弨自燕中來，視其含殮。

【彙注】

〔一〕鮑山　徐注：《寰宇志》：鮑城，在濟南歷城縣東，鮑叔牙所食邑也。《齊乘》：在鮑山下。

〔二〕十載　蔣常案：康熙四年作《酬程工部先貞》詩有"三年嗟契
　　　闊"，似訂交在三年前，則至此正十年也。
〔三〕交情句　原注：《後漢書·獨行傳》：范式，字巨卿，與汝南張
　　　劭爲友。劭字元伯。後元伯寢疾，同郡郅君章、殷子徵晨夜
　　　省視，元伯臨盡，歎曰：恨不見吾死友！子徵曰：吾與君章盡
　　　心于子，是非死友，復欲誰求？元伯曰：若二子者，吾生友耳，
　　　山陽范巨卿，所謂死友也。元伯尋卒，式往奔喪，未及到而喪
　　　已發引，柩不肯進，停柩移時，見有素車白馬號泣而來，其母
　　　望之，曰：是必范巨卿也。式執紼引柩，于是乃前。

有　嘆 二首

【解題】

　　蔣常案：此兩詩，徐注前後引李良年《秋錦山房序》、先生《寄李良年書》、《先正事略·李良年事略》、徐乾學《李分虎詩集序》、《元譜》等，其意以爲歎李良年，故徐邦彥《車譜校補》云：徐遯庵注，此詩似爲李武曾作。武曾，良年字也。然以朱彝尊《徵士李君行狀》及他書核之，蓋無一相合者。《行狀》言"曾祖國子監博士，祖同知，考國子監生"，而詩曰"家世二千石"，又言"優遊幕府，偃息田里"，而詩曰"門庭正翕集，車騎來千數"。某筆記言徵士高瞻雅步，不肯爲翕翕熱。寶應喬萊語之曰：高陽論海内詩家，首推子矣。他日，有謂宜造謝者，徵士曰：窮達命也，相公知吾詩，孰與相公知我守乎？堅不往。而詩曰"如何壯士懷，但慕倉中鼠"，惟《行狀》言被薦，召試體仁閣下，有似詩曰"西游到咸陽，上書寤英主"，第此爲後七年事，豈得於此時言之！徐蓋見車《譜》本年有先生《答李武曾

书》,遂漫爲牽合耳。且先生是書有"比客維揚,頗能攝疾",車《譜》已言"《元譜》於今年亦未有揚州養疴之事",則此書之答必不在本年,更不足援爲佐證矣。玩詩意,似刺徐乾學。

少小事荀卿[一],佔畢更寒暑[二]。慨然青雲志[三],一旦從羈旅[四]。西游到咸陽,上書寤英主[五]。門庭正翕集,車騎來千數[六]。復有金石辭[七],粲爛垂千古。如何壯士懷,但慕倉中鼠[八]!

【彙注】

〔一〕少小句　徐注:《史記·李斯列傳》:李斯者,楚上蔡人也。年少時爲郡小吏,乃從荀卿學帝王之術。

〔二〕佔畢　徐注:《禮·學記》:呻其佔畢。注:佔,視也。簡謂之畢。今之師自不曉經之義,但吟誦其所視簡之文。

　　　蘧常案:王引之《經義述聞》十五:佔讀爲笘,亦簡之類,故以"佔畢"連文。是讀書吟誦之泛稱。

〔三〕青雲志　徐注:《淮南子》:志厲青雲,非夸矜也。

〔四〕羈旅　蘧常案:"羈"同"羇"。《左傳》莊公二十二年:羇旅之臣。杜注:羇,寄也。旅,客也。

〔五〕西游二句　蘧常案:《史記·李斯列傳》:學已成,度楚王不足事,而六國皆弱,無可爲建功者,欲西入秦,辭於荀卿。至秦,會莊襄王卒,李斯乃求爲秦相文信侯呂不韋舍人,不韋賢之,任以爲郎。李斯因以得說,說秦王曰:夫以秦之彊,大王之賢,由竈上騷除,足以滅諸侯,成帝業,爲天下一統,此萬世一時也。今怠而不急就,諸侯復彊,相聚約從,雖有黃帝之賢,不能并也。秦王乃拜斯爲長史。聽其計,陰遣謀士齎持金玉以游説諸侯,諸侯名士可下以財者,厚遺結之;不肯者,利劍刺之,離其君臣之計,秦王乃使其良將隨其後。拜斯爲客卿。案:此似影射徐乾學之殿試對策。徐乾學《書錢糧論後》曰:舅氏亭林先生《錢糧論》至爲痛切,仲長統《昌言》、崔寔《政論》之匹儔也。某昨歲對策,謂須得公忠強幹之臣,權萬物之有無,計百姓之贏絀,而爲之變通,蓋寔本於先生之論。張《譜》:何紹基云:健庵對策云:漢、唐三代以帛爲租,宋始用錢,金章宗鑄銀曰"承安寶貨",公私迄今用之。礦脈久閉,海舶已停,民間之銀日耗而不生,而上供者必以常額,宋齊丘有言:錢非耕桑所得,以錢收稅,是教民棄本逐末也。此寔本於《錢糧論》。

〔六〕門庭二句　蘧常案:見前《秋風行》"秦國"二句注。案:此疑影射徐乾學之怙勢好客。先生於康熙十五年《與潘次耕書》勸次耕毋應乾學之招,有云:世風日下,人情日諂,彼之官彌貴,客彌多,便佞者留,剛方者去,吾以六十四之舅氏,主於其家,見彼蠅營蟻附之流,駭人耳目,至於徵色發聲而拒之,乃僅得自完而已。別詳卷三《七十二弟子》詩"門人"二句注。石韞玉《徐健庵傳》云:勤於獎進人物,海內之士,輻輳其門。佚名《野史》云:先輩言徐健庵乾學在康熙中,以文學受知,方其盛時,權勢奔走天下,務以獎拔寒畯,籠絡人才爲邀名計,故時譽歙然歸之。其所居繩匠胡同,後生之欲求進者,必僦屋於傍,俟其五更入朝,輒朗誦詩文使聞之,如是數日,徐必從而物色,有所長,輒爲延譽。當時繩匠胡同宅子僦價倍他處。所云雖皆在後,然亦可以概其前矣。

〔七〕復有句　徐注:《史記・秦始皇本紀》:羣臣相與誦皇帝功德,刻於金石,以爲表經。

　　蘧常案:先生《金石文字記》:泰山石刻、嶧山石刻,李斯篆。

〔八〕但慕句　徐注：《史記·李斯列傳》：爲郡小吏，見吏舍廁中鼠，食不潔，近人犬，數驚恐之。觀倉中鼠，倉積粟，不見人犬之憂。於是李斯嘆曰：人之賢不肖譬如鼠矣，在所自處耳！

家世二千石，結髮常自修。譬如寡婦心，本慕共姜儔。不幸污盜賊，遂忘淫佚羞。念彼巨先語，撫心悼遷流〔一〕。如登千仞岡〔二〕，失足竟不收〔三〕。勉哉堅自持〔四〕，無遺朋友憂！

【彙注】

〔一〕家世八句　原注：《漢書·游俠傳》：原涉，字巨先。客或譏涉曰：子本結髮自修，以行喪推財禮讓爲名，正復讎取仇，猶不失仁義，何故遂自放縱，爲輕俠之徒乎？涉應曰：子獨不見家人寡婦耶？始自約敕之時，意迺慕宋伯姬及陳孝婦，不幸壹爲盜賊所污，遂行淫佚，知其非禮，然不能自還，吾猶此矣。

　　蘧常案：據《漢書》原文"子本"下，應補"二千石之世"五字，蓋謂涉父哀帝時爲南陽太守，首句方有著落。《漢書·循吏傳序》：與我共此者，其唯良二千石乎？顏師古注：謂郡守諸侯相。又，《百官公卿表》：郡守秩二千石。又案，共姜，依《原涉傳》當作共姬，事見《穀梁》襄公三十年《傳》，顏師古即據以注涉傳。共姜則衛世子共伯妻，共伯蚤死，共姜守義，《詩·鄘風·柏舟序》所謂"共姜自誓也"。一魯女，歸宋共公；一齊女，歸衛世子。其守義雖相似，實爲二人。下既曰"念彼巨先語"，則當用《原涉傳》爲"共姬"，詩或失誤。又案,乾學曾祖應聘官太僕寺少卿。《明史·職官志》:少卿正四品。世以知府當漢太守,知府亦正四品,故以相比乎?

〔二〕千仞岡　徐注:左思《詠史》詩:振衣千仞岡。

〔三〕失足句　徐注:唐寅詩:一失足成千古恨,再回頭已百年身。

〔四〕堅自持　原注:《後漢書·馬援傳》:居高堅自持。

哭歸高士 四首

【解題】

徐注:張《譜》:聞叔父穆庵及歸玄恭訃,設祭於桑家莊。先生《書孔廟兩廡位次考後》:歸生名莊,更名祚明。工草隸,爲吳中高士。

蓮常案:歸高士,詳卷一《吳興行贈歸高士祚明》詩解題。《元譜》於"聞歸玄恭訃設祭"下云"入都得滇南報";詩及雲南舉兵,舉兵在十一月;則此詩作於入都以後,其十一、十二兩月之間乎?歸聖脈《玄恭兄行略》云:公喜飲酒,時時不離手,遂中酒,病肺不休。及垂逝,夢故友招之入社,分韻賦詩,公自知不起。趙經達《歸玄恭年譜》:癸丑,六十一歲,仲秋卒。

弱冠始同遊〔一〕,文章相砥厲〔二〕。中年共墨衰,出入三江汭〔三〕。悲深宗社墟〔四〕,勇畫澄清計〔五〕。不獲騁良圖〔六〕,斯人竟云逝。

【彙校】

〔題〕徐注本注云:"一本分四首"(丕續案:原鈔本同)。徐注本則合爲一首。

【彙注】

〔一〕弱冠句　蔣常案：歸莊《送顧寧人北游序》云：余與寧人之交二十五年矣。時爲永曆十一年丁酉，即順治十四年，二人同歲，皆四十五歲。上溯二十五年，則訂交在崇禎六年癸酉，皆二十一歲。

〔二〕文章句　原注：《禮記·儒行》：近文章，砥厲廉隅。

〔三〕中年二句　蔣常案：《左傳》僖公三十三年：子墨衰絰。杜注：晉文公未葬，故襄公稱子；以凶服從戎，故墨之。三江，見前卷二《贈于副將元凱》詩"三江"注及《哭楊主事廷樞》詩"松江"句注。案：年譜：順治二年七月，師下崑山、常熟，貞孝（案：即先生嗣母）聞變即絕食，至三十日乃終。《歸玄恭年譜》同年九月四日，文休公（莊父昌世）卒。故時兩人皆凶服。三江爲松江、東江、婁江，此似指松江提督吳勝兆反正事，詳卷一《哭顧推官》詩"主帥"及"大本"兩注。全祖望先生《神道表》所謂"幾豫吳勝兆之禍"者也。歸莊當亦豫其謀，故祖望《題歸恒軒萬古愁曲子》亦云"恒軒同顧推官舉師不克，行遯得免"也。他事無可徵。乾隆《崑新志》稱"其亡命棄儒冠，往來湖山間，遠近談忠義者，以莊爲歸"，殆謂是歟？舊注以先生與莊及吳其沆等守崑拒清事當之，時兩人尚未持服，何能謂之"共墨衰"耶？

〔四〕悲深句　蔣常案：《史記·宋微子世家》：箕子朝周，過故殷虛，感宮室毀壞，生禾黍，箕子傷之，欲哭則不可，欲泣爲其近婦人，乃作《麥秀》之詩。

〔五〕澄清志　蔣常案：《後漢書·范滂傳》：慨然有澄清天下之志。

〔六〕騁良圖　蔣常案：見卷一《海上》詩第二首"夢想"句注。

峻節冠吾儕〔一〕,危言驚世俗〔二〕。常爲扣角歌〔三〕,不作窮途哭〔四〕。生耽一壺酒〔五〕,没無半間屋〔六〕。惟存孤竹心〔七〕,庶比黔婁躅〔八〕。

【彙校】
〔驚世俗〕徐注本"驚"作"警",誤。
【彙注】
〔一〕峻節句　徐注:《晉書·列女傳序》:挺峻節而孤標。
　　蔣常案:張應麟《歸莊傳》:爲人豪邁尚氣節。
〔二〕危言句　徐注:《論語》:危言危行。
　　蔣常案:鄭玄《論語》注:危,高也。魏禧《歸玄恭六十序》:有傳其長歌於山中者,凡三千餘言,上溯鴻濛,下及季世,驅使神仙鬼怪之物,呵帝王,笞卿相,踐籍古之文人,恣睢佯狂,若屈平、李白沈冤醉憤無聊之語。予驚怖其人,疑不可近。全祖望《題歸恒軒萬古愁曲子》:瑰瑋恣肆,於古之聖賢君相,無不詆訶,而獨痛哭於桑海之際,蓋《離騷》、《天問》一種手筆。
〔三〕常爲句　徐注:《三齊略紀》:甯戚叩牛角而歌。
　　蔣常案:錢謙益《贈歸玄恭戲效玄恭體》詩紀其好爲歌詩。錢詩見本詩附錄一。
〔四〕不作句　蔣常案:窮途哭,見卷一《將遠行作》詩"窮途"注。歸莊《寓言》詩:自從名教壞,更不哭途窮。案:張《傳》言:嘗南渡錢塘,北涉江、淮,所至遇名山川,憑弔古今,輒大哭。見者驚怪,而公不顧也。與此不同。
〔五〕生耽句　徐注:李白《月下獨酌》詩:花間一壺酒。
　　蔣常案:楊鳳苞《歸恒軒紀略》:爲人嗜酒,每試必攜酒以入,後益縱酒狂歌。
〔六〕沒無句　蕭常案:乾隆《崑新志·歸莊傳》:晚年不能自給,寄食僧舍。
〔七〕孤竹心　蕭常案:見前卷三《謁夷齊廟》詩題注。
〔八〕黔婁　徐注:《高士傳》:黔婁先生者,齊人也。魯恭公聞其賢,遣使致禮,致粟三千鍾,欲以爲相,辭不受。齊王又禮之以黃金百斤,又不就。著書四篇,言道家之務。

太僕經鏗鏗,君曾祖,諱有光,字熙甫,世稱震川先生。三吴推學者〔一〕。安貧稱待詔,君叔祖諱子慕,字季思。清風播林野〔二〕。及君復多材,儒流嗣弓冶〔三〕。已矣文獻亡,蕭條玉山下〔四〕!

【彙注】

〔一〕太僕二句　原注:《後漢書·儒林傳》:説經鏗鏗楊子行。徐注:《明史·文苑傳》:歸有光九歲能屬文,弱冠盡通五經三史諸書。嘉靖十九年,舉鄉試,八上春官不第。徙居嘉定安亭江上,讀書談道,學徒嘗數百人,稱爲震川先生。四十四年,始成進士。隆慶四年,大學士高拱、趙貞吉雅知有光,引爲南京太僕丞,留掌内閣制敕房,修《世宗實録》,卒官。有光爲古文,原本經術,好太史公書,得其神理。時王世貞主盟文壇,有光力相觝排,目爲妄庸巨子,世貞大憾。其後亦心折有光,爲之贊曰:千載有公,繼韓、歐陽。余豈異趣?久而自傷。其推重如此。

蕭常案:"經鏗鏗",似謂有光制舉義,所謂經義也。《明史·歸有光傳》云:有光制舉義,湛深經術,卓然成大家。又云:明代舉子業最擅名者,前則王鏊、唐順之,後則震川、思泉。思泉,胡友信別號也,故特言之。三吳,見前卷一《哭顧推官》"三吳"注。

〔二〕安貧二句　徐注:《明史·文苑傳》:有光少子子慕,字季思。舉萬曆十九年鄉試。再被放,即屏居江村。與無錫高攀龍最善。其歿也,巡按御史祁彪佳請於朝,贈翰林院待詔。

　　蔣常案:歸莊《展墓黃墩》詩自注:穆穴爲先從祖待詔府君,崇禎七年,巡按御史具題,奉旨特贈翰林院待詔,旨有"孝友廉静、安貧力學"之褒。

〔三〕及君二句　徐注:《書》:不若旦多材多藝。《禮·學記》:良冶之子,必學爲裘;良弓之子,必學爲箕。孔穎達《正義》:積世善冶之家,其子弟見其父兄陶鑄金鐵,使之柔合,以補治破器,故此弟子能學爲裘袍,補續獸皮,片片相合,以至完全也;善爲弓之家,使角幹撓屈,調和成弓,故其子弟亦觀其父兄世業,學取柳條和軟,撓之成箕也。乾隆《崑新志》:(莊)少通五經,工諸體書,酒酣落筆,輒數千言不能止。爲諸生應院試,酒瓶纍纍筆墨間。日未晡,成七義,分真、草、隸、篆書五經文字。提學御史亓煒怪而黜之,惜其才,旋復焉。吳炎《歸玄恭古文序》:夫世、穆、神三廟間,海内古文家爲最盛,而玉峰歸太僕先生其最也。太僕之爲文,粹於理,豪於氣,不斤斤剽拾秦、漢以來緒餘,而獨出其性靈才識,以推擴塵氛而磅礴上下。太僕之曾孫玄恭,乃今復以文特名,繼太僕而起。太僕没後,有季思先生爲之子,文休先生爲之孫,而玄恭爲之曾孫,歸氏之福亦厚矣!玄恭之文,固所謂粹於理而豪於氣者。張《譜》:《微雲堂雜記》:玄恭旋殁,爲文祭之曰:漁獵子史,貫穿經傳,志高氣盛,雄傑魁岸。又,抱太僕文,蒐羅拾擴。

〔四〕玉山　蔣常案:見卷一《哭陳太僕子龍》詩"玉山"注。

酈生雖酒狂,亦能下齊軍〔一〕。發憤吐忠義,下筆驅風雲〔二〕。平生慕魯連,一矢解世紛。碧雞竟長鳴,悲哉君不聞〔三〕！君二十五年前嘗作詩,以"魯連一矢"寫意,君没十旬,而文罩舉庚。

【彙校】
〔悲哉句〕句下自注,孫詒荀校本、吳校本,同。惟"寫意"作"寓意"。孫詒荀校本云：末四字未詳。潘刻本、徐注本無。

【彙注】
〔一〕酈生二句　徐注：《漢書・蓋寬饒傳》：寬饒曰：無多酌我,我迺酒狂。

　　蘧常案：《史記・酈生列傳》：酈生食其者,陳留高陽人也。好讀書,家貧落魄,爲里監門吏,然縣中賢豪不敢役,縣中皆謂之狂生。又：初,沛公引兵過陳留,酈生踵軍門上謁,使者出謝曰：沛公方以天下爲事,未暇見儒人也。酈生瞋目案劍叱曰：走！復入言沛公：吾高陽酒徒也。又：酈生曰：臣請得奉明詔說齊王,使爲漢而稱東藩。上曰：善！使說齊王。田廣以爲然,迺聽酈生,罷歷下兵守戰備。淮陰侯聞酈生伏軾下齊七十餘城,迺夜度兵平原,襲齊。齊王聞漢兵至,以爲酈生賣己,遂烹酈生。

〔二〕發憤二句　蘧常案：楊鳳苞《歸恒軒紀略》：長篇短詠,揮灑淋漓,用以寄託無聊而銷其飛揚岪欥之氣。

〔三〕平生四句　原注：《左傳》文公十八年：卜楚丘,占之曰：齊侯不及期,非疾也,君亦不聞。　徐注：《史記・魯仲連列傳》：齊田單攻聊城歲餘,士卒多死,而聊城不下。魯連乃爲書,約之矢,以射城中遺燕將。又：燕將見魯連書,泣三日,猶豫不能自決。又：所貴於天下士者，爲人排患釋難解紛亂而無所取也。陶潛《述酒》詩：閑居離世紛。左思《蜀都賦》：碧雞倏忽而曜儀。注：《地理志》：金馬、碧雞在越嶲青蛉縣禺同山。漢宣帝時，方士言益州有金馬碧雞之神，可醮祭而致。帝使諫議大夫王襃持節求之，道病卒，竟不能致。楊慎《雲南山川志》：碧雞山在城西南三十里，東瞰滇池，蒼崖萬丈，綠水千尋，下有碧雞關。庾信《慨然成詠》詩：寶雞雖有祀，何時能更鳴。案：是年吳三桂反雲南。孫詒讓云：自注末四字未詳。　尹云："文罩舉庚"四字，余諧以韻目，蓋"雲南舉兵"之隱。玄恭卒康熙癸丑，吳映奎輯《亭林年譜》於祭玄恭後，即書入都聞滇南報，亭林嚴夷夏之大防，雖以三桂之反覆，猶冀其復辟焉。

　　蓮常案：自注謂"二十五年前作詩"，從本年上溯，則爲永曆元年，即順治四年。考莊詩集是年全佚，已無可徵，惟補遺詩《古意》第十首，有"魯連恥帝秦，東海寧隕命"云云，無"一矢"語。玩下文，此似與吳三桂有關，或欲遺之書而勸其反正耶？詳前卷三《山海關》詩"辮頭"句注。其舉兵事，佚名《平西王吳三桂傳》及孫旭《吳三桂始末》，言之綦詳。見本詩附錄二。據此，三桂將起，猶以先朝故君動三軍；既起，亦未稱帝，故先生尚寄以厚望焉。

附一：錢謙益《贈歸玄恭戲效玄恭體》詩

子有百篇詩，稿本庋我甌。元氣含從衡，冥漲失津涘。四遊圍尺幅，八極步寸趾。逐日杖不休，飲河喝未止。宋玉賦《大言》，莊生喻非指，唐衢哭蒼茫，賈生涕重累。西音起促柱，易水歌變徵。望氣指鍾離，步天肇星紀。戲帝笑爭博，叫天苦頊珥。憂來每長吟，詠罷自拊髀。臨風歌激昂，巡檐嘆徙倚。中夜看牛斗，角芒正邐迤。飛動防出匣，封題謹累紙。

附二：佚名《平西王吳三桂傳》

康熙十一年秋，上以三桂逆謀漸著，欲先發制之，特召移鎮關東，予以世職。詔至雲南，全藩震動。使日以上命促之，督責過深，頗凌辱其將吏。始請改期，繼請緩行，皆持不可。三桂欲反，恐其下不從，乃設宴，大會諸將，酒三行，起而歎曰："老夫與諸君共事，垂三十年。今四海昇平，無所用，吾輩行且遠矣，未知聖意所在？且盡今日歡，與諸君敘故，未識異日復得相見否？"諸將聞言皆泣下。越兩日，促益急。三桂下教會諸將曰："行期迫矣，朝廷之嚴譴，不可逃也。若使臣之驅策，老夫不意至此。諸君行矣，毋徒受使臣辱也！"諸將怒曰："行即行耳，何相逼爲？"三桂復慰之曰："朝命也，誠不可緩，但向者諸君得處此土，以有其家，以享富貴，伊誰之賜？願諸君思之！"諸將皆稽首曰："邀殿下之福！"曰："非也！"曰："然則君上之恩。"曰："是已，未盡然也。昔我受先朝厚恩，待罪東陲，值闖賊構亂，召衛神京，計不能兩全，乃乞師本朝，以復君父大讎。繼平滇、蜀，得棲息於此，今日之富貴，皆先朝餘廕耳。故君之陵寢，可無別乎？"先是辛丑冬，三桂兵臨阿瓦，檄取永曆以歸，縊死，藁葬府城外，故云爾。又：諸將皆拜聽命。於是卜日謁陵，三桂易方巾素服，酹酒山呼，再拜慟哭，伏地不能起。三軍皆哭，聲震如雷，人懷異志，蓋至是而三桂之反謀成矣。冬，三桂就道，命前隊先行，自擁大軍殿後。數日，即稱疾不起，撫臣驅之急，使者日三四輩至榻前，詞益峻，色益厲，三桂堅臥不起。諸將數來問疾，勸進藥餌，不聽。故以言激之，曰："吾疾在心，豈藥石所能愈！想曩者披堅執銳，開拓疆宇，有大勳于王室，章皇帝不以老臣爲不肖，錫之藩封，載之盟府。今撫臣一外吏，相凌乃爾！一旦入國門，付廷尉，我豈有生路耶？"諸將果忿忿而出。軍士裹甲露刃，矢在弦，馬塞道，風動塵生,日色慘澹,居民皆駭走,襲執撫臣殺之,持其首見三桂。三桂頓足失聲,以頭搶地曰:"爾輩殺我!爾輩殺我!我三百口死不旋踵,即爾輩亦且族矣!"諸將大呼曰:"惟有反耳!反耳!"三桂大喜,霍然而起。即部署諸將,囚執二使,以撫首祭旗纛,傳檄四方,前隊在荆、楚者,皆舉兵反。奉使筆帖式王新命乘間得脱,疾馳五晝夜至京師,赴兵部告變,氣厥不能出一語,半日始甦,乃大言曰:"三桂反矣!"舉朝震動。孫旭《吴三桂始末》:癸丑十一月二十五日五鼓,三桂集藩下官屬於殿上,擲帽棄辮髮。鑄僞印曰"天下都招討兵馬大元帥之印"。十二月初一日,自雲南起兵。

廣 昌 道 中 二首　已下闕逢攝提格

【解題】

徐注:康熙十三年甲寅。《明史》志《地理》山西大同府蔚州廣昌注:州東南,元曰飛狐,洪武初更名。《方輿紀要》:廣昌縣,古飛狐口也,宋置飛狐軍,遼復爲飛狐縣。今縣治,相傳即古飛狐道。　冒云:先生是年年六十二。

蔣常案:是年海上鄭氏稱永曆二十八年,公元一六七四年。《元譜》:正月,出京,由易州往汾州。吴《譜》:廣昌在易州西百八十里。易京,見前《子德李子聞余在難》詩"易京"注。

匹馬去燕南,易京大如礪[一]。五迴春雪深[二],淶上孤城閉[三]。行行入飛狐[四],夕駕靡遑税[五]。融冰見睍流[六],老樹陵寒霽。啄鵲馴不驚,卧犬安無吠[七]。問客何方來?幽都近如沸[八]。出車日轔轔,戈矛接江裔[九]。

此地幸無兵，山田隨樹藝。且偷須臾閒〔一〇〕，未敢謀卒歲。

【彙注】

〔一〕匹馬二句　原注：《後漢書・公孫瓚傳》：前此，有童謠曰：燕南垂，趙北際，中央不合大如礪。

〔二〕五迴　原注：《水經注》：代郡廣昌縣東南有大嶺，世謂之廣昌嶺。嶺高四十餘里。二十里中，委折五回，方得達其上嶺，故嶺有五回之名。

〔三〕淶上　蘧常案：《明史》志《地理二》廣昌注：淶水在東，源出北厓古塔，與縣南之拒馬河合，東入北直淶水縣界。

〔四〕行行句　蘧常案：飛狐，詳解題。《明史》志《地理二》廣昌注：飛狐關在北，今爲黑石嶺堡。

〔五〕夕駕句　蘧常案：見卷一《哭顧推官》詩"駕所稅"注。

〔六〕融冰句　蘧常案：《詩・小雅・角弓》：雨雪浮浮，見睍曰流。毛傳：睍，日氣也。陳奐疏：傳但釋睍，不解見字，疑有奪字。當云見睍，日出氣也，文義始備。又傳：流，流而去也。

〔七〕臥犬句　原注：《左傳》昭公元年：趙孟曰：吾兄弟比以安，尨也可使無吠。

〔八〕問客二句　徐注：韋應物《長安逢韋著》詩：問客何爲來？《方輿紀要》：契丹改燕京城爲南京幽都府。《詩》：如沸如羹。《東華錄》：康熙十二年十二月，川湖總督蔡毓榮疏報吳三桂反，僞稱天下都招討兵馬大元帥。以明年甲寅爲周王元年，改元昭武。貴州提督李本深叛應之。前差往主事辛珠、筆帖式薩爾圖不屈死。總督甘文焜聞變出走，至鎮遠自殺。巡撫曹申吉降賊，賊逼鎮遠。又奸民楊起隆僞稱朱三太子，糾黨謀叛，約於京城內外放火舉事。潛聚鼓樓西街降將周全斌家。全斌子公直首于都統祖永烈。永烈與滿洲都統圖海等率兵圍之,生擒其黨焦三等,起隆逃去。又:上諭:兵部近聞京城小民驚恐,欲於城外西山處遷移逃避,殊非朕安撫百姓之意。前令緝獲假稱朱三之楊起隆,與良民毫無干涉。

〔九〕出車二句　徐注:《詩》:出車彭彭。杜甫《兵車行》:車轔轔。《詩》:修我戈矛。

　　　蘧常案:江裔,見卷一《哭顧推官》詩"江裔"注。案:《清史稿‧聖祖本紀》云:十二年癸丑,十二月壬子,吳三桂反。丙辰,反問至,命前鋒統領碩岱率禁旅守荊州。丁巳,命加孫延齡撫蠻將軍,線國安為都統,鎮廣西;命西安將軍瓦爾喀進守四川。己未,命順承郡王勒爾錦為寧南靖寇大將軍,討吳三桂。庚申,命副都統馬哈達率師駐兗州,擴爾坤駐太原,備調遣。壬戌,命都統赫業(案:《東華錄》作"葉赫")為安西將軍,會瓦爾喀守漢中;以倭內為奉天將軍。十三年甲寅,春正月乙亥,勒爾錦師行。此所謂"出車日轔轔"也。《本紀》又云:十二年十二月壬戌,吳三桂陷辰州。十三年正月庚辰,陷沅州。此所謂"戈矛接江裔"也。此詩作於十三年正月,舊注以是年四月六月九月之事當之,非。

〔一〇〕且偷句　徐注:《離騷》:聊須臾以相羊。　段注:白居易詩:偷閒意味勝常閒。

　　久客燕代間〔一〕,遂與關山老。流連王霸亭〔二〕,躑躅劉琨道〔三〕。枯荄春至遲〔四〕,落木秋來早。獨往茲愴然〔五〕,同游昔誰好?三楚正干戈,沅湘彌浩浩〔六〕。世乏劉荊州,託身焉所保?縱有《登樓》篇,何能盪懷抱〔七〕?思因塞北風,一寄南飛鳥〔八〕。昔年與李子德同宿此縣。

【彙校】

〔思因〕徐注本，吳、汪、曹三校本作"因思"。

【彙注】

〔一〕燕代　蘐常案：見卷三《居庸關》詩第一首"燕代"注。

〔二〕流連句　原注：《後漢書·王霸傳》：將弛刑徒六千餘人與杜茂治飛狐道。堆石布土，築起亭障，自代至平城三百餘里。

〔三〕蹢躅句　原注：《晉書·劉琨傳》：率衆赴段匹磾，從飛狐入薊。

　　蘐常案：《荀子·禮論》：蹢躅焉，踟躕焉。李賢《後漢書·隗囂傳注》：蹢躅，猶踟躕也。

〔四〕枯荑　蘐常案：《易·大過卦》：枯楊生稊。鄭玄注：稊作荑，云木更生也。

〔五〕獨往句　徐注：陳子昂《登幽州臺歌》：獨愴然而涕下。

〔六〕三楚二句　蘐常案：三楚見卷三《王徵君潢具舟城西》詩"三楚"注。《楚辭·九章·懷沙》：亂曰：浩浩沅湘，分流汨兮。《清史稿·吳三桂傳》：康熙十二年十二月，三桂反問聞，上以荆州咽喉地，即日遣前鋒統領碩岱率禁旅馳赴鎮守。三桂兵陷清浪衛，川湖總督蔡毓榮遣總兵崔世禄防沅州。三桂兵至，以城降。復進陷辰州。十三年正月，三桂僭稱周王元年。部署諸將，楊寶應陷常德，夏國相陷澧州，張國柱陷衡州，吳應麒陷岳州。

〔七〕世乏四句　徐注：《魏志·王粲傳》：嘗於荆州依劉表，著《登樓賦》。　冒云：此歎荆州無人，不能往爲策應。其懷抱固與仲宣不同也。

　　蘐常案：《後漢書·劉表傳》：劉表，字景升，山陽高平人。與同郡張儉等俱被訕議，號爲八顧。詔書捕案黨人，表亡走得免。黨禁解，辟大將軍何進掾。初平元年，長沙太守孫堅殺荊州太守王叡,詔書以表爲荊州刺史。李傕等入長安,以表爲鎮南將軍、荊州牧,封成武侯。於是開土遂廣,南接五嶺,北據漢川,地方數千里,帶甲十餘萬。初,荊州人情好擾,加四方震駭,寇賊相扇,處處糜沸。表招誘有方,威懷兼洽,其姦猾宿賊,更爲效用,萬里肅清,大小咸悦而服之。建安十三年八月,疽發背卒。

〔八〕思因二句　徐注:杜甫《洗兵馬》詩:南飛覺有安巢鳥。　冒云:南飛鳥,指南中同志。

寄問傅處士土堂山中

【解題】

蓬常案:傅處士,見卷四《贈傅處士山》詩解題。全祖望《傅先生事略》:甲申,夢天帝賜之黄冠,乃衣朱衣,居土穴以養母。

向平嘗讀《易》,亦復愛名山〔一〕。早跨青牛出〔二〕,昏騎白鹿還〔三〕。太行之西一遺老〔四〕,楚國兩龔秦四皓〔五〕。春來洞口見桃花,儻許相隨拾芝草〔六〕。

【彙注】

〔一〕向平二句　蓬常案:《後漢書·逸民傳》:向長,字子平,河内朝歌人也。隱居不仕,好通《老》、《易》。王邑欲薦之於莽,固辭乃止。潛隱於家,嘗讀《易》至《損》、《益》卦,喟然歎曰:吾已知富不如貧,貴不如賤,但未知死何如生耳。建武中,男女娶嫁已畢,於是遂肆意,與同好北海禽慶俱遊五嶽名山,竟不知所終。

〔二〕跨青牛　蘧常案：見卷三《前詩意有未盡再賦》四章詩第四首"門前"句注。

〔三〕騎白鹿　原注：《晉書》：陶淡結廬于長沙臨湘山中，養一白鹿以自偶。親故有候之者，輒移渡澗水，莫得近之。

　　蘧常案：此見《晉書·隱逸傳》，首句原作"於長沙臨湘山中結廬居之"。

〔四〕太行句　徐注：《史記·樊酈傳贊》：問其遺老。

　　蘧常案：太行，見卷二《贈人》詩第二首"太行山"注。

〔五〕楚國句　蘧常案：楚國兩龔，見卷一《哭楊主事廷樞》詩"齊喝"句注。《漢書·張良傳》：上有所不能致者四人。顏師古注：四人謂園公、綺里季、夏黃公、甪里先生，所謂商山四皓也。《高士傳》：四皓者，皆河內軹人也，或在汲。詳見卷四《贈孫徵君奇逢》詩"尚有"四句注。

〔六〕春來二句　徐注：陶潛《桃花源記》：忽逢桃花林，山有小口，髣髴若有光，便舍船從口入。《雲笈七籤》：鹿皮翁食芝草，飲神泉，且七十年。後百餘年，賣藥於市。

　　蘧常案：洞口桃花，言避秦。《高士傳》：四皓作歌曰：曄曄紫芝，可以療飢。即此所謂"芝草"。皆承上言。徐注非。

與胡處士庭訪北齊碑

【解題】

　　徐注：車《譜》：庭，字季子，汾陽人，青主弟子。戴東原《汾州志》：庭父名遇春，崇禎戊辰進士。由聊城知縣擢户部主事。庭自李自成之亂,遂與弟同並隱居講學。庭於《易》、《詩》、《春秋》、《論語》、《大學》、《孟子》皆有論著。又曰:顧炎武,其學上繼漢、唐考核之儒,其《金石文字記》所載大相里齊天保三年《相里寺碑》、郭社村唐乾封二年《郭君碑文》、侯村唐上元三年《任君碑》、小相里唐《相里瑞碑》、晉天福五年《相里金碑》,皆身至其地摹拓者。

蘧常案:北齊碑在汾陽。先生是年正月由易州往,晤胡庭,同往訪之。庭善詩,傅山有《書胡季子詩稿後》詩:風流胡季子,花筆起河西。艷選徐陵勝,奇添李賀悽。大巫爲氣盡,老腐但頭低。公子爭裘馬,文章有駛騾。見潘道根《吳譜校》。

春霾亂青山,卉木苞未吐〔一〕。繞郭號荒雞,中田散野鼠〔二〕。策杖向郊坰〔三〕,幽人在巖戶〔四〕。未達隱者心,聊進蒼生語。一自永嘉來〔五〕,神州久無主〔六〕。十姓迭興亡〔七〕,高光竟何許〔八〕?棲棲世事迫,草草朋儕聚。相與讀殘碑〔九〕,含愁弔今古。

【彙注】

〔一〕卉木　蘧常案:見前《贈同繫閻君明鐸先出》詩"春風"句注。

〔二〕中田　徐注:《詩》:中田有廬。

〔三〕策杖句　蘧常案:曹植《苦思行》:策杖從吾游。郊坰,見卷二《恭謁孝陵》詩"郊坰"注。

〔四〕幽人　徐注:《易》:幽人貞吉。高適《送蕭十八》詩:遊方出巖戶。

〔五〕永嘉　蘧常案:見卷四《聞湖州史獄》"永嘉"二句注。

〔六〕無主　徐注:《書》:無主乃亂。

　　　蘧常案:此梅賾《書·仲虺之誥》文。

〔七〕十姓句　徐注：前趙匈奴劉淵據平陽，後趙羯石勒據襄國，前秦氐苻洪據長安，後秦羌姚弋仲據長安，前燕鮮卑慕容廆據鄴，是爲五胡。又北朝後魏鮮卑拓跋珪據有中原，東魏元善見據鄴，西魏元寶炬據長安，北齊高洋篡東魏，北周宇文泰篡西魏。

〔八〕高、光　蘧常案：班固《典引》：高、光二聖，宸居其域。注：高祖、光武。案：以上四句，亦借古以慨今，故結曰"含愁弔今古"也。

〔九〕殘碑　蘧常案：《金石文字記》：北齊《相里寺碑》，八分書，天保三年正月。今在汾陽縣大相里崇勝寺。碑刻佛像，其下方及兩傍皆題名，碑陰有文并頌一通，漫滅。

王　良 二首

【解題】
　　蘧常案：車《譜》：上首秦始皇，下首商王受、楚靈王，寓言也。

　　王良既策馬〔一〕，天弧亦直狼〔二〕。中夜視北辰〔三〕，九野何茫茫〔四〕！秦政滅六國，自謂過帝皇〔五〕。豈知漁陽卒，狐鳴叢祠旁〔六〕！誰爲刑名家？至今怨商鞅〔七〕！

【彙校】
〔題〕潘刻本、徐注本作"詠史"。
【彙注】
〔一〕王良　原注：《史記·天官書》：王良策馬，車騎滿野。

〔二〕天弧句　原注:《宋史・天文志》:弧矢九星在狼星東南,天弓也。矢不直狼,爲多盜。

〔三〕北辰　蘐常案:《論語・爲政》:爲政以德,譬如北辰,居其所而衆星拱之。鄭玄注:北極謂之北辰。案:鄭注蓋本《爾雅・釋天》。

〔四〕九野句　徐注:《古詩》:四顧何茫茫。九野,見卷一《贈顧推官咸正》詩"九野"句注。案:此二句,即前詩"神州久無主"之意,蓋不以清爲正統也。

〔五〕秦政二句　蘐常案:秦政,見卷一《秦皇行》題注。《史記・秦始皇本紀》:二十六年,令曰:六王咸伏其辜,天下大定,共議帝號。廷尉等皆曰:今陛下平定天下,海内爲郡縣,法令由一統,自上古以來未嘗有,五帝所不及。臣等昧死上尊號,王爲泰皇。王曰:去泰著皇,采上古帝位號,號曰皇帝。案:此以秦喻清。

〔六〕豈知二句　徐注:《史記・陳涉世家》:適戍漁陽九百人,屯大澤旁。又:間令吳廣之次近所旁叢祠中,夜篝火狐鳴,呼曰:大楚興,陳勝王。卒皆夜驚恐。

　　蘐常案:此當以陳涉喻吳三桂。

〔七〕誰爲二句　原注:《鹽鐵論》:商鞅峭法長利,秦人不聊生,相與哭孝公。　徐注:《史記・商君列傳》:少好刑名之學。太史公曰:商君,其天資刻薄人也。余嘗讀商君開塞、耕戰書,與其人行事相類,卒受惡名於秦,有以也夫!

商紂爲黎蒐,遂啓東夷叛〔一〕。楚靈一會申,俄召乾谿患〔二〕。甲兵豈不多,人人欲從亂〔三〕。惟民國所依,疾乃盈其貫〔四〕。皇矣監四方〔五〕,得民天所贊〔六〕。

【彙注】

〔一〕商紂二句　徐注：《左傳》昭公四年：商紂爲黎之蒐，東夷叛之。

〔二〕楚靈二句　徐注：《左傳》昭公四年：楚子合諸侯於申。又：楚子示諸侯侈，申無宇曰：楚禍之首，將在此矣。又昭公十二年：仲尼曰：古也有志，克己復禮，仁也，信善哉！楚靈王若能如是，豈其辱於乾谿！

　　蘧常案：《春秋經》：昭公十有三年，夏四月，楚公子比自晉歸于楚，弑其君虔于乾谿。杜注：乾谿在譙國城父縣南。案：今河南寶豐縣城父堡南。此四句，似喻清帝玄燁告成二陵事。《清史稿·聖祖本紀》：十年，九月庚戌，上以寰宇一統，告成於二陵。辛亥，上奉太皇太后、皇太后啓鑾，蒙古科爾沁、喀喇沁、土默特、敖漢諸部王、貝勒、公朝行在。丁卯，謁福陵、昭陵。戊辰，祭福陵，行告成禮。庚午，祭昭陵，行告成禮。辛未，上幸盛京，御清寧宮，賜百官宴。辛卯，謁福陵、昭陵，命文武官較射，命來朝外藩較射。壬辰，迴鑾。不二年而吳三桂舉兵雲南。與此二事，頗相似也。

〔三〕人人句　徐注：《左傳》昭公十三年：民患王之無厭也，故從亂如歸。

　　蘧常案：《清史稿·聖祖本紀》：十三年正月，總兵吳之茂以四川叛。二月，壬寅，賊犯澧州，守卒以城叛。甲寅，吳三桂陷長沙，副將黃正卿叛應之。孫延齡以廣西叛，殺都統王永年，執巡撫馬雄鎮幽之。三月，庚辰，耿精忠反，執福建總督范承謨幽之，巡撫劉秉政降賊。癸未，鄖陽副將洪福叛。壬辰，襄陽總兵楊來嘉以穀城叛。四月甲寅，潮州總兵劉進忠以城叛。河北總兵蔡祿謀叛，命阿密達襲誅之。五月壬午，浙江平陽兵變，執總兵蔡朝佐，應耿精忠將曾養性，圍瑞安。六月庚戌,總兵祖宏勳以溫州叛。浙江、溫州、黄巖、太平諸營相繼叛。案:此詩不知作於何時,姑以春夏間事當之。
〔四〕疾乃句　徐注:《書·泰誓》:商罪貫盈。

　　蘧常案:此梅賾《書》。
〔五〕皇矣句　徐注:《詩》:皇矣上帝,臨下有赫!監觀四方,求民之瘼。
〔六〕得民句　徐注:《左傳》昭公二十七年:季氏甚得其民。又曰:有天之贊,有民之助。

路光禄書來敘江東同好諸友一時徂謝感歎成篇

【解題】

　　蘧常案:徐注本無"諸友"二字。路光禄,見卷三《贈路光禄太平》詩題注。

　　削迹行吟久不歸〔一〕,修門舊館露先晞〔二〕。中年早已傷哀樂〔三〕,死日方能定是非〔四〕。彩筆夏枯湘水竹〔五〕,清風春盡首陽薇〔六〕。斯文萬古將誰屬?共爾衰遲老布衣〔七〕。

【彙校】

〔首陽〕潘刻本,徐注本,孫、吴、汪、曹各校本皆作"首山"。

【彙注】

〔一〕削迹句　徐注:《莊子·天運》:師金對顏淵曰:而夫子取先

王已陳芻狗,聚弟子游居寢卧其下,故伐樹於宋,削迹于衛,窮於商、周,是非其夢耶?

　　蘧常案:成玄英疏:削,刻也。刻削其迹,不見用也。

〔二〕修門　原注:《楚辭·招魂》:魂兮歸來,入修門些。　徐注:《禮·檀弓》:脫驂於舊館。《詩》:湛湛露斯,匪陽不晞。

　　蘧常案:王逸《楚辭》注:修門,郢城門也。案:此似謂南京。弘光時,先生曾應召赴南都。"露先晞",蓋用《漢書·蘇武傳》"人生如朝露"語。顔師古注:朝露見日則晞,人命短促亦如之。先生《吳同初行狀》云:出赴楊公之辟,未旬日而南都陷,余從軍於蘇。疑此即指同徵同館或同從事之人一時徂謝,傷其如朝露之晞也。章有謨《景船齋雜録》:顧亭林炎武於唐王(案:"唐"應作"福")時,嘗爲兵部司務,韓友一范爲吏部司務,二人見不可爲,皆棄去。范,吾郡蕭塘人。此同徵者也。

〔三〕中年句　原注:《晉書·王羲之傳》:謝安嘗謂羲之曰:中年傷於哀樂,與親友别,輒作數日惡。

〔四〕死日句　徐注:太史公《報任少卿書》:要之死日,然後是非乃定。

　　蘧常案:此時變節者多,故云。

〔五〕彩筆句　蘧常案:彩筆,見卷一《大行皇帝哀》詩"小臣"句注。湘水竹,見前《燕中贈錢編修秉鐙》詩"斷煙"二句注。案:此悼文彩銷亡。"湘水竹",猶言斑竹管,不涉湘水二妃也。孫光憲《北夢瑣言》:元帝爲湘東王時,好學著書,常記忠臣義士及文章之美者。筆有三品,文章贍麗者,用斑竹管書之。

〔六〕清風句　徐注:《孟子》:伯夷,聖之清者也。又:故聞伯夷之風者。

　　蘧常案:首陽薇,見卷一《精衛》詩"西山"句注,及卷三《謁夷齊廟》詩"甘餓"二句注。案:此悼守義槁死者。

〔七〕共爾句　徐注：元德明詩：衰遲愧蒲柳。
　　　蔭常案：《史記・李斯列傳》：夫斯乃上蔡布衣。桓寬《鹽鐵論・散不足》篇：古者庶人耄老而後衣絲，其餘則麻枲而已，故命曰布衣。

過矩亭拜李先生墓下

【解題】
　　蔭常案：見前《題李先生矩亭詩序》。

　　人生無賢愚，大節本所共。蹉跎一失身〔一〕，豈不負弦誦！卓哉李先生，九流稱博綜〔二〕。心鄙馬季長〔三〕，不作《西第頌》。屏居向郊坰〔四〕，食淡常屢空〔五〕。清修比范丹〔六〕，聰記如應奉〔七〕。力學不求聞〔八〕，終焉老家衖〔九〕。同時程中丞，一疏亦驚衆。玉璽安足陳！亟進名臣用〔一〇〕。中丞名紹，德州左衛人。巡撫河南時，漳河旁得玉璽，上疏言：秦璽不足珍，國家以賢為寶。薦黨籍諸臣十餘人，不納，遂謝病歸。黨論正紛挐，中朝並囂訟。世推山東豪，三李尤放縱〔一一〕。祠奄與哭《典》，後先相伯仲〔一二〕。名並見欽定逆案。初踣士類閒，竟折邦家棟〔一三〕。悲哉五十年〔一四〕，胡塵尚須洞〔一五〕。我來拜遺阡〔一六〕，增此儒林重。雖無聲咳接〔一七〕，猶有風流送。自非隨武賢，九原誰與從〔一八〕？

【彙校】
〔後先句〕句下"自注"，徐注本無。　〔胡塵〕潘刻本，徐注本，孫、吴、汪各校本皆作"風塵"。 〔九原〕徐注本、曹校本作"九京"。

【彙注】

〔一〕蹉跎句　蔣常案：《楚辭》王褒《九懷》：驥垂兩耳兮，中坂蹉跎。洪興祖《補注》：蹉跎，失足。

〔二〕九流句　徐注：《晉書·王導傳》：博綜萬幾。
　　　蔣常案：九流，見前《寄劉處士大來》詩"渾九流"注。

〔三〕心鄙句　《後漢書·馬融傳》：爲梁冀作《大將軍西第頌》，以此頗爲正直所羞。
　　　蔣常案：此謂李誠明却權閹魏忠賢之徵，事詳前《題李先生矩亭》詩序。

〔四〕屏居　蔣常案：《史記·魏其列傳》：魏其謝病，屏居藍田南山之下。顏師古《漢書》注：屏，隱也。

〔五〕食淡句　蔣常案：《史記·叔孫通列傳》：呂后與陛下攻苦食啖。《集解》：啖一作淡。《索隱》：與帝共攻冒苦難，俱食淡也。《論語·先進》：回也其庶乎，屢空。何晏《集解》：言回庶幾聖道。雖數空匱，而樂在其中。

〔六〕清修句　徐注：《後漢書·范冉傳》：字史雲。（蔣常案：注云："冉"或作"丹"。）陳留外黃人也。好違時絕俗，爲激詭之行，常慕梁伯鸞、閔仲叔之爲人。與漢中李固、河内王奐親善，而鄙賈偉節、郭林宗焉。桓帝時，以冉爲萊蕪長，不到官。議者欲以爲侍御史，因遁身逃命於梁、沛之間。徒行敝服，賣卜於市。遭黨人禁錮，遂推鹿車，載妻子，捃拾自資。或寓息客廬，或依宿樹蔭。如此十餘年，乃結草室而居焉。所止單陋，有時絕粒，窮居自若，言貌無改。閭里歌之曰：甑中生塵范史雲，釜中生魚范萊蕪。　段注：《後漢書·宋均傳》：清修雪白。

〔七〕聰記句　原注：《後漢書·應奉傳》：奉少聰明，自爲童兒及長，凡所經履，莫不暗記。讀書五行並下。　徐注：《應奉傳》：字世叔，汝南南頓人也。永興元年，拜武陵太守，爲蠻夷所服。車騎將軍馮緄薦爲司隸校尉。及黨事起，乃慨然以疾自退。追愍屈原，因以自傷，著《感騷》三十篇，數十萬言。

〔八〕不求聞　徐注：《蜀志·諸葛亮傳》：不求聞達於諸侯。

〔九〕家術　原注：《漢司隸校尉魯峻碑》：休神家術。

〔一〇〕同時四句　徐注：《北略》：天啓四年九月四日，臨漳縣民邢一泰於磁州八里漳河西畔耕地，忽厓塌，聲震如雷，閃出黃白色物，大如斗，視有篆文，一泰不能識，隨與本邑生員王思桓、王燦呈縣。知縣何可及禀兩院，具疏恭進。龍紐斗形，方各四寸，厚三寸，重一百十餘兩，文曰"受命于天，既壽永昌"。　冒云：因李爲德州人，遂及德州之程紹。

　　　蘧常案：程紹，即先生友程先貞之祖，官工部侍郎，見卷四《酬程工部先貞詩》解題。

〔一一〕黨論四句　徐注：《明史·閹黨傳》：李蕃，日照人；李魯生，霑化人；李恒茂，邢臺人，皆爲魏忠賢心腹。同官排擊忠良，蕃多代草。始與魯生諂事魏廣微；廣微敗，改事馮銓；銓寵衰，又改事崔呈秀，時號兩人爲四姓奴。蕃督畿輔學政，建祠天津、河間、真定，呼忠賢九千歲。魯生爲十孩兒之一，嘗薦阮大鋮、李嵩、張捷輩十一人，皆其私黨也。典試湖廣，發策詬楊漣，因歷詆屈原、宋玉等。疏詆家居大學士韓爌，削其籍。欲令馮銓入閣，上言"成即爲老，幹乃稱濟"云云，銓果柄用。恒茂與呈秀深相得，三人皆日走吏、兵二部，交通請託。時人爲之語曰：官要起，問三李。逆案既定，魯生遣戍，蕃、恒茂贖徒爲民。《漢書·王吉傳》：放縱自若。　冒云：此借誠明之賢，而發揮同時諸李之不肖也。

　　　蘧常案：《漢書·霍去病傳》：昏，漢匈奴相紛挐。顏師古注：紛挐，亂相持搏也。《書·堯典》：嚚訟可乎？蔡傳：嚚，口不道忠信之言。訟，爭辯也。案：蔡釋嚚，用左氏僖公二十四年《傳》文。

〔一二〕祠奄二句　徐注：《明史·閹黨傳》：生祠之建，始於潘汝楨巡撫浙江，建祠西湖，疏聞於朝，詔賜名普德。自是諸方效尤，幾徧天下。南京、宣府、大同、虎丘、景忠山、西協密雲丫髻山、昌平、通州、房山、寧前、五臺山、蕃育署、盧溝橋、宣武門外、延綏、順天、崇文門、藥王廟、五軍營大教場、蓬萊閣、寧海院、河間、天津、開封、上林良牧、嘉蔬、林衡三署、都督府、錦衣衛、淮安、濟南、長蘆、淮揚、應天、陝西、濟寧、武昌、承天、均州、固原太白山、高觀山、河東。每一祠之費，多者數十萬，少者數萬，剥民財，侵公帑，伐樹木無算。開封之建祠也，至毁民舍二千餘間，創宮殿九楹，儀如帝者。而都城數十里間，祠宇相望。有建之内城東街者，工部郎中葉憲祖歎曰：此天子幸辟雍道也，土偶能起立乎？忠賢聞，即削其籍。上林一苑，至建四祠。朱童蒙建祠延綏，用琉璃瓦。劉詔建祠薊州，金像用冕旒。凡疏詞揄揚，一如頌聖，稱以"堯天帝德，至聖至神"。閣臣輒以駢語褒答。監生陸萬齡至謂孔子作《春秋》，忠賢作《要典》，宜建祠國學西，與先聖並尊。司業朱之俊輒爲舉行。無何，忠賢誅，諸祠悉廢。凡建祠者概入逆案云。《明史·倪元璐傳》：疏言：三案者，天下之公議；《要典》者，魏氏之私書。三案自三案，《要典》自《要典》也。今爲金石不刊之論者，誠未深思。臣謂翻即紛囂，改亦多事，惟有燬之而已。帝命禮部會詞臣詳議。議上，遂焚其板。侍講孫之獬，忠賢黨也，聞之，詣闕大哭，天下笑之。

　　蘧常案：《明史·熹宗本紀》：天啓六年，春正月，修《三朝要典》。六月，《三朝要典》成。《莊烈帝本紀》：崇禎元年五月,燬《三朝要典》。又《閹黨·顧秉謙傳》:《三朝要典》之作,秉謙爲總裁,復擬御製序冠其首,欲以是箝天下口。黃汝成《日知錄集釋》:楊寧曰:《要典》者,一論"梃擊",萬曆四十三年五月事;一爲"紅丸",泰昌元年,即四十八年九月朔事;一爲"移宫",是年是月初五事。

〔一三〕初踰二句　徐注:《論語》:大德不踰閑。《左傳》襄公三十一年:子於鄭國,棟也。棟折榱崩,僑將厭焉。　冒云:此十字,全篇命意所在。

蔣常案:《明史·閹黨傳序》:明代閹宦之禍酷矣!然非諸黨人附麗之,羽翼之,張其勢而助之攻,虐燄不若是其烈也。中葉以前,士大夫知重名節,雖以王振、汪直之橫,黨與未盛。至劉瑾竊權,焦芳以閣臣首與之比,於是列卿爭先獻媚,而司禮之權居内閣上。迨神宗末年,訛言朋興,羣相敵讎,門户之爭,固結而不可解。凶豎乘其沸潰,盜弄太阿,黜陟渠憸,寔身婦寺,淫刑痛毒,快其惡正醜直之私。衣冠填於犴狴,善類殞於刀鋸。迄乎惡貫滿盈,亟伸憲典,刑書所麗,跡穢簡編,而遺孽餘燼,終以覆國。莊烈帝之定逆案也,以其事付大學士韓爌等,因慨然太息曰:忠賢不過一人耳,外廷諸臣附之,遂至於此,其罪何可勝誅。痛乎哉!患得患失之鄙夫,其流毒誠無所窮極也。

〔一四〕悲哉句　蔣常案:自本年上溯至天啓三年,魏忠賢提督東廠,始用事,凡五十三年。

〔一五〕胡塵句　徐注:杜甫《公孫大孃舞劍器行》詩:五十年來事翻掌,風塵澒洞昏王室。

蔣常案:《古文苑》賈誼《旱雲賦》:運混濁而澒洞兮。章樵注:澒洞,洶涌貌。

〔一六〕遺阡　徐注:劉長卿詩:遺阡斷兮誰重過?

蔣常案：謂墓道，或作"仟"。《漢書·原涉傳》：京兆尹曹氏葬茂陵，民謂其道曰"京兆仟"。

〔一七〕謦欬　蔣常案：《莊子·徐无鬼》：況乎昆弟親戚之謦欬其側者乎？《釋文》：李云：謦欬，喻言笑也。

〔一八〕自非二句　徐注：《禮·檀弓》：趙文子與叔譽觀乎九原，曰：死者如可作也，吾誰與歸？又：我則隨武子乎？利其君，不忘其身；謀其身，不遺其友。

蔣常案：九原，見卷一《哭顧推官》詩"倉皇"二句注。

潘生次耕南歸寄示

【解題】

徐注：先生《與次耕札》：楊悝所云，足下離舊土，臨安定，而習俗之移人者，其能自保乎？時歸溪上，宜常與令兄同志諸友往來講論。一暴之功，猶愈於十日之寒也。

蔣常案：潘次耕見卷四《寄潘節士之弟耒》詩解題。沈彤《翰林院檢討潘先生行狀》：尚志廓情，不慕榮祿。

知君心似玉壺清〔一〕，未肯緇塵久雒京〔二〕。若到吳閶尋舊跡〔三〕，《五噫》東去一梁生〔四〕。

【彙注】

〔一〕玉壺清　李注：鮑照《代白頭吟》：清如玉壺冰。
〔二〕未肯句　徐注：《古詩》：京雒多風塵，素衣化爲緇。

蔣常案：此二句乃陸機《爲顧彥先贈婦》詩。

〔三〕吳閶　蔣常案：見卷二《贈路舍人澤溥》詩"相逢"句注。

〔四〕《五噫》句　徐注：《後漢書・梁鴻傳》：東出關，過京師，作《五噫歌》曰：陟彼北芒兮，噫！顧瞻帝京兮，噫！宮闕崔巍兮，噫！民之劬勞兮，噫！遼遼未央兮，噫！遂至吳，依大家皋伯通，居廡下。

蔣常案：《後漢書・逸民傳》：梁鴻字伯鸞，扶風平陵人也。受業太學，家貧而尚節介，入霸陵山中，以耕織爲業。因東出關，過京師，作《五噫》之歌。肅宗聞而非之，求鴻不得。乃易姓名，居齊、魯之閒。又去適吳。卒葬吳要離冢傍。

子　房

【解題】

蔣常案：詳卷二《贈于副將元凱》詩"張子房"注。案：此詩寓意待時復讎也。

天道有盈虛，智者乘時作〔一〕。取果半青黃，不如待自落〔二〕。始皇方侈時，土宇日開拓。海上標東門，長城繞北郭〔三〕。欲傳無窮世，更乞長生藥〔四〕。子房天下才〔五〕，是時無所託。東見倉海君，用計亦疏略。狙擊竟何爲？煩彼十日索〔六〕。譬之虎負嵎，矜氣徒手搏〔七〕。歸來遇赤精，奮戈起榛薄〔八〕。嶢關一戰破，藍田再麾却。嘖嘖軹道旁，共看秦王縛〔九〕。既已報韓仇，此志誠不怍〔一〇〕。遂赴赤松要，無負圮橋諾〔一一〕。

【彙注】

〔一〕天道二句　徐注：《易》：天道虧盈而益謙。又：君子尚消息盈虛。《史記·孔子世家》：聖人之興，因時而作。

〔二〕取果二句　原注：《通鑑》：慕容農言於慕容垂曰：夫取果於未熟與自落，不過早晚旬日之間，然其難易美惡，相去遠矣。《南史·陸法和傳》：侯景之圍臺城也，或問之曰：事將何如？法和曰：凡人取果，宜待熟時，不撩自落。

〔三〕始皇四句　徐注：《詩》：爾土宇昄章。《史記·秦始皇本紀》：地，東至海、朝鮮；西至臨洮、羌中；南至北嚮戶；北據河爲塞，並陰山至遼東。又：於是立石東海上朐界中，以爲秦東門。又：始皇乃使將軍蒙恬發兵三十萬人北擊胡，城河上爲塞。三十四年，適治獄吏不直者築長城。

〔四〕欲傳二句　徐注：《史記·秦始皇本紀》：朕爲始皇帝，後世以計數，二世三世，至千萬世，傳之無窮。又：於是遣徐市發童男女數千人，入海求仙人。又：因使韓終、侯公、石生求仙人不死之藥。《晉書·哀帝紀》：斷穀，餌長生藥。

〔五〕天下才　徐注：《齊語》：施伯曰：夫管子，天下之才也。

〔六〕東見四句　蕸常案：見卷一《秦皇行》"博浪"二句注。

〔七〕譬之二句　徐注：《孟子》：虎負嵎。《爾雅》：暴虎，徒搏也。疏：無兵，空手搏之。

〔八〕歸來二句　徐注：《淮南子》：隱於榛薄之中。
　　　蕸常案：赤精謂漢高祖劉邦，見卷二《春半》詩"漢道"句注引《漢書·哀帝紀》待詔夏賀良等言。注引應劭曰：高祖感赤龍而生，自謂赤帝之精，良等因是作此讖文。《史記·留侯世家》：良亡匿下邳。後十年，陳涉等起兵，良亦聚少年百餘人。景駒自立爲楚假王，在留。良欲往從之，道遇沛公，遂屬焉。

〔九〕嶢關四句　蕸常案：《史記·留侯世家》：沛公與良俱南，攻下宛,西入武關。沛公欲以兵二萬人擊秦嶢下軍,良説曰:秦兵尚强,未可輕。臣聞其將屠者子,賈豎易動以利。令酈食其持重寶啗秦將,秦將果叛。欲連和俱西襲咸陽。良曰:不如因其懈擊之。沛公乃引兵擊秦軍,大破之,遂北至藍田。再戰,秦兵竟敗,遂至咸陽。秦王子嬰降沛公。《史記‧高祖本紀》:子嬰素車白馬,繫頸以組,封皇帝璽符節,降軹道旁。案:《爾雅‧釋鳥》:宵鳲嘖嘖。"嘖嘖"本鳥聲,此則用作贊歎聲,似取宋、元間俚語。

〔一○〕既已二句　蘧常案:見卷四《又酬傅處士次韻》第一首"義激"句及卷二《贈于副將元凱》詩"張子房"兩注。案:張良助漢滅秦、滅楚,皆所以報韓仇也。《論語‧憲問》篇:其言之不怍。馬融注:怍,慚也。

〔一一〕赤松二句　徐注:《史記‧留侯世家》:子房始所見下邳圯上老父與太公書者。後十三年,從高帝過濟北,果見穀城山下黄石,取而葆祠之。留侯死,並葬黄石冢。每上冢伏臘祠黄石。杜甫《昔游》詩:丹砂負前諾。

　　蘧常案:赤松見卷三《張隱君元明》詩"赤松"注。《左傳》哀公十四年:使季路要我。注:要,約也。黄石,見卷一《帝京篇》"黄石"句注。

刈禾長白山下

【解題】

徐注:《濟南府志》:長白山又名會仙山,山中雲氣長白,跨連四縣之界。其東北屬長山,北屬鄒平,西南屬章丘,東南屬淄川。

朱彝尊《静志居詩話》：先生兵後盡鬻其產，寄居章丘，別治田舍，久而爲土人攘奪。《元譜》：案長白山在章丘、長山二縣之交。刈禾處，即桑家莊產業也。又《癸丑寓通志局與顏修來手札》云：汶陽歸我，治之四年，始得皆爲良田。今將覓主售之，然後束書西行，爲入山讀書之計。

載耒來東國〔一〕，年年一往還。禾垂墟照晚，果落野禽閒。食力終全節〔二〕，依人尚厚顏〔三〕。黄巾城下路，獨有鄭公山〔四〕。

【彙注】
〔一〕載耒句　徐注：鄭元祐詩：載耒東尋谷口耕。《詩・大東序》：東國困於役而傷於財。
〔二〕食力句　徐注：《國語》：庶人食力。《漢書・昭帝紀》：蘇武留單于庭十九歲乃還，奉使全節。先生《答子德書》：恐爲有力者所牽挽，不得全其節。
〔三〕厚顏　徐注：《詩》：顏之厚矣。
〔四〕黄巾二句　原注：《齊乘》：北齊以黄巾城立章丘縣，其東有黌山，鄭康成注書其上。
　　　蘧常案：鄭公山，見卷三《不其山》詩解題。

歲　　暮 二首

【解題】
陳裴之云：作者用世之志，具見此篇。

蘧常案：《詩·唐風·蟋蟀》：歲聿其莫。薛君《章句》：莫，晚也。陳奐《傳疏》：莫、暮，古今字。

平生慕古人〔一〕，立志固難滿。自覺分寸長，用之終已短〔二〕。良友日零落〔三〕，悽悽獨無伴。流離三十年〔四〕，苟且圖飽煖。壯歲尚無聞〔五〕，及今益樗散〔六〕。治蜀想武侯〔七〕，匡周歎微管〔八〕。願一整頹風〔九〕，俗人謂迂緩。孤燈照遺經，雪深坐空館。

【彙注】

〔一〕平生句　蘧常案：慕古人，見前《述古》詩題注。案：下武侯、管仲亦所慕之古人，所謂志難滿也。

〔二〕自覺二句　徐注：《楚辭·卜居》：尺有所短，寸有所長。杜甫《前出塞》詩：能無分寸功。先生《病起與薊門當事書》：拯斯人於塗炭，爲萬世開太平，此吾輩之任。故一病垂危，神思不亂。使遂溘然長逝，而其於此任已不可謂無尺寸之功。湯斌答先生書云：前歲山史自關中見訪，詢及交遊名賢，即曰吳郡顧先生品高學博，國家典制、郡邑掌故、天文、曆象、河漕、兵農之屬，無不洞悉源委。坐而言，起而行，見諸行事。當今第一有用儒者也。

〔三〕良友句　蘧常案：先生壬寅書楊彝、萬壽祺等《爲徵天下書籍啓》後云：如麟士（案：太倉顧夢麟）、年少（案：萬壽祺）、菡生（案：疑毛驥）、于一（案：王猷定），相繼即世。年譜：康熙二年癸卯，執友吳赤溟炎、潘力田檉章遭湖州莊氏私史之難；八年己酉，執友王起田、王思齡歿；九年庚戌，有輓殷岳詩；十二年癸丑，至德州哭程正夫，又聞歸玄恭訃；十三年甲寅，路光禄書來,敘江東同好諸友,一時徂謝,故有良友零落之感。
〔四〕流離句　蔣常案:自本年逆數至崇禎十七年四月,避亂遷居常熟,其間不遑寧處者,正三十年。
〔五〕壯歲句　徐注:《論語》:四十五十而無聞焉。
　　蔣常案:《禮記·曲禮》:三十曰壯。
〔六〕樗散　徐注:杜甫《送鄭十八虔詩》:鄭公樗散鬢成絲。
　　蔣常案:仇兆鼇《詳注》:樗樹、散木,見《莊子》,言材不合世用也。
〔七〕治蜀句　徐注:《日知錄》:諸葛孔明開誠心,布公道,而上下之交,人無間言,以蕞爾之蜀,猶得小康;而魏操、吳權,任法術以御其臣,而篡逆相仍,略無寧歲。天下之事,固非法之所能防也。
〔八〕匡周句　徐注:《日知錄》:君臣之分,所關者在一身;華裔之防,所繫者在天下。故夫子之於桓、管,略其不死子糾之罪,而取其一匡九合之功。謝朓《和王著作八公山》詩:微管寄明牧。任昉《勸進今上牋》:歎深微管。皆截用《論語》句。
〔九〕願一句　徐注:先生《與人書》:目擊世趨,方知治亂之關,必在人心風俗。而所以轉移人心,整頓風俗者,則教化紀綱爲不可闕矣。

一歲倏逍盡[一],我行復何如?何爲窮巷中,悄然日閒居!未敢聽輪扁,且讀堂上書。糟粕雖已陳,致治良有餘[二]。典謨化刀筆[三],衣冠等猿狙[四]。孰令六代後,一變貞觀初?四海皆農桑,弦歌徧井間[五]。我亦返山中,耦耕伴長沮[六]。

【彙注】

〔一〕一歲句　徐注:《楚辭‧九辯》:歲忽忽其遒盡兮。

　　　蘧常案:洪興祖《補註》:遒,迫也。

〔二〕未敢四句　徐注:《莊子‧天道》:桓公讀書於堂上,輪扁斲輪於堂下。釋椎鑿而上,問桓公曰:敢問公之所讀何言耶?公曰:聖人之言也。曰:然則公之所讀者,古人之糟粕已夫!王昶《與汪容甫書》:聞顧亭林先生少時,每年以春夏溫經。請文學中聲容宏敞者四人,設左右座,置注疏本於前,先生居中,其前亦置經本,使一人誦而己聽之,其中字句不同或偶忘者,詳問而辯論之。凡讀二十紙,再易一人,四人周而復始,計一日溫書二百紙。十三經畢,接溫三史或南、北史。顧亭林先生之學,如此習熟而纖悉不遺也。《漢書‧王吉傳》:周之所以能致治,刑措而不用。程晉芳《正學論》:亭林、黎洲,博極羣書,其於古今治亂興廢得失之數,皆融貫於胸中,因筆之於書,以爲世之法。先生《與黃太沖書》云:伏念炎武自中年以來,不過從諸文士之後,注蟲魚,吟風月而已。積以歲月,窮探古今,然後知後海先河,爲山覆簣,而於聖賢六經之指,國家治亂之原,生民根本之計,漸有所窺。又云:古之君子所以著書待後,有王者起,得而師之。然而《易》窮則變,變則通,通則久,聖人復起,不易吾言,可預信於今日也。

〔三〕典謨句　徐注:孔安國《尚書序》:典謨訓誥誓命之文。《日知錄》:今奪百官之權而一切歸之吏胥,是所謂百官者虛名,而柄國者吏胥而已。秦以任刀筆之吏而亡天下,此固已事之明驗也。又:人主既委其太阿之柄,而其所謂大臣者,皆刀筆筐篋之徒,毛舉細故,以當天下之務。吏治何由而善哉?

〔四〕衣冠句　原注：《莊子・天運》：今取猿狙而衣以周公之服，彼必齕齧挽裂，盡去而後慊。

〔五〕孰令四句　蘧常案：孰令二句，見前《述古》詩第三首"五國"四句注。《新唐書・魏徵傳》：天下大治，東薄海，南踰嶺，户闃不閉，行旅不齎糧，取給於道。《通鑑・唐紀九》：貞觀四年，天下大稔，流散者咸歸鄉里，米斗不過三四錢。《文獻通考・學校考》：武德七年，詔諸州縣及鄉，並令置學。又：太宗貞觀五年以後，數幸國學。其屯營飛騎，亦給博士，授以經業。弦歌，見卷三《七十二弟子》詩"弦歌"句注。

〔六〕耦耕句　徐注：《論語》：長沮、桀溺耦而耕。

兄子洪善北來言及近年吳中有開淞江之役書此示之 已下旃蒙單閼

【解題】

徐注：康熙十四年乙卯。張《譜》：壬午，先生三十歲。兄遘篆卒，弟子叟生子洪善，嗣遘篆後。車《譜》：洪善，字達夫，號柏亭。康熙丙辰進士，官中書，年未四十卒。《元譜》：案：康熙十年二月，江蘇巡撫馬祐奏濬劉家河五千一百八十丈。十二月，委蘇松常道參議韓佐周及蘇、松二府同知、通判師佐、王永熙、周祚昌等董濬吳淞江一萬四百九十一丈，各於海口置閘。其經費則奏准留蘇、松、常三府漕折銀九萬兩，浙省杭、嘉、湖三府漕折銀五萬兩充費，同藩司慕天顔檄行所屬督理。是年九月，崑山知縣董正位申詳開濬瓦浦凡三十六里。是月興工，至十二年五月訖工。邑諸生朱青，以歲旱請於巡撫，濬注浦自刁家橋東出吳淞，民賴其利，改注浦曰朱浦。

《蘇州府志・水利》：康熙十年,巡撫都御史馬祐奏《請開濬劉河吳淞江疏》云：上年夏月,霪雨連旬,潮水汎濫,禾苗悉渰,民居胥溺。積水三月不消,農工廢業,人戶流亡。總由劉河、吳淞入海之口淤塞湧聚,無從洩水故也。　冒云：先生是年年六十三。

蓮常案：是年海上鄭氏稱永曆二十九年,公元一六七五年。

淞江東流水波緩,王莽之際尤枯旱[一]。平野雲深二陸山[二],荒陂草没吳王館[三]。五十年來羹芋魁[四],頓令澤國生蒿萊[五]。豈無循吏西門豹[六],停車下視終徘徊[七]。少時來往江東岸,人代更移年紀換。即今海水變桑田,況於爾等皆童丱[八]。乍看畚鍤共歡呼[九],便向汙邪祝一壺[一〇]。豈知太平之世飴甘荼[一一],川流不盈澤得瀦[一二],風雨時順通祈雩[一三]！春祭三江,秋祭五湖[一四]。衣冠濟濟郊壇趨[一五],歲輸百萬供神都[一六]。江頭擔酒肴,江上吹笙竽[一七],吏無敲扑民無逋[一八]。嗟余已老何時見？久客中原望鄉縣[一九]。那聞父老復愁兵,秦關楚塞方酣戰[二〇]！忽憶秋風千里蓴[二一],淞江亭畔坐垂綸[二二]。還歸被褐出負薪[二三],相逢絶少平生親[二四],怪此傖夫是何人[二五]？

【彙校】

〔王莽之際〕徐注本,吳、汪、曹三校本"際"作"時"。

【彙注】

〔一〕王莽句　原注：《漢書・翟方進傳》：汝南有鴻却陂,王莽末常枯旱。　徐注：《王莽傳》：費興對曰：荆、揚之民,率依阻山澤,以漁采爲業。間者國張六筦,稅山澤,妨奪民之利,連年久旱，百姓飢窮，故爲盜賊。

　　蘧常案：此似以王莽喻清。否則五十年間事，何以遠徵王莽；近在淞江，何以遠及汝南，使事不應不切如是。《清史稿·聖祖本紀》：二年至十一年連免江南災賦，十三年又免。可知災情之重。雖地域不言蘇、松，災情不言旱澇，可以意推。

〔二〕二陸山　徐注：《松江府志》：府西北機山，因陸機名。又：二陸草堂在干山圓智寺。

〔三〕吳王館　徐注：《松江府志》：周爲吳地。吳滅，入越。楊萬里詩：姑蘇臺上吳王館。

〔四〕五十句　蘧常案：羹芋魁，見卷四《將去關中別中尉存杠》詩"芋魁"注。案：此言五十年來陂塘傾壞。

〔五〕頓令句　徐注：《蘇州府志·災異》：萬曆十六年、十七年，連大旱，太湖爲陸地。十九年六月，大水，溺人無算。秋七月，海溢。天啓七年，太湖溢入吳江簡村，漂溺千餘家。崇禎十七年，大饑。《周禮·地官》：行澤國用龍節。

　　蘧常案：此句承上"枯旱"言，意謂蘇、松多水之鄉，因久枯旱，而亦生蒿萊矣。徐注非。

〔六〕循吏西門豹　徐注：《史記·滑稽列傳》：魏文侯時，西門豹爲鄴令，發民鑿十二渠，引河水灌民田，田皆溉。當其時，民治渠少煩苦，不欲也。豹曰：民可以樂成，不可與慮始。今父老子弟雖患苦我，然百歲後，期令父老子孫思我言。至今皆得水利，民人以給足富。

　　蘧常案：《史記·太史公自序》：奉法循理之吏，不伐功矜能，百姓無稱，亦無過行，作《循吏列傳》。

〔七〕停車　徐注：《後漢書·鄧禹傳》：所至停車慰勞。

〔八〕童丱　蘧常案：《詩·齊風·甫田》：總角丱兮。傳：丱，幼稚也。陳奂疏：昭公十九年《穀梁傳》：羈貫成童。貫亦丱也。

〔九〕畚鍤　蔣常案：《左傳》宣公十一年杜注：畚，盛土器。《漢書·王莽傳》注：鍤，鍫也。

〔一〇〕汙邪句　徐注：《史記·滑稽列傳》：髡曰：今者臣從東方來，見道旁穰田者，操一豚蹄，酒一盂而祝曰：甌窶滿篝，汙邪滿車，五穀蕃熟，穰穰滿家。

　　蔣常案：《史記集解》：司馬彪曰：汙邪，下地田也。案：司馬說是。《說苑·復恩》篇：下田洿邪，得穀百車。洿邪，即汙邪也。

〔一一〕飴甘荼　徐注：《詩》：堇荼如飴。鄭箋：周原肥美，其所生菜雖有性苦者，甘如飴也。

〔一二〕川流句　原注：《易》：水流而不盈。　徐注：《書》：大野既豬。《說文》：豬，水所停也。

　　蔣常案：《日知錄·河渠》：《禹貢》之言治水也，曰播，曰豬。水之性，合則衝，驟則溢，故別而疏之，所以殺其衝也，"又北播爲九河"是也；旁而蓄之，所以節其溢也，"大野既豬"是也。

〔一三〕風雨句　徐注：《日知錄》：洪武中，令天下州縣長吏月奏雨澤，蓋古者龍見而雩，《春秋》三書之意也。承平日久，率視爲不急之務。嗚呼！太祖起自側微，升爲天子，其留心民事如此。當時長吏得以言民疾苦，而里老亦得詣闕自陳。後世雨澤之奏，遂以寖廢，天災格而不聞，民隱壅而莫達，然後知聖主之意，有不但於祈年望歲者。民親而國治，有以也夫！《左傳》：龍見而雩。疏：郊、雩俱是祈穀。

〔一四〕春祭二句　原注：《越絕書》：春祭三江，秋祭五湖，因以其時，爲之立祠。　徐注：《明史》志《禮三》：凡嶽鎮海瀆及他山川所在，令有司歲二祭，以清明、霜降。

〔一五〕衣冠句　徐注：《南齊書·禮志》：郊壇旅天。

　　　蘧常案：《禮·玉藻》：朝廷濟濟翔翔。注：濟濟，莊敬貌。

〔一六〕歲輸句　蘧常案：見卷一《京口》詩第一首"囊括"句注。

〔一七〕吹笙竽　徐注：左思《詠史》詩：北里吹笙竽。

〔一八〕民無逋　徐注：《明史·周忱傳》：蘇州一郡積逋至八百萬石，忱初至，召父老問逋稅故，皆言豪戶不肯加耗，並徵之細民，民貧逃亡而稅額益缺。忱乃創爲平米法，令出耗必均。又請敕工部頒鐵斛，下諸縣準式，革糧長之大入小出者。令諸縣於水次置囷，奏減官田租，民始少甦。置濟農倉，歲有餘羨。終忱在任，江南數大郡小民不知凶荒，兩稅未嘗逋負，忱之力也。

　　　蘧常案：《漢書·昭帝紀》：三年以前逋更賦未入者，皆勿收。《洪武正韻》：逋，欠也。凡欠負官物亡匿不還，皆謂之逋。

〔一九〕嗟余二句　徐注：先生是年六十三歲。自四十五歲避讎北游，故云"久客中原"。

〔二〇〕秦關句　徐注：《逆臣傳》：王輔臣留其黨據秦州而自歸平涼，爲布逆書，要約黨附，固原道陳彭等並叛，據鞏昌、階、文、洮、臨洮、蘭州、同州等郡邑，並攻陷洛川、宜川、鄜川，陝西郡邑騷動。延綏鎮屬之響水、魚河、波羅各營，葭州及吳堡、清澗、米脂等縣，先後附賊。又，《吳三桂傳》：賊堅守萍鄉，於醴陵築木城以扞長沙，於岳州城外掘壕爲阱，於洞庭湖峽口立椿阻舟。三桂自常德至松茲，布賊船於虎渡上游，截荆、岳大兵，使不相應。陽言將攻荆州，決隄灌城，潛分岳州賊衆踞宜昌，糾楊來嘉、洪福掠穀城、鄖陽、均州、南漳。順承郡王令貝勒察尼、都統宜理布等擊敗之，賊勢稍沮。　戴注：是歲以吳三桂、耿精忠背叛，天下騷然，所在蠢動。

　　　蘧常案：《清史稿·聖祖本紀》：十三年七月丁亥，貝勒察尼大戰賊將吳應麒於岳州七里山,敗之。十一月庚申朔,莫洛報吳之茂兵入朝天關,饟路中阻,洞鄂退守西安。十二月,王輔臣叛,經略莫洛死之。十四年二月,王輔臣陷蘭州,西寧總兵王進寶大戰於新城,圍蘭州。案:此數大役,所謂"酣戰"也。

〔二一〕忽憶句　徐注:《世說》:陸機謁王武子,武子前置數斛羊酪,指以示陸曰:卿江南何以敵此? 陸曰:有千里蓴羹,但未下鹽豉耳。

蕖常案:此句似兼用張翰事。《世說新語·識鑒》:張季鷹在洛,見秋風起,因思吳中菰菜羹、鱸魚膾。

〔二二〕淞江亭　徐注:《蘇州府志·古蹟》:吳江淞江亭在縣東江口,自唐有之,蓋即驛也。宋天聖中,知縣趙球修築,葉清臣作記,改爲如歸。張先子野撤而新之。治平中,復舊名。

〔二三〕被褐出負薪　徐注:《史記·滑稽列傳》:子孫困窮,被褐而負薪。

〔二四〕平生親　徐注:蘇武詩:敍此平生親。

〔二五〕傖夫　徐注:先生《丙辰年與黃太沖書》云:及至北方,十有五載,流覽山川,周行邊塞,粗得古人之陳迹。而離羣索居,幾同傖父,年逾六十,迄無所成。

蕖常案:《一切經音義》引《晉陽秋》:吳人謂中州人爲傖人。

閏五月十日 二首

重逢閏五日〔一〕,澶漫客山東〔二〕。郡國戈鋋裏〔三〕,園陵灌莽中〔四〕。草穿新壘綠,花隔舊京紅。更憶王符老,飄淪恨不同〔五〕。王徵君潢，昔日同詣孝陵行香，今年七十七歲矣。

【彙注】

〔一〕重逢句　徐注：先生曾於順治十三年閏五月十日恭謁孝陵。詩末自注"王徵君潢"云云，故曰"重逢閏五日"。

　　蘧常案：卷三有《閏五月十日恭謁孝陵》詩。案："閏五日"，即題"閏五月十日"之簡。或謂"日"當作"月"，非。

〔二〕澶漫句　原注：杜甫詩：澶漫山東一百州。　徐注：《元譜》：是時赴濟南訪張稷若，故云"澶漫客山東也"。

　　蘧常案：《西京賦》：澶漫靡迤，作鎮於近。澶漫，廣遠貌。

〔三〕郡國句　徐注：《逆臣傳》：吳三桂據雲南、貴州、湖南三省，福建則耿精忠，廣西孫延齡、馬雄。四川鄭蛟龍、吳之茂、譚宏，陝西王輔臣，並據地叛附。三桂使偽將軍吳應麟、廖進忠、馬寶、張國柱、柯鐸、高起龍等抗大兵。又分兵窺江西：一由大江達南康境，陷都昌；一由長沙入袁州境，陷萍鄉、安福、上高、新昌。又《耿精忠傳》：十三年三月，踞福州反，以曾養性、白顯忠、江元勳爲偽將軍，分陷延平、邵武、福寧、建寧、汀州。約三桂分寇江南；約潮州總兵劉進忠擾廣東，通海賊鄭經於臺灣。復遣賊衆突越仙霞嶺寇浙江，陷江山、溫州、處州；又別趨江西，寇廣信、建昌。養性誘溫州總兵祖宏勳、游擊周定猷並以城叛，陷瑞安、樂清及仙居、太平、黃巖，窺寧波、紹興；陷嵊縣，連陷處州郡邑，進犯金華。精忠偕偽左軍都督周列等陷廣信、建昌、饒州，復糾玉山、永豐土賊東犯常山，陷開化、壽昌、淳安、遂安，別犯徽州、婺源、祁門，勢日猖獗。又《王輔臣傳》：其叛黨吳之茂、譚宏等由興化犯商州，復引四川賊犯秦州，屯居北山，截我臨、鞏援師。輔臣復使李國良以衆八千由寧朔入寇，別使賊犯靈州。

蘧常案：《漢書·地理志》：本秦分天下爲三十六郡。漢興，以其郡太大，稍復開置，又立諸侯王國，訖於孝平，凡郡國一百三。戈鋋，見卷三《萊州》詩"礮甲"二句注。

〔四〕園陵句　徐注：柳宗元《龍丘寺東丘記》：伏灌莽。

蘧常案：園陵，見卷四《再謁天壽山十三陵》詩"小修"句注。《爾雅·釋木》：木族生爲灌。杜甫《洞房》詩：園陵白露中。

〔五〕更憶二句　蘧常案：王符見前《輓殷公子岳》詩"堂中"二句注。王潢，見卷三《王處士自松江來拜陵畢遂往蕪湖》詩題注。

《春秋》書魯月，猶是謂文王〔一〕。舊國還豐鎬〔二〕，遺民自夏商〔三〕。神遊弓劍遠〔四〕，天與卦爻長〔五〕。此日追休烈〔六〕，於戲不可忘〔七〕！

【彙注】

〔一〕《春秋》二句　原注：《公羊傳》隱公元年春王正月：王者孰謂？謂文王也。

〔二〕舊國句　蘧常案：《史記·周本紀贊》：成王使召公卜居，居九鼎焉，而周復都豐鎬。《漢書·郊祀志》：太王建國于邠梁，文武興於酆鎬。由此言之，邠梁、酆鎬之間，周舊居也。

〔三〕遺民句　徐注：《書·多士》：殷革夏命。注：周公舉商革夏命，以諭頑民。

蘧常案：見卷二《桃花溪歌》"只今"句注。

〔四〕弓劍　蘧常案：《水經注》：黃帝崩，惟弓劍存焉，故世稱黃帝仙矣。

〔五〕天與句　徐注：《易》：八卦成列，象在其中矣。因而重之，爻在其中矣。《宋史·隱逸傳》：郭雍曰：伏羲之畫卦，得於天而明天文。

〔六〕休烈　蘧常案：《漢書·匡衡傳》：休烈盛美。注：休，美也。烈，業也。

〔七〕於戲句　蘧常案：《禮記·大學》篇引《詩》云：於戲！前王不忘。案：《毛詩》"於戲"作"於乎"。顏師古《匡謬正俗》：今文《尚書》悉爲"於戲"字，古文《尚書》悉爲"烏呼"字，而《詩》皆云"於乎"。

過張貢士爾岐

【解題】

徐注：《先正事略》：所著有《夏小正傳注》、《儀禮鄭注句讀》、《儀禮考注訂誤》、《弟子職注》、《周易說略》、《春秋傳義》、《蒿庵集》、《蒿庵閒話》。　戴注：字稷若，號蒿庵。

蘧常案：年譜：康熙十四年，赴濟陽訪張稷若。潘道根《吳譜校》云：他本濟陽作濟南，羅有高《張爾岐傳》同。案：爾岐，濟陽人，則作濟陽是。又案：《元譜》：順治十四年，由青州至濟南，與張稷若爾岐定交。則至此相識已十有八年矣，而詩起句與落句云云，尚似初交，不知何故。據羅有高張傳(見下引)則似此時始定交也。《清史稿·儒林傳·張爾岐傳》：爾岐，濟陽人，明諸生。順治七年，貢成均，亦不出。遜志好學，篤守程、朱之說，著《天道論》、《中庸論》，爲時所稱。又著《學辨》五篇，曰《辨志》，曰《辨術》，曰《辨業》，曰《辨成》，曰《辨徵》。又著《立命說》，辨斥袁氏《功過格》、《立命說》之非。所居敗屋不修，藝蔬果養母。集其弟四人，講說三代古文於母前，愉愉如也。遂教授鄉里終其身。康熙十六年卒，年六十六。乾隆中，按察使吳江陸燿建蒿庵書院以祀之,而顏其堂曰"辨志"。

緇帷白室覯風標[一],爲歎斯人久寂寥。濟水夏寒清見底[二],石田春潤晚生苗[三]。長期六籍傳無絶[四],能使羣言意自消[五]。竊喜得逢黃叔度,頻來聽講不辭遥[六]。

【彙注】

〔一〕緇帷句　原注:《莊子·漁父》:孔子游乎緇帷之林,休坐乎杏壇之上。又《天運》:瞻彼闋者,虛室生白。　徐注:《南史·文學傳論》:文章者,蓋性情之風標。

　　蘧常案:《清史稿·張爾岐傳》:父行素,官石首縣丞,罹兵難。爾岐欲身殉,以母老止。取《蓼莪》詩意,題其室曰"蒿庵"。

〔二〕濟水句　徐注:《方輿紀要》:濟陽縣以在濟水北也。大清河在縣南門外,自臨邑縣流入境,又東北入齊東縣界。

　　蘧常案:據此"夏寒"字,訪爾岐當在夏季;詩次《閏五月十日》詩後,或亦在此月歟? 清見底,見卷三《酬陳生芳績》詩"笠澤"二句注。此喻爾岐之清修孤潔。

〔三〕石田句　蘧常案:《左傳》哀公十一年:得志於齊,猶獲石田也,無所用之。案:張《譜》:稷若生於萬曆四十年壬子,長先生一歲。此謂"石田雖無稼,而得潤生苗",喻晚境漸亨也。

〔四〕長期句　徐注:先生《與汪琬論師道書》曰:獨精《三禮》,卓然經師,吾不如張稷若。《日知錄》於《喪禮》、《停喪》二條內,備載爾岐之說。

　　蘧常案:班固《東都賦》:蓋六籍之所不能談。李善注:六籍,六經也。《封禪書》:六經載籍之傳。《清史稿·張爾岐傳》:年三十,覃思《儀禮》。以鄭康成注文古質,賈公彥釋義曼衍,學者不能尋其端緒,乃取經與注章分之,定其句讀,疏其節,録其要,取其明注而止。有疑義,則以意斷之,亦附於末,成《儀禮鄭注句讀》十七卷。附以《監本正誤》、《石經正誤》二卷。顧炎武游山東,讀而善之曰:炎武年過五十,乃知不學禮無以立。若《儀禮鄭注句讀》一書,根本先儒,立言簡當,以其人不求聞達,故無當世名。然書實可傳,使朱子見之,必不僅謝監獄之稱許矣。爾岐又著《周易説略》八卷,《詩説略》五卷。

〔五〕羣言句　徐注:《後漢書·蔡邕傳》:斟酌羣言。《莊子·田子方》:正容以悟之,使人之意也消。

〔六〕竊喜二句　徐注:《後漢書·黄憲傳》:憲,字叔度,汝南慎陽人。潁川荀淑至慎陽,遇憲於逆旅,時年十四,淑竦然異之,揖與語,移日不能去,曰:子,吾之師表也。既而前至袁閎所,未及勞問,逆曰:子國有顏子,寧識之乎?閎曰:見吾叔度耶?

　　蘧常案:羅有高《張爾岐傳》:崑山顧炎武以博洽名天下。游濟南,偶於官所聞人談《儀禮》,駐聽之,則纚纚數千言,條理純貫,并辨不閡,大驚。問館人曰:彼何者?曰:是故鄉里句讀師張生也。厥明,炎武戒僮僕,肅名刺,修古相見禮,相與論議甚歡,恨相見晚,定交。

送程工部葬

【解題】

　　蘧常案:程工部,見卷四《酬程工部先貞》詩題注。《元譜》:康熙十四年往德州送程工部葬。

文獻已淪亡,長者復云徂。一往歸重泉〔一〕,百年若須臾。寥寥楊子宅〔二〕,惻惻黃公壚〔三〕。揮涕送故人,執手存遺孤〔四〕。末俗雖衰漓〔五〕,風教猶未渝。願與此邦賢,修古敦厥初〔六〕。

【彙注】

〔一〕重泉　徐注:潘岳《悼亡》詩:之子歸重泉。
〔二〕寥寥句　徐注:左思《詠史》詩:寂寂楊子宅,門無卿相輿。　李注:左思《詠史》詩下二句"寥寥空宇內,所講在玄虛"宜并引。
〔三〕黃公壚　蔣常案:見前《輓殷公子岳》詩第一首"邈如"二句注。
〔四〕存遺孤　徐注:《禮·月令》:存諸孤。《說文》:存,恤問也。
〔五〕末俗　徐注:《漢書·朱博傳》:今末俗之弊,政事煩多。
〔六〕修古　徐注:《禮記》:禮也者,反本修古,不忘其初者也。

路舍人客居太湖東山三十年寄此代柬

【解題】

蔣常案:路舍人見卷二《贈路舍人澤溥》詩題注。東山,見同詩"東山"句注。

翡翠年深伴侶稀〔一〕,清霜憔悴減毛衣。自從一上南枝宿,更不回身向北飛〔二〕。

【彙注】

〔一〕翡翠句　徐注：《埤雅》：翠鳥，或謂之翡翠，名前為翡，名後為翠。舊云，雄赤為翡，雌青為翠。　段注：戴叔倫詩：落日深山伴侶稀。

〔二〕自從二句　蘧常案：此謂澤溥從其父振飛於南明，歸莊《路文貞公行狀》所謂數千里省父也。振飛卒，扶其柩歸葬蘇州，隱居不仕也。南枝宿，見卷一《賦得越鳥巢南枝》詩題注。

孫徵君以孟冬葬於夏峰時僑寓太原不獲執紼適吳中有傳示同社名氏者感觸之意遂見乎辭

【解題】

徐注：魏裔介《孫徵君傳》：水部郎馬光裕贈夏峰田廬，闢兼山堂，讀《易》其中；率子若孫，躬耕自給。費密《孫徵君傳》：田四十餘頃，在輝縣郭外夏峰村，學者因稱夏峰先生。嘉案：先生卒年九十二。《先正事略》：先生嘗語學者曰：吾始自分與楊、左諸賢同命，及涉亂離，犯死者數矣，而終無恙，是以學貴知命而不惑也。河南、北學者歲時祀先生於百泉書院。易州學者就故宅為雙峰書院。而容城與劉靜修、楊忠愍同祀，保定與孫文正、鹿忠節並祀。道光八年，詔從祀孔子廟庭。子博雅最知名。徵君卒，偕兄望雅、弟韻雅廬墓三年，哀毀骨立，葬祭以禮。案：先生是時寓太原祁縣，主戴楓仲廷栻。楓仲為築室南山，先生因置書堂，故云"僑寓太原"。朱彝尊《靜志居詩話》：崇禎之初，嘉魚熊開元宰吳江，進諸生而講藝。於時孫淳孟樸結吳翿扶九、吳允夏去盈、沈應瑞聖符等肇舉復社。於時雲間有幾社,浙西有聞社,江北有南社,江西有則社,又有歷亭席社、崑陽雲簪社;而吳門別有羽明社、匡社;武林有讀書社;山左有大社,僉會於吳,統舍於復社。其盟書曰:學不殖將落,毋蹈匪彝,毋讀非聖書,毋違老成人,毋矜厥長,毋以辯言亂政,毋干進喪乃身。嗣今以往,犯者小用諫,大用擯。僉曰諾。是役也,孟樸渡淮、泗,歷齊、魯以達於京師,賢大夫士必審擇而定交契,然後進之於社。先後大會者三,復社之名動朝野。又云:復社諸君,多以文章經濟自負,韻語不甚專心,若桐城之方密之、錢幼光、周晨父,華亭之陳臥子,吳江之吳日生,長洲之陳玉立,崑山之顧寧人,是皆嫭羣《雅》而繼《國風》者焉。

蘧常案:徐注本無"以孟冬"、"時"四字。孫徵君,見卷四贈《孫徵君奇逢》詩題注。《孫夏峰年譜》:康熙十四年乙卯四月二十一日,先生卒。十月十六日,葬於夏峰東原。

老不越疆甼[一],吾衰況疏慵。遥憑太行雲,迢遞過夏峰[二]。泉源日清泚[三],上有百尺松[四]。憶叨忘年契[五],一紀秋徂冬[六]。常思依蜀莊[七],有懷追楚龔[八]。不得拜靈輀[九],限此關山重。會葬近千人[一〇],來觀馬鬣封[一一]。儻有徐孺子,隻雞遠奔從。一時諸生間,得無少茅容[一二]。俗流騖聲華,考實皆凡庸[一三]。淄澠竟誰知[一四]?管華稱一龍[一五]。我無人倫鑒,焉敢希林宗[一六]!惟願師伯夷,寧隘毋不恭[一七]。嗟此衰世意[一八],往往纏心胸。回首視秋山,肅矣霜露濃。

【彙校】

〔竟誰知〕徐注本、曹校本"竟"作"意",誤。　〔惟願〕徐注本、冒、曹兩校本"願"作"有"。

【彙注】

〔一〕老不句　原注：《禮記·檀弓》：五十無車者，不越疆而弔人。

〔二〕夏峰　徐注：《水經注》：迢遞相望。費密《孫徵君傳》：夏峰村鉅木極漢，檉杞叢水，耕人散野，車馬絶塗，肥遯善地也。

〔三〕泉源句　徐注：《衛輝府志·山川》：百門泉源出蘇門山下，泉通百道。《輝縣志》：其泉雖以百門名，然實踰千萬。自山麓過灣石竇中及平地仰出，纍纍若珠樹，匯爲巨陂，淵涵澄澈，净無滓澱。

〔四〕百尺松　蘧常案：見卷三《張隱君元明於園中寘一小石龕》詩第二首"百尺"句注。案：此喻奇逢歲寒之節也。《元譜》：夏峰兩朝徵聘凡十一次，輒堅謝不出。

〔五〕忘年契　徐注：《陳書·江總傳》：范陽張纘、琅琊王筠、南陽王之遴並高才碩學。總時年少有名，纘等雅相推重，爲忘年交。

蘧常案：《孫夏峰年譜》：生於明萬曆十二年甲申。長先生二十九歲，故曰"忘年契"。

〔六〕一紀句　蘧常案：《國語·晉語》：畜力一紀。韋昭注：十二年歲星一周爲一紀。案《元譜》：康熙三年，至河南輝縣訪孫夏峰先生。予疑"三年"爲"四年"之誤，别有考，詳卷四《贈孫徵君奇逢》詩解題。四年至本年爲十一年；曰一紀；舉成數也。始訪奇逢在秋時，亦詳前詩解題。曰"秋徂冬"，當謂初晤在秋，今葬在冬也。

〔七〕蜀莊　原注：揚子《法言》：蜀莊沈冥。

蘧常案：《法言·問明》篇李軌注：蜀人，姓莊，名遵，字君平。沈冥，猶玄寂，泯然無迹之貌。是故成、哀不得而利之，王莽不得而害也。

〔八〕楚龔　蘧常案：《法言·問明》篇：楚兩龔之絜，其清矣乎？

別詳卷一《哭楊主事廷樞》詩"齊蠋"句注。

〔九〕靈輀　徐注：《說文》，輀，喪車也。

〔一〇〕會葬句　徐注：魏裔介《孫徵君先生傳》：歿後，官吏紳士，以及窮鄉老幼殘疾貧窶之人，無不奔走哭弔。門人千餘里皆服心喪，會葬事。

　　　　蘧常案：《後漢書·郭泰傳》：卒於家，四方之士千餘人皆來會葬。

〔一一〕來觀句　蘧常案：《禮記·檀弓》：孔子之喪，有自燕來觀者，舍於子夏氏。子夏曰：聖人之葬人歟？人之葬聖人也，又何觀焉？昔者夫子言之曰：吾見封之若堂者矣，見若坊者矣，見若覆夏屋者矣，見若斧者矣，從若斧者焉，馬鬣封之謂也。今一日而三斬板而已封，尚行夫子之志乎哉？

〔一二〕儻有四句　蘧常案：《後漢書·徐穉傳》：穉嘗為太尉黃瓊所辟，不就。及瓊卒歸葬，穉乃負糧徒步，到江夏赴之，設雞酒薄祭，哭畢而去，不告姓名。時會者四方名士郭林宗等數十人聞之，疑其穉也，乃選能言語生茅容輕騎追之，及於塗，容為設飯，共言稼穡之事。徐孺子，見卷二《久留燕子磯》詩"相逢"二句注。

〔一三〕俗流二句　徐注：《日知錄》：近日講學之輩，彌近理而大亂真，士附其門者，皆取榮名，於是一唱百和，如伐木者呼邪許然。徐而叩之，不過徼捷徑於終南而其中實莫之能省也。

〔一四〕淄澠　原注：《呂氏春秋》：孔子曰：淄、澠之水合，易牙嘗而知之。

〔一五〕管華句　蘧常案：魚豢《魏略》：華歆與邴原、管寧俱游學，三人相善，時人號三人為一龍。歆為龍頭，原為龍腹，寧為龍尾。

〔一六〕我無二句　蘧常案：郭林宗善人倫鑒，見卷二《久留燕子磯》詩"相逢"二句注。

〔一七〕惟願二句　徐注：《孟子》：伯夷隘，柳下惠不恭。

〔一八〕衰世意　徐注：《易》：于稽其類，其衰世之意邪？

漢三君詩 三首 已下柔兆執徐

【解題】

徐注：康熙十五年丙辰。　冒云：先生是年年六十四。

蔣常案：《漢三君》詠高祖、光武、昭烈，蓋猶冀明之中興，上則能不失舊物，下亦可得偏安，非苟爲懷古也。是年海上鄭氏稱永曆三十年，公元一六七六年。

父老苦秦法，願見除殘兇。三章布國門，企踵咸樂從〔一〕。雖非三王仁，寬大亦與同〔二〕。傳祚歷四百〔三〕，令名垂無窮。

右高祖

【彙注】

〔一〕父老四句　徐注：《漢書·蕭望之傳》：延頸企踵。

蔣常案：《史記·高祖本紀》：沛公西入咸陽，還軍霸上，召諸縣父老豪傑告之曰：父老苦秦苛法久矣。吾與諸侯約，先入關者王之，吾當王關中。與父老約法三章耳。殺人者死，傷人及盜抵罪，餘悉除去秦法，諸吏人皆案堵如故。凡吾所以來，爲父老除害，非有所侵暴，無恐！且吾所以還軍霸上，待諸侯至而定約束耳。乃使人與秦吏行縣鄉邑告諭之。

秦人大喜,爭持牛羊酒食獻饗軍士。沛公又讓不受曰:倉粟多,非乏,不欲費人。人又益喜,唯恐沛公不爲秦王。

〔二〕雖非二句　徐注:《漢書・高帝紀》:沛公素寬大長者。

〔三〕傳祚句　徐注:西漢、東漢、蜀漢共四百六十九年。

  蘧常案:明太祖嘗以漢高自期。《明史・孔克仁傳》:帝謂克仁曰:秦政暴虐,漢高帝起布衣,以寬大馭羣雄,遂爲天下主。今羣雄蜂起,皆不知修明法度以明軍政,此其所以無成也。李善長亦請明祖以漢高爲法,見《李善長傳》。此詩似隱寓明祖也。

文叔能讀書〔一〕,折節如儒生〔二〕。一戰摧大敵〔三〕,頓使海寓平。改化名節崇,磨鈍人才清。區區黨錮賢,猶足支危傾〔四〕。

  右光武

【彙校】

〔海寓〕各本同,徐注本"寓"作"寓"。誤。

【彙注】

〔一〕文叔句　徐注:《後漢書・光武帝紀》:天鳳中,迺之長安,受《尚書》,略通大義。《東觀記》曰:受《尚書》於中大夫廬江許子威。

  蘧常案:《後漢書・光武帝紀》:世祖光武皇帝諱秀,字文叔。

〔二〕折節　徐注:《戰國策》:武安君曰:主折節以下其臣。

〔三〕一戰句　蘧常案:《後漢書・光武帝紀》:更始元年三月,光武別與諸將徇昆陽、定陵、郾,皆下之。莽聞漢帝立,大懼,遣大司徒王尋、大司空王邑將兵百萬,其甲士四十二萬人,旌旗輜重，千里不絕，自秦、漢出師之盛，未嘗有也。光武將數千兵，徼之於陽關。諸將見尋、邑兵盛，反走，馳入昆陽，皆惶怖欲散歸。光武議曰：今兵穀既少，而外寇彊大，并力禦之，功庶可立；如欲分散，勢無俱全。諸將憂迫，皆曰諾。光武乃夜出城外收兵。莽軍到城下，圍之數十重。六月己卯，光武遂與營部俱進，自將步騎千餘，前去大軍四五里而陳。尋、邑亦遣兵數千合戰。光武奔之，斬首數十級。諸部喜曰：劉將軍平生見小敵怯，今見大敵勇，甚可怪也！光武復進，尋、邑兵却，諸部共乘之，斬首數百千級。連勝，遂前。諸將既經累捷，膽氣益壯，無不一當百。光武乃與敢死者三千人，從城西水上衝其中堅。尋、邑陳亂，乘銳奔之，遂殺王尋。城中亦鼓譟而出，中外合勢，震呼動天地。莽兵大潰，走者相騰踐，奔殪百餘里間。

〔四〕改化四句　徐注：《史記·秦始皇本紀》：黔首改化。《漢書·梅福傳》：爵祿束帛者，天下之砥石，高祖所以厲世磨鈍也。《日知錄》：漢自孝武表章六經之後，師儒雖盛，而大義未明，故新莽居攝，頌德獻符者，徧於天下。光武有鑒於此，故尊崇節義，敦厲名實，所舉用者，莫非經明行修之士，而風俗爲之一變。至其末造，朝政昏濁，國事日非，而黨錮之流，獨行之輩，依仁蹈義，舍命不渝。三代以下，風俗之美，無尚於東京者。故《儒林傳論》曰：桓、靈之間，君道秕僻，朝綱日陵，國隙屢啓，自中智以下，靡不審其崩離。而權強之臣，息其闚盜之謀；豪俊之夫，屈於鄙生之議。所以傾而未頹，決而未潰，皆仁人君子心力之爲。可謂知言者矣。

卓矣劉豫州，雄姿類高帝〔一〕。一身寄曹孫，未得飛騰勢〔二〕。立志感神人〔三〕，風雲應時至〔四〕。翻然遂翶翔，二豪安得制〔五〕！
　　右昭烈〔六〕

【彙注】

〔一〕卓矣二句　徐注：《蜀志・先主傳》：先主遂去楷（蔣常案：田楷）歸謙（蔣常案：陶謙），謙表先主爲豫州刺史。評曰：先主之弘毅寬厚，知人待士，蓋有高祖之風，英雄之器焉。

〔二〕一身二句　徐注：《蜀志・先主傳》：呂布惡之，自出兵攻先主。先主敗走，歸曹公。曹公厚遇之，以爲豫州牧。又：先主遣諸葛亮自結於孫權。權遣周瑜、程普等水軍數萬，與先主併力與曹公戰於赤壁，大破之，焚其舟船。《江表傳》曰：周瑜爲南郡太守，分南岸地以給備。備別立營於油江口，改名公安。劉表吏士見堤北軍，多叛來投備。備以瑜所給地少，不足以安民，後從權借荆州數郡。許渾詩：亨衢自有飛騰勢。

〔三〕立志　蔣常案：《三國志・蜀志・先主傳》：有大志。又《諸葛亮傳》：先主詣亮，因屛人曰：漢室傾頽，姦臣竊命，主上蒙塵。孤不度德量力，欲信大義於天下，而智術淺短，遂用猖獗，至於今日，然志猶未已。

〔四〕風雲句　徐注：《蜀志・先主傳》：故議郎陽泉侯劉豹等上言：見來積年，時時有景雲祥風，從璿璣下來應之，此爲異瑞。
　　　　蔣常案：此似謂風雲際會，如《後漢書・耿純傳》所云以"龍虎之姿，遭風雲之時"也。徐注云云，蓋即帝位前羣臣勸進之辭，非此時事也。

〔五〕翻然二句　徐注：《蜀志・法正傳》：亮答曰：主公之在公安也，北畏曹公之强，東憚孫權之逼，近則懼孫夫人生變於肘腋之下。當斯之時，進退狼跋；法孝直爲之輔翼，令翻然翺翔不可復制。如何禁止孝直使不得行其意耶？

　　蘧常案：二豪謂曹、孫也。

〔六〕昭烈　蘧常案：《蜀志·先主傳》：殂於永安宮，謚曰昭烈。

楚僧元瑛談湖南三十年來事作四絕句

【解題】

　　徐注：元瑛待考。

共對禪燈說《楚辭》，《國殤》《山鬼》不勝悲〔一〕。心傷衡嶽祠前道，如見唐臣望哭時〔二〕。

【彙注】

〔一〕共對二句　徐注：王勃《桂州普惠寺碑》：演禪鐙於已絕。《楚辭·九歌》有《山鬼》、《國殤》。

　　蘧常案："禪鐙"猶言佛鐙。王勃所謂"禪鐙"，蓋取《大智度論》"展轉相教，譬如一鐙復然餘鐙，其明轉多"之義，與詩意有別。《楚辭》蓋借喻楚事，事見卷一《浯溪碑歌》"胡騎"句及"西南"二句注，卷二《懷人》詩"似是"句及"欽崟"二句注，《傳聞》詩第一首"新已"句、第二首"張楚"句注。

〔二〕心傷二句　原注：《宋史·朱昂傳》：父葆光，當梁氏篡唐，與唐舊臣顏荛、李濤輩挈家南渡，寓潭州。每正旦、冬至，必序立南嶽祠前，北望號慟，殆二十年。

孤墳一徑楚山尖，鐵石心肝老孝廉〔一〕。流落他方餘惠遠，撫琴無語憶陶潛〔二〕。先兄同年友長沙陶君汝鼐。

【彙注】

〔一〕鐵石句　徐注：《魏志·武帝紀》注：領長史王必忠能勤事，心如鐵石。《宋史·王應麟傳》：是卷古誼若龜鑑，忠肝如鐵石。

〔二〕流落二句　徐注：《蓮社高賢傳》：惠遠居廬山，與諸賢結蓮社，以書招淵明。淵明曰：若許飲，則往。許之，遂造焉。忽攢眉而去。《先正事略》：汝鼐，字仲調，一字鸞友（蘧常案：又號密庵），寧鄉人也。少奇慧，甫齔，應童子試，督學徐亮生驚喜得異才，拔冠湖南數郡。癸酉，舉於鄉，兩中會試副榜。南渡後，由翰林待詔改職方郎，任監軍。南都覆，薙髮潙山，號忍頭陀。生平内行篤，父歿，哀慕終身。事母曲盡孝養，處族黨多厚德。嘗爲人雪奇冤，冒險難，活千餘人，然不自言也。詩古文有奇氣，書法險勁，名動海内，有楚陶三絕之目。著有《廣西涯樂府》、《嚏古集》、《寄雲樓集》、《褐玉堂集》、《嘉樹堂集》若干卷。郭些庵爲序之，有"生同里，長同學，出處患難，同時同志"之語。楚南遺獻，以些庵、密庵兩先生爲最著云。朱彝尊《明詩綜》云：長沙人。有《榮木堂集》。又《詩話》：先生壯歲好游，自吳入越，與先生訂僑、札之分，嘗留檇李度歲。晚際仳離，出監軍事，捍禦鄉邦有力，暨章、堵諸公盡瘁略同。讀《哀湖南賦》，悽戾過於蘭成。詩雖未脫景陵之派，然覺爽氣殊倫。蘇軾詩：抱琴無語立斜暉。

　　蘧常案："先兄"謂本生母兄緗。陳濟生《啓禎詩選》：顧同應附子緗傳：同應長子遐篆，以蔭補國子生，崇禎癸酉順天中式。天才篤逸，爲古樂府，下筆便成，風骨踔厲，不減古人。自負其才，每譚兵餉農田水利事，盱衡扼腕，幾欲空其儕輩，而年未四十以没。遐篆名緗。《崑新合志·卓行傳》云：緗貧,甚於父同應,而好義似之。車《譜》:《崑新合志·緗傳》:世傳其《兩京賦》埒平子,《時務策》比長沙。徐《譜》:緗以天下多故,好言兵事。舉鄉試,一上公車而卒。見健庵《舅母朱孺人壽序》。又案:惠遠,謂元瑛也。

督師公子竟頭陀〔一〕,詩筆崢嶸浩氣多〔二〕。兩世心情知不遂,待誰更奮魯陽戈〔三〕?武陵楊公子山松。

【彙注】

〔一〕督師句　徐注:鄧顯鶴《增輯楚寶·孝友》:楊山松,字長蒼,督師嗣昌長子。襲錦衣衛指揮,改授監紀同知。有才略。嗣昌督師,山松籌畫軍務,每夜達曙,軍中有"小楊"之號。嗣昌卒,哀毀不欲生,著《孤兒籲天錄》以雪父冤。弟山梓,字仲丹,著《辯冤錄》;山櫾,字季元,流寇陷常德,與兩兄募義復仇。山松有與黃石齋先生唱和詩。陶密庵有《孤兒籲天錄序》。《善住意天子經》:頭陀者,抖擻、貪欲、瞋恚、愚癡也。　全云:長興王立甫云:亭林持論,獨不非武陵,且必稱之曰楊公。

蘧常案:王立甫名豫,字敬所。見全祖望《王立甫壙志銘》。潘耒《閱孤兒籲天錄》詩(全詩見本詩附錄),似亦秉師說。

〔二〕詩筆　徐注:《老學庵筆記》:南朝詞人,謂文爲筆。老杜云"賈筆嚴詩",杜牧之云"杜詩韓筆",亦習南朝語耳。往時諸晁謂詩爲筆,非也。

〔三〕魯陽戈　蘧常案:見卷三《松江別張處士慤》詩"日爲"句注。

夢到江頭橘柚林,衲衣桑下愜同心〔一〕。不知今日滄浪叟,鼓枻江潭何處深〔二〕?

【彙注】

〔一〕夢到二句　徐注：《書·禹貢》：厥包橘柚錫貢。《南史》：張欣泰下直，輒著鹿皮冠、衲衣、錫杖。《後漢書·襄楷傳》：楷上言：浮屠不三宿桑下，不欲久生恩愛，精之至也。

　　蕖常案：《說文》：橘果出江南；郭璞注《爾雅》：柚生江南；《史記·蘇秦列傳》：楚致橘柚之園；則此"江頭"當謂楚南之江頭也。左宗植云：或謂此詩為王夫之作。見下。夫之，衡陽人，此亦可作一證。《佛祖統紀·慧思尊者傳》：平昔禦寒，惟一艾衲。後因謂僧為衲。此當指元瑛。"桑下"，似謂夫之之居。夫之隱衡陽之石船山，築土室曰觀生居。元瑛當曾相見於此。今憶及，故首句曰"夢到"也。

〔二〕不知二句　蕖常案：滄浪，見卷三《王徵君潢具舟城西》詩"鼓枻"句注。江潭，見卷四《顏神山中見橘》詩"江南"注。左宗植《慎庵文詩鈔·京師九日同人慈仁寺祭顧先生祠贈同集諸君》四首之三，自注：船山逃名似牛君直，先生尚友似郭林宗。滄浪魂夢，見《亭林集》中與《楚僧元瑛》絕句。或謂此詩為船山作也。案：詩用楚人楚地，亦可為為王夫之作之一證。《清史稿·聖祖本紀》：十三年二月，吳三桂陷長沙、衡州、岳州。十五年三月，岳州水師克君山，勒爾錦渡江與三桂之眾戰，迭敗之。《吳三桂傳》：十四年正月，上命岳樂取長沙；十五年，復攻長沙。三桂屯嶽麓山，為長沙聲援。是此時衡、長、岳一帶，烽火徧地。考劉毓崧《王船山先生年譜》：康熙十三年春，吳逆兵陷常德、澧州、長沙，復陷岳州，湖南各郡，並為其所據。先生出避於外。正月，至湘鄉。三月，泛舟。夏，還衡陽伊山。秋，至湘陰，泊青草湖。十四年春初，至長沙，泊水陸洲。二月，過湘潭昭山。三月，至水口。秋，由衡州至桓山。八月，至江西萍鄉。九月，自江西還。可見夫之之不遑寧處。故有"鼓枻江潭何處深"云云也。

附：潘耒《閲孤兒籲天録》詩

　　明末邊事危,寇氛復狂熾。廷臣侈空言,迂疏鮮任事。武陵明練才,宸衷有獨契。中樞與政府,柄用恩不次。孤立既招嫌,超遷復叢忌。生前爲射的,死後餘訿詈。論人貴平心,尤須審時勢。奪情奉特旨,投艱詎可避。廷爭胡不早,乃在枚卜際。東西既交警,款市非失計。增餉豈得已,剿撫實兼議。敗絮塞漏舟,焉能保必濟。時危出督師,一鼓頗作氣。大吏劃城府,驕帥抗節制。燎原火將滅,蟻漏堤忽潰。功敗於垂成,人謀亦天意。嘔血死軍中,豈曰非盡瘁？奈何操觚家,矢口紛彈刺。彼實荷千鈞,力盡乃傾躓。又如救焚者,焦爛以身試。餘人但旁觀,娓娓談利弊。當局竟何如？可笑亦可涕！痛憤有孤兒,雪謗一編綴。封章及詔旨,條分而件繫。年月辨後先,人地析同異。無根掃風影,疑似消霾翳。是父有是子,忠孝聲不墜。信史垂千秋,公論未宜廢。作傳今何人？吾衰客蠻裔。裁詩寄金門,下筆宜審細。

賦得簷下雀

【解題】

　　徐注：王湜《有寄》詩：棲棲活計依簷雀。

　　蔣常案：《元譜》：蓋居徐氏寓邸時作。又：十五年正月,自山西之山東。二月,入都,主原一甥。又案："簷下雀",蓋自喻也。

　　力小不成巢,翩飛無定止[一]。所謀但一枝,徬徨靡可恃。曾窺王謝堂,不作銜泥壘。雖依簷下宿,無異深林裏[二]。豈不慕高明[三],其奈驚丸餌[四]！唯應罷官時,殷勤數來此〔五〕。

【彙注】

〔一〕翾飛句　蔣常案：《說文》：翾，小飛也。徐鍇注：《文子》云：翾飛蠕動。先生《與戴耘野書》：弟生罹多難，淪落異邦，長爲率野之人，無復首丘之日。

〔二〕曾窺四句　徐注：劉禹錫《烏衣巷》詩：舊時王謝堂前燕。
　　　蔣常案："王謝堂"謂徐氏寓邸也。先生入都，屢主徐元文家，主乾學則在康熙十年及本年。據《與潘次耕書》，則此謂乾學家也。詳卷三《七十二弟子》詩"門人"二句注，及前《有歎》詩"門庭"二句注。

〔三〕高明　原注：《漢書・揚雄傳》：高明之家，鬼瞰其室。

〔四〕驚丸餌　徐注：張九齡《感遇》詩：側聞雙翠鳥，巢在三珠樹。矯矯珍木巔，得無金丸懼？

〔五〕唯應二句　原注：《漢書・鄭當時傳》：先是，下邽翟公爲廷尉，賓客填門。及廢，門外可設爵羅。

薊門送李子德歸關中

【解題】

徐注：《雙槐歲抄》：京都十景，其一曰薊門煙樹。

蔣常案：《元譜》：十五年二月，入都。三月，回山東。五月，入都。秋至薊州，仍入都。案：詩有"正喜秋氣高嶙峋"云云，則別在秋時矣。

與子窮年長作客，子非朱顏我頭白〔一〕。燕山一別八年餘〔二〕,再裹行縢來九陌〔三〕。君才如海不可量〔四〕,奇正縱橫勢莫當〔五〕。彈箏叩缶坐太息〔六〕,豈可日月無弦望〔七〕!望字作平聲,用阮籍詩"是時鶉火中,日月正相望"。爲我一曲歌《伊》《涼》〔八〕,挈十一州歸大唐〔九〕。奇材劍客今豈絶,奈此舉目都茫茫〔一〇〕!薊門朝士多狐鼠,舊日鬚眉化兒女。生女須教出塞妝〔一一〕,生男要學鮮卑語〔一二〕。常把《漢書》掛牛角〔一三〕,獨出郊原更誰與?自從烽火照桑乾,不敢宮前問禾黍〔一四〕。子行西還渡蒲津〔一五〕,正喜秋氣高嶙峋。華山有地堪作屋,相期結伴除荆榛〔一六〕。

【彙校】

〔相期〕潘刻本、徐注本"期"作"與"。

【彙注】

〔一〕子非句　蘧常案:時李因篤四十六歲,先生六十四歲,故云。

〔二〕燕山句　徐注:徐《譜》:子德蓋自先生詩獄事畢,至此年重至京師,故云一別八年餘。

　　蘧常案:詩獄解後之下一年,兩人曾相晤於北京。《元譜》:八年三月,往昌平,五謁天壽山及懷宗欑宫。是行也,與李子德偕。至本年適爲八年。

〔三〕再裹句　徐注:《詩》:邪幅在下。箋:邪幅,如今行縢也。偪束其脛,自足至膝。《三輔遺事》:長安八街九陌。

〔四〕才如海　徐注:鍾嶸《詩品》:陸才如海。

〔五〕奇正句　徐注:《陰符經》:用兵之術百數,其要在奇正權謀。揚雄《解嘲》:一縱一橫,論者莫當。

〔六〕彈箏叩缶　蘧常案:《史記·李斯列傳》:夫擊甕叩缻,彈箏搏髀,而歌呼嗚嗚快耳目者,真秦之聲也。

〔七〕豈可句　原注：李陵《與蘇武》詩：安知非日月，弦望自有時。

　　　蓬常案：此冀明之復興，當如日月之必有弦望也。

〔八〕一曲歌《伊》《涼》　徐注：蘇軾詩：更教長笛奏《伊》《涼》。

　　　蓬常案：《新唐書‧禮樂志》：天寶樂曲，皆以邊地名，若《涼州》、《甘州》、《伊州》之類。《樂苑》：《伊州》，商調曲。西涼節度使蓋嘉運所進。《涼州》，宮調曲。開元中，西涼府都督郭知遠進。

〔九〕挈十一州句　原注：《唐書》：大中五年，沙州人張義潮以瓜、沙、伊、肅、鄯、甘、河、西、蘭、岷、廓十一州歸於有司。

〔一〇〕奇材二句　徐注：《漢書‧李陵傳》：臣所將屯邊者，皆荆、楚勇士，奇材劍客。

　　　蓬常案：以上四句，疑敍王輔臣事。黃氏《遠遊略》：馬鷂子，山西蔚州人。驍勇善射，馬上如飛，故名鷂子。向爲高迎祥部下，及李自成攻殺迎祥，并其衆，遂歸自成。暨李敗，遁歸降本朝，改姓名爲王輔臣。由滇鎮而超陞陝西提督。甲寅三藩之變，巴蜀告警，廷議以尚書莫洛經略三秦。洛督師進川，檄輔臣爲前鋒。相距五十里，天寒雨雪，士卒飢凍。臘月四日，輔臣鼓衆大譟，攻殺主帥，叛據平涼，屬邑皆陷。丙辰，特命大將軍圖海征之，殺賊衆二萬，大破之。又渡河大戰，遂拔其屯糧重城一座。輔臣據平涼一帶，故有"《伊》《涼》"云云。據《清史稿‧聖祖本紀》，其前後所得地有蘭州、定邊、臨洮、靖遠、延安、綏德、洮河二州等地。《舊唐書‧地理志》：瓜沙節度治河州，管沙、瓜、甘、肅、蘭、伊、岷、廓等州。張義潮所歸十一州之地，大半爲其出入之地，蓋冀其爲明後效力如張義潮也。然已預見其不振，故有"舉目茫茫"云云。曰"都"，則是併吳三桂等亦不寄以厚望矣。《聖祖本紀》謂"輔臣於本年六月壬子朔降，圖海以聞，詔復其官"，文書往復，必淹時日，故詩作於秋時。或尚未知其降歟？

〔一一〕出塞妝　蘧常案：見卷一《金陵雜詩》第三首"司隸"句注。案：此謂滿妝也。

〔一二〕鮮卑語　原注：《顏氏家訓》：齊朝一士夫嘗謂吾曰：我有一兒，年已十七，頗曉書疏。教其鮮卑語及彈琵琶，稍欲通解，以此伏事公卿，無不寵愛。吾時俛而不答。

〔一三〕常把句　蘧常案：見卷三《酬歸祚明戴笠王仍潘檉章四子》詩"挂袂"二句注。

〔一四〕自從二句　徐注：《詩·黍離》序：過故宗廟宮室，盡爲禾黍。閔周室之顛覆，彷徨不忍去。

蘧常案：桑乾，見前《重至大同》詩"風吹"句注。桑乾一稱盧溝，今號永定，經北京外城南。此似謂北京。"烽火照桑乾"，猶《史記·匈奴列傳》"烽火通於甘泉、長安"之意。

〔一五〕蒲津　徐注：《明史》志《地理》西安府朝邑注云：東北有臨晉關，一名大慶關，即蒲津關也。舊屬蒲州，洪武八年九月來屬，有蒲津關巡檢司。

蘧常案：見卷四《蒲州西門外鐵牛》詩題注。

〔一六〕華山二句　徐注：先生《神道表》：思卜居陝之華陰，謂秦人慕經學，重處士，持清議，實他邦所少。

李生符自南中歸檇李三年矣追惟壯遊兼示舊作

【解題】

徐注：《嘉興府志》：檇李城在府西南。《吳世家》：吳伐越，勾踐迎擊之檇李。注：在桐鄉濮院之西。濮院即古檇李墟也。《越絕書》作就李，《公羊傳》作醉李。《一統志》：嘉興縣，春秋時長水地。又：檇李鄉，秦爲由拳縣，孫吳改置禾興縣，後改名嘉興縣。

　　蕘常案：《檇李詩繫》：李符字分虎，號畊客。與兄繩遠、良年齊名，尤工駢體。南中，見下詩注。

一卷別南中，孤帆自歸去〔一〕。文飛鶴拓雲，墨染且蘭樹〔二〕。丈夫行萬里，投分各有遇〔三〕。明發著萊衣，未肯朱門住〔四〕。相送驛路旁，落英連古戍。儻有舊遊人，北望懷徐庶〔五〕。

【彙注】

〔一〕一卷二句　　徐注：溫庭筠詩：幾時歸去片帆孤。李良年《秋錦山房集》有《二月中得分虎自滇中寄》詩，詩云：約束琴書好歸去，莫令又過菊花時。

　　蕘常案："別南中"，疑是詩卷名，題所謂舊作也。

〔二〕文飛二句　　徐注：《新唐書・南蠻傳》：南詔，或曰鶴拓。《方輿紀要》：雲南有鶴慶軍民府。又：昆明府拓東城，唐廣德中南詔所築。《華陽國志》：楚頃襄王時，遣莊蹻伐夜郎，軍至且蘭，椓船於岸而步戰。既滅夜郎，以且蘭有椓船牂柯處，乃改其名曰牂柯。《漢書・西南夷傳》：且蘭君恐遠行，旁國虜其老弱，乃與其衆反。漢乃發八校尉擊之。中郎將郭昌、衛廣誅且蘭。

　　蕘常案：此二句，言人雖去而文采猶留南中。

〔三〕丈夫二句　　徐注：曹植《贈白馬王彪》詩：丈夫志四海，萬里猶比鄰。阮瑀《爲武帝與劉備書》：披懷解帶，投分寄意。

蘧常案：徐乾學《李分虎詩集序》：分虎越在萬里外，在五溪、六詔間。高層雲《李君墓表》：初入滇中，副使張公純熙提學貴州，見其詩歌，羅致之。改官滇南，復偕以行。

〔四〕明發二句　徐注：《詩》：明發不寐，有懷二人。杜甫《送韓十四歸省》詩：兵戈不見老萊衣。

蘧常案：徐乾學《李分虎詩集序》：既念家有老母，日南天末，不可以久居。則由金齒歷貴筑，從其仲兄武曾間關跋涉以歸。歸甫逾時，而西南之變作。萊衣，見卷一《表哀詩》"斑衣"句注。

〔五〕北望句　徐注：《蜀志·諸葛亮傳》：自比於管仲、樂毅，時人莫之許也。惟博陵崔州平、潁川徐庶元直與亮友善，謂爲信然。時先主屯新野，徐庶見先主，先主器之。謂先主曰：諸葛孔明者，臥龍也。將軍豈願見之乎？先主曰：君與俱來。庶曰：此人可就見，不可屈致也。將軍宜枉駕顧之。由是先主遂詣亮。又：先主在樊，聞之，率其衆南行，亮與庶並從。爲曹公所追破，獲庶母。庶辭先主而指其心曰：本欲與將軍共圖王霸之業者，以此方寸之地也。今已失老母，方寸亂矣，無益於事，請從此別。遂詣曹公。又《魏略》曰：庶，先名福，本單家子。少好任俠擊劍。中平末，嘗爲人報讎，白堊突面，被髮而走，爲吏所得。問其姓名，閉口不言。吏乃於車上立柱維磔之，擊鼓以令於市鄽，莫敢識者。而其黨伍共篡解之，得脱。於是感激，棄其刀戟，更疏巾單衣，折節學問。始詣精舍，諸生聞其前作賊，不肯與共止。福乃卑躬早起，常獨掃除，動靜先意，聽習經業，義理精熟，遂與同郡石韜相親愛。初平中，中州兵起，乃與韜南客荆州。到，又與諸葛亮特相善。及荆州内附，孔明與劉備相隨去，福與俱來北。至黄初中,韜仕歷郡守典農校尉,福至右中郎將御史中丞。逮大和中,諸葛亮出隴右,聞元直、廣元仕財如此,歎曰:魏殊多士耶?何彼二人不見用乎?庶後數年病卒。

　　蘧常案:徐庶喻李符。

顧亭林詩集彙注卷六

王蘧常　輯注
吳丕績　標校

二月十日有事於先皇帝欑宮 已下疆圉大荒落

【解題】

　　徐注：康熙十六年丁巳。張《譜》：六謁天壽山及懷宗欑宮。是行也，與王山史偕。《謁欑宮文》云：自違陵下，今又八年。蓑落關河，差池烽火。想遺弓而在望，懷短策以靡從。每屆春秋，獨泣蒼梧之野；多更甲子，仍憐絳縣之人。朔氣初收，光風漸轉。敬羞蘊藻，重展松楸。雖鼎俎之久虛，幸罘罳之未壞。黃圖如故，乍驚失鹿之辰；白首無歸，終冀攀龍之日。仰憑明命，得遂深祈。　冒云：先生是年年六十五。

　　蘧常案：是年海上鄭氏稱永曆三十一年，公元一六七七年。

　　青陽回軒丘[一]，白日麗蒼野[二]。封如禹穴平[三]，木類湘山赭[四]。不忍寢園荒[五]，復來奠樽斝[六]。彷彿見威神，雲旗導風馬[七]。當年國步蹙，實歎謀臣寡[八]。空勞宵旰心[九]，拜戎常不暇[一〇]。竟令左袵俗，一旦汙中夏。三綱乍淪胥[一一]，節士長喑啞[一二]。及今攘甲兵，無復圖宗社[一三]。飛章奏天庭，謇謇焉能舍[一四]！華陰有王生，伏哭神牀下〔一五〕。亮矣忠懇情,咨嗟傳宦者。吕太監言:昔年王生弘撰來祭先帝,伏哭御座前甚哀。遺臣日以希,有願同誰寫?

【彙校】

〔題〕潘刻本、徐注本、孫校本無"先皇帝"三字。 〔竟令二句〕潘刻本、徐注本、孫校本作"賊馬與邊烽,相將潰中夏"。徐并出注:賊馬邊烽,見卷一《大行哀詩》"細柳"及"崔苻"兩注。中夏,見卷一《浯溪碑歌》詩注。 〔三綱句〕潘刻本、徐注本、孫校本作"頹陽不東升"。徐并出注:李白《古風》:浮雲蔽頹陽。《晉書·郭璞傳》:升陽未布。《禮記》:大明生於東。 〔華陰句〕潘刻本,徐注本,孫、吴、汪、曹各校本句下皆有自注"弘撰"二字。 〔咨嗟句〕句下自注,孫託荀校本,汪、曹兩校本有;潘刻本、徐注本、孫校本無。

【彙注】

〔一〕青陽句　徐注:《史記·五帝本紀》:黃帝居軒轅之丘。
　　　　　蘧常案:《爾雅·釋天》:春爲青陽。郭注:氣清而温陽。

〔二〕蒼野　蘧常案:見卷一《贈顧推官咸正》詩"哭帝"句注。

〔三〕禹穴　蘧常案:見卷四《禹陵》詩"探奇"句注。

〔四〕湘山赭　徐注:《史記·秦始皇本紀》:浮江至湘山祠,逢大風。於是始皇大怒,使刑徒三千人皆伐湘山樹,赭其山。

〔五〕寢園　蘧常案:見卷二《孝陵圖》詩"寢園"注。

〔六〕樽罍　徐注:韓愈《夜會郾城聯句》:殁廟配樽罍。
　　　　　蘧常案:罍,見卷三《閏五月十日恭詣孝陵》詩"玉罍"注。

〔七〕雲旗句　蘧常案:《離騷》:駕八龍之婉婉兮,載雲旗之逶迤。
　　　　　《漢書·禮樂志·郊祀歌·練時日》:靈之下,若風馬。

〔八〕當年二句　徐注:《明史·楊鶴等傳贊》:流賊之肆毒也,禍始於楊鶴，成於陳奇瑜，而熾於熊文燦、丁啓睿。僨師玩寇，賊勢日張，謂非人謀不臧實使之然乎！

　　蘧常案：《詩·大雅·桑柔》：國步斯頻。傳：步，行。陳奐《傳疏》：行，道也。謀臣，見卷四《禹陵》詩"謀臣"句注。事見前卷一《大行皇帝哀詩》"人多"句、"求官"句、"道否"句、"時危"句各注，及《隆武二年八月上出狩》詩"叔世"二句注。

〔九〕空勞句　徐注：《小腆紀年》：甲申二月，帝下詔罪己：朕嗣守鴻緒，十有七年。深念上帝陟降之威，祖宗付託之重，宵旦兢惕，罔敢怠荒。乃者災害頻仍，流氛日熾。又云：朕自今深省夙愆，痛加創艾。要在惜人才以培元氣，守舊制以息煩囂。行不忍之政，以收人心，蠲額外之科，以紓民力。又云：坐令秦、豫丘墟，江、楚腥穢，罪非朕躬，誰任其責？所以使民罹鋒鏑、蹈水火，殫量以壑、骸積成丘者，皆朕之過也。《唐書·劉蕡傳》：終任賢之效，無宵旰之憂。

　　蘧常案：《說文》：宵，夜也。旰，日晚也。案："宵旰"爲"宵衣旰食"之簡辭，謂勤勞國事，天未明而衣，晚始得而食也。許渾《秋日早朝詩》：宵衣應待絕更籌。《左傳》昭公二十年：楚君大夫，其旰食乎？《野史無文·烈皇帝遺事》：上雞鳴而起，夜分不寐，往往焦勞成疾。

〔一〇〕拜戎句　原注：《左傳》昭公十五年：王靈不及，拜戎不暇。

　　蘧常案：杜預《左傳》注：言王寵靈不見及，故數爲戎所加陵。

〔一一〕三綱句　蘧常案：《詩·小雅·雨無正》：若此無罪，淪胥以鋪。毛傳：淪，率也。鄭箋：胥，相也。

〔一二〕節士句　徐注：《唐書·刑法志》：太宗曰：吾聞語曰，一歲再赦，好人暗啞。

　　蘧常案：節士，見卷三《贈潘節士檉章》詩解題。

〔一三〕及今二句　徐注：《左傳》成公二年：擐甲執兵。

　　　蘧常案：杜預《左傳》注：擐，貫也。案：擐甲兵，當謂吳三桂。《吳三桂傳》云：三桂初發難時，洛邑頑民，猶思祿父，故訛言煽動，所在響應。耿、尚二王及臺灣鄭氏皆通使往來。及聞其南面自尊，建號改元，設官製曆，由是天下解體。詩云"無復圖宗社"，蓋至是始絕望於三桂矣。

〔一四〕飛章二句　原注：《楚辭‧離騷》：余固知謇謇之爲患兮，忍而不能舍也。　徐注：《史記‧天官書》：三台三衡者，天庭也。

　　　蘧常案：《後漢書‧李固傳》：因詐飛章。

〔一五〕華陰二句　徐注：《先正事略》：王弘撰，字無異，一字山史。讀書華山，顧亭林嘗主其家，共建朱子祠於雲臺觀。好《易經》圖象，學者宗之，得一言以爲重。《元譜》：弘撰，華陰人，明諸生。康熙戊午，以鴻博徵，不赴。嗜學好古，收藏法書名畫金石最富。居於華下，有讀書廬。撰《易象圖述》及《山志》、《砥齋集》。先生《廣師》云：好學不倦，篤於友朋，吾不如王山史。又《送韻譜小帖》云：一字文修，故少司馬公之子，關中聲氣之領袖也。

　　　蘧常案：神牀見卷三《恭謁天壽山十三陵》詩"渴葬"四句注。

贈獻陵司香貫太監宗

【解題】

　　徐注：獻陵，仁宗陵也。貫太監宗，未詳。　戴注：獻陵即洪熙帝。

　　蘧常案：獻陵，見卷三《恭謁天壽山十三陵》詩"右獻"六句注。

司香,見同詩"每陵"二句注。

蕭瑟昌平路〔一〕,行來十九年〔二〕。胡霜封殿瓦,野火逼山阡。鎬邑風流盡〔三〕,邙陵歲月遷〔四〕。空堂論往事,猶有舊中涓〔五〕。

【彙校】
〔胡霜〕潘刻本,徐注本,孫、曹兩校本"胡"作"清"。
【彙注】
〔一〕昌平　蔣常案:見前《恭謁天壽山十三陵》詩"昌平"注。
〔二〕行來句　徐注:順治十五年,先生恭謁天壽十三陵,至今年丁巳十九年。
〔三〕鎬邑　徐注:《日知錄》引劉向曰:文、武、周公葬於畢。《史記·周本紀》:太史公曰:畢在鎬東南杜中。《魏書》:孝文太和二十一年五月,遣使以太牢祭周文王於酆,祭武王於鎬。
〔四〕邙陵　徐注:《後漢書·地理志》:洛陽城北邙山,諸陵所在。
〔五〕中涓　蔣常案:見卷三《恭謁天壽山十三陵》詩"下有"句注。

陵下人言上年七月九日虜主來獻酒至長陵有聲自寶城出至祾恩殿食頃止人皆異之

【解題】
蔣常案:《清史稿·聖祖本紀》:十四年九月,上次昌平,詣明陵,致奠長陵;遣官分奠諸陵。即此事。王士禛乙卯有《紀事》詩云:見說溫泉仗,經過畢郢原。天言傳近侍,小隊駐期門。玉座人間閟,銀鳧地下溫。冬青當日淚,真荷兩朝恩。亦詠此事。據此,則"上年"應是"前年","七月"應是"九月"。或作"十月",誤。疑原誤"十月",故潘刻本諱作"冬祭時"也。寶城,見卷二《恭謁孝陵》詩"空城"句注。《明史》志《禮十四》:嘉靖十七年,改陵殿曰祾恩殿,門曰祾恩門。

昌平木落高山出,仰視神宫何崒嵂〔一〕!昭陵石馬向天嘶,誰同李令心如日〔二〕?有聲隆隆來隧中,駿奔執爵皆改容〔三〕。苌弘自信先君力〔四〕,獨拜秋原御路東。

【彙校】

〔題〕孫託荀校本,吳、曹兩校本同;潘刻本、徐校本、孫校本無"上年"以下"七月九日"等十二字,而代以"冬祭時"三字。"七",汪校本作"十"。"獻酒",吳、汪兩校本作"奠酒"。

【彙注】

〔一〕仰視句　蘧常案:崒嵂,見卷二《懷人》詩"五嶺"句注。

〔二〕昭陵二句　原注:李商隱《復京》詩:天教李令心如日,可要昭陵石馬來?　徐注:《新唐書·李晟傳》:臣已肅清宫禁,祗謁寢園。鐘簴不移,廟貌如故。帝泣曰:天生李晟,爲唐社稷,非爲朕也。拜司徒兼中書令,封西平忠武王。

　　蘧常案:《新唐書·地理志》:京兆府醴泉縣有九嵕山,太宗昭陵在西北六十里。《唐會要》:高宗欲闡揚先帝徽烈,乃刻石爲常所乘破敵馬六匹於昭陵闕下。《安禄山事蹟》:潼關之戰,我軍既敗,賊將崔乾祐領白旗引左右馳突。又見黄旗軍數百隊。官軍潛謂是賊,不敢偪。須臾,見與乾祐鬭,黄旗軍不勝,退而又戰者不一,俄不知所在。後昭陵奏是日靈宫前石人馬汗流。韋莊《再幸梁洋》詩：昭陵石馬夜空嘶。
〔三〕有聲二句　原注：《漢書·五行志》：成帝河平二年正月，沛郡鐵官鑄鐵，鐵不下，隆隆如雷聲。《左傳》僖公三十二年：晉文公卒，將殯于曲沃。出絳，柩有聲如牛。卜偃使大夫拜。

　　蘧常案：《左傳》僖公二十五年：晉侯請隧。杜注：闕地通路曰隧，王之葬禮也。《詩·周頌·清廟》：駿奔走在廟。《爾雅·釋詁》：駿，速也。《莊子·德充符》：子產蹵然改容更貌。
〔四〕萇弘句　原注：《左傳》昭公二十三年：南宮極震，萇弘謂劉文公曰：君其勉之，先君之力可濟也。

　　蘧常案：萇弘，亭林自謂，其自信之堅猶如此。

過郭林宗墓

【解題】

徐注：《一統志》：林宗墓在今介休縣。

蘧常案：郭林宗，見卷二《久留燕子磯院中》詩"相逢"二句注。

路畔纍纍墓石多，中郎遺愧定如何〔一〕。應憐此日知名士，到死猶穿吉莫鞾〔二〕。

【彙注】

〔一〕路畔二句　徐注：《後漢書·郭泰傳》：卒年四十二，四方之士千餘人皆來會葬。同志者乃共刻石立碑，蔡邕爲文。既而謂涿郡盧植曰：吾爲碑銘，皆有慚德，惟郭有道無愧色耳。
〔二〕應憐二句　原注：《北齊書·恩倖傳》：有開府薛榮宗，常自云能使鬼,帝信之。經古冢,榮宗問舍人元行恭是誰冢。行恭曰:郭元貞父。榮宗因前奏曰:向見郭林宗從冢出,著大帽,吉莫韡,操馬鞭,問臣曰:我家阿貞來否?

蘧常案:"吉莫靴",胡履。此蓋譏名士之年將老死而猶仕清者。

介 休

【解題】

徐注:《明史》志《地理》汾州府介休注:府東南。有介山,亦曰綿山。東有石洞水,西有汾水,東北有鄔城泊,與平遥、文水二縣界,即昭餘祁藪之餘浸也。

淡霓生巖際〔一〕,奔泉下石間。龍蛇方起陸〔二〕,雀鼠尚争山〔三〕。縣西南三十里有雀鼠谷。雨静前村市,秋凋故國顔。介君祠廟在〔四〕,風義复難攀。

【彙注】

〔一〕淡霓　徐注:《南史·王筠傳》:沈約製《郊居賦》,示筠草。讀至"雌霓連蜷",約撫掌欣忭曰:僕常恐人呼爲霓。案:雌霓之霓,五的反;雲霓之霓,五分反。

蘧常案:霓有倪、詣、鬩三音。劉熙《釋名》:霓,鬩也。故《廣韻》、《集韻》皆著鬩音。此亦讀仄聲,以諧聲律。王觀國《學林新編》謂:司馬光云:約賦但取聲律便美,非霓不可讀平聲也。

〔二〕龍蛇句　徐注：《陰符經》：天發殺機，龍蛇起陸。《楚辭》：封介山而爲之禁兮，報大德之優游。注：《淮南子》曰：介子歌龍蛇而文君垂泣也。《史記·晉世家》：文公賞從亡者，未至隱者介之推，推亦不言祿，祿亦不及。從者憐之，乃懸書宮門曰：龍欲上天，五蛇爲輔。龍已升雲，四蛇各入其宇，一蛇獨怨，終不見處所。文公出，見其書，曰：此介之推也。吾方憂王室，未圖其功。使人召之，則亡。遂求所在，聞其入緜上山中，於是文公環緜上山中而封之，以爲介推田。

〔三〕雀鼠句　徐注：《禹貢》：導渭自鳥鼠同穴。傳：鳥鼠共爲雌雄，同穴處此山，遂名山曰鳥鼠。
　　蘧常案：《元和郡縣志》：渭川渭源縣鳥鼠山，一名青雀山，在縣西七十六里。

〔四〕介君句　蘧常案：袁崧《郡國志》：介休縣有緜上聚之推廟。

靈石縣東北三十五里神林晉介之推祠

【解題】

徐注：《明史》志《地理》平陽府靈石注：府北。元屬霍州，萬曆二十三年五月改屬汾州府。四十三年，還屬。府東有緜山，即介山也。城北有汾水，又北有靈石口巡檢司。
　　蘧常案：徐注本題作《介之推祠》。

古人有至心，不在狷與忍〔一〕。國祿既弗加，吾身可以隱〔二〕。去矣適其時〔三〕，耕此荒山畛。更與賢母偕，丘壑情同允〔四〕。卓哉鸞鳳姿，飄飄高自引〔五〕。嚮使屬戎行〔六〕,豈其遜枝軫〔七〕。出處何必齊,此心期各盡。末世多浮談,有類激小忿。割股固荒唐,焚山事可哂〔八〕。微哉仲子廉,立操同蚯蚓〔九〕。遺祠君故鄉,父老事惟謹〔一〇〕。牡丹異凡花,春深洗鉛粉〔一一〕。況此黃蘆林,晚送秋風緊。厲彼頑鈍徒,英名代無隕。

【彙校】

〔題〕鐵琴銅劍樓本作"鯀上"。　〔卓哉二句〕鐵琴銅劍樓本作"一往竟無還,千載名不泯"。　〔出處二句〕鐵琴銅劍樓本無此二句,潘刻本,徐注本,孫、吳、汪、曹各校本皆有。　〔遺祠八句〕鐵琴銅劍樓本作"陂陁鯀上田,烈烈秋風緊。一旦發幽情,論世斯爲允"。

【彙注】

〔一〕狷與忍　蘧常案:《史記·魯仲連列傳》:棄忿悁之節。《說文解字》:悁,忿也。《荀子·儒效》:志忍私。楊倞注:忍謂矯其性也。

〔二〕國祿二句　徐注:《左傳》僖公二十四年:晉侯賞從亡者,介之推弗言祿,祿亦弗及。又:身將隱,焉用文之!

〔三〕去矣句　徐注:《中論·事君》篇:山林可以居乎?曰:會逢其適也。焉知其可!《詩》:徂隰徂畛。傳:畛,場也。

〔四〕更與二句　徐注:《左傳》僖公二十四年:其母曰:能如是乎!與汝偕隱。遂隱而死。郭璞《游仙詩》:未嘗廢丘壑。《說文》:允,信也。

〔五〕卓哉二句　原注:賈誼《弔屈原賦》:鳳飄飄其高逝兮,夫固自引而遠去。　徐注:白居易詩:永懷鸞鶴姿。

　　蘧常案:《晉書·嵇康傳》:人以爲龍章鳳姿。

〔六〕屬戎行　徐注：《左傳》成公二年：屬當戎行。

〔七〕枝軫　蔣常案：《左傳》僖公二十七年：冬，楚子及諸侯圍宋，宋如晉告急。先軫曰：報施救患，取威定霸，於是乎在矣。於是乎作三軍。乃使郤縠將中軍，郤溱佐之；使狐偃將上軍，讓於狐毛而佐之；使欒枝將下軍，先軫佐之。二月，郤縠卒，原軫（案：即先軫）將中軍，胥臣佐下軍。子玉從晉師。夏四月，晉侯次於城濮，陳於莘北。胥臣當陳、蔡。子玉將中軍，子西將左，子上將右。胥臣蒙馬以虎皮，先犯陳、蔡，陳、蔡奔，楚右師潰。狐毛設二旆而退之，欒枝使輿曳柴而偽遁，楚師馳之，原軫、郤溱以中軍公族橫擊之，狐毛、狐偃以上軍夾攻子西，楚左師潰。楚師敗績。

〔八〕割股二句　蔣常案：《日知錄》：介子推事，見於《左傳》則曰，"晉侯求之不獲，以緜上爲之田，曰：以志吾過，且旌善人"，《吕氏春秋》則曰，"負釜蓋簦，終身不見"。二書去當時未遠，爲得其實。《史記》之言稍異，亦不過曰"使人召之，則亡。聞其入緜上山中。於是環緜上之山中而封之，以爲介推田，號曰介山"而已。立枯之説，始自屈原；燔死之説，始自《莊子》。《楚辭・九章・惜往日》：介子忠而立枯兮，文公寤而追求。封介山而爲之禁兮，報大德之優遊。思久故之親身兮，因縞素而哭之。《莊子》（案：見《盜跖》篇）則曰：介子至忠也，至割其股以食文公。文公後背之，子推怒而去，抱木而燔死。於是瑰奇之行彰，而廉靖之心没矣。今當以《左傳》爲據，割股、燔山，理之所無，皆不可信。

〔九〕微哉二句　蔣常案：《孟子・滕文公》篇：匡章曰：陳仲子豈不誠廉士哉！孟子曰：於齊國之士，吾必以仲子爲巨擘焉。然仲子惡能廉？充仲子之操，則蚓而後可者也。

〔一〇〕父老句　徐注：《論語》：惟謹爾。

蔭常案：周密《癸辛雜識》：綿上火禁，升平時，禁七日；喪亂以來猶三日。相傳火禁不嚴，則有風雹之災，社長輩至日就人家，以雞翎掠竈灰，雞羽稍焦卷，則罰香楮錢。有疾及老者不能冷食，就介公廟卜乞火。吉，則燃木炭，取不煙；不吉，則死不敢用火。或以食暴日中，或埋食器於牛馬糞窖中，其嚴如此。

〔一一〕洗鉛粉　徐注：沈約《木蘭詩》：洗却鉛粉妝。

霍北道中懷關西諸君

【解題】

徐注：關西諸君謂李子德、李中孚、王山史、楊伯常諸君也。
蔭常案：見卷四《霍山》詩解題。

苦雨淹秋節〔一〕，屯雲擁霍州〔二〕。蟲依危石響，水出斷崖流〔三〕。驛路愁難進〔四〕，山亭悵獨留。遥知關令待，計日盼青牛〔五〕。

【彙校】
〔愁難進〕徐注本，冒、曹兩校本"進"作"近"。
【彙注】
〔一〕苦雨　蔭常案：《左傳》昭公四年：秋，無苦雨。疏：養物爲甘，害物爲苦。
〔二〕屯雲句　徐注：《列子》：望之若屯雲焉。《方輿紀要》：春秋時霍國，金仍屬平陽府，貞祐三年置霍州，元、明因之。初以州治霍邑,縣省入州。大嶽鎮其東,汾水經其西,山川扼要,爭衡太原間者,未有不以州爲孔道者也。
〔三〕水出句　蘧常案:《明史》志《地理二》山西平陽府霍州注:西有汾水。又有霍水、彘水,俱出霍山,下流俱入汾。
〔四〕驛路句　徐注:《方輿紀要》:霍山驛在城東。
〔五〕遥知二句　徐注:《關中記》:老子度關,令尹喜敕門吏曰:若有老公從東來乘青牛薄板車者,勿聽度關。其日,果來。吏白之,喜曰:道今來矣。

河　上　作

【解題】

徐注:《方輿紀要》:平陽府河津縣黄河,縣西十里,自吉州流入界,經龍門山,下有禹門渡,道出韓城。又南經縣西曰黄河渡,亦韓城界。又南流入榮河縣境。戴注:時干戈未已,故先生作此詩云。

龍門下雷首,自古稱西河。入自積石來,出塞復逶迤〔一〕。吕梁懸百仞,孟門高峨峨〔二〕。遠矣大禹功,山澤得所宜〔三〕。靈跡表華巖,金行鎮西垂〔四〕。黄虞日已遠〔五〕,奰怒尋干戈〔六〕。去年方鬪争,掘壕守朝那。車騎如星流,衣裝兼橐駝〔七〕。狼弧動箭鏃〔八〕,參伐揚旍麾〔九〕。嗟此河上軍,來往何時罷〔一〇〕?今年暫寝兵,邏卒猶譏訶〔一一〕。手持一尺符,予錢方得過。追惟狄泉陷,地底生蒼鵝〔一二〕。窫窳來攫人〔一三〕,逵路橫長虵〔一四〕。寰區恣刀俎,飛走窮網羅。萬類不足飽,螻蟻其奈何！仰希神明眷,下戢陽侯波〔一五〕。行將朝白帝,一訴斯民癯〔一六〕。猿鳥既長吟,窮人亦悲歌。歌止天聽回〔一七〕,勿厭辭煩多。

【彙校】

〔入自〕徐注本,吴、汪、曹三校本作"自入"。

【彙注】

〔一〕龍門四句　徐注:《明史》志《地理》平陽府蒲州河津注:州東北。西北有龍門山,夾河對峙,下有禹門渡。又:蒲州中條山在東南,即雷首山,又名首陽山。《禹貢》疏:雷首,《地志》,在河東郡蒲坂縣南。《禹貢》:浮于積石,至於龍門西河。疏:積石在金城郡河關縣西南羌中。西河,冀之西河也。

　　蘧常案:《漢書・地理志》金城郡河關縣班氏元注:積石山在西南羌中,河水行塞外,東北入塞内。《一統志》:積石山即今大雪山,在西寧邊外西南五百三十餘里黃河北岸,綿亘三百餘里,上有九峰,爲青海諸峰之冠。河流其南,至山之東,乃折而北,土人以爲西海之望。唐時名爲大積石,《元史》誤爲昆侖者也。

〔二〕呂梁二句　徐注:《明史》志《地理》平陽府吉州注:西有孟門山,大河所經。又:呂梁山在今石州離石縣東北。

　　蘧常案:呂梁云云,不見《明史・地理志》,蓋引他書而誤者。《水經注》:河水出善無縣故城西南八十里。其水西流,歷於呂梁之山,而爲呂梁洪。其山巖層岫衍,澗曲厓深,巨石崇竦,壁立千仞,河流激盪,濤湧波襄,雷奔電洩,震動天地。昔呂梁未闢,河出孟門之上,蓋大禹所闢以通河也。

〔三〕遠矣二句　徐注：《左傳》昭公元年：美哉禹功，明德遠矣。《禹貢》：九山刊旅，九澤既陂。

　　蘧常案：《水經注》：《魏土地記》云：梁山北有孟門山，大禹所鑿，通孟津河口，廣八十步。巖際鐫跡，遺功尚存。

〔四〕靈跡二句　徐注：《水經注》：華嶽本一山，當河，河水過而曲行，河神巨靈手盪腳蹋，開而爲兩。今掌足之跡，仍存華巖。

　　蘧常案：靈跡，別詳卷四《華山》詩"巨靈"句注。金行，見前同詩"四序"句注。

〔五〕黃虞　徐注：《史記·伯夷列傳》：黃、農、虞、夏，忽焉没兮。

〔六〕奰怒　徐注：《詩》：内奰于中國。疏：不醉而怒謂之奰。自近及遠，無不怨怒也。

〔七〕去年四句　徐注：張《譜》：丙辰年，叛將王輔臣踞陝西之龍駒寨，斷商、雒南路。旋復引川寇犯通、渭。是年，輔臣爲大將軍圖海所敗，朝命招撫，乃率衆降。而賊黨吴之茂寇秦州。十二月，朝命建威將軍吴丹略地華、商，副都統佟舒渾敗賊於峻嶺，復山陽縣。故詩有"去年方鬬争，掘壕守朝那"云云也。《逆臣傳》：于是貝勒潤鄂克秦州，安西將軍穆占、靖逆將軍張勇克鞏昌，西寧總兵王進寶克蘭州，甘肅總兵孫思克復静寧，平遠將軍畢力克圖復綏德、延安，陝西提督陳福復定邊城。輔臣見大兵所向克捷，逆黨漸散，乃爲緩兵計，復遣使乞降。《方輿紀要》：平涼府平涼縣朝那城在府東南，春秋地名，爲秦之北境。漢置朝那縣，屬安定郡。文帝十四年，匈奴入犯朝那、蕭關。胡三省注：朝那故城在原州花石川，郭子儀使渾瑊將兵趨朝那，即此城也。《山海經》：其獸多橐駞。善行流沙中，日三百里，負千斤。

　　蘧常案：王輔臣降於十五年六月，見卷五《薊門送子德歸關中》詩"奇才"二句注。張《譜》云"是年",是以此事屬諸十六年矣,誤。

〔八〕狼弧　蘐常案:見卷五《詠史》詩"天弧"句注。

〔九〕參伐　蘐常案:《廣雅・釋天》:參伐謂之大辰。《晉書・天文志》:參旗九星在參西,一曰天旗。

〔一〇〕何時罷　蘐常案:先生《唐韻正》:罷,音皮,皮音婆。凡經傳中罷倦之罷,罷休之罷,皆讀婆。今人音皮而誤,而添一蒲蟹反,至土音又轉而爲蒲怕矣。

〔一一〕邏卒句　蘐常案:《說文》新附:邏,巡也。《廣雅・釋詁》:譏,問也。《禮記・王制》:關執禁以譏。鄭注:譏,苛察也。《說文》:訶,大言而怒也。案:訶通呵、何、苛。

〔一二〕追惟二句　原注:《水經注》:晉永嘉元年,雒陽東北步廣里地陷,有二鵝出,蒼色者飛翔沖天,白色者止焉。後五年,劉曜、王彌入雒,帝居平陽。

〔一三〕窫窳　蘐常案:見卷五《赴東》詩第一首"窫窳"句注。

〔一四〕逵路句　徐注:《左傳》宣公十二年:至于逵路。

蘐常案:《左傳》定公四年:吳爲封豕長蛇,以薦食上國。案:"窫窳"、"長蛇",皆喻清也。

〔一五〕陽侯波　徐注:《淮南子・覽冥訓》:武王伐紂,渡于孟津,陽侯之波,逆流而擊。高誘注:陽侯,陵陽國侯也。其國近水,休水而死。其神能爲大波,有所傷害,因謂之陽侯之波。

〔一六〕行將二句　徐注:先生《答徐甥公肅書》:關輔荒涼,非復十年以前風景。而雞肋、蠶叢,尚煩戎略;飛芻輓粟,豈顧民生!至有六旬老婦,七歲孤兒,挈米八升,赴營千里。於是強者鹿鋌,弱者雉經,闔門而聚哭投河,併村而張旗抗令。此一方之隱憂,而廟堂之上或未之深悉也。又《錢糧論上》:今來關中,自鄠以西至於岐下,則歲甚登,穀甚多,而民且相率賣其妻子。至徵糧之日,則村民畢出,謂之人市。問其長吏,則一縣之繫於軍營而請印者,歲近千人。其逃亡或自盡者,又不知凡幾也。《詩》:"民莫不穀,我獨于罹。"

　　蘧常案:白帝,見卷四《華山》詩"白帝"句注。案:時將至華下,故云"朝白帝"。

〔一七〕天聽　徐注:《書》:天聽自我民聽。

雨中至華下宿王山史家

【解題】

　　徐注:王弘撰《山志》:丁巳秋九月三日,亭林入關,主於予家,將同作買山之計。頻陽郭九芝明府聞之,以書來曰:聞寧人先生已抵山居。寧人命世宿儒,道駕儵然,非無所期而至止。關學不振已久,斯其爲大興之日耶?余復之曰:弟年近五十,始歸正學,今幸寧人先生不棄,正欲策厲駑鈍,收效桑榆云云。

　　蘧常案:張《譜》:九月入陝,主王山史家。王弘撰《頻陽札記》:顧亭林先生入關,止於予明善堂。王山史,詳前《二月二十日有事於先皇帝欑宮》詩"華陰"二句注。

　　重尋荒徑一衝泥〔一〕,谷口牆東路不迷〔二〕。萬里河山人落落,三秦兵甲雨淒淒〔三〕。松陰舊翠長浮院,菊蕊初黄欲照畦。自笑漂萍垂老客〔四〕,獨騎羸馬上關西。

【彙注】

〔一〕重尋句　徐注:陶潛《歸去來辭》:三徑就荒。杜甫《崔評事弟許相迎不到》詩：虛疑皓首衝泥怯。

　　蔣常案：《年譜》：康熙二年癸卯，遊西嶽太華，過訪王弘撰於華陰。此爲第二次，故曰重尋。先生《送韻譜小帖》：王無異住華陰縣西嶽廟南小堡内。

〔二〕谷口句　李注：《後漢書·逸民傳》：初，逢萌與平原王君公相友善。君公遭亂獨不去，儈牛自隱。時人爲之語曰：避世牆東王君公。

　　蔣常案：揚子《法言·問神》篇：谷口鄭子真，不詘其志，而耕乎巖石之下，名震于京師。《元和郡縣志》：漢谷口縣在九嵕山東，仲山西，當涇水出山之處，故謂之谷口。

〔三〕三秦兵甲　蔣常案：事詳前《河上》詩"去年"四句注。

〔四〕漂萍垂老　徐注：杜甫《贈翰林張四學士垍》詩：垂老獨漂萍。

過李子德 四首

【解題】

　　蔣常案：李子德，詳卷四《酬李處士因篤》題注。張《譜》：康熙十六年丁巳，入陝。徐《譜》：李子德來迎，因過所居月明山下。《受祺堂集》有《寧人先生肯訪山村留宿見贈四詩用韻奉答》四首。案：屈大均《宗周遊記》云"至富平韓家村天生家堡中"，則所謂"山村"，即韓家村也。

憶昔論交日，星霜一紀更〔一〕。及門初拜母〔二〕，讓齒忝爲兄〔三〕。樹引流泉細，山依出月明〔四〕。居在月明山下。

相看仍慰藉,均不負平生〔五〕。

【彙注】

〔一〕憶昔二句　徐注:杜甫《贈別何邕詩》:生死論交地。柳宗元《酬婁秀才詩》:星霜分益親。一紀,見卷五《孫徵君以孟冬葬於夏峰》詩"一紀"句注。

　　蘧常案:《元譜》:康熙二年癸卯,與富平李子因篤遇,遂訂交。至是凡十有五年。曰"一紀"者,舉成數也。

〔二〕及門句　徐注:《吳志·張昭傳》:孫策創業,命昭爲長史撫軍中郎將,升堂拜母,如比肩之舊。

　　蘧常案:《儀禮·鄉射禮》:及門,主人一相出,迎於門外。李顒《田太孺人墓誌》:太孺人,富平董村人。父增廣生時需。

〔三〕讓齒句　徐注:《晉書·潘尼傳》:遵道讓齒,降心下問。《鶴徵錄》:天生與亭林、竹垞暨李良年爲布衣昆弟,天生小於顧、朱而長於良年二歲,雖在客所及私寓,無或亂者。(蘧常案:《文獻徵存錄》文略同,"無或亂者"上,有"坐次"二字。)

　　蘧常案:因篤少先生十有八歲,少彝尊二歲。

〔四〕山依句　徐注:徐《譜》:案:山在富平縣東北七十里,子德居此山下。張《譜》:《受祺堂集·邑里絶句》詩,頻山亦名月明山。

　　蘧常案:《邑里絶句》注實作明月山。其《燈夕》詩第二首注云:予家明月山下;《十五夜月》詩第六首注,亦曰"敵村北山曰明月山",則作月明山者,誤也。

〔五〕相看二句　徐注:《後漢書·隗囂傳》:所以慰藉之甚厚。

　　蘧常案:李賢《後漢書·隗囂傳注》:慰,安也。藉,薦也。言安慰而薦藉之。朱樹滋《李文孝行狀》：顧徵君集杜句題於庭柱曰：文章來國士,忠厚與鄉人。實錄語也。

積雨秋方漲,相迎到華陰〔一〕。水驚龍鬭駛〔二〕,泥怯馬蹄深。尚阻東軒佇〔三〕,多煩瀨口尋〔四〕。白雲清渭色〔五〕,聊足比君心。

【彙注】

〔一〕積雨二句　徐注：《方輿紀要》：西安府華州華陰縣,春秋時晉陰,晉地。《受祺堂集》有《承問寧人先生中秋抵華下阻雨尚稽省視悵然有作》四首,又《詣華陰時寧人先生未至一宿而行》二首。

〔二〕龍鬭　徐注：《左傳》昭公十九年：龍鬭于鄭洧淵。

〔三〕尚阻句　原注：晉陶淵明《停雲》詩：靄靄停雲,濛濛時雨。八表同昏,平路伊阻。靜寄東軒,春醪獨撫。良朋悠邈,搔首延佇。

〔四〕多煩句　原注：《文選》任彥升有詩云《贈郭桐廬出谿口見候余既未至郭仍進村》。

　　蘧常案：原注引《文選》任詩題未終,下尚有"維舟久之郭生方至"八字。又其詩"瀨"作"溪",即桐廬溪。詩并誤。

〔五〕清渭　徐注：潘岳《西征賦》：北有清渭濁涇。

拜跪煩兒女〔一〕,追陪有弟昆〔二〕。令弟迪篤。雲開王翦廟〔三〕,風起魏公原〔四〕。俠氣凌三輔〔五〕,哀思叫九閽〔六〕。向來多感激〔七〕,不覺倒清罇。

【彙校】

〔倒清罇〕徐注本，冒、吳、汪、曹各校本"倒"作"到"。丕續案：《莊子·外物》篇：草木之到植者過半而不知其然。盧文弨曰："到"，古"倒"字。

【彙注】

〔一〕兒女　徐注：先生《富平李君墓誌銘》：孫男三人，漢、渭、泗。

蘧常案：漢、渭皆迪篤出，泗因篤出，早殤。後又生子壽，亦早殤。因篤五十無子，始以渭嗣。有二女，長女已於本年秋卒。則所謂"拜跪"者，或子壽與次女矣。

〔二〕弟昆　徐注：李因篤《陳情表》云：臣祇一弟因材，從幼出繼臣叔，分奉小宗之祀。注云：迪篤，即因材也。

蘧常案：《李文孝行狀》：仲君因材，字大生，少公二歲。吳懷清《李天生年譜》：弟迪篤，諸生。

〔三〕王翦廟　徐注：《一統志》：西安府富平縣東北三十里有王翦廟。又頻山神廟在美原縣西二十五里，亦祀王翦。《方輿紀要》：富平有頻陽城。

蘧常案：李因篤《邑里絕句》第五首注云：王公翦爲敝里社神。第八首注云：頻山南麓有王公廟。

〔四〕魏公原　徐注：《方輿紀要》：西安府富平縣義亭城即今治古鄉亭也。宋建炎中，張浚以五路之師，次於富平，吳玠曰：兵以利動。今地勢不利，未見其可。及戰，爲敵敗於八公塬，亦曰八公原，今稱魏公原。

〔五〕俠氣句　徐注：《後漢書·袁術傳》：少以俠氣聞。先生《富平李君墓誌銘》：君諱映林，字暉天。鄉人私謚曰貞孝先生。又曰：李氏之先以節俠聞。寇至里中，姒楊氏與族人登樓，並焚死。李氏之門合良賤死者八十有一人。

蘧常案：此似謂因篤高祖事。《富平李君墓誌銘》云：數傳至君之曾祖諱朝覲者，爲邊商，以任俠著關中。徐引"李氏之先以節俠聞"句，亦謂朝覲也，與下句言其曾祖叫閽事，正相銜接。徐注屬諸其祖妣等焚死事，非。三輔，見卷一《京口即事》詩"三輔"句注。

〔六〕哀思句　徐注：《唐書·徐有功傳》：叫閽弗聽。劉禹錫《楚望賦》：高莫高兮九閽。

　　　　　 蘧常案：《富平李君墓誌銘》云：曾祖與里豪爭渠田，爲齮齕以死。而君之祖諱希奎，走闕下，上書愬天子，直其事。大猾以次就法，報父讎，名動天下。

〔七〕向來句　蘧常案：此句承五六二句，謂向來聞其祖德而感動也。

擬卜南山宅〔一〕，先尋北道鄰〔二〕。關河愁欲徧，縞紵竟誰親〔三〕？異國逢矜式〔四〕，郭君傳芳時爲富平令。同人待隱淪〔五〕。李處士顒。便思來嶽頂，揮手謝風塵。

【彙校】

〔同人句〕句下自注，潘刻本"顒"作"囗"，徐注本、曹校本無"顒"字。丕績案：此重刻時避清仁宗顒琰諱。

【彙注】

〔一〕擬卜句　徐注：陶潛《移居南村》詩：非惟卜其宅。王維《終南別業》詩：晚家南山陲。

　　　　　 蘧常案：先生《與楊雪臣書》：爾乃徘徊渭川，留連仙掌，將營一畞，以畢餘年。

〔二〕北道鄰　徐注：《後漢書·耿弇傳》：光武指弇曰：此吾北道主人也。

蘐常案：富平在華陰之西北，故云"北道鄰"。

〔三〕縞紵　蘐常案：《左傳》襄公二十九年：吳季札聘於鄭，見子產如舊相識，與之縞帶，子產獻紵衣焉。

〔四〕異國句　徐注：《陝西通志‧令長名宦》：郭傳芳，字九芝，大同威遠衛人。由選貢授咸寧縣佐，攝郃陽、長安篆，俱有聲，遷富平知縣。滇逆之變，涼寇竊發。傳芳偵賊將入境，乘霧搗巢，斬獲有功。時軍書旁午，傳芳轉輸有法，民不告勞。《受祺堂集》與九芝詩至多。九芝一字獻素。明年，升任達州。先生《與潘耒書》云：頻陽令郭公既迎中孚僑居其邑，今復遣人千里來迎，可稱重道之風。而天生遂欲爲我買田結婚之計，雖未可必，然中心願之矣。《孟子》：使諸大夫國人皆有所矜式。

蘐常案：此注除引《孟子》外，全爲張《譜》語。

〔五〕同人句　徐注：張《譜》：訪李中孚於富平東南軍砦之北。《李徵君年譜》：寧人自山右來訪，密邇徵君，時至卧室盤桓，語必達旦。桓譚《新論》：天下神人五：一曰神仙，二曰隱淪。

蘐常案：李顒，見卷五《讀李處士顒襄城紀事有贈》詩題注。

附：李因篤《亭林先生肯訪山村留宿見贈‧四詩用韻奉答》詩

忽枉軒車轍，曾叨縞帶盟。秋陽生里巷，暮靄接柴荊。入座風威轉，褰簾月影清。慈親親剄薦，僕馬效將迎。

步屧曾徒往，驪旌乃惠臨。水澄圖史色，村靜薜蘿陰。卜築何時定？燒燈此夜深。華嵐迎渭野，端足慰追尋。

馬首河山闊，春光几席溫。出郊馳邑乘，聯榻擁朋尊。渚雁寒俱起，籬花晚自存。披囊頻太息，續學爲中原。

契託金蘭重,詩貽《白雪》新。有材追二《雅》,微尚在三秦。日抱關烽發,霜吹戍角鄰。永言隨杖履,情洽和歌晨。

皂　　帽

【解題】

徐注:《魏志·管寧傳》:寧常著皂帽、布襦袴、布裙,隨時單複。先生《與王虹友書》:流寓關、華,已及二載。幸得棲遲泉石,不與弓旌。而此中一二紳韋,頗知重道。管幼安之客公孫,惟説六經之旨;樂正裘之友獻子,初無百乘之家。

蘧常案:《與王虹友書》爲康熙十九年作,非此時,姑以略有關合存之。錢邦彦《年譜校補》云:先生蓋自比管幼安云。

皂帽冬常著,青山老自看。鳥憐池樹静,雲近嶽天寒。淡食隨人給〔一〕,藜牀任地安〔二〕。閒來過道院,不爲訪金丹〔三〕。

【彙校】

〔隨人給〕徐注本"給"作"結",誤。

【彙注】

〔一〕淡食　蘧常案:見卷五《過矩亭拜李先生墓下》詩"食淡"句注。《魏志·管寧傳》:飯鬻餬口,并日而食。

〔二〕藜牀　徐注:庾信《小園賦》:管寧藜牀,雖穿而可坐。

蘧常案:皇甫謐《高士傳》:管寧嘗坐一木榻,積五十年未嘗箕踞,榻上當膝皆穿。

〔三〕金丹　徐注：《抱朴子》：黄金，入火百錬不銷，埋之畢天不朽，是爲金丹。老子受之於元君。

采　芝

【解題】

蔣常案：見卷四《贈孫徵君奇逢》詩"尚有"四句及卷五《寄問傅處士土堂山中》詩"春來"二句兩注。錢邦彦《年譜校補》云：先生以四皓自比。

采芝來谷底，汲水到池坳。不礙風塵際，常觀氣化交〔一〕。晨光明虎跡，夕霧隱鳶巢〔二〕。昔日幽人住，攀厓此結茅〔三〕。

【彙注】

〔一〕氣化交　徐注：《淮南子》：吐氣者施，含氣者化。
〔二〕晨光二句　蔣常案：先生《與楊雪臣書》：霧市雲巖，人煙斷絕；春畦秋圃，虎跡縱橫。
〔三〕攀厓句　徐注：杜甫《玄都壇歌》：獨在陰厓結茅屋。

寄李生雲霑時寓曲周僧舍課子衍生

【解題】

徐注：《元譜》：四月出都，十三日至德州見撫子衍生及衍生之師李既足雲霑於張簡可家。先三日,衍生及師李既足附沈度汪家眷舟至德州,將入都。先生預留書張簡可家止之,至是相見,行父子禮。五月七日,移寓曲周之增福廟。主僧名晏如。時當塗令賀宣三應旌亦寓廟中。延既足暫留課子,即去之山西。　戴注:衍生即先生所撫吳江族子。雲霑字既足,衍生師也。此詩當是在太原所寄者。

　　蘧常案:徐注本題作《寄李生雲霑》。　衍生,譜名洪瑞,見錢邦彥《年譜校補》引《顧氏宗譜》;字茂引,見《同志贈言》毛今鳳《贈茂引世兄詩》注。衍生、茂引,名字正相應,當同爲先生所命。《顧氏宗譜·世系表》作茂應,誤。其本生父名鼎文,字閤公,見《蔣山傭殘稿·與姪公成書》衍生注。李雲霑原字雨公,後改既足,吳江人。先生稱其"英年好學",見《殘稿·與王山史書》。《文集》卷四及《殘稿》卷一與《李霖瞻浹書》言雲霑、衍生事甚詳。《文集》書云:猶子衍生,今已隨其師至關中。稍知禮法,不好嬉戲,竟立以爲子。《殘稿》書云:承念及雨公及小兒,敬謝。雨公改字既足,今從弟問字,二年中便通三經。而小兒以既足爲師,名以衍生,亦頗謹飭。本經《毛詩》已完,令節讀五經,兼誦先輩八股文百篇,意不在覓舉也。曲周見卷五《曲周拜路文貞公祠》詩解題。

　　歲晚漳河朔雪霏[一],僕夫持得尺書歸[二]。三冬文史常堆案[三],一室弦歌自掩扉[四]。古廟薪殘燒粥冷[五],荒陂水少食魚稀[六]。何如長白山中寺,莫使匡時雅志違[七]。

【彙校】

〔荒陂〕徐注本"陂"作"坡",誤。

【彙注】

〔一〕漳河　徐注：《方輿紀要》：廣平曲周縣漳水，縣西南三十里，自河南臨漳縣流入府境。

〔二〕尺書　蘧常案：見卷五《得伯常中尉書却寄》詩"忽來"句注。

〔三〕三冬文史　蘧常案：見卷三《濟南》詩第二首"坐擁"句注。

〔四〕弦歌　蘧常案：《周禮·春官》：小師掌教弦歌。鄭注：弦謂琴瑟也。《論語·陽貨》篇：子之武城，聞弦歌之聲。

〔五〕燒粥　徐注：《名臣言行録》：范文正公少讀書山中，斷虀塊粥而食。

　　蘧常案：范仲淹斷虀畫粥，在長白山僧舍讀書時，見《書言故事》，與末二句應。

〔六〕荒陂句　蘧常案：以上四句似言書中所敘。

〔七〕何如二句　徐注：《濟南府志》：長白山，長山西南。《抱朴子》曰：長白山，泰山之副嶽也。山跨四縣界。范仲淹讀書處在山阿醴泉寺。杜甫《追酬高蜀州人日見寄》詩：感君鬱鬱匡時略。《晉書·謝安傳》：雅志未就。

　　蘧常案：末二句，蓋以范仲淹勖之也。雅志匡時，謂仲淹爲秀才時，以天下爲己任，嘗言"先天下之憂而憂，後天下之樂而樂"，見《宋史·范仲淹傳》。

春　雨　已下著雍敦牂

【解題】

徐注：康熙十七年戊午。　冒云：先生是年六十六。

蘧常案：此詩蓋以幸免博學鴻儒之徵而作。吳《譜》云：中有

"朝來閱徵書,處士多章顯",又曰"幸得比申屠,超然竟獨免",又曰"未敢慕巢由,徒誇一身善。窮經待後王,到死終黽勉",蓋一以自幸,一以自信云。是年海上鄭氏稱永曆三十二年,公元一六七八年。

平生好修辭,著集逾十卷〔一〕。本無鄭衛音,不入時人選〔二〕。年老更迂疏〔三〕,制行復剛褊〔四〕。東京耆舊盡〔五〕,嬴瘵留餘喘〔六〕。放跡江湖間〔七〕,猶思理《墳》《典》〔八〕。朝來閱徵書,處士多章顯〔九〕。何來南郡生,心期在軒冕〔一〇〕。幸得比申屠,超然竟獨免〔一一〕。春雨對空山,流泉傍清畎〔一二〕。枕石且看雲,悠然得所遣。未敢慕巢由,徒誇一身善〔一三〕。窮經待後王,到死終黽勉〔一四〕。

【彙校】

〔未敢〕徐注本,冒、吳、汪、曹各校本"未"作"豈"。 〔後王〕潘刻本"王"作"囗"。

【彙注】

〔一〕平生二句　蔣常案:《易·乾·文言》:修辭立其誠。案:此當謂詩文集。今傳刻詩五卷,文六卷,當時似已有初定稿矣,故曰"著集逾十卷"。舊注以《天下郡國利病書》等當之,龐然巨帙,安能謂"逾十卷"乎?且亦非所謂"修辭"也。

〔二〕本無二句　原注:《顏氏家訓》:吾家世文章,甚爲典正,不從流俗。梁孝元在藩邸時,撰《西府新文》,史(記)〔訖〕,無一篇見錄者,亦以不偶於世,無鄭、衛之音故也。

　　蔣常案:朱彝尊《近來》詩云:近來論詩專序爵,不及歸田七品官。蓋謂侯官魏惟度憲《百家詩》不選其詩。先生當亦有類是者。

〔三〕迂疏　蕗常案：歸莊《顧寧人去冬寄詩次韻答之》詩：但憂吾友性,迂怪終不悛。

〔四〕剛褊　徐注：《新唐書·崔元翰傳》：其訓辭温厚有典誥風,然性剛褊,不能取容於時。

　　蕗常案：佚文《與王山史札》：近來學得宋廣平面孔,頗善絶物。王弘撰《山志》：顧亭林行誼甚高,而與人過嚴。詩文矜重。心所不欲,雖百計求之,終不可得。或以是致怨,弗顧也。李光地《顧寧人小傳》：孤僻負氣,譏訶古今人必刺切,徑情傷物,以是吴人訾之。江藩《漢學師承記》：炎武生性兀傲,不諧於俗。

〔五〕東京句　徐注：《帝王世紀》：光武都洛陽,是以時人謂洛陽爲東京。《唐書·藝文志》：習鑿齒《襄陽耆舊傳》五卷、王基《東萊耆舊傳》一卷。（蕗常案：《晉書·陳壽傳》録壽撰《益州耆舊傳》,在前。）蘇軾《晚景》詩：風流耆舊銷磨盡。

　　蕗常案：《日知録·兩漢風俗》條：三代以下,風俗之美,尚無過於東京者。而孟德既有冀州,崇獎跅弛之士,于是權詐迭進,姦逆萌生。故董昭太和之疏,已謂當今年少,不復以學問爲本,專更以交遊爲業；國士不以孝悌清修爲首,乃以趨勢求利爲先。風俗爲之一變。又：東漢之世,雖人才之倜儻不及西京,而士風家法,似有過於前代。東京之末,節義衰而文章盛。

　　蕗常案：東京蓋喻明。

〔六〕羸瘵句　徐注：梁武帝文：聞汝所進過少,轉就羸瘵。《隋書·劉炫傳》：自爲贊曰：殆及餘喘,薄言胸臆。

　　蕗常案：此蓋自謂。

〔七〕放跡　徐注：《楚辭·九章》：見伯夷之放迹。

〔八〕《墳》《典》　徐注：《左傳》昭公十二年：是能讀《三墳》、《五典》。

〔九〕朝來二句　徐注：《後漢書·黃瓊傳》：皆言處士純盜虛聲。揚雄《連珠》：是以巖穴無隱而側陋章顯也。

蕖常案："處士"，似用《後漢書·申屠蟠傳》語。《傳》曰：汝南范滂等非訐朝政，自公卿以下，皆折節下之。太學生爭慕其風，以爲文學將興，處士復用。蟠獨歎曰：昔戰國之世，處士橫議，列國之王，至爲擁篲先驅，卒有阬儒燒書之禍，今之謂矣。蓋與下文兩引蟠事相應，又隱以秦喻清也。《清史稿·聖祖本紀》：十七年戊午春正月己未，詔曰：一代之興，必有博學鴻儒，振起文運，闡發經史，以備顧問。朕萬幾餘暇，思得博通之士，用資典學。其有學行兼優、文詞卓越之人，勿論已仕未仕，中外臣工，各舉所知，朕將親試焉。於是大學士李霨等薦曹溶等七十一人，命赴京齊集請旨。

〔一○〕何來二句　原注：《後漢書·申屠蟠傳》：黃瓊卒，歸葬江夏，四方名豪會帳下者六七千人，互相談論，莫有及蟠者，惟南郡一生與相酬對。既別，執蟠手曰：君非聘則徵，如是相見於上京矣。蟠勃然作色曰：始吾以子爲可與言也，何意乃相狥效樂貴之徒邪！因振手而去，不復與言。　徐注：《莊子·繕性》：今之所謂得志者，軒冕之謂也。

蕖常案：《蔣山傭殘稿·與蘇易公書》：頃者避地秦中，幸輦上諸公憐其衰拙，察其素心，得免弓旌之召。來札惓惓似以弟爲未忘情于利達者，此曾西之所不爲也，而謂我願之乎？

〔一一〕幸得二句　原注：《申屠蟠傳》：黨錮之禍，惟蟠超然免於評論。　徐注：先生《與李星來書》：今春薦剡幾徧詞壇，雖龍性之難馴，亦魚潛之孔炤。乃申屠之迹，竟得超然；叔夜之書，安於不作，此則晚年福事。《元譜》：時朝議以纂修《明史》,特開博學宏儒科,徵舉海內名儒,官爲資送,以是冬齊集都門候試。先生同邑葉訒庵方靄閣學及長洲韓慕廬菼侍講欲以先生名應薦,已而知志不可屈,乃已。於是先生絕迹不至都中。《己未詞科錄》:賈崧案:葉訒庵侍郎欲舉亭林,亭林固辭,致書者三,遂不列薦剡。常熟吳龍錫有詩云:終南山下草連天,衧放猶慚古史箋。到底不曾書鶴版,江南惟有顧圭年。

蔣常案:《後漢書·申屠蟠傳》:申屠蟠字于龍,陳留外黃人也。同郡蔡邕深重蟠。及被州辟,乃辭讓之。後郡召爲主簿,不行。遂隱居精學,博貫五經。處亂末,終全高志。年七十四,終於家。顧圭年詳卷末《詩譜》。

〔一二〕傍清畎　原注:唐錢起詩:初服傍清畎。

〔一三〕未敢二句　徐注:《世説新語》:向子期曰:巢、由狷介之士,不足多慕。《孟子》:窮則獨善其身。

蔣常案:巢爲巢父,由謂許由。《高士傳》:巢父以樹爲巢,而寢其上,故號巢父。堯以天下讓之,不受。《莊子·逍遙遊》篇:堯讓天下於許由,許由曰:子治天下,天下既已治也,而我猶代子,吾將爲名乎?名者實之賓,吾將爲賓乎?歸休乎君,予無所用天下爲!

〔一四〕窮經二句　徐注:先生與人書:某自五十以後,篤志經史。又曰:別著《日知錄》,上篇經術,中篇治道,下篇博聞,共三十餘卷。有王者起,將以見諸行事,以濟斯世於治古之隆,而未敢爲今人道也。又程先貞《贈序》云:閑先王之道以待將來,爲天下後世之利。

蔣常案:《蔣山傭殘稿·與友人書》:《日知錄》初本,乃辛亥年刻。至于三代之英,固聖人所有志;百姓之病,亦儒者所難忘。竊欲待一治於後王,啓多聞於來學。

寄同時二三處士被薦者

【解題】

蔣常案：徐注本無"同時"二字。"二三處士被薦者"，似指王弘撰、李因篤、李顒諸人。《文集·與李星來書》云：關中三友：山史辭病，不獲而行；天生母病，涕泣告別；中孚至以死自誓而後得免。視老夫爲天際之冥鴻矣。當謂此也。

關塞逾千里，交遊更幾人？金蘭情不二〔一〕，猿鶴意相親〔二〕。鄴下黃塵晚〔三〕，商顏綠草春〔四〕。與君成少別，知復念蘇純〔五〕。

【彙注】

〔一〕金蘭　蔣常案：見卷三《永夜》詩"金蘭友"注。
〔二〕猿鶴句　徐注：孔稚圭《北山移文》：蕙帳空兮夜鶴怨，山人去兮曉猿驚。
　　　　蔣常案：吳《譜》：項聯，亦各行其是之意。
〔三〕鄴下　蔣常案：《漢書·地理志》：魏郡鄴。《水經注》：城本齊桓公置。《一統志》：故城今臨漳縣西。
　　　　蔣常案：鄴縣歷爲前秦、後趙、東魏、北齊所都，故借以喻清廷所在。此謂被薦入北京者。
〔四〕商顏　徐注：《史記·河渠書》：穿渠自徵引洛水至商顏下。《集解》：服虔曰：顏，音崖。顏師古《漢書》注：商顏者，商下之顏，譬人之顏額也。
　　　　蔣常案：此自謂。
〔五〕蘇純　原注：《後漢書》：蘇純，字桓公。性切直，士友咸憚之，至乃相謂曰：見蘇桓公，患其教責人；久不見，又思之。

蘧常案：蘇純，亦自謂。

井中心史歌

【解題】

蘧常案：井中，見序及注。《四庫全書提要·集部存目一》：《心史》七卷，舊本題宋鄭思肖撰，此書至明季始出。凡《咸淳集》一卷，《大義集》一卷，《中興集》二卷，皆各體詩歌；《久久書》一卷，《雜文》一卷，《略敍》一卷，皆記宋亡時雜事。後附《自序》、《自跋》、《盟言》及《療病咒》一則。文詞皆謇澀難通，紀事亦多與史不合。如《雜文》卷中，於魏徵避仁宗諱作"證"，而李覯則不避高宗諱。又記蒲壽庚作"蒲受耕"。原本果思肖親書，不應錯漏至此。其載二王海上事，謂少保張世傑奉祥興皇帝奔遁，或傳今駐軍厓裏。衛王溺海，當時國史野乘所記皆同，思肖尤不宜爲此無稽之談。此必明末好異之徒作此以欺世，而故爲眩亂其詞者。徐乾學《通鑑後編考異》以爲海鹽姚士粦所僞託，其言必有所據也。案：閻若璩云：有僞書出近代，佐證分明，苟一言及，輒譁然起，被以大不韙之名，且以寧可信其有者，莫過史彬之《致身錄》、鄭所南《心史》。一爲史兆斗所撰，一爲姚士粦所撰。前者余徵諸牧齋，後者聞諸曹秋嶽云。則徐乾學之説，當本諸閻、曹。然姚際恒《古今僞書考》獨謂《心史》"言辭甚多，而且鬱勃憤懣，自是一種逸民具至性者之筆，非可僞爲也"。際恒善別真僞，而於此書獨謂非可僞爲，先生此詩亦無疑辭，是以此書爲可信矣。

崇禎十一年冬，蘇州府城中承天寺以久旱浚井，得一函。其外曰"大宋鐵函經",錮之再重。中有書一卷,名曰《心史》,稱"大宋孤臣鄭思肖百拜封"[一]。思肖,號所南,宋之遺民,有聞於志乘者[二]。其藏書之日爲德祐九年[三]。宋已亡矣,而猶日夜望陳丞相、張少保統海外之兵,以復大宋三百年之土宇,而驅胡元於漠北[四]。至於痛哭流涕,而禱之天地,盟之大神,謂氣化轉移[五],必有一日變夷而爲夏者[六]。於是郡中之人見者,無不稽首驚詫。而巡撫都院張公國維刻之以傳[七]。又爲所南立祠堂,藏其函祠中。未幾而遭國難,一如德祐末年之事。嗚呼,悲矣!其書傳至北方者少,而變故之後,又多諱而不出,不見此書者三十餘年,而今復睹之富平朱氏[八]。昔此書初出,太倉守錢君肅樂賦詩二章[九],崐山歸生莊和之八章[一〇]。及浙東之陷,張公走歸東陽[一一],赴池中死;錢君遯之海外,卒於瑯琦山[一二];歸生更名祚明,爲人尤慷慨激烈,亦終窮餓以没。獨余不才,浮沈於世。悲年運之日往,值禁罔之逾密[一三],而見賢思齊[一四],獨立不懼[一五]。將發揮其事,以示爲人臣處變之則焉。故作此歌云爾。

有宋遺臣鄭思肖,痛哭胡元移九廟[一六]。獨力難將漢鼎扶[一七],孤忠欲向湘纍弔[一八]。著書一卷稱《心史》,萬古此心心此理。千尋幽井置鐵函,百拜丹心今未死[一九]。胡虜從來無百年[二〇],得逢聖祖再開天[二一]。黃河已清人不待[二二],沈沈水府留光彩[二三]。忽見奇書出世間,又驚胡騎滿江山。天知世道將反覆,故出此書示臣鵠[二四]。三十餘年再見之,同心同調復同時[二五]。陸公已向厓門死[二六],信國捐軀赴燕市[二七]。昔日吟詩弔古人[二八],幽篁落木愁山鬼[二九]。嗚呼,蒲黃之輩何其多[三〇],宋末蒲壽庚、黄萬石。所南見此當如何!

【彙校】

〔統海外之兵〕潘刻本、徐注本、孫校本作"統兵海外"。〔"以復大宋"至"而驅胡元於漠北"十七字〕潘刻本、徐注本、孫校本作"以復土宇"。〔必有一日句〕潘刻本、徐注本、孫校本句下無"變夷而為夏者"六字。又潘刻本"必有"作"□□"。〔而見賢思齊獨立不懼〕潘刻本"思齊獨立"作"□□□□"。〔"將發揮其事""故作此歌云爾"〕潘刻本、徐注本、孫校本作"故作此歌以發揮其事云爾";冒校本"之則焉"作"之極則焉"。〔胡元〕潘刻本,徐注本,孫、曹兩校本作"元人"。〔胡虜從來〕潘刻本、徐注本、孫校本作"厄運應知"。〔胡騎〕潘刻本、徐注本、孫校本"胡"作"牧";"騎",潘刻本作"□",曹校本作"馬"。〔同心同調〕潘刻本兩"同"字作"□"。

【彙注】

〔一〕崇禎八句　徐注：朱不遠《廣宋遺民錄》：崇禎戊寅十一月八日,承天寺狼山中房僧達始,因旱浚井,啓而得之。計先生藏年至是,三百五十六春秋矣,不濡不滅,完好如新。

　　　蘧常案：清道光《蘇州府志》卷四十《僧寺》：承天能仁禪寺在皋橋東。崇禎戊寅十一月,浚井,得鄭所南《鐵函心史》。黃宗羲《謝時符墓誌銘》：鄭思肖之《心史》,鐵函封固,沈之井中,是時思肖年四十三耳。至七十八歲而卒。

〔二〕思肖四句　蘧常案：盧熊《蘇州府志·鄭思肖小傳》：鄭思肖,字憶翁,號所南,福之連江透鄉人也。以太學上舍應博學宏詞科,侍父(案：名震)來吳,寓條坊巷。元兵南下,叩閽上皇太后、幼主疏,辭切直,忤當道,不報。初諱某,宋亡,乃改今名。思肖即"思趙";憶翁與所南皆寓意也。

〔三〕德祐九年句　蘧常案：歸莊《庚辰詩卷·讀心史七十韻》自注：德祐二年,帝㬎北駕,歷端宗景炎,帝昺祥興,又四年而宋亡。是書敍端宗迄元世祖數年間事,仍以德祐紀年。案：此曰"德祐九年"者,實宋亡後四年,元世祖至元二十年也。

〔四〕陳丞相三句　蘧常案:《宋史·陳宜中傳》:宜中,字與權,永嘉人也。德祐元年二月,賈似道喪師蕪湖,以宜中知樞院兼參知政事。右丞相章鑑宵遁,拜宜中特進、右丞相。四月,爲左丞相。時命張世傑四道進師,丞相都督軍馬而不出督。七月,世傑等兵敗於焦山,京學生上書數宜中過失,宜中竟去。尋爲右丞相,然事已去矣。宜中初與元丞相伯顏期會軍中,既而悔之,不果往。伯顏將兵至皋亭山,宜中宵遁。益王立,復爲左丞相。井澳之敗,宜中欲奉王走占城,乃如占城諭意。度事不可爲,遂不反。二王累使召之,終不至。至元十九年,大軍(案:指元軍)伐占城,宜中走暹,後没於暹。又《忠義傳》:張世傑,范陽人。少從張柔戍杞,遂奔宋。累功至黃州、武定諸軍都統制。咸淳四年,呂文焕以襄陽降,世傑提所部兵入衛。總都督府兵,取浙西諸郡,兵勢頗振。出師焦山,大敗。請濟師,不報。已而大軍至獨松關,召入衛,加檢校少保。二年(案:德祐二年)正月,大軍迫臨安,世傑請移三宮入海,而與天祥合兵,背城一戰。丞相陳宜中方請和,不可,白太皇太后止之。世傑乃提兵入定海。四月,從二王至福州。五月,與宜中奉昰爲主,拜簽書樞密院事。大軍攻之,乃奉益王居井澳,徙碙州。至元十四年,益王殂,衛王昺立,拜世傑少傅、樞密使,徙王新會之厓山。明年,元帥張弘範至厓山,世傑敗,溺死平章山下。《心史·大義略叙》:近陳丞相挾占城出師甚盛;倭國出兵,已奪高麗,謀奪幽州;回回挾塔利狗國出攻韃西北邊,甚得利。逆韃亡,此其時矣。又《二啎詩叙》:聞公至海南諸國,有讓王位與之者,公亦不受。公始五十二歲,事業未至於此。或傳其在真臘之間,併集外國兵來,微臣昂首望東望南。一旦從天而下,盡復太祖、高宗境土,豈不快哉！黃宗羲云：宋之亡也，張世傑嘗遣使海外借兵，陳宜中亦身至占城。兩國之師同日至，而厓山已陷，遂不戰而還。

〔五〕氣化句　蕑常案：陳霆《兩山墨談》：胡主起自沙漠，立國在燕，今已百年，地氣已盡，不可因也。

〔六〕變夷句　蕑常案：《孟子·滕文公》篇：吾聞用夏變夷者。

〔七〕而巡撫句　蕑常案：《南疆逸史·張國維傳》：國維，字玉笥，東陽人。起家進士。崇禎朝以僉都御史出爲巡撫應天，入爲兵部尚書。奉使赴浙江練兵。弘光立，召還部，加太子太傅。及馬、阮亂政，國維知國事不可爲，謁告歸。及南京亡，杭州又不守，國維起兵東陽。及魯王監國紹興，國維駐兵金華，復富陽、於潛，樹木城于緣江要害，爲持久計。明年，江上師潰，國維退守東陽。又：《四庫全書提要》云：《心史》七卷，吳縣陸坦、休寧汪駿聲皆爲刊行。不及國維，殆以其爲南明大臣而刪之歟？

〔八〕富平朱氏　蕑常案：《年譜》：康熙十七年春，入關中，至富平。四月朔，移寓朱公子長源樹滋家。又後《關中雜詩》次章自注云：時寓富平朱文學樹滋齋中，藏書甚多。

〔九〕太倉守錢君肅樂賦詩二章　徐注：《北略》：錢肅樂詩用徒、胡、枯、奴、渝韻。有"西山採蕨歌尤壯，東魯悲麟筆幾枯"之句。　全云：十章，非二章也。

蕑常案：十章皆用此韻。又案：《小腆紀傳·錢肅樂傳》：肅樂，字希聲，一字虞孫，號止亭，鄞縣人。知太倉州。州瀕海而富，貴族豪奴與黠吏相緣爲奸，肅樂痛懲之，皆斂跡。常欲行義倉法。庚辰歲稔，令民畝輸米升，得米數萬石。明年旱蝗，賴以濟。先後在太倉五年，俗大化。查繼佐《國壽錄·巡撫錢肅樂傳》：乙酉，清下浙，肅樂繼鄭遵謙而起，以衆推，領萬人戍海。及魯藩監越中，加巡撫。時食盡衆散，移屯越。事敗，走海上。

〔一〇〕崑山句　蔣常案：歸莊見卷一《吳興行》題注及卷五《哭歸高士詩》各注。案：歸莊《庚辰詩卷》有《讀心史七十韻》及《讀鄭所南心史已成七十韻後錢希聲明府以十律見示復次韻得十章》兩詩，後者即和錢肅樂者。此云"和之八章"，亦誤。

〔一一〕張公句　蔣常案：《南疆逸史‧張國維傳》：江上師潰，國維退守東陽。及義烏破，有勸之入山以觀變者，國維曰：誤天下事者，文山、疊山也。賦詩三章，躍入池中死。

〔一二〕錢君二句　蔣常案：《明季南略‧錢肅樂入海》條：丙戌，錢唐失守，公移家入海。閩中復授公副院。公至，則延平已破。復遯跡海島中。丁亥，鄭彩治兵海上，福建起兵，公復以掌邦政召。戊子，加閣銜。公見國勢日蹙，藩鎮驕悍，憂憤成疾，卒於海外之瑯琦山。全云：瑯琦，江名，非山。

〔一三〕逾密　蔣常案：《淮南子‧主術訓》：亂乃逾甚。注：逾，益也。

〔一四〕見賢思齊　蔣常案：《論語‧里仁》篇：見賢思齊焉。

〔一五〕獨立不懼　蔣常案：《易‧大過》：君子以獨立不懼。

〔一六〕九廟　蔣常案：見卷二《元日》詩"九廟"句注。

〔一七〕漢鼎　徐注：《漢書‧吾丘壽王傳》：汾陰得寶鼎，羣臣皆上壽，賀曰：陛下得周鼎。壽王獨曰：今天祚有德而寶鼎自出。乃漢鼎，非周鼎也。

〔一八〕湘纍　蔣常案：見卷三《京師作》詩"悴比"句注。

〔一九〕著書四句　徐注：《宋史‧陸九淵傳》：千百世之上，有聖人出焉，此心同也，此理同也；千百世之下，有聖人出焉，此心同也，此理同也。錢肅樂《心史跋》：士君子不可一日遭《心史》之事，不可一日不存《心史》之心。此心之失，則人而禽矣！白日而昏夜矣！文字召妖，口舌戰血矣！金鑠而石穿矣！此心之存，則人而天矣！一日而千古矣！詩文而史矣,亦經矣,亦圖錄矣！瞢井爲名山之藏,石匣有甲子之護矣！心之重于人也如是。歲以戊寅而鄭所南《心史》見于承天寺井中,撫部張公梓以行世,海内見先生之史者,無不知先生之心矣。《北略》:《心史》自宋端宗起,迄元成宗止,皆言宋政寬厚及元人殺戮等事。所載數十年事,俱書景炎（蘧常案:應作德祐）幾年,不用至元、元貞等號。自矢今生不能復趙,願來世興趙云云。《禮》:賓主百拜。

蘧常案:《日知錄》:古人之拜,如今之鞠躬。故通計一席之間,賓主交拜,近至於百。《禮記》百拜,以喻多是也。阮籍《詠懷詩》:丹心失恩澤。

〔二〇〕胡虜句　蘧常案:朱國楨《皇明大政記》:太祖北伐檄曰:元之臣子,不遵祖訓,亂壞綱常。於是人心離叛,天下兵起,使我中國之人,死者肝腦塗地,生者骨肉不相保。雖因人事所致,實天厭其德而棄之之時也。古人云"胡虜無百年之運",驗之今日,信乎不謬。

〔二一〕得逢句　徐注:梁簡文帝《臨汝侯墓銘》:講道開天。

蘧常案:聖祖,見卷二《恭謁太祖·高皇帝御容》詩"臣辟"句注。

〔二二〕黃河句　徐注:《日知錄》:元順帝至正二十一年十一月戊辰,黃河自平陸三門磧下至孟津五百餘里皆清,凡七日,而明太祖興。

〔二三〕水府　徐注:《新唐書·鄧處訥傳》:雷滿每宴使客,抵寶器潭中,曰:此水府也,蛟龍所憑,吾能没焉。乃裸入水,復取器以出。

〔二四〕臣鵠　原注:《禮記·射義》:爲人臣者以爲臣鵠。

〔二五〕同心句　徐注:《易》:一人同心。

蘧常案:同調,見卷五《樓桑廟》詩"惟有"二句注。《史記‧司馬相如列傳》：上讀《子虛賦》而善之，曰：朕獨不得與此人同時哉！

〔二六〕陸公句　徐注：《宋史‧陸秀夫傳》：使人召陳宜中、張世傑等，皆至，遂相與立益王於福州。時君臣播越海濱，庶事疏略，楊太妃垂簾與羣臣語，猶自稱奴。每時節朝會，秀夫儼然正笏立，如治朝。或時在行中，淒然泣下，以朝衣拭淚，衣盡浥，左右無不悲慟者。屬井、澳風，王以驚疾殂，羣臣皆欲散去。秀夫曰：度宗皇帝一子尚在。古人一旅一成有中興者，天若未欲絕宋，此豈不可爲國邪？乃與衆共立衛王。至元十六年二月，厓山破，秀夫走衛王舟而士傑、劉義各斷維去。秀夫度不可脫，乃仗劍驅妻子入海，即負王赴海死，年四十四。

〔二七〕信國句　徐注：《宋史‧文天祥傳》：益王殂，衛王繼立，加天祥少保、信國公。元帥張弘範兵濟潮陽，天祥方飯五坡嶺。兵突至，衆不及戰，天祥倉皇出走，遂被執，吞腦子不死。弘範遣使護送至燕。天祥在道不食八日不死，即復食。在燕凡三年，上知天祥終不屈也，議釋之，不果。會中山有狂人自稱"宋主"，有兵千人，欲取文丞相，乃臨刑，從容謂吏卒曰：吾事畢矣。南鄉拜而死。數日，其妻歐陽氏收其屍，面如生。其衣帶中有贊云：孔曰成仁，孟曰取義，惟其義盡，所以仁至。讀聖賢書，所學何事？而今而後，庶幾無愧。

〔二八〕昔日句　蘧常案：此謂錢肅樂、歸莊之唱和。

〔二九〕幽篁句　徐注：《楚辭‧山鬼》：余處幽篁兮終不見天。又：風颯颯兮木蕭蕭。

〔三〇〕蒲黃　徐注：畢沅《續通鑑》：宋景炎元年，招撫使蒲壽庚怒殺諸宗室及士大夫與淮兵之在泉州者，以城降。又：德祐二年十二月，黃萬石叛降元，米立死之。萬石爲江西制置使，元遣萬石諭立曰：吾官銜一牙牌書不盡，今亦降矣。又欲取全閩以爲己功。

夏　日

【解題】
　　徐注：《元譜》：時秦、隴苦旱，先生《與公肅甥書》曰：此中自抵二嵋皆得雨，隴西、上郡、平凉皆旱荒，恐爲大同之續。與其振卹於已傷，孰若蠲除於未病。

　　渴日出林表[一]，炎風下高山[二]。火旻雲去微[三]，谷井泉來慳。晨露薄不濡，夕氛橫空殷[四]。百卉變其姿，蕉萃侔榛菅[五]。深居廢寢興，無計離人寰。而況蚩蚩氓[六]，謀食良已艱。眷此負耒勤[七]，羨彼濯流還[八]。素月方東生，易忍桑榆間。乃悟處亂規，無營心自閒[九]。詎如觸熱人[一〇]，未老毛髮斑[一一]。坐須爽節至[一二]，一尊散襟顏[一三]。

【彙校】
〔濯流〕徐注本、曹校本"流"作"波"。
【彙注】
〔一〕渴日句　徐注：杜甫《望嶽》詩：渴日絕壁出，漾舟清光旁。　段注：謝朓詩：林表吳岫微。
　　　蘐常案：仇兆鰲《杜集詳注》：渴日謂旱日。
〔二〕炎風　徐注：《管子》：南至委火炎風之野。
　　　蘐常案：《呂氏春秋·有始覽》：東北曰炎風。
〔三〕火旻　蘐常案：見卷三《王徵君潢具舟城西》詩"火旻"注。

〔四〕夕氛　徐注：宋孝武帝《濟曲阿後湖》詩：夕氛晦山隅。

〔五〕蕉萃句　徐注：《左傳》成公九年：雖有姬姜，無棄蕉萃。

蘧常案：《後漢書·應劭傳》：左氏實云雖有姬姜絲麻，不棄憔悴菅蒯。李賢注：蕉萃、憔悴，古字通。菅蒯，見卷三元日詩"空山"二句注。案：此"菅蒯"，似即用菅蒯意。

〔六〕蚩蚩氓　徐注：《詩》：氓之蚩蚩。

蘧常案：毛傳：蚩蚩者，敦厚之貌。

〔七〕負耒　徐注：徐陵《在北齊與宗室書》：負耒而耕。

〔八〕濯流　蘧常案：謝靈運《憶山中》詩：濯流激浮湍。

〔九〕易忍三句　原注：《淮南子》：聖人之處亂世，若夏暴而待暮桑榆之間，逾易忍也。　徐注：蔡邕《釋誨》：安貧樂賤，與世無營。

〔一〇〕觸熱人　李注：程曉《嘲熱客》詩：觸熱到人家。

蘧常案：此亦諷應徵諸人者。諸人入京，當在夏秋之際。故朱彝尊是年赴京，《鄭州題壁》詩有"新涼酒旆風"云云。下即爲與諸徵士題畫及讌集諸詩，可證。則其登程，當尚在盛暑，故有"觸熱"之嘲也。

〔一一〕未老句　蘧常案：此譏其患得患失也。

〔一二〕爽節　徐注：謝朓《奉和隨王》詩：沼清協爽節。

〔一三〕散襟顏　徐注：杜甫《上後園山腳》詩：飄飄散襟顏。

梓潼篇贈李中孚

【解題】

原注：《後漢書·獨行傳》：李業，字巨游，廣漢梓潼人也。元始中，舉明經，除爲郎。去官，杜門不應州郡之命。王莽以業爲酒

士，病不之官。遂隱藏山谷，絶匿名跡，終葬之世。及公孫述僭號，素聞業賢，徵之，欲以爲博士，業固疾不起。數年，述羞不致之，乃使大鴻臚尹融持毒酒奉詔命以劫業。若起，則受公侯之位；不起，賜之以藥。融譬旨勸之，業乃歎曰：危國不入，亂國不居。親於其身爲不善者，義所不從。君子見危授命，何乃誘以高位重餌哉！融見業辭志不屈，復曰：宜呼室家計之。業曰：丈夫斷之於心久矣，何妻子之爲？遂飲毒而死。述聞大驚，又恥有殺賢之名，乃遣使弔祠，賻贈百匹。業子翬逃辭不受。蜀平，光武下詔表其閭。《益部紀》載其高節，圖畫形象。　戴注：時二曲以死拒召，故先生以後漢李巨游爲比。

蘧常案：《漢書·地理志》：廣漢郡梓潼。《華陽國志》：武帝元鼎元年置。以縣東倚梓林，北枕潼水，因以爲名。《明史》志《地理四》四川保寧府劍州梓潼注：州西南，西有梓潼水。李中孚，詳卷五《讀李處士顒襄城紀事有贈》詩解題。又案：先生《答李紫瀾書》云：李君中孚遂爲上官逼迫，昇至近郊，至卧操白刃，誓欲自裁。關中諸君，有以巨游故事言之當事，得爲謝病放歸。然後國家無殺士之名，草澤有容身之地，真所謂威武不屈。此《梓潼篇》之所由作歟？

《益部》尋圖像，先褒李巨游[一]。讀書通大義[二]，立志冠清流[三]。憶自黃皇臘，經今白帝秋[四]。井蛙分駭浪[五]，峒虎拒巖幽[六]。譬旨鴻臚切[七]，徵官博士優。里人榮使節[八]，山鳥避車騶[九]。篤論尊尼父，清裁企仲由[一〇]。當追君子躅[一一]，不與室家謀。獨行長千古[一二]，高眠自一丘。聞孫多好學，師古接媌修[一三]。忽下弓旌召，難爲澗壑留[一四]。從容懷白刃，決絶鄁華輈[一五]。介節誠無奪，微言或可投[一六]。風回猿岫敞，霧卷鶴書收[一七]。隱痛方童丱[一八]，嚴親赴國仇[一九]。尸饔常并日[二〇]，廢《蓼》擬塡溝[二一]。歲逐糟糠老[二二]，雲遺富貴浮[二三]。幸看兒息大，敢有宦名求[二四]。相對銜雙涕[二五]，終身困百憂。一聞稱史傳，白露滿梧秋[二六]。

【彙校】

〔梧秋〕徐注本，孫、吳、汪、曹各校本"秋"皆作"楸"。

【彙注】

〔一〕《益部》二句　蔣常案：《續漢書·郡國志》：益州刺史部郡國十二：漢中、巴郡、廣漢、蜀郡、犍爲、牂牁、越嶲、益州、永昌，又廣漢、蜀郡、犍爲屬國。但此"益部"仍指《益部記》一書而言。餘見解題。又案：《清史稿·儒林傳·李顒傳》：常州知府駱鍾麟請南下講學，顒赴之，所至學者雲集。既而赴襄城，常州人士思慕之，爲肖像於延陵書院。此亦與李業圖像相似也。

〔二〕讀書句　蔣常案：《李業傳》：習魯詩，師博士許晃。

〔三〕立志句　蔣常案：《李業傳》：少有志操介特。

〔四〕憶自二句　蔣常案：《漢書·外戚傳》：孝平王皇后，莽女也。自劉氏廢，莽欲嫁之，乃更號爲黃皇室主。顔師古注：莽自謂土德，故云"黃皇"。《後漢書·公孫述傳》：述因刻其掌，文曰"公孫帝"。建武元年四月，遂自立爲天子，號成家，色尚白。成都郭外有秦時舊倉，改名白帝倉。案：此謂自王莽迄於公孫述時。臘，見卷三《陳生芳績兩尊人先後即世》詩第三首"祭禰"句注。

〔五〕井蛙　蔣常案：《後漢書·馬援傳》：公孫述稱帝於蜀，隗囂使援往觀之。援與述同里閈。以爲當握手，歡如平生，而述盛陳陛衛。援歸謂囂曰：子陽井底蛙耳！而妄自尊大。

〔六〕嵎虎　蔣常案：見卷五《子房》詩"譬之"二句注。

〔七〕譬旨句　蘧常案：《李業傳》：尹融譬旨曰：方今天下分崩，孰知是非，而以區區之身，試於不測之淵乎？朝廷貪慕名德，曠官缺位，于今七年，四時珍御，不以忘君。宜上奉知己，下爲子孫。身名俱全，不亦優乎？今數年不起，猜疑寇心，凶禍立加，非計之得者也。

〔八〕使節　徐注：《周禮·掌節》：掌邦國之使節。

　　　　蘧常案：謂尹融奉公孫述詔命也。

〔九〕車騶　徐注：孔稚圭《北山移文》：鳴騶入谷，鶴書赴隴。

〔一〇〕篤論二句　徐注：《論語》：論篤是與。《後漢書·范滂傳》：朱零曰：范滂清裁。

　　　　蘧常案：此二句，皆謂《後漢書·李業傳》業歎語，見解題。"危邦不入，亂邦不居"，見《論語·泰伯》篇孔子語，所謂"篤論尊尼父"也。"親於其身爲不善者，君子不入"，見《陽貨》篇子路述孔子語。"見危授命"，見《憲問》篇，皇侃《義疏》以爲孔子語，李善《文選注》同；朱熹《集注》引胡氏説，以爲子路語，劉寶楠《正義》謂於義爲長。此正用胡氏説，所謂"清裁企仲由"也。李賢《後漢書注》引《論語》"君子見危授命，見得思義"，蓋誤《子張》篇子張語爲此篇語。彼作"士見危致命"，非業所引語。玩業語先後，似亦以此爲子路語也。

〔一一〕君子躅　徐注：郭璞《爾雅序》：企望塵躅者，以將來君子爲亦有涉乎此也。

〔一二〕獨行　徐注：《後漢書·獨行傳序》：其名體雖殊，而操行俱絶，故總爲《獨行》篇焉。

〔一三〕聞孫二句　徐注：《漢書·惠帝紀》：及內外公孫耳孫。應劭曰：耳孫者，玄孫之子也。言去其曾高益遠，但耳聞之也。

　　　　蘧常案：見卷五《子德李子聞余在難特走燕中告急》詩"姱修"句注。《二曲先生窆石文》：自經史子集以至二氏之書無不觀,然非以資博覽。其所自得,不滯於訓詁文義,曠然見其會通。

〔一四〕忽下二句　蓬常案:《左傳》昭公二十年:旃以招大夫,弓以招士,皮冠以招虞人。案:《孟子·滕文公》篇作"招虞人以旌"。任昉《宣德太后再敦勸梁王令》:爰在弱冠,首應弓旌。惠龗嗣《二曲歷年紀略》:康熙癸丑,總督鄂善會同撫軍阿席熙疏薦先生於朝。九月朔,先生始聞其事,即貽書於鄂,一再辭謝。十一月,督撫奉旨促先生起程,先生再三辭。甲寅,四月,有旨復徵,吏部咨督撫起送,藩司檄府行縣催促起程,先生控辭。既而府役至縣守催,縣據醫、鄰甘結以覆。五月,府提醫、鄰嚴訊,脅以重刑,衆無異辭。府轉到司,司促愈急。七月,霖雨河漲,先生長男慎言涉波冒險,赴司哀控。不聽,立逼抬驗。八月朔,縣役昇榻至書院,遠邇駭愕,咸謂抬驗創千古之所未有,辱朝廷而褻大典,真天壤間異事也!府官至榻,先生長卧不食。府以股痺回司。司怒,欲以錐刺股,以驗疼否。適張參戎夢椒自安遠回省,爲之營解免錐,立逼起程。先生閉目不語,僵卧而已。初五日,府又差官守催,吏胥洶洶環擁,逼索起程。慎言不得已,聊具起程呈,云"俟暫歸治裝,然後起程",司始允還。抵家數日,隨具呈,以疾篤控院。司聞之,檄府鎖拏經承。縣令高君宗礪懼累,率役至廬,立促昇榻以行。先生堅不進省,寓於城南之興善寺。府役日逼起程,先生以死自矢。督院知不可強,乃以實病具題,部覆奉旨疾痊起送。十二月,還家養疾。乙卯八月,避兵富平。自癸丑冬督撫有疾痊起送之旨,自是每年檄司行縣查催。戊午春,復促起程。既而兵部主政房君廷禎又以海内真儒薦,吏部具題,奉旨令督撫起送。司府檄富平縣力促,先生以疾篤辭。又奉旨敦促。於是催檄紛至,急若星火。府役坐縣立提職名,鎖拏經承，經承守門伏跪哀號，舁榻以行。八月初二日至雁塔，督撫令府尹勸駕，先生因以疾篤不能就程辭。初六日，又促行，吏胥晝夜守催，備及囂窘。先生堅臥自如，恬不爲動。滴水不入口者五晝夜。總督知其不可強，不得已，又以疾篤具覆。仍一面差官慰撫，先生乃食。十一月，部覆奉旨痊日督撫起送，始寢其事。一時翕然，訝爲鐵漢。

〔一五〕從容二句　徐注：謝朓詩：疊鼓送華輈。　段注：卓文君《白頭吟》：故來相決絕。

　　蘧常案："懷白刃"，見解題。

〔一六〕微言　蘧常案：見卷五《述古》詩"微言"二句注。

〔一七〕霧卷句　蘧常案：蕭子良《古今篆隸文體》：鶴頭書與偃波書俱詔板所用。在漢則謂之尺一簡，髣髴鶴頭，故有其稱。《誠齋雜記》：鶴頭書，古用之以招隱士。

〔一八〕隱痛句　蘧常案：《二曲先生窆石文》：戒其子曰：我日抱隱痛，自期永棲塈室。平生心跡，頗在《塈室錄藏》一書。童卯，見卷五《兄子洪善北來》詩"童卯"注。案：李顒年十六，父死襄城，故云。

〔一九〕嚴親句　蘧常案：見卷五《讀李處士顒襄城紀事詩序》及注。　李注：曹植《雜詩》：國仇亮不塞。

〔二〇〕尸饔句　徐注：《詩》：有母之尸饔。

　　蘧常案：并日，見卷五《讀李處士顒襄城紀事詩序》"處士年十六"四句注，事亦詳此。

〔二一〕廢《蓼》句　徐注：《戰國策》：願及未填溝壑而託之。

　　蘧常案：廢《蓼》，見卷一《墟里》詩"豈有"二句注。

〔二二〕糟糠　徐注：《史記·伯夷列傳》：回也屢空，糟糠不厭。

〔二三〕雲遺句　徐注：《論語》：不義而富且貴，於我如浮雲。

　　蘧常案：《蔣山傭殘稿·與蘇易公書》：關中惟中孚一

人,自痛孤貧闕養,誓終身不享富貴。

〔二四〕幸看二句　蘧常案:《二曲先生窆石文》:子二:慎言、慎行。以門戶故,出補諸生,終未嘗與科舉之役。其後陝西選拔貢之太學,亦不赴。兄弟皆能守父之志。

〔二五〕相對句　蘧常案:《二曲先生窆石文》:荊扉反鎖,不復與人接。惟吳中顧寧人至,則款之。

〔二六〕一聞二句　蘧常案:"史傳"當與前應,謂《李業傳》。"梧秋"當依徐注本及各校本作"梧楸",見卷四《汾州祭吳炎潘檉章二節士》詩"露下"句注。句意似以公孫述擬清。其所徵舉,所傷士類實多,如《楚辭‧九辨》所謂"白露既下,梧楸離披"也。謝朓《秋夜講解》詩"露下梧楸傷",亦用《九辨》,而語尤顯。

和王山史寄來燕中對菊詩

【解題】

徐注:王士禎《居易錄》:山史徵至京師,居城西昊天寺。不謁貴游,以老病辭,不入試罷歸。在關中,蓋張芸叟一流人。

蘧常案:山史,見前《二月十日有事於先皇帝欑宫》詩"華陰"句注。《蔣山傭殘稿‧與王山史書》云:接來書及詩,並悉近況,甚慰,今有一詩奉和。孟子曰:是求無益於得也,況有損乎?願執事之益堅此志也。案:"求無益於得",謂被薦入京,見前《寄同時二三處士被薦者》詩解題。"一詩奉和",即此詩也。

蘧常案:徐注本無"寄來"二字。

雪滿河橋歸轡遲〔一〕,十行書札寄相思〔二〕。楚臣終是餐英客〔三〕,愁見燕臺落葉時〔四〕。

【彙校】
〔落葉〕徐注本、曹校本"葉"作"日"。丕續案：王弘撰原唱有"御水橋邊秋葉黃"云云,則作落葉是也。

【彙注】
〔一〕河橋　蘧常案：《史記·秦本紀》：昭襄王五十年,初作河橋。《正義》：此橋在同州臨晉縣東,渡河至蒲州,今蒲津橋。案：域中名河橋者多矣,此橋西接陝境朝邑,爲當時由京入關孔道。卷五《薊門送子德歸關中》詩"子行西還渡蒲津,正喜秋氣高嶙峋"可證,則此殆謂是歟？

〔二〕十行書札　蘧常案：見卷一《李定自延平歸詩》"十行"句注。

〔三〕楚臣句　徐注：李白《贈崔秋浦》詩：投沙弔楚臣。《楚辭·離騷》：夕餐秋菊之落英。

〔四〕燕臺落葉　蘧常案：燕臺,見卷四《答徐甥乾學》詩"今日"句注。原唱有"御水橋邊秋葉黃"句。

附：《同志贈言》王弘撰《燕臺觀菊寄呈亭林先生》詩

御水橋邊秋葉黃,一枝寒菊度重陽。臨風每憶陶元亮,恐負東籬晚節香。

關中雜詩 五首

【解題】

蘧常案：《餘集·與潘次耕札》：頻陽令郭公,遣人千里來迎,可稱重道之風。《元譜》：本年春由太原入關中,富平令郭九芝傳芳迎於二十里外。《文集·與戴耘野書》：關中詩五首、《寄次耕》詩一首呈覽。可以徵出處大概。

文史生涯拙〔一〕,關河歲月勞。幽情便水竹〔二〕,逸韻老蓬蒿。獨雁飛常迅,寒雞宿愈高。一闚西華頂,天下小秋毫〔三〕。

【彙校】

〔關河〕徐注本,冒、吳、汪、曹各校本"河"作"中"。丕緒案：作"河"是。此詩一起即對仗,"關河"對"文史"爲工。且"關河奔走"方見"歲月之勞"。　〔飛常迅〕徐注本、曹校本"常"作"嘗"。

【彙注】

〔一〕文史　蘧常案：見卷三《濟南》詩第二首"坐擁"句注。

〔二〕幽情句　蘧常案：時先生寓富平朱長源家,見上《井中心史歌序》"富平朱氏"注及本詩下首"棲遲"句注。朱宅饒亭榭之勝,李因篤《哭顧亭林先生》詩云：頗耽亭水潔,遲眺徑花妍。故此云然。

〔三〕獨雁四句　徐注：《華嶽全集》：西峰頂有巨靈足。又云：華山一脈,西通隴、蜀,東連燕、薊,綿延將萬餘里,三峰其結秀處耳。論地勢則四鎮咽喉,天中鎖鑰。《孟子》：明足以察秋毫之末。

　　蘧常案：此四句,見自置之高,大有巖巖氣象。

皇漢山樊久〔一〕,興唐洞壑餘〔二〕。空嗟衣劍滅〔三〕,但識水煙疏。寥落《三都賦》〔四〕,棲遲萬卷書〔五〕。時寓富平朱文學樹滋齋中,藏書萬卷。西京多健作,儻有似相如〔六〕?

【彙注】

〔一〕皇漢句　原注：宋王僧達《和瑯邪王依古》詩：隆周爲藪澤，皇漢成山樊。

〔二〕興唐句　蔣常案：見卷四《霍山》詩"有寺"二句注。

〔三〕衣劍滅　原注：梁江淹《從建平王游紀南城》詩：年積衣劍滅。

〔四〕《三都賦》　徐注：臧榮緒《晉書》：左思，字太沖，齊國人。少博覽文史。欲作《三都賦》，乃詣著作郎張載訪岷、邛之事。遂構思十稔。門庭藩溷，皆著紙筆。

〔五〕棲遲句　徐注：《元譜》：樹滋，字長源，故宣府巡撫都御使之馮子，長齋繡佛，以終其身。

　　蔣常案：《富平縣志》：朱樹滋，明兵部侍郎國棟孫，左江道廷璟子。以諸生入成均，王阮亭器之。著《留雪齋稿》。據此，則《元譜》以爲之馮子者誤。又案：李因篤《哭顧亭林先生》詩"卜宅推中表"注：寓表弟長源家。則知其寓居朱氏，由因篤介之也。

〔六〕似相如　原注：《漢書‧揚雄傳》：有薦雄文似相如者。

谷口耕畬少〔一〕，金門待詔多〔二〕。時情尊筆札〔三〕，吾道失弦歌〔四〕。夜月辭雞樹〔五〕，秋風下雀羅〔六〕。尚留園綺跡，終古重山阿〔七〕。

【彙注】

〔一〕谷口　蔣常案：見前《雨中至華下宿王山史家》詩"谷口"句注。案：此有原注引《漢書‧王貢兩龔鮑傳》，而不引《法言》，數典忘祖，亦足爲原注不出於先生之一證。

〔二〕金門句　徐注：揚雄《解嘲》：今吾子幸得應金門，上玉堂有日矣。李善《文選注》：待詔金馬門。

　　蘧常案：劉廷璣《在園雜志》：薦舉到京者，户部給與日用。

〔三〕筆札　原注：《漢書・樓護傳》：與谷永俱爲五侯上客，長安號曰"谷子雲筆札，樓君卿脣舌"。　徐注：《日知録》：荀悦論曰：言論者，計厚薄而吐詞；選舉者，度親疏而舉筆。苞苴盈於門庭，聘問交於道路，書記繁於公文，私務重於官事。又曰：筆札喉舌之輩，世之弊也。古今同之，可爲太息者此也。

〔四〕吾道句　徐注：先生《與友人論門人書》：於此時而將行吾道，其誰從之？

　　蘧常案：吳《譜》於以上四句與下首首二句云：蓋寄慨深矣。王弘撰《山志》：王阮亭寄書：頃徵聘之舉，四方名流，雲集輦下。蒲車玄纁之盛，古所未有。然自有心者觀之，士風之卑，惟今日爲甚。如孫樵所云走健僕，囊大軸，肥馬四馳，門門求知者，蓋什而七八。其自重以重吾道、重朝廷者，僅有之矣。

〔五〕雞樹　原注：《三國志注》引《世語》：劉放、孫資共典機任，夏侯獻、曹肇心内不平。殿中有雞棲樹，二人相謂曰：此也久矣，其能復幾？

〔六〕雀羅　蘧常案：見卷五《賦得簷下雀》詩"唯應"二句注。

〔七〕尚留二句　徐注：左思《吳都賦》：精靈留其山阿。

　　蘧常案：園、綺，見卷四《贈孫徵君奇逢詩》"尚有"四句注。

徂謝良朋盡，雕傷節士空〔一〕。延陵虛寶劍，中散絶絲桐〔二〕。名譽蓀蘭並〔三〕，文章日月同〔四〕。今宵開敝篋，猶是舊華風。與李生雲霑次第亡友遺詩。

【彙注】

〔一〕徂謝二句　蕸常案："良朋"當謂歸莊等，"節士"當謂吳、潘等，參卷五《歲暮》詩"良友"句注。

〔二〕延陵二句　蕸常案：延陵，見卷一《不去》詩第二首"秋風"句注。《國語·周語》：民力雕盡。韋昭注：雕，傷也。《晉書·嵇康傳》：與魏宗室婚，拜中散大夫。康將刑東市，顧視日影，索琴彈之。曰：昔袁孝尼嘗從吾學《廣陵散》，吾每靳固之，《廣陵散》于今絕矣。初，康嘗遊於洛西，暮宿華陽亭，引琴而彈。夜分，忽有客詣之，稱是古人，與其談音律。因索琴彈之而爲《廣陵散》，聲調絕倫。案："延陵"句承上"良朋"，"中散"句承上"節士"。後《送李生南歸》詩云"驚聞東市琴"，亦謂吳、潘也。吳、潘遇害事，詳卷四《汾州祭吳炎潘檉章二節士》詩解題。慨今無其人也。

〔三〕蓀蘭　蕸常案：見卷二《贈鄔處士繼思》詩"蘭蓀"句注。

〔四〕文章句　原注：《史記·屈原列傳》：推此志也，雖與日月爭光可也。

　　緬憶梁鴻隱，孤高閱歲華。門西吳會郭，橋下伯通家〔一〕。異地情相似〔二〕，前期道每賒。請從關尹住，不必向流沙〔三〕。無異新搆小齋，將延予住。

【彙校】

〔不必句〕句下自注，潘刻本、徐注本"無異"作"山史"。又徐注本"將"作"欲"。案：王弘撰字無異，又字山史也。

【彙注】

〔一〕緬憶四句　徐注：《吳地記》：皋橋，漢議郎皋伯通所居。

　　　　蘧常案：見卷五《潘生次耕南歸寄示》詩"五噫"句注。

〔二〕異地句　蘧常案：《梁鴻傳》：去適吳。將行，作詩曰：逝舊邦兮遐征，將遥集兮東南。心慇悒兮傷悴，志菲菲兮升降。欲乘策兮縱邁，疾吾俗兮作讒。競舉枉兮措直，咸先佞兮唌唌。固靡慙兮獨建，冀異州兮尚賢。全祖望先生《神道表》：先生雖世籍江南，顧其姿稟，頗不類吳會人，以是不爲鄉里所喜。而先生亦甚厭裙屐浮華之習，浩然有去志。《蔣山傭殘稿·與李子德書》：今年爲嵩、洛之遊，蓋亦梁伯鸞異州之意。

〔三〕請從二句　蘧常案：關尹、流沙，見卷四《樓觀》詩"西來"句注。此"關尹"謂王弘撰。王士禎《秦蜀驛程後記》：嶽下過訪宗人山史山居，潔朴無纖塵。後爲讀易廬。張《譜》：《受祺堂集》有《題無異先生顧廬》三首，序曰：無異先生初輯是廬，學《易》其中，因以顏之。顧亭林先生至華下，借居之。亭林先生既歿，山翁改署今名。李生見而哀之，且多山翁之敦夙好也，爲詩紀實云爾。然則所構新齋，即山史之讀易廬矣。

過朝邑王處士建常

【解題】

　徐注：《元譜》：建常，著有《律吕圖説》二卷。《明史》志《地理》西安府同州，領縣五：朝邑注：州東。東有大河，南有渭水，又有洛水。

　蘧常案：《朝邑縣志·王建常傳》：字仲復，號復齋。少爲諸生,後棄去。鋭意聖學。家貧,常不舉火,而泰然自得。著述甚多,務發明程、朱以斥陸、王之失。性方嚴,造次以禮。華陰王弘撰稱爲"泰山巖巖"。晚年造詣純粹,有光風霽月之度。顧炎武至關中,數以疑義相質。學使許孫荃造廬,題曰真隱。卒年八十五,自爲墓誌。

黃鵠山川意〔一〕,相隨萬里翔。誰能三十載,龜殼但支牀〔二〕?

【彙注】

〔一〕黃鵠句　徐注:《楚辭·惜誓》:黃鵠一舉兮,知山川之紆曲。
〔二〕誰能二句　原注:《史記·龜筴列傳》:南方老人用龜支牀足,行二十餘歲。老人死,移牀,龜尚生,不死。龜能行氣導引。唐王維詩:鳩形將刻杖,龜殼用支牀。(蘧常案:此"原注"徐注本誤作"自注"。)

寄子嚴 弟紓字　已下屠維協洽

【解題】

徐注:康熙十八年,己未。　冒云:先生是年年六十七。
蘧常案:弟紓,見卷三《寄弟紓及友人江南》詩解題。是年海上鄭氏稱永曆三十三年,公元一六七九年。

二紀違脊令〔一〕,撫心悲如何?惟爾幼孤煢〔二〕,十畝安江沱〔三〕。不幸喪厥明〔四〕,猶能保天和〔五〕。今年已六十,與吾亦肩差〔六〕。里人推祭酒〔七〕,品行無譏訶〔八〕。昔年遣兒來,省我桑乾河。兒言家頗溫,歲得數囷禾。廚中列酒漿,籬下羣雞鵝〔九〕。常時比鄰叟,農談一相過。亦有賦役憂〔一〇〕,未妨藝桑麻。頃報得兩孫〔一一〕,青蔥滿庭柯。媿我半生來,飄泊隨干戈。偶至渭水濱,垂釣臨洪波。春雲開三峰,秀出千丈荷〔一二〕。行止雖聽天〔一三〕,懷土情則那。反躬計所獲〔一四〕,孰與吾仲多〔一五〕。顧此暮年心,尚未甘蹉跎〔一六〕。寄爾詩一篇,當使兒子歌。

【彙注】

〔一〕二紀句　蘧常案:《詩·小雅·常棣》:脊令在原,兄弟急難。毛傳:脊令,雝渠也。飛則鳴,行則搖,不能自舍耳。急難,言兄弟之相救於急難。陳奐《傳疏》:脊令,喻兄弟。又案:年譜:順治十四年北遊後,十六年曾南歸,僅至揚州;十七年又南,亦僅止南京;至十八年始回蘇;旋返山東。自此不復再南。兄弟之違,當在此時。至本年凡十有九年,曰"二紀"者,舉成數也。

〔二〕惟爾句　李注:曹植《靈芝篇》:自傷早孤煢。
　　蘧常案:紆七歲喪父,故曰"幼孤煢"。

〔三〕江沱　蘧常案:見卷四《華山》詩"浮水"句注。又案:紆於明亡後,隱於千墩。千墩在崑山城東南三十六里沺川鄉,見《崑新合志》。

〔四〕喪厥明　徐注:徐乾學《立孫議》:吾仲舅子嚴,失明年老。
　　蘧常案:見卷三《寄弟紆及友人江南》詩解題。

〔五〕天和　徐注:《道德指歸論》:聖人動與天和。

〔六〕與吾句　徐注:韓愈《太清宮》詩:二聖亦肩差。
　　蘧常案:先生長弟紆七歲。

〔七〕祭酒　徐注：《史記・荀卿列傳》：齊宣王（蘧常案：當爲齊襄王）時，荀卿最爲老師。齊尚脩列大夫之缺，而荀卿三爲祭酒焉。

〔八〕品行句　蘧常案：詳見卷三《寄弟紓及友人江南》詩題注。

〔九〕昔年六句　徐注：《元譜》：康熙辛亥，從子洪善、洪慎來省先生於都門。《崑新合志》：洪慎，字子嘉。試成均，得州倅。以親老辭歸。

　　蘧常案：洪善，先生季弟纘子，洪慎則紓子也。《蔣山傭殘稿・與李霖瞻書》云：洪慎略有才幹，家亦小康。桑乾河，見卷五《重至大同》詩"風吹"句及《薊門送子德》詩"自從"句兩注。

〔一〇〕亦有句　徐注：陳睿謨《論白糧解役疏略》：江南力役，重大莫如糧解。漕糧白糧兩解，皆公儲也，皆公役也，然漕糧係軍運，軍任伍丁；白糧係民運，民運則照地畝簽差，名曰大戶夫。惟以大戶充糧解，其賠累有莫可言者矣。

〔一一〕頃報句　蘧常案：《蔣山傭殘稿・與李霖瞻書》：從弟子嚴，今將六句，連得二孫。今抱其一，爲亡兒之嗣。詳後《悼亡》詩第四首"六歲孫"注。

〔一二〕偶至四句　蘧常案：見卷五《子德李子聞余在難》詩"渭釣"句注。案：此謂康熙丁巳入關後事。三峰，見卷四《華山》詩"三峰"句注。千丈荷，謂華山蓮花峰，見《華山》詩題注。

〔一三〕行止　徐注：《孟子》：行止非人所能也。

〔一四〕反躬　徐注：《禮記》：知誘於外，不能反躬。

〔一五〕孰與句　徐注：《史記・高祖本紀》：置酒未央前殿，高祖奉玉卮，起爲太上皇壽，曰：始大人常以臣無賴，不能治產業，不如仲力。今某之業所就，孰與仲多？殿上羣臣皆呼萬歲，大笑爲樂。

〔一六〕顧此二句　蘧常案：此二句見先生晚年壯心猶未已也。

寄次耕時被薦在燕中

【解題】

　　蘧常案：徐注本題作《寄次耕》。次耕，見卷四《寄潘節士之弟耒》詩解題。沈彤《潘先生行狀》：康熙十七年，朝廷徵博學鴻詞之士，左諭德盧琦、刑部主事謝重輝以先生名上。先生以母老固辭，敦迫而行。抵都，召試體仁閣下，擢二等第二，除翰林院檢討，纂修《明史》。先生又牒吏部，以獨子終養請代題，三上，格不得達，乃受職。

　　昨接尺素書，言近在吳興〔一〕。洗耳苕水濱，叩舷歌《採菱》〔二〕。何圖志不遂，策蹇還就徵〔三〕？辛苦路三千，裹糧復羸滕〔四〕。夜驅燕市月，曉踏盧溝冰〔五〕。京雒多文人〔六〕，一貫同淄澠〔七〕。分題賦淫麗，角句爭飛騰〔八〕。關西有二士〔九〕，立志粗可稱。雖赴翹車招，猶知畏友朋〔一〇〕。儻及雨露濡〔一一〕，相將上諸陵。定有南冠思〔一二〕，悲哉不可勝！轉盼復秋風，當隨張季鷹〔一三〕。歸詠《白華》詩，膳羞與晨增〔一四〕。嗟我性難馴，窮老彌剛棱〔一五〕。孤跡似鴻冥，心尚防弋矰〔一六〕。或有金馬客〔一七〕，問余可共登？爲言顧彥先，惟辦刀與繩〔一八〕。

【彙校】

〔關西二士〕《蔣山傭殘稿》卷三《與王山史書》云：前寄次耕詩有

"關中二臣"語,則是"士"作"臣"矣。
【彙注】
〔一〕昨接二句　蔣常案:尺素書,見卷五《得伯常中尉書却寄》詩"忽來"句注。吳興,見卷一《吳興行》題注。案:潘耒《夢遊草·寫懷》十首,爲辭徵而作也。其第十首首句云"爛溪斜引雪溪流",又云"遮斷白雲三十里,莫教空谷有鳴騶",謂由吳江隱居吳興也。

〔二〕洗耳二句　原注:郭璞《江賦》:詠《采菱》以叩舷。徐注:皇甫謐《高士傳》:許由字武仲。堯聞,致天下而讓焉。乃退而遯於中嶽潁水之陽隱。又召爲九州長,由不欲聞之,洗耳於潁濱。《新唐書·張志和傳》:願爲浮家泛宅,往來苕、霅間。案:苕、霅,湖州府西。

　　蔣常案:《餘集·與潘次耕札》:都中書至,言次耕奉母遠行,不知所往。中孚即作書相慶。緜山之谷,弗獲介推;汶上之疆,堪容閔子。知必有以處此也。《蔣山傭殘稿·與蘇易公書》:敝門人潘耒謝病之後,遂奉母入山,不知所往。干木踰垣之志,介推偕隱之風,昔聞晉國,今在吳門矣。

〔三〕何圖二句　蔣常案:《楚辭》東方朔《七諫·謬諫》:駕蹇驢而無策兮。王逸注:蹇,跛也。《蔣山傭殘稿·與蘇易公書》:比者人心浮競,鮮能自堅。不但同志中人多赴金門之召,而敝門人亦遂不能守其初志。章炳麟《書張英事》:清初儒者,如潘耒兄檉章以私史事爲清所殺,耒卒應詞科,入翰林,此已爲君子所訾矣。然耒時或以解禍,非以求榮祿,故雖剛正如顧寧人,猶有爲耒寬假之辭焉。案:潘耒《寫懷》詩第四首有云:魂傷廢壟哀風樹,淚滴秋原痛脊令。如此人才堪出否,誰云惜嫁爲娉婷?《後寫懷》第三首有云:天地爲籠網四維,飆輪風馬逝安之?犧將斷尾嗟何及,路到臨歧最可悲。實愧田

疇稱節士,方知梅福是男兒。其辭甚哀。然君子雖傷其遇,
終不能宥其行也。

〔四〕贏縢　蓮常案:《戰國策·秦策》:贏縢履蹻。《經典釋文·
莊子·胠篋》篇"緘縢"下曰:縢,向、崔本作勝,同徒登反。

〔五〕盧溝　徐注:《畿輔志》:盧溝橋在順天府西南,跨盧溝河上,
長里許,插柏爲基,雕石爲欄。橋東築城,爲九閽咽喉。

〔六〕京雒句　徐注:《日知錄》:唐、宋以下,何文人之多也!固有
不識經術、不通古今而自命爲文人者矣。黃魯直言:數十年
來先生君子,但用文章提獎後生,故華而不實。本朝嘉靖以
來,亦有此風。宋劉摯訓子孫曰:士當以器識爲先。一命爲
文人,無足觀矣。又李因篤常語予曰:《通鑑》不載文人。

〔七〕一貫句　徐注:《論語》:予一以貫之。
　　蓮常案:淄澠,見卷五《孫徵君以孟冬葬》詩"淄澠"注。

〔八〕分題二句　原注:揚子《法言》:辭人之賦麗以淫。
　　蓮常案:此二句,似暗指博學鴻詞科試題。《東華錄》:
康熙十八年三月,試内外諸臣薦舉博學鴻儒一百四十三人於
體仁閣,賜宴。題:《璇璣玉衡賦》、《省耕》詩五言排律二十
韻。曰"淫麗",蓋深譏之。所謂但以文章提獎,華而不實也。

〔九〕關西二士　全云:山史、天生。

〔一〇〕雖赴二句　徐注:《左傳》莊公二十二年:翹翹車乘,招我
以弓。豈不欲往,畏我友朋。
　　蓮常案:如王弘撰《燕臺觀菊呈先生詩》云:臨風苦憶陶
元亮,恐負東籬晚菊香。(見前《和王山史寄來燕中對菊詩》
附錄。)李因篤《與先生書》有"弗遽割席"之語,(見《蔣山傭殘
稿·與潘次耕書》。)皆所謂"知畏友朋"也。

〔一一〕雨露濡　徐注:《禮·祭義》:春,雨露既濡,君子履之,必
有怵惕之心。

〔一二〕南冠　蘐常案：見卷一《哭楊主事廷樞》詩"竟入"二句注。

〔一三〕轉盼二句　徐注：《晉書·張翰傳》：字季鷹，吳郡人。文藻新麗。齊王冏辟爲東曹掾。知天下將亂，因秋風起，思吳中菰鱸，東歸。翰縱任不羈，時人呼爲"江東步兵"。

〔一四〕歸詠二句　徐注：《詩序》：《南陔》，孝子相戒以養也。《白華》，孝子之潔白也。束晳《補亡詩》：馨爾夕膳，潔爾晨羞。

〔一五〕嗟我二句　徐注：顔延之《五君詠》：龍性誰能馴？《後漢書·王允傳》：允性剛棱疾惡。

〔一六〕孤跡二句　徐注：《後漢書·逸民傳論》：鴻飛冥冥，弋人何篡焉！

〔一七〕金馬客　蘐常案：見前《關中雜詩》"金門"句注。

〔一八〕爲言二句　原注：《晉書·顧榮傳》：字彦先。與州里楊彦明書曰：吾爲齊王主簿，恒慮禍及。見刀與繩，每欲自殺。　徐注：先生《戊午答潘未書》云：子德書來，云"頃聞將特聘，先生外有兩人"，此語未審虛實。君子之道，或出或處。鄙人情事，與他人不同。辛亥之夏，孝感特簡相招，欲吾佐之修史，吾答以果有此命，非死則逃。原一在座與聞，都人士亦頗有傳之者。耿耿此心，終始不變！《元譜》：是年葉訒庵閣學充《明史》總裁，欲招先生入史局，復力辭。《神道表》：諸公爭欲致之，先生預令門人之在京者辭曰：刀繩具在，無速我死。

蘐常案：吳《譜》：以次耕强被徵召，慮復强己也。案：孝感謂熊賜履，見卷五《夏日》第一首詩"仗馬"二句注。《蔣山傭殘稿》有《記與孝感熊先生語》一文，即記此事。云：辛亥歲夏，在都中，一日，孝感熊先生招同舍甥原一飲，坐客惟余兩人。熊先生從容言：久在禁近，將有開府之推，意不願出，且議纂修《明史》。而前朝故事，實未諳悉。欲薦余佐其撰述。余答以果有此舉，不爲介推之逃，則爲屈原之死矣。兩人皆愕然。又《與蘇易公書云》：都下書來，言史局方開，有議物色及弟者，弟述先妣遺命，以死拒之。則似本年事。此關先生出處大節，故詳著之。

次耕書來言時貴有求觀余所著書者答示

【解題】

徐注：潘耒《遂初堂集》不載此書。

年來行止類浮萍〔一〕，雖有留書未殺青〔二〕。世事粗諳身已老〔三〕，古音方奏客誰聽〔四〕？兒從死父傳楹語〔五〕，帝遣生徒受壁經〔六〕。投筆听然成一笑〔七〕，春風綠草滿階庭〔八〕。

【彙注】

〔一〕類浮萍　徐注：《後漢書·鄭康成傳》：戒子益恩書曰：萍浮南北。
〔二〕雖有句　徐注：《後漢書·吳祐傳》：父恢，爲南海太守，欲殺青簡，以寫經書。注：殺青，以火炙簡令汗，取其青易書，復不蠹。

蘧常案："留書未殺青"，謂《天下郡國利病書》與《肇域志》也。《天下郡國利病書》自序云：崇禎己卯，秋闈被擯，退而讀書。感四國之多虞，恥經生之寡術，於是歷覽二十一史，以及天下郡縣志書、一代名公文集，及章奏文册之類，有得即録，共成四十餘帙。一爲輿地之記（案：即《肇域志》），一爲利病之書。亂後多有散佚，亦或增補其書。本不曾先定義例，又多往代之言,地勢民風,與今不盡合,年老善忘,不能一刊正。姑以初稿存之篋中,以待後之君子斟酌去取云爾。

〔三〕世事諳　徐注:徐鉉詩:游宦多年世事諳。先生《答次耕書》:吾行年已邁,閱世頗深。

〔四〕古音句　徐注:《元譜》:丁未,開雕《音學五書》於淮上。潘耒《重刻古本廣韻序》云:先師顧亭林先生深明音學,實始表章此書。《神道表》:先生最精韻學,能據遺經以正六朝、唐人之失,據唐人以正宋人之失。欲追復三代以來之音,分部正袟,而究其所以不同,以知古今音學之變,其自吳才老而下,廓如也,則曰《音學五書》。李光地《顧寧人小傳》:於六書音義尤有獨得。聞其書已成,亟求觀之。寧人之學於是始窺其備。有顧氏之書,然後三代之文可讀,《雅》、《頌》之音各得其所。自漢、晉以來,未之有也。王弘撰《山志》曰:博稽詳研,發前人所未發,爲不朽之業者,顧亭林之於音韻。

蘧常案:《神道表》之説,多據《音學五書》自序。

〔五〕兒從句　原注:《晏子春秋》:晏子病將死,鑿楹,納書焉。謂其妻曰:楹,語也,子壯而示之。梁吳均《邊城將》詩:留書應鑿楹,傳功須勒社。

蘧常案:兒,蓋謂嗣子衍生。張《譜》云:元和顧廣圻家藏先生著書目錄,衍生手蹟也。跋云:歲丙子,不肖衍生于舊篋中檢得此本,讀之泫然。因追想當年,多所不符。丁亥冬,於宛陵旅舍出而錄之云云。穆案:丙子爲康熙三十五年,丁亥爲康熙四十六年。距先生之歿二十六年矣。衍生是年年四十有三。又案:衍生眷戀手澤如此,知其能讀父書。鑿楹之傳爲不虛矣。

〔六〕帝遣句　蘧常案:見卷四《贈孫徵君奇逢》詩"尚有"四句注。

〔七〕听然一笑　徐注:《説文》:听,笑貌。從口,斤聲。司馬相如

《上林賦》：亡是公听然而笑。《李善》注：牛隱切。《唐韻》、《集韻》音斷。

〔八〕綠草句　徐注：曹植《閨情詩》：綠草被階庭。

雲臺觀尋希夷先生遺跡

【解題】

徐注：《三才圖會・華山圖考》：雲臺觀玉泉院，宋端拱中建以居希夷先生者也。院後有塚。至五里關，往時避兵者就險壘石爲關，曰通天第一關。行四里爲希夷峽，山勢壁壘，澗水經其中，從石室旁下，如琴如筑，鳴聲悦耳。希夷蛻骨於此。《宋史・隱逸傳》：陳摶，字圖南。隱居華山雲臺觀，又止少華石室。周世宗召爲諫議大夫，不受。太宗待之甚厚，賜號希夷先生。化形蓮花峰下。

蘧常案：《蔣山傭殘稿・與李紫瀾書》：弟以三月十日出關，歷嶠、函，觀錐、汭，登太室，游大騩，域中五嶽，得游其四。不惟遂名山之願，亦因有帥府欲相招致，及今未至，飄然去之。案：帥府相招，謂甘肅提督張勇命其子大理寺卿雲翼聘先生往蘭州也。此詩爲出遊之始。

舊是唐朝士，身更五代餘。每懷淳古意，聊卜華山居〔一〕。月落巖阿寂〔二〕，雲來洞口虛〔三〕。果哉非荷蕢〔四〕，獨識太平初〔五〕。

【彙注】

〔一〕舊是四句　原注：《畫墁録》：希夷先生陳摶，後唐長興中進士也。既而棄科舉,之武當山,又止房陵。年七十餘,至華山,茸雲臺廢觀居之。 徐注:《宋史·陳摶傳》:摶居華山已四十餘年,度其年近百歲。自言經承五代離亂,幸天下太平。

〔二〕月落句 徐注:《三才圖會·華山圖考》:片月方起,光射巖端。《華嶽志》:避詔巖在華山西南,焦道廣、賀元希、陳希夷俱養靜於此,故曰避詔巖。巖之額,有希夷手書"避詔巖"三字。

〔三〕雲來句 徐注:《華嶽全集·陳摶傳》:言於今月二十二日化形蓮花峰張超谷中,如期而卒。經七日,肢體猶溫,有五色雲遮蔽洞口,經月不散。

〔四〕果哉句 徐注:《論語》:有荷蕢而過孔氏之門者。又:果哉!末之難矣。

〔五〕獨識句 徐注:《東都事略》:陳摶嘗乘白驢入市,聞宋祖受禪,喜而墜驢,曰:天下於是定矣。

硤石驛東二十里有西鴉路繇趙保白楊樹二百五十里至臨汝以譏察之嚴築垣封閉過此有題

【解題】

徐注:《方輿紀要》:河南府陝州硤石城在州東南七十里,本後魏崤縣之硤石塢,唐曰硤石縣,明有硤石關,置巡司戍守。又爲硤石驛。《一統志》:硤石關,古之崤陵關也,路東通澠池,西通函谷。《輿地廣記》:二崤山連入硤石界,自古險阨之地也。又:三鴉路在今南陽府北及汝州之南。今三鴉路自南陽府北六十里之故向城,又北有石川路,即三鴉之第一;府北七十里分水嶺而北,即三鴉之第二;故向城而北又八十里有魯陽關,入魯山縣界,即三鴉之第三。又:白楊關在嵩縣東,有戍兵。

　　蘧常案:徐注本無"二十里"、"鬻趙保白楊樹二百五十里"、"以譏察之嚴"、"過此"二十一字。

　　行人愁向汝州來〔一〕,前月西鴉禁不開。弔古莫言秦法峻,雞鳴曾放孟嘗回〔二〕。

【彙注】

〔一〕汝州　徐注:《明史》志《地理》:汝州,洪武初以州治梁縣省入。成化十二年九月直隸布政司。領縣四:魯山、郟、寶豐、伊陽。案:隋置伊州,後改曰潙州,尋改爲襄城郡。唐曰臨汝郡,宋設陸海軍,明初屬南陽府。順治十年冬,大兵征楚,牧馬汝、寧,百姓驚擾。知汝陽縣許應鯤往力爭,以受侮自經,兵將亦遂拔營去。

〔二〕弔古二句　蘧常案:孟嘗,見卷一《擬唐人五言八韻·祖豫州聞雞》詩"函關"二句及卷四《古北口》詩第二首"便似"句兩注。案:此刺清法苛峻,尤甚於秦。

雒　　陽

【解題】

　　徐注:《明史·光宗紀》:諱常洛。改洛陽、洛南、洛平等縣俱作雒。又志《地理》河南府雒陽注:洪武二十四年建伊王府,嘉靖四十三年廢。萬曆二十九年建福王府。北有北邙山,西南有伊闕山,俗曰龍門山。

澗水成周宅〔一〕,邙山漢代京〔二〕。三川通地絡〔三〕,鶉火叶星精〔四〕。文軌同王朔〔五〕,菟畋會卜征〔六〕。東門迎九鼎〔七〕,北闕望璣衡〔八〕。象魏雲常紫〔九〕,龍池水自清〔一〇〕。尊師延國老,聽講集諸生〔一一〕。金谷荒煙合〔一二〕,銅駝蔓草縈〔一三〕。曲多羌笛韻〔一四〕,縣有陸渾名〔一五〕。鶴望將焉屬〔一六〕?鯨吞未息争〔一七〕。詎忘修禮樂〔一八〕,何計偃戈兵。《赤伏》看猶在〔一九〕,蒼鵝起莫驚〔二〇〕。停驂觀澮汭,微禹動深情〔二一〕。

【彙注】

〔一〕澗水句　徐注:《方輿紀要》:周時,澗水本在王城西入洛。周靈王時,穀、洛鬬,毀王宫,亦在王城西,自此澗水更名穀水。《汲冢周書·作雒解》:周公俘殷獻民,遷於九畢。注:九畢,成周之地,近王化也。又:乃作大邑成周於土中。《後漢書·郡國志》:雒,河南,周時號成周。《公羊傳》曰:成周者何?東周也。何休曰:周道始,成王之所都也。《漢書·地理志》:周地,柳七星張之分野也。今之河南雒陽、穀城、平陰、偃師、鞏、緱氏,是其分也。昔周公營雒邑,以爲在於土中,諸侯蕃屏四方,故立京師。

〔二〕邙山句　徐注:《後漢書·光武紀》:建武元年冬十月癸丑,車駕入洛陽,幸南宫却非殿,遂定都焉。

　　　蘧常案:見卷二《淮東》詩"有金"句注。

〔三〕三川句　徐注:《方輿紀要》:秦置三川郡,以河、洛、伊三川爲名。

　　　　蔣常案：地絡，見卷四《酬李處士因篤》詩"地絡"注。
〔四〕鶉火句　徐注：《漢書·地理志》：自柳三度至張十二度謂之鶉火之次，周之分也。《宋書·符瑞志》：舜升首山，遵河渚，有五老游焉，蓋五星之精也。
〔五〕文軌句　徐注：梁簡文帝《三日曲水詩序》：同文軌而高宴。《史記·天官書》：漢之爲天數者，星則唐都，氣則王朔。
　　　　蔣常案：《禮記·中庸》：今天下車同軌，書同文。此王朔謂王者之正朔也。徐注誤。
〔六〕蒐畋句　徐注：《詩·車攻》傳：宣王復會諸侯於東都，因田獵而選車徒焉。張衡《東京賦》：卜征考祥。
〔七〕東門句　原注：《郡國志》：雒陽東城門名鼎門。《帝王世紀》曰：九鼎所從入。
〔八〕北闕句　原注：《雒陽伽藍記》：次北曰閶闔門，漢曰上西門，上有銅璇璣玉衡，以齊七政。
〔九〕象魏句　原注：張衡《東京賦》：建象魏之兩觀。　徐注：《南史·宋文帝紀》：二年，江陵城上有紫雲，望氣者以爲帝王之符。
〔一〇〕龍池句　原注：《雒陽伽藍記》：九龍殿前有九龍吐水，成一海。　徐注：《東京賦》注引《洛陽圖經》：濯龍，池名。
〔一一〕尊師二句　徐注：《禮·王制》：養國老於上庠。《後漢書·儒林傳》：尊養三老五更。饗射禮畢，帝正坐自講，諸儒執經問難於前。冠帶縉紳之人，圜橋門而觀聽者，蓋億萬計。
　　　　蔣常案：尊師，見卷一《帝京篇》"尊師"二句注。以上一段，雖述周、漢，實以喻伊、福，特迷離其詞以爲隱耳。下接"金谷荒煙"、"銅駝蔓草"，其意甚顯也。伊、福皆無可稱，惟伊定王諡鉻，《明史》稱其"好學崇禮，居喪哀毀，民間高年者禮下之"，故"尊師"二句特稱之歟？

〔一二〕金谷　蔣常案：《太平寰宇記》：郭緣生《述征記》云：金谷，谷也。地有金水，自太白原南流，經此谷。晉衛尉石崇因即川阜而造為園。《藝文類聚》卷九戴延之《西征記》曰：梓澤去洛陽六十里。梓澤，金谷也。

〔一三〕銅駝句　蔣常案：《晉書·索靖傳》：靖有先識遠量。知天下將亂，指洛陽宮門銅駝歎曰：會見汝在荊棘中耳。此二句，謂福恭王常洵之亡滅事。詳卷四《晉王府》詩"那堪"二句注。

〔一四〕曲多句　徐注：《說文》：笛，七孔筩。羌笛，三孔。《樂府雜錄》：笛，羌樂也。古有《落梅花》曲。

〔一五〕縣有句　原注：《左傳》僖公二十二年，秦、晉遷陸渾之戎于伊川。注：允姓之戎居陸渾，在秦、晉西北。二國誘而徙之伊川，遂從戎號。至今為陸渾縣也。

　　蔣常案：此二句謂洛陽淪於清手。《小腆紀年》：清世祖順治元年十二月丙寅，清兵入河南府，明總兵李際遇降。

〔一六〕鶴望　原注：《三國志·張飛傳》：思漢之士，延頸鶴望。

　　蔣常案：時永曆亡已十有九年矣。海上鄭氏雖猶奉永曆正朔，而屢攻沿海不克。故明監國魯王世子桓、瀘溪王慈曠、巴東王江、樂安王俊、舒城王著、奉南王熺、益王鎬、寧靖王術桂皆依鄭氏，苟延殘喘而已。僅宗室朱統錩於清康熙十六年八月起兵，克貴溪、瀘縣，但不旋踵即為清兵所滅。吳三桂則已自稱帝死矣。故有"鶴望焉屬"之歎。

〔一七〕鯨吞句　徐注：《舊唐書·蕭銑等傳論》曰：大則鯨吞虎據。《逆臣傳》：康熙十七年八月，三桂死，賊黨擁立世璠於貴陽。十八年，賊黨日構隙，餉運不繼，岳州乏食。偽總兵陳華、李超、王度沖等降；吳應麟收殘卒，走長沙。賊眾震恐，華容、安鄉、湘潭、衡山各歸順。順承郡王自荊州渡江分剿松滋、枝江、宜都、石門、慈利、澧州，進取常德。賊縱火焚廬舍舟艦遁。簡親王克衡州，入城踞守。取祁陽、耒陽及寶慶府。時吳國貴踞武岡，吳應麟踞辰州，胡國柱踞辰龍關。《東華錄》：康熙十八年，賊將陷德興，進逼樂平。貝勒察尼等復岳州。鄭錦將劉國軒犯長泰，吳世琮犯梧州。官兵復湘陰、道州、永州、永明、江華等縣。命希福會葬依圖定雲南。撤勒爾錦還荆州，與巴爾布定巴東。詔圖海與各路將軍亟殲寶雞賊，復漢興以平蜀。

〔一八〕修禮樂　徐注：《漢書·禮樂志》：人之所設，不爲不立，不修則壞。漢興至今二十餘年，宜定制度，興禮樂。

〔一九〕《赤伏》　蘧常案：見前卷三《京師作》詩"《赤伏》書"注。

〔二○〕蒼鵝　蘧常案：見前《河上作》詩"追惟"二句注。

〔二一〕停駸二句　徐注：《左傳》昭公元年：天王使劉定公勞趙孟於潁，館於雒汭。劉子曰：美哉禹功！明德遠矣。微禹，吾其魚乎！

　　　　蘧常案：見卷五《得伯常中尉書却寄》詩"停駸"句注。

三月十九日行次嵩山會善寺

【解題】

徐注：《嵩高志》：會善寺在嵩嶽寺西，本北魏孝文帝離宮，魏亡，爲澄覺禪師精舍。至隋開皇中，賜名會善寺。袁宏道《嵩游記》：道陽城廢址入會善寺，寺半圮，有泉泠然，及門而没。西數十武爲戒壇，頹欄敗砌，皆鏤隋、唐佳句。先生《金石文字記》：嵩山會善寺有唐宋儋行書《道安禪師碑》、沙門溫古行書《景賢大師身塔石記》，又大曆二年行書《戒壇敕牒》，又陸郢八分書《戒壇記》，在

《敕牒碑》陰，北齊天平二年嵩陽寺碑。又會善寺大殿前有武平七年十一月《造像記》。又天平二年《中嶽嵩陽寺碑銘》，末有正書一行曰：大唐麟德元年歲次甲子九月景午朔十五日庚申從嵩陽觀移來會善寺立。

蘧常案：三月十九日，見卷一《大行皇帝哀詩》解題。潘耒《遊中嶽記》：登封縣出北郭，過啓母石、崇福宮，西過疊石溪，至嵩陽書院。北去三里許爲法王寺、嵩嶽寺；西去五里許，爲會善寺。案：《蔣山傭殘稿》與王山史、潘次耕、陳介眉諸人書，皆言及此詩，《與陳介眉書》云：同志者可共觀之。蓋人心浮競之時，欲以起頑立懦也。

獨抱遺弓望玉京〔一〕，白頭荒野淚霑纓。霜姿尚似嵩山柏〔二〕，舊日聞呼萬歲聲〔三〕。

【彙注】

〔一〕遺弓句　蘧常案：見卷一《十月二十日奉先妣葬》詩"先皇"句注。《魏書·釋老志》：道家之原，出於老子。其自言也，先天帝生，以資萬類。上處玉京，爲神王之宗。

〔二〕霜姿句　蘧常案：蘇軾《紅梅》詩：尚餘孤瘦雪霜姿。都穆《遊嵩山記》：嵩陽廢觀三古柏，柏之高皆不逾三丈，大可六人圍。舊有石刻，云"漢武帝封大將軍"。其次亦可四人圍。道士云：此次將軍也。皆形狀怪甚。潘耒《遊中嶽記》：漢封柏三本，一燬於火，一風折其半，惟一本尚完。下合上歧，六人圍之不盡。挺立干霄，膚理如鐵石，真先秦三代物也。

〔三〕舊日句　徐注：《漢書·武帝紀》：帝親臨嵩高，聞呼萬歲者三，令祠官加增太室祠山下戶三百，爲之奉邑，名曰崇高。

少　林　寺

【解題】

　　徐注：《嵩嶽志》：少林寺在少室北，五乳峰前，後魏孝文太和中，跋陀自西域來，詔有司於此建寺居之。

　　蘧常案：潘耒《遊中嶽記》：會善寺西北行十里許至永泰寺。又十里許至少林寺。

　　峨峨五乳峰，奕奕少林寺〔一〕。海內昔橫流，立功自隋季〔二〕。弘構類宸居〔三〕，天衣照金織〔四〕。清梵切雲霄〔五〕，禪燈晃蒼翠。頗聞經律餘〔六〕，多亦諳武藝〔七〕。疆場有艱虞，遣之捍王事〔八〕。今者何寂寥？闃矣成蕪穢，壞壁出游蜂，空庭雊荒雉〔九〕。答言新令嚴，括田任污吏〔一〇〕。增科及寺莊，不問前朝賜〔一一〕。山僧闕飧粥，住守無一二。百物有盛衰，回旋儻天意。豈無材傑人，發憤起頹廢。寄語惠瑒流，勉待秦王至。唐武德四年，太宗以陝東道行臺雍州牧、秦王率諸軍攻王世充，寺僧惠瑒、曇宗等執世充姪仁則來歸，賜地四十頃，水碾一具。

【彙校】

〔疆場〕潘刻本作"疆塲"；徐注本作"疆場"，吳、汪、曹三注本同。孫詒荀校本云："疆塲"原作"疆場"。丕續案：作"疆塲"是。　〔括田〕徐注本作"刮田"，誤。　〔寄語二句〕句下有注"唐武德"云云一條，潘刻本作自注，徐注作原注，而此本無之。丕續案：原注皆著出處，此獨否，潘刻是。茲據改。

【彙注】

〔一〕峨峨二句　徐注：《詩》：奕奕梁山。《傳》：奕奕，大也。《嵩嶽志》：五乳峰在少室之北，五頂羅列。少林寺建其中。

　　蘐常案：潘耒《遊中嶽記》：寺在少室北麓，寬閒幽邃，形勢天然。

〔二〕海內二句　徐注：裴漼《少林寺碑》：大業之末，九服分崩，羣盜攻剽，無限真俗。此寺爲山賊所劫，僧徒拒之。唐太宗《賜少林寺柏谷塢莊御書碑記》：告柏谷塢少林寺上座寺主以下徒衆及軍民首領士庶等：比者天下喪亂云云。又曰：往因寺莊翻城歸國，有大殊勛，即蒙賞物千段。五年，以寺居僞地，總被廢省，僧徒還俗，各從徭役。七年七月，蒙別敕少林寺聽依舊置立。至八年二月，又蒙別敕少林寺賜地肆拾頃，水碾磑一具；前寺廢之日，國司取以置莊，寺今既立，地等並宜還寺。又云：其翻城僧曇宗、志操、惠瑒等，餘僧合寺爲從。又云：其寺僧曇宗蒙授大將軍，又少林寺柏谷莊立功僧名上座僧，善護寺主僧志操，都維那僧惠瑒，大將軍僧曇宗，同立功僧普惠、明嵩等凡十三人。

〔三〕弘構句　徐注：《宋史·樂志》：有煒彌文，克隆洪構。班固《典引》：高、光二聖，宸居其域。薛正言《登嵩山記》：少林寺鼓鐘聲自嵐翠中出，樓殿金碧，掩映林巒間。文翔鳳《嵩高游記》：少林寺，其法座如王居。

〔四〕天衣句　徐注：《集仙錄·許老翁傳》：仙女天衣有金縷單絲。韋行儉《新修嵩嶽中天王廟記》：自中天王洎夫人，冠綏冕服，首飾步搖，間以金翠。

　　蘐常案："天衣"似用釋典，《智度論》：色界天衣無重相。《廣韻》：織音志。《尚書·禹貢》傳：織文，錦綺之屬。"金織"亦謂錦綺也。指僧伽法衣，不謂嵩嶽廟中天王冠綏冕服也。

〔五〕清梵句　徐注：裴漼《少林寺碑》：管弦風夜，切清響於中天；鐘梵霜晨，諧妙音於上劫。

〔六〕經律餘　徐注：都穆《游嵩山記》：有甘露臺，胡僧跋陀於此繙經。

　　　　蘧常案：此謂僧徒肄習釋典戒律之餘也。

〔七〕多亦句　徐注：《日知錄》：少林寺中有唐太宗爲秦王時賜寺僧教曰：王世充叨竊非據，敢違天常。法師等並能深悟機變，早識妙因，擒彼凶孽，擴兹淨土。此少林寺僧兵所起。考之《魏書》，孝武帝西奔，沙門都維那惠臻負璽持千牛刀以從；《舊唐書》，元和十年，嵩山僧圓淨與淄青節度使李師道謀反；《宋史》，范致虛以僧趙宗印充宣撫司參議官，兼節制軍馬，宗印以僧爲一軍，號"尊勝隊"，童子行爲一軍，號"淨勝隊"。然則嵩、雒之間，固世有異僧矣。都穆《遊嵩山記》：少林僧至今以勇武聞。

　　　　蘧常案：潘耒《遊中嶽記》：少林寺東廡有緊那羅王像，云示現元末，解紅巾之難。寺僧習手搏者，奉爲祖師。

〔八〕疆埸二句　徐注：《詩》：王事靡盬。《日知錄》：嘉靖中，少林寺僧月空受都督萬表檄，禦倭於松江。其徒三十餘人自爲部伍，持鐵棒擊殺倭甚衆，皆戰死。嗟乎！能執干戈以捍疆埸，則不得以其髡徒而外之矣。　段注：《左傳》莊公二十八年：疆埸無主，則啓戎心。《北齊書·封隆之傳》：契闊艱虞，始終如一。

〔九〕今者四句　蘧常案：潘耒《遊中嶽記》：少林寺殿宇傾頹且盡。近日越僧普潤以豫撫之力鼎新之，閎麗甲於一方。案：先生之遊尚在葺新之前，故云。

〔一〇〕括田　蘧常案：《新唐書·盧從愿傳》：御史中丞宇文融方用事，將以括田戶功爲上下考，從愿不許。又《食貨志》：宇文融獻策括籍外羨田逃戶。

〔一一〕增科二句　徐注：裴漼《少林寺碑》：令天下寺觀田莊一切括責。皇上以此寺地及碾，先聖光賜，多歷年所。

嵩　山

【解題】

徐注：《河南通志·山川》：嵩山在河南府登封縣北十里，五嶽之中嶽也。古名外方山，亦名崧高山。其山二尖峰，左曰太室，右曰少室。《十道山川考》：中嶽山高二十里，周迴一百三十里。《河南府志》：太室山在登封縣北五里，中峰即嵩頂，其山二十四峰。少室山在登封縣西十七里，一名季室，其山三十六峰。

位宅中央正〔一〕，高疑上界鄰〔二〕。蓄波含潁汝〔三〕，吐氣接星辰〔四〕。二室雲長擁〔五〕，三呼響自臻〔六〕。淳風傳至德〔七〕，孤隱祕靈真〔八〕。世敝將還古，人愁願質神〔九〕。石開重出啟〔一〇〕，嶽降再生申〔一一〕。老柏搖新翠〔一二〕，幽花苜晚春〔一三〕。豈知巢許窟，多有濟時人〔一四〕。

【彙校】

〔題〕朱彝尊《明詩綜》此詩作"位宅中央正，高疑上界鄰。石開曾出啟，嶽降再生申。老柏搖新翠，幽花苜晚春。豈知巢許窟，多有濟時人"。《聽松廬詩話》云：《嵩山》詩本八韻，蓋竹垞刪爲五律，而《別裁》因之。丕續案：汪端選本亦同。《別裁》應作《明詩綜》。　〔石開重出啟〕《明詩綜》"重"作"曾"。《聽松廬詩話》云：蓋亦竹垞所訂。

【彙注】

〔一〕位宅句　原注：《白虎通》：中央之嶽獨加高者何？中央居四方之中，可高，故曰嵩高山。

蘧常案：潘耒《遊中嶽記》：《易象》論卦爻，以居中得正爲貴。茲山宅四維之心，縮八埏之軸，可謂居中矣；恒嶽偏於東北，衡山偏於西南，而此奠位土中，當陽端拱，可謂得正矣。案：潘論中嶽中正之意特詳，正此句好注脚。

〔二〕高疑句　徐注：《嵩高志》：少室三十六峰，峰勢高極，望之若與天接。紫霄峰與連天峰埒。

　　　蘧常案：《雲笈七籤》：上界宮館，生於窈冥。

〔三〕蓄波句　原注：唐李林甫《嵩陽觀頌》：抱汝含潁，風交雨會。　徐注：《括地志》：潁水源出洛川嵩高縣東南三十里陽乾山。注：陽乾，少室分支也。《水經注》：灈水出潁川陽城縣少室山，東流注於潁，歷臨潁亭西，東南入汝。

〔四〕吐氣句　徐注：《唐書・天文志》：柳在輿鬼東，當商、洛之陽，七星係軒轅得土行，正位中嶽象也。　李注：《淮南子》：天道圓，地道方。圓者主明，方者主幽。明者，吐氣者也；幽者，含氣者也。

〔五〕二室句　徐注：先生《金石文字記》：有《嵩山太室神道石闕銘》，云在登封縣中嶽廟南百餘步。又有《少室神道石闕銘》，云在登封縣西十里邢家鋪，西距少室山尚十餘里。戴延之《西征記》：其山東謂太室，西謂少室，相去十七里，嵩其總名也。謂之室者，以其下各有石室焉。少室高八百六十丈，上方十里，與太室相埒。就山中視之，太室爲高，出山則少室巋然矣。《河南府志》：太室有起雲峰，少室有白雲峰。王士性《嵩游記》：白雲復靉靆起山腹，咫尺不見人。

〔六〕三呼句　原注：《後漢書・文苑傳》：多事響臻。

　　　蘧常案：三呼，見前《三月十九日行次嵩山會善寺》詩"舊日"句注。

〔七〕至德　徐注：裴衍《請隱嵩高表》：偶影風雲，永歌至德。

〔八〕孤隱句　徐注：《嵩高志》：少室有靈隱峰，爲羣仙棲隱之地。

〔九〕人愁句　原注：《中庸》：質諸鬼神而無疑。　徐注：《日知錄》：罔中于信下，國亂無政，小民有情而不得申，有冤而不見理，於是不得不愬之於神，而詛盟之事起矣。

〔一〇〕石開句　徐注：《一統志》：嵩山麓啓母廟有啓母石，古云塗山氏所化。

　　蘧常案：《藝文類聚》六引《隋巢子》曰：啓生於石。《漢書·武帝紀》：元封元年春正月，行幸緱氏，詔曰：朕用事華山，至於中嶽，見夏后啓母石。注：應劭曰：啓生而母化爲石。文穎曰：在嵩高山下。顏師古曰：啓，夏禹子也，其母塗山氏女也。禹治鴻水，通轘轅山，化爲熊，謂塗山氏曰：欲餉，聞鼓聲乃來。禹跳石，誤中鼓，塗山氏往，見禹方作熊，慚而去。至嵩高山下，化爲石，方生啓。禹曰：歸我子。石破北方而啓生。事見《淮南子》。沈欽韓《漢書疏證》："《淮南子·人間訓》僅云禹生於石。注云：禹母修己，感而生禹，坼胸而出。他無所見，師古妄説。案：後來地志書，遂多以師古語爲《淮南》説矣。潘耒《遊中嶽記》云：啓母石側立如削，山間常有之。啓母化石之説絶謬悠，而漢、唐人爲之立闕立廟，若真有其事者，殊可笑也。此句即卷四《羌胡引》"湯降文生"之意。"重"者望其重出爲夏主也。朱彝尊改爲"曾"字，失其意矣。下"再生"亦此意。

〔一一〕嶽降句　徐注：《嵩高志》：生賢門在嶽廟峻極門内，壁畫申、甫像。今亭尚存，像剥落矣。周斚《遊嵩陽記》：峻極殿南爲降神殿，三面皆圖申、甫像。

　　蘧常案：申伯，見卷一《帝京篇》"毓德"句注。《詩序》云：《崧高》，尹吉甫美宣王也。天下復平，能建國，親諸侯，褒賞申伯也。《禮記·孔子閒居》篇：生甫及申。鄭注：甫、申爲仲山甫及申伯。

〔一二〕老柏句　徐注：都穆《遊嵩山記》：嵩山神祠，入門三重，咸有古柏，幾二百餘株。

　　　　蘧常案：見《三月十九日行次嵩山會善寺》詩"霜姿"句注。

〔一三〕幽花句　徐注：《三才圖會・嵩嶽圖考》：漢世有道士從外國將貝多子來，於嵩高西麓種之。有四樹，與衆木異。一年三花，白色，香美。

　　　　蘧常案：此似但謂幽谷叢花而已，未必指貝多子也。潘耒《遊中嶽記》云"異花爛熳"，其意蓋同。

〔一四〕豈知二句　徐注：《嵩高志》：許由墓在箕山之巔，巢父墓與箕山相近。潘耒《游中嶽記》：告成之南數里爲箕山，許由墓在山巔，廟在山半。棄瓢有巖，洗耳有池，巢、許高風如覿，而山童然無可偃仰。

　　　　蘧常案：巢、許見前《春雨》詩"未敢"二句及《寄次耕時被薦在燕中》詩"洗耳"二句兩注。巢、許，蓋以自許也。

測　景　臺 _{在登封縣東南三十里故告成縣}

【解題】

　　蘧常案：潘耒《遊中嶽記》：循焦河而南可三十里，渡潁水，至告成鎮，即古之陽城也。周公卜洛立表測景，以此爲地中，今有測景臺存焉。臺高五丈，縱廣三丈，形體方正，而闕其北面十之三，云以懸壺滴漏。當闕處，鋪平石一行於地。其長視臺之高，廣可二尺許，刻水道其上，以承壺漏，視水所至以定時，俗謂之量天尺。臺南一石，高丈許，上立一表，其長八尺，是謂土圭。此唐儀鳳中所立，見於杜氏《通典》。今以石表爲測景臺，而謂崇臺爲觀星臺，非也。

象器先王作〔一〕,靈臺太室東〔二〕。陰陽求日至〔三〕,風雨會天中〔四〕。考極三辰正〔五〕,封畿萬國同〔六〕。吾衰今已甚,猶一夢周公〔七〕。

【彙注】

〔一〕象器句　徐注:《易·繫辭》:以制器者尚其象。疏:謂造制形器,法其爻卦之象也。

　　蘧常案:潘耒《遊中嶽記》:測景臺規制古樸,思理精微,非周公不能作。

〔二〕靈臺句　蘧常案:《詩·大雅·靈臺》篇鄭箋:天子有靈臺者,所以觀祲象,察氣之妖祥也。太室,見前《嵩山》詩"二室"句注。

〔三〕陰陽句　徐注:《周禮》疏:陰陽之所舍也者,謂若昭四年《左氏》申豐云:冬無愆陽,夏無伏陰,是其陰陽和也。"日至",鄭司農云:土圭之長尺有五寸,以夏至之日,立八尺之表,其景適與土圭等,謂之地中,今潁川陽城地爲然。

　　蘧常案:《周禮·冬官考工記·玉人》:土圭尺有五寸,以致日,以土地。鄭注:致日度景至不,夏日至之景,尺有五寸;冬日至之景,丈有三尺。杜佑《通典》:儀鳳四年五月,命太常博士姚元於陽城測景臺依古法立八尺表,夏至日中測景尺有五寸正,與古法同。

〔四〕風雨句　徐注:《周禮》疏:風雨之所會也者,風雨所至,會合人心。謂若《禮器》云"饗帝於郊,風雨節,寒暑時"是也。崇融《啓母廟碑》:九州地險,五嶽天中。

　　蘧常案:劉長卿《送裴晉公留守東都》詩:八方風雨會中州。

〔五〕考極句　徐注:《周禮》疏:地與星辰四游升降於三萬里之中者,《考靈曜》文,言四游升降者:春分之時,地與星辰復本位;至夏至之日,地與星辰東南游萬五千里,下降亦然;至秋分還復正;至冬至地與星辰西北游亦萬五千里,上升亦然,至春分還復正。

〔六〕封畿句　徐注:《周禮》:凡建邦國,以土圭土其地而制其域。鄭司農云:土其地但爲正四方耳,制其域者,自上公五百里已下皆有營域封坼。

　　蘧常案:《周禮·春官·典瑞》:土圭,封國則以土地。鄭注:封諸侯以土圭。度日景,觀分寸長短,以制其域所封也。賈疏:日景一寸,其地千里,則一分百里。今封諸侯無過五百里,以下止可言分,而言寸者,語勢連言之,其實不合有寸也。

〔七〕吾衰二句　徐注:《論語》:甚矣!吾衰也。久矣吾不復夢見周公。《嵩高志》:周公廟在告成鎮測景臺後,弘治間知府陳宣建。

卓太傅祠_{在密縣東三十五里大騩嶺}

【解題】

徐注:《明史》志《地理》:開封府禹州密縣。《水經注》:溱水出河南密縣大騩山。注:大騩即具茨山也。

蘧常案:潘刻本"大騩嶺"作"大騩鎮"。《後漢書·卓茂傳》:卓茂,字子康,南陽宛人也。元帝時,學於長安,究極師法,號稱通儒。性寬仁恭愛。初辟丞相府史,事孔光,光稱爲長者。後以儒術舉爲侍郎,給事黃門。遷密令,勞心諄諄,視人如子,舉善而教,口無惡言。吏人親愛而不忍欺之。數年教化大行,道不拾遺。王莽秉政,置大司農六部丞,勸課農桑,遷茂爲京都丞,密人老少皆涕泣隨送。及莽居攝,以病免歸。更始立,以茂爲侍中祭酒,知更始政亂,以年老乞骸骨歸。光武初即位,先訪求茂,以爲太傅。建武四年薨,賜棺槨冢地,車駕素服,親臨送葬。案:先生詩無苟作,此爲不仕清者勉也。

拱木環遺寢〔一〕,空山走部民〔二〕。循良思舊德〔三〕,執節表淳臣。几杖中興禮〔四〕,丹青御座親〔五〕。至今傳俎豆,長接大騩春〔六〕。

【彙注】

〔一〕拱木句　徐注:江淹《恨賦》:拱木斂魂。《禮記·月令》:寢廟必備。注:凡廟,前曰廟,后曰寢。

　　蘧常案:《左傳》僖公三十二年:爾何知? 中壽,爾墓之木拱矣!

〔二〕空山句　蘧常案:此承首句,謂至今邑民猶奔走空山,祭拜其廟也。或以本傳"密人老少皆涕泣隨送"當之,非。

〔三〕循良句　徐注:《西都賦》:士食舊德之名氏。

　　蘧常案:柳宗元《柳州謝上表》:常以萬邦共理,必藉於循良。並詳卷五《兄子洪善北來》詩"循吏西門豹"注。

〔四〕執節二句　原注:《後漢書·卓茂傳》:光武詔曰:前密令卓茂,束身自修,執節淳固。今以茂爲太傅,封褒德侯,食邑二千户,賜几杖車馬,衣一襲,絮五百斤。

〔五〕丹青句　原注:《後漢書·朱祐傳》:永平中,圖畫二十八將于南宫雲臺,其外又有王常、李通、竇融、卓茂,共三十二人。　徐注：《漢書·蘇武傳》：雖古竹帛所載，丹青所畫，何以過子卿！　段注：《後漢書·隱逸傳》：客星犯御座甚急。

〔六〕大䰟　徐注：《莊子·徐无鬼》篇：黃帝將見大䰟乎具茨之山。

　　　　蘧常案：《莊子》作"大隗"。《山海經·中山經》云：敏山東三十里，曰大䰟之山。郭注：今滎陽密縣有大䰟山。郝懿行《箋疏》云：䰟，《說文》作"隗"，《廣韻》同。則大䰟即大隗也。《莊子·釋文》云：大隗，神名。蓋以神名名山。此曰"大䰟春"，亦謂山也。

梁　　園

【解題】
　　徐注：葛洪《西京雜記》：孝王作曜華之宮，築兔園。園中有百靈山，山有膚寸石、落猿巖、棲龍岫，又有雁池。池間有鶴洲鳧渚，奇果異樹，瓌禽怪獸畢備。王日與賓客宮人釣弋其中。《一統志》：歸德府東文雅臺、平臺、東苑，梁孝王時，鄒、枚、相如之徒游吟其間。

　　蘧常案：《蔣山傭殘稿·與李紫瀾書》：游大䰟，轉歷梁、宋。

　　梁園詞賦想遺音〔一〕，雕繢風流遂至今〔二〕。縱使鄒枚仍接踵，不過貪得孝王金〔三〕。

【彙注】
〔一〕梁園句　徐注：《史記·司馬相如列傳》：景帝不好詞賦。會梁孝王來朝，從鄒陽、枚乘、莊忌夫子之徒，相如見而悅之。

因病免,客游梁。《漢書·枚乘傳》:梁客皆善詞賦。《禮記》:有遺音者矣。

〔二〕雕繢句　徐注:《南史·顏延之傳》:嘗問鮑照己與靈運優劣,照曰:君詩若鋪錦列繡,亦雕繢滿眼。

〔三〕縱使二句　徐注:《史記·梁孝王世家》:孝王,竇太后子也,賞賜不可勝道。於是孝王築東苑方三百餘里,廣睢陽城七十里。大治宫室,爲複道,自宫連屬於平臺三十餘里。游説之士,莫不畢至。齊人羊勝、公孫詭、鄒陽之屬初見王,賜千金,官至中尉。府庫金錢且百巨萬,珠玉寶器多於京師。及死,藏府餘黄金四十餘萬觔。

　　蘧常案:此譏應博學鴻詞科諸人也。

海　　上

【解題】

　　徐注:《漢書·蘇武傳》:乃徙武北海上無人處,使牧羝。羝乳,乃得歸。武既至海上,廩食不至。

海上雪深時〔一〕,長空無一雁〔二〕。平生李少卿,持酒來相勸〔三〕。

【彙注】

〔一〕海上句　徐注:《漢書·蘇武傳》:置大窖中,絶不飲食。大雨雪,武卧齧雪與旃毛並咽之。

〔二〕長空句　蘧常案:此似用《漢書·蘇武傳》"漢使求武,常惠教使者謂單于,言天子射上林中得雁"事。見卷四《一雁》詩"塞上"句注。蓋自謂不能如武以雁書達漢也。

〔三〕平生二句　徐注:《漢書·李陵傳》:字少卿,隴西成紀人。爲騎都尉。降匈奴爲右校王。又《蘇武傳》:初,武與李陵俱爲侍中。武使匈奴。明年,陵降,不敢求武。久之,單于使陵至海上,爲武置酒設樂。因謂武曰:單于聞陵與子卿素厚,故使陵來説足下。《論語·憲問》篇:久要不忘平生之言。孔注:平生猶少時。

　　蘧常案:《元譜》:是年葉訒庵閣學充明史館總裁,欲招先生入史局,復力却之。訒庵,名方藹,先生鄉人。以明諸生舉清進士及第,官至禮部侍郎。"平生李少卿",疑謂方藹。邀其入史局,故曰"持酒來相勸"也。其兄即方恒,與先生初齟而後解者。方藹則以廉謹稱,曾欲薦先生應博學鴻詞科者,此則再却矣。

五　嶽

【解題】

　　蘧常案:見卷三《陳生芳績兩尊人先後即世》詩第二首"五嶽"句注。

　　五嶽何時徧? 行游二十春〔一〕。誰知禽子夏,昔是去官人〔二〕。

【彙注】

〔一〕五嶽二句　徐注:先生《山陽王君墓志銘》:每爲余言:子行

游天下二十年。年漸衰,可已矣。

　　蔣常案:《蔣山傭殘稿・與陳介眉書》:弟今年得一詣嵩山少室。天下五嶽,已游其四。

〔二〕誰知二句　原注:《漢書・王貢兩龔鮑傳》:北海禽慶子夏,儒生去官,不仕於莽。　徐注:《高士傳》:向長,字子平。爲子嫁娶畢,敕家事斷之,云:當如我已死。與同好禽子夏俱游五嶽名山,不知所終。

贈張力臣

【解題】

　　戴注:即張文學弨也。

　　蔣常案:詳見卷五《寄張文學弨》詩解題。《元譜》:時力臣北游。王士禛《居易録》:門人張弨力臣,今老矣,又耳聾,攜其兩子一孫,客京師。

　　張君二徐流〔一〕,篆分特精妙〔二〕。獨坐淮水濆〔三〕,臨池伴魚釣〔四〕。京口躡寒蕪〔五〕,彭城搴荒藿〔六〕。扁舟浮漢江,一攬關山要〔七〕。西上定軍山,咨嗟武侯廟〔八〕。旋車下秦棧〔九〕,絕谷隨奔峭〔一〇〕。昭陵圖駿骨〔一一〕,漢闕悲殘照〔一二〕。石鼓在燕山〔一三〕,望諸可憑弔〔一四〕。還登尼父堂,禮器存遺詔〔一五〕。囊中金石文,一室供長嘯〔一六〕。諸子並多材,筆畫皆克肖〔一七〕。削柎追宜官〔一八〕,俗書嗤逸少〔一九〕。尤工蒼雅學〔二〇〕,深鄙庸儒剽。却思舊游國,轉瞬分疆徼。古堠出夕烽,平林延野燒〔二一〕。惟此數卷書〔二二〕，鳴琴對言笑。持以勖兒曹〔二三〕，四海有同調。莫浪逐王孫,但從諸母漂〔二四〕。

【彙校】
〔舊游國〕徐注本作"舊國游"。
【彙注】
〔一〕二徐　徐注：《南唐書》：徐鉉、徐鍇兄弟俱知名,號二徐。鍇亦善小學,嘗以許慎《説文》依四聲譜次爲十卷,目曰《説文解字韻補》,鉉親爲之篆,鏤板以行於世。

　　蓬常案：徐注"鍇亦善小學"下,爲《宋史·徐鉉傳》文。首二句,亦不見馬令、陸游兩《南唐書》,不知何據,姑存之。《宋史·徐鉉傳》：鉉,字鼎臣,揚州廣陵人。仕南唐,試知制誥。宋師圍金陵,隨李煜入覲。累官散騎常侍,謫卒。鉉精小學及篆隸,嘗受詔校《説文》。陸游《南唐書·徐鍇傳》：鍇,字楚金。後主立,拜右内史舍人,兼兵、吏部選事。與兄鉉俱在近侍,號二徐。開寶七年卒。著《説文通釋》等,凡數百卷。

〔二〕篆分句　徐注：《漢書·藝文志》"《史籀》十五篇"注：周宣王太史作,大篆。《説文序》：李斯作《蒼頡篇》,皆取史籀大篆,或頗省改,所謂小篆者也。《書斷》：斯小篆入神,大篆入妙；伯喈八分、飛白入神,大篆、小篆入妙。杜甫《李潮八分小篆歌》：大小二篆生八分。注：八分者,秦羽人王次仲飾隸書爲之,鍾繇謂之章程書。《蔡文姬別傳》：臣父邕言,程邈隸字八分取二分,割李斯小篆二分取八分,故名八分。《文獻徵存録》：玿嘗校婁機《漢隸字源》,爲之序。又云：蓋謹守叔重家法,其學迥出戴侗、楊桓上。

　　蓬常案：吴德旋《初月樓聞見録》：力臣性好古,精書法。

〔三〕淮水濆　徐注：《詩》：鋪敦淮濆。

〔四〕臨池句　蘧常案：見卷五《寄楊高士》詩"書池"注。

〔五〕京口　蘧常案：此謂弨至焦山觀《瘞鶴銘》，見卷五《寄張文學弨》詩"文字"句注。

〔六〕彭城句　徐注：隰西草堂有贈弨詩。案：弨亦嘗客彭城。《爾雅·釋草》：拜，蔏藋。注：商藋亦似藜。

　　蘧常案：徐注謂萬壽祺有贈弨詩，蓋以壽祺爲徐州人，疑其訪壽祺而客彭城也。其詞甚慎，而其意可見。然同治《山陽縣志·萬壽祺傳》云：壽祺，徐州人。甲申，京師陷，被執得脱，居山陽，徙清江浦。號所居隰西草堂曰南村。則其去徐州也久矣。弨之客彭城，未必以壽祺也。《莊子·徐无鬼》篇：夫逃虛空者，藜藋柱乎鼪鼬之徑。《唐韻》：藋，徒弔切。

〔七〕扁舟二句　蘧常案：王士禛《東西二漢水辨》：按百牢關下有分水嶺，嶺東水皆北流，至五丁峽，北合漾水，入沔而爲東漢；嶺西水皆南流，逕七盤關、龍洞，合嘉陵水而爲西漢。案：此謂東漢也。

〔八〕西上二句　原注：《蜀志·諸葛亮傳》：葬漢中定軍山。景耀六年，詔爲立廟。　徐注：弨集中有《武侯廟》詩。

　　蘧常案：《沔陽縣志》：定軍山在縣東南十里，上則兩峰對峙，下則河流環繞，可容萬軍。漢黃忠斬魏夏侯淵於此山下。有武侯墓，前有祠。張邦基《墨莊漫錄》：武侯壘東南有定軍山。入山十餘里，有武侯墓。《三國志·蜀書·諸葛亮傳》：亮遺命葬漢中定軍山。因山爲墳，冢足容棺。斂以時服，不須器物。

〔九〕秦棧　徐注：李白《送友人入蜀》詩：芳樹籠秦棧。

　　蘧常案：王琦《李太白集輯注》：入蜀之道，山路懸險，不容坦行,架木而渡,名曰棧道。以其爲自秦入蜀之道,故曰秦棧。王士禛《居易錄》:卲於康熙辛亥冬,從漢南過雲棧。

〔一〇〕奔峭　徐注:謝靈運《七里瀨》詩:徒旅苦奔峭。

〔一一〕昭陵句　徐注:《山陽縣志・張卲傳》:又謁唐昭陵,遍拓從葬諸王公墓碑及六馬圖。王士禛《居易錄》:卲冒雪至《醴泉》,抵趙村石鼓寺宿。明日,恭謁殿前,上下歷覽,皆如昭陵諸志所云。審視六馬,其制琢石如屏風。忍凍盤旋其旁者兩日。

〔一二〕漢闕句　蘧常案:李白《憶秦娥》詞:西風殘照,漢家陵闕。

〔一三〕石鼓句　蘧常案:歐陽修《集古錄》:《石鼓文》在岐陽,韋應物以爲周文王之鼓,至宣王刻詩。韓退之直以爲宣王之鼓。在今鳳翔孔子廟中。先時散棄於野,鄭餘慶置於廟而亡其一。皇祐四年,向傳師求于民間得之,十鼓乃足。其文可見者四百六十五,磨滅二字。虞集《道園學古錄》:大都國子監文廟石鼓十枚,其一已無字,其一但存數字,其一不知何代人鑿爲臼,而字稍完。傳聞徽宗時自京兆移置汴梁,以黃金實其字。金人得汴梁奇玩,悉輦置燕京,此鼓亦在北徙之列。集爲大都教授,得此鼓于泥土草萊之中,後助教成均,言于時宰,得兵部差大車十乘載之于今國子學大成門內左右壁下各五枚,爲磚壇以承之,又爲疏櫺而扃鐍之。大抵石方刓而高,略似鼓耳,不盡如鼓也。王士禛《題張力臣小照》詩:白頭更訪鴻都學,手拓陳倉《石鼓文》。

〔一四〕望諸句　徐注:韓愈《送董邵南遊河北序》:爲我弔望諸君之墓。

　　蘧常案:《史記・樂毅列傳》:燕惠王使騎劫代將而召樂毅,樂毅畏誅,遂西降趙。趙封樂毅於觀津,號曰望諸君。《索隱》:望諸,澤名,在齊,而趙有之,故號焉。《集解》:張華曰：望諸君冢，在邯鄲西數里。

〔一五〕還登二句　原注：《集古錄》有後漢《修孔子廟禮器碑》。　徐注：《史記·孔子世家贊》：觀仲尼廟堂車服禮器。

蘧常案：《山陽縣志·張弨傳》：弨至濟寧州拓孔子廟五漢碑，皆加辯論，根據詳洽。人以爲董參遠、黃伯思不是過也。案：濟寧孔廟漢五碑，謂北海相景君、郎中鄭固、司隸校尉魯峻、尉氏令鄭君、執金吾丞武榮五碑也。許瀚謂弨有《漢碑釋文》，濟寧潘氏嘗刻之，而所傳不廣。《禮器碑》則在曲阜孔子廟中。

〔一六〕囊中二句　徐注：《後漢書·向栩傳》：不好言語而好長嘯。

蘧常案：《元譜》：力臣貧而嗜古，多集金石文字。

〔一七〕諸子二句　蘧常案：《文集·音學五書後序》：此書得張君弨爲之手書，二子叶增、叶箕分書小字。

〔一八〕削柎句　原注：晉衛恒《書勢》：師宜官甚矜其能。或時不持錢詣酒家飲，因書其壁，雇觀者，以讎酒直。計錢足而滅之。每書輒削而焚其柎。梁鵠乃益爲版而飲之酒，候其醉而竊其柎。

〔一九〕俗書句　原注：韓退之《石鼓歌》：羲之俗書趁姿媚。

蘧常案：王士禛《居易錄》：力臣嘗著一書，以辨俗書之譌。

〔二〇〕尤工句　徐注：《史記·自序》：上起《典》、《謨》，旁究《蒼》、《雅》。

蘧常案：《静志居詩話》：力臣精六書。

〔二一〕却思四句　蘧常案："舊游國"，似謂京口以下游踪，與前相呼應。"轉瞬"三句，似謂吳氏戰亂，舊游之地悉淪兵燹也。

〔二二〕數卷書　蘧常案：《淮安府志·張弨傳》謂其有符山堂

藏書。

〔二三〕兒曹　徐注：《後漢書·耿弇傳》：光武笑曰：小兒曹乃有大志哉！

〔二四〕莫浪逐二句　蔣常案：王孫、漂母，見卷一《吳興行》"世無"四句注。案：此即《餘集·常熟陳君墓誌》所謂"士不幸而際此，當長爲農夫以没世，慎無仕宦"之意。

子德自燕中西歸省我于汾州天寧寺

【解題】

徐注：《汾州志》：李因篤與崑山顧炎武、太原閻若璩皆以博古精考核爲學者推重。其至汾陽，因炎武游汾時取道而來也。《一統志》：汾州府天寧寺在汾陽縣東郭，漢郭泰宅。唐始建爲寺，名太平。宋改名太子院。明洪武中更今名。

蔣常案：吳懷清《李天生年譜》：夏五月庚戌，詔受檢討。旋乞養，帝鑒其誠，許之。秋初出都，過汾州，省顧寧人於天寧寺。

一載燕臺別〔一〕，頻承注問書。天空烏鳥去〔二〕，秋到雁行初。共識斑衣重〔三〕，偏憐皂帽疏〔四〕。輕身騎款段，一徑訪樵漁〔五〕。

【彙校】

〔斑衣〕潘刻本、孫詒荀校本"斑"作"班"，古通。

【彙注】

〔一〕一載句　蔣常案：此謂因篤赴京之別。《李天生年譜》：康熙十七年,詔舉博學鴻儒,內閣學士項景襄、李天馥,大理少卿張雲翼咸以先生名上。以母老病辭。不許。九月,邑令郭九芝爲具裝北上。考先生年譜,時薦局方殷,絕跡不至都門,寓富平朱樹滋家。別在富平,非別於燕臺也。詩下有"秋到"云云,至本年秋時,別正一年矣。

〔二〕烏鳥去　蔣常案:似有烏去失哺之意。《禽經》:慈烏反哺。

〔三〕共識句　蔣常案:斑衣,見卷一《表哀詩》"斑衣"句注。《文集·與李湘北書》:關中布衣李君因篤承大疏薦揚,既徵好士之忱,尤羨拔尤之鑒。但此君母老且病,獨子無依,一奉鶴書,相看哽咽。雖趨朝之義,已迫於戴星;而問寢之私,倍懸於愛日。況年踰七十,久困扶牀;路隔三千,難通囓指。一旦禱北辰而不驗,回西景以無期,則缾罍之恥奚償,風木之悲何及?昔者令伯奏其愚誠,晉朝聽許;元直指其方寸,漢主遣行。求賢雖有國之經,教孝實人倫之本,是用遡風即路,瀝血叩閽。伏維執事宏錫類之仁,憫向隅之泣,俯賜吹嘘,仰徼俞允。俾得歸供菽水,入侍刀圭,則自此一日之斑衣,即終身之結草矣!王弘撰《山志》:李天生方授檢討,告終養,自具疏,以通政司難之,遂冒不應封而封之禁,朝廷以其情詞懇摯,特予終養,不罪也。案:因篤《乞養疏》,前人稱爲有清一代大文,然詞意多與先生此書同。蓋即據此書而衍之也。

〔四〕皂帽　蔣常案:見前《皂帽》詩解題。

〔五〕輕身二句　蔣常案:款段,見卷二《秀州》詩"將從"四句注。案:王弘撰《砥齋集·復湯荆峴侍講書》:子德深居簡出,絕無軒冕態。昨枉顧山堂,從者一老僕而已。朱樹滋《李文孝先生行狀》:天子允終養,抵家,隨易常服,見宗族戚友,口不道京邸事。居家不改寒素,出門乘羸馬,從小奚。此二句或有以輔成之歟?

寄次耕

【解題】

蔣常案:次耕,見卷四《寄潘節士之弟耒》詩解題。

入雒乘軒車〔一〕,中宵心有愠〔二〕。儻呼黃耳來〔三〕,更得遼東問〔四〕。兄子兩人,今在兀喇。

【彙校】

〔題〕徐注本下有"三首"二字。 〔更得〕徐注本、曹校本"得"作"待"。句下自注,孫託荀校本,汪、曹兩校本有,潘刻本、孫校本、徐注本闕。

【彙注】

〔一〕入雒句 徐注:《南史·宋彭城王義康傳》:袁淑曰:陸機入雒之年。古詩:軒車來何遲?

蔣常案:《晉書·陸機傳》:太康末,與雲俱入洛。後太傅楊駿辟爲祭酒。王鳴盛《十七史商榷》:機,太康末入洛,年二十九。案:耒入京應試授官,年與相若,故以爲況。

〔二〕中宵句 原注:《易·夬》:九三,若濡有愠。

蔣常案:《說文解字》:愠,怨也。蓋以兄讎動之,謂中夜捫心,必有所怨恨也。故下及兄子。

〔三〕黃耳 蔣常案:見卷三《自笑》詩"黃耳"句注。案:黃耳傳書,亦機在京師事也。

〔四〕更得句　蘧常案:《蔣山傭殘稿·與次耕書》云:既在京邸,當尋一之信,與嫂姪相聞。此吾輩情事,亦清議所關,不可闕略也。當爲一時事。然潘耒《遂初堂詩集·補遺·慟哭七十韻》,哭其兄也,有云:哀哀破巢下,萬事難可測。維時北風寒,千里凍地坼。寡嫂將兩雛,崎嶇赴塞北。逝將徒步送,不能憚遠役。薊門煙塵黃,塞外草根白。零丁四千里,寒影深夜隻。廣寧城迢遥,淒風苦白日。哀哉吾貞嫂,畢命於荒驛!殊俗激清風,邊城悚英魄。空餘兩孤兒,零落竄海磧。死者長已矣,生者兩惻惻。耒北送時,年僅十有八,見其所爲《沈兼人六十壽序》,則其嫂死久矣。先生或偶忘,故書言而詩不及之。"兀喇"疑即兀惹。兀惹一稱烏惹,亦曰兀者,在今吉林東北。蓋先至廣寧,後徙兀喇。廣寧,今遼寧北鎮縣。蓋愈流愈北矣。其後終由耒贖歸。陳廷敬《次耕潘君墓誌銘》云:初,伯氏兩孤兒在塞外,用捐贖例,購貨往贖。得贖矣,察覆至八九,經四部、兩撫、兩將軍,十年之久,得釋而歸。附識於此。

六鼇成簸蕩[一],夜宿看星河[二]。相對愁珠桂,流民輦下多[三]。

【彙注】

〔一〕六鼇句　徐注:《楚辭·天問》:鼇戴山抃,何以安之? 韓愈《聯句》詩:更呼相簸蕩。《東華錄》:康熙十八年七月庚申,京師地震,詔部院三品以上官及科道在外督撫等官言時政得失;發内帑金十萬兩,賑軍民廬舍傾圮及死傷者。

蘧常案:此次地震,不僅京師已也。《清史稿·災異志》:康熙十八年七月初九日,京師地震,通州、三河、平谷、香河、武清、永清、寶坻、固安地大震,聲響如奔車,如急雷,晝晦如夜,房舍傾倒,壓斃男婦無算。

〔二〕星河　徐注:《河圖括地象》:川德布精,上爲星河。

〔三〕相對二句　徐注:《戰國策》:楚國之食貴於玉,薪貴於桂。《漢書·食貨志》:昭帝時流民稍還,田野益闢。司馬遷《報任少卿書》:得待罪輦轂下。

　　蘧常案:黃庭堅詩:我家輦轂下,薪貴炊白玉。案:此詩謂燕京不足戀也。

嘗披《秋興》篇〔一〕,欲作東皋計〔二〕。聞有二毛人,年纔三十二〔三〕。

【彙注】

〔一〕《秋興》篇　蘧常案:潘岳《秋興賦序》:僕,野人也。偃息不過茅屋茂林之下,談話不過農夫田父之客。攝官承乏,猥厠朝列;夙興晏寢,匪遑底寧。譬猶池魚籠鳥,有江湖山藪之思。於是染翰操紙,慨然而賦。于時秋也,故以《秋興》命篇。案:《文集·與潘次耕書》云:於天空海闊之中,一旦爲畜樊之雉,才華累之也。"畜樊之雉",雖用《莊子》,亦同《秋興賦序》"池魚籠鳥"之意。

〔二〕東皋計　徐注:潘岳《秋興賦》曰:耕東皋之沃壤兮,輸黍稷之餘稅。

〔三〕聞有二句　蘧常案:潘岳《秋興賦序》:晉十有四年,余春秋三十有二,始見二毛。李善注:《左氏傳》宋襄公曰:不禽二毛。杜預曰:二毛,頭白有二色也。案:此以潘岳喻朱,勸其歸也。朱少先生三十三歲,則本年爲三十四歲。

歲暮西還時李生雲霑方讀鹽鐵論

【解題】

　　蔣常案：張《譜》：十八年正月，攜衍生移寓華下山史新齋。三月，出關。十一月，回華陰。時李雲霑仍留課衍生。雲霑詳前《寄李生雲霑》詩解題。《漢書·藝文志·諸子略·儒家》：桓寬《鹽鐵論》六十篇。顏師古注：孝昭帝時，丞相御史與諸賢良文學論鹽鐵事，寬撰次之。

　　積雪凍關河，我行復千里〔一〕。忽聞弦誦聲，遠出衡門裏。在漢方盛時，言利弘羊始〔二〕。桓生書一編〔三〕，恢卓有深旨〔四〕。發憤刺公卿，嗜利無廉恥。片言折斗筲，篤論垂青史〔五〕。矧乃衰亂仍，征斂橫無紀〔六〕。轉餉七盤山，骨滿秦川底〔七〕。太息問朝紳〔八〕，食粟斯已矣。幸哉荀卿門，尚有苞丘子〔九〕。

【彙注】

〔一〕我行句　蔣常案：《年譜》：由汾州回華陰。

〔二〕在漢二句　徐注：《漢書·食貨志》：武帝以東郭咸陽、孔僅為大農丞，領鹽鐵事，而桑弘羊貴幸。弘羊，洛陽賈人子，以心計。年十三，侍中。故三人言利事析秋豪矣。

〔三〕桓生句　蔣常案：《漢書·公孫賀等傳贊》：所謂鹽鐵議者，起始元中。徵文學賢良，問以治亂，皆對願罷郡國鹽鐵、酒榷、均輸，務本抑末，毋與天下爭利，然後化可興。御史大夫弘羊以為此乃所以安邊境，制四夷，國家大業，不可廢也。當時相詰難，頗有其議文。至宣帝時，汝南桓寬次公治《公羊春秋》,舉爲郎,至廬江太守丞。博通,善屬文,推衍鹽鐵之議,增廣條目,極其論難,著數萬言,亦欲以究治亂,成一家之法焉。

〔四〕恢卓句　原注:《鹽鐵論》引《春秋》曰:其政恢卓,恢卓可以爲卿相;其政察察,察察可以爲匹夫。

〔五〕發憤四句　徐注:《鹽鐵論·刺權》篇:皆公卿之累也,又皆公卿之憂也。又《刺議》篇:非儒無成事,公卿欲成利也。又《地廣》篇:公卿積億萬利己,并財以聚,百姓寒苦於道路。又《本議》篇:諸侯好利則大夫鄙。又《國病》篇:吏即少廉,民即寡恥。又:貧則寡恥,乏即少廉。廉恥陵遲而爭於利矣。

　　蘧常案:《鹽鐵論·雜論》:余覩鹽鐵之義,觀乎公卿文學賢良之論,意指殊路,各有所出,或上仁義,或務權利。中山劉子雍言王道,矯當世,復諸正,務在乎反本;直而不徼,切而不燎,斌斌然斯可謂弘博君子矣。九江祝生奮由路之意,推史魚之節,發憤懣,刺譏公卿,介然直而不撓,可謂不畏強禦矣。桑大夫據當世,合時變,推道術,尚權利;攝卿相之位,不引準繩,以道化下,放於利末,不師始古,處非其位,行非其道,果隕其姓,以及厥宗。若夫辈丞相御史不能正議以輔宰相,成同類,長同行,阿意苟合,以說其上;斗筲之人,道諛之徒,何足算哉!

〔六〕刭乃二句　徐注:《楚詞》:罔芒芒之無紀。先生《病起與薊門當事書》:目見鳳翔之民舉債於權要,每銀一兩,償米四石,此尚能支持歲月乎?

　　蘧常案:王弘撰《復張又南囧卿書》:吾鄉民力已竭。豈有越蜀道之險,而運糧於千里之外哉?今計小米一石,費至十有二金矣。明年若不更作長計,其憂不細。

〔七〕轉餉二句　徐注：《漢書·高帝紀》：丁壯苦軍旅，老弱罷轉餉。《東華錄》：康熙十三年，安西將軍葉赫等自漢中抵七盤關，破賊於關口及種子鋪山下，進抵朝天關；敗吳三桂僞總兵石存禮于劉閣鋪山下，復朝天關。又十二月，經略莫洛言廣元大兵缺餉兩月，略陽糧艘爲賊所劫。賊又長踞七盤、朝天諸關，餉道梗塞。上命速赴七盤、朝天等處，會將軍席卜臣剿賊，疏通餉道。尋總督哈占言蜀中水陸阻賊，糧運難繼，且賊窺伺平陽。上諭貝勒董額、經略莫洛及周有德、張德地等撤兵回廣元，再圖恢復。

　　蘧常案：《明史》志《地理四》四川保寧府廣元注：北有七盤嶺，上有七盤關，爲陝西、四川分界處。《三國志·蜀書·諸葛亮傳》：將軍身率益州之衆以出秦川。《讀史方輿紀要·陝西》云：秦孝公徙都之，謂之秦川，亦曰關中。案："骨滿秦川"，當謂王輔臣之附吳三桂事，見卷五《兄子洪善北來》詩"秦關"句注。

〔八〕朝紳　徐注：趙抃詩：公議協朝紳。
〔九〕幸哉二句　原注：《鹽鐵論》曰：李斯與苞丘子俱事荀卿。苞丘子飯麻蓬藜，修道白屋之下。　徐注：《鹽鐵論·毀學》篇：方李斯之相秦也，始皇任之，人臣無二，然而荀卿爲之不食，覩其罹不測之禍也。

送康文學乃心歸郘陽　已下上章涒灘

【解題】

　　徐注：康熙十九年庚申。《元譜》：乃心，字太乙，郘陽人。漁洋奉使祭告西嶽,游慈恩寺,見太乙《題秦莊襄王墓》絕句,亟稱之。康以此得名。學使陸儼庭德元拔之充貢,是科以第五人冠其經。長安語曰:關中二李,不如一康。著有《莘野集》。《文獻徵存錄》:乃心進退辭讓,一以聖賢爲準則。《明史·地理志》:西安府同州領縣五:朝邑、郃陽、韓城、澄城、白水。郃陽注:州東北。　戴注:"關中二李,不如一康"之諺,見王士禎《居易錄》。　冒云:先生是年年六十八。

　　蔣常案:《郃陽縣志》:康乃心又號恥齋。少善屬文,尤工詩。康熙三十八年舉人。聖祖西巡,問經明行修之士,韓城劉蔭樞以乃心對,由是名大著。著有《毛詩箋》,《莘野集》,《太乙子》,韓城、平遥二縣志。卒祀鄉賢。王士禎《遊樊川諸勝記》:小雁塔左壁,有康乃心《題秦莊襄王墓》絕句云:園廟衣冠此內藏,野花歲歲上陵香。邯鄲皷瑟應如舊,贏得佳兒畢六王。賞咏久之。龔節孫爲言:康,字太乙,郃陽名士。張大受《康乃心墓表》:康熙丁亥,年六十有五卒。　是年海上鄭氏稱永曆三十四年,公元一六八〇年。

　　子夏看書室,臨河四望開〔一〕。山從雷首去,浪拂禹門迴〔二〕。大道疑將廢〔三〕,遺經重可哀。非君真好古,誰爲埽莓苔?

【彙注】

〔一〕子夏二句　原注:《水經注》:徐水東南逕子夏陵北,東入河。又曰:東南北有二石室,臨側河崖,名子夏室。　徐注:《史記·孔子世家》:臨河而歎。
　　　蔣常案:《明史》志《地理三》陝西同州郃陽注:東有黃河。
〔二〕雷首二句　蔣常案:雷首,禹門,并見前《河上作》詩"龍門"四句注。
〔三〕大道句　徐注:《論語》:道之將廢也與?

友人來坐中口占二絕

【解題】

戴注:詩意似指李子德、王山史一流人。
蘧常案:戴采自吴《譜》。

不材聊得保天年〔一〕,便可長棲一壑邊。寄語故人多自愛〔二〕,但辭青紫即神仙〔三〕。

【彙注】

〔一〕不材句　徐注:《莊子・山木》:弟子問於莊子曰:山中之木,以不材得終其天年。
〔二〕寄語句　徐注:梁武帝詩:寄語故人情。《老子》:是以聖人自知不自見,自愛不自貴。
〔三〕青紫　徐注:《漢書・劉向傳》:王氏一姓,青紫貂蟬,充盈幄内,魚鱗左右。
　　蘧常案:《漢書・夏侯勝傳》顏注:青紫,卿大夫之服也。王先謙《補注》:葉夢得云:漢丞相太尉皆金印紫綬,御史大夫銀印青綬,此皆三府之官之極崇者。勝云青紫,謂此。案:《蔣山傭殘稿・與王山史書》云:四月杪,自曲周遣人入都至貴寓,言駕已西行數日,甚慰。自今以往,以著書傳後學,以勤儉率子弟,以禮俗化鄉人。數年之後,叔度、彥方之名,翕然於關右,豈玉堂諸子之所敢望哉!此去歲四月至曲周時所作,即此句之意。

昨過河東望首陽〔一〕,空山煙靄尚蒼蒼。傳聞高士燕中返,料理牀頭皂莢囊〔二〕。

【彙注】
〔一〕昨過句　徐注:《方輿紀要》:蒲州有河東廢縣。首陽山與中條連麓,上有夷、齊墓。先生《復庵記》:余嘗一宿其庵,開户而望大河之東,雷首之山,蒼然突兀,伯夷、叔齊之所采薇而餓者,若揖讓乎其間,固范君之所慕而爲之者也。
〔二〕傳聞二句　原注:《隋書·五行志》:梁末童謠云:黄塵污人衣,皂莢相料理。　全云:善謔。

送李生南歸寄戴笠王錫闡二高士

【解題】
　　徐注:元《譜》:五月,送馬右實喪出關,既足附之南歸。
　　蘧常案:戴笠見卷三《酬歸戴王潘四子韭溪草堂聯句》詩注。王錫闡,見卷五《太原寄王高士錫闡》詩注。

華山五粒松〔一〕,寄向江東去。白雲滿江天〔二〕,高士今何處?憶昔過湖濱,行吟兩故人〔三〕。潛龍猶在水〔四〕,別鶴已來秦〔五〕。江海多翻覆,林泉異棲宿。驚聞東市琴,涕隕堂前筑〔六〕。去去逐征蓬,隨風西復東。風吹蘭蕙色,一夜落關中〔七〕。五陵生蔓草〔八〕,愁絶咸陽道〔九〕。平生四海心,竟作終南老〔一〇〕。送子出函關〔一一〕,南山望北山〔一二〕。洞庭多桂樹,折取一枝還〔一三〕。

【彙注】

〔一〕五粒松　徐注:《華嶽志》:五粒松:嶽頂西南峰上有五粒松,平如偃蓋。旁有青蘿長百尺,下生茯苓,具如人形。時生琥珀,夜即有光如荷花,服之遐舉,夜可書字。

〔二〕白雲句　徐注:梁簡文帝《與蕭臨川書》:白雲在天,蒼波無極。

〔三〕憶昔二句　蘧常案:湖濱行吟,見卷三《酬歸戴王潘四子韋溪草堂聯句》詩解題與"同人"句注。案:"二故人",謂戴、王也。王錫闡亦吳江人。嘗與潘檉章、吳炎、戴笠分撰《明史記》,事見卷四《汾州祭吳炎潘檉章二節士》詩"一代"句注,故下感及吳、潘。

〔四〕潛龍句　徐注:《易·乾卦》:潛龍勿用。

蘧常案:此句謂戴、王。《文集·與戴耘野書》云:每南望鄉關,屈指松陵數君子,何嘗不緬想林宗,長懷仲蔚,音儀雖闊,志嚮靡移。

〔五〕別鶴句　蘧常案:別鶴,見卷二《懷人》詩"別鶴"注。此句自謂。

〔六〕驚聞二句　全云:指吳、潘也。

蘧常案:東市琴,見前《關中雜詩》第四首"延陵"二句注。《太平御覽》卷五三二戴延之《西征記》:洛陽建春門外道北去二里,有牛馬市,嵇公臨刑處也。堂前筑,見卷一《擬唐人五言八韻·高漸離擊筑》詩解題。

〔七〕去去四句　徐注:《後漢書·明帝紀》:飛蓬隨風,微子所歎。杜甫《白鳧行》詩:終日忍飢西復東。李白《古風》:光風滅蘭蕙。

蓮常案：此四句，述己北遊及入關也。

〔八〕五陵句　蓮常案：見卷五《寄劉處士大來》詩"五陵"注。此五陵，似借謂十三陵。

〔九〕愁絶句　徐注：《史記·秦本紀》"戰咸陽"《正義》：《括地志》云：咸陽故城亦名渭城，秦孝公已下並都此城。

蓮常案：《讀史方輿紀要》：山南水北曰陽。地在九嵕之南，渭水之北，山水皆陽，故曰咸陽。《明史》志《地理三》：陝西西安府咸陽注：府西北。舊治在渭河北，洪武二年，徙於渭南。案：此似借謂北京。

〔一〇〕平生二句　徐注：先生《與戴耘野書》云：今將卜居太華，以卒餘齡。百家之說，粗有關於古人；一卷之文，思有裨於後代。此則區區自矢而不敢偷惰者也。《關中》詩五首、《寄次耕》詩一首呈覽，可以徵出處大概。

〔一一〕函關　蓮常案：見卷四《古北口》詩"便似"句注。

〔一二〕南山句　蓮常案："南山"，當謂終南山。吳江有北山，潘檉章《秋暮懷吳東籬》詩所謂"知向北山遊屐徧"者。李生吳江人，所望疑謂此。

〔一三〕洞庭二句　蓮常案：此"洞庭"當謂洞庭山。山中多桂樹。歸莊《看桂花記》云：吾郡則吳之諸山，桂爲最盛。洞庭山則翁園、席園，而席園爲王文恪公手植，二百餘年物也。

酬族子湄

【解題】

徐注：《元譜》：湄，字伊人，太倉人。著有《水鄉集》。《先正事略》：吳梅村祭酒嘗選婁東十子詩，以黃忍庵與堅爲冠，湄名第三。吳偉業《顧母陳孺人壽序》：余及門顧伊人居州之雙鳳里。其先君麟士，長於毛、鄭之學，稽經輯傳，自名一家，海内所稱織簾先生也。余嘗訪伊人於其里，茅齋三楹，衡門兩版，庭階潔治，地無纖塵。散步至後圃，見嘉樹文石，則曰：此吾父在日，某先生所嘗過而憩者也。丹黄遺帙，插架如新，蘚壁舊題，漫漶可識。噫嘻，麟士可謂有子矣！

　　蘧常案：歸莊《顧伊人詩序》：顧麟士先生之篤於學也，海内仰之者三十餘年。無子，有養子曰伊人，少能詩。

　　二紀心如昨，詩來覺道同〔一〕。微禽難入海〔二〕，寒木久生風〔三〕。谷口青門外〔四〕，沙頭白蜆東〔五〕。不知耆舊里，何處有龐公〔六〕？

【彙注】

〔一〕二紀二句　徐注：顧湄《寄族叔亭林先生》詩：頭白孤臣氣拂膺，半生心事漢諸陵。蔣山圖畫《昌平記》，旅壁僧窗黯一燈。　廿年漂泊欲何依？懷古傷今事總非。落日那堪更回首，西風笠澤雁南飛。又第四首云：千里一緘頻寄語，祇教留得歲寒心。

〔二〕微禽句　原注：郭璞《游仙》詩：淮海變微禽，吾生獨不化。

　　　　蘧常案：此句自謂。

〔三〕寒木句　蘧常案：似謂風木之悲，蓋指湄言。

〔四〕谷口句　蘧常案：谷口，見前《雨中至華下宿王山史》詩"谷口"句注。青門，見卷四《酬程工部先貞》詩"青門"句注。此蓋自謂。

〔五〕沙頭句　原注：《史記正義》：三江，在蘇州東南三十里，一江東南上七十里白蜆湖。　徐注：《明史·地理志》：蘇州府吴江，東南有白蜆江。《蘇州府志》：白蜆山在城東三十里陽城湖濱。白蜆江在府東南五十里，北連蕭田湖，直通至陳湖。

　　　蘧常案：此蓋謂湄。

〔六〕不知二句　徐注：《襄陽耆舊傳》：龐德公隱鹿門山。

　　　蘧常案：以上四句似謂爾我兩地不知尚有耆德如龐德公其人乎？蓋傷真隱之少，有慨於鴻博就徵之多也。

朱處士鶴齡寄尚書埤傳

【解題】

　　徐注：《先正事略》：鶴齡，字長孺，吴江人，明諸生。遺落世事，晨夕手一編，行不識路塗，坐不知寒暑，或謂之愚，因自號愚庵。嘗箋注子美、義山詩，故所作出入二家。入國朝，屏居著述，與顧亭林友善。亭林勖以本原之學，始湛思覃力於諸經注疏及先儒語錄。著有《尚書埤傳》、《禹貢長箋》、《讀左日鈔》、《詩經通義》等書。《尚書》斟酌於漢學、宋學間。《長箋》作於胡朏明前，不及朏明《錐指》，而旁引曲證，亦多創獲。《禹貢》三江、震澤、太湖、嶓冢、漢源諸辨，多有裨於考證。又著《愚庵詩文集》。其《書元裕之集後》云：裕之於元既踐其土，茹其毛，即無反噬之理。乃今之詆訕不少避者，若欲掩其失身之事，以誑國人，非徒誖也，其愚亦甚矣！其言蓋指國初反覆之輩，可謂知大義矣。

　　蘧常案：《四庫全書提要》：《尚書埤傳》十七卷。前有《考異》一卷，辨經文同異。後有《逸篇》、《僞書》及《書説餘》一卷，大抵以孔《傳》爲真。《埤傳》十五卷,旁引曲證,亦多可採。其詮釋義理而不廢考訂訓詁,斟酌於漢學、宋學之間。

昔我適濟南,曾過伏生祠[一]。青山對虛檻,零露寒高枝。精靈竟何往?再拜空階墀。迫怵秦火焚[二],豈意逢漢時[三]?此書立博士[四],天下亦一治[五]。嗟彼九十翁[六],俟河未爲遲[七]。不厭文字譌[八],百王賴蓍龜[九]。後人失其傳[一〇],巧文患多師[一一]。忽見吾友書,一編遠來貽。緬想江上村[一二],弦歌類齊淄[一三]。白首窮六經,夢寐親皋伊。百家紛綸説,爬羅殆無遺[一四]。論及《禹貢》篇,九州若列眉[一五]。上愁法令煩,下慨淳風衰[一六]。君今未大耋,正可持綱維。煙艇隔吳門[一七],臨風苦相思。爲招陽鳥來[一八],寄此懷人辭。

【彙校】
〔九十翁〕徐注本,汪、曹兩校本"九"作"七"。

【彙注】
〔一〕伏生祠　徐注:《一統志》:伏生祠在濟南府。
　　蘧常案:伏生見卷四《贈孫徵君奇逢》詩"尚有"四句注。
〔二〕迫怵句　徐注:賈誼《鵩鳥賦》:怵迫之徒兮,或趨西東。
　　蘧常案:秦火焚,見卷五《贈子德李子聞予在難》詩《詩》《書》"句注。
〔三〕豈意句　徐注:《漢書·儒林傳序》:漢興,言《書》者自濟南伏生。
〔四〕此書句　蘧常案:《漢書·儒林傳·伏生傳》:伏生教濟南張生及歐陽生,張生爲博士。又《歐陽生傳》:事伏生,授倪寬。歐陽、大小夏侯氏學皆出於寬。寬授歐陽生子,世世相傳,至曾孫高子陽，爲博士。又《贊》：自武帝立五經博士，《書》唯有歐陽。至孝宣世，復立大小夏侯《尚書》。

〔五〕天下句　徐注：《孟子》：天下之生久矣，一治一亂。

〔六〕九十翁　蘧常案：《史記・儒林列傳・伏生傳》：孝文帝時，欲求能治《尚書》者，天下無有。乃聞伏生能治，欲召之。是時伏生年九十餘，老不能行，於是乃詔太常，使掌故朝錯往受之。案：或本作"七十翁"，七爲九之誤。舊注以爲指朱鶴齡，尤誤。至下"忽見吾友書"云云，始謂鶴齡。

〔七〕俟河　蘧常案：見卷四《五十初度》詩"老年"句注。

〔八〕不厭句　徐注：《日知錄》：漢時《尚書》，今文與古文爲二，而古文又自有二。案《藝文志》曰：二十九卷，伏生所傳授者大小夏侯二家，夏侯勝及兄子建；歐陽生字和伯，史失其名，皆傳伏生《尚書》，爲今文。孔安國所獻之書五十九篇，四十六卷，爲古文。此今文與古文爲二也。又《儒林傳》曰：孔氏有《古文尚書》，安國以今文字讀之，因以起其家逸《書》。遭巫蠱，未立於學官。安國授都尉朝，朝授膠東庸生，庸生授清河胡常少子。又傳《左氏》，常授虢徐敖。又傳《毛詩》，授王璜、平陵塗惲子眞，子眞授河南桑欽君長。王莽時，諸學皆立。又曰：世所傳百兩篇者，出東萊張霸。此又孔氏古文與張霸之書爲二也。又《後漢書・儒林傳》曰：孔僖自安國以下，世傳《古文尚書》。又曰：扶風杜林傳《古文尚書》，林同郡賈逵爲之作訓，馬融作傳，鄭玄注解，由是《古文尚書》遂顯於世。然則僖所受之安國者，竟無其傳；而杜林、賈逵、馬融、鄭玄則不見安國之傳，而爲之作訓、作傳、作注解，此則孔、鄭之學，又當爲二而無可考矣。又《劉陶傳》：陶明《尚書》，爲之訓詁，推三家《尚書》及古文，是正文字三百餘事，名曰《中文尚書》。漢末之亂無傳。《隋書・經籍志》，馬、鄭所傳惟二十九篇，又雜以今文，非孔子舊書。晉世祕府所存有《古文尚書》經文，今無有傳者。及永嘉之亂，歐陽、大小夏侯《尚書》並亡。至東晉豫章內史梅賾始得安國之書上之。齊明帝時，姚方興於大航頭得本，有"曰若稽古帝舜"以下二十八字，獻之朝。及江陵板蕩，其文北入中原，劉炫遂以列諸本第。然則今之《尚書》，其今文、古文之三十三篇，固雜取伏生、孔安國之文及梅賾、姚方興而一之矣。而鄞人豐熙之《尚書》，言爲箕子朝鮮本者，尤僞也。

　　蘧常案：此句似謂劉向校歐陽、夏侯三家經文之脫譌。三家皆出伏生也。《漢書·藝文志·六藝略書敘》云：劉向以中古文校歐陽、大小夏侯經文，《酒誥》脫簡一，《召誥》脫簡二。率簡二十五字者，脫亦二十五字；簡二十二字者，脫亦二十二字。文字異者七百有餘，脫字數十。

〔九〕百王句　徐注：《漢書·董仲舒傳》：改制作樂而天下治和，百王同之。《易·繫辭》：莫大乎蓍龜。

〔一〇〕後人句　蘧常案：阮孝緒《七錄》謂歐陽、大小夏侯三家亡於西晉，《隋書·經籍志》亦云三家亡於永嘉之亂，故云。

〔一一〕巧文句　徐注：杜甫《戲爲六絕句》詩：轉益多師是汝師。
　　蘧常案："巧文"，似謂梅賾《書》及姚方興大航頭之作僞，見上徐注。

〔一二〕江上村　蘧常案：徐《譜》"順治十八年"下云：是年適越，往來皆由吳江之江村。江村，潘檉章之所居也。鶴齡與檉章爲同邑，或居相近歟？

〔一三〕齊淄　蘧常案：見卷五《寄劉處士大來》詩"久滯"句注。

〔一四〕白首四句　徐注：揚雄《甘泉賦》：皋、伊之徒，冠倫魁能。《史記·賈生列傳》：頗通諸子百家之書。韓愈《進學解》：爬羅剔抉。

蘧常案：蘇轍《范鎮侍讀太乙宮制》：謂白首窮經之樂，尚可推以與人。李善《文選·甘泉賦》注：應劭曰：皋，皋繇，堯臣也。伊，伊尹，湯臣也。《後漢書·逸民傳》：井丹字大春。少受業太學，通五經，善談論。故京師爲之語曰：五經紛綸井大春。《元譜》：鶴齡甲申後絶意仕進，專精經學。以朱子掊擊《小序》太過，乃集諸家説，疏通《序》義，爲《毛詩通義》；以蔡氏釋《書》未精，撰《尚書埤傳》；以胡氏傳《春秋》多偏見鑿説，乃合唐、宋以來諸儒之解，撰《春秋集説》；又以杜氏注《左傳》未盡合，俗儒又以林注亂之，撰《讀左日鈔》。

〔一五〕論及二句　徐注：《戰國策》：蘇代自齊獻書于燕王曰：王謂臣曰：吾必不聽衆口與讒言。吾信汝也，猶列眉也。

蘧常案：《四庫全書提要》：《尚書埤傳》於分別九州，則取章俊卿之考索。又《禹貢長箋》前列二十五圖，自《禹貢》全圖以及導山道水皆依次隨文詮解，多引古説，而以己意折衷之。此書作於胡渭《禹貢錐指》之前，殊不及胡書之薈萃精博；而旁引曲證，亦時多創獲。且其於貢道漕河，經由脈絡，剖析條理，亦較他本爲詳。

〔一六〕上愁二句　徐注：《日知錄》：前人立法之初，不能詳究事勢，豫爲變通之地。後人承其已弊，拘於舊章，不能更革而復立一法以救之。於是法愈繁而弊愈多，天下之事，日至於叢脞。其究也，眊而不行，上下相蒙，以爲無失祖制而已。此莫甚於有明之世。

蘧常案：此二句當亦謂《禹貢》篇也。

〔一七〕煙艇　徐注：杜甫《八哀·故左僕射曲江張公九齡》詩：猶思理煙艇。

〔一八〕陽鳥　蘧常案：見卷一《賦得越鳥巢南枝》詩"隨陽"注。

哭李侍御灌谿先生模

【解題】

徐注：《蘇州府志》：李模，字子木，號灌谿，吳縣人。其先太倉人。天啓乙丑進士，除東莞知縣。舉卓異，授河南道御史。屢上疏言事，巡按真定諸府。福王立，起爲河南道御史，見時事不可爲，遂以病歸。事父依依孺慕，當事式廬，稀得一見。里居三十餘年，年八十二卒。顧丹五《筆記》：順治十六年，海寇作亂，蘇郡有駐防之師。領兵將軍祖大壽圈封民房以居兵，自婁門直至桃花塢寶城橋止，聽出後廠一隅。緣後廠李灌溪模曾任前明兵備道，時祖尚微員，有罪當刑，幕友勸李救之，得免，祖故以報之。

故國悲遺老[一]，南邦憶羽儀[二]。巡方先帝日，射策德陵時[三]。落照辭烏府，秋風散赤墀[四]。君以崇禎十四年左遷南京國子監典籍。南渡復官，稱病不出。行年逾八十，當世歷興衰。廉里居龔勝[五]，緜山隱介推[六]。清操侔白璧，直道叶朱絲[七]。函杖天涯遠[八]，杓衡歲序移[九]。無緣承問訊，祇益歎差池。水没延州宅[一〇]，山頹伍相祠[一一]。傳家唯疏草[一二]，累德有銘碑[一三]。灑涕瞻鄉社，論心切舊知。空餘歲寒誼[一四]，不敢負交期。

【彙校】

〔函杖〕徐注本"杖"作"丈"。 〔累德〕孫詒諐校本"累"作"誄"。丕續案："累德"原有注，作"誄"非。

【彙注】

〔一〕故國句 徐注：《漢書·劉向傳》：身爲宗室遺老。

蕖常案：《孟子·梁惠王篇》：所謂故國者，非謂有喬木之謂也，有世臣之謂也。

〔二〕南邦句　徐注：《詩》：登是南邦。《易》：其羽可用爲儀，吉。

〔三〕巡方二句　蕖常案：《明史》志《職官四》：都察院，浙江、江西、河南等九道，各御史二人；福建、湖廣等四道，各御史三人。凡巡倉、巡城、屯田、巡視、糧儲等，皆歛而差之。《漢書·蕭望之傳》：以射策甲科爲郎。顏師古注：射策者，謂爲難問疑義，書之於策，量其大小，署爲甲乙之科，列而置之，不使彰顯；有欲射者，隨其所取得而釋之，以知優劣。射之言投射也。案：此二句，謂其於崇禎時任河南道御史。其成進士，則在天啓年間也。德陵，見卷三《劉諫議祠》詩"一自"二句注。

〔四〕落照二句　徐注：《漢書·朱博傳》：御史府中列柏樹，常有野鳥數千，棲宿其上。白居易《代書》詩：再喜登烏府，多慚侍赤墀。《禮》：天子赤墀。

〔五〕廉里句　原注：《漢書·龔勝傳》：勝居彭城廉里。

蕖常案：龔勝，見卷一《哭楊主事廷樞》詩"齊蠋"句注。

〔六〕縣山句　蕖常案：縣山，見前《介休》詩及《靈石縣東北晉介之推祠》詩題注。介推，詳前詩"龍蛇"句及後詩"國祿"、"更與"、"割股"諸句注。

〔七〕直道句　徐注：《論語》：三代之所以直道而行也。鮑照樂府《白頭吟》：直如朱絲繩。　戴注：先生乙未蒙難時，李曾主持公道。

蕖常案：戴注蓋本吳《譜》。先生乙未之難，里豪葉方恒訟之急，歸莊致書方恒有云：寧人腹笥之富，文筆之妙，非弟一人之私言，灌老諸公，皆擊節稱賞。"灌老"當即灌谿。《蔣山傭殘稿》卷二《與人書》有云：弟以九月三十日保出，十一月十日再審。當事頗留心開豁,而章丘陷害之謀,亦已畢露,此皆大君子孚號壯拯之功,惟世世矢之弗忘而已。結否尚未可定,駁允更不可定。馬角無期,貂裘久敝。惟長者垂憫孤根,錫之噓植,敢祈終始玉成,幸甚幸甚! 自稱弟又曰長者,疑即與李模者。模長先生十有四歲,故有此稱歟?

〔八〕函杖　蘧常案:"杖"應作"丈"。《禮記‧曲禮》:席間函丈。鄭注:函猶容也。講問宜相對容丈,足以指畫也。

〔九〕杓衡句　蘧常案:《史記‧天官書》:北斗七星,所謂璇璣玉衡,以齊七政。杓攜龍角,衡殷南斗。斗爲帝車,運于中央,臨制四鄉。分陰陽,建四時,均五行,移節度,定諸紀,皆繫於斗。《索隱》:孟康曰:杓,北斗杓也。晉灼曰:衡,斗之中央。

〔一〇〕水没句　徐注:庾闡《揚都賦》:昔句吳端委延州,儷臧高讓。
　　蘧常案:"延州"蓋爲"延州來"之簡。《左傳》昭公二十七年:使延州來季子聘於上國。杜注:季子本封延陵,後復封州來,故曰延州來。此曰"延州宅"者,謂吳季札宅也,故與下伍相祠作對。《清史稿‧災異志一》:康熙十九年八月,太湖溢。

〔一一〕山頹句　徐注:《蘇州府志》:吳相伍大夫廟在胥口胥山上。《盧志》:吳縣西南四十里,俗稱胥王廟。宋元嘉二年,吳令謝珣移廟城中。乾道間,復建故處。明正德間重修。一在洞庭東山揚灣;一在盤門内,俗稱南雙廟;一在胥門上。其像作立狀,明郡守況鍾謁祠,命改坐像。
　　蘧常案:《禮記‧檀弓》:泰山其頽乎! 此謂其死。

〔一二〕傳家句　徐注:《蘇州府志》:李模子炳,字文中。國變後,棄諸生,隱居不仕。《小腆紀年》:明論翊戴功,進勛臣内官禄廕,國子監典籍李模疏曰:今日諸臣能刻刻認先帝之罪臣,方能紀常勒卣,蔚爲陛下之功臣。日者廟廷之爭,幾成鬧市。傳聞遐邇,不免輕視朝廷。原擁立之事,皇上不以得位爲利,諸臣何敢以定策爲名,甚至侯伯之封,輕加鎮將。夫鎮將事先帝,未收桑榆之效;事陛下,未彰汗馬之績,案其實亦在戴罪之科,而予之定策勳,其何以安?倘謂勸進有章,足當夾輔;抑以勖勉敵愾,無嫌溢稱,然而名實之辨,何容輕假!夫建武之鄧禹,猶慚受任無功;肅宗之郭子儀,尚自詣闕請貶。願諸大臣倡率中外,力圖贖罪,必大慰先帝殉國之靈,庶堪膺陛下延世之賞。至於絲綸有體,勿因大僚而過繁;拜下宜嚴,勿因泰交而稍越;繁縷可惜,勿因近侍而稍寬,然後綱維不墮,而威福日隆也。

〔一三〕累德句　原注:《周禮》"大祝作六辭:六曰誄"注:誄謂積累生時德行,以賜之命。

〔一四〕歲寒　蘧常案:見卷二《歲九月虜令伐我墓柏》詩"後凋節"注。

華下有懷顧推官

【解題】

戴注:歸玄恭曾爲作傳。

蘧常案:戴注本吳《譜》。然今傳玄恭集無咸正傳,僅有其二子大鴻、仲熊傳耳。

秋風動喬嶽〔一〕,黃葉辭中林〔二〕。策杖且行游〔三〕,息此空亭陰。伊昔吾宗英,賦詩一登臨〔四〕。爾來閱三紀,斯人成古今〔五〕。邈矣越石嘯〔六〕,悲哉嵇生琴〔七〕。鐘呂久不鳴,乾坤盡聾瘖〔八〕。爲我呼蓐收,虎爪持霜金〔九〕。起我九原豪〔一〇〕,獮彼田中禽〔一一〕。下見采薇子〔一二〕,舊盟猶可尋〔一三〕。神理儻不昧〔一四〕,久要終此心〔一五〕。

【彙注】

〔一〕喬嶽　徐注:詩:及河喬嶽。

　　　蘧常案:《詩·周頌·時邁》毛傳:喬,高也。又,《般》:墮山喬嶽。毛傳:高山,四嶽也。

〔二〕中林　徐注:《詩》:瞻彼中林。

〔三〕策杖　徐注:先王《與李中孚書》:衰疾漸侵,行須扶杖。

〔四〕伊昔二句　徐注:《左傳》僖公五年:晉,吾宗也。　戴注:推官嘗登華山賦詩。

　　　蘧常案:此戴注亦本吳《譜》。

〔五〕爾來二句　徐注:先生三十五歲有《贈顧推官》詩、《哭顧推官》詩。是年先生六十八歲,故云"歷三紀"。孟浩然《與諸子登峴山》詩:往來成古今。

〔六〕越石嘯　蘧常案:見卷四《又酬傅處士次韻》第一首"清切"句注。

〔七〕嵇生琴　蘧常案:見前《關中雜詩》第四首"延陵"二句及《送李生南歸》詩"驚聞"二句兩注。

〔八〕聾瘖　徐注:《子華子》:下無言謂之瘖,上無聞謂之聾。聾瘖之朝,上有放志,下多忌諱。

〔九〕爲我二句　原注:《晉語》:虢公夢在廟,有神人面白毛,虎爪執鉞,立於西河,召史嚚占之,對曰:如君之言,則蓐收也,天之刑神也。

蘐常案：孟郊《魯山》詩：豺狼恥狂噬，齒牙閉霜金。

〔一〇〕起我句　蘐常案：見卷五《過矩亭拜李先生墓》下詩"自非"二句注。

〔一一〕獮彼句　原注：《易·師》：六五，田有禽，利執言。

蘐常案：《爾雅·釋詁》：獮，殺也。"田中禽"，當喻清。然《易》言"田有禽"，謂獵而有獲也，漢、宋言《易》不見有異義者。今曰"田中禽"，則爲別解矣。俟考。

〔一二〕下見句　徐注：阮籍《詠懷》詩：下有采薇士。

〔一三〕舊盟句　徐注：《左傳》昭公十九年：平丘之會，君尋舊盟。

〔一四〕神理句　蘐常案：見卷一《浯溪碑歌》"神理"句注。

〔一五〕久要　徐注：《論語》：久要不忘平生之言。

華陰古蹟 二首

平舒道

【解題】

蘐常案：見卷一《秦皇行》"隕石化"三句注。案：似有所詛，如《羌胡引》所謂"今年祖龍死"云云也。

何處平舒道〔一〕，西風卷夕雲。空留一片璧，爲遺滴池君〔二〕。

【彙注】

〔一〕平舒　蘐常案：《史記正義》：《括地志》云：平舒故城，在華州華陰縣西北六里。《水經注》云：渭水又東經平舒北，城枕渭濱,半破渝水,南面通衢。昔秦之將亡也,江神送璧於華陰平舒道,即其處也。

〔二〕滈池君　蔣常案:《史記正義》:滈,湖老反。《括地志》:滈水源出雍州長安縣西北滈池。

回 谿

【解題】

徐注:《後漢書·馮異傳》:鄧禹、馮異與赤眉戰,爲所敗。異棄馬步走,上回谿阪,與麾下數人歸營。收其散卒,招集諸營保數萬人追擊,大破於崤底。璽書勞異曰:赤眉破平,士吏勞苦。始雖垂翅回谿,終能奮翼澠池。注:回谿,今俗所謂回阮,在今洛川永寧縣北。

回谿非故隘,九虎失西東〔一〕。惟有黃金匱,依然又省中〔二〕。

【彙注】

〔一〕九虎句　徐注:《漢書·王莽傳》:莽拜將軍九人,皆以虎爲號,號曰九虎。賜九虎士人四千錢。衆重怨,無鬭意。九虎至華陰距隘,鄧曄將二萬餘人,從閺鄉南出棗街,破其一部;北出九虎後,擊之。六虎敗走,史熊、王況詣闕歸死,其四虎亡;三虎郭欽、陳翬、成重收散卒保京師倉。

　　蔣常案:此似謂王輔臣據秦以附吳三桂,屢敗清兵也。事詳卷五《兄子洪善北來》詩"秦關"句注。

〔二〕惟有二句　徐注:《漢書·王莽傳》:時省中黃金萬斛者爲一匱,尚有六十匱;黃門鉤盾藏府中尚方,處處各有數匱。

蘧常案：此謂清廷之征斂無紀也。

悼　亡 五首

【解題】

　　徐注：《元譜》：十一月，元配王安人卒於崑山。訃至。十一日成服，設祭，逢七祭奠焚帛如常儀。

　　蘧常案：《元譜》：王安人，太倉人。於崇禎四年辛未二月來歸。錢邦彥《年譜校補》云：安人，即先生母貞孝王碩人之姪。

　　　獨坐寒牎望藁砧〔一〕，宜言偕老記初心〔二〕。誰知游子天涯別，一任閨蕪日夜深〔三〕。

【彙校】

〔題〕潘刻本題下有自注"上章涒灘"四字。丕績案：此與《送康文學乃心歸郃陽》詩題下注複，應刪。

【彙注】

〔一〕藁砧　蘧常案：《樂府古題要解》：古辭：藁砧今何在？藁砧，砆也，蓋婦人謂其夫之隱語也。

〔二〕宜言句　徐注：《詩》：宜言飲酒，與子偕老。

〔三〕一任句　原注：江淹《悼室人》詩：窗塵歲時阻，閨蕪日夜深。

　　　蘧常案：據年譜，順治十八年四十九歲，回蘇後即不復再歸，故云。歸莊有《與寧人書》云：男子生而志四方，飄蓬斷梗，何所不可。然而宗祧事重，似續無人。故劍徒存，大刀空夢，人孰無情，能不念乎！兄之仇讎，行且入都，故鄉之人，妒極生憐,前事萬不足慮。其言可謂切至。徐乾學、元文兄弟亦累請歸,欲以郡中之園爲寓舍,見《文集答原一公肅兩甥書》。而關中僑寓,竟定菟裘之卜(見《蔣山傭殘稿與兩甥書》),其故亦可深長思矣。

北府曾縫戰士衣,酒漿賓從各無違〔一〕。虛堂一夕琴先斷〔二〕,華表千年鶴未歸〔三〕。

【彙注】

〔一〕北府二句　蔣常案:北府,見卷一《感事》詩第七首"北府"注。案:《文集・吳同初行狀》:余出赴楊公之辟,未旬日而北兵渡江,余從軍於蘇。歸而崑山起義兵。此二句當謂此時事。

〔二〕虛堂句　徐注:梁昭明太子詩:高宇既清,虛堂復靜。

　　　　蔣常案:元稹詩:孤琴在幽匣,時迸斷絃聲。

〔三〕華表句　蔣常案:見卷一《表哀》詩"白鶴"句注。

廿年作客向邊陲〔一〕,坐歎蘭枯柳亦衰〔二〕。傳説故園荊棘長〔三〕,此生能得首丘時〔四〕?

【彙注】

〔一〕廿年句　蔣常案:據徐《譜》,康熙元年初冬始西征,謁北嶽,至井陘、渾源州;度汾河,至平陽府。明年,自平陽登霍山,至太原、代州、汾州。取道蒲州,入潼關,遊西嶽,至西安、富平、乾州、盩厔。皆邊陲地。先後與王弘撰、李因篤、李顒等訂交,自此頻往來於秦、晉間。十七年,始謀定居華陰。自元年至本年,蓋十有九年矣。

〔二〕坐歎句　徐注:陶潛《擬古》詩:蘭枯柳亦衰。

〔三〕故園　徐注:《蘇州府志》:崑山遺清堂在柴巷内,顧宮贊紹芳所居。又:亭林先生宅在千墩鎮。

　　蔣常案:柴巷俗稱柴王弄,爲先生本生父母所居。先生初侍嗣母居千墩,《崑新合志》:千墩在城東南三十六里泖川鄉。據張《譜》,爲先生十四世祖伯善所遷居。及亂作,以被劫遷常熟之語濂涇。嗣母亡後,將赴閩,曾遷居,《元譜》以爲不詳何地。後未成行,語濂涇又被劫,復徙洞庭山,見徐《譜》。雖亦偶返千墩,非定居。及赴南京避讎,安人當未同行。考《同志贈言》施閏章有《奉懷寧人社兄》詩云"西泠別後興何如",又云"洞庭山好家園在",西泠在杭州,先生遊杭在明永曆十五年,即清順治十八年,則北遊後五年,家猶在洞庭也。其後不知何年安人移居崑山城中,《元譜》稱卒於崑山,可證。或亦在柴巷乎?則所謂"故園"非指千墩也。

〔四〕此生句　徐注:《禮·檀弓》:狐死正丘首。

　　蔣常案:劉淇《助字辨略》:韓愈詩:杏花兩株能白紅。唐子西詩:桃花能紅李能白。能與恁同。

貞姑馬鬣在江村〔一〕,送汝黃泉六歲孫〔二〕。地下相煩告公姥〔三〕,遺民猶有一人存。

【彙注】

〔一〕貞姑句　蔣常案:"貞姑"句,見卷一《表哀詩》題注。馬鬣,見卷五《孫徵君以孟冬葬》詩"來觀"句注。在江村,見卷一《十月二十日奉先妣葬》詩"墓一區"句及"歲月"句兩注。

〔二〕六歲孫　徐注：張《譜》：謂世樞也。世樞以丙辰生，至明年送碩人葬，六歲矣。

蘧常案：《元譜》：康熙十五年，從子洪慎得子於崑，命名世樞，字之曰榮緒，後改名宏佐，字復呂，立爲殤子詒榖後。十六年，洪慎舉次子，先生命之曰世棠，字曰思召。《崑新合志》：宏佐年十三，補松江府庠生，長洲何焯跋其文，勉以繩武。年未二十，病瘵卒。世棠以諸生入太學。以長子炯詩爲宏佐後，構遺清堂，貯從祖炎武遺書，俾世守焉。案：遺清堂爲顧氏舊堂名，非世棠初構也，或亂後重葺之歟？

〔三〕公姥　徐注：《古焦仲卿妻》詩：勤心養公姥，好自相扶將。

摩天黃鵠自常饑〔一〕，但惜流光不可追。他日樂羊來舊里，何人更與斷機絲〔二〕？

【彙注】

〔一〕摩天句　徐注：曹植《野田黃雀行》：飛飛摩蒼天。

蘧常案：《蔣山傭殘稿·與李子德書》云：愚以祁人一事，留滯汾州，而家中忽報亡室之訃。幸既足與衍生相從在此，即命衍生設位成服，於禮無闕。汾州米價每石二兩八錢，大同至五兩外，人多相食。在此日用之費，三倍華下。故有"常饑"之歎也。

〔二〕他日二句　徐注：《後漢書·列女傳·樂羊子妻》：樂羊子遠尋師，一年來歸。妻引刀趨機而言曰：此織生於蠶繭，成於機杼。一絲而累，以至於寸；累寸不已，遂成丈匹。今若斷斯織也,則捐失成功,稽廢時日。夫子積學,當日知其所亡;若中道而歸,何異斷斯織乎?羊子感其言,復還終業。

蔣常案:《殘稿·與李子德書》有"今將以明年四月一往吳下,他日來舊里"語,蓋已有定計矣。

冬至寓汾州之陽城里中尉敏㳖家祭畢而飲有作 三首

【解題】

徐注:《四民月令》:冬至之日,薦黍糕,先薦玄冥,以及祖禰,具進酒餚,及謁賀君師耆老,一如正日。 戴注:"中尉",事跡無考,亦明宗室。

蔣常案:明宗室祭祀,當用明禮釋之,詳下詩注,徐注似非。《元譜》:十九年十月,攜衍生往汾州之陽城里,訪前中尉朱敏㳖。張《譜》:《汾州志》有朱敏濛,字龍澤,慶成府鎮國將軍,死李自成之亂。敏㳖當即其兄弟行。《志》既錄先生詩於《藝文》,乃不詳敏㳖出處,何也?陽城里在縣東南十里。

歲時常祭祀〔一〕,朝夕自饔飧〔二〕。尚是先人祚,誰非故國恩〔三〕。枯畦殘宿雪,凍樹出初暾〔四〕。奠醊求何所?鄰家借小園。

【彙注】

〔一〕歲時句 徐注:《漢書·楊惲傳》:歲時伏臘。

蔣常案:《明史》志《禮六》:王國宗廟:洪武元年,學士宋濂等奏定諸王國祭祀禮樂。羣臣家廟：洪武六年，定公侯家廟禮儀。享祭：二品以上，羊一豕一；五品以上，羊一；以下，豕一。皆分四體熟薦，不能具牲，設饌以享。所用器皿，隨官品第，稱家有無。凡祭，擇四仲吉日，或春、秋分，冬、夏至。前期一日，齋沐更衣，宿外舍。質明主祭者及婦，率預祭者詣祠堂，至香案前，跪，三上香，獻酒，奠酒，再獻，終獻，禮畢，再拜，焚祝。又，《明史·諸王傳》：明制皇子封親王，下天子一等，嫡長子、長孫冠服視一品。諸子封郡王，嫡長子、長孫冠服視二品。諸子至孫、曾，皆授將軍；四世孫以下，皆中尉。其祭儀品第，可得而推也。

〔二〕朝夕句　徐注：《孟子》：饔飧而治。疏：朝曰饔，夕曰飧。

〔三〕尚是二句　徐注：應楨詩：光我先祚。先生《答曾庭聞書》：悉出於先人之所遺，故國之餘澤，而未嘗取諸人也。

〔四〕凍樹句　徐注：《齊民要術》"凍樹日"注：凍樹，凝霜封著木條也。韋元旦詩：挈壺分早漏，伏檻耀初暾。

　　蘐常案：《蔣山傭殘稿·與李子德書》云：此間風景，大非昔年，今冬又值奇寒。正本年冬在汾州事。

流離踰二紀〔一〕，愴悷歷三都〔二〕。墮甑煤還拾〔三〕，承槽酒旋沽〔四〕。荒庭依老檜，空谷遺生芻〔五〕。白髮偕宗叟，相看道不孤〔六〕！

【彙注】

〔一〕流離句　段注：李陵《答蘇武書》：流離辛苦。

　　蘐常案："流離"，蓋自順治七年起數。年譜是年云：怨家有欲陷先生者，乃變衣冠作商賈游。先生《鈔書自序》云"炎武之游四方十有八年",亦以此年爲始。至本年已將卅年,故曰"逾二紀"也。

〔二〕愴悅句　蔣常案:《明史》志《地理一》南京鳳陽府,洪武二年九月建中都,置留守司於此。注:洪武二年九月,建中都城於舊城西,三年十二月始成。周五十里四百四十三步,立門九。中爲皇城,周九里三十步。所云"三都",疑謂南、北京與此,三地皆明所建都,故歷之而愴悅也。然先生雖累至淮上,不見有至鳳陽之跡,或連類及之乎?舊注以左思所賦當之,非。或謂開封洪武時曾建爲"北京",然開封雖暫有京名而未建,且亦先生所未至,亦非。

〔三〕墮甑句　原注:《呂氏春秋》:顏回對曰:嚮者,煤室入甑中,棄食不祥,回攫而飯之。　段注:《後漢書·郭太傳》:孟敏荷甑墮地,不顧而去。

　　蔣常案:煤室,見《任數》篇。孫星衍云:煤室,《文選》注作"炱煤","室"與"炱"形近致訛。今定作煤炱,是也。

〔四〕承槽　原注:劉伶《酒德頌》:于是方捧罌承槽。

〔五〕空谷句　蔣常案:《詩·小雅·白駒》:皎皎白駒,在彼空谷。生芻一束,其人如玉。《後漢書·徐穉傳》:林宗有母憂,穉往弔之,置生芻一束於廬前而去。衆怪,不知其故。林宗曰:此必南州高士徐孺子也。詩不云乎?生芻一束,其人如玉。吾無德以堪之。

〔六〕道不孤　徐注:《論語》:德不孤。

王孫猶自給〔一〕,一頃豆萁田〔二〕。今日還相飯,千秋共爾憐。青門餘地窄〔三〕,白社舊交偏〔四〕。傳與兒曹記,無忘漢臘年〔五〕。

【彙注】

〔一〕王孫　蘧常案：《明史・諸王傳・晉恭王棡傳》：新堞，晉王七世孫，家汾州。崇禎十四年，由宗貢生爲中部知縣，死難。敏浮當其族人，則敏浮亦晉王之後也，故曰"王孫"。

〔二〕一頃句　蘧常案：見卷三《贈路光祿太平》詩"落其"二句注。

〔三〕青門　蘧常案：見卷四《酬程工部先貞》詩"青門"句注。

〔四〕白社　徐注：《晉書・董京傳》：至洛陽，被髮而行，逍遙吟詠。常宿白社中，時乞於市。

　　蘧常案：《洛陽伽藍記》：瓔珞寺在建春門外御道北，所謂建陽里也，即中朝時白社池。

〔五〕漢臘　蘧常案：見卷三《陳生芳績兩尊人先後即世》詩第三首"祭禰"句注。

寄題貞孝墓後四柿 已下重光作噩

【解題】

徐注：康熙二十年辛酉。　冒云：先生是年年六十九。

蘧常案：貞孝，見卷一《表哀詩》解題及《墓後結廬三楹作》詩"憶昔"二句注。《説文解字》：柿，赤實果。是年海上鄭氏稱永曆三十五年，公元一六八一年。

四柿先人種，旁臨一畝池。霜彫萱草色〔一〕，日映女貞枝〔二〕。舊業從飄蕩，非材得愁遺〔三〕。清陰常不散，勿使衆禽窺〔四〕。

【彙校】

〔題〕題下潘刻本、徐注本自注"重光作噩"上,奪"已下"二字。

【彙注】

〔一〕霜彫句　蕷常案:《詩·衛風·伯兮》:焉得諼草,言樹之背。毛傳:諼草令人忘憂。背,北堂也。《韓詩》作"諠草",薛君《章句》:諠草,忘憂也。諠當作萱。李時珍《本草綱目》:東人名爲黃花菜。案:北堂爲主婦所在,後人因謂母爲北堂,或曰萱堂,遂以萱草況母矣。此喻母死。

〔二〕日映句　徐注:《本草》:女貞,葉似冬青樹及枸骨。

蕷常案:此似喻得明崇禎帝之褒,舊以日喻帝也。

〔三〕非材句　徐注:干寶《晉紀·總論》:託付非材。先生《與史館諸君書》:炎武年近七旬,旦暮入地,自度無可以揚名顯親,敢瀝陳哀懇,冀採數語,存之簡編。《詩》:不憖遺一老。

〔四〕清陰二句　原注:《爾雅翼》:柿有七絶:一壽,二多陰,三無鳥巢,四無蟲蠹,五霜葉可玩,六嘉實,七落葉肥大。

蕷常案:原注"大"作"火",據羅愿《爾雅翼》改正。蓋下有句云"可以臨書",則其爲"大"而非"火"甚明。又案:柿有七德,初見於段成式《酉陽雜俎》,羅愿蓋采其説也。

贈衛處士蒿

【解題】

徐注:《曲沃志》:蒿,字匪莪。初名麟貞,字瑞鳴,以居母喪易今名字。與汾陽曹良直、太原傅山友善。晚年闢絳山書院,教授其中,人稱絳山先生。《同志贈言》,衛有《次亭林先生見贈之作》云:性命全亂世,於理亦無妨。讀書期明善,敢惜鬢髮蒼。著述追往迹,願言希末光。　戴注:玩詩意,蓋曲沃義學師爲衍生執柯者,亦前明遺老也。

　　蘧常案:此取吳《譜》。爲衍生執柯,見《元譜》。

　　抱疾來河東〔一〕,息此澮水旁〔二〕。寒禽繞疏枝〔三〕,百卉沾微霜〔四〕。幸逢同方友,《典》《墳》共相將〔五〕。逢萌既解冠〔六〕,范丹亦絕糧〔七〕。弦歌足自遣,感慨論百王〔八〕。王赧遂頓首〔九〕,孝獻封山陽〔一〇〕。一身殉社稷,自古無先皇〔一一〕。與君同歲生,中年歷興亡。衰遲數儕輩,落落辰星行〔一二〕。旅懷正鬱邑〔一三〕,矧乃多病妨。著書陳治本〔一四〕,庶以回穹蒼〔一五〕。遥遥千載心,眷眷桑榆光〔一六〕!

【彙校】
〔抱疾〕潘刻本"抱"作"拘",誤。
【彙注】
〔一〕抱疾句　蘧常案:《蔣山傭殘稿·答遲屛萬書》:弟至曲沃三日而大病,嘔泄幾危,幸遇儒醫郭自狹,三五劑而起。今飲食已得如常,惟末疾未愈,艱于步履。寓郊外韓進士旬公書齋,熊明府來視者十次,尚未入城一拜,其衰憊可知。《元譜》:八月二日,自華陰僞裝至山西曲沃,縣令熊耐徒僎命輿至候馬驛迎入城,寓玄帝廟。十一日,先生患嘔瀉。九月,移寓上坡韓氏鏡家。十月,又移寓下坡韓村韓旬公宣之宜園。望後,病稍減。案:熊耐徒,《蔣山傭殘稿》與書題,"徒"作"荼",是。河東,見前《友人來坐中》詩第二首"昨過"句注。

〔二〕澮水　蘧常案：《明史》志《地理二》山西平陽府曲沃注：西有汾水，西南有澮水，下流入汾。

〔三〕寒禽句　蘧常案：蓋有無枝可依之感。

〔四〕沾微霜　徐注：謝莊《月賦》：微霜沾人衣。

〔五〕《典》《墳》　蘧常案：見前《春雨》詩"《墳》《典》"注。

〔六〕逢萌句　徐注：《後漢書·逢萌傳》：字子慶，北海都昌人。通《春秋經》。王莽殺其子宇。萌將家屬浮海，客於遼東。光武即位，詔書徵萌，託以老耄不起。

蘧常案：詩曰"解冠"，應補引《逢萌傳》"王莽殺其子宇"下"萌謂友人曰：三綱絕矣！不去，禍將及人。即解冠挂東都城門"數句方合。又：子慶，當作"子康"。

〔七〕范丹句　蘧常案：見卷五《過矩亭拜李先生墓下》詩"清修"句注。

〔八〕百王　蘧常案：見前《朱處士鶴齡寄尚書埤傳》詩"百王"句注。

〔九〕王赧句　徐注：《史記·周本紀》：慎靚王立六年崩，子赧王延立。五十九年，西周倍秦，秦昭王怒，使將軍摎攻西周。西周君犇秦，頓首受罪，盡獻其邑三十六，口三萬。秦受其獻，歸其君於周。　周君、王赧卒，周民遂東亡。秦取九鼎寶器而遷西周公於㤥狐。

蘧常案：據《周本紀》則頓首者為西周武公而非周赧王也。

〔一〇〕孝獻句　蘧常案：《後漢書·孝獻帝紀》：建安二十五年三月，改元延康。冬十月乙卯，皇帝遜位，魏王曹丕稱天子，奉帝為山陽公，邑一萬戶，都山陽之濁鹿城。李賢注：山陽屬河內郡，故城在今懷州修武縣西北。

〔一一〕一身二句　徐注：潘耒《殉國彙編序》：崇禎帝非亡國之

主,以一死殉社稷,實亙古所無,其足動人哀思而激發其忠孝,宜也。衛蒿《次亭林先生見贈之作》云:椓人竊國柄,舉國若皇皇。英烈如先帝,無以救衰亡。

〔一二〕衰遲二句　徐注:《唐書·劉禹錫傳》:同年友當盛時,聯翩舉鑣,亙絕九衢;今來落落,如晨星之相望。徐注原引《同志贈言》與先生相贈答者有陳濟生等數十人,似嫌過煩,因移作本詩附錄。

蘧常案:詩曰"儕輩",當謂同輩,故下曰"落落晨星行"。《同志贈言》中如陳芳績、潘耒、郁植、顧湄、毛今鳳等,則皆後輩,不當在儕輩之列。《爲顧寧人徵天下書籍啓》署名者,除已見《同志贈言》外,尚有王猷定、毛襃、顧有孝、顧夢麟、陸圻、吳炎、楊彝、湯濩、萬壽祺、楊瑀、王錫闡、方文、丁雄飛、吳任臣,則正皆其同輩之至好者。又詩文集中所及尚多,如張爾岐、李顒、路澤溥兄弟、朱彝尊、張弨、李良年、汪琬等交尤深,張、李、路、朱皆見《廣師篇》,所自謂不及者,與尋常詩文酬酢迥殊,尤不能遺之者也。

〔一三〕鬱邑　徐注:《楚辭·惜誦》:心鬱邑余侘傺兮。

蘧常案:王逸《楚辭》注:鬱邑,愁貌也。

〔一四〕著書句　徐注:先生《與友人論門人書》所著《日知錄》三十餘卷,平生之志與業,皆在其中。惟多寫數本以貽之同好,而有王者起,得以酌取焉,其亦可以畢區區之願矣。

蘧常案:徐注本在"感慨論百王"句下,非是,移此爲合。徐又以此著書爲《天下郡國利病書》,亦非。

〔一五〕穹蒼　徐注:《詩》:靡有旅力,以念穹蒼。

〔一六〕眷眷句　徐注:先生《與陸桴亭札》:炳燭之光,桑榆之效,亦已晚矣。

蘧常案:桑榆,見卷一《贈顧推官咸正》詩"桑榆"注。李賢《後漢書‧馮異傳注》：桑榆謂晚也。

附：徐嘉注引《同志贈言》與先生相贈答者

　　長洲陳濟生皇士、故懷遠侯常延齡、歙王煒雄右、華亭張慤洮侯、吳江潘檉章力田、長洲王礽雲頏、江寧王潢元倬、吳江戴笠耘野、常熟陳芳績亮工、長洲施諲、掖劉在中玉瑟、新城王士祿西樵、徐元善長公、崑山歸祚明玄恭、建陽黃師正帥先、福清林古度茂之、關中李因篤天生、桐城錢秉鐙飲光、仁和柴紹炳虎臣、餘姚呂章成裁之、崑山馬鳴鑾殿聞、曲阜顏先敏修來、嘉興曹溶鑑躬、番禺屈大均翁山、寧夏趙匡鼎季襄、大城王秉乘炤千、清苑陳上年祺公、德州程先貞正夫、太原傅山公佗、宣城施閏章尚白、吳江潘耒次耕、順天史可程赤豹、清苑陳正正子、泗州戚玾緩耳、太倉郁植東堂、鄞萬言貞一、湖州沈三曾允斌、淳化宋振麟子禎、太倉顧湄伊人、華陰王弘撰山史、華州劉肅元敬、張曾慶子餘、劉澤傅潤生、潼關楊端本函東、長洲毛今鳳景巖、鄞陳赤衷葵獻、曲沃衛蒿匪莪、呂兆麟春野。

酬李子德二十四韻

【解題】

　　徐注：康熙二十一年壬戌，先生年七十歲，以正月初九日卒。案：子德哭先生詩一百韻：臘杪纔呼走，（注：遣使往訊起居。）冰嚴薄饋綿。報章驚絕筆，幽怨屈空拳。（注：晨起承報余詩二十四韻，夕卒。）

　　蘧常案：此詩應列於"玄黓閹茂"，是爲康熙二十一年壬戌。

先生此詩有"蹉跎歲又除"句，徐注本列於壬戌所作，是。且與李因篤哭先生詩注合，見下徐注。惟此詩既爲絕筆矣，則此下《贈毛錦銜》詩，應移上，疑出後人誤編。又，先生自注"歲陽歲陰"上，例有"已下"二字，此注無，蓋徐訂潘刻之誤而改，非出先生也。是年海上鄭氏稱永曆三十六年，公元一六八二年。

戴雪來青鳥[一]，開雲見素書[二]。故人心不忘，旅叟計何如？上國嘗環轍[三]，浮家未卜居。康成嗟耄矣[四]，尼父念歸與[五]。忽枉佳篇贈[六]，能令積思攄。柴門晴旭下，松徑谷風舒[七]。記昔方傾蓋，相逢便執袪[八]。自言安款段，何意辱干旟[九]！適楚懷陳軫[一〇]，游燕弔望諸[一一]。詎驚新寵大[一二]，肯與舊交疏[一三]！不磷誠師孔[一四]，知非已類蘧[一五]。老當爲圃日[一六]，業是下帷初[一七]。達夜抽經笥[一八]，行春奉板輿[一九]。誅茅成土室[二〇]，闢地得新畬[二一]。水躍穿冰鯉，山榮向日蔬。已衰耽學問[二二]，將隱悔名譽[二三]。客舍輕彈鋏[二四]，王門薄曳裾[二五]。一身長瓠落[二六]，四海竟淪胥[二七]。契闊頭雙白[二八]，蹉跎歲又除。空山清澮曲[二九]，喬木絳郊餘[三〇]。不出風威滅，無營日景徐。但看《堯典》續，莫畏禹陰虛[三一]。地闊分津版，天長接草廬[三二]。一從聽《七發》，欲起命巾車[三三]。

【彙校】

〔題〕潘刻本題下自注有"重光作噩"，與前複，因刪。徐注本作"玄黓閹茂"，是。　〔耽學〕潘刻本"耽"作"眈"，誤。

【彙注】

〔一〕戴雪句　徐注：楊萬里詩：更添一詩老，戴雪過重湖。

　　　蘧常案：青鳥，見卷五《得伯常中尉書却寄》詩"忽來"句注。

〔二〕開雲句　徐注：王隱《晉書》：樂廣爲尚書令，衛瓘見而奇之，命諸子造焉，曰：每見此人，瑩然若開雲霧而覩青天。

　　　蘧常案：素書，見卷五《得伯常中尉書却寄》詩"忽來"句注。

〔三〕環轍　蘧常案：見卷一《偶來》詩"鳥獸"二句注。

〔四〕康成句　蘧常案：康成，見卷三《不其山》詩"爲問"二句注。

　　案：《後漢書・鄭玄傳》：以書戒子益恩曰：入此歲來，已七十矣，宿素衰落。所謂耄也。先生年與之齊，故以爲況。

〔五〕尼父句　徐注：《論語》：歸與！歸與！

　　　蘧常案：尼父，見卷三《贈潘節士櫟章》詩"同文"四句注。

〔六〕忽枉句　蘧常案：李因篤《受祺堂詩集》卷二十四有《亭林先生寓曲沃臥病小愈走書相聞即遣使起居奉詩五首》。所謂"佳篇"也。《唐韻》：摅，丑居切。《集韻》：舒也。

〔七〕谷風　徐注：《詩》：習習谷風。

　　　蘧常案：《爾雅・釋天》：東風謂之谷風。

〔八〕記昔二句　徐注：《詩》：摻執子之袪兮。李因篤哭先生詩：縞帶曾貽晉，清觴再集燕。注：先生初同曹司農公過雁門，晤余於陳使君席上，嗣飲龔宗伯宅。

　　　蘧常案：傾蓋，見卷三《酬徐處士元善》詩"傾蓋"句注。事見卷四《酬李處士因篤》詩"得李生"注。

〔九〕自言二句　徐注：《詩》：孑孑干旄。

　　　蘧常案：《詩・鄘風・干旄》傳：注旄於干首，大夫之旃也。鳥隼曰旟。陳奐《毛傳疏》：干，讀如籈籈竹竿之竿。

朱熹《集傳》：言衛大夫建此旄旌，以見賢者。款段，見卷二《秀州》詩"將從"四句注。案：朱樹滋《李文孝行狀》：陳公上年備兵固原。爲子延師，具車馬，奉書幣，至公家。公怒曰：吾山居奉母，布褐是甘，安用是璀璨者！此所謂"安款段"也。前《子德自燕中西歸》詩亦云"輕身騎款段"。蓋亦用其自語。"辱干旄"事，詳前《子德自燕中西歸》詩"一載"句注。

〔一〇〕適楚句　徐注：《史記·張儀列傳》：陳軫與張儀俱事秦惠王，後去而之楚。

　　蘧常案：吳懷清《李天生年譜》：康熙十一年春，因張鹿洲都閫之薦，入楚臬高欽如使君幕。冬至荆州，返武昌度歲。十二年九月，乘舟上溯，經岳家口、澤口、趙家臺、瓦子湖，至荆州。旋還武昌。冬，西歸。

〔一一〕游燕句　蘧常案：江藩《宋學淵源記·李因篤傳》：康熙己未，詔舉博學鴻儒，朝臣交章薦，因篤以母老辭。是時秉鈞者必欲致之，縣官加意迫促，其母勸之行，始就道。《李天生年譜》：九月抵都。案：《蔣山傭殘稿·與李子德書》有云：關中人述周制府之言曰：天生自欲赴召可爾，何又力勸中孚，至詶之以利害？殆是蘧伯玉恥獨爲君子之意。則因篤非真忘情於利祿者也。其後之所以堅於乞養者，殆全由先生有以促成之。望諸，見前《贈張力臣》詩"望諸"注。

〔一二〕詎驚句　徐注：《文獻徵存錄》：因篤未遇時，聖主聞因篤名，與秀水朱彝尊、慈谿姜宸英、無錫嚴繩孫稱爲四布衣，由是天下莫不知四布衣者。

　　蘧常案：《李天生年譜》：康熙十八年三月，詔試博學鴻儒。甲子，揭曉，先生名列一等第七。命纂修《明史》。五月庚戌，詔授檢討。

〔一三〕肯與句　徐注：《史記·吳世家》：季札使於鄭，見子産如舊交。

　　　　　蘧常案：《蔣山傭殘稿·與李子德書》有云：《易》曰：君子之道，或出或處，二人同心，其利斷金，吾於老弟乎望之！故此次因篤《奉詩》有云：晨星落落長蒿目，忍使尋盟負斷金。而先生於此又重答之。蓋深喜之而又深勉之也。

〔一四〕不磷句　徐注：《論語》：磨而不磷。

　　　　　蘧常案：何晏《集解》：孔曰：磷，薄也。朱樹滋《李文孝行狀》：授翰林院檢討，到任未兩月，即疏乞終養。三十七上，而始上聞，天子違部議，允終養。公於是振衣而歸。

〔一五〕知非句　徐注：《孔叢子》：伯玉行年五十，而知四十九年之非。

　　　　　蘧常案：伯玉，蘧瑗字。《史記·仲尼弟子列傳序》：孔子之所嚴事，於周則老子；於衛則蘧伯玉。《大戴禮記·衛將軍》篇：外寬而内直，自設於隱括之中，直己而不直人；汲汲於仁，以善自終，蓋蘧伯玉之行。案：《文集·答子德書》有云：自今以往，别有機權。公事之餘，尤望學《易》。吾弟行年四十九矣，何必待之明年哉！其後因篤即告歸。明年奉詩云：五十知非似醉醒，柴門寂寞晝長扃。故於此答之。

〔一六〕爲圃　徐注：《論語》：請學爲圃。

〔一七〕下帷　蘧常案：見卷四《酬程工部先貞》詩"董生帷"注。

〔一八〕達夜句　徐注：《襄陽耆舊傳》：龐士元詣司馬德操，德操與語，自晝達夜。《後漢書·邊韶傳》：腹便便，五經笥。

　　　　　蘧常案：屈大均《翁山文外》謂因篤著《九經大全》。錢林《文獻徵存錄》謂其有《詩説》、《春秋説》。先生《餘集·與潘次耕書》謂：天生有《解易》一卷，其學絶塵而奔，吾且瞠乎其後。手録其書，學問亦日進。書有"今雖登名薦剡"云云，蓋作於康熙十七年者，可謂傾倒至矣。又《文集·答子德書》望其學《易》（見上），則此所謂"抽經笥"者，仍望其繼此而治《易》歟？其經學之可考者僅此，書皆無可徵。惟朱彝尊《經義考》錄有《秦風》一篇，當在《詩說》中。

〔一九〕行春句　徐注：潘岳《閒居賦》：微雨新晴，六合清朗，太夫人乃御版輿，升輕軒。

〔二〇〕誅茅句　徐注：屈原《卜居》：寧誅鋤草茅以力耕乎？《後漢書·袁閎傳》：以母老不宜遠遁，乃築土室，四周于庭。

〔二一〕新畬　徐注：《詩·周頌》：如何新畬？注：畬，三歲田也。

〔二二〕已衰句　蔣常案：此下六句，皆自謂。《蔣山傭殘稿·與湯聖弘書》：弟以望七衰齡，猶希炳燭。關中二三君子，將建考亭書院，以奉先儒，並爲老人著述之所。

〔二三〕將隱句　徐注：先生《與友人論門人書》：招門徒，立名譽，以光顯於世，則私心有所不願也。

　　蔣常案：將隱，見前《靈石縣東北介之推祠》詩"國祿"二句注。

〔二四〕客舍句　蔣常案：見卷三《永平》詩"馮驩"二句注。

〔二五〕王門句　徐注：《漢書·鄒陽傳》：何王之門不可以曳長裾乎！

〔二六〕瓠落　蔣常案：見卷五《瓠》詩"呺然"句注。《經典釋文》：簡文曰：瓠落，猶廓落也。廓落，見前卷三《酬歸戴王潘四子》詩"廓落"句注。

〔二七〕淪胥　徐注：《詩》：無淪胥以亡。

　　蔣常案：《詩·大雅·抑》篇毛傳：淪，率也。鄭箋：胥，皆也。陳奐《傳疏》：無，發聲。言周之君臣，將相率而底於敗亡也。

〔二八〕契闊　徐注：《詩》：死生契闊。

蘧常案：《詩・邶風・擊鼓》毛傳：契闊，勤苦也。案：此似如《後漢書・范丹傳》所云"行路急卒，非陳契闊之所"，謂離別，非謂勤苦也。蓋自己未秋，因篤過省於汾州天寧寺一別後，至本年初春，首尾涉四年，故曰"契闊"也。

〔二九〕清澮　蘧常案：見前《贈衛處士嵩》詩"澮水"注。

〔三〇〕喬木句　蘧常案：喬木，見前《哭李侍御灌溪先生模》詩"故國"句注。案：《春秋》：晉穆侯都絳，後景公徙新田，亦名絳。新田，在今曲沃縣西南。漢爲絳縣，東漢爲絳邑。此"絳郊"，當謂新絳也。

〔三一〕但看二句　徐注：《日知録》：古時《堯典》、《舜典》本合爲一篇，陸氏《釋文》云：梅賾上孔氏傳《古文尚書》，亡《舜典》一篇。時以王肅注頗類孔氏，故取王注從"愼徽五典"以下爲《舜典》，以續孔《傳》。

蘧常案：《世説新語・政事》篇引《晉陽秋》：陶侃好督勸於人，常云：民生在勤。大禹聖人，猶惜寸陰；至於凡俗，當惜分陰。案："寸陰"語本《淮南子・原道訓》。此二句，似猶望明室復興，上續前緒；果能如此，則光陰不爲虛度。蓋念念於此，之死靡改也。

〔三二〕地闊二句　徐注：李華《弔古戰場文》：地闊天長。《周禮・秋官》：司民皆書於版。《蜀志・諸葛亮傳》：三顧臣於草廬之中。

蘧常案："津版"，似謂"蒲津"。蒲津一名蒲坂津。徐注非。蒲津，見卷五《薊門送子德歸關中》詩"蒲津"注。

〔三三〕一從二句　徐注：《文選》枚乘《七發》李善注：《七發》者，説七事以啓發太子也。猶《楚辭・七諫》之流。陶潛《歸去來辭》：或命巾車。

蘧常案：《七發》序云：楚太子有疾，而吴客往問之，曰：

可無藥石針刺灸療而已，可以要言妙道説而去也。其末云：於是太子據几而起曰：涣乎若一聽聖人辯士之言。涩然汗出，霍然病已。此答因篤問疾，喻其詩如《七發》也。因篤詩有云：到處青藜能照夜，何時紫氣復臨關？耦耕不忘臨歧約，南畝桑陰竟日閒。又云：豳俗好風吹舉趾，漢時明月照傳經。鳴車整斾西歸日，户外寒融柳色青。故欲"起命巾車"也。《周禮·春官》"巾車"，鄭玄注：巾，猶衣也。《孔叢子》：孔子歌曰：巾車命駕，將適唐都。

贈毛錦銜

【解題】

徐注：《元譜》：毛今鳳，字錦銜，長洲人。己未年來受業。庚申，先有《與毛錦銜書》云：比在關中，略仿横渠、藍田之意，以禮爲教。夫子嘗言，博學於文，約之以禮。又云：憶昔萬曆庚申，吾年八歲，今年元旦作一對云：六十年前二聖升遐之歲，三千里外孤忠未死之人。便中有字與吳門，可代爲録此，與一二耆舊知心者觀之。知此迂拙之叟猶在人間耳。一詩並附。觀此書則此詩宜編入庚申歲。又有《答錦銜書》論異姓爲後，言"《晉書》周逸事與君家相類"，似錦銜本非毛姓。《同志贈言》毛今鳳《上亭林夫子》詩：抗節不爲東海蹈，論人獨耻《北山移》。

來時冬雁飛，去日春風度〔一〕。浮雲戀故山，翔鳥懷高樹。一别遂西東，各言難久駐〔二〕。去去慎所之，長安有歧路〔三〕。

【彙注】

〔一〕來時二句　蘐常案：此謂今鳳以康熙十八年己未冬來，十九年庚申春去，其前後受業，蓋僅數月耳。

〔二〕各言句　徐注：李陵《與蘇武詩》：行人難久留，各言長相思。

〔三〕長安句　蘐常案：見卷二《王家營》詩"行人"二句注。歧路，見卷二《贈人》詩"楊朱"四句注。

集外詩存

和若士兄賦孔昭元奉諸子游黃歇山大風雨之作

【解題】

徐注：吳《譜》云：墨蹟藏張浦朏簑菴。黃歇山，《一統志》：江陰東北，一名黃山，上有席帽峰，下有郭景純故宅，俯漱江濤。又君山亦以春申君名。

蘧常案：本詩錄自吳映奎所輯《顧亭林先生年譜》。

江上秋色高，欣理登山屐〔一〕。八子攀危崖，將覽前古迹。滃然雲氣興，天地昏墨色〔二〕。烈風排山巔，奔濤怒瀄汩〔三〕。急雨凌空來，深山四五尺。伏地但旁睨，突兀真龍偪。得非楚葉公，見之喪其魄〔四〕。黃帝至襄城，七聖皆迷惑〔五〕。始皇上泰山，或云風雨厄〔六〕。二者將何居？一笑江雲白。

【彙注】

〔一〕登山屐　蘧常案：見卷五《子德李子聞余在難》詩"每並"句注。

〔二〕滃然二句　徐注：《說文》：滃，雲氣起也。从水，翁聲。杜甫《茅屋爲秋風所破歌》：俄頃風定雲墨色，秋天漠漠向昏黑。

〔三〕瀄汩　李注：郭璞《江賦》：砯巖鼓作，瀄汩澩灂。

〔三〕蘧常案：李善《文選注》：渹渹，大波相激之聲也。渹，普萌反。渹，呼陌反。

〔四〕突兀三句　蘧常案：《文選》任彥昇《天監三年策秀才文》李善注：《莊子》曰：子張見魯哀公，哀公不禮，去。曰：君之好士，有似葉公子高之好龍也。葉公好龍，室屋彫文，盡以寫龍。於是天龍聞而下之，窺頭於牖，拖尾於堂，葉公見之，棄而退走，失其魂魄，五色無主。是葉公非好真龍也，好夫似龍而非龍也。今君之好士也，好夫似士而非士者也。

〔五〕黃帝二句　徐注：《莊子·徐无鬼》："黃帝將見大隗乎具茨之山，方明爲御，昌寓驂乘，張若、謵朋前馬，昆閽、滑稽後車。至於襄城之野，七聖皆迷。"

〔六〕始皇二句　蘧常案：見卷三《登岱》詩"封松"句注。

古 俠 士 歌

【解題】

徐注：見王士禛《感舊集》。

曾作函關吏，雞鳴出孟嘗〔一〕。只今猶未老，來往少年場〔二〕。

【彙注】

〔一〕曾作二句　蘧常案：見卷一《擬唐人五言八韻·祖豫州聞雞》詩注。
〔二〕少年場　蘧常案：《文選》鮑明遠《結客少年場行》李善注引曹植《結客篇》：結客少年場，報怨洛北邙。

郭茂倩《樂府解題》:《結客少年場行》,言輕生重義,慷慨以立功名也。《廣題》曰:漢長安少年,殺吏受財報仇,相與探丸爲彈。探得赤丸斫武吏,探得黑丸殺文吏。尹賞爲長安令,盡捕之。長安中爲之歌曰:何處求子死?桓東少年場。生時諒不謹,枯骨復何葬!案:《結客少年場》言少年時結任俠之客,爲遊樂之場,終而無成,故作此曲也。

廣柳車中人,異日河東守。空傳魯朱家,名字人知否〔一〕?

【彙注】

〔一〕廣柳四句　蓬常案:《史記·季布列傳》:季布者,楚人也。爲氣任俠。項籍使將兵,數窘漢王。及項籍滅,高祖購求布千金。布匿濮陽周氏,周氏獻計,布許之。迺髠鉗布,衣褐衣,置廣柳車中,并與其家僮數十人之魯朱家所賣之。朱家心知是季布,買而置之田。迺之洛陽見汝陰侯滕公曰:以季布之賢而漢求之急如此,此不北走胡即南走越耳。夫忌壯士以資敵國,此伍子胥所以鞭荆平王之墓也,君何不從容爲上言邪?滕公果言如朱家指,上迺赦布,召見,謝,上拜爲郎中。孝惠時爲河東守。《集解》:服虔曰:東郡謂廣轍車爲柳。瓚曰:《茂陵書》中有廣柳車,每縣數百乘,是今運轉大車是也。

哭張爾岐

【解題】

徐注:稷若生於萬曆四十年壬子,長先生一歲。稷若歿,先生哭之以詩。此詩《亭林詩集》不載,附見於《蒿庵集》末。

蔣常案:張爾岐,詳卷五《過張貢士爾岐》詩解題。盛百二《柚堂筆談》卷三:《濟陽縣志》載有顧亭林《聞張稷若赴》一詩,亭林集中不載云云。常庸《羣書斠識》:蒿庵卒於康熙丁巳季冬,時亭林在關中。此詩蓋作於次年也。

歷山東望正淒然〔一〕,忽報先生赴九泉。寄去一書懸劍後〔二〕,貽來什襲絶韋前〔三〕。衡門月冷巢鵋室〔四〕,墓道風枯宿草田〔五〕。從此山東問《三禮》,康成家法竟誰傳〔六〕?

【彙注】

〔一〕歷山　蔣常案:見卷三《濟南》詩第一首"二峰"注。
〔二〕懸劍　蔣常案:見卷一《不去》詩"秋風"句注。
〔三〕貽來句　徐注:《闞子》:緹巾什襲。

　　蔣常案:絶韋,見卷五《德州講易畢》詩"韋編"句注。
〔四〕巢鵋室　徐注:《三國志·管寧傳》附張臶:正始元年,戴鵋之鳥巢臶門陰。臶告門人曰:夫戴鵋陽鳥而巢門陰,此凶祥也。乃援琴歌咏,作詩二篇,旬日而卒,時年一百五歲。《爾雅·釋鳥》:鶭鴱戴勝,郭注:鵋即頭上勝,今呼爲戴勝。《方言》云:自關而西謂之戴鵋,東齊、吳、揚之間謂之鵋。
〔五〕墓道句　徐注:錢林《文獻徵存録》:張爾岐臨終,自序墓石云:處士病困,自顧無可誌其墓,口占數語以誌生平。其曠達如此云。

　　蔣常案:宿草,見卷三《贈路舍人》詩"大麓"句注。
〔六〕從此二句　徐注:爾岐所著書見前《過張貢士爾岐》詩注。

《文獻徵存録》：爾岐又以吴澄《三禮考注》違鄭、賈者四十餘事，惟《少牢》篇"尸入正祭"章補"尸受祭肺"四字爲有功於經，餘皆出於依託。撰《吴氏儀禮考注訂誤》一卷，時人謂爲精審。《先正事略》漏載《詩説略》五卷、《老子説略》二卷、《濟陽縣志》九卷。其《春秋傳義》則未成之書也。

蘧常案：皮錫瑞《三禮通論》：《三禮》之名，起於漢末。在漢初，但曰《禮》而已。漢所謂《禮》，即今十七篇之《儀禮》。專注經言，則曰《禮經》；合記而言，則曰《禮記》。其後《禮記》之名，爲四十九篇之《記》所奪，乃以十七篇之《禮經》别稱《儀禮》，又以《周官經》爲《周禮》，合稱《三禮》。康成，見卷五《述古》詩第二首"大哉"四句及卷三《不其山》詩"爲問"二句兩注。案：康成，高密人；高密屬山東。張爾岐，濟陽人；濟陽亦屬山東。故云。《後漢書·儒林傳》云：馬融作《周官傳》，授鄭玄，玄作《周官注》。玄本習《小戴禮》，後以古經校之，取其義長者，故爲鄭氏學。玄又注《禮記》四十九篇，通爲《三禮》焉。江藩《漢學師承記》：張爾岐年三十讀《儀禮》，一取經與注章分之，定其句讀。成書之時，年五十有九矣。晚年蕭然物外，不與世接，自爲墓銘而卒。别詳卷五《過張貢士爾岐》詩"長期"句注。

姬　人　怨

【解題】

尹云：雖豔體，亦諷遺臣入清者。

蘧常案：是詩見陳其年《篋衍集》。

傷春愁絕泣春風〔一〕,髮亂如油脣又紅。不是長干輕薄子,如何歌笑入新豐〔二〕?

【彙注】

〔一〕泣春風　蘧常案:李商隱《無題》詩:十五泣春風,背面鞦韆下。

〔二〕不是二句　蘧常案:左思《吳都賦》:長干延屬,飛甍舛互。李善注:建業南五里有山岡,其間平地,吏民雜居。東長干中有大長干、小長干皆相連。大長干在越城東,小長干在越城西。地有長短,故號大、小長干。李白《長干行》:憶妾深閨裏,烟塵不曾識。嫁與長干人,沙頭候風色。《後漢書·馬援傳》:效季良不得,陷爲天下輕薄子。《三輔舊事》:太上皇不樂關中,思慕鄉里,高祖徙豐沛屠兒、沽酒、煮餅商人,立爲新豐。案:此詩似刺南都迎降諸臣而作,故云"長干輕薄子,歌笑入新豐"也。《小腆紀年》:清順治二年,明弘光元年五月乙未,王師自丹陽趨句容。乙未夜,前隊至郊壇門,明忻城伯趙之龍、魏國公徐允爵、大學士王鐸、禮部尚書錢謙益迎降。奉輿圖册籍,冒雨淋漓,褰裳跪道旁。豫王命謙益入清宮禁。謙益引我清官二員,騎五百,自洪武門入。丙申,大開洪武門,趙之龍、徐允爵率保國公朱國弼、隆平侯張拱日、臨淮侯李祖述、懷寧侯孫維城、靈壁侯湯國祚、安遠侯柳祚昌、永昌侯徐宏爵、定遠侯鄧文郁、項城伯常應俊、大興伯鄒存義、寧晉伯劉允極、南和伯方一元、東寧伯焦夢熊、洛申伯黃九鼎、成安伯郭永祚、駙馬齊贊元,文臣自王鐸、錢謙益外,大學士蔡益深、侍郎朱之臣、梁雲構皆跪降。其翰詹科道部寺官,不可勝紀。豫王嘉之龍保城功,賜金鐙銀鞍馬、貂裘八寶帽。

設牛酒席,命之龍位朱國弼上。越日,之龍迎豫王南面坐,大饗將士。

雲鬟玉鬢對春愁〔一〕,不語當窗嬌半羞〔二〕。柳絮飛花無限思〔三〕,教儂何物得消憂?

【彙注】

〔一〕雲鬟　蘧常案:杜甫《月夜》詩:香霧雲鬟濕,清暉玉臂寒。
〔二〕當窗　蘧常案:古詩:盈盈樓上女,皎皎當窗牖。
〔三〕柳絮句　蘧常案:此喻降臣之隨風飄泊也。

詩　譜

王蘧常　撰

先生《顧氏譜系考》云：余家本出吳郡，五代之際，或徙於滁。宋南渡時，諱慶者自滁徙海門縣之姚劉沙。自注：今崇明縣。　慶次子伯善又徙崑山縣二十四保之花蒲保。自注：今太倉州六都。錢邦彥《校補顧亭林先生年譜考》："《震川集》三：顧村在七浦塘南雙鳳里。"車守謙先生《年譜》云：自慶而下十一世，至封刑科給事中諱鑑，再徙崑山縣城南二十四里湹川鄉千墩鎮，蘧常案：《崑新合志》作"在城南三十六里"。是爲先生五世祖。鑑生正德丁丑進士刑科給事中濟。濟生嘉靖癸丑進士兵部右侍郎章志。章志生萬曆丁丑進士左春坊左贊善紹芳、國子生紹芾及紹芬。紹芳生萬曆乙卯戊午副貢同應。張穆先生《年譜》云：娶何氏，生子五，先生其仲也。紹芾生同吉，早卒，聘王氏，未婚守節，撫先生爲嗣。

明萬曆四十一年癸丑五月二十八日，公元一六一三年七月十五日。生於崑山千墩鎮里第。車《譜》

先生咳名蕃漢，據《友人書告》。譜名絳，更名繼坤。車《譜》序名繼紳。蘧常案：入學在十四歲，見先生《寇慎墓誌》。後仍名絳，字忠清。張《譜》吳應箕《復社姓氏目錄》前卷：崑山第六人顧絳字忠清。蘧常案：常熟王峻先生《傳》：年十四，爲諸生，入復社，有名。據此則改名在入復社初。諸譜謂十九歲始更絳，似非。　入清更名炎武，據吳映奎先生《年譜》。又作炎午，見閻若璩《潛丘劄記》。張《譜》云：《山東通志》

采先生文,亦作炎午。字寧人,吳《譜》。號亭林,車《譜》:顧亭林湖在華亭東南三十五里。湖南有顧亭林鎮,陳顧野王居此,因以爲名。宋紹熙間,爲寶雲寺。寺南高基,野王曾於此修《輿地志》,世傳以爲野王墩,有沼深黑,云是野王墨池。盛百二《柚堂筆談》:明華亭顧正誼仲芳官中書舍人,晚於濯錦江築小園,林木清幽,自號曰亭林。以南朝顧野王所居曰亭林,仲芳以自號。而顧寧人亦以名其集。蘇味道,欒城人,其後遷眉山,子由以名其集,皆不忘本也。又嘗稱名曰圭年。《元譜》:康熙中,《題吳縣李灌溪侍御詩》,署名曰圭年。車《譜》:歙孝廉程易疇瑶田云嘗見萬年少自跋所作《秋江別思圖》送先生由淮陰渡江歸唐市,謂顧子名圭年。自云:余再轉注而得此名。蓬常案:王應奎《柳南隨筆》:吳蒼符《偶成》二首之一,有句云:江南唯有顧圭年,阮亨《瀛舟筆談》亦言之。號曰涂中。沈岱瞻《同志贈言》、陳芳績《秋日懷涂中先生詩》自注:亦亭林號。亦或署蔣山傭、據《元譜》。江藩《漢學師承記》:庚寅,有怨家欲陷之,僞作商賈,變姓名爲蔣山傭。車《譜》:蔣山即鍾山,後更名神烈山。先生嘗僑居山下也。蓬常案:故又或署鍾山傭。顧俑。張《譜》:《鄒平縣志》前列修志姓氏有顧俑,字寧人,崑山人,同時校編,疑"俑"即"傭"字之譌。亦或單署爲"傭"也。

天啓六年丙寅,公元一六二六年。十四歲。

取入崑山學,讀《詩》、《書》、《春秋》。車《譜》。先是,七歲就塾。九歲,讀《周易》。十歲後讀古兵家《孫子》、《吳子》諸書及《左傳》、《國語》、《國策》、《史記》、《資治通鑑》。皆據《元譜》。至此,讀《詩》,爲治《詩》之始。　入復社。　本生父同應卒。據《元譜》。

崇禎四年辛未,公元一六三一年。十九歲。

元配太倉王氏來歸。蓬常案:先生庚申《悼亡》詩有"北府曾縫戰士衣,酒漿賓從各無違"云云,似先生乙酉從戎之日,夫人曾縫衣餉士。夫婦同仇,尤可稱也,不可以不書。

崇禎六年癸酉,公元一六三三年。二十一歲。

與同邑歸莊定交。蓬常案:歸莊字玄恭,詳詩注卷一《吳興行》注。

莊《送顧寧人北游序》云：余與寧人之交二十五年矣。序作於清順治十四年丁酉。逆溯之，則訂交於本年也。先生與莊同歲，少壯相從最密。其與莊遺札，可窺見先生早歲詩學大概。其一云：別兄歸，至西齋，讀《離騷》一首、《九歌》六首、《九辯》四首、士衡《擬古》十二首、子美《同谷》七首、《洗兵馬》一首。見郭立志《雍睦堂法書》，可見當時致力之所在。又一云：弟詩不足觀。吾輩不能多讀書，未宜輕作詩文。如盆盎中水，何裨於滄海之大，祇供人覆瓿而已。見錢塘吳氏藏本，可見學詩主張。又一云：日來契闊，思君如三秋矣。欲與三哥一譚未得，適有菊數本，可偕一至否？如可，當具日以請。辭曰：數日不見，如三秋兮，鞠有黄華，可以遊兮，彼姝者子，酌言酬兮，陳饋八簋，無我尤兮。見同上。此二札原次在戊寅正月二十二日一書前，字蹟相類，蓋一時所書。戊寅爲崇禎十一年，先生二十六歲，則此二札或在戊寅以前乎？詩雖非經心之作，亦可見其少作一斑。

崇禎十二年己卯，公元一六三九年。二十七歲。

秋闈被擯，退而讀書，始撰《肇域志》及《天下郡國利病書》。據徐《譜》。

崇禎十五年壬午，公元一六四二年。三十歲。

《題葉聖野裏畫卷》一首。見崑山馬光楣補錄錢邦彥校補《亭林先生年譜》本崇禎十五年條，上有長沙葉氏補入此詩云：日暮水天遠，山迴石徑斜。居人空□□，逐客已無家。□□葉隨雨，荒寒□際沙。故鄉好歸去，莫待鬢毛華。跋云：□□聖野道契，以□□時落拓他鄉，□□同慨干戈滿眼，□□何年僕將東□，寫此爲別。時崇禎壬午年十月□三日□。顧絳並記。葉氏記謂"題其族祖裏畫卷之作，原署名下鈐'寧人'二字朱文印。畫學雲林。詩本集未載"。蘧常案：聖野，長洲縣學生。見沈德潛《明詩別裁集》注。或作聖埜，嘗爲陳濟生作《啓禎詩選序》。見歸莊《隨筆》。濟生，先生姊婿也。此詩亦早年作之僅存者，惜原書書眉有殘破，故詩與跋語多闕文。

崇禎十七年甲申，詩署閼逢涒灘。大順永昌元年，清順治元年，公元一六四四年。三十二歲。

《大行皇帝哀詩》一首、《千官》二首、《感事》七首，爲編年詩之始。

三月十九日，闖王李自成克北京。明帝朱由檢自縊於宮中萬壽山。四月二十九日，闖王即帝位，稱大順永昌元年，西狩。五月三日，清兵侵入北京。九月，清帝愛新覺羅福臨入關。十月朔，即位，稱順治元年。先是，四月朔，明鳳陽總督馬士英等迎立嗣福王由崧於南京，仍稱崇禎十七年，以明年乙酉爲弘光元年。據吴、車諸《譜》。

四月，先生侍嗣母遷居常熟之唐市，據《元譜》、車《譜》。《常昭合志》：唐市舊名尤涇，在雙鳳鄉，去縣東南三十里。又東南則崑山界。十月，歸千墩，被劫。據《元譜》。張《譜》：《望雲樓帖》刻先生手札云：醉德無何，忽云改歲。兄今具脱然愈乎？弟則馬學士所云百憂熏心，三冬少暇。往日之舉，犯而不校，逆獸已無所用其鳧忴，今乃黑夜令人縱火，焚佃屋一所。弟既蕩無一椽，僕輩亦瞻烏靡集。夫行強雖武士之恒談，火攻則兵家之下策。況於臨池之畏，實爲煽焰之謀。包藏禍心，日甚一日。公宮之火，先告於寺人。陵門之戟，首誅乎元濟。燎原之惡已盈，自焚之禍行及。布諸左右，憑楮愴然！玄恭仁兄足下，弟絳頓首。所云"黑夜縱火"，不知即指千墩被劫事否？時尚未更名炎武，則與葉方恒構釁一案無涉也。未得其實，附記於此。蘧常案：此謂從兄維等構家難一事也。事肇於崇禎十四年辛巳。《元譜》是年云：先生從叔父季皋與從兄仲隅構家難。吴、車兩《譜》從之，而張《譜》則刪去。蓋以其事不可考。且語意亦欠分明也。季皋名葉墅，號又曇。季皋其字，諸生。仲隅名維，仲隅其字。殉乙酉之難，皆見《淞南志》。詳譜語，似二人合謀傾先生家。《蔣山傭殘稿》卷一有《答再從兄》一書，題下先生嗣子衍生注云：諱維。書言其構釁甚詳，而不及葉墅。其書云：開械覘書，詞，姪洪徵之詞也；筆，兄之筆也。不答姪而答兄，從質也。乃報書曰：孰使我六十年垂白之貞母，流離奔迸，幾不保其餘生者乎？孰使我一家三十餘口，風飛電散，孑然一身，無所容趾者乎？孰使我遺貲數千金，盡供猱攫，四壁并非己有，一簪不得隨身，絶粒三春，寄飡他氏者乎？孰使我天性骨肉,並疇姜斐,克恭之弟,一旦而紾兄,聖善之母,一旦而逐子,讒人罔極,磨骨未休,怨不期深,傷人最痛者乎?孰使我諸父宗人,互尋讎隙,四載訟庭,必假手翦屠而後快者乎?孰使我四世祖居,日謀侵占,竟歸異姓,謝公辭世,不保五畝之家,欲求破屋數間而已,亦不可得者乎?孰使我倍息而舉,半價而賣,轉盼蕭然,伍子吹簫,王孫乞食者乎?孰使我一廛不守,寸畮無遺,奪沁水之田,則矯烝甞爲號,攘臨川之宅,則假廟宇爲辭,巧立奇名,併歸鯨罟者乎?孰使我旅人焚巢,舟中遇敵,共姬垂逮於宋火,子胥幾殞於蘆漪者乎?孰使我父母之國,邈若山河,凡我媾友,居停半宿,即同張儉之辜,接話一茶,便等陳容之僇,絶往來,廢賀弔,回首越吟,悽其淚下者乎?孰使我歲時蜡臘,伏地悲哀,家人相對,含酸飲泣,叫天而蒼蒼不聞,呼父而冥冥莫曉者乎?又云:爲我也兄者,則必不爲主人也暴客;爲主人暴客者,則不爲我也兄;人之暴客而我以爲兄,不得顧兄矣!今兄曰:主持有人,同謀有人,吾無與焉。不思燎原之燄,始自何人?虎項金鈴,當問繫者。況寶玉大弓,未歸魯庫;法書名畫,尚在桓玄。苟曰事不繇身,何異盜鐘之惑?且貞母何辜,遂同抄沒;即藐孤有罪,未至溘亡,共有人心,得無哀痛!伏冀翻然易慮,"取之以天,還之以天"(郅惲諫王莽語),俾老母得以鬻櫨終天年,而八口不至填溝壑,其何樂乎與同枝爲不戴之讎也!此書所謂"旅人焚巢",即彼書所謂"縱火"也;此所謂"讒人罔極,磨骨未休",即彼所謂"煽燄"也;此所謂"燎原之燄",即彼所謂"燎原之惡"也;此所謂"暴客",即彼所謂"逆獸"也。維殉於乙酉之難。然先生《剪髮》詩云:畏途窮水陸,仇讎在門户,故鄉不可宿,飄然去其宇。詩作於庚寅,爲清順治七年,時葉案尚未起,曰"在門户",明指族人。頗疑維雖死,其子洪徽等仍續與構難,竟致不能安其所居,故《元譜》順治五年戊子下云:語濂涇家中又被劫。曰"又",承此千墩被劫言也。蓋事亘十年而猶未解也。歸莊《送先生北遊序》云:一時喪荒,賦徭蝟集,以遺田八百畝典葉公子,券價僅當田之半。似即此書所謂"孰使我倍息而舉,半價而賣,轉盼蕭然"者,則葉案實由此而起,歸序尚未得其真也。歸又與先生書云:使兄不遇訟,不避仇,不破家,則一江南富人之有文才者耳,豈能身涉萬里,名滿天下哉!則此等事,雖爲先生之禍,抑亦先生之福,其互爲倚伏,於先生一生,所關者至深且巨,且爲諸譜所未及,故既注於《翦髮》詩,復於此詳著之。十二月,復遷居常熟之語濂涇。據《元譜》。車《譜》云:《常昭合志》:語濂涇,黃涇東,北入尤涇。張《譜》云:先生《從叔父穆庵行狀》:語濂涇去千墩八十餘里。崑山令楊君永言《元譜》:永言字岑文,昆明人。蘧常案:詳詩注卷二《楊明府永言》詩注。應南都詔,列薦先生名於行朝,詔用爲兵部司務。《元譜》。

弘光元年即隆武元年乙酉。詩署游蒙作噩。大順永昌二年,清順治二年,公元一六四五年。**三十三歲。**

《京口即事》二首,《帝京篇》一首,《金陵雜詩》五首,《千里》一首,吳《譜》各詩皆五月以前作。《秋山》二首,《表哀詩》一首,《聞詔》一首,《十二月十九日奉先妣槀葬》一首,《上吳侍郎暘》一首,《姬人怨》二首。蘧常案:陳其年《篋衍集》有先生《姬人怨》二首,集中不載。今入《集外詩存》,有"不是長干輕薄子,如何歌笑入新豐"云云,疑刺南都覆亡迎降諸臣如錢謙益等而作。

四月,永昌帝(李自成)爲清兵所蹙,道殂,大順國除。據徐鼒《小腆紀年》 五月初九日,清師渡江,初十夜,弘光帝出走。十五日,清師入南京,明禮部尚書黃道周、南安伯鄭芝龍等奉唐王聿鍵稱監國。 閏六月,蘧常案:原作六月,茲據《思文大紀》正。丁未,即位於福州,改元隆武。據《元譜》魯王以海亦稱監國於紹興。徐《譜》。

春,膺薦至京口。吳《譜》。見軍政廢弛,作《軍伍議》。吳《譜》。蘧常案:車《譜》云:即文集諸論。四月,同從父蘭服《淞南志》:顧蘭服,字國馨,號穆庵。蘧常案:詳詩注卷一《帝京篇》注。赴南京,《元譜》。歸語濂涇,張《譜》。將復詣闕而南都陷。乃從軍至蘇州,《元譜》。思有所建白,不果。《吳譜》。六月,仍歸語濂涇。 閏六月十五日,崑山士民閉門拒守。 七月初六日,清師下崑山城。《元譜》。先生生母何氏被游騎斫。弟子叟、蘧常案:名纘。子武,蘧常案:不知其名。並遭難。子叟妻朱氏引刀自刺其喉,僵卧瓦礫中得免。據張《譜》。　執友吳其沆殉守城之役。據吳《譜》。蓮常案：先生《文集·吳同初行狀》：生少余七歲，名其沆，字同初，嘉定縣學生員，世本儒家。生尤夙惠，下筆數千言，試輒第一，居崑山。當抗敵時，守城不出以死。越九日，清師復下常熟。嗣母王氏，於十四日聞變即絶食，至三十日乃終。遺命先生勿更出仕。據《元譜》及張《譜》。隆武帝遥授先生兵部職方司主事。據《元譜》。　九月，至嘉定，過吳其沆家，徐《譜》。省其母。據《文集·吳其沆行狀》。　十二月十九日，權厝嗣母柩於曾祖侍郎塋東偏。據《元譜》。

隆武二年丙戌，詩署柔兆閹茂。魯監國元年，清順治三年，公元一六四六年。三十四歲。

《李定自延平歸齎至御札》一首，《海上》四首，《不去》三首，《賦得老鶴萬里心用心字》一首。

三月，隆武帝移駐延平。　六月，清師渡錢塘江，魯監國航海。　八月，隆武帝聞清師破仙霞關，自延平走汀州。二十八日，遇害。　十月十四日，明兩廣總督丁魁楚、廣西巡撫瞿式耜奉桂王由榔監國於肇慶。　十一月十八日，即帝位，仍稱隆武二年，以明年爲永曆元年。鄭芝龍降於清，其子成功等率所部入海。明大學士蘇觀生又立隆武弟唐王聿鐭於廣州，改元紹武。　十二月，清師下廣州，聿鐭遇害。以上據《小腆紀年》。蓮常案：《元譜》、徐《譜》、吳《譜》、張《譜》敍事多違誤，悉不從。　十二月十二日，命家人趙和等遷居。《元譜》。未詳遷居何地。將往閩中赴職方之召，以母喪未葬，不果行。《元譜》。

永曆元年丁亥，詩署彊圉大淵獻。魯監國二年，海上鄭成功稱隆武三年，清順治四年，公元一六四七年。三十五歲。

《贈顧推官咸正》一首，《大漢行》一首，《義士行》一首，《秦皇行》一首，《墟里》一首，《塞下曲》二首，《海上行》一首，《哭楊主事廷樞》一首,《推官二子執後欲爲之經營而未得也而二子死矣》二首,《淄川行》一首,《哭顧推官》一首,《哭陳太僕子龍》一首,《十月二十日奉先妣葬於先曾祖兵部侍郎公墓左》一首,《墓後結廬三楹作》一首,《精衛》一首,《吳興行贈歸高士祚明》一首。

　　正月癸卯朔,永曆帝在梧州。據《小腆紀年》。

　　夏,明叛將吳勝兆謀以松江復歸於明,事洩,被殺。明太僕寺卿陳子龍、兵部主事楊廷樞等死之。據《小腆紀年》。　二人皆先生執友。又族人推官咸正及其二子之遴、之逖亦同死難。先生各以詩哭之。據《元譜》。蓮常案:各人事蹟詳各詩注。楊廷樞長先生十八歲,顧之遴少先生五歲,之逖少先生八歲。先生亦幾豫禍。據全祖望《亭林先生神道表》。　秋,至海上。　十月二十日,葬嗣母於曾祖塋東嗣父同吉之兆。　十二月二十一日,移家語濂涇,先生廬墓。以上據《元譜》。　送歸莊往吳興。徐《譜》。

永曆二年戊子,詩署著雍困敦。魯監國三年,海上鄭氏稱隆武四年,清順治五年,公元一六四八年。三十六歲。

　　《賦得越鳥巢南枝用枝字》一首,《賦得江介多悲風用風字》一首,《擬唐人五言八韻》:《申包胥乞師》、《高漸離擊筑》、《班定遠投筆》、《諸葛丞相渡瀘》、《祖豫州聞雞》、《陶彭澤歸里》六首,《常熟縣耿侯橘水利書》一首,《偶來》一首,《浯溪碑歌》一首,《寄薛開封寀》一首,《將有遠行作時猶全越》一首,《京口》二首。

　　正月丁酉朔,永曆帝在桂林。據《小腆紀年》。

　　秋,至湖上。　冬,抵京口。　是年,語濂涇家中又被劫。以上《元譜》。

永曆三年己丑,詩署屠維赤奮若。魯監國四年,清順治六年,公元一六四九年。三十七歲。

　　《元日》一首,《石射堋山》一首,《春半》一首,《懷人》一首,

《賦得秋鷹》一首,《八尺》一首,《歲九月虜令伐我墓柏二株》一首,《桃花谿歌贈陳處士梅》一首,《瞿公子玄鋙將往桂京不得達而歸贈之以詩》一首。

　　正月庚申朔,永曆帝在肇慶。據《小腆紀年》。

　　春,登靈巖山。清明,封墓樹。　秋,至吳江,過八尺,以上《元譜》。懷孫兆奎烈士。據施世傑《孫烈士傳》。蘧常案:詳《八尺》詩注。納妾韓氏。元《譜》。

永曆四年庚寅,詩署上章攝提格。魯監國五年,清順治七年,公元一六五零年。三十八歲。

　　《金壇縣南五里顧龍山上有太祖高皇帝御題詞一闋》一首,《贈于副將元凱》一首,《重至京口》一首,《榜人曲》二首,《剪髮》一首,《秀州》一首。

　　正月乙卯朔,永曆帝在肇慶。據《小腆紀年》。

　　五日,韓氏生子詒元,名之曰詒穀。《元譜》。時怨家有欲傾陷之者,蘧常案:所謂"怨家",當即其從姪洪徽等。事詳上崇禎十七年條下。乃變衣冠,偽作商賈,游金壇,張《譜》。訪于副將元凱。蘧常案:事詳《贈于副將元凱》詩注。登顧龍山,觀明太祖御製詞吳《譜》石刻。車《譜》。再至鎮江登北固樓,已,復往嘉興。張《譜》。

永曆五年辛卯,詩署重光單閼。魯監國六年,清順治八年,公元一六五一年。三十九歲。

　　《恭謁孝陵》一首,《拜先曾王考木主於朝天宮後祠中》一首,《贈萬舉人壽祺》一首,蘧常案:詩題中"自注",目錄與本詩兩見,刪。下同。　《淮東》一首,《贈人》二首。

　　正月己卯朔,蘧常案:明《大統曆》於上年庚寅十一月置閏,而清用新曆則於本年二月置閏,故明以本日為元辰,與清曆差一月也。永曆帝在南寧。據《小腆紀年》。

春,至南京,初謁孝陵。據《元譜》。蓬常案:《元譜》無"春"字,《恭謁孝陵》詩有"雨露接三春"句,則在春時也。據補。　八月十四日,至淮安,與山陽王略、徐州萬壽祺定交。據《元譜》。蓬常案:《文集·山陽王君墓誌銘》云:王君與余同年月生,而長余二十餘日。其行事雖不同,而意相得。凡余心之所存,及其是非好惡無不同者,雖不學古而闇合於古,仁而愛人,樂善不倦,其天性然也。君諱略,字起田,淮安山陽人。家清江浦之南,卒時年五十七。《元譜》:壽祺字年少,崇禎庚午舉人。詳卷二《贈萬壽祺》詩解題。長先生十歲。鄧之誠《清詩紀事》云:魏禧數數往揚州,屢訪友山陽,蓋志在經營山左。山左(山東)縮轂南北,東達海,西通中原,南抵淮、泗之間。天下有事,可以斷運道,爲形勢必爭之地。顧炎武北行之先,曾數至山陽,皆密有所圖。抵清江浦。《元譜》。

永曆六年壬辰,詩署玄默執徐。魯監國七年,清順治九年,公元一六五二年。四十歲。

《同族兄存愉拜黃門公墓》一首,《贈路舍人澤溥》一首,《清江浦》一首,《丈夫》一首,《王家營》一首,《傳聞》二首。

正月癸酉朔,永曆帝在龍英。先是,清兵迫南寧,明將孫可望迎帝入雲南,是日次於此也。據《小腆紀年》。

至吳縣之橫山,拜遠祖野王墓。遇執友路澤溥於虎丘。《元譜》:澤溥舍人,時攜家奉母,寄居湖上。蓬常案:路澤溥字蘇生,曲周人。時避亂蘇州之洞庭山。詳《贈路舍人澤溥》詩注。自唐市返千墩。　至清江浦,渡河,抵王家營。以上據《元譜》。後歸洞庭山。據徐《譜》。蓬常案:《清詩紀事》云:隆武立於福州,大學士路振飛薦炎武爲兵部主事。是後四五年間,嘗東至海上,北至王家營,僕僕往來,蓋受振飛命,糾合淮、徐豪傑。初,振飛巡撫淮陽,嘗團練鄉兵,得兩淮間勁卒數萬,後爲劉澤清散遣。炎武實倚萬壽祺爲東道主人。炎武每從淮上歸,必詣洞庭告振飛之子澤溥。備一說。　時五湖、三泖間高蹈能文者,相率爲驚隱詩社,一名逃社,每於五月五日祀三閭大夫。九月九日,祀陶徵士。除夕,祀林君復、鄭所南,四方同志咸集。各紀以詩,有錢肅潤、歸莊、陳濟生、吳炎、顧有孝、戴笠、王錫闡、潘檉章、王仍等，先生時亦與焉。據《震澤志》。蕖常案：此不知確在何時。《志》云"迹其所起，蓋在順治庚寅"，考先生遊履，惟壬癸間至湖上頗頻。姑繫於此，所爲詩已不可考。　是年，斐然欲有所作。《文集・鈔書自序》。　弟紓得子洪慎。蕖常案：《崑新合志》：洪慎字汝嘉。從父炎武卒，承遺命，以子宏佐爲炎武殤子詒穀後。從叔蘭服得子巖。蕖常案：《元譜》：先生卒於曲沃，從弟巖自崑山來，偕衍生扶柩歸。故特書之。　世僕陸恩叛，投里豪葉方恒。以上皆據《元譜》。蕖常案：陸恩、葉方恒，詳卷二《贈路光祿太平》詩序注。

永曆七年癸巳，詩署昭陽大荒落。清順治十年，公元一六五三年。四十一歲。

　　《隆武二年八月上出狩未知所之其先桂王即位於肇慶府改元永曆時太子太師吏部尚書武英殿大學士臣路振飛在廈門造隆武四年大統曆用文淵閣印頒行之九年正月臣顧炎武從振飛子中書舍人臣路澤溥見此有作》一首，《再謁孝陵》一首，《恭謁太祖高皇帝御容於靈谷寺》一首，《贈朱監紀四輔》一首，《監紀示游粵詩》一首，《贈鄔處士繼思》一首，《昔有》二首，《楊明府永言昔在崑山起義不克爲僧於華亭及吳帥舉事去而之蘭谿今復來吳下感舊有贈》一首，《送歸高士之淮上》一首，《贈劉教諭永錫》一首，《郝將軍太極滇人也天啓中守霑益余於敘功疏識其姓名今爲醫客於吳之上津橋言及舊事感而有贈》一首，《孝陵圖》一首，《十廟》一首。

　　正月戊辰朔，永曆帝在安龍府。三月，魯王自去監國號，飄泊島嶼間。以上據《小腆紀年》。蕖常案：徐《譜》謂：不知所終，誤，詳《昔有》詩第一首注。

　　春，自洞庭山至南京。據徐《譜》。二月，再謁孝陵，並謁太祖遺容於靈谷寺。據《元譜》。五月，萬壽祺卒於淮陰。趙經達《歸玄恭年譜》云：上虞羅氏《萬年少年譜》，據《白舁山人集》、《居易堂集》等，以年少爲卒於康熙壬辰，與銅山孫運錦《萬先生傳》言"壬辰五月初三日，卒於淮陰，年五十"合。然《玄恭文鈔·與陳言夏書》言"與足下晤言，尚在辛卯之秋，中間僅一附書問。昨歲在淮、浦，聞有貴恙；近見陸道威兄，讀其著述"，又言"即日赴淮陰書館"，考之《桴亭文集》、《亭林詩集》無不相符。可知年少卒於癸巳。蓮常案：歸莊赴淮陰書館，不一月，壽祺即逝世。其與蔣路然書云：初夏，偕萬年少北渡，亡何而年少長逝。可證也。又案：陸世儀《桴亭文集·贈歸玄恭序》云：癸巳之四月，玄恭讀予《思辨錄》，謬以爲不悖於道也，愛而樂之。又，先生癸巳《送歸高士之淮上》詩有云：卜宅已安王考兆，攜書還就故人齋。上句，謂癸巳三月七日葬三世七人於新阡，詳詩注。下句"故人"，謂萬壽祺也。故曰"無不相符"。趙説誠是矣。然歸莊手寫稿《勃齋》玄默執徐詩有《哭萬年少》五首，有《四十生辰》一首，有《萬年少藁葬南村挽辭》一首，玄默執徐，壬辰也。壬辰，歸莊正四十歲。是壽祺確卒於壬辰，而非癸巳，則孫、羅之説是已，此殊不可解也。茲據先生《送歸高士之淮上》詩，仍次於癸巳，而存疑於此。又案：《清詩紀事》謂歸莊之主壽祺家以訓蒙爲名，實代炎武當連絡之任。考莊《與蔣路然書》云：弟自渡江抵淮，主年少家。千里授經，豪士氣短。所幸主人是我輩人，可與共商天下事耳。則《紀事》云云，不爲無據。　　先生素車白馬走九百里哭之。據歸莊《與王于一書》。蓮常案：書云：敝邑顧寧人兄，德甫先生之孫也。兄間者爲我言，方杖耆時，德甫先生不遠二千里遣使致生芻，有古君子之風。今寧人亦素車白馬走九百里哭萬年少，家風古誼，不墜盆敦。此事諸譜所未及，特詳著之。　　八月，歸吳。據歸莊《中秋前十日淮浦送顧寧人歸吳》及《寧人別後復來留滯旬日會面者再今知定行矣復往送之口占一絕句》兩詩。蓮常案：此兩詩在《勃齋》詩中則作於壬辰，次《哭萬年少》詩後，今據先生《送歸高士之淮上》詩，定萬壽祺卒於癸巳。姑以此歸，亦屬諸癸巳。

十月三日，謁孝陵，並作圖。　　詒榖殤，更納戴氏。以上《元譜》。車《譜》云：歸玄恭《戲贈先生詩》云：同心初縞在秦淮，孤寄清江音問乖。雖異九秋婕好怨，已如一月太常齋。占熊從此歡無既，弋雁何妨老自偕。不待王郎去迎接,西風今送入君懷。自注:寧人於金陵納姬,置之清江浦。至是,姬得南歸云云。以時事案之,或是戴也。蓮常案:以歸詩推之,納戴氏當在五月前,在南京時。置之清江浦當在五月中去淮陰時。此後,不復見去清江浦之迹。戴氏南歸,當在先生歸吳以後。曰"西風今送",或在下年之秋乎?據此,亦足爲本年先生再至淮上之佐證。

永曆八年甲午,詩署閼逢敦牂。清順治十一年,公元一六五四年。四十二歲。

《金山》一首,《僑居神烈山下》一首,《古隱士》二首,《真州》一首,《太平》一首,《蠛磯》一首,《江上》二首,《久留燕子磯院中有感而作》一首,《范文正公祠》一首,《錢生肅潤之父出示所輯方書》一首。

正月壬辰朔,永曆帝在安龍府。據《小腆紀年》。

春,遊金山。吳《譜》。至南京,卜居神烈山下。據《元譜》。由儀真,歷太平,登采石磯,東抵蕪湖。秋,遊燕子磯,留宿僧院,至冬始還。以上《元譜》。是年,兄紃卒。據吳《譜》。

永曆九年乙未,詩署旃蒙協洽。清順治十二年,公元一六五五年。四十三歲。

《元旦陵下作》二首,《常熟歸生晟陳生芳績書來以詩答之》一首,《贈路光祿太平》一首,《酬王生仍》一首,《永夜》一首,《酬陳生芳績》一首,《贈路舍人》一首,《贈錢行人邦寅》一首,《辭家》二首。常庸《顧譜斠識》云:葛芝《臥龍山人集》卷五,有《顧寧人見寄辭家二律次韻酬之》詩。芝字瑞五,號龍仙,崑山人,前諸生。乙酉後,棄去。有《臥龍山人集》十四卷。先生寄詩,當在是年。而《辭家》二律,詩集失收。蓮常案:"辭家"當謂上年卜居神烈山下也。《寄楊都昌并伊人三十韻》一首。沈岱瞻《同志贈言》顧湄《寄族父亭林先生》詩第三首注:乙未冬,《寄楊都昌并伊人三十韻》,有"耆德推龍首,交游獎鳳雛"句。蓮常案:此詩詩集未收。

正月丙戌朔,永曆帝在安龍府。據《小腆紀年》。是日,四謁孝陵。據張《譜》。

春,自金陵還崑山。《元譜》。叛僕陸恩欲陷以重案。據《詩集·贈路光祿太平》詩序。五月十三日,擒數其罪,沈諸水。叛黨復投葉氏訟之官。據《元譜》。獄日急,歸莊爲求救於錢謙益。謙益欲先生自稱門下而後許之。莊知必不可,乃自書一刺與之。先生聞之,急索刺還,不得,列揭於通衢以自白。路澤溥識兵備使者,爲愬之,得移訊松江。據全祖望先生《神道表》及張《譜》。

永曆十年丙申,詩署柔兆涒灘。清順治十三年,公元一六五六年。四十四歲。

《松江別張處士慤王處士煒暨諸友人》一首,《贈潘節士檉章》一首,《閏五月十日恭詣孝陵》一首,《王處士自松江來拜陵畢遂往蕪湖》一首,《桃葉歌》一首,《黃侍中祠》一首,《王徵君潢具舟城西同楚二沙門小坐柵洪橋下》一首,《攝山》一首,《賈倉部必選説易》一首,《出郭》二首,《旅中》一首,《酬王處士九日見懷之作》一首,《送張山人應鼎還江陰》一首,《陳生芳績兩尊人先後即世適皆以三月十九日追痛之作詞旨哀惻依韻奉和》三首。《方月斯詩草序》。

正月庚辰朔,永曆帝在安龍府。據《小腆紀年》。

春,獄解,回崑山。《元譜》。赴吳興。據《同志贈言》王潢《送顧寧人之吳興》詩。蓬常案:詩云:良史才名不可刪,皇天命爾試諸艱。休言六代較顏謝,直取三長駕馬班。燦燦春華榮槁木,煌煌夏鼎燭神姦。書成自誓苕溪水,一片丹心告蔣山。題下自注云:湖州府又號霅州。考《文集·書吳潘二子事》云:莊生作書時,屬客延予一至其家,予薄其人不學,竟去。莊生謂湖州史案之莊廷鑨也。詩即詠此行。汪曰楨《南潯志》卷三十二集,亦載此詩。詩末有注云:君僑寓蔣山。常庸《顧譜斠識》云:據詩注,則當在本年。其説當是。詩"燦燦春華"云云,似興而非僅比也,則此行當在本年春。諸譜不及,兹補次於此。　三月,本生母何氏卒。　閏五月,至鍾山舊居。獄解後,葉氏憾不釋,遣刺客偵所往,至是,追及於南京太平門外,擊之傷首,遇救得免。　初十日,五謁孝陵。以上據《元譜》。變姓名南遊,不遂而返。據《出郭》、《旅中》二詩。蘧常案:《出郭》詩,有"秦客王稽至此,待我三亭之南"之句,疑南明有使至,此兩詩當是敍一時事。惟約後仍獨行,並未同載而去。故《旅中》詩云"愁人獨遠征"也。《旅中》詩"釜遭行路奪,席與舍兒爭。混跡同傭販,甘心變姓名。寒依車下草,饑糝鐺中羹。浦雁先秋到,關雞候旦鳴。蹠穿山更險,船破浪猶横"十句,述途中艱苦之情形。此行當在夏令。故云"浦雁先秋到",又明謂自北而南也。然所期仍不能遂,與前丁亥秋海上之行相同,故其末云"買臣將五十,何處謁承明"也。此行與避禍亦有關,詳《出郭》詩注。南征既不遂,乃有明歲北游之計。考《元譜》本年於閏五月初十日謁陵後,即書冬在鍾山度歲。中有所諱,其跡可尋。歸當在七、八月之交。下有《酬王處士九日見懷之作》,可推也。王處士即王煒,《同志贈言》載其原作,起云"孤窮迢遞八荒游",似指此行。或據其下"雪水菰蘆誰弔影"句,謂赴吳興,非是。吳興不遠,不得謂"迢遞八荒游",且何必變姓名作商賈,亦不至艱苦若此。此不過敍前事,與下"蔣山風雨自深秋"句作對耳。此事亦爲自來譜家所未及,特詳論之。　冬,在鍾山度歲。《元譜》。

永曆十一年丁酉,詩署彊圉作噩。清順治十四年,公元一六五七年。四十五歲。

《元日》一首,《萊州》一首,《安平君祠》一首,《不其山》一首,《勞山歌》一首,《張饒州允掄山中彈琴》一首,《淮北大雨》一首,《濟南》二首,《賦得秋柳》一首,《酬徐處士元善昔年新城之陷其母死焉故有此作》一首。

正月甲辰朔。永曆帝在滇都。據《小腆紀年》。

是日,六謁孝陵。　春,自南京返崑山避讎。將北遊,同人餞之,歸莊爲文贈行。據《元譜》。　秋,啓塗淮北,正值淫雨沂沐,下流並爲巨浸。跣行二百七十里,始得乾土,兩足爲腫。寄食三齊，明年客北平，又明年客上谷。一身孤行，並無僕從，窮邊二載，藜藿爲殽。　據《蔣山傭殘稿·答人書》。蓮常案：書有"追想與吾兄語濂讀書之樂"云云，當是與陳芳績者。芳績，常熟語濂涇人，與先生同居久。至萊州，與掖趙士完、任唐臣定交。《元譜》云：士完字汝彥，崇禎壬午舉人。亂後，棄家而南，羈棲廢寺。弟士冕，官鎮江太守。物色得之，强之歸。唐臣字子良，貢生。吳《譜》云：案《亭林文集·萊州任氏族譜序》云：余往來山東十餘年。又云：頃至東萊，主趙士完、任唐臣。入其門，而堂軒几榻無改於其舊。知先生初抵萊，即與趙、任往還。謝國楨《顧亭林學譜》云：亭林之北遊山東，何以先至萊州、青州，然後始至濟南？則以東萊趙士完爲魯東巨族，而士完之從兄士喆曾舉山左大社以響應復社者也。　從唐臣假吳才老《韻補正》，讀而校之。據《元譜》。蓮常案：《韻補正》元作《韻譜》，據吳《譜》正。　過即墨。《元譜》。躡勞山、不其山。據先生《徵天下書籍啓跋》。由青州至濟南，與徐夜、張爾岐定交。據《元譜》。《清詩紀事》云：徐夜初名元善，字東癡，山東新城人，明諸生。入清後，慕嵇叔夜之爲人，更名夜。號嵇庵。掘門土室，絶迹城市，時年二十九。蓮常案：以此推之，則夜少先生二歲。餘詳《酬徐處士元善》詩注。張爾岐號蒿庵，濟陽人，明諸生。長先生一歲。餘詳卷五《過張貢士爾岐》詩解題。此詩作於乙卯，即清康熙十四年，其起句云"緇帷白室覿風標"，收句云"竊喜得逢黃叔度，頻來聽講不辭遥"，自本年至彼時，已十有八年，不應詩句尚似初見，疑本年定交或有誤。後見葉廷琯《吹網錄》亦疑之。長山劉孔懷《蒿庵集序》以爲先生初識爾岐，似在癸丑八月。備一説。

永曆十二年戊戌，詩署著雍閹茂。清順治十五年，公元一六五八年。四十六歲。

《登岱》一首，《謁夫子廟》一首，《七十二弟子》一首，《謁周公廟》一首，《謁孟子廟》一首，《鄒平張公子萬斛園上小集各賦一物得桔橰》一首，《張隱君元明於園中寘一小石龕曰仙隱祠徵詩紀之》二首，《前詩意有未盡再賦四章》四首，《濟南》一首，《爲丁貢生亡考衢州君生日作》一首,《自笑》一首,《酬歸祚明戴笠王仍潘檉章四子韭溪草堂聯句見懷二十韻》一首,《濰縣》二首,《衡王府》一首,《督亢》一首,《京師作》一首,《薊州》一首,《玉田道中》一首,《永平》一首,《謁夷齊廟》一首。

正月戊戌朔,永曆帝在滇都。十二月,清取安龍府,帝出狩。據《小腆紀年》。

春,至泰安,登泰山。《元譜》。旋赴兗州,至曲阜,謁孔林。往鄒縣,謁周公廟、孟廟。過鄒平,游張氏萬斛園。《元譜》:故明兵部尚書張延登所居。與邑人馬驌訪碑郊外。張《譜》。《池北偶談》云:馬驌字聰御,一字宛斯。順治己亥進士,仕爲淮安府推官,終靈壁令。博雅耆古,著《繹史》,最爲精博,時人稱爲"馬三代"。崑山顧亭林尤服之。抵章丘,訪張光啓。《元譜》。光啓,字元明,諸生。詳《張隱君元明仙隱祠》詩解題。至長山,主劉孔懷。《元譜》:孔懷字果庵,長山人。復至濟南,《元譜》。訪徐夜。張《譜》。再赴濰縣。《元譜》。 秋,入都。蘧常案:京師作詩,前《衡山府》詩有云"嶽里生秋草",後《永平》詩有云"灤河秋雁獨飛初",則入京當在秋初矣。至薊州,歷遵化、玉田,抵永平,登孤山,謁夷齊廟。《元譜》。《清詩紀事》云:丁酉北行,徘徊于登、萊之間,又北至永平,登孤竹,出榆關。或海上尚有義從,有待撫輯。

永曆十三年己亥,詩署屠雍大淵獻。清順治十六年,公元一六五九年。**四十七歲。**

《寄弟紓及友人江南》三首,《山海關》一首,《望夫石》一首,《昌黎》一首,《三屯營》一首,《恭謁天壽山十三陵》一首,《王太監墓》一首,《劉諫議祠》一首,《居庸關》二首,《重登靈巖》一首,《秋雨》一首,《與江南諸子別》一首,《江上》一首。

正月癸巳朔,永曆帝次永平。乙未,清取滇都。二月,帝入緬甸。五月,駐者梗。據《小腆紀年》。

春,出山海關,返至永平,之昌黎。著《營平二州史事》六卷。據《元譜》。蕖常案：原無"春"字，撿《山海關》詩有云"海燕春乳樓"，《望夫石》詩有云"威遠臺前春草萋"，則其出關及至昌黎皆在春時矣。據補。　至昌平州，初謁天壽山。　出居庸關，仍返山東。抵鄒平，訂縣志。張《譜》。蕖常案：施閏章《鄒平縣志序》云：比部張奉之博採勤蒐，進士馬宛斯討核詳實，而吳門顧寧人自上谷來，悉授以校之，書遂成。據此，可知其出居庸關後，所止地，或有所謀耶？不可知矣。逕長清，訪碑靈巖山寺。張《譜》。南歸，次揚州。旋復北上，至天津度歲。徐《譜》。

永曆十四年庚子，詩署上章困敦。清順治十七年，公元一六六零年。四十八歲。

《再謁天壽山十三陵》一首，《送王文學麗正歸新安》一首，《答徐甥乾學》一首，《天津》一首，《舊滄州》一首，《白下》一首，《重謁孝陵》一首，《贈林處士古度》一首，《羌胡引》一首，《贈黃職方師正》一首。《顧與冶詩序》。

正月丁巳朔，永曆帝在緬甸者梗。據《小腆紀年》。

二月，至昌平，再謁天壽山，入都。　六月，赴山東。《元譜》。　秋，南歸，寓居淮上。徐《譜》。　冬，過六合，抵南京，七謁孝陵。據《元譜》、徐《譜》。　回蘇州。蕖常案：下年《元日》詩"行行適吳會，三徑荒不理"，是本年冬杪適吳，元日前已到家矣。家似仍在洞庭山。詳下《元日》詩注。《元譜》以回蘇繫於明年，似誤。

永曆十五年辛丑，詩署重光赤奮若。清順治十八年，公元一六六一年。四十九歲。

《元日》一首，《杭州》二首，《禹陵》一首，《宋六陵》一首，《顏神山中見橘》一首。

正月壬子朔，蕖常案：《元日》詩自注云：夷曆元日，先《大統》一日。清以辛亥為元日，則明《大統曆》以壬子為元日矣。　永曆帝在者梗。九月，清兵追帝於緬甸。十二月，被執。明年四月，遇害於雲南，明亡。據《小腆紀年》。

　　春，至杭州，渡江，謁禹陵，弔宋六陵。據《元譜》。蘧常案：原無"春"字，檢《宋六陵》詩有云"白日愁春雨"，可知至杭州，謁禹陵、宋陵，皆在春時也。據補。往來皆由吳江。兩訪潘檉章於江村。據徐《譜》。　秋，回蘇州，即往南京。據吳《譜》。閏七月，返山東。　十二月立春日，蘧常案：本年十二月十五日立春。輯《山東考古錄》成。以上據《元譜》。

清康熙元年壬寅，詩署玄黓攝提格。海上鄭成功仍奉永曆正朔至其卒。公元一六六二年。五十歲。

　　《三月十九日有事於欑宮時聞緬國之報》一首，《古北口》四首，《五十初度時在昌平》一首，《北嶽廟》一首，《井陘》一首，《一雁》一首，《堯廟》一首。

　　正月，由山東入都。　三月，至昌平，三謁天壽山，以上《元譜》。十九日，謁思陵。吳《譜》。有謁欑宮文。先生曰：昔宋之南渡，會稽諸陵皆曰欑宮。實陵而名不以陵，《春秋》之法。《昌平山·水記》。出古北口，往薊州，仍至昌平。　五月二十八日，先生五十誕辰，有致饋者，作書辭之。　至真定之新樂。抵曲陽，謁北嶽恆山。　至井陘。　十月，至大同之渾源州。　度汾河，至平陽府。以上《元譜》。

康熙二年癸卯，詩署昭陽單閼。公元一六六三年。五十一歲。

　　《十九年元旦》一首，《霍山》一首，《書女媧廟》一首，《晉王府》一首，《贈傅處士山》一首，又《酬傅處士次韻》二首，《陸貢士來復述昔年代許舍人曦草疏攻鄭鄤事》一首，《聞湖州史獄》一首，《李克用墓》一首，《五臺山》一首，《酬李處士因篤》一首，《雨中送申公子涵光》一首，《酬史庶常可程》一首，《汾州祭吳炎潘檉章二節士》一首，《寄潘節士之弟耒》一首，《王官谷》一首，《蒲州西門外鐵牛唐時所造以繫浮橋者今河西徙十餘里矣》一首，《潼關》一首，《華山》一首，《驪山行》一首，《長安》一首，《樓觀》一首，《乾陵》一首，《將去關中別中尉存杠於慈恩寺塔下》一首。《朱子斗詩序》。

　　正月，自平陽登霍山，游女媧廟。　至太原，訪傅山。《元譜》云：山字青主，初字青竹，號嗇廬，別號公之它，陽曲人。蓬常案：山長先生七歲。餘詳《贈傅處士山》詩解題。　至代州，游五臺，與富平李因篤遇，遂定交。《元譜》云：因篤字天生，更字子德，陝西富平籍，山西洪洞人。蓬常案：餘詳《酬李處士因篤》詩解題。因篤少先生十八歲。在汾州聞執友吳炎、潘檉章遭湖州莊氏私史之難，遙祭於旅舍。以上據《元譜》。　由汾州歷蒲州，入潼關，遊西嶽太華。過訪華陰王弘撰。吳《譜》。《元譜》云：弘撰字無異，又字山史，華陰人，明諸生。蓬常案：弘撰《待庵日札》有"今年七十有八"語，此爲己卯作。己卯，康熙三十八年也。以此推之，少先生九歲。《清詩紀事》云：弘撰，他無表見，唯延安二議坐言可以起行。延安，秦、漢上郡。弘撰常遊其地，必非無故者。顧炎武、李因篤皆走邊塞，與老兵戍卒語，思以有爲，弘撰必預其事，而欲資延安以爲興王之始基乎？八月，至西安。據張《譜》。遊富平，主李因篤。又西至乾州。據徐《譜》。十月，過訪李顒於盩厔，遂定交。據《元譜》。吳《譜》云：顒字中孚，號二曲，陝西盩厔人。詳卷五《讀李處士顒襄城紀事有贈》詩解題。　往驪山，訪明宗室存杠。《元譜》云：存杠字伯常。子斗誼泋之子。詳《將去關中別中尉存杠於慈恩寺》詩解題。　存杠命子烈及甥王太和受業。徐《譜》。出關，至太原。《元譜》。先生五十以後，篤志經史，其於音學深有所得，爲五書以續三百篇以來久絕之傳。別著《日知錄》，上篇《經術》，中篇《治道》，下篇《博聞》，共三十餘卷。據《文集·與人書》二十五。

康熙三年甲辰，詩署閼逢執徐。公元一六六四年。五十二歲。

　　《后土祠》一首，《龍門》一首，《自大同至西口》四首，《孟秋朔旦有事於先皇帝欑宮》一首,《贈孫徵君奇逢》一首。

正月五日,至蒲州之榮河,游后土祠,適汾州。 自大同至西口入都。 七月,至昌平,四謁天壽山。以上《元譜》。奠思陵。吳《譜》至河南輝縣,訪孫奇逢。《元譜》:方苞《孫徵君傳》:徵君諱奇逢,字啓泰,號鍾元,北直容城人。餘詳贈《孫徵君奇逢》詩解題。蘧常案:湯斌等《孫夏峰年譜》云:萬曆十二年甲申生。則長先生二十九歲。又案:諸譜皆從《元譜》,繫訪孫奇逢事於本年秋後,蓋《元譜》據詩集也。然考孫《譜》:甲辰二月,因所作《甲申大難錄》爲人告發,遂自請赴部。三月,至中途,聞檢原書,特爲表忠,毫無觸忌,遂反輝。輝令聞之督撫,豫督劉疑之,復北上。五月,抵里門(容城縣北城村),次涿州,聞事寢,因旋,東歸北城。七月望日,修祀事。十二月,里門族黨觴余。據此,則本年自秋徂冬,奇逢尚留容城原籍,何緣於輝縣見之耶? 此必有誤。孫《譜》云:四年乙巳五月,再抵夏峰。則訪奇逢當在明年五月以後,不當在本年。詩既誤編於前,譜又誤從於後,不可不辨也。返至泰安州度歲。《元譜》

康熙四年乙巳,詩署旃蒙大荒落。公元一六六五年。五十三歲。

《酬程工部先貞》一首。

由泰安至德州,復回濟南。置田舍於章丘大桑家莊。元《譜》。先是,章丘人謝世泰負先生貲,至是以田產償焉。吳《譜》。 秋,至曲阜,再謁孔林,遊闕里。《元譜》。與顏光敏定交。張《譜》:《清史列傳・文苑傳》云:顏光敏字修來,號樂圃,曲阜人。康熙六年進士,官至吏部考功司郎中。蘧常案:光敏卒於康熙二十五年,年四十七,則少先生二十七歲。

康熙五年丙午,詩署柔兆敦牂。公元一六六六年。五十四歲。

《寄劉處士大來》一首,《朱處士彝尊過余於太原東郊贈之》一首,《屈山人大均自關中至》一首,《重過代州贈李子德在陳君上年署中》一首,《偶題》一首,《出雁門關屈趙二生相送至此有賦》二首,《應州》二首,《重至大同》一首,《得伯常中尉書却寄并示朱烈王太和二門人》一首。

春,由大桑家莊過兗州。張《譜》。至廣平之曲周。《元譜》。 遊太原。《元譜》。時秀水朱彝尊客山西布政王顯祚幕。據《朱竹垞年譜》過訪先生於東郊,因與定交。車《譜》:彝尊字錫鬯,號竹垞,以布衣試鴻博,授檢討。蘧常案:《竹垞年譜》:彝尊,崇禎二年己巳生。則少先生十六歲。 南海屈大均亦自關中來會。蘧常案:《屈大均年譜》:明崇禎三年生。則大均少先生十有七歲。出雁門,適應州。重過大同,遇故代府中尉俊㹇。訪李因篤於代州牧陳上年署。與因篤二十餘人勾貸墾荒於雁門北。 入都。據《元譜》。蘧常案:據詩次,則至代州,在遊太原之後出雁門關之前。詩出先生自編,宜可信。蓋由南而北,於途爲順,由大同至北京,實爲通逵達道。康熙三年,亦自大同入都。不應由太原北上,不過代州而出雁門,復由大同至代州,然後至京;如此不憚跋涉紆回而往也。《元譜》疑誤。復往山東,遊泰山。《元譜》。 十月,著《韻補正》成。至兗州守彭繩祖署度歲。據《元譜》、張《譜》。

康熙六年丁未,詩署彊圉協洽。公元一六六七年。五十五歲。

《淮上別王生略》一首,《贈蕭文學企昭》一首,《曲周拜路文貞公祠》一首,《德州過程工部》一首,《過蘇祿國王墓》一首。《程正夫詩序》。

春,留兗李劉澤遠署,删訂《近儒名論甲集》。據張《譜》。蘧常案:張《譜》蓋據先生與《顏修來手札》,其文云:弟向目錄有《古今集論》五十卷。頃兗李劉年翁廷弟至署,删取其切於經學治術之要者,付諸梓人,名曰《近儒名論甲集》。張云:《兗州府志·同知表》,劉澤遠康熙八年任。所謂兗李,疑即其人。八年,或六年之譌。兗李不可解。張又云:所謂兗李亦疑辭。予疑當謂兗洲之司理,宋諸州有司理官,掌獄訟、勘鞫,亦作司李。清初府有推官,正當宋之司李。劉或先爲推官,至八年始擢同知乎?張說似非。南歸,至山陽,主王略。開雕《音學五書》於淮上,張弨父子任校寫之役。《元譜》云:張弨字力臣,山陽諸生。入都,從孫思仁借得《春秋纂例》、《春秋權衡》、《漢上易傳》等書。蘧常案:據先生

《與王起田書》,假書爲孫退谷,則思仁是孫承澤別字。　陳上年資之薪水,傳寫以歸。東還,主德州程先貞、《元譜》:先貞字正夫,德州人,官工部員外郎。李濤。《元譜》:濤號述齋,康熙翰林,官至刑部侍郎。以上皆據元《譜》。

康熙七年戊申,詩署著雍涒灘。公元一六六八年。五十六歲。

《赴東》六首,《子德李子聞余在難特走燕中告急諸友人復馳至濟南省視於其行也作詩贈之》一首,《贈同繫閻君明鐸先出》一首,《爲黃氏作》一首。

春,在都,寓慈仁寺,聞萊州黃培詩獄牽連,即星馳赴鞫,始知爲不識面之姜元衡所誣,據先生與人書。而謝世泰實爲主唆。據《元譜》。三月,下濟南府獄。張《譜》引先生《與人書》云:歲著雍涒灘二月十五日,在京師慈仁寺寓中,忽聞山東有案株連,即出都門。三月二日,抵濟南,始知爲不識面之姜元衡所誣。蘧常案:《蔣山傭殘稿·上國馨叔書》云:二月十五日,報國寺寓中見徐廉生兄,備知吾叔近履。其時姪已聞蜚語,即以次日出都。則出都在二月十六日也。　秋,從子熊來省於濟南。十月,獄解,得釋。以上《元譜》。暫寄徐真修通判署。據張《譜》。

康熙八年己酉。詩署屠維作噩。公元一六六九年。五十七歲。

《樓桑廟》一首,《三月十二日有事於先皇帝欑宮同李處士因篤》一首,《贈李貢士嘉時年八十》一首,《邯鄲》一首,《邢州》一首,《自大名至保定子德已先一月西行賦寄》一首,《亡友潘節士之弟耒遠來受學兼有投詩答之》二首。

正月,入都,據《蔣山傭殘稿》卷二《與人書》。蘧常案:《與人書》云:弟于正月四日入都。寓七聖庵。旋往山東。已復入都,寓文昌閣。《元譜》。三月,往昌平,五謁天壽山,謁思陵,有文。回都,移主甥徐元文邸舍。據《元譜》、吳《譜》。出都,過順德,歷邯鄲,至山東,與謝世泰對簿,案始結。據吳《譜》。蘧常案:結案一事,《元譜》繫諸四月,張《譜》從之。吳、車二《譜》則屬之三月。考《蔣山傭殘稿》卷二《與人書》云:即墨一案,至三月十六日始結。則吳、車二譜誠是,從之。夏,在德州主謝重輝。據先生《與顏修來手札》。蓬常案:手札云:德州方山謝年兄入都,附此申候。弟夏秋主於其家。方山,重輝別字,官刑部郎中,有詩名。六月,王略卒,銘其墓。據先生《山陽王君墓誌銘》及《元譜》。秋,返至大名,過保定。據吳《譜》。蓬常案:自大名至保定,詩有"木落霜封"云云,則在深秋矣。冬,抵平原。張《譜》。十一月二十六日,入都。據《國粹學報》載先生《覆智栗書》。主申穟。汪琬《廣西提學僉事申君墓誌銘》:君名穟,字叔簁,吳縣人,進士。由儀制司郎中出爲廣西提學僉事。配徐氏。吳《譜》云:徐氏,先生女甥。又主謝重輝。潘檉章弟耒來受學。據《覆智栗書》。《元譜》:耒字次耕,康熙己未,以布衣試鴻博,授檢討。張《譜》:次耕少先生三十三歲。蓬常案:張《譜》作"冬,抵平原,潘次耕耒來受業"。注云:次耕以初冬謁先生於平原。然考潘耒《亡妻王孺人壙志銘》云:康熙己酉歲十一月乙未,亡妻王氏卒於淮陰,將以其月戊申厝於清江浦魯橋之原。十一月乙未,爲初六日;而戊申則十九日也。耒之起程赴平原,必在是年十一月十九日之後。時舟車濡滯,千里而遙,必不能在十一月中到達。《同志贈言》載耒呈詩六十韻,題云《己酉冬暮自淮陰抵平原謁寧翁先生》可證。徐《譜》亦謂時當在冬盡。張《譜》但舉潘詩末段"黃雲凍""經雨雪"云云,及先生答詩"雁來秋"云云,僅據遂初堂《補遺》本,題"冬"下無"暮"字,遂誤謂冬初矣。又考先生《覆智栗書》云:"不佞以十一月廿六日入都,而次耕後此匝月始至。今將於長安圖一讀書之地,必不虛其千里相從之願也。智栗爲王略長子,而潘耒之妻兄也,名寬,故於耒之來學詳言之。據此,則耒之見先生,實在北京而非平原,且爲十二月杪。益可證初冬之非矣。頗疑耒之言平原者,或呈詩爲預作。至平原,而先生已赴京,乃亦隨往,呈詩之題猶仍而未改乎?茲從先生手札改。

康熙九年庚戌,詩署上章閹茂。公元一六七零年。**五十八歲**。

《述古》三首,《德州講易畢奉柬諸君》一首,《輓殷公子岳》一首。

五月，蔣常案：《元譜》作"四月"。考先生《與李良年書》有云：弟夏五出都，仲秋復入，將讀退谷先生之藏書。頃者，《日知錄》已刻成樣本。一切情事，皆與本年合。則出都往德州，自當在五月，今改正。往德州。六月，程先貞、李濤延先生於家講《易》。至八月中畢。蔣常案：《元譜》作"九月初講畢"，然據上引《與良年書》"仲秋復入"云云，則其講畢，當爲八月，而非九月矣。且考《德州講易畢奉柬諸君》詩有"涼風起天末，蟋蟀吟堂階"句，亦不似晚秋景色，今正。即以是月入都，九日與朱彝尊及嘉定陸元輔沈德潛《國朝詩別裁集》：陸元輔字翼王，著有《菊隱集》。在北平孫氏研山齋詳定所藏古碑刻。蔣常案：孫氏，孫承澤也。出都，至曲周，訪路澤濃。歷河南，至山西。復回山東度歲。是年初，刻《日知錄》八卷。以上據《元譜》。

康熙十年辛亥，詩署重光大淵獻。公元一六七一年。五十九歲。

《寄張文學弨時淮上有築堤之役》一首，《雙雁》一首，《夏日》二首，《秋風行》一首，《静樂》一首，《太原寄王高士錫闡》一首，《盂縣北有藏山云是程嬰公孫杵臼藏趙孤處》一首。

春，從子洪善、洪慎省先生於都門。往山東。未幾，仍入都，主甥徐乾學。據吳《譜》。夏，孝感熊賜履欲以纂修《明史》薦，先生面辭之。吳《譜》。《蔣山傭殘稿·記與孝感熊先生語》云：辛亥歲夏在都中，一日，孝感熊先生招同舍甥原一飲，坐客惟余兩人。熊先生從容言：久在禁近，將有開府之推，意不願出，且議纂修《明史》，以遂長孺之志。而前朝故事，實未諳悉，欲薦余佐其撰述，余答以果有此舉，不爲介推之逃，則爲屈原之死矣。兩人皆愕然。原一，徐乾學字。出都，歷忻州，之静樂、平定州，之盂縣，至太原。《元譜》。爲太原守周令樹點定荀悦《漢紀》。張《譜》。十月，交城令趙天羽邀與華亭陸慶臻、上海蔡湘翦燭賦詩。《元譜》。車《譜》：天羽，字恒夫，休寧人，官户科給事中。慶臻，字集生，金山衛人，崇禎舉人。湘名竹濤。納妾於静樂。《文集·規友人納妾書》云：炎武年五十九，未有繼嗣，在太原遇傅青主，浼之診脈，云尚可得子。勸令置妾,遂于静樂買之。

康熙十一年壬子,詩署玄黓困敦。公元一六七二年。六十歲。

《讀李處士顒襄城紀事有贈》一首,《寄楊高士》一首,《齊祭器行》一首,《題李先生矩亭》一首,《瓠》一首,《土門旅宿》一首。相傳有《自題六十像》一首。見近人上海李氏《七十自敍附印墨跡》。詩云:鹿鹿風塵數十年,芒鞋踏徧萬山烟。漫期竹簡藏三策,且弄梅花付七絃。椀茗清談真供養,鑪香静坐小游仙。指揮如意飛英落,阿堵傳神亦宿緣。自跋云:慎齋鴻臚爲予作小象於燕臺,見者謂爲神肖。吾家虎頭之後,此其替人,因題一律,以志墨緣。蓮常案:慎齋,禹之鼎字。驗書法與真跡不甚類;詩亦空泛平滑,項聯尤非平昔勤厲持身之旨,與《五十初度詩》相校,其去遠矣。姑附於此。

由山西至京,主元文。 從兄孝宏、甥徐履忱來省。 五月,至濟南。 八月,入都,仍主元文。 十月,往德州。 由河南至山西。以上《元譜》。與閻若璩相遇於太原,徐《譜》。以《日知錄》相質。錢大昕《閻先生傳》。度歲於静樂。 寓書潘耒。議撫吳江族子衍生爲嗣。《元譜》。譜名洪瑞,據張《譜》。是年《日知錄》刻成樣本。見《與李良年(武曾)書》。

康熙十二年癸丑。詩署昭陽赤奮若。公元一六七三年。六十一歲。

《燕中贈錢編修秉鐙》一首,《先妣忌日》一首,《自章丘回至德州則程工部逝已三日矣》一首,《有歎》二首,《哭歸高士》四首。

正月,由静樂南歸,至揚州。張《譜》。入都,主元文。 四月,至德州,訂州志。 返章丘桑家莊。 八月,遊濟南。以上據《元譜》。寓通志局。張《譜》。蓮常案:《蔣山傭殘稿·答葉崿初書》云:昨見續志,簡明可觀,足徵政事文章大概。其如各屬至者未滿二十處,弟職在潤色,須諸公討論成稿之後,方得經目,此時不過借關防爲著書之便而已。所謂"續志",即謂《山東通志》,先生蓋曾與其事,不獨寓居而已。張

《譜》引先生《與顏修來手札》云：弟今年寓跡，半在歷下，半在章丘。而修志之局，郡邑之書甚備，弟得藉以自成其《山東肇域記》。若貴省之志，山川古跡，稍爲刪改，其餘概未經目。雖抱素餐之譏，幸無芸人之病。亦謂《山東通志》也。據此，則先生於此志，僅及山川古跡，而其餘概未寓目。王士禛《居易錄》謂：《山東通志》，當事既視爲具文，秉筆者又鹵莽滅裂，不諳掌故，而歎先生在局不一是正爲可惜。蓋未審其實也。先生謂此志"簡明可觀"，當非諛詞。士禛亦言之過甚矣。葉嶠初即陸恩一案之主謀、謀陷先生不遂復遣人行刺之葉方恒也，嘗官山東濟寧道僉事，當亦與志事，故書及之。《殘稿》有答、與二書：一爲謝其邀山遊；一即此書，下有謝其紬葛之惠。不圖刻骨之讎，乃能悅以解；或方恒屈於公論，幡然改悔，終至輸誠傾服，而先生大度亦不咎既往耶？此亦自來譜家所未及，特詳識之。十月，自章丘至德州，哭程先貞；又聞從叔蘭服及歸莊訃，設祭於桑家莊。　入都，得雲南吳三桂起兵報。　寄潘耒書，令族子衍生北上。　在京度歲。以上據《元譜》。

康熙十三年甲寅，詩署閼逢攝提格。公元一六七四年。六十二歲

《廣昌道中》二首，《寄問傅處士土堂山中》一首，《與胡處士庭訪北齊碑》一首，《王良》二首，《路光祿書來敘江東同好諸友一時徂謝感歎成篇》一首，《過矩亭拜李先生墓下》一首，《潘生次耕南歸寄示》一首，《子房》一首，《刘禾長白山下》一首，《歲暮》二首。

正月，出京，由易州往汾州。　四月，至德州，回濟南。度歲於桑家莊。以上《元譜》。

康熙十四年乙卯，詩署旃蒙單閼。公元一六七五年。六十三歲。

《兄子洪善北來言及近年吳中有開淞江之役書此示之》一首，《閏五月十日》二首，《過張貢士爾岐》一首，《送程工部葬》一

首,《路舍人客居太湖東山三十年寄此代柬》一首,《孫徵君以孟冬葬於夏峰時僑寓太原不獲執紼適吳中有傳示同社名氏者感觸之意遂見乎辭》一首。

從子洪善來省於章丘。 赴濟南,訪張爾岐。 往德州,送程先貞葬。 八月,自山東歷河南,抵山西之祁縣,主戴廷栻。以上據《元譜》。廷栻爲築室祁之南山,先生因之置書堂焉。據張《譜》。十月六日,大理寺卿咸寧張雲翼過訪。據《元譜》。蘧常案:《元譜》原云:張帝臣某及張又南雲翼過訪。注云:帝臣無考,各譜亦不詳其行事及與先生交往。張雲翼字又南,爲靖逆侯張勇長子,以父廕官大理寺卿。嘗秉父命,禮聘先生。又爲先生刻《左傳杜解補正》。故删帝臣,而獨著雲翼。

康熙十五年丙辰,詩署柔兆執徐。元公一六七六年。六十四歲。

《漢三君》詩三首,《楚僧元瑛談湖南三十年來事作四絕句》四首,《賦得簷下雀》一首,《薊門送李子德歸關中》一首,《李生符自南中歸檇李三年矣追惟壯游兼示舊作》一首。

正月,自山西之山東。 二月,入都,主乾學甥。 三月,回山東。 五月,入都。 秋,至薊,仍入都。 十一月,得歸徐氏第五妹訃,乾學、元文、秉義之母也,設奠。命撫子衍生北上,至京。從子洪善成進士。洪慎得子,命名世權,後更名宏佐,立爲詒穀後。據《元譜》。在京度歲,作《日知錄序》。據張《譜》。

康熙十六年丁巳,詩署彊圉大荒落。公元一六七七年。六十五歲。

《二月十日有事於先皇帝欑宮》一首,《贈獻陵司香貫太監宗》一首,《陵下人言上年七月九日虞主來獻酒至長陵有聲自寶城出至祾恩殿食頃止人皆異之》一首,《過郭林宗墓》一首,《介休》一首,《靈石縣東北三十五里神林晉介之推祠》一首,《霍北道中懷關西諸君》一首,《河上作》一首,《雨中至華下宿王山史家》一首,《過李子德》四首,《皂帽》一首,《采芝》一首,《寄李生雲霑時寓曲周僧舍課子衍生》一首。

正月,與甥乾學等話別於天寧寺。 二月,至昌平,六謁天壽山及懷宗欑宮,與王弘撰偕。 三月,出都。説見下。 四月十三日,至德州,見撫子衍生及其師李雲霑,訪李淶、李源。二十一日,至鄭家口。二十四日,抵曲周,主路澤濃。 五月七日,移寓曲周之增福廟。 往山西,道汾州之介休,霍州之靈石。 九月二日,入陝,主王弘撰。蓮常案:先生《蔣山傭殘稿·與魏某書》云:春杪一別,忽焉半載,每領大教,永懷不忘。以九月二日入關,重登華嶽。且喜羽檄初停,四郊無警,而此中一二賢者,復有式廬擁篲之風。汧、渭之間,將恣游矚,未能即返,便羽託此奉候。此當爲本年事。"魏某"下,衍生注:章丘令。則出都後,曾至章丘。春杪,是三月末。《元譜》云四月出都,實誤。今據正。王弘撰《山志》云:丁巳秋九月初三日,亭林入關,主於予家。此曰"二日",或"初三"爲主其家之日也。"羽檄初停",謂王輔臣之降。本年《河上》詩所謂"今年暫寢兵"也。訪李顒於富平東南軍砦之北。《元譜》。李因篤來迎,因過所居月明山下,登堂拜母。徐《譜》。十一月重遊太華。據《與魏某書》見之。重訪弘撰於華陰,作《華陰王氏宗祠記》。 遣妾。 回太原祁縣度歲。張《譜》。

康熙十七年戊午,詩署著雍敦牂。公元一六七八年。六十六歲。

《春雨》一首,《聞張稷若訃》一首,蓮常案:潘鈔、潘刻本皆不載。據張爾岐《蒿庵集》末附及《濟南縣志》、盛百二《柚堂筆談》補。《柚堂筆談》云:蒿庵卒於康熙丁巳季冬,時亭林在關中。此詩蓋作於次年。其説是也。當時音訊濡滯,冬季歿,其聞當在春間,故次於《春雨》、《夏日》兩首之間。《寄同時二三處士被薦者》一首,《井中心史歌》一首,《夏日》一首,《梓潼篇贈李中孚》一首,《和王山史寄來燕中對菊詩》一首,《關中雜詩》五首,《過朝邑王處士建常》一首。

春,由太原入關中,富平令郭傳芳郊迎於二十里外。　閏三月,遣李因篤家人至曲周,接衍生師生,會於李顒家。　四月朔,傳芳邀先生至署,寓南庵。旋移寓朱樹滋齋中。朝議以纂修《明史》,特開博學鴻詞科。同邑葉方藹閣學、長洲韓菼侍講欲薦先生,知志不可屈,乃已。於是先生遂絕迹不至都中。　十月七日,自華下回富平(原作頻陽)。蹇常案:《蔣山傭殘稿》卷三《與王山史書》云:弟以十月七日自華下回頻陽。當是本年事。下有"知臥疾京師"云云。考王士禛《易居錄》云:山史徵至京師,居城西昊天寺,以老病辭。正本年事,可證。據補。又案:頻陽爲富平之古稱。《讀史方輿紀要》云:富平有古頻陽城。今改從今名。十二月二十七日,在華下,張雲翼承父命來聘往蘭州,堅辭之。蹇常案:《蔣山傭殘稿》卷三《與李子德書》云:愚于十二月二十七日在華下會□又南。又南爲雲翼字,即此事,據補月日。先是,潼商道胡戴仁來訪,欲聘至署,亦辭不往。　過同州之華陰,達華州,而渭北道梗,止同知王爾謙署度歲。張《譜》。蹇常案:前《與李子德書》下云:次日即至華州。而渭北草竊縱横,竟不能去,在州別駕王君署中度歲。即此事,據補。

康熙十八年己未,詩署屠維協洽,公元一六七九年。六十七歲。

《寄子嚴》一首,《寄次耕時被薦在燕中》一首,《當歸》一首,蹇常案:詩寄潘耒者,已佚。據《文集》卷三《答次耕書》補此目。書云"至於《當歸》一詩,已焚稿矣",書首云"來書北山南史一聯,語簡情至,讀而悲之。既已不可諫矣,處此之時,惟退惟拙,可以免患"。蓋此時潘耒已應徵授官,本勸其歸,即已不可諫,故焚其稿也。《次耕書來言時貴有求觀余所著書者答示》一首,《雲臺觀尋希夷先生遺跡》一首,《硤石驛東二十里有西鴞路繇趙保白楊樹二百五十里至臨汝以譏察之嚴築垣封閉過此有題》一首,《雒陽》一首,《三月十九日行次嵩山會善寺》一首,《少林寺》一首,《嵩山》一首,《測景臺》一首,

《卓太傅祠》一首,《梁園》一首,《海上》一首,《五嶽》一首,《贈張力臣》一首,《子德自燕中西歸省我于汾州天寧寺》一首,《寄次耕》三首,《歲暮西還時李生雲霑方讀鹽鐵論》一首。

　　正月三日,往延安,抵同官縣,拜山西按察司副使寇慎之墓。　蘧常案:《蔣山傭殘稿》卷三《與李子德書》云:正月三日,始至鏵朱,欲一至宅叩辭老伯母,會北山多虎,仲德力止毋行,乃紆道自耀州至同官,拜寇老師之墓。據補。《亭林餘集·寇公墓誌銘》云:公諱慎,字永修。寇公爲蘇州知府,炎武年十四,以童子試見公,被一言之獎,於今五十有四年。其拳拳感舊,久而不渝如此。嗚呼,可以風矣! 攜衍生移寓華山下弘撰所搆齋。蘧常案:《殘稿》卷三《與李子德書》云二月七日束裝雇車啓行,十日至山史宅中暫住。則此行與衍生偕也。山史欲爲朱子建祠雲臺觀,兼營書院,以居先生。葉方靄充《明史》總裁,欲招先生入史局,力却之。蘧常案:此事當在三月前。其後匆促出關,不待王弘撰之歸,登嵩、少,遊大騩,轉梁、宋。北至廣平,西遊林慮,皆爲避此招也。《元譜》繫本年後。今移至三月出關前。又案:《殘稿》卷三《與蘇易公書》云:都下書來,言史局方開,有議物色及弟者,弟述先妣遺命,以死拒之。意欲來揚邑,懇台臺謀之彪翁,尋鄉村寺院,潛蹤一兩月。裹糧而至,不費主人。待舍甥入都,必有調停之法。彪翁既同雅操,必不見拒。又喜素非識面,亦未嘗信宿揚城,都人士之所不料也。報音乞付汾曲東關中書王宅。如薦剡得寢,弟便于七夕後回華山。書中情事,皆與本年合。開史局物色及之者,即葉方靄之招也。"待舍甥入都,必能調停",即徐元文於二月召監修《明史》,至九月入都也。"報音乞付汾曲",四月中,原寓汾州也。"七夕後回華山",雖不果,終于十一月回華陰也。彪翁,范姓,鄗鼎名,彪西其字。則本年或有赴揚之事,著此可以見先生晚節之堅貞矣! 三月十日出關作嵩、少之遊。蘧常案:《蔣山傭殘稿》與李紫瀾、李星來、潘次耕、陳介眉諸書,皆言此事,而《與李紫瀾書》特詳。云:弟以三月十日出關,歷崤、函,觀雒、汭,登太室,游大騩,域中五嶽得遊其四。四月,至曲周。旋由河南抵汾州。蘧常案:前《與李紫瀾書》下云:轉歷梁、宋,北至廣平。今復西游林慮。皆在其時。長洲毛今鳳來受業。　十一月,回華陰。 蓮常案:《蔣山傭殘稿》卷三《留書與山史》云:弟以淮上刻書未竟,須與力臣面相考訂,而晉中亦不可不一往,故于明日東行,不能□(當是"待"字)先生歸里。此去計須半載。然聞中州、淮甸在在饑荒,未卜前途何似。興盡而返,亦無容心也。當作於出關前後,未見至淮上。雖有《贈張力臣》詩,並無晤面之意。當是興盡而返乎?又案:《與陳介眉書》云:弟今年得一詣嵩山、少室,天下五嶽已遊其四。遂至河東,歲暮始還華下。則無赴淮之事也。

康熙十九年庚申,詩署上章涒灘。公元一六八零年。六十八歲。

《贈毛錦銜》一首,蓮常案:原編次《酬李子德二十四韻》後。酬李詩爲先生絕筆,則次於後誤。徐注雖知之而未改。錦銜爲今鳳之字。《文集》卷六有《與毛錦銜書》云:憶昔萬曆庚申,吾年八歲。今年元旦作一對曰:六十年前二聖升遐之歲,三千里外孤忠未死之人。便中有字與吳門,可代爲錄此,與一二耆舊知心者觀之,知此迂拙之叟猶在人間耳。一詩并附。詩即此首,有"去日奉風度,一別遂西東"云云,蓋春間別後所寄,改移此。《送康文學乃心歸郃陽》一首,《友人來座中口占二絶》二首,《送李生南歸寄戴笠王錫闡二高士》一首,《酬族子湄》一首,《朱處士鶴齡寄尚書埤傳》一首,《哭李侍御灌谿先生模》一首,《華下有懷顧推官》一首,《華陰古蹟》二首,《悼亡》五首,《冬至寓汾州之陽城里中尉敏浮家祭畢而飲有作》三首。

　　正月,至富平。　二月,先生仲姊訃至,間二日,設祭。　三月,山西鹽運使曾寅致餽。　四月,弘撰有諸母喪,爲議服及葬祭之禮。　五月,送馬右實之喪出關,雲霱附之南歸。　先生誕辰,郭傳芳將親來致祝,力止之。華陰令遲維城造訪,因與謀建朱子祠堂,遲欣然捐資爲倡。　十月,攜衍生往汾州之陽城里,訪前中尉朱敏浮。　汾州守周于漆延入署。　十一月,元配王安人卒於崑山,訃至,次日出署。十一日,成服設祭,逢七如常儀。 度歲於王德元中翰家。以上皆《元譜》。 乾學甥以贊善充明史館總裁。張《譜》。

康熙二十年辛酉,詩署重光作噩。公元一六八一年。六十九歲。

《寄題貞孝墓後四柿》一首,《贈衛處士蒿》一首。

二月望,去汾州,往曲沃,至解州、運城。 三月,鹽運使黃斐來會。月杪,延入署。 四月五日,斐奉諱。十日,攜衍生入關。至華陰,訪弘撰。蘧常案:《蔣山傭殘稿》卷一《與熊耐茶書》云:承氍毺傾蓋之雅,惓惓甚篤。不謂下榻五日,而忽聞太夫人之訃,爲之愴然!□(當是"弟"字)于四月十日仍返華下,茂林間館,起看仙掌,坐擁百城,足以忘暑。即言此事,茲據補月日。出斐所餽,落成朱子祠堂,有上梁文。 七月,雲霧南來。 八月二日,自華陰至山西曲沃,縣令熊僎聞先生至,命輿至候馬驛,迎入城,寓玄帝廟。十一日,患嘔泄,幾危,得郭醫自狹三五劑而起。蘧常案:《殘稿》卷一《與遲屏萬書》云:弟至曲沃三日而大病,嘔泄幾危,幸遇儒醫郭自狹,三五劑而起。即言此事,據補。 九月,移寓上坡韓鏡家。 十月,又移寓韓村韓進士宣之宜園。 爲衍生議婚靳氏。《元譜》。

康熙二十一年壬戌,詩署玄默閹茂。公元一六八二年。七十歲。

《酬李子德二十四韻》一首。蘧常案:徐嘉《譜》繫辛酉,然詩有"蹉跎歲又除",其非辛酉明甚。李因篤《哭先生詩一百韻》"報章驚絕筆"句注:晨,承報予二十四韻,夕卒。先生卒於壬戌正月初九日丑刻。尤爲詩作於壬戌之確證。徐嘉《亭林詩注》以此詩屬之壬戌,而《譜》猶沿誤,今正。集外佚詩,不能考其年代者,如《和若士兄賦孔昭元奉諸子游黃歇山大風雨之作》一首,見吳映奎《亭林年譜》。《古俠士歌》兩首,見王士禛《感舊集》。附此。

正月四日,韓宣設宴會賓友。八日,先生早起,將答賀熊令,上馬失足墜地,疾作,竟日夜嘔瀉不止。初九日丑刻捐館。韓宣、熊儻、仇昌祚、衛蒿、徐嘉霖、郭某爲經紀棺斂,並典邑人秦氏室,停柩其中。　三月,先生從弟巖自崑山來,偕衍生扶柩歸葬於侍郎塋東嗣父母之昭位,門人潘耒爲之表。據《元譜》。

亭林著作目録

易解 見《亭林文集》卷三《與汪苕文書》及《蔣山傭殘稿》卷三《與王山史書》，未見傳本。　左傳杜解補正三卷 有清康熙間成寧張雲翼刻本。　五經同異三卷 有常熟蔣光弼省吾堂刻本，疑依託。　九經誤字一卷 有《四庫全書》內府本、朱記榮《亭林遺書彙輯》本。　音學五書三十八卷 有山陽張弨寫刻本。原名《音統》，後改此名。五書者，《音論》三卷、《易音》三卷、《詩本音》十卷、《唐韻正》二十卷、《古音表》二卷。　韻補正一卷 有潘耒刻《亭林遺書》本。　唐宋韻補異同 見吳虔《顧亭林年譜》，未見傳本。

　　以上經部

二十一史年表十卷 見顧衍生《亭林著書目》，未見傳本。　重修宋史 見全祖望《鮚埼亭外編》卷四十三《答臨川先生問湯史帖子》。云寧人改修《宋史》，聞其草本已有九十餘册，乃其晚年之作，身後歸徐尚書健菴。今已不可問矣。　皇明修文備史 惲毓鼎跋云：是書爲亭林先生所彙編，舊爲陽湖趙收菴藏書。凡七十種，合四十帙。光緒癸卯，余從巴陵方氏得此編，僅存下函，十八帙，計五十九種。較之收菴所藏，已佚其半。　聖朝紀事一卷 見張穆《亭林年譜》。　三朝紀事闕文 見亭林《餘集·自序》。　熹廟諒闇記一卷 見張穆《亭林年譜》。日本長澤規矩也《亭林著述攷》云：大阪府立圖書館有藏本。　聖安紀事二卷 有《亭林遺書彙輯》本，亦名《聖安皇帝本紀》。　明季實錄一卷 有《亭林遺書彙輯》本、沈懋德《昭代叢書》本。　南都時事 見《亭林文集》卷四《與戴耘野書》。　海甸野史 見北京大學《國故月刊》。　天下郡國利病書一百二十卷 《四庫全書提要·史部·地理類》存目一。兩江總督採進本、四川龍氏聚珍一百卷本、上海涵芬樓

《四部叢刊》第三編影印手稿五十冊本。《亭林文集》卷六自序云：共成四十餘帙。一爲輿地之記，一爲利病之書。亂後多有散佚，亦或增補。　肇域志二十册　手稿未刻。今藏南京圖書館。"志"或作"記"，此從《文集》卷六自序。　備錄　見《亭林文集》卷六《肇域志》自序。吳映奎《亭林年譜》乃取《江左十五子詩選》徐昻詩注，可謂失諸眉睫矣。　一統志案説　見張穆《亭林年譜》。已言其爲坊刻妄託，而猶著之，援《漢書·藝文志》不去僞書之例也。　歷代宅京記二十卷　有潘刻《亭林遺書》本。　營平二州史事六卷　《四庫全書提要》已言其書不存，《亭林文集》卷二尚有其序。　營平二州地名記一卷　有《亭林遺書彙輯》本。　昌平山水記二卷　有潘刻《遺書》本。　昌平山水圖　見潘耒《呈先生詩》注。　京東考古錄一卷　有《亭林遺書彙輯》本、吳震方《説鈴》本。　山東考古錄一卷　有《遺書彙輯》本。　北平古今記十卷　見顧衍生《亭林著書目》。　建康古今記十卷　見《江寧金鼇待徵錄記事》。　十九陵圖志六卷　見衍生《亭林著書目》及徐松、張穆《年譜》。　孝陵圖　見《亭林詩集》卷二《孝陵圖》詩序。　萬壽山考　見衍生《亭林著書目》。　岱嶽記八卷　見衍生《亭林著書目》。　海道經　見吳映奎《亭林年譜》。　譎觚十事一卷　有潘刻《遺書》本。　茀錄十五卷　見衍生《著書目》。案：其書不傳，不知其屬何類。《著書目》列於各地理書後，姑附於此。　官田始末考一卷　見衍生《著書目》。　治河事一帙　見何焯《菰中隨筆跋》。　石經考一卷　有潘刻《遺書》本。　金石文字記六卷　同上。　求古錄一卷　同上。　西安府儒學碑目　見《文集》卷二自序。　顧氏譜系考一卷　有潘刻《遺書》本。

以上史部

日知錄三十二卷　有清康熙庚戌自刻八卷本、潘耒乙亥福建刻本。　日知錄補遺四卷　見衍生《著書目》。案：鄧實《風雨樓叢書》有《日知錄之餘》四卷，當即此書。　救文格論一卷　有吳震方《説鈴》本、《亭林遺書彙輯》本。　菰中隨筆三卷　有《四庫全書》兩淮鹽政採進本、敬躋堂刻本。　菰中隨筆別本不分卷　有曲阜孔氏刻本、敬躋堂兩種合刻本。　亭林雜錄

一卷 有《遺書彙輯》本。案《書目》,初見《蘇州府志》。 當務書六卷 見衍生《著書目》。 區言五十卷 見何焯《菰中隨筆跋》。 經世編十二卷 見《四庫全書提要・子部・類書類存目》三,蓋偽託。 下學指南一卷 見《文集》卷六自序。 近儒名論甲集五十卷 見衍生《著書目》。 懼謀錄 崑山圖書館藏有抄本。

以上子部

亭林文集六卷 有潘刻《遺書》本、上海涵芬樓《四部叢刊》影印潘刻本、朱氏《遺書彙輯》本、張修府刻本、董金鑑《學古齋金石叢書》本。 亭林餘集一卷 有長洲彭紹升刻本、鯛光典重刻本、傅增湘手校鈔本。 蔣山傭殘稿三卷 有日本大阪府立圖書館藏尚志堂刻本、中華書局翻印本。案:常熟鐵琴銅劍樓、上海涵芬樓皆有藏本,涵芬樓本已佚。 亭林佚文輯補 中華書局鉛槧本。 亭林詩集五卷 有潘氏《遺書》本、《四部叢刊》影印潘氏《遺書》本、《亭林遺書彙輯》本。 潘耒手抄亭林詩集 有幽光閣鉛印本。案:相傳梁清標有朱書補完本。蓋由潘刻多闕文而補之者也。疑即據此本抄錄。 亭林佚詩一卷 有《亭林遺書彙輯》本。 昭夏遺聲二卷 見李雲霈《與人論亭林先生遺書牋》。 詩律蒙告一卷 有曲阜孔氏《菰中隨筆》別本、附刻本。

以上集部

附　錄

一、清國史儒林傳·顧炎武傳

　　顧炎武初名絳，字寧人，崑山人。明贊善紹芳孫。年十四，爲諸生，耿介絕俗，不與人苟同。惟與同里歸莊相善。相傳有"歸奇顧怪"之目。其論學，以博學有恥爲先。嘗與友人論學云：百餘年來之爲學者，往往言心、言性，而茫然不得其解也。命與仁，夫子所罕言；性與天道，子貢所未得聞。性命之理，著之《易傳》，未嘗數以語人。其答問士，則曰"行己有恥"。其爲學，則曰"好古敏求"。其與門弟子言，但曰"允執厥中，四海困窮，天禄永終"。其告哀公，明善之功，先之以博學。顔子幾於聖人，猶曰"博我以文"。自曾子而下，篤實莫若子夏，其言仁則曰"博學而篤志，切問而近思"。今之君子則不然，聚賓客門人數十百人，與之言心、言性，舍多學而識以求一貫之方，置四海之困窮不言，而講危微精一，是必其道高於夫子，而其弟子之賢於子貢也，我弗敢知也。《孟子》一書，言心、言性，亦諄諄矣！乃至萬章、公孫丑、陳代、陳臻、周霄、彭更之所問，與孟子之所答，常在乎出處、去就、辭受、取與之間。是故性也、命也、天也，夫子之所罕言，而今之君子所恒言也；出處、去就、辭受、取與之辨，孔子、孟子之所恒言，而今之君子之所罕言也。愚所謂聖人之道者如之何？曰"博學於文"，曰"行己有恥"。自一身以至於天下國家，皆學之事也。自子臣弟友，以至出入、往來、辭受、取與之間,皆有恥之事也。士而不先言恥,則爲無本之人。非好古多聞,則爲空虛之學。以無本之人,而講空虛之學,吾見其日從事於聖人而去之彌遠也。又曰:今之理學,禪學也。不取之五經、《論語》,而但資之語錄,不知本矣。其論文,非有關於經旨世務者,皆謂之巧言,不以措筆。故炎武之學,大抵主於斂華就實,救弊扶衰。凡國家典制、郡邑掌故、天文儀象、河漕兵農之屬,莫不窮究原委,考正得失。又廣交賢豪長者,虛懷商榷,不自滿假。作《廣師》篇云:學究天人,確乎不拔,吾不如王錫闡;讀書爲己,探賾洞微,吾不如楊雪臣;獨精《三禮》,卓然經師,吾不如張爾岐;蕭然物外,自得天機,吾不如傅山;堅苦力學,無師而成,吾不如李顒;險阻備嘗,與時屈伸,吾不如路安卿;張《譜》案:本集所舉十人,皆稱字,此改稱名,史例也。而楊雪臣名瑀,路安卿名澤濃,仍而不改,何也?嘉案:楊、路國史無傳,餘皆有傳。博聞强記,羣書之府,吾不如吳任臣;文章爾雅,宅心和厚,吾不如朱彝尊;好學不倦,篤於友朋,吾不如王宏撰;精心六書,信而好古,吾不如張弨。至於達而在位,其可稱述者,亦多有之,然非布衣之所得議也。炎武生平精力絕人,自少至老,無一刻離書。國朝稱學有根柢者,以炎武爲最。炎武撰《天下郡國利病書》一百二十卷,歷覽諸史、圖經、實錄、文編、説部之類,取其關於民生利病者;且周流西北,歷二十年,其書始成。別有《肇域志》一編,則考索利病之餘,合圖經而成者。炎武精韻學,撰《音論》三卷。言古韻者,始自明陳第,雖創闢榛蕪,猶未邃密。至炎武乃推尋經傳,探討本原。又,《詩本音》十卷。其書主第"詩無協韻"之説,不與吳棫《本音》爭,亦全不用補音之例,但即本經之韻互考,且證以他書,明古音原作是讀,非有遷就,故曰《本音》。又《易音》三卷,即《周易》以求古音,考證精確。又,《唐韻正》二十卷,《韻補正》一卷,《古音表》二卷,皆能追復三代以來之音,分部正帙而知其變,自吳才老而下廓如也。炎武又撰《金石文字記》、《求古錄》,與經史相證，歐、趙、洪、王不及其精。而《日知錄》三十卷，尤爲炎武終身精詣之書。蓋積三十餘年而後成。凡經史、吏治、財賦、典禮、藝文之類，皆疏通考證之。炎武又以杜預《左傳集解》時有闕失，作《杜解補正》三卷。其他著作，有《石經考》、《二十一史年表》、《歷代帝王宅京記》、《亭林文集》、《詩集》、《營平二州地名記》、《昌平山水記》、《山東考古錄》、《譎觚》、《菰中隨筆》、《救文格論》等書，並有補於學術世道。初，炎武嗣母王氏，未嫁守節，嘗斷指療姑，於崇禎十年被旌。及聞明亡，不食卒。誡炎武不出仕。福王時，崑山令楊永言薦炎武爲兵部司務，旋以職方郎召，皆未赴。既葬母，遂出遊歷，遭艱險，所至之地以二騾二馬載書。遇邊塞亭障，呼老卒詢曲折，有與平日所聞不合，即於坊肆中發書對勘；或平原大野，則於鞍上默誦諸經注疏。在華陰與王宏撰等於雲臺觀側建朱子祠。康熙間，詔舉博學鴻儒科，又脩《明史》，大臣爭薦之，並辭未赴。康熙二十一年，卒於華陰，年六十九。張《譜》先生年七十，卒於曲沃。無子，門人以其喪歸葬崑山。案：先生撫族子衍生爲嗣。衍生侍先生歿，與先生從弟嚴扶柩歸葬。吳江潘耒敘其遺書行世。蘧常案：《清史稿·德宗本紀》：三十四年九月癸未朔，予先儒顧炎武、王夫之、黃宗羲從祀文廟。又《清史稿·儒林傳·顧炎武傳》：宣統元年，從祀文廟。案：從祀文廟在清代爲重典，嚴於前代，二百六十餘年間不過湯斌、陸隴其、張伯行等三數人。至末季方首列炎武，蓋所以緩和滿、漢之見而進炎武等堅持民族立場於兩廡也，其議發自張之洞。《清史稿·紀》《傳》紀年互有抵牾，當以《紀》爲是，蓋光緒三十四年九月，宣統已嗣位，第是年仍以光緒紀元耳。

二、徐嘉顧詩箋注原序

崑山顧亭林先生揖讓百代，卓立儒軌。其詩沈鬱澹雅，副貳史乘。近世流傳之本，間附注語，據錢唐袁氏所言，即亭林自注也。叔師、太沖已肇此例，微之、義山亦多引古。當時西河輕肆詆諆，詎知賢者命翰，必有祖述。然先生特略舉其凡，含意未申，率待尋涉。百年以來，罕聞擁篲。山陽徐先生嘉，篤嗜顧詩，首創茅茨，刺剟羣籍，箸為長編，甄策宛委之遺，覼土昆明之劫，羅縷條達，綜其要會，事在左證，語絕支蔓。應璩《百一》，摭諸家以定尊；阮公《詠懷》，守蓋闕以俟哲。若明季稗史、國初舊聞，比附牽合，咸具首尾，尚論揚榷，宛得心曲。歲閱一周，注積廿卷，可謂亭林之功臣，淮海之英傑已。私論注此詩者，厥事不易，時值代謝，書更禁燬。舞干、銜木，至隱蒐辭；采薇、飢桑，相和楚調。或致載籍襏奪，名字翳如，自非博訪通人，廣求徵藏，守己專輒，尠能畢業。今兹薈萃權衡，體兼鈔撰。李善每據圖經，元之備錄碑狀，蒐輯之富，裁汰之精，足使北研再起，抗手同心，烏程施國祁《元遺山詩注》引金源別史、文集略備。价人潛愧，鑿空皮傅。靳氏《吳詩集覽》，每多附會。雖有康琚不審，僕鑒闕釋，既攬宏綱，無累廬景。昔《曝書》朱集，《精華》王錄，注者皆鄉里之後生，《曝書亭詩注》，江浩然、楊謙兩家，皆嘉興人。或徒彥之冑子，惠先生士奇為漁洋門人，其子棟箸《精華錄訓纂》。故宜橋李父老，近餉叢譚，紅豆門庭，遠接先輩。此則痦寐音塵，鑽研傳記，結芳蘭以崇佩，被以光風；賫油素以隨計，證之汗簡。孤擁鳴琴，獨嘯長阜。持較數君，孰為難易，必有賞心能一欷耳！詳欣睹盛烈，出共商略，屬命點勘，偶拾漏義。飾膏益黛，何預淑姿；執盈御沖，降挹小善。豈意一承寵光，遽規玄晏。將非溫雪逆旅，交越恒端；沈侯坐隅，契通宿旨。遂令務觀杜口，慚詒鳳巢，周續奉手，奮拔馬隊，適彰宏美云爾。如詳淺言，固無關妙道也。光緒庚子，興化李詳。

曩學詩於代州馮魯川先生，先生誨之曰：詩不可苟作，託興風月，寄情山水，於世道人心毫無補益者，曾不若盲詞俚曲，尚有裨風教也。間以當代詩家優劣爲問。先生曰：牧齋、梅村之沈厚，漁洋、竹垞之博雅，宋、元以來亦所謂卓然大家者也，然皆詩人之詩也。若繼體《風》、《騷》，扶持名教，言當時不容已之言，作後世不可少之作，當以顧亭林先生爲第一。退而讀之，苦其事其人不知者六七焉。既得石洲張先生所撰《年譜》，解大半矣。其人有不知者，考索數十年，終屬寥寥。於是有此詩無注之歎矣！及居山陽，得交徐賓華先生，先生工於詩，所著《味静齋集》，於亭林詩近，既而知先生有《顧詩牋注》，亟索草稿觀之，快若起廢疾，樂如針膏肓。嗚呼！注詩不易，注顧詩尤不易。夫詩以言志，作者之事也；以意逆志，其注家之事乎！亭林先生身負沈痛，思大揭其親之志於天下，奔走流離，欲見諸事功不可得。數十年靡訴之衷，幽隱之情，無可發泄，時於詩見之，所謂以歌當哭者也。然當時所論之事，多秘密忌諱，所遇之人，皆遯世逃名，或有見諸記述者，又因禁燬諸書，多從散落，故時代未遠，較注前代詩爲尤難。先生注此詩，閱時十餘載，借書十數家，而後疏詳證博，使閱者如見其人、親其事，而亭林之志得大顯於後世。竊謂亭林先生著述無不既精且博，然乃先生之貽於人者也，人欲知先生立志之堅、操行之苦，捨詩而外，又何求焉。余得預校字之役，譾陋何敢言序，但以數十年固結凝滯於胸中者，一旦冰釋，其樂有不容已於言者，遂書之如右。光緒戊戌蠡匡路岯拜撰。

三、徐嘉顧詩箋注凡例

一、篇首列《國史・儒林傳》，次《詩譜》，仿杜、韓諸集例。先生年
　　譜有四：生平事迹遊蹤旅寓，悉據崑山吳氏映奎、平定張氏穆

二《譜》；大興徐氏松、上元車氏守謙二《譜》未見。吳氏刻稱《原譜》；張氏刻稱《元譜》，則先生撫子衍生所作，當無舛謬。注中或稱徐《譜》、車《譜》者，仍吳、張本，不敢擅改。

一、先生之學，主於斂華就實，救敝扶衰，凡國家典制、郡邑掌故、天文儀象、河漕兵農之屬，莫不窮究原委，釐正得失。且周流西北垂三十年，廣交耆儒遺老，虛懷商搉，於經史、吏治、財賦、典制、藝文之類，皆考證疏通，期有補於學術世道。其爲詩也亦然。詩集五卷，乃潘稼堂太史刊本，原注甚略。茲編載明分綴箋釋補注者，仿李善《文選》注例，皆列句後。

一、先生身負沈痛，思大揭其親之志於天下，奔走流離，撫時感事諸作，實爲一代詩史，踵美少陵。注中於人物忠奸、郡縣山川古蹟、禮制、食貨、河渠、兵戎、祲祥之類，謹據欽定《明史》及歷代史志，不敢傅會穿鑿，惟管窺蠡測，繁簡或未免失宜。

一、五經、《論語》，家弦户誦者，用李善《文選》注例，略引未全。《三傳》、《周禮》、《爾雅》、歷代正史略注，惟《明史》及明季諸稗史有涉先生時事者，不厭詳瀆，用爲論世知人之助。凡先生所著書，注中但稱"先生"。自來注詩家引用史傳，或寥寥一二語，略無端緒，茲編特矯此弊，叢撫繁徵。

一、是編草創於光緒壬午，暨今十年，寒暑靡輟，草稾三易，檢書四百五十餘種。學識瞀陋，猶有未詳數事：如《孝陵圖》詩"雷震樵夫"、"梁壓陵賊"、鄒平張公子萬斛園、王生麗正、《北嶽廟》詩"陽庚"、陸貢士來復、劉處士大來、李貢士嘉、楚僧元瑛、獻陵貫太監宗。彙簽於此，敬質海內博雅諸家，一字百朋，日深跂望。

一、潘氏初刊是詩，中多闕文，佗刻因之，未闚原槧，慮難補輯。光緒甲申，鎮江書賈出畀舊本，朱書補完，每卷下方鈐"梁清標印"，知爲蕉林相國什藏。喜亟購歸，照錄靡闕。後於陳太守仲英家覯京師新刊本,檢校《哭顧推官咸正》詩,"獨奉"句"奉"作"奮","漢將隙"句"漢"作"諸","主帥"句"帥"作"謀","大事"句"大"作"舉";《哭陳太僕子龍》詩,"詔使"句"將"作"陵";《吳興行》詩,"傳檄"句"傳檄"作"指揮","拜掃"句"掃"作"爵","十八陵"作"萬户侯";《贈路舍人澤溥》詩:"鑠金"句"白"作"息";《金山》詩,"故侯"句"張車騎"作"褒鄂姿","沈吟"句"十餘年"作"橫槊餘","不見"句"不見"作"天際","忽聞"句"王旅"作"黄屋"。此刻皆從梁本,以陳本分注,惟《路舍人家》、《見隆武四年曆》,題從陳本。

一、注甫及半,吾友高子上延第即爲裨補闕漏。彭城歸來,孔印川亦頻商略。脱藁後,黄蕙伯海長、裴樾岑蔭森、段笏林朝端、顧持白雲臣、路山夫伾、羅叔韞振玉、陳惕庵玉樹、王錫之範、丘于蕃崧生咸有糾正。庚子歲,興化李君審言詳 介惕庵以詩一章索觀藁本,爲刊謬至五十條。可鑒補者,分注句下,餘坿後,爲拾補。復乞笏林校補至百十條,共拾補爲一卷,分注李補、段補。博物君子肯賜廣益,輔余孤陋,實賴劂攻。或鯫生續有見聞,隨時附綴者,不别加注,並坿刊焉。

一、嘉生長鄉隅,未窺中祕,又莫獲識當代通人。客授徐州,得桂履真中行 太守家藏書籍校讎,既又假王蘭生錫元 太守、陳仲英文騄 太守兩家書印證。脱藁後,復假王生壽薆錫祺 比部藏書訂補數十條。舛謬尚多,深冀方家摘繩歧複。

一、是注從吴江潘氏未刊本。集外補詩四首,《和若士兄賦孔昭元奉諸子遊黄歇山大風雨之作》,見吴《譜》,《古俠士歌》見王士禛《感舊集》,《哭張爾岐》見《張蒿庵集箋注》,坿後。

一、吴縣朱氏記榮所刻《亭林軼詩》十三首,是篇成後獲見。當時之所指陳,潘氏删之宜也。且書已還瓿,艱於引證,輒管悵惘,遂從闕如。

一、是集注竣,釀欲付刊,歷丙申、丁酉,凡十有九月蕆事,工資計近六百千,梓人紿錢溢數,版半盜賣。思陳牒求理,性苦慈懦,且不願以牘入官。自咎疢心,無識受誆,贖則無力也。庚子春,復客瓢城,李君審言既爲糾謬,句容王君煦堂貞春慨助洋圓七十,乃獲贖補成書。惠而好我,敢識弗諼。